전면개정
(제2판)

조직론

Organizational Theory

● ● ● 이영균·왕태규

박영사

제2판 머리말

2019년에 초판이 출판된 이후 6년 만에 전반적인 개정작업을 시작하게 되었다. 이번 개정판으로 6년간 교재로 채택하면서 느꼈던 설명이 미흡한 부분, 모호하게 기술되었던 부분, 내용이 부정확한 부분 등을 수정하고 싶었다. 또한 저자의 책을 교재로 선택하여 강의해 주신 몇몇 교수님께서 지적해주신 사항이 좋은 출발점이 되었다.

무엇보다 이번 개정판은 창원대학교 행정학과에 재직하신 왕태규 교수께서 공동작업으로 함께 하게 되었다. 왕 교수의 참여로 조직론의 개정작업은 다음과 같은 몇 가지 점에서 포괄적으로 진행되었다.

첫째, 조직론 본문 내용의 순서를 일관성 있게 변경했다. 제1장 조직유형 분류에서 목표달성에 따른 분류로 계선조직과 참모조직을 다루었으며, 제2장은 조직목표와 조직효과성으로 수정하였다. 제2편을 조직환경과 조직구조로 재정리했으며, 제3편을 조직관리과정으로 수정하여 조직문화와 조직분위기를 포함하기로 했다. 조직생명주기 부문을 조직변화 영역으로 재정리하였다.

둘째, 본 저서에서 다루었던 주제를 보다 명확하게 전달하고자 했다. 이에 Fayol과 Taylor의 관점을 다루었으며, Weber의 관료제 설명에 Parkinson 법칙을 추가했고, 고전적 조직이론과 현대 조직이론의 비교, 분권화의 설명에 위임(delegation)을 비교하였으며, 조직의 물리적 구조를 삭제하고, 가상조직과 네트워크 조직에 대한 비교를 추가했다. 기획의 구체화와 기획평가에 크리티컬 패스 분석을 추가했으며, 의사결정모형에 점증적 모형을 추가했고, 통제의 유형에 있어 관료제적 통제, 시장 통제 및 씨족 통제를 보완하고, 평가와 모니터링을 재정리하였다.

셋째, 내용이 다소 미흡한 부분을 보완하고자 했다. 이런 측면에서 조직효과성의 접근방법에 있어 전략적 고객접근법을 추가했으며, 상황적합이론에 전략적 선택이론을 추가했다. 신제도주의의 분파를 요약하고, 비공식적 조직구조의 장점과 단점을 표로 정리했으며, 델파이 기법의 적용 사례를 제시했다. 조직정치의 설문 사례를 추가했고, 조직발전을 설명하면서 조직변화와 조직발전을 비교하고, 팀 빌딩 모형의 사례를 제시하였으며, 감수성 훈련의 내용을 보완하였다.

끝으로, 조직론의 질을 저하했던 탈·오자를 최대한 수정하고자 노력하였다.

특히 본 개정판을 출간함에 있어 많은 분의 따뜻한 손길이 있었다. 삶에 있어 늘 건강함을 안내해 주는 가족들에게 고마움을 전하고 싶다. 또한 본 개정작업에 도움의 손길을 보내준 연세대학교에서 박사학위를 받은 이규민 박사에게 고마움을 전한다. 특히 본 개정판 작업에 있어 따뜻한 격려를 아끼지 않으신 박영사 안종만 회장님과 안상준 대표님, 꼼꼼하게 편집해 주신 장유나 선생님, 김한유 선생님 및 제작에 수고해주신 모든 선생님께 고개 숙여 감사를 드린다. 전반적인 개정작업에도 불구하고 여전히 미흡한 부분이 남아있다. 이 부분은 지속적으로 수정하면서 완성도를 높이는 노력을 멈추지 않도록 하겠다.

2025년 2월
이영균·왕태규 교수

머리말

"조직론의 범위를 어떻게 다룰까"라는 과제에 대해 학자들에 따라 다양하게 설정하고 있다. Hodge와 Anthony는 조직은 환경의 산물이라고 규정하고, 조직환경과의 조화(interface)에 초점을 두어 조직환경, 조직목표, 조직설계, 조직정치와 권력 및 권위, 조직구조, 조직변화를 다루고 있다. Heffron은 조직을 공공정책을 집행하는 수단으로 이해하고, 조직이론의 주 관심은 조직을 이해하고 설명하는 것이라고 규정한다. 이런 시각에서 조직론 저서에서 조직구조, 환경, 조직목표와 조직효과성, 조직변화, 조직정치, 권한과 갈등, 조직문화, 동기부여, 스트레스와 직무소진을 포함하고 있다.

또한 Dessler는 조직의 구조, 행태 및 환경 사이의 밀접한 관계를 묘사하고 있으며, 책 제목에 구체적으로 「조직론 : 구조와 행태의 통합」으로 명명하고 있고, Daft는 조직이론의 개념에 대한 유용성, 관심과 적용을 기술하기 위한 목적으로 「조직이론과 설계」라는 제목으로 기술하고 있다. 국내학자의 경우, 조직론의 범위에 조직행태론을 포함하여 저술하기도 한다(윤재풍, 하미승).

이와 같이 조직론에 어떤 주제를 포함할 것인가와 관련하여 명확히 규정하는 것은 다소 어려움이 있다. 본서에서는 일반적으로 조직행태론에서 다루고 있는 주제인 동기부여, 리더십, 스트레스와 직무소진 등을 제외한 조직이론의 발달과정, 조직목표와 효과성, 조직환경, 조직문화, 조직정치적 실재(political entities), 조직구조와 설계, 조직변화와 조직발전을 포함하여 기술하고자 한다. 또한 본서는 졸저인 조직관리론의 많은 부분을 발전시킨 것이다.

이 책을 완성하는 데 많은 사람들의 도움이 있었다. 조직론 강의에 항상 날카로운 지적과 관심을 보내 준 학생들에게 감사를 표한다. 특히 항상 따뜻한 사랑으로 지지해주고 있는 아내와 두 딸에게 고마움을 전한다. 끝으로 이 책을 출판하는 데 박영사의 안종만 회장님, 노현 이사님, 송병민 선생님, 긴박한 시간에도 알차게 좋은 책으로 편집해주신 박진영, 박혜선 선생님 및 제작에 수고해주신 모든 직원분들에게도 깊은 감사를 드린다. 이 책에서 나타난 한계점과 문제점은 모두 저자의 책임이라고 생각하며, 미흡한 부분은 지속적인 수정을 통해 완성도를 높이고자 한다.

PART **3**
조직관리과정

CHAPTER 10 기획 / 307

제1편에서는 조직이란 무엇인지, 또한 공공조직과 민간조직은 어떠한 차이가 있는지, 조직의 목표는 어떠한 기능을 하는지, 조직의 목표는 개인의 목표와 어떻게 조화할 수 있는지, 어떠한 관점에서 조직의 목표달성을 이해할 수 있는지를 먼저 살펴봄으로써 우리가 늘 생활하고 있는 조직에 대해 이해하고자 한다.

또한 현대사회에서 조직없이 생활하는 것은 거의 불가능하다. 사회발달 과정에서 학자들은 조직현상의 주요 변수를 어떻게 이해하고 있는지 체계적으로 살펴보고, 이를 토대로 조직현상을 분석할 수 있는 바람직한 사고의 틀을 탐색하고자 한다. 이러한 조직이론의 탐색은 조직의 구조, 행동 및 기능에 대한 귀중한 통찰력을 제공할 것이다.

1

조직과 조직이론 발달 과정

CHAPTER 1

조직의 의의, 특징 및 유형

01 조직의 의의와 특징

1. 조직의 의의

아리스토 텔레스는 인간을 사회적 동물(Social Animal)로 규정한다. 사회적 동물로서 우리 인간은 조직의 구성원이다. 조직은 우리의 삶 전반에 광범위하게 영향을 미치며 그 중요성은 날로 증대하고 있다. 조직은 현대사회에 있어 가장 중요한 기본구조(fabric)이다. 이 점에서 우리는 조직을 이해하고, 그리고 조직을 어떻게 설계하고, 관리할 것인가에 대해 학습할 필요가 있다.

조직(organization)은 organ을 의미하는 그리스어 organon에서 찾아볼 수 있으며, 이것은 특정한 직무를 위한 칸막이(compartment)를 의미한다. 이런 의미의 조직은 공통적인 목적 혹은 일련의 목적을 위해 두 사람 이상의 사람들이 협동하는 시스템이다. 즉 조직은 사람들이 공통적 목적(common goals)을 달성하기 위해 복잡한 업무를 함께 수행하는 무대(arena)로 정의할 수 있다. 이러한 조직은 목표의 구체성과 지속성, 일정한 경계, 규범적인 질서, 권위 체계, 의사소통 체계, 조직구성원을 위한 인센티브 체계 등이 포함되어 있다(Scott, 1964: 488). 이러한 조직이란 다양한 관점에서 설명될 수 있다.

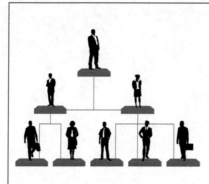

- 조직은 공통의 목표를 추구하기 위해 구조화된 사람들의 사회적 단위이다.
- 조직은 하나의 통합된 목표를 성취하기 위해 협력하는 방식의 집합체이다.
- 조직은 효율성을 향상시키기 위해 구성원을 전문화하도록 유도한다.
- 조직은 조직환경에 영향을 미치고, 조직환경의 영향을 받는 개방시스템이다.

- 조직은 몇몇 목적을 위해 만들어진 인간적 기구(human instrument)이다.
- 조직은 몇몇 구체적인 목표를 성취하기 위해 의도적으로 설계된(deliberately designed) 사회적 단위(social unit)이다.
- 조직은 두 사람 이상이 의식적으로 협동하는 활동시스템(a system of consciously coordinated activities)이다.
- 조직은 목적달성의 목적으로 개인적 노력을 향상시키기 위해 설계된 사회적 협동 시스템(social systems of cooperation)이다.
- 조직은 공통적 목표를 추구하는 개인들의 집합체(collections of individuals)이다.
- 조직은 공통적 목적(a common objective)을 향해 활동을 의식적으로 협동하는 사람들의 집단이다
- 조직은 특정한 목적을 가지고 그 목적을 달성하기 위하여 구성원 간에 상호작용을 하는 사람들 간의 협동집단이다.
- 조직은 공동의 목표를 달성하기 위해 노력할 의욕을 가진 두 사람 이상이 상호 의사소통하는 집합체이다.
- 조직은 집합적 목적의 통제된 성과를 위한 사회적 합의이다(social arrangements for the controlled performance of collective goals).
- 조직은 구체적인 목적을 추구하기 위해 의도적으로 구조화되고, 그리고 재구조화된 사회적 단위(social units)이다.
- 조직은 비교적 뚜렷한 경계선, 규범적 질서, 권위의 계층, 의사소통 체계, 구성원들 간의 조정체제를 가지고 일정한 경계 내에서 비교적 지속적으로 존재하면서 하나 혹은 일련의 목적에 관련된 활동에 종사하는 사람들의 집합체이다.
- 조직은 다소 지속적인 기반에서 비교적 구체적인 목적을 추구하기 위해 설립된 집합체(collectivities)이다.

학자들의 정의를 살펴보면 Weber(1947)는 조직을 계속적이고 의도적인 특정한 종류의 활동체계로 간주하였다. Barnard(1938)는 지속적으로 조정된 2인 이상의 협동체제로 보았으며, Parsons(1960)는 조직을 특정 목표 달성을 최우선 하는 하나의 체제로 정의하였다. Daft(2010)는 조직을 사회적 존재로서 ① 목적 지향적이며, ② 의도적으로 구조화 및 조정된 활동체계를 가지고, ③ 외부환경과 연계되어 있다고 보았다.

위에서 언급된 다양한 조직에 관한 정의에 포함된 몇 가지 공통적인 요소 혹은 특징을 살펴보면 다음과 같다.

(1) **목적지향성**(goal-directed) - 조직은 목적을 위해 존재한다. 조직은 목적지향적(purposeful)이며, 공통적인 목적을 가지고 있다. 즉 조직과 조직구성원은 목적을 성취하기 위해 노력한다. 예를 들면, 이집트의 피라미드 건설에 수많은 조직적 노력이 요구되었다. 이집트의 국가 군주인 파라오(Pharaoh)는 피라미드를 건설하는 것이 제일의 목적이었다. 이를 위해 신권의 권위를 가진 파라오는 수상(vizier)에게 권한을 위임하고, 수상은 피라미드, 운하 및 관개수로 건설을 위해 직접적인 책임을 졌다(Narayanan & Nath, 1993: 2-3).

(2) **사회적 실체**(social entities) - 조직은 사람으로 구성되어 있다. 모든 조직은 사람들로 구성되어 있으며, 그리고 조직 목표에 대한 조직구성원 사이의 사회적 합의(social arrangements)가 존재한다. 조직구성원 역할 모두는 조직의 집합적 목적을 달성하는 것이다. 또한 조직구성원은 각자의 전문지식, 관심 혹은 전문 분야(specialism)에 따라 상이한 직무를 수행하기 때문에 구성원의 역할은 분할되어 있다(Campbell, 1999: 3).

(3) **집단성**(collectivity) - 조직의 주요한 특징은 집단적으로 활동하는 능력이다. 조직은 법률상으로 구속력을 가진 유효한 계약(legally binding contract)에 속한 개인들의 집합체로 정의할 수 있다(Osborn, et al., 1980: 173).

(4) **인식 가능한 경계**(identifiable boundary) - 조직은 구성원, 구조, 관리체계 등 내부적 요인들로 구성되어 외부의 요인들과 구분될 수 있다. 즉 조직의 경계는 조직의 내부와 외부에 존재하는 요소를 구분할 수 있게 한다(오세덕 외 2019; 이창원 외, 2012: 28).

조직의 주요한 특징 중 하나는 외부환경(outside environment)과의 관계이다. 조직은 스스로 배타적일 수 없다. 즉 조직은 외부세계(외부적 환경) - 고객, 정부의 규제, 경제적 조건, 사회적 가치와 태도, 기술, 경쟁조직 등 – 에 전적으로 의존적이다. 이러한 외부적 환경요인들이 조직이 활동하는 모든 것에 영향을 미친다.

(5) 개방시스템(open system) – 조직은 생존하기 위해 환경과 끊임없이 상호작용한다. 조직의 투입과 산출은 환경에의 의존성을 반영한다. 모든 조직의 목적은 자원을 전환하여 결과를 성취하는 것에 포함되어 있다. 조직이 활용하는 주요한 자원은 인적자원, 자본, 물적자원, 기술, 정보 등이다.

(6) 의도적으로 구조화된 활동 시스템(deliberately structured activity system) – 조직은 업무 활동을 수행하기 위해 다양한 기술과 지식을 활용한다. 이를 성공적으로 수행하기 위하여 조직의 과업은 의도적으로 세분하고, 분할된 구조를 설정하여 업무수행에 효율성을 추구한다(Daft, 1983: 8). 이러한 구조 또는 체계는 조직의 활동과 구성원들 간의 상호작용의 지속성과 일관성을 확보하는 데 기여한다.

이러한 조직의 특징은 전통적 관점에서의 조직과 현대적 관점에서의 조직에서 다소 구별될 수 있을 것이다. 전통적 조직은 관료제적 구조(bureaucratic structure)를 강조한다. 반면에서 현대적 조직은 ① 평면조직(flat organization), ② 유연한 조직(flexible organization), ③ 네트워크 조직(networked organization), ④ 다양한 조직(diverse organization), ⑤ 글로벌 조직(global organization)을 특성으로 하고 있다.

이런 조직을 조직화(organizing)하는 단계는 ① 목적을 결정하고, ② 목적을 세분화하고, ③ 직무에 부합되게 각 개인을 배치하고, ④ 관계를 발전시키고, ⑤ 활동을 조정하는 단계로 이루어진다. 특히 조직이 우리 개개인에게 중요한 것은 우리들의 모든 업무가 조직에서 일어난다는 사실이다.

조직이 왜 중요한 실체인지를 다음의 몇 가지 측면에서 이해할 수 있다(Narayanan & Nath, 1993).

│표 1-1│ 전통적 조직과 현대적 조직

전통적 조직 (traditional organization)	현대적 조직 (modern organization)
관료제적 구조의 특징: 엄격한 계층제, 안정적 부서, 수직적 의사소통, 최고 관리층에 의한 엄격한 직무규정, 계층적 조직 내의 직위에 기초한 권한	① 평면조직, ② 유연한 조직-분권화(decentralization), ③ 네트워크 조직-본질적으로 동등한 에이전트의 집합(a collection of essentially equal agents), ④ 다양한 조직-구성원의 이질성(heterogeneity of its members), ⑤ 글로벌 조직-세계적인 연계(worldwide link)
직무에 초점(job-focused), 항구적인 (permanent) 직무	기술에 초점(skills-focused), 팀 지향적인(team-oriented) 직무
오전 9시에서 오후 5시로 규정한 근무일, 계층적 관계(hierarchical relationships)	다양한 작업장(diverse workforce), 측면적 관계와 네트워크 관계(lateral & networked relationship)

첫째, 현대 세계에 있어 조직은 보편적이다. 조직은 현대사회의 생활에 있어 가장 중요한 실체이다.

둘째, 혼자 일하는 사람은 단순한 업무를 수행하지만, 복잡한 업무를 효율적으로 수행하기 위해서는 조직이 필요하다. 조직은 혼자 활동하는 개인들의 능력을 확장한다. 현대사회에 있어 조직 없이 수행할 수 있는 것은 거의 없다. 복잡한 환경에 직면한 오늘날 세계에서 조직은 필수적이다.

셋째, 사람들의 노력을 효과적으로 조직화할 때 비조직화된 개인들의 집합으로 가능한 생산성보다 훨씬 높은 성과를 산출한다. 사람들이 함께 협동하는 공동의 노력(synergistic effort)이 최종 산출물을 보다 향상시킨다.

넷째, 개인보다는 조직이 잠재적 문제가 발생하기 전에 이를 인식하고 이를 방지하기 위한 실행 가능한 단계를 마련할 수 있는 사전 예방적 접근방식(proactive approach)을 취한다. 또한 조직은 업무 관계를 명확하게 규정해 줌으로써 개개인의 책임감을 향상시키는 데 도움을 준다.

이와 같은 조직은 구성원들이 관심을 보이는 비용보다 편익을 제공할 수 있다면 지속해서 존재할 것이다(Hodge & Anthony, 1984: 4). 조직의 생명주기(life cycle)는 다섯 단계인 탄생, 성장, 성숙, 쇠퇴, 소멸 등으로 구성된다.[1] 조직 환경

---

1 조직쇠퇴(organizational decline)는 조직사이클 각 단계의 위기를 효과적으로 해결하는 데 있어 조직적 실패에 따른 부정적 결과(negative outcome)이다. 쇠퇴의 정의는 조직환경에 부합하는 데 있어 조직적 무능력(organization's inability) 혹은 축소된 능력(reduced capacity)에 초점을 둔다. 예를 들면, 조직이 변화된 고객의 요구에 순응할 수 없는 경우이다(Hodge, Anthony & Gales, 2002: 181).

은 자원의 원천을 제공하며, 조직의 생산물과 서비스를 시장에 제공하는 근원 (lifeblood)이다. 이처럼 조직은 환경의 요구를 충족시키기 위해 존재하며, 환경은 조직의 투입 혹은 자원의 원천을 제공한다.

2. 조직과 관리

관리는 조직이 목적 달성에 있어 필수적인 활동이다. 관리(管理, management)는 사람에 의한 통제(to control by hand)를 의미하는 'manes'에서 유래되었다. 이에 관리란 먼저 결과의 성취를 포함하고, 다음은 성취한 결과와 관련하여 관리자에 대한 개인적 책임성을 포함한다(Hughes, 2012: 3). 이처럼 관리는 조직목적을 형성하고 달성하기 위해 〈그림 1-1〉과 같이 기획하고, 조직화하고, 동기를 부여하고, 그리고 통제하는 과정이다. 이러한 관리 활동은 한 번만의 활동이 아니라 계속되는(an ongoing series) 활동이며, 그리고 상호밀접한 관계의 활동이다. 이에 관리는 기획 과정을 통해 목적을 전개하고, 그리고 조직구성원들과 목적에 대해 의사소통해야 한다. 이런 관리 과정은 조직구성원들에게 무엇을 성취해야 하는지를 알게 하는 강력한 통제·조정메커니즘이다.

｜그림 1-1｜ 관리의 기능

출처 : Mescon, Albert & khedourl(1988 : 51)

무엇보다 조직체의 생존을 위해 효율적인 관리는 필수적이다. 관리는 가용자원을 효율적이고 효과적으로 사용하여 설정된 목표를 달성하는 활동이다. 즉 관리는 목표를 달성하기 위한 업무의 조정과 행정이란 점에서 목표를 달성하기 위해 사람들을 모으는 활동이다. 또한 관리는 본질적으로 역동적이며, 조직의 내부 및 외부환경의 요구와 제약에 대응하기 위해 유연성과 적응성을 갖추는 과정이어야 한다.

이러한 관리의 특징은 다음과 같이 이해할 수 있다.

① 관리는 하나의 과정이다. 즉 관리 과정은 규정된 업무를 성취하기 위해 기획, 조직화, 감독 및 통제, 사람들의 노력을 통합하는 동기부여 등의 활동이다.
② 관리는 사회적 과정(social process)이다. 즉 관리는 사람을 통해 일어난다. 이에 관리자의 직무는 부하에 대한 지원과 협력으로 업무를 이행하는 것이다.
③ 관리는 행동에 기초한다(action-based). 관리는 어떤 목적을 성취하는 결과지향적 개념이다.
④ 관리는 다른 삶의 노력을 통해 결과를 성취하는 것을 포함하고 있다. 관리는 집단활동(group activity)이다.
⑤ 관리는 무형적이다(intangible). 관리는 직접적으로 볼 수 있는 것이 아니라 구체적인 결과의 형태로 관리의 존재를 인식할 수 있다. 관리는 조직에서 근무하는 사람들에게 안내하고 동기부여하는 비가시적인 정신(invisible spirit)이다.
⑥ 관리의 목적은 활동을 조정하는 것이다. 조정(coordination)은 전체 조직에 대해 명확하게 방향을 안내하는 것이다. 조정을 위해 조직의 모든 수준에서 효과적인 의사소통이 존재해야 한다.

또한 조직과 관리는 모든 경영의 일상적인 활동에 유사점을 가지며, 핵심적인 역할을 수행한다. 나아가 인적자원관리에서도 중요한 역할을 수행한다. 하지만, 〈표 1-2〉와 같이 구별하기도 한다.

┃표 1-2┃ 조직과 관리

조직(organization)	관리(management)
조직의 임무는 기관에서 업무와 구성원을 연결시키는 것이다.	관리의 목적은 구체적인 윤리에 따라 구성원이 수행하는 업무를 관리하는 것이다.
조직은 조직구성원과 자신의 업무 사이에 조화로운 상호관계가 설정되는 구조이다.	관리는 부하직원에 의해 수행되는 업무를 집행하는 과정이다.
조직을 통해, 권위와 책임성이 위임되는 것이 조직 활동이다.	관리의 기능은 행정활동(administrative activities)이다.
조직은 관리의 일부로서 다른 기능들을 수행할 수 있도록 돕는다. 조직은 관리의 구성요소이다.	관리는 계획수립, 조직화, 명령 및 지시, 직원들의 동기부여, 조직의 다양한 기능을 조정하고 통제하는 것과 같은 여러 가지 활동의 총합이다.

조직은 관리자의 손에 있는 도구 역할을 한다.	관리자는 조직의 도움을 받아 자신의 의무와 책임을 수행한다. 관리는 조직에 의해 직무가 수행된다.
조직은 적절한 작업환경을 조성하여 계획된 활동을 수행하는 것을 목표로 한다.	관리의 목적은 부하직원의 업무수행을 감독하고, 사전에 정해진 목표달성을 위해 바람직한 결과를 성취하기 위해 필요한 지시를 하는 것이다.
효과적인 조직구조의 설정은 효율적인 관리에 달려있다.	효율적인 관리는 강한 조직(strong organ-ization)에 크게 좌우된다.
조직은 사람의 손(hands of human body)으로 재분류할 수 있다. 조직은 사람의 신경계(neuron)로 수행된다.	관리는 완전한 인간(the whole human body)과 비교할 수 있다. 관리는 집행의 기능(execution function)이다.

3. 조직과 집단

조직과 집단을 구별하는 것은 조직을 이해하는 데 매우 중요하다. Narayanan과 Nath(1993: 4)가 제시한 조직과 집단의 차이를 보면, 두 사람 이상이 공통적 목적을 함께 가질 때 집단을 구성한다. 집단은 두 단계 – ① 개인의 단계, ② 집단의 단계 – 를 가진다. 반면에 두 집단 이상이 함께 공통적 노력을 가질 때 조직이 된다. 이 점에서 조직은 적어도 3개의 단계인 개인, 집단, 조직의 단계를 가진다. 예를 들면, 가족과 미식축구팀(football teams)은 집단이지만, 정부기관, 대학교, 병원, 기업은 조직이다. 이들 조직은 적어도 개인의 단계, 집단의 단계, 조직의 단계인 3단계의 계층제를 가진다.

또한 조직은 보통 많은 집단을 포함하고 있다. 즉 하나의 조직에는 관리자 집단, 일선 작업자 집단, 비정규직 집단 등이 존재한다. 하지만, 집단은 단일의 조직 내(within a single organization)에서만 존재한다.

이처럼 집단(group)은 공통된 목적을 위해 비슷한 관심을 가진 사람들로 구성되며, 비교적 비공식적이다. 집단은 공통된 관심을 가진 사람들이 사회화(socialized)하는 울타리이다. 반면에 조직은 구조, 역할과 책임의 분할을 가지며, 보다 공식성이 강하다. 이처럼 하나의 집단(하부집단)은 큰 규모의 조직 내에 존재하는 작은 소규모의 집단이다. 집단구성원은 선택된 사람으로 한정된다. 이런 점에서 집단은 좋은 동기부여의 도구이기도 하다.

Mullins(1989)에 의하면, 집단이란 다음과 같은 것을 공유하는 몇몇 사람으로 구성되는 조직이다. 집단구성원이 공유하는 것은 ① 공통적인 목적 혹은 업무(common objectives or task), ② 집단적 아이덴티티와 경계(group identity and boundary)에 대한 인식, ③ 일련의 동의하는 최소한의 가치와 규범(agreed values and norms) 등이다.

Homans(1950)는 사회적 집단에서 개개인의 행태를 이해하기 위해서는 3가지 개념인 활동(activity), 상호작용(interaction), 감정(sentiment)을 제시하고 있다. 사람들이 활동을 공유할수록 서로서로 더 많이 상호작용한다. 구성원 간에 서로 신뢰할수록 업무 활동의 상호작용이 활발하다.

SECTION
02 조직의 유형

조직 유형학(organizational typology)은 다양한 유형의 조직을 연구하기 위해 구성된다. 조직 유형학은 일반적인 특징에 기초한 조직의 분류 체계를 포함한다. 현대 조직은 다양한 특성을 가진 복잡한 사회 단위이기 때문에 조직유형은 다차원 분류이다. 이런 관점에서 학자들은 조직 유형과 관련하여 조직 간에 명확하게 구별하는 몇 가지 중요한 점에 기초하고 있다. 즉 조직은 수행하는 기능 혹은 목적, 활용하는 기술의 유형, 순응을 얻는 방식(ways to gain compliance), 수혜자(beneficiary)에 따라 다양한 유형으로 분류될 수 있다.

첫째, Parsons(1960)는 모든 조직을 수행 기능에 따라 4가지 유형으로 분류하고 있다. 그 4가지 기능은 ① 적응기능(adaptation), ② 목표성취(goal attaintment), ③ 통합(integration), ④ 체제유지(latency)로 앞 글자를 모아 Parsons의 AGIL 조직유형이라고도 한다. 적응기능은 조직의 생산 기능을 의미하며 사회나 사회구성원이 소비하는 재화, 상품, 서비스를 생산하는 기능을 의미한다. 목표성취는 정치적 조직으로 사회자원을 활용하여 사회의 목적을 규명하고 추구하는 가치를 창조하는 역할을 수행한다. 통합은 사회적 통합을 의미하며 사회구성원들의 갈등을 해소하고 관계를 통제한다. 마지막으로 체제유지는 사회의 문화 및 가치를 유지·보존하기 위한 교육적 기능을 수행한다.

Parsons의 AGIL 모형에 따라 조직의 유형들은 적응기능의 경제적 생산조직

(economic production organization), 목표성취기능의 정치조직(political organization), 통합기능의 통합조직(integrative organization), 체제유지기능을 수행하는 체제유지 또는 형상유지조직(parttern-maintenance organization)으로 구분된다. ① 경제적 생산조직은 사회에 의해 소비되는 재화 또는 서비스를 생산하는 조직으로 민간기업 또는 공기업이 해당된다. ② 정치조직은 사회 내 권력을 형성 및 배분하고, 이를 바탕으로 사회의 목표를 달성하는 데 기여하는 조직으로 정당 및 행정기관이 대표적인 사례이다. ③ 통합조직은 사회 내 갈등을 해결하고 협력할 수 있도록 제도화된 기대를 성취하기 위해 동기를 이끄는 조직으로 사법기관, 경찰 등이 해당된다. ④ 체제유지조직은 사회 내 체제의 유지를 목적으로 하는 조직으로 교육, 문화 및 표현활동을 통해 사회의 지속성을 확보하기 위한 조직인 교육기관, 문화단체, 종교단체 등이 대표적 사례이다.

둘째, Blau와 Scott(1962)은 조직의 활동을 통하여 누가 이익을 얻는가(who benefit or cui bono)라는 물음에 기초하여 조직을 분류하고 있다. 즉 주된 조직의 수혜자(prime organizational beneficiary)에 기초하여 조직을 4가지로 유형화하고 있다. 이들 조직유형은 ① 조직구성원 자신이 주된 수혜자인 호혜적 조직(정당, 노동조합, 무역협회, 컨트리클럽 등), ② 조직과 접촉하는 고객을 주수혜자로 가진 서비스 조직(사회사업기관, 병원, 학교, 시민권 조직(civil right organization) 등), ③ 조직의 소유자나 관리자를 주수혜자로 하는 기업조직(제조회사, 소매점, 은행 등), ④ 일반대중이 가장 큰 수혜를 받는 공익조직(행정기관, 군대, 경찰, 지역공항 등)이다.

셋째, 사회학자 Etzioni(1975)는 상급자의 권한 행사와 이에 대한 하급자의 대응(복종 및 관여) 유형을 기준으로 조직을 유형화하였다. 상급자의 3가지 권한(통제수단)으로 ① 물리적 위해 또는 위협에 기반하는 강압적 권한(coercive authority), ② 물질적 보상을 기반으로 하는 보상적 권한(remunerative authority), ③ 도덕적 가치를 활용하는 규범적 권한(normative authority)을 의미한다. Etzioni의 복종 또는 관여란 하급자를 통제하기 위하여 상급자가 활용하는 권력에 어떤 구속감을 가지고 대응하는가에 대한 것을 의미한다. 복종(관여)의 유형으로는 ① 가장 소극적 관여 또는 부정적 지향을 의미하는 소외적 관여(alienative involvement), ② 적극적 찬성도 반대도 아닌 조직참여에 따른 이익에 관심을 두는 타산적 관여(calculative involvement), ③ 가장 적극적인 관여 또는 지향성을 의미하는 도덕적 관여(moral involvement)로 구분한다. 이 2가지 기준인 권한과 관여로 Etzioni는 공리적 조직, 규범적 조직, 강압적 조직으로 구분하고 있다.

① 보상적 권한의 사용과 타산적 관여로 조합된 공리조직(utilitarian organization)은 소득이나 기타 개인적 이익을 제공하는 조직이며, 이들 유형으로는 사기업, 경제단체 등이 있다. ② 규범적 권한의 사용과 도덕적 관여로 부합된 규범조직(normative organizations)은 자조조직(voluntary organizations)으로 명명되며, 사람들로 하여금 도덕적 목표와 몰입을 추구하도록 한다. 이들 구성원들은 시간이나 돈을 기부한다. 이들 유형으로는 정당, 대학, 병원, 교회 등이 있다. ③ 강압적 권한 사용과 소외적 관여로 조합된 강압조직(coercive organization)은 물리적 제재나, 처벌의 적용이나 위협으로 유지시키는 조직이다. 이들 유형으로는 교도소, 경찰 등이 있다.

넷째, Katz와 Kahn(1978)은 조직을 분류하는 기준으로 수행하는 기능 혹은 목적을 활용하고 있다. 이들 학자들은 ① 기업 등 사회를 위해 상품과 서비스를 생산 및 제공하는 생산 혹은 경제조직(productive or economic organization), ② 교육기관 등 사회의 규범적 통합을 목적으로 사회구성원들이 효과적으로 그리고 순조롭게 조직에 진입하는 데 관련한 유형유지조직(maintenance organization), ③ 대학, 연구소 등 지식을 창조하고 이론을 검증하여 문제해결에 응용하는 순응조직(adaptive organization), ④ 행정기관, 정당 등 자원 활용과 권위를 통제하는 관리 혹은 정치조직(managerial or political organization)으로 구분하고 있다.

다섯째, Mintzberg(1979)는 조직이 직면한 여러 가지 상황에 대처하기 위해 구조화하는 방식에 기초하여 다면적인 접근법(multi-faced approach)을 제시하고 있다. 구체적 분류 기준으로 조직의 구성부분, 조정기제, 상황적 요인을 강조한다. 조직 구성부분으로 ① 작업계층(operating core), ② 최고관리층(strategic apex), ③ 중간계층(middle line), ④ 기술 부분(techno structure), ⑤ 지원참모(support staff)를 말한다. 이러한 요소들을 바탕으로 5가지 조직 유형을 제시하고 있다. ① 높은 집권화 및 공식화 수준을 가진 작은 규모의 단순구조로 신설 조직, 소규모 자영업체 등이 있다. ② 높은 전문화와 분화 수준, 높은 수준의 관료화된 유형인 기계적 관료제(machine bureaucracy)는 대량생산업체, 교도소 등이 있다. ③ 높은 수준의 수평적 분화와 기술의 표준화를 가진 전문적 관료제(professional bureaucracy)의 예로는 종합병원, 종합대학교, 법무법인 등이다. ④ 각 부서의 자율적인 통제와 산출 종류별 분화된 할거적 양태(divisionalized form)는 대규모 기업체, 대학 캠퍼스 등이 대표적인 사례라 할 수 있다. ⑤ 낮은 공식화 수준과 높은 융통성의 유기적 구조인 애드호크라시(adhocracy)는 조사연구기관, 신규 예술단체, 광고회사 등이 대표적이다.

┃표 1-3┃ 조직의 유형

학자 (분류기준)	조직유형	사례
Talcott Parsons (기능과 목적)	생산(경제)조직(production)	IBM
	정치조직(political)	UN
	통합조직(integrative)	연방법원시스템
	유형유지조직 (pattern maintenance)	로마가톨릭교회
Peter Blau & Richard Scott (조직 수혜자)	상호이익조직(mutual benefit)	무역협회
	서비스조직(service)	정부기관
	기업조직(business)	IBM, Sears
	공익조직(commonweal)	우체국
Etzioni (가입방식)	공리조직	은행, 영리조직, 대학조직
	규범조직	교회, 스카우트 조직, Kiwanis 클럽
	강압조직	교도소, 경찰
Daniel Katz & Robert Kahn (기능과 목적)	생산 혹은 경제조직	GM, 백화점
	유형유지조직	학교시스템
	순응조직	연구와 개발조직(예 Bell 연구소)
	관리 혹은 정치조직	규제조직(예 식품안전청)
Henry Mintzberg (상황대처방식)	단순구조(simple structure)	신설된 행정조직
	기계적 관료제	제철회사와 같은 대규모 산업체, 항공회사, 교도소
	전문적 관료제	종합대학교, 종합병원, 합동법률회사
	할거적 양태 (diversified form)	캠퍼스가 여러 곳이 있는 대학교
	애드호크라시	창의적인 광고회사, 설계회사

이와 같이 조직유형화는 조직을 구별하고 그리고 인식하는 데 효과적으로 적용될 수 있다. 이 책에서는 조직의 수직적 계층 및 목표달성에 대한 관점에서 계선조식과 참모조직의 분류 관점과 대분류로서 조직의 추구 가치 및 관할영역에 기초하여 공공조직 및 비영리조직, 민간조직으로 구분하여 조직을 유형화하고자 한다.

1. 목표달성에 따른 분류: 계선조직과 참모조직

의사가 환자를 수술하는 동안 숙련된 간호사가 돕는다. 이와 같이 계선조직은 조직의 재화와 서비스를 직접적으로 배분하는 기관이며, 막료조직은 조직의 주요한 기능(primary functions)의 이행을 돕는 기관이다.

1) 계선조직

계선조직(line organization)은 수직적 및 계층적 구조를 형성하면서 조직의 목표성취에 직접적으로 기여하는 조직체이다. 계선조직은 조직의 주된 사업의 생산과 분배에 직접적으로 관련된 업무를 수행하는 조직이다. 즉 계선 조직은 조직의 산출과 관련하여 직접적인 책임을 가지며, 근본적인 권위의 원천을 부여한다. 계선조직은 ① 결정을 하고, ② 책임을 지며, ③ 정책을 해석하고 방어한다. ④ 운영을 계획하며, ⑤ 경제적이고 효율적인 생산 수준을 유지한다(McKinney & Howard, 1998: 224). 이점에서 계선조직은 조직의 운영과 성공에 있어서 매우 중요한 조직체이다. 이러한 계선조직은 관리자가 각 직원의 활동에 대해 많은 시간을 소비할 필요가 없는 보다 작은 규모의 조직에서 발견된다.

좋은 계선관리자는 행동지향적이고(action-minded) 결과지향적(results-oriented)이어야 한다. 이러한 계선관리자는 일반관리자이며, 전통적인 지원기능(supportive functions)인 인사, 회계, 질 통제를 처리할 수 있는 능력을 갖추어야 한다.

반면에 계선-참모 딜레마(line-staff dilemmas)의 불확실성은 전문화가 계층제를 파괴하는 경향이 있다는 기본적인 원리에 놓여있다. 더욱이 계선(일반가)과 참모(전문가)의 상이한 업무할당은 조직에서 갈등과 긴장을 일으킨다. 때론 계선조직의 직원들은 책임감을 공유하지 않는 참모조직의 직원들에 대해 불평하거나 골칫거리로 여긴다. 또한 계선조직의 직원들은 참모조직 직원의 침입에 대해 분개하거나 방해하기도 한다. 이에 계선조직의 직원들은 참모조직 직원의 활동이 지원적(supportive)이기보다는 파괴적(subversive)이라고 종종 간주한다(Berkley & Rouse, 1984: 83).

2) 참모조직

공조직의 규모가 커지고, 그리고 조직이 수행하는 업무의 복잡성이 증가됨으로써 계선조직은 참모조직을 필요하게 된다. 즉 조직이 성장함으로써 이차적 운영업무(secondary operative work)를 처리하기 위해 지원적 참모가 추가된다. 1차적 업무와 2차적 업무의 조정이 복잡해짐에 따라 조직은 분리된 참모직위를 만들게 된다.

참모조직(staff organization)은 계선조직의 구성원들에게 특별한 충고와 협력을 제공하는 조직체이다. 참모조직은 계선관리자의 운영을 편리하기 위해 존재한다. 이러한 참모직위는 조직의 규모와 복잡성이 증대하고, 계선인력의 업무량이 관리할 수 있는 능력을 초과할 때 보통 나타난다. 이러한 업무량 때문에 계선인력의 직무를 보다 효율적으로 수행하기 위해 새로운 참모의 직위가 신설된다.

역사적으로 참모의 개념은 Alexander 황제(336-323 B.C.)의 군대에 의해 체계적으로 처음 사용되었다. 군대는 전쟁을 수행함에 있어 전략을 계획하는 전문가적 군인과 전투에서 병사들에게 명령을 내리는 군인으로 구분된다. Alexander 군대는 군사전략가에게 명령을 내리는 권위를 부여하지 않고, 계선조직의 고위계층의 사람을 지원하는 전문가로 임무를 할당했다(Mescon, et al., 1988: 331-332).

이와 같이 참모조직은 공공정책의 전개, 집행 및 평가에 있어 집행부와 계선조직에 도움을 준다. 참모조직은 조직의 목표성취에 직접적으로 기여하지 않으며, 계선조직에 도움을 제공한다. 참모업무의 본질은 상상력, 진상조사, 기획이다. 참모조직은 계선조직에 도움을 제공할 때 3가지 역할을 수행한다.

① 충고와 상담(advisory or counseling) 역할 – 조직의 문제를 분석하고 해결책을 제공한다. 참모들은 자신의 전문영역에서 계선기관에 자문하는 역할을 한다.

② 서비스 역할 – 조직구성원의 교육훈련과 같이 몇몇 계선조직에 의해 필요로 하는 유사한 서비스를 하나의 참모조직이 담당하는 것이 보다 효율적이고 그리고 합리적인 경우이다.

③ 통제(control) 역할 – 계선조직은 조직계획의 질과 효과성을 평가하는 데 참모조직의 도움에 의존한다. 참모조직은 예산편성, 정책개발, 조직의 규정과 운영절차에 대해 계선조직에 도움을 제공한다(Stieglitz, 1974).

3가지 참모의 역할에 비추어 참모조직도 3가지 유형으로 구분할 수 있다.

(1) 자문참모

자문참모(advisory staff)는 특별한 교육 혹은 훈련이 요구되며, 계선보다는 젊다. 자문참모의 전문가들은 계선관리자가 자문을 요청할 때 상담한다. 의사소통의 흐름에 있어 자문참모는 권위를 소유하지 않고 단지 조언을 제공한다.

이들 자문참모는 법률적인 자문, 기타 기술적인 서비스에 관한 가치있는 정보를 조직에 제공하며, 전형적으로 예산분석가나 관리직 전문가 등이 있다.

(2) 개인참모

개인참모(individual staff, personal staff)는 조직의 최고관리자에게 직접적으로 개인적 도움을 제공한다. 최고관리자에 대한 개인적 충성에 기초하여 선발된다. 최고관리자에 대한 지속적인 접근이 개인참모들의 영향력이다. 개인참모는 상관이 원하는 한 무엇이든지 수행한다. 개인참모는 조직에서 상관과 독립된 공식적 직위와 권위를 가지지 않지만, 강력한 권력을 행사할 수 있다. 이들은 조직에 활동하는 다른 구성원들이 상관에 대해 접근하는 것을 통제할 수 있다.

(3) 보조참모

보조참모(auxiliary staff)는 전체로서 조직에 봉사하고, 각 보조참모는 자신의 임무를 가진다. 계선이 수행하는 업무의 영역에 기능적인 권위를 행사하고 구별되는 재화를 생산한다. 예를 들면, 인사담당관, 재무관 등이 있다.

조직의 역할과 부서의 활동에 따라 계선조직과 참모조직을 구별했던 전통적 조직기능은 점차 모호해진다. 즉 조직규모의 축소에 따라 참모조직은 조직성과에 대한 책임감을 보다 많이 수용하게 된다. 다른 한편으로 급변하는 조직환경, 조직의 복잡성 증가와 관리적 전문성에 대한 요구 그리고 급속한 기술의 발달로 전문적 막료의 역할이 중요하게 됨에 따라 계선조직과 참모조직의 관계에 대해 수정을 요구한다. 즉 참모조직이 조직에 있어 권위와 영향력의 원천으로써 간주되기도 하며,[2] 이들 관계가 보다 유연한 관계로 발전하길 요구하고 있다(Kast & Rosenzweig, 1985: 240).

이와 같이 계선조직으로 구성된 조직보다는 계선과 참모조직 두 가지로 구성된 조직에서 참조조직은 계선집행부의 업무를 경감하게 하며, 계선집행부가 필요할 때 전문가적 조언을 제공한다. 또한 전문화를 통한 계선과 참모조직은 보다 좋은 의사결정을 제공할 수 있고, 업무에 대한 협력을 초래할 수 있다. 나아가 전문화된 참모의 조언을 통해 계선집행부는 생산적인 결정을 취할 수 있다. 특히 연구와 혁신과 관련한 업무에 있어 계선과 참모조직은 장점을 가질 수 있다.

---

2 이점에 있어 Etzioni(1964: 81)는 연구실험실, 병원, 대학과 같은 조직유형에서는 참모조직과 계선조직의 역할이 역전된다고 지적한다. 즉 전문적 조직(professional organizations)에서의 행정가는 전문가들이 수행하는 주요한 활동에 대한 수단을 관리하는 부차적인 활동(secondary activities)에 책임이 있다.

┃표 1-4┃ 계선조직 및 계선과 참모조직

구분	계선조직	계선과 참모조직
의미	권위와 지시는 아래로 향하고(downward), 책임은 위로 향하는 조직; 상관과 부하 사이의 직접적인 수직관계가 형성된 조직	전문가가 계선관리자에게 가이드와 지원을 제공하는 조직구조; 계선조직의 장점과 기능적 조직의 장점의 결합한 조직
권위	명령(command)	명령과 조언
징계 (discipline)	엄격(strict)	느슨함(loose)
집행	계선집행부는 일반가(generalist)	계선집행부는 일반가이며, 참모 집행부는 전문가
집권화 정도	철저한 집권화	부분적 집권화와 부분적 분권화
적절한 유형	적은 구성원으로 구성된 작은 조직	어느 정도의 구성원을 가진 대규모 조직

2. 관할영역에 따른 분류: 공공조직, 비영리조직, 민간조직

1) 공공조직

(1) 공공조직: 정부조직

공공조직(public organization)은 정부에 의해 운영되는 조직이며, 가끔 시민 개인의 지불 능력과 관계없이도 시민에게 공공서비스를 제공한다. 이 점에서 공공조직의 주된 동기는 이윤 창출이 아니다. 이것은 돈이 필요하지 않기 때문이 아니라 다른 중요한 목적을 추구하는 것이 우선되기 때문이다. 이러한 범주의 공공조직을 비영리부문(not-for-profit sector 또는 nonprofit sector)이라 한다.

이들 공공조직은 몇몇 공통적인 특성을 가지고 있다. 모든 공공조직은 운영 활동을 위해 세금을 요구한다. 공공조직은 자신들의 운영 활동에 대한 집행에 있어 지출이 발생한다. 모든 공공조직은 조직산출과 관련된 고객(clients, customers)을 가지고 있다. 이에 공공조직은 조직설립과 관련하여 정치적 그리고 법률적 영향력, 그리고 시장실패의 존재 등에서 민간조직과 차이가 있다. 이 점에서 공공조직은 다음과 같이 ① 정치적·법률적 영향력, ② 시장실패에 대한 대응, ③ 돈의 가치 등에서 민간조직과 구별된다.

① 정치적 영향력의 강도

공공조직은 기본적으로 정치적 인센티브에 의해 지배되고, 상대적으로 제한을 받는다. 이에 Kettl과 Fesler는 공공조직은 법률을 집행하기 위해 존재하며, 공공조직의 모든 요소들(구조, 채용, 예산 및 목적)은 법률적 권위(legal authority)의 산물이라고 지적한다.

하지만 정치적 제도에 의한 활동과 정책은 민간조직의 운영방식에도 엄청나게 영향을 미친다. 모든 민간조직은 국가에 의해 제정된 법률과 규제의 범위 내에서 활동해야만 한다.

② 시장실패의 대응

공공조직은 시장실패에 대응한다. 시장실패(market failures)는 자유로운 시장이 비효율적인 자원할당을 산출할 때 초래되는 것이다. 민간조직은 기술적 합리성을 극대화하기 위해 운영되며, 효율성 극대화를 위한 자원을 활용하는 시장적 선택(market choice-making)에 있어 유연성이 있다. 이 점에서 민간조직은 제품을 생산함에 있어 사회적으로 최적화된 수준으로 산출하지 않는다. 하지만 공공조직은 시장이 할 수 없는 것(분배공평의 보장, 정보비대칭의 개선)을 수행하기 위해 탄생한다(Hill & Lynn, 2009: 25-27; Hughes, 2012: 28-31). 특히 시장실패는 공공재, 외부성, 정보문제, 분배불공평, 자연독점과 같은 현상에서 일어난다.

첫째, 공공재(public goods) - 공공재는 소비에 있어 비경쟁적(nonrival)이다. 공공재는 한 사람에 의한 소비는 다른 사람이 소비할 수 있는 양에 영향을 주지 않는 비배재성(nonexcludability)의 특성을 가진다. 즉 모든 사람에 대해 재화의 이용가능성을 제한하는 것은 불가능하다. 이러한 공공재의 예로 국가안보, 공영방송, 등대(lighthouse), 도로와 교량 등을 들 수 있다. 반면에 민간재화(private good)는 그것에 대해 지불한 사람만이 즐길 수 있고, 그리고 다른 잠재적 이용자들은 배제될 수 있다. 이에 비해 공공재는 매매가격의 지불 여부와 관계없이 모든 이용자는 편익을 받을 수 있다.

둘째, 외부성(externalities) - 외부성은 관련이 없는 제3자(unrelated third party)가 경험하는 경제 활동의 비용 또는 이익이다. 외부성은 공유지의 비극을 안내하는 주요한 촉매제이다. 외부성은 제품과 관련하여 비용을 충분히 반영하지 않은 제품의 생산 혹은 소비의 결과로서 일어나는 추가적인 편익 혹은 비용이다. 긍정적 외부성(접촉전염병에 대한 예방접종, 인프라 개발, R&D 활동 등)

은 생산자 혹은 소비자에 의해 충분히 수확할 수 없는 편익을 초래한다. 반면에 민간생산자는 그러한 제품에 대해 불충분하게 생산한다. 부정적 외부성(온실가스 배출, 대기오염 등)은 생산자 혹은 소비자에 의해 충분히 견딜 수 없는 비용 혹은 해를 초래하는 것이다.

셋째, 정보문제(information problems) - 정보 비대칭(information asymmetry)과 불완전한 정보(imperfect information)는 거래와 관련한 당사자들이 제품과 서비스에 관련해서 다른 정보를 가질 때 표출된다. 시장이론은 구매자와 판매자 모두에 대해 완전한 정보가 제공된다는 것을 가정한다. 하지만 구매자의 입장에서 정보를 얻을 수 없다면 시장은 최적(optimal)일 수 없다. 이때 정부활동을 통해 시장이 더욱 잘 작동할 수 있도록 정보를 제공할 수 있다.

불완전한 정보의 경우 역선택(adverse selection)이 일어날 수 있다. 예를 들면, 건강하지 못한 사람들이 건강보험을 더 많이 가입하는 도덕적 해이(moral hazard) 현상이 발생한다. 또한, 흡연자 혹은 오토바이 운전자에 의한 자기평가(self-assessment)는 실제적인 위험을 훨씬 낮게 평가할 수 있다. 이와 같은 문제는 정보실패의 결과로서 시장실패의 원인이 된다.

정보비대칭의 사례는 공공부문이 실업보험, 복지 및 의료보험을 제공하는 것 같이 고용·실업과 관련된 보험 혹은 빈약한 건강 상태에 대한 복지 및 의료보험 제공에서 나타난다. 이러한 문제는 고객들이 직면한 선택과 관련하여 정확한 정보를 획득하는 데 불가능하거나 혹은 대가가 많이 요구될 때 일어난다. 이러한 맥락에서 소비자 제품 안전 위원회(Consumer Product Safety Commission: CPSC)와 식품의약품국(Food and Drug Administration: FDA)이 그러한 역할을 담당한다.

넷째, 분배불공평(distributional inequity) - 분배불공평은 시장이 효율적으로 수행될 때도 일어난다. 즉 소득과 부의 공평한 분배에 관련한 시민들의 선호를 보장할 수 없다. 또한 특정한 재화와 서비스(1차 진료)에 대한 접근과 관련하여 시민들의 선호는 보장할 수 없다.

다섯째, 자연독점(natural monopoly) - 자연독점은 시장의 특징이 단 하나의 생산자가 존재하는 것이다. 자연독점의 존재(전기, 전화, 가스, 물)는 정부기업의 존재 이유가 된다. 이러한 공공시설에 대해 때론 민간기업이 소유하고, 정부가 규제하기도 한다. 이점에 있어 정부개입은 직접적인 정부공급 혹은 정부소유를 의미하지는 않는다.

③ 돈의 가치, 자금조달방식 및 시민의 책임성

연방정부와 지방정부는 민간조직과 같은 방식으로 이윤을 창출하기 위해 설계되지는 않았다. 이들 조직의 강조점은 이윤이 아니라 오히려 돈의 가치(value for money)를 성취하는 것이며, 그리고 비용을 줄이는 데 초점을 둔다. 이들 조직은 일정한 재정연도 동안 다소간 확정된 예산이 배분된다. 이리하여 정부조직은 엄격하게 제한된 예산 범위 내에서 국민이 필요로 하는 서비스를 제공해야 한다.

또한 공공조직의 소유자는 정부이며, 국민으로부터 조직 운영의 자금을 조달하여 운영된다. 반면에 민간조직은 개인이 조직을 소유하고, 그 조직의 운영자금을 개인으로부터 조달한다.

무엇보다 국민은 국가가 제공하는 공공재와 서비스에 접근할 수 있다. 이러한 서비스의 예로 국가안보, 건강관리서비스, 교육시설, 법률과 명령, 교통서비스, 사회보장연금제공(social security provisions) 등이 있다. 시민들은 국가가 제공하는 서비스를 즐기는 대가로서 어떤 책임감을 수용해야만 한다. 시민들의 법률적 책임성은 국가가 집행하는 법률을 준수하는 것에 동의하는 것이다. 이에 우리는 세금을 납부하는 것에 동의하고, 법률을 따르는 것에 동의하고, 다른 사람들과 평화롭고 그리고 방해받지 않고 생활하는 것에 동의한다. 이러한 책임감에 대해 위반했을 때 국가로부터 제재(sanction)를 받는다.

이것을 John Locke(1632-1704)와 Thomas Hobbes(1588-1679)는 정부와 국민 사이에 존재하는 사회적 계약(social contract)의 개념으로 제안하고 있다. 이러한 책임감을 준수하는 국민들은 자신의 특권을 즐길 수 있는 권한을 가지고 있다. 또한 국가로부터의 편익을 즐기기를 원하는 국민은 자신의 책임감을 수용해야만 한다. 사회의 지속적인 질서는 자신의 책임감을 수용하는 국민 대다수에 의존한다.

(2) 공공조직: 공기업

공기업(public enterprise)은 국가 또는 지방자치단체가 소유하거나 지배하는 기업이다. 또한 공기업은 영리성 또는 기업성이 있는 사업을 운영하는 기업적인 성격을 지니고, 시장에서 공급하기 어려운 재화와 서비스를 제공하는 조직이다.

이처럼 공기업은 공공성과 기업성을 속성으로 하고 있고 다음과 같은 요소들을 포함하고 있다. ① 국가 또는 지방자치단체가 설립한 기업이나 기관 또는 단체이다(공적 소유). 다만 행정조직법에 의한 정부기관은 제외된다. ② 국가 또는 지방자치단체가 직·간접으로 지배하여야 한다(공적 통제). ③ 기업의 실체로서 자율적인 의사결정권이 있어야 한다(자율성). ④ 자체 수익창출 능력을 가진 생산주체이다(시장성).

또한 공기업은 시장적 산출물(market output)의 성격을 가지는 반면에, 비시장적 산출물(non-market output)의 성격을 가진 공공비영리기관과 차이가 있다.[3]

┃표 1-5┃ 공기업과 공공비영리기관

구분	공기업	공공비영리기관 (정부산하기관과 정부출연연구기관)
법적 행태	독립된 법인격 공법상의 기업법인(공사) 상법상의 주식회사	독립된 법인격 공법상의 사단법인·재단법인 (공단, 무자본특수법인)
제도적 실체	기업	비영리기관
산출물의 성격	시장산출물	비시장산출물
상업성	이윤목표 추구 매출액(국고보조 포함)이 생산비용의 50% 상회	비영리성 매출액(국고보조 포함)이 생산비용의 50% 하회
정부 재정지원 형태	출자, (국고보조)	정부출연, 국고보조, 수수료
재산권의 성격	잔여이익청구권 보장 거래 가능	잔여이익청구권 인정되지 않음 거래 불가능

출처 : 곽채기(2006)

공기업에 부가하여 정부후원기업(government-sponsored enterprises, GSEs)은 QuANGO의 유형이다. 미국의 연방정부 수준에서 이러한 유형의 공기업은 우체국(U.S. Postal Service), 철도(Amtrak), TVA가 포함된다. 민간기업으로 GSEs의 유형은 연방국민저당협회(Federal National Mortgage Association: Fannie Mae), 연방주택금융저당회사(Federal Home Loan Mortgage Corporation: Freddie Mae), 연방주택대부은행(Federal Home Loan Bank System), 학생융자조합(Student Loan Marketing Association: Sallie Mae) 등이 있다. 미국 의회는 주택과 교육과 같은 목

---

3 시장산출물은 경제적으로 의미있는 가격으로 판매되거나 시장에서 판매 또는 처분할 목적으로 생산하는 재화와 서비스이다. 비시장산출물은 무료 또는 경제적으로 의미없는 가격으로 다른 제도단위 또는 사회전반에 공급되는 재화와 서비스를 지칭한다(곽채기, 2006).

적을 위해 자금을 차용하는 것을 줄이기 위해 GSEs를 설립했다(Hill & Lynn, 2009: 176).

우리나라는 관련 법령의 규정에 따라 공기업(정부투자기관, 정부출자기관), 정부산하기관, 정부출연연구기관 등으로 구분하고 있다. 특히 공기업을 정부투자기관과 정부출자연구기관으로 분류하고 있다. 정부투자기관 중 금융기관과 언론기관을 정부투자기관관리기본법 적용 대상 기관에서 제외함으로써 단위 기관 또는 주무부 주심의 공기업 관리체계를 구축할 수 있도록 하고 있다.

2) 비영리조직

비영리조직(nonprofit organization: NPO)은 이익을 얻기 위해 운영되지 않는 단체를 말한다. 국세청에 의해 면세 지위를 부여받은 단체이다. 미국 국세청은 비영리조직(NPO)과 비영리의 조직(not-for-profit organziation: NFPO)으로 구분하기도 한다. NPO는 재화와 서비스를 통해 대중들에게 서비스를 제공한다. 반면에 NFPO는 특정한 사회적 대의(social cause)에 초점을 맞추는 단체이다. 대부분의 NFPO는 종교, 과학, 연구, 교육 분야에서 사회적인 대의를 위해 헌신하고 있다.

(1) 자선단체

자선단체(charities)는 구체적인 목표 집단(target group)에 대해 재화와 서비스를 제공하는 것이 우선적인 목적이다. 이러한 재화와 서비스는 항상 그런 것은 아니지만 본래 자선의 동기(benevolent motive)로 제공되기 때문에 자선적이다.[4] 예를 들면, Oxfam, Christian Aide, World Vision과 같은 자선단체는 인간의 고통으로부터 구호를 제공하기 위해 노력한다. 또한 의료자선단체는 어떤 질병으로부터 고통을 겪고 있는 사람을 지원하는 것이 목적이다.

이와 관련하여 국가는 자선단체의 활동을 인정하고, 이들 단체가 비영리적 사업을 수행하기 때문에 국가는 세금을 면제해 준다. 어떤 자선단체에 정규적으로 기부하는 납세자는 약정서(covenant form)를 작성해야 한다.

(2) 준자치비정부조직(QuANGOs)

준자치비정부조직(Quasi-Autonomous Non-Governmental Organizations: QuANGOs)은 정부에 의해 목적과 운영지침이 설정되어 있다. 이들 조직은 정부를 대신하여 어떤 활동을 수행하도록 위탁받고 서비스를 제공한다. 이들 조직은 상당한 정도

---

4 자선(charity)는 고어적인 영어의 사랑(love)을 의미한다.

의 자치권을 가지고 자신들의 업무를 활동적으로 수행한다.

준자치(quasi-autonomous)는 조직이 대체로 자치적으로 활동한다는 의미이다. 또한 비정부(non-governmental)는 정부 자체의 부분이 아니라는 조직특성을 말한다. 즉 QuANGOs는 완전한 공공조직도 아니고, 또한 완전한 민간조직도 아닌 공공성 스펙트럼(publicness spectrum)의 중간에 위치하는 구조유형이다. 하지만 이들 비정부조직은 정부의 많은 활동부분을 이행하고 있고, 그리고 많은 정도의 정부예산을 사용하고 있다.

정부는 어떤 영역의 정부정책을 수행해야 할 필요성이 있지만, 정부부처가 직접적으로 수행해야 하는 필요성을 느끼지 못할 때 QuANGO를 설립한다. 예를 들면, 가스, 전기, 물과 같은 시설사용료의 가격을 통제하는 규제기관, BBC 등이 있다. 특히 호주(Australia)와 독일은 국내 및 국제항공을 통제하는 데 있어 국가에 의해 규제하는 QuANGO에 의존하고 있고, 미국은 단지 소규모 공항에 있는 항공통제를 위해 주로 QuANGO에 의존한다.

이와 같이 보다 민간조직과 유사하고, 그리고 덜 공공관료제와 같은 QuANGO 조직유형은 공공관료제보다 효율적이고 효과적이며, 고객에게 보다 접근적이고, 보다 유연하고 책임성 있으며, 그리고 문서주의에 얽매이지 않는 실질적인 이유로 정책결정자는 선호한다.

(3) 비정부조직(NGO)

가. NGO의 의의와 성격

Salamon(1999)에 의하면, NGO(비정부조직, Non-Governmental Organization)란 공식적 조직으로 사적(private) 성격을 띠며, 비영리성, 자치적(self-governing), 자발적(voluntary) 성격을 갖는 조직이다.[5] 이런 의미에서 NGO는 비정부 또는 비국가 조직체로서 자발성을 바탕으로 하는 비영리적인 집단이나 조직 또는 결사체이며, 시민들의 자발적이고 능동적인 참여로 이루어지고 자원주의에 입각하여 회원의 직접적인 수혜와 관계없이 공익 추구를 목적으로 하는 민간결사체이다.[6]

---

5 NGO의 용어는 유럽에서 사용된 개념으로 제1차 세계대전 당시 영국에서 설립된 아동국제기금(Save the Children Fund, 1919년 설립)과 로마 가톨릭에서 1915년에 설립한 'Caritas'라는 네트워크가 NGO형태로 이루어지면서 이 용어가 국제사회에 등장하기 시작하였다(김영래, 1999: 80). 특히 NGO라는 용어는 1950년 2월 UN 경제사회이사회에서 결의안 288조가 통과되면서 공식적으로 사용되기 시작하였다. 당시 NGO는 정부 간 기구인 UN에서 정부기구(GO: Governmental Organization)의 대표가 아니면서도 UN과 협의적 지위(consultative status)를 인정받은 공식적 조직을 의미하기도 한다.

6 김영나·조윤직(2014: 246)은 '비영리민간단체지원법'에 근거하여 NGO를 공익활동 수행을 목적으로 하는 민간단체로서 불특정다수를 수혜자로 하는 가운데 구성원 간 이익분배를 하지 않

이러한 NGO는 정부가 해결하지 못하는 각종 사회문제를 해결하고, 정부의 한계를 보완하기 위해 활동하고 있으며, 시민의 권리를 옹호하기 위해 각종 정책의 변화를 추진하기도 한다. 이와 같이 NGO는 다음과 같은 특징을 가진 단체이다(김영래, 1999: 82; 김태영, 2002: 134).

① NGO는 정관·회칙 등을 가지고 공공기관에 등록된 공식적, 즉 제도적 실체를 가지고 있어야 한다. NGO는 하나의 조직체로서 어느 정도 제도화 및 기구화되어 있어야 한다.

② NGO는 비정부성(nongovernmental)의 특성을 가진다. 즉 민간이 주도하여 설립하고 근본적으로 정부로 독립되어 있을 것을 요구된다. 이처럼 NGO는 정부의 조직과는 무관하게 사적으로 조직된 비정부, 비국가(non-state) 행위자이다.

③ NGO의 수입과 활동결과 발생한 잉여이익은 조직의 소유자나 대표자에게 배분하지 않는다(non-profit-distribution). 수입과 잉여이익은 조직의 목적에 부합되는 활동에 재투자되어야 한다. 즉 NGO는 이익분배금지의 원칙이 요구된다.

④ NGO는 자치적(self-governing)이다. NGO는 그들의 활동을 스스로 관리·통제하며 내부에 자체적으로 관리기능을 보유함으로써 외부의 관리를 받지 아니한다.

⑤ NGO는 시민들의 자발적 참여조직이다. 즉 정부의 강제나 다른 물질적 유인 때문에 모인 단체는 NGO가 아니다. 이처럼 NGO는 조직의 활동이나 경영에 인적·물적 지원을 통하여 자발적으로 참여하여야 한다.

⑥ NGO는 비정파적(nonpartisan)이어야 한다. 특정 이데올로기의 보급을 목표로 하는 종교적 활동이나 정당활동은 비영리부문에서 제외된다. 또한 NGO가 추구하는 목표달성을 위하여 압력단체(pressure group)로서의 성격을 지니고 있으며, 이는 국내외적 영역에서 광범위한 정치참여를 유도한다.

⑦ NGO는 공익 추구를 목표로 한다. 공익을 사회 구성원 불특정 다수나 사회적 약자의 이익이라고 규정한다면, NGO는 공익에 기여한다. 따라서 상행위를 통하여 사적 이익을 추구하는 기업은 NGO가 아니다.

⑧ NGO가 활동하는 영역이 주로 인간의 기본적인 삶과 관련한 사항이기 때문에 억압적 또는 권위주의적 정치체제를 민주정치체제로 변화시키려는 활동을 하

으며 특정 정당의 지지나 종교의 교리전파를 목적으로 하지 않는 100인 이상의 구성원으로 이루어져 1년 이상의 활동을 한 단체로 정의하고 있다.

고 있다. 이런 과정에서 시민사회의 주축이 된다. 또한 NGO는 광범위한 대중
참여를 유도하기 때문에 풀뿌리(grassroots) 조직의 성격을 가지며, 자율성과
독립성을 가진다. 풀뿌리 조직은 자율성과 독립성이 지켜질 때 생명력을 가지
며, 동시에 이를 통하여 광범위한 대중의 참여를 유도할 수 있다.

┃표 1-6┃ NGO의 장·단점

NGO의 장점	NGO의 단점
• 자유로운 실험능력 (ability to experiment) • 지역요구(local needs) 적응의 유연성 • 사람간의 좋은 관계(good rapport) • 모든 수준에서의 의사소통 • 상당히 동기부여된 직원과 전문가 채용 능력 • 적은 정부규제	• 재원의 부족 • 헌신적인 리더십(dedicated leadership) 부족 • 훈련된 직원의 부족 • 기금의 남용 • 독점적인 리더십 • 대중 참여의 결핍 • 도시지역의 편중 • 조화의 결핍

나. NGO의 특성

NGO의 특성을 이해하기 위해 비영리조직(nonprofit organization: NPO)과의
차이점을 살펴보고자 한다.

NPO는 문화적, 종교적, 직업적 또는 사회적 목적을 촉진하기 위해 개인 그
룹에 의해 형성된 법정 단체다. NPO는 이익을 소유주나 주주에게 분배하지 않는
사업을 한다.

NGO와 NPO는 모두 이윤을 창출하는 목적이 아니라 사회적 이익을 위해 일
한다. 즉 NGO와 NPO 모두 인간의 복지와 더 나은 사회를 위해 일한다. NGO와
NPO는 〈표 1-7〉과 같이 차이점이 있다.

┃표 1-7┃ NGO와 NPO

구분	NGO	NPO
의미	정부가 자율적으로 운영하는 일반 시민들에 의해 만들어진 비정부조직	구성원들은 기관의 손익을 받지 않는다는 원칙에 따라 운영되는 조직
핵심 기능	사회와 경제의 향상을 도모함	예술, 과학, 연구, 사업 또는 유용한 목적을 촉진함
운영영역	매우 큼(large)	제한적임(limited)

자금원	정부, 재단, 기업, 민간	신뢰할 수 있는 회원
예	적십자, 국제로터리, 국제항공운송협회(IATA), 국제상공회의소 등	스포츠클럽, 사회 혹은 오락단체, 공립교육기관, 공립병원 등

또한 NGO의 특성에 비추어 준정부조직과의 차이점을 살펴보면 다음과 같다 (권경주, 1995). ① 조직설립 과정에서 준정부조직은 정부의 관여가 크나, NGO는 민간이 주도한다. ② 행정수단기능에서 준정부조직은 NGO보다 공익달성을 위해 더욱 적극적이고 목적적인 역할을 담당한다. ③ 재원확보에서 준정부조직은 거의 공공부문에 의존하나, NGO는 회원의 회비 및 민간의 자발적인 기금을 우선한다. ④ 조직운영에서는 준정부조직은 관료제적이고 정부의 리더십에 큰 영향을 받고 있으나, NGO의 활동은 국가 간 경계를 넘어 전세계, 전인류의 공통주제와 문제들을 협동과 연계구조를 바탕으로 해결하고 있다.

다. 비정부조직과 정부의 관계

자유주의적 시각에서는 정부와 NGO 간의 관계를 주로 상호보완적이며 공동의 거버넌스를 수행하는 협력적 관계로 인식한다. 반면에 진보적 입장에서는 여전히 국가의 부르주아적 성격을 감시·견제 내지는 타파하는 데 목적을 둠으로써 국가에 대한 시민사회와 NGO들의 비판적 기능을 중시하는 경향이 있다(서원석, 2003: 13).

NGO와 정부와의 관계는 NGO의 전략과 정부의 태도라는 2가지 기준으로 〈그림 1-2〉과 같이 4가지 유형으로 구분할 수 있을 것이다(정정화, 2006: 51-52).

┃그림 1-2┃ 정부와 NGO의 관계유형

정부의 태도

		거부	수용
NGO의 전략	경쟁	대립형	NGO주도형
	협력	정부우위형	상호의존형

출처 : 정정화(2006 : 51)

① 대립형 – NGO는 정부의 권한 확대를 견제하고, 권력이 합법적으로 사용되도록 감시하는 기능을 한다. 이런 시각에서 대립형은 NGO가 정부정책이나 권력 행사방식에 대한 비판과 저항적인 직접행동으로 정부와 갈등관계가 형성

되는 경우이다. 정책결정 과정에 정부의 영향력이 지배적이며 정보에 대한 접근이 제약된 상태에서 NGO가 경쟁전략으로 맞설 때 전형적으로 나타날 수 있다.

이런 유형의 사례로, 급진적인 환경운동이나 환경문제를 야기하는 대규모 개발계획에 대한 반대운동, 공해로 인한 피해지역 주민들의 보상운동에서 자주 관찰된다.

② 정부우위형 – 정부우위형은 NGO에 비해 권력자원이 우세한 정부가 NGO의 요구나 주장을 거부하거나 무관심한 상태에서 정책결정을 주도하는 경우이다. 권위주의 정치체제에서 정부가 NGO를 통제하는 상황에서도 형성된다. 시민사회에 대한 국가의 지배력이 강하게 작용하거나 정부와 협조적인 관계를 유지하며 재정지원으로 받고 있는 NGO가 자율성과 독립성을 상실할 경우 일반적으로 나타날 수 있다.

③ NGO주도형 – NGO주도형은 정부와 정책경쟁 상황에서 NGO가 정치적 지지와 운동역량을 토대로 경쟁전략으로 맞서 정부가 NGO의 요구와 주장을 수용하게 되는 경우이다. 우리나라에는 영월댐 건설 백지화 사례와 1998년의 의약분업정책의 경우처럼 NGO가 정책주도권을 가지고 이해당사자 간 갈등을 조정하여 대안을 제시하고 정부가 이를 수용한 경우가 이 유형에 해당된다.

④ 상호의존형 – 거버넌스 이론에서 이상적인 모델로 상정하고 있는 상호의존형은 정부와 NGO 간에 권력자원의 의존성이 높고, 상호신뢰와 협력체계의 형성을 전제로 하고 있다. 이 경우 정부가 NGO를 정책 과정에 흡수(cooptation)하여 광범위한 제도적 참여를 보장하고 있다는 점이 특징이다. 사회복지서비스 전달 및 재원을 NGO와 정부가 분담하는 형태에서 전형적으로 나타나지만, 정부의 재정지원으로 환경 NGO가 자연보호운동이나 폐기물 재활용운동을 벌이는 경우에도 해당된다. 이 유형은 NGO가 정부의 재정지원에 지나치게 의존하게 될 경우 정부우위형으로 전환될 수 있다.

3) 민간조직

개인이 소유하는 민간조직, 즉 국가가 지배하지 않는 민간조직(not owned by the state)은 2가지 범주인 비법인조직(non-incorporated organizations, 자영업자와 동업자)과 법인조직으로 구분된다. 민간조직에서 사람(법률적 실체)은 생물체의 사람일 수 있다. 민간조직은 사람들의 집합이다. 법인조직(incorporated organizations)은 법률이 조직에게 법률적 실체로서 자신의 권리를 가진 것으로 인정한다.

법률적 실체(legal entity)는 다음과 같은 권리를 가진다. 즉 계약을 할 수 있는 권리, 사업적 거래를 이행할 수 있는 권리, 자기 자산에 대한 권리, 사람을 고용할 수 있는 권리, 계약위반(breach of contract)에 대해 소송할 수 있는 권리가 있다.

〈표 1-8〉과 같이 무엇보다 민간조직은 이윤을 창출하기 위해 존재한다. 민간조직은 이윤을 창출할 가망성이 없다면 존재할 수 없다. 이윤은 성장하기 위해 재투자할 수 있는 지표이기도 하다. 이러한 민간조직은 정부영역에서 배타적으로 활동하는 사람들로 구성된 자립의 특정한 이익집단(self-sustaining special interest groups)이다. 민간부문은 정부가 소유하거나 정부에 의해 운영되는 조직이 아니라 개인적으로 소유하는(privately owned) 조직이다. 이들 조직에는 보통 기업과 조합(partnerships)이 포함되어 있다.

┃표 1-8┃ 민간조직과 공공조직

민간조직(private organization)	공공조직(public organization)
주주에 의한 지배	정부에 의한 지배
소유주(owner)의 자금으로 설립	국민에게 서비스 제공을 위해 법률적 기반 위에 설립(법적 권위의 산물)
이윤(profits)이 성공의 열쇠	국민의 요구(the needs of the public)에 대응이 성공의 열쇠
고객은 재화와 서비스 구매를 통해 참여	고객은 수동적인 수령인(passive recipients)으로 참여
이윤창출로 기금조성(fund generation)	세금으로 기금조성
소유주에 대한 책임	공무원이 국민에 대한 책임
단순한/ 독점적 의사결정구조	복잡한 의사결정구조
낮은 가시성(visibility)	보다 높은 가시성

용어 해설

- 조직(組織, organization) – 조직의 organ은 특정한 직무를 위한 칸막이(compartment)를 의미. 그리스어 organon에서 찾아볼 수 있으며, 공통적인 목적 혹은 일련의 목적을 위해 두 사람 이상의 사람들이 협동하는 시스템이다.
- 관리(管理, management) – 사람에 의한 통제(to control by hand)를 의미하는 'manes'로 유래되었으며, 조직목적을 형성하고 그리고 달성하기 위해 기획하고, 조직화하고, 동기를 부여하고, 그리고 통제하는 과정이다
- 집단(集團, group) – 공통된 목적을 위해 또한 비슷한 관심을 가진 사람들로 구성되며, 비교적 비공식적이며, 공통된 관심을 가진 사람들의 사회화(socialized)하는 울타리이다.
- 계선조직(line organization) – 수직적 및 계층적 구조를 형성하면서 조직의 목표성취에 직접적으로 기여하는 조직체이며, 조직의 주된 사업의 생산과 분배에 직접적으로 관련된 업무를 수행하는 조직이다.
- 참모조직(staff organization) – 계선조직의 구성원들에게 특별한 충고와 협력을 제공하는 조직체이며, 계선관리자의 운영을 편리하기 위해 존재한다.
- 공공조직(public organization) – 정부에 의해 운영되는 조직이며, 가끔 시민 개인의 지불능력과 관계없이도 시민에게 공공서비스를 제공한다. 공공조직은 ① 정치적·법률적 영향력, ② 시장실패에 대한 대응, ③ 돈의 가치 등에서 민간조직과 구별된다.
- 시장실패(市場失敗, market failures) – 자유로운 시장이 비효율적인 자원할당을 산출할 때 초래되는 것이다. 시장실패는 공공재, 외부성, 정보문제, 분배불공평, 자연독점과 같은 현상에서 일어난다.
- 자선단체(charities) – 구체적인 목표 집단(target group)에 대해 재화와 서비스를 제공하는 것이 우선적인 목적이며, 재화와 서비스는 본래 자선의 동기(benevolent motive)로 제공된다.
- 준자치비정부조직(Quasi-Autonomous Non-Governmental Organizations: QuANGOs) – 정부에 의해 목적과 운영지침이 설정되어 있고, 정부를 대신하여 어떤 활동을 수행하도록 위탁받고 서비스를 제공한다.
- NGO(비정부조직, Non-Governmental Organization) – 공식적 조직으로 사적(private) 성격을 띠며, 비영리성, 자치적(self-governing), 자발적(voluntary) 성격을 갖는 조직이다.

CHAPTER **2**

조직목표와 조직효과성

    조직목표는 나침반(compass)처럼 조직의 모든 구성원들을 공통의 목적지 (common destination)로 안내한다. 이처럼 조직목표는 조직구성원들에게 어디로 향하고 있는지 탐색하는 데 도움을 준다. 또한 모든 조직구성원이 같은 방향으로 가고 있는지를 확인하는 데 도움을 준다.

    조직효과성(경영학 영역에서는 조직유효성으로 표현하기도 한다)은 곧 조직의 현재 능력이 조직이 설정한 목표를 얼마나 달성하고 있는가에 대한 진단이다. 이처럼 조직이 효과성을 정의하고, 측정하는 매우 중요한 부분이라 할 것이다. 특히 조직이 경쟁 우위를 유지하기 위해서는 조직효과성을 정기적으로 평가할 필요가 있을 것이다. 이와 관련하여 조직구성원의 성과, 리더십 스타일에 대해 지속적으로 의문을 가질 필요가 있을 것이다.

01 조직목표의 의의, 기능, 유형, 설정 과정, 변동 및 융합

1. 조직목표의 의의

조직은 목표성취의 도구(goal-attainment devices)이다. 조직은 관리자가 어떤 목표를 성취하는 데 활용하는 도구이다. 조직목표(organizational goal)는 어떤 조직이 성취하고자 시도하는 바람직한 미래의 상태(the desired future state)를 설정한 성명이다. 또한 조직목표는 그룹이 함께 협력하여 달성하고자 원하는 종국의 상태 혹은 바람직한 결과(end states or desired results)이다.

이러한 목표는 바람직한 종국의 상태(a desired end state)이며, 우리가 원하는 어떠한 것(something we want)이다. 또한 조직목표는 조직구성원들이 바람직하게 생각하는 상태나 조건이며, 조직 자체를 설계하고 유지하기 위한 출발점이 된다. 사회적 환경과 업무환경이 조직목표에 영향을 미친다. 이처럼 조직목표는 조직을 만드는 데 출발점이 된다.

조직은 상당히 다양한 목적을 가지고 있다. 정부기관, 교육기관, 비영리병원 등은 이윤이 주된 관심사항이 아니지만 비용에 관해 관심을 가진다. 이들 조직의 관심은 제한된 예산범위 내에 구체적인 서비스를 제공해야 하는 일련의 목적을 반영한다. 반면에 이윤을 추구하는 민간기업도 시장점유율, 신상품 개발, 서비스의 질, 사회적 책임의 영역에서 다양한 목적을 설정한다.

2. 조직목표의 기능

조직에 있어 효과적인 조직목표는 몇 가지 기준을 충족한다. 이들 기준은 ① 모든 사람이 목표를 이해할 수 있도록 목표는 구체적이고 명확하게 설정해야 한다. ② 몇 가지 방식에서 목표의 진행을 측정할 수 있어야 한다. ③ 동기를 자극하여 충분히 도전할 수 있는 현실적인 목표이어야 한다. 이점에서 효과적인 조직의 목표는 다음과 같은 몇 가지 기능을 수행한다.

(1) **조직의 운영과 활동을 위한 방향 제시** - 조직의 목표는 조직참여자에게 방향감각을 부여한다. 조직목표를 명확하게 설정하는 것은 모든 조직구성원이 같은 목적을 향해 활동하게 하는 데 중요하다. 즉 조직목표는 조직이 실현하고자 노력하는 미래의 상태(a future state)를 설정하는 것이다. 이처럼 조직목표는 조직구성원이 무엇을 해야 하는 것에 대해 기대를 알게 한다.

(2) 불확실성 감소(reduce uncertainty) - 조직목표를 명시하는 것은 조직 구성원의 활동과 태도에 영향을 미치는 데 기여한다. 또한 목표설정의 과정과 구체적인 목표에 대한 동의는 조직참여자에 대해 불확실성을 줄인다. 이로 인해 조직목표는 지루함을 제거하게 한다. 또한 조직의 전략과 계획을 이행하는 것과 관련하여 구성원의 협력을 확보하는 것이 매우 중요한 과제이다. 이점에서 조직이 목적을 명확하게 정의할 필요가 있다.

(3) 동기유발 및 자신감 제공 - 목표달성은 동료, 상관 및 다른 사람으로부터의 인정받게 한다. 또한 목표달성은 자신감, 성취에 대한 자부심을 이끌고, 미래의 도전에 대한 수용하는 자발성을 갖게 한다. 더욱이 긍정적인 환류는 직무성과와 더불어 만족감을 느끼게 한다.

(4) 조직활동의 정당화(legitimacy) 근거 - 조직목표는 조직의 존재를 정당화하는 것이다. 조직의 공언된 목표(stated goals)는 대외적 구성체에 대해 정당성의 상징을 제공한다. 이처럼 조직의 목표를 명확하게 제시하는 것은 다양한 이해관계자 그룹과 의사소통할 때 조직의 목적과 가치를 분명하게 한다. 조직목표는 조직의 가치와 신념(values and belief)에 대한 간단한 요약이다.

(5) 조직평가의 기준(성공을 측정하는 기준) - 조직목표는 조직의 성공을 측정하기 위한 기준점(benchmark)이다. 또한 조직목표는 조직의 효율성과 효과성을 평가하기 위한 기준을 제공한다. 이처럼 조직목표는 과거의 경험을 반영하고 미래의 바람직한 상태를 기술하는 것이다.

(6) 조직의 구조와 과정을 설계하는 준거 - 조직목표는 조직 자체의 설계와 유지(design and maintenance)를 하기 위한 출발점이다. 이들 조직목표는 사회가 중요한 것으로 규정하는 욕구에 대해 대응해야만 한다.

> ### 효과적인 목표설정을 위한 가이드라인
>
> - 구체적인 목표를 설정하라(Set specific goals). 구체적인 목표가 보다 높은 성과를 초래한다.
> - 어려운 목표를 설정하라(Set difficult goals). 목표의 어려움과 업무성과 사이의 긍정적인 선행관계(linear relationship)가 있다. 조직구성원들이 목표가 달성할 수 있다고 믿어야 한다. 조직구성원들이 목표가 너무 어렵다고 믿는다면 다른 목표에 초점을 둘 것이다.
> - 목표 진행과 관련하여 환류를 제공하라(Give feedback on goal progress). 환류는 행태를 진행하게 한다(keep behavior on track). 또한 환류는 보다 많은 노력을 자극한다. 즉 조직구성원은 자신의 성과에 관해 환류를 받을 때 자신의 성과목표를 설정하는 경향이 있다.
> - 목표달성에 대해 동료의 경쟁을 고려하라(Consider peer competition for goal attainment). 조직구성원이 개인적 목표를 위해 노력한다면, 목표성취에 관한 경쟁이 유용할 수 있다. 단지 업무가 상호의존적이라면, 경쟁은 부정적일 수 있다.
> - 목표설정에 참여를 활용하라(Use participation in goal setting). 참여가 만병통치약은 아니다. 하지만 참여는 목표를 이해하고 수용하는 데 도움을 준다.
> - 목표수용성을 조장하라(Encourage goal acceptance). 목표수용성은 개인이 특정한 목표를 수용하는 정도이다. 개인이 달성할 수 없는 목표 혹은 목표달성으로 인한 혜택이 없다고 지각한다면 목표수용성이 낮아진다.
> - 목표몰입을 격려하라(Encourage goal commitment). 목표몰입은 개인이 자신이 채택한 목표를 성취하고자 노력하는 데 헌신하는 정도이다. 목표몰입은 목표지향적 노력에 대한 필요조건이다. 목표몰입은 목표수용성에 의해 영향을 받는다.
>
> 출처 : Aldag & Kuzuhara(2002: 254-255)

3. 조직목표의 분류

1) 공식목표와 운영목표

(1) 공식목표

공식목표(official objectives)는 조직이 공식적으로 달성하고 대외적으로도 제시하고 있는 조직목표이다. 공식목표는 조직이 무엇을 하는가, 조직이 존재하는 이유, 조직의 존재에 놓여있는 가치를 반영하는 목표이다. 공식목표는 일반적으로 정책메뉴얼 혹은 연간보고서에 제시된다. 공식목표는 조직의 최고관리자에 의해 공개연설로 강조되기도 한다. 이러한 공식목표는 추상적이고 모호하다. 이들 목표는 조직을 위한 가치시스템을 기술하지만, 가끔 측정할 수 없다. 공식목표가 내포하는 추상성과 상징성 때문에 조직 활동을 위한 안내와 성과기준으로 활용하는 데 있어 한계가 있다.

공식목표의 사례: 우리나라 대학의 목적은 교육기본법 제2조 교육이념에 기초하여 설계하고 있다.

고등교육법 제28조(목적): 대학은 인격을 도야(陶冶)하고, 국가와 인류사회의 발전에 필요한 심오한 학술이론과 그 응용방법을 가르치고 연구하며, 국가와 인류사회에 이바지함을 목적으로 한다.

미국 하버드 대학교의 목적은 미국사회를 위한 시민, 시민-리더를 교육하는 것이다 (The mission of Harvard College is to educate the citizens and citizen-leaders for our society). 이러한 책임은 문리(文理)교육(liberal arts and sciences education)의 변혁적인 힘으로 이행할 수 있다고 제시하고 있다.

출처 : http://www.harvard.edu/about-harvard/harvard-glance

---

(2) 운영목표

운영목표(operative objectives)는 조직의 실질목표(real goals)를 표현하는 것이다. 운영목표는 조직이 실제로 운영되는 정책을 통해 추구되는 목적을 명시하는 것이다. 이점에서 운영목표는 조직이 실질적으로 추구하고자 노력하는 것을 알려준다. 어떤 의미에서 운영목표는 공식목표에 대한 수단이다.

이러한 운영목표는 조직 내 매일 수행되고 있는 결정과 활동을 위한 방향을 제공한다. 이점에서 조직의 목표가 행동으로 전환하는 방법으로써 조직의 운영목표를 살펴보는 것이 중요하다. 이러한 과정을 조직의 수단-목표체인(organization's means-ends chains)이라 한다. 운영목표는 각 행정부서로 분할되고, 그리고 할당할 수 있다. 이들 부서의 구체적인 목표는 조직의 광범위한 운영목표를 수행하기 위한 수단이다. 이러한 수단-목표체인은 조직에서 자동적으로 일어나지 않는다. 이것은 환경, 기술, 조직 및 인적자원의 요소에 의해 영향을 받는다(Osborn, et al., 1980: 73).

목표의 유형	초점	서비스 대상	예
공식목표	조직이 공식적으로 선언하고 정의하는 조직상태	일차 및 이차적 수혜집단	연간보고서 ; 정책메뉴얼
운영목표	조직의 실질목표(real goals) ; 공식목표의 수단	일차 및 이차적 수혜집단	성과기준 ; 일일의사결정

2) 일차목표와 이차목표

(1) 일차목표

일차목표(primary objectives)는 조직의 주된 고객집단(primary client group, primary beneficiaries)의 욕구와 바램에 대한 만족에 직접적으로 연계된 목표이다. 일차목표는 조직에 대해 최고의 중요성을 지닌다. 이것은 조직에서 활용하는 구조와 과정에 결정적으로 영향을 미치며, 조직운영의 단계를 설정하는 데 기준이 된다.

이와 같이 일차목표는 조직의 일차 고객집단을 만족하기 위한 능력인 조직의 재화와 서비스를 생산하고 분배하는 것이다.

(2) 이차목표

모든 조직은 다양한 이차고객집단의 욕구와 바램을 만족시켜야만 한다. 이들 집단의 욕구와 바램이 조직의 이차목표(secondary objectives)이다. 이차집단의 사례로 조직구성원을 들 수 있다. 이들 집단은 조직을 위한 자신들의 기여에 대한 답례로서 조직으로부터의 유용성을 기대한다. 이와 같이 이차목표는 이차고객집단의 개인적 목표이다.

다른 이차집단의 욕구와 바램인 정부도 조직으로부터 어떤 유용성을 기대한다. 정부의 유용성은 민간조직이 지불하는 세금의 형태, 환경에 대한 규제, 안전한 작업조건의 강요, 소수인종(minority group)에 대한 고용 등이 있다.

목표의 유형	초점	서비스 대상	예
일차목표	주 고객집단에 대한 재화와 서비스의 생산과 분배	일차적 수혜집단	회계연도 말에 10%의 매출 증가
이차목표	재화와 서비스의 생산과 분배를 성취하기 위한 지원적 기능	이차적 수혜집단	1980년에 중요한 모든 산업안전보건기준 (OSHA)을 맞춤

3) 단기적 목표와 장기적 목표

단기적 목표(short term goals)는 조직이 1년 이내에 성취하고자 희망하는 목표이다. 예산 사이클은 단기적 목표를 위한 시간적 틀을 제공한다. 단기적 목표는 조직구성원에게 매일, 매주, 매달 할당하는 프로젝트의 성취에 대한 조직자원(organization's resources)을 보여주는 데 기여한다. 이런 점에서 관리자는 단기적 목표를 설정할 때 장기적 목표를 유념하는 것이 중요하다.

장기적 목표(long term goals)는 1년 이내의 시간적 틀에서 성취할 수 없는 목표이다. 특히 인구성장과 자원공급에 관심을 가진 조직은 적어도 20년 이상 장기적 목표를 설정해야 한다. 예를 들면, 에너지 공급과 사회보장시스템에 있어 정부프로그램은 25년 혹은 50년의 장기적 예상을 기초해야 한다.

조직에 있어 장기적 목표는 수년 동안 조직의 전체적 방향(overall direction)을 제공한다. 단기적 목표를 설정할 때 장기적 목표를 성취하는 데 직접적으로 기여할 수 있도록 목표의 연계적 설계가 중요하다.

목표의 유형	초점	서비스 대상	예
단기적 목표	1년 미만 혹은 예산사이클	일차 및 이차적 수혜집단	다음 12개월 이내 불합격 품질관리 수를 20% 줄임
장기적 목표	2년에서 20년 이상	일차 및 이차적 수혜집단	5년 이내에 시장점유율을 31%로 향상시킴

4) 학자별 목표분류

(1) Mintzberg의 목표유형론

Mintzberg는 목표의 유형을 ① 이념적 목표(ideological goals), ② 공식적 목표(formal goals), ③ 체제 목표(system goals), ④ 공유된 목표(shared personal goals)로 분류하였다.

(2) Daft의 목표유형론

Daft는 조직의 목표를 조직의 존립근거로 기능하는 임무(mission)를 규정하는 공식적 목표(official goals)와 운영적 또는 실행적 목표(operative goals)로 구분하였다. 운영적 목표는 다시 ① 조직 전반에 대한 성과(overall performance) 목표,

② 자원(resources)에 관한 목표, ③ 시장(market)에서의 지위 및 위치에 관한 목표, ④ 조직구성원의 발전(employee development)에 관한 목표, ⑤ 혁신과 변화(innovation anc change)에 관한 목표, ⑥ 생산성(productivity)에 관한 목표로 구성되어 있다.

(3) Etzioni의 목표유형론

Etzioni는 조직의 기능을 기준으로 목표를 3가지로 구분한다.

① 조직의 일탈방지 및 통제를 위한 질서 목표(order goals), ② 사회를 위하여 재화나 서비스를 생산하는 경제적 목표(economic goals), ③ 상징적 대상의 창조·유지 및 활용을 목적으로 하는 문화적 목표(cultural goals)가 있다.

4. 목표설정의 방법

조직은 목표를 설정하기 위한 공식적이고 명시적인 수단을 가지고 있어야 한다. 예를 들면, 민간조직의 경우 이사회 혹은 주주들의 투표에 의해서 조직의 목표가 설정된다. 하지만 실제에 있어 조직목표의 설정은 조직이 옹호하는 공식적 수단과 상당한 차이가 있다. 조직에 있어 내부적 정치(internal politics)가 목표설정 과정에 상당한 영향력을 발휘한다. 즉 강력한 집단 혹은 핵심적인 지위에 있는 사람이 조직의 목표설정에 있어 과도한 영향력을 발휘한다.

〈그림 2-1〉과 같이 조직은 목표를 설정할 때 다양한 요인과 힘을 고려해야 한다. ① 모든 조직은 고객집단에 봉사하기 위해 존재한다. 이점에서 일차 및 이차적 수혜집단의 욕구와 기대(primary and secondary beneficiary needs and expectations)를 면밀하게 확인해야 한다. ② 조직의 자원 가운데 기술적 상태와 자원의 이용가능성(resource availability)을 확인해야 한다. ③ 다른 경쟁적 조직의 상태를 체계적으로 검토하고, 조직이 달성해야 하는 목표의 윤곽을 설정해야 한다.

④ 조직은 조직이 봉사하는 고객을 위해 의미있는 목표를 설정하기 위한 몇 가지 시스템을 활용하고 있다. 즉 조직은 경쟁적인 목표 사이의 균형을 유지하기 위해 노력한다. 이와 같이 목표설정에 있어 활용되는 방법으로 갈등, 타협, 적응적 흡수 등이 있다(Hodge & Anthony, 1979: 211-212).

⑤ 조직은 최초에 설정한 목표에 대한 갈등, 타협, 적응적 흡수를 통해 조직이 달성하고자 하는 최종적인 목표를 설정한다. 확정된 조직목표에 대한 행동계획(action plan)이 설정되고, 이 목표를 달성하기 위해 조직화가 이루어지며, 각 조직부서의 개별적인 목표가 설정된다. 조직은 정기적인 평가와 정보의 환류

(periodical appraisal and feedback)가 지속되며, 끝으로 결과에 대한 평가로 성과
관리가 이루어진다.

┃그림 2-1┃ 조직목표 설정 과정

출처 : Hodge & Anthony(1979 : 201)

1) 갈등

조직활동에 있어 조직구성원이 서로서로 경쟁하도록 유도하는 것은 보편적
이다. 경쟁은 자원에 대한 갈등을 유발할 수 있다. 조직이 자원에 대해 서로 경쟁
하는 것은 당사자들에게 목표설정 노력에 있어 보다 효과적이고 현실적인 상태
로 이끈다.

갈등(conflict)은 모든 당사자의 목표에 영향을 미치는 요인을 끌어내는 상호
작용에 있어 자극제가 된다. 모든 당사자는 자신의 자원에 관해 관심을 두기 때
문에 갈등은 효과적인 목표설정의 방법이 된다. 특히 건강한 갈등 수준은 현실적
인 목표(realistic goals)를 설정하도록 하는 압박일 수 있다. 관리자는 조직을 위해
건전한 목표 프로그램을 설정하기 위해 하나의 과정으로 갈등을 활용할 수 있다.

2) 타협

관리자는 목표를 설정하고, 자원에 대한 공유를 증가시킬 때 타협(compromise)
을 위한 기반을 설정하기 위해 노력한다. 모든 조직은 실행에 있어 일련의 규칙
을 가지고 있다. 게임의 규칙(rules of game)은 조직의 행동 과정을 설정하는 데
있어 중요한 역할을 발휘한다.

관리자는 타협을 통해 전체적 이점을 획득하기 위한 노력에 있어 후퇴의 기반
을 설정하기 위해 신중하게 시도한다. 즉 관리자는 목표 수준을 설정하면서 타협
을 활용하는 것은 다른 편익과 연계된 이점에 대해 협상(bargaining)하는 것이다.

3) 적응적 흡수

한 조직이 다른 조직을 흡수(absorb)할 때 이런 행동을 적응적 흡수(co-optation)

라 한다. 이것은 여러 개의 회사로 구성된 대기업에서 볼 수 있다. 즉 합병(acquisition and merger)을 통해 대기업체가 된다. 이러한 적응적 흡수는 집단의 안정을 유지하고 반대를 관리하기 위해 엘리트집단에 새로운 구성원을 추가하는 과정이다. 외부자(outsiders)는 조직의 본질적인 목표에 위협하는 정도에 의해 회원으로 흡수된다.

이 과정에서 모 조직(parent organization)에 의해 설정된 가이드라인에 따라 조직목표가 설정되는 것이 관례이다. 모 조직 자체의 목표는 합병된 조직의 모든 구성원에게 실제로 영향을 미친다. 적응적 흡수는 조직의 상위층과 하부층 모두에 영향을 미치는 양날의 노력(two-edged effort)으로 간주할 수 있다.

또한 조직환경과 관련하여, Thompson과 McEwen(1958)은 4가지의 상호작용의 본질에 의해 조직목표 설정이 영향을 받는다고 주장한다. 이들 상호작용의 유형은 ① 경쟁적 관계(competitive relationship) - 두 조직이 제3의 집단의 지지를 받기 위해 경쟁하는 곳에서 존재한다. ② 협상(bargaining) - 조직 사이의 직접적 교섭(direct negotiation)에 관련되어 있다. 협상상황에서 각 집단은 다른 집단의 요구에 반응하며 자신이 목표를 수정해야만 한다. ③ 적응적 흡수(포섭, co-optation) - 조직의 안정 혹은 생존에 위협을 막기 위해서 조직구조를 결정하는 리더십 혹은 정책에 새로운 요소를 흡수하는 과정이다. ④ 연합(coalition) - 공통적 목적을 위해 두 개 이상의 조직이 결합하는(combination) 것이다. 조직사이의 연합은 목표의 수정을 요구하게 된다.

5. 목표의 변동

1) 목표승계

조직이 당초 설정한 목표를 성취했다면 무엇이 일어나는가? 논리적으로 조직이 해체되어야 한다. 하지만 조직은 다른 목표의 설정으로 조직의 지위가 지속해서 유지되고 있다. 이러한 현상을 조직의 목표승계(goal succession)라 한다. 예를 들면, 전국소아마비재단(National Foundation for Infantile Paralysis) 사례의 경우, 소아마비가 정복되었을 때 재단이 조용히 사라지지 않았다. 오히려 재단은 다른 목표를 찾았고, 그리고 어린이 질병을 퇴치하기 위한 노력으로 조직이 지속되고 있다. 재단은 일반적으로 보건에 관한 관심을 가졌고, 그리고 최고관리자는 자신의 권력적 지위를 지속하는 데 관심이 있었으며, 재단 역시 전국적으로 보건 분야에 명성을 유지하는 것에 관심을 가졌다. 이리하여 소아마비 퇴치에서 다른 질병 퇴치로 목표의 승계가 이루어졌다.

2) 목표의 추가와 변동

조직이 사회 환경에 부응하기 위해 새로운 목표를 추가하기도 한다. 또한 목표가 달성하기 어려울 때 조직은 존속을 위해 새로운 목표를 추가하거나 혹은 목표의 범위를 확장하며 지위를 유지한다. 이러한 현상을 조직목표의 추가와 변동(adding and shifting goals)이라 한다.

민간조직의 경우 이윤의 극대화라는 전통적인 목적에서 고객을 창출하고 고객에게 봉사하는 목적이 추가되고, 또한 오늘날 사회적 책임(social responsibility)의 목표도 추가되고 있다. 이와 관련하여 몇몇 조직들은 사회 혹은 공동체지향을 위해 보다 많이 노력하고 있다. 예를 들면, 대형 변호사단체는 저소득층을 위한 무료법률서비스를 제공하고 있다.

3) 목표대치

목표대치(goal displacement)는 최초의 목표가 목표계층제에서 다른 위치로 주어지는 상황 혹은 다른 목표에 의해 대치되는 것을 말한다. 목표대치는 조직의 최고경영진에서 비롯된다. 이 경우 최고경영진이 최초의 목표계층제를 승인한 이후 특정한 목표에 대한 관심과 자원을 변경할 때 일어난다(Hodge & Anthony, 1979: 217).

이처럼 목표대치는 궁극적 목표로부터 도구적 목표(instrumental goals)로 바뀌는 현상이다. Robert Michels는 독일의 사회민주당의 사례를 통해 사회주의자 사회의 궁극적 목표로부터 조직의 존속과 성공이 목표자체가 되었다고 진단한다. 이런 현상과 더불어 Michels는 과두제의 경향을 목표대치로 간주한다. 즉 조직의 리더는 권력을 유지하기 위해 업무를 수행하는 것에 동기부여된다. 이리하여 많은 사람의 권력이 소수의 손에 집중되고, 그들은 권력을 붙잡는 방식으로 조직을 변화시키는 현상이 발생하게 된다. 이처럼 과두제 경향은 민주주의 가치(democratic values)를 위태롭게 만든다.

다른 사례로 규칙과 절차에 대한 과도한 관심은 목표달성이라는 당초의 계획에서 조직을 다른 데로 돌리게 한다. 즉 조직이 설정한 목표달성을 위해 수단을 지나치게 강조함으로써 수단이 오히려 목표로 전환되는 현상이 일어난다. 국민의 삶의 질 향상을 위해 정부예산을 집행함에 있어 공식적인 절차와 규칙에 과도하게 의존함으로써 실질적 목표가 상실되는 경우가 있다.

6. 개인목표와 조직목표의 융합

대부분의 사람들은 조직에 합류할 때 조직 내에서 달성하려는 개인적인 목표
를 가지고 조직구성원이 된다. 개인들의 목표는 각자 다를 수 있더라도 서로 공
유하는 공통적인 목적을 가지고 있다. 이점에서 조직은 개인의 목표를 어떻게 관
리하는가에 따라 조직구성원의 참여도 등에서 차이가 있을 것이다. 본서에는 조
직목표와 개인목표의 융합 유형인 교환모형, 교화모형, 수용모형을 살펴보고자
한다(정우일 외, 2011: 274; 이창원 외, 2012: 335-337).

1) 교환모형

교환모형(exchange model)은 조직과 개인 사이에 뚜렷한 거래협상의 관계가
설정된다. 조직은 개인의 목표성취에 도움을 주는 대가로 개인은 자신의 시간과
노력을 조직 목표성취에 헌신하는 것이다. 이런 교환모형은 외재적 보상에 기초
를 둔 모형(extrinsic reward model)이라 할 수 있다.

이 모형의 인간관은 폐쇄-합리적 조직론과 인간관계론을 그 기본으로 한다.
이 모형의 조직구성원에 대한 시각은 인간의 피동성, 동기부여의 외재성, 인간
욕구체계의 획일성이다.

2) 교화모형

교화모형(socialization model)은 개인이 조직의 목표를 성취하는 데 도움이 되는 행동을 가치 있는 것으로 생각하고, 그렇지 않은 행동은 무가치한 것으로 생각하도록 유도하는 감화 과정을 통해 목표를 통합하려는 접근법이다.

3) 수용모형

수용모형(accomodation model)은 조직이 목표를 설정하고 목표추구의 방법과 절차를 설계함에 있어 개인적 목표도 동시에 성취되도록 목표를 통합하는 접근법이다.

이 모형의 인간관은 동기이론 중 성장이론의 자아실현적 인간모형을 그 기본으로 한다. 따라서 수용모형은 동기부여의 내재성을 강조하고, 조직관리에 있어 자율적인 업무성취와 권한보다는 임무 중심의 조직설계를 보장하고, 조직의 목표설정과 의사결정 과정에 조직구성원의 참여를 조장한다.

SECTION
02 조직목표 달성의 측정기준

조직의 목표유형이 무엇이든지 조직은 목표 달성을 측정할 수 있는 몇몇 기준점(benchmarks) 혹은 기준(standards)이 요구된다. 관리자는 목표가 성취되었는지를 결정하는 수단을 설정해야 하는 책임이 있다.

민간조직의 경우, 조직은 목표성취를 측정하는 다양한 기준 중에 최고 기준이 이윤(profit)이다. 이윤창출의 수준을 의미하는 수익성은 민간조직이 달성하고자 노력해야 하는 중요한 목표이다. 그러나 민간조직과 달리 공공조직은 공익추구라는 특성으로 인하여 목표성취를 측정하는 데 다소 어려움이 있다. 조직의 목표성취를 측정하는 기준이 다양하게 제시될 수 있으나, 본서에서는 Hodge와 Anthony가 제시한 효율성(능률성), 효과성, 인본주의로 한정하여 살펴보고자 한다.

1. 효율성

효율성(efficiency)은 자원의 지출과 결과 사이의 관계이다. 효율성에 대한 필요는 공공 혹은 민간 모든 부분에서의 파라미터(parameter)이다. 효율성은 공공부문과 민간부문에 있어 계층제적 통제, 조정, 기획, 공적인 성과, 권위체계에서 강조된다(Berkerly & Rouse, 1984: 53). 특히 효율성을 향상시키기 위한 전통적 기법에는 계층제적 관념, 상관과 부하 간의 명확한 명령체계(chain-of-command), 실적주의 등이 포함된다(Morrow, 1980: 2).

공공조직은 가능한 가장 효율적인 방식으로 운영되고, 가장 신속하게 업무를 수행하고, 그리고 납세자들에게 가장 저렴한 비용(the least cost)으로 업무가 수행되길 희망한다. 이러한 효율성은 공공조직에서 근무하는 공무원들에게 매일 경험하게 되는 이슈이다.

반면에 민간부문에 있어 수익성(이윤성, profitability)이라고 명명되는 효율성이란 재화 또는 서비스의 산출 및 결과에 대응한 소요되는 자원의 투입과의 관계로 이해할 수 있다. 이러한 효율성은 주어진 산출물을 생산하기 위한 투입의 최소화를 의미할 뿐만 아니라 동일한 투입요소를 사용하여 산출의 극대화를 의미한다. 즉 산출/투입의 비율이 클수록 그 조직 또는 활동이 능률적이라는 것이다.

이리하여 민간부문에서 효율성은 손실점(the bottom line)으로 관리자가 성공 혹은 실패를 깨닫게 하는 것이다. 행정의 가치나 목적 등을 고려하지 않은 채 수단의 경제성만을 강조하는 수단 가치적 효율성을 기계적 효율성(mechanical efficiency)이라 한다. 반면에 경제성 또는 수단의 강조보다는 인간의 존중, 사회적 목적의 존중 등과 같은 목적 가치적인 행정이념을 사회적 효율성(social efficiency)이라 한다(황윤원, 1999: 126).

Marshall Dimock(1936)에 의하면, 기계적 효율성은 냉정하게 계산적이고 비인간적이며(coldly calculating and inhuman), 반면에 성공적인 행정은 따뜻하고 생기 넘쳐야 한다. 또한 행정가는 단지 효율성보다 다루기 어려운 이슈인 정의, 자유, 공평성과 같은 사회적 효율성의 과제에 관심을 가져야 한다고 지적한다. 이런 관점에서 정부에 있어 효율성은 대표성(representativeness), 책임성, 그리고 투명성과 같은 정치적 가치에 종속되며, 또한 정당한 절차(due process)와 같은 법률적 고려에 의해 질식되기도 한다(Rosenbloom & Kravchuk, 2005: 7).

이처럼 효율성은 주어진 산출물을 위하여 투입을 최소화 하거나, 주어진 투입을 기준으로 산출을 최대로 하는 것을 내용으로 하는 가치개념이기 때문에 자원의 획득·사용을 주로 하는 경제성과 달리 처리와 관리에 초점을 둔다.[7] 나아가 효율성은 국민의 후생이라는 측면에서 고려되어야 한다. 즉 자원이 가장 효율적으로 배분된 상태, 파레토 최적상태(Pareto optimality)를 충족시키는 것이다. 이리하여 소비자들에게 최대의 만족을 줄 수 있는 그런 방향으로 생산이 이루어지고 자원이 배분되어야 한다(김동건, 2000: 10).

또한 의사결정자들은 부족한 자원을 최적으로 활용(optimal use)하기 위해 자원의 효율성을 추구해야만 한다. 이러한 상황에 응용되는 간단한 원리가 자원할당분석의 체제론적 접근을 안내하는 비용－편익분석과 비용－효과분석의 근간이 된다. 비용－편익분석(cost-benefit)과 비용－효과분석(cost-effectiveness)은 프로그램의 효율성을 판단하기 위한 수단이다.[8]

2. 효과성

효과성(effectiveness)은 조직목표와 관련하여 기대한 결과를 어느 정도 충실히 달성하였는지를 의미한다. 또한 효과성은 조직의 모든 목표를 성취하는 데 있어 조직의 능력으로 정의할 수 있다. 즉 조직이 성취하고자 설정한 것을 달성할 수 있다면 조직은 효과적인 것으로 고려할 수 있다.

이점에서 효과성은 정책, 사업 또는 계획의 의도한 결과(intended output)와 실제 달성한 결과(actual output) 사이의 관련성에 초점을 둔다. 수행한 결과(산출)가 정책목표, 운영목표 또는 의도한 결과를 얼마나 달성하였는지의 정도를 살펴보는 것이 효과성이다.

이러한 효과성은 국민의 요구에 대한 대응성, 행정기관 성과에 대한 국민의 수용성, 정부 의도의 실현을 보장하는 행정관리의 합리성 및 공무원의 직무수행 적정성 등을 포함하는 개념이라 할 수 있다. 이처럼 효과성은 조직이 만족하도록

---

7 경제성(economy=spending less and doing cheeper)은 정책, 사업 또는 활동에 투입되는 인적·물적자원의 최소 비용으로 적정한 품질을 획득하는 것을 의미한다. 즉 경제성은 과정에 대한 투입(the inputs to the process)에 관련된 것으로 자원획득에 있어 예산을 가능한 절약하는 것을 말한다.

8 두 가지 분석의 차이점은 프로그램의 결과(outcomes)를 표현하는 방식이다. 비용－편익분석의 경우 프로그램의 결과는 금전적인 용어(monetary terms)로 표현된다. 반면에 비용－효과분석의 경우 프로그램의 결과는 실질적인 용어(substantive terms)로 표현된다. 예를 들면, 담배 흡연을 줄이는 프로그램의 비용편익분석은 금연프로그램에 관련된 지출되는 비용과 흡연에 관련된 질병에 대한 의료, 업무로부터 결근한 일수, 기타 파생되는 절감비용 사이에 초점을 둔다. 반면에 담배흡연을 줄이는 프로그램의 비용효과분석은 흡연자 한 사람으로부터 비흡연자로 전환되는 데 지출되는 비용을 평가하는 것이다.

노력하는 고객집단에게 궁극적으로 연계되어야 효과적이다. 즉 조직의 재화와 서비스를 고객집단이 바라는 적기에, 적량으로, 적정가격으로 제공되고 있는가를 통해 효과성을 측정할 수 있다.

이런 관점에서 효율성은 수단적, 과정적 측면에 관심을 두고 있는 반면에, 효과성은 전체적, 목적적, 기능적 개념이라 할 수 있다. 또한 효율성은 단기기간 측정(short term measurement)으로 분류될 수 있지만, 효과성은 장기기간 측정(long term measurement)으로 고려될 수 있다. 이에 효율성은 현재의 요구에 한정하는 반면에, 효과성은 장기적인 전략을 고려해야 한다. 〈그림 2-2〉와 같이 어떠한 조직에 대한 성공을 측정함에 있어 효율성과 효과성은 모두 고려되어야 할 것이다.

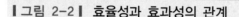

┃그림 2-2┃ 효율성과 효과성의 관계

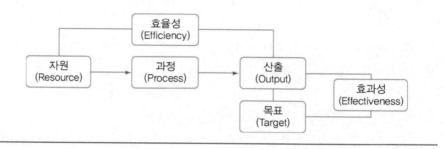

또한 효율성과 효과성은 〈표 2-1〉과 같이 몇 가지 측면에서 구분된다.

┃표 2-1┃ 효율성과 효과성

효율성(efficiency)	효과성(effectiveness)
어떤 업무를 수행함에 있어 자원 활용에서 경제성을 의미한다.	전체적 산출(total output)을 초래하는 것을 말한다.
투입에 대한 산출의 비율로 측정한다.	바람직한 산출에 대응한 실제적인 산출로 측정한다.
일을 올바르게 한다(does things right).	올바른 일을 수행한다(does the right things).
이윤을 최대화한다(maximizes profits).	이윤을 최적화한다(optimizes profits).
같은 업무를 빠르게 수행하거나 혹은 덜 낭비적으로 수행하는 것이다.	결과를 향상시킬 수 있는 보다 좋은 방법을 찾는 것이다.

과정에 초점을 둔다.	결과에 초점을 둔다.
단기적 목표의 성취에 초점을 둔다.	장기적 이윤(long term profits)에 초점을 둔다.
현재의 요구(present needs)에 한정하며, 한 정된 기간 내의 생산성 향상에 초점을 둔다.	장기적인 전략을 고려하며, 지속가능한 성 장(sustainable growth)에 초점을 둔다.
지식을 획득한다(acquires knowledge).	지식을 적용한다(applies knowledge).
일을 열심히 한다(works harder).	일을 스마트하게 한다(works smarter).
문제를 해결한다(solves problems).	기회를 활용한다(exploits opportunities).
모든 기회에서 문제를 본다(Sees a prob- lem in every opportunity).	모든 문제에서 기회를 본다(Sees an op- portunity in every problem).
자료를 수집한다(collects data).	자료를 해석한다(interprets data).

3. 인본주의

오늘날 조직의 관심은 인간적 요소에 관한 관심이 증대되고 있다. 이는 조직을 구성하는 사람들이 조직의 성공을 평가할 때 중요하게 고려되어야 한다는 것이다.

인본주의(humanism)의 기준을 말할 때 조직은 효과성과 효율성에 대한 정의를 수정해야만 한다. 예를 들면, 조직구성원의 욕구와 바램을 배제하는 생산기준을 지나치게 강조한다면 높은 이직과 조직구성원의 개인적 문제에 직면하게 될 것이다. 이러한 조건은 장기적으로 조직목표를 달성하는 조직능력을 방해할 수 있다.

또한 오늘날 조직관리자의 기본적인 역할은 조직구성원의 개인적 성장과 전문가적 성숙을 조성하는 분위기를 전개하는 것이다. 이와 같은 내적 환경을 창조하고, 유지하는 조직은 궁극적으로 조직구성원을 완전하게 발전시키는 결과로써 성공하게 된다(Hodge & Anthony, 1979: 221). 이러한 인본주의와 관련된 조직목표는 조직구성원의 유지, 직장생활의 질, 일과 삶의 균형(work-life balance) 등을 꼽을 수 있다.

1) 조직구성원의 유지: 만족, 사기 및 단결심

조직구성원의 유지(employee maintenance)는 조직에서 구성원이 성취하는 일련의 기준을 기술하는 데 활용할 수 있다. 또한 몇몇 조직유지는 부분적으로 사회에 대한 시스템 기여로 특징될 수 있다. 각 조직의 자체능력은 구성원들을 만족시키는 것에 관련되어 있다.

조직구성원의 유지에 가장 중요한 측면은 만족, 사기 및 단결심(esprit de corps) 등이다. 조직구성원의 근무지속을 향상시키고 유지하는 조직은 구성원이 잔류할 수 있는 저장소를 제공한다.

첫째, 직무만족은 조직구성원의 자신의 직무와 관련한 태도이다. 이러한 직무만족은 자신의 직무 혹은 직무경험에 대한 평가로부터 도출되는 즐겁고 혹은 긍정적인 감정상태(pleasurable or positive emotional state)다. 이처럼 직무만족은 조직구성원의 직무와 관련한 다양한 요인에 대한 지각으로부터 초래된다.

직무관련요인으로 Gibson과 동료학자들은 보수, 직무(직무의 흥미, 학습의 기회, 수용할 수 있는 책임성의 제공), 승진기회, 감독자, 동료와의 관계(친근감, 능력 및 지원의 정도) 등을 들고 있다(Gibson, et al., 2006: 108-109). 〈표 2-2〉와 같이 중요한 직무만족의 요인들을 정리할 수 있다. 이들 직무만족차원은 직무기술지표(Job Descriptive Index: JDI)로 측정될 수 있다. 직무기술지표는 직무의 구체적인 국면에 대한 개인적 만족을 측정하는 것이다. 직무만족을 연구하는 주요한 이유는 조직구성원의 태도가 얼마나 중요한 것인가에 대한 아이디어를 관리자에게 제공하는 것이다.

∥표 2-2∥ 직무만족의 보편적인 차원

직무만족 변수	측정변수
직무 자체 (work)	내적인 관심(intrinsic interest), 다양성, 학습기회, 난이도, 양(amount), 성공의 기회, 업무에 대한 속도와 방식에 대한 통제
보수(pay)	보수 수준, 공평성(fairness or equity), 지급방식
승진 (promotion)	기회, 공평성
인정 (recognition)	성취에 대한 칭찬, 업무이행에 대한 신임(credit for work done), 비판
편익 (benefit)	연금, 의료(medical), 연간휴가(annual leave), 휴가(vacation)
업무조건	업무시간, 휴식시간, 장비, 온도, 환기장치(ventilation), 습기, 장소, 물리적 배치(physical layout)

감독 (supervision)	감독스타일과 영향력, 기술, 인간관계(구성원에 대한 관심), 행정적 숙련(administrative skill)
동료	능력, 도움(helpfulness), 친밀감(friendliness)
회사와 관리	종업원에 대한 관심, 보수와 편익정책

출처 : Osborn, Hunt & Jauch(1980: 81); Gibson, et al.(2006: 109)

둘째, 사기(morale)는 가끔 만족과 동의어로 사용된다. 사기는 만족의 태도
(attitude of satisfaction) 혹은 특정한 조직의 목표달성에 대한 자발심으로 정의할
수 있다(Osborn, Hunt & Jauch, 1980: 79-80). 또한 사기는 기분과 감정이 포함된
정신상태이다. 각 조직구성원에서 나타나는 사기는 가끔 파악하기 힘든 특성을
가진다. 이러한 사기에는 직무, 직무환경, 팀 구성원, 전체 조직과 관리에 대한
태도와 지각이 포함된다. 조직구성원의 긍정적인 사기는 신뢰, 자제, 성과에 대
한 자발심(willingness to perform)으로 표출된다. 작업장에서의 높은 사기는 성공
에 있어 필수적이며, 상향적(bottom up)보다 오히려 하향적(top down)인 관리에서
영향을 받는다.

특히 낮은 사기의 지표는 높은 이직률(turnover)이다. 조직구성원이 조직을
떠날 때는 직무에 대해 행복하지 않으며, 조직에 잔류하기 위한 외부적 요인이
적다는 것이다. 낮은 사기의 또 다른 비용은 결근(absenteeism)이 많아지는 것이
다. 불만족한 구성원은 작업장으로부터 벗어나고 싶어 한다. 이런 점에서 조직관
리자는 구성원의 사기와 관련하여 지속적인 점검과 관심을 가져야 한다. 나아가
사기를 제고하기 위해 리더십은 유연하고 혁신적이어야 한다. 더욱이 높은 사기
의 기초는 의사소통이다. 이것에는 리더와 조직구성원 사이에 상호협력하고, 인
정하고, 지속적인 환류작용이 포함된다.

> **조직구성원의 사기를 증진할 수 있는 몇 가지 방법**
> • 분명하고 투명하게 하라(Be clear and transparent). – 관리자는 구성원에게 기
>   대하는 것을 분명하고 투명하게 하라.
> • 업무하는 방법을 알게 하라(Know how they work).
> • 실시간으로 환류하라(Real-time feedback).
> • 장점을 격려하라(Encourage strengths).

- 조직구성원이 지배하게 하라(Let them take the reins). - 조직구성원이 자신이 아이디어로 작업할 수 있게 격려하고 창의적인 노력에 대해 지지하라.
- 인센티브를 제공하라(Offer incentives).
- 성장할 수 있는 기회를 제공하라(Give them room to grow).

2) 직장생활의 질

직장생활의 질(quality of working life: QWL) 운동은 노동의 비보상적 본성과 감소되는 직무만족의 증거와 관련한 관심의 증대에 따라 1970년대 초에 시작되었다. 이에 관한 첫 번째 국제회의는 1972년에 개최되었다(Kast & Rosenzweig, 1985: 653).

QWL은 사람, 업무 및 조직에 관한 사고방식(a way of thinking)이다. QWL은 노동조건, 직무내용, 작업안전성, 임금과 편익을 향상시키기 위한 의식적인 노력이다. 이러한 QWL은 직무에서의 삶과 직무이외의 삶을 향상시키기 위한 관심이다. QWL의 요소는 조직효과성뿐만 아니라 사람에 대한 노동의 영향에 관한 관심이며, 조직문제해결과 의사결정에 있어 참여적 사고를 요구한다.

이점에 있어 QWL 프로그램은 조직에 있어 조직구성원의 경험에 영향을 미치는 조건을 향상시키기 위한, 조직에 의해 취하는 활동이다. QWL 프로그램은 조직에의 기여를 위한 사람과 사람들의 능력에 관한 긍정적인 시각이다. 이에 QWL 프로그램은 안전, 건강, 결정에의 참여, 업무시간에 대한 통제, 독단적이고 불공평한 처우로부터의 보호, 사회적 욕구를 만족하기 위한 기회 등에 초점을 둔다. 결국 QWL 프로그램은 조직구성원의 직무에 영향을 미치는 결정에 있어 구성원의 참여와 관여를 보다 확대함으로써 산출의 질과 생산성을 증가하는 것이다(Hellriegel, et al., 1995: 695).

이런 맥락에서 조직은 조직구성원의 성장과 발전을 증진하는 데 광범위한 책임을 져야 한다. 이처럼 조직구성원의 QWL은 조직이 개인을 어떻게 취급하는가에 대해 깊이 관심을 가지는 것이다. 또한 효과적인 성과가 의미 있고, 흥미롭고 도전적인 업무와 연계하도록 어떻게 설계할 수 있는가, 다양한 보상시스템이 조직구성원을 조직에 가담하는 데 효과적인가 등에 대해 관심을 가지는 것이다.

이러한 QWL의 측정지표는 긍정적인 직무만족도, 작업장에서의 스트레스와 통제, 보편적인 복지, 근무조건, 안전한 작업환경, 경력개발의 기회, 성장과 발전의 기회, 그리고 직무특성과 관련하여 직무에 대한 자율성, 다양성, 도전 등을 들

수 있다.

이와 같이 QWL에 대한 긍정적 시각과 달리 부정적인 장벽도 놓여있다. QWL에 관련된 정책은 조직에 큰 비용을 초래하게 된다. 또한 QWL에 투자되는 비용에 비례하여 조직에서 생산성이 향상되는 것은 아니다.

직장생활의 질 측정 설문지

1) 동료 및 상급자와의 관계, 의사결정 범위 및 복리후생
• 나는 나의 부서 동료들과의 인간관계에 만족한다.
• 나는 나의 부서 상급자와의 인간관계에 만족한다.
• 나는 현재 내가 맡고 있는 담당업무에 대한 의사결정의 범위에 만족한다.
• 나는 부서 직원들과 직장생활에 대해 대화하고 논의하는 데 만족한다.
• 나는 직장에서 제공하는 복리 후생에 만족한다.

2) 시간사용 수준
• 나는 가족과의 연락 혹은 만남을 위한 시간이 적절하다.
• 나는 가족 이외 사람들과의 연락 혹은 만남을 위한 시간이 적절하다.
• 개인적 관심/취미를 위한 시간이 적절하다.
• 봉사 또는 사회·정치 활동 참여 시간이 적절하다.

출처 : 노종호 외(2014); 김민영 외(2016)

---

3) 워라벨

1970년대에 워라벨(일과 삶의 균형, work-life balance: WLB)의 개념은 처음 일(work)과 삶(life)의 조화와 균형(balance)에 관한 개념으로 정립되었다.[9] WLB는 일과 개인 생활의 요구를 동등하게 우선시하는 것이다. 즉 WLB는 일과 개인 두 영역 모두 관심과 투자가 필요하지만, 서로를 희생해서는 안 된다는 것이다. WLB는 일과 일 이외의 생활을 적절하게 분배하여 삶의 균형과 조화를 이루어 삶에 대한 만족을 얻는 상태이다(박솔 외, 2022).

이처럼 WLB는 개인의 일과 개인의 역할 사이에 충돌이 거의 없을 때 달성될 수 있다. 즉 사람들은 모든 역할에 같은 양의 시간과 에너지를 쏟을 수 있어야

---

9 WLB에 관한 우리나라 헌법적 근거로는 헌법 제10조 인간의 존엄성과 행복추구권, 제11조 평등권, 제34조 인간다운 생활을 할 권리 등을 제시할 수 있다. WLB의 흐름으로, ① 모성보호를 현실화하고, ② 노사의 필요성에 따른 유연한 근로시간을 구축하고, ③ 충분한 휴식시간을 보장하는 제도를 정비하는 것이다(방준식, 2022).

한다. 이런 점에서 WLB에서 일과 삶 간의 관계는 서로 구분되면서도 서로 영향을 주고 받는 관계라는 것이다.

또한 WLB는 행복과 생산성을 증가시키는 등의 장점이 있다. ① 건강 증진 – WLB는 질병, 피로, 불면증을 예방하는 데 도움을 준다. ② 생산성 향상 – WLB를 향상시키는 사람들은 직업적으로나 개인적으로 보다 생산성을 향상시킬 수 있다. ③ 소진 감소 – WLB는 일과 관련된 스트레스를 저감시킬 수 있다.

워라벨(WLB) 진단 설문지	
직장생활	• 나는 직장과 가정의 요구에 균형을 유지하는 능력을 갖추고 있다. • 나는 직장의 일에서 얻는 자신감으로 인해 일 이외의 활동을 보다 활력있게 수행할 수 있다. • 나의 직장생활은 가정에서의 문제들을 해결하는 데 도움이 된다. • 나의 직장생활 덕분에 집안에서 더욱 유쾌한 사람이 된다. • 나의 직장생활은 내 능력을 향상시키고, 이를 통해 가정생활을 더 잘 할 수 있다. • 나의 직장생활은 나를 행복하다고 느끼게 하고, 이를 통해 가정생활을 더 잘 할 수 있다. • 나의 직장생활은 나에게 자신감을 심어주고, 이를 통해 가정생활을 더 잘 할 수 있다.
직장환경	• 나의 직장은 일/가정 양립제도가 잘 정착되어 있다. • 나의 직장은 가족친화 직장분위기가 잘 정착되어 있다. • 나의 직장은 정시퇴근 문화가 잘 정착되어 있다. • 나의 직장은 휴가나 조퇴를 제대로 사용할 수 있다. • 나의 직장은 성별에 대한 차별없이 육아휴직을 잘 사용하고 있다.

출처 : 정서린(2016); 최기동(2021); 박병주(2024)

SECTION
03 조직효과성의 특징과 측정

앞서 언급한 바와 같이 정부기관 등 공공부문에서 활동하는 조직은 공익 추구라는 본질적 특성을 공유하는 조직이라 할 수 있다. 공익의 본질적 특성으로 인하여 경제적 효율성을 기준으로 공공조직이 설정한 목표를 달성하고 있는가를 평가하는 것은 한계가 존재할 수밖에 없다. 따라서 공공조직에서 효율성만큼이나 목표 대비 달성도를 의미하는 효과성의 중요성을 강조한다.

일반적으로 조직효과성(organizational effectiveness)이란 조직이 설정한 목표를 잘 실현하는가? 또한 조직이 바람직한 효과를 산출하는 데 낭비 없이 생산적인가? 하는 물음에 대한 진단이다. 이처럼 조직효과성은 조직이 만족스럽게 기능을 하는가(whether an organization is functioning satisfactorily)에 대한 인간적 판단을 언급하는 것이다. 이점에서 조직효과성은 조직이 조직목표를 향해 잘 이행하고 있는지와 조직이 지속적인 성장과 발전을 위해 자원을 최적으로 관리하는지를 이해하는 데 도움을 준다.

조직효과성은 관리자의 입장에서 현재의 조직을 진단하고, 조직변화를 시도하기 위한 기초가 된다. 이점에서 조직효과성이 만족스럽지 못하다면, 조직의 변화는 필수적이다. 조직효과성에 관해 학자들은 3가지 관점에서 조직효과성을 이해한다.

첫째, 조직 수준의 분석에서 초점을 둘 때, 조직효과성은 조직 혹은 조직의 중요한 부분에 초점을 두며, 개별적인 관리자를 언급하는 것은 아니다. 예를 들면, Fortune 매거진은 조직성과와 관련하여 서열을 매길 때 조직관리자를 구체적으로 언급하지 않는다.

둘째, 조직효과성에 관한 결론은 궁극적으로 사람이 판단하는 것이다. 이점에서 조직효과성은 궁극적으로 주관적 판단(subjective judgment)에 의존한다.

셋째, 조직효과성을 판단할 때, 조직과 관련한 많은 사람의 집단 – 주주(shareholders), 고객, 경쟁자, 종업원, 정부, 사법부 – 의 관점을 고려해야 한다. 즉 상이한 집단들은 조직효과성에 대해 다른 기준을 적용하고, 그리고 다른 판단을 한다.

시스템 모델과 조직효과성은 다음과 같이 중요하게 연계된다.
① 개방시스템 모델에 있어 조직의 효과성은 조직의 환경과 설정된 관계의 본질에 의존하고, 그리고 조직 내 상호의존적 관리에 의존한다.
② 조직의 내부적 요인과 외부적 요인 모두가 조직효과성을 판단하는 데 작용한다.
③ 시스템 모델은 2가지 유형의 효과성을 구별한다. 부적 환류 과정(negative feedback process)에서의 효과성은 조직이 목표를 성취하는 정도를 언급하고, 정적 환류 과정(positive feedback process)에서의 효과성은 목표 자체의 질(quality)을 언급한다.
④ 조직 내 상이한 하부시스템(기능, 사회, 정치, 문화, 정보 하부시스템)은 다른 효과성 기준을 강조한다.

이와 같은 조직효과성을 측정하려는 초기의 조직연구는 수익을 창출하는 조직(profit-making institutions)에 한정되었다. 즉 주주들이 조직이 어떻게 하고 있는가를 평가하기 위해 외부기관에 의한 연간 내역서에 대한 감사와 비준에 의해 성문화되었다. 시간이 지남에 따라 조직 고유의 리스크(inherent riskiness)와 같은 다른 측정이 추가되었다. 이러한 측정은 투자자들에게 조직과 관련된 유용한 정보이다.

1960년경에 정부조직은 사회적 목적(social objectives) – 환경으로부터의 스트레스를 감소하는 것, 소수인종을 채용하는 것, 공평한 고용실천을 준수하는 것 – 을 대응하는 정도에 관심을 가졌다.

나아가 조직효과성에 관한 측정연구들은 평가연구(evaluation research)의 활동에 관심을 가지게 되었다. 평가연구가들은 교육에서부터 정치적 캠페인에 이르는 프로그램의 효과성을 평가하는 과학적 방법을 발견하고, 향상시키고, 적용하기 위해 노력하였다.

04 조직효과성의 접근방법

조직이론가들은 지난 20년간 조직이 따르는 효과성의 기준은 무엇인지, 효과성 기준(effectiveness criteria) 사이를 구별하는 요인은 무엇인지 등의 질문에 매료되었다. 조직은 효과성 기준의 복잡한 망(complex web)을 추구하며, 그리고 관리자보다 많은 행위자들이 이들 기준에 영향을 미친다.

조직효과성의 측정에 있어 다수의 기준을 추구하는 사고가 현재 조직연구에 보편적이다. 이들 기준은 2가지 주요한 차원 – 초점과 시간(focus & time) – 의 관점이다.

첫째, 초점(focus) – 여러 가지 효과성 기준은 〈그림 2-3〉과 같이 조직시스템기능(투입, 전환 과정, 산출)의 상이한 측면에 초점을 둔다. 이것은 4가지 다른 효과성 접근법(시스템 자원, 내부 과정, 목표, 전략적 고객)에 이르게 한다.

둘째, 시간적 관점(time perspective) – 시간적 관점은 효과성 기준의 일반화와 적용에 관여한다. 효과성 기준은 단기적 시간의 틀과 장기적 시간의 틀을 어떻게 선택하는가에 따라 매우 다를 수 있다. 또한 단기적 관점에서의 효과성 기준과 장기적 관점에서의 효과성 기준 사이에 분명 갈등이 발생한다. 단기적 관점에서 현재의 생산은 미래의 생산에 대한 연구와 개발투자를 희생하는 효과성 기준이 되고, 나아가 단기적 생산을 지나치게 강조하게 되면 궁극적으로 조직생존은 위협을 받게 된다.

┃그림 2-3┃ 조직효과성의 초점

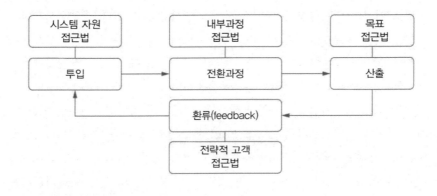

1. 시스템자원접근법

시스템자원접근법(system resource approach)은 조직이 높은 성과에 필요한 자원을 효과적으로 획득하는지를 평가함으로써 조직의 효과성을 측정한다. 시스템자원접근법은 효과적인 조직이 되기 위해서 가치 있는 자원을 획득하고 관리하는 데 성공적이어야만 한다는 것이다. 이점에서 시스템자원접근법의 시각에서 조직효과성은 조직이 환경으로부터 결핍되고 가치있는 자원을 확보할 수 있는 정도로 이해한다.

시스템자원접근법은 전환 과정에의 투입 측면에 초점을 둔다. 효과적인 조직이 되기 위해서는 가치 있는 자원의 투입을 확보하고, 그리고 조직시스템을 유지하는 데 성공적이어야만 한다. 조직효과성의 기준은 외부환경으로부터 획득하는 자원의 양이다.

시스템 효과성의 첫 번째 기준은 생존이다. 즉 조직이 살아남기 위해 충분한 투입을 확보한다면 효과성의 수준은 성취되는 것이다. 이런 맥락에서 시스템자원모델은 다음의 차원을 포함한다(Daft, 1983: 98).

① 협상지위(bargaining position) – 결핍되고 가치 있는 자원확보를 위해 조직환

경을 활용하는 조직의 능력

② 외부환경에 대한 실질적인 속성(real properties)에 대한 지각과 정확한 해석을
할 수 있는 시스템 의사결정자의 능력

③ 구체적인 산출을 생산하는 데 있어 자원을 활용하는 시스템의 능력

④ 내부 일상적인 조직활동(internal day-to-day organizational activities)의 유지

⑤ 환경에 있어 변화를 대응하는(respond to changes) 조직능력

이와 같이 시스템자원접근법은 3가지 측면에서 가치가 있다. 첫째, 시스템자
원접근법은 기준 틀(a frame of reference)로서 전체조직을 다룬다. 둘째, 시스템자
원접근법은 조직과 외부환경과의 관계를 고려한다. 셋째, 시스템자원접근법은
상이한 목표를 가진 조직과 비교하는 데 유용하다.

하지만, 시스템자원접근법은 효과성을 측정하는 데 광범위하게 활용되고 있
지 않다. 이점에서 시스템자원접근법은 조직에 제한된 관점을 제공한다. 자원유
입(resource inflow)을 평가하는 시스템자원접근법은 자원유입이 조직의 목표달성
과 상관관계가 있다는 점을 발견하기가 어렵다. 또한 조직의 생존은 조직환경을
분석하고, 해석하고, 대응하는 관리자의 능력에 의존한다.

2. 내부과정접근법

내부과정접근법(internal process approach)은 내적 활동을 관찰하고, 그리고
내적인 조직 건강성과 효율성(internal health and efficiency)과 같은 지표로 조직
효과성을 평가하는 것이다. 내부과정접근법의 시각에서 조직효과성은 조직이 순
조로운 내부과정(well-oiled internal process)을 지니고 있는 정도로 판단한다. 이
에 내부과정접근법에 따르면, 수익성(profitability)과 관계없이 건강하지 않은 조
직은 효과적일 수 없다.

이와 같이 효과적인 조직은 순조롭고, 능률적인 내부과정을 가진다. 조직구
성원은 행복하고 만족한다. 부서의 활동은 높은 생산성을 보장하는 데 서로 잘
맞물려 있다. 내부과정접근법은 외부환경에 관심이 없다. 이런 시각에서 효과성
의 중요한 요소는 조직이 자원을 가지고 무엇을 하는가, 내적인 건강성과 효율성
을 반영하고 있는가 하는 것이다.

내부과정접근법에 의한 효과적인 조직의 구성요소는 다음과 같다. 이들 각
차원은 조직구성원에 대한 인터뷰를 통해 평가할 수 있다(Daft, 1983: 99).

① 조직구성원에 대한 상관의 관심(supervisor interest and concern for workers)

② 단체정신(team spirit), 집단충성 및 팀워크
③ 조직구성원과 관리자 사이의 신임(confidence), 신뢰 및 의사소통
④ 의사결정은 가까운 정보원천(near sources of information)에서 일어난다.
⑤ 수평적이고 수직적인 의사소통이 왜곡되지 않음. 조직구성원이 관련된 사실과 감정(relevant facts and feelings)을 공유한다.
⑥ 전체 조직과 개인은 목표와 계획에 따라 자신의 업무를 관리한다.
⑦ 보상시스템(reward system)이 부하들의 성과, 성장 그리고 발전을 위한 관리자를 보상한다. 또한 보상시스템이 효과적인 작업집단을 일으키는 관리자를 보상한다.
⑧ 조직과 조직의 구성부분이 서로 상호작용한다. 프로젝트에 갈등이 일어나지만, 조직을 위해 해결된다.

이와 같은 내부과정접근법으로 조직이 자원의 효율적인 활용과 조화로운 내적기능으로 조직효과성을 측정하는 것은 매우 중요하다. 내부과정접근법은 목표가 동일하지 않고, 혹은 목표를 인식할 수 없는 조직을 비교하는 데 활용할 수 있는 장점이 있다. 또한 행복한 조직구성원을 유지하는 것은 장기적 관점에서 조직성공의 열쇠이다. 나아가 이 접근법의 한 부분인 긍정적 조직문화는 조직의 효과성을 인도할 수 있다.

하지만, 내부과정접근법은 몇 가지 점에서 한계를 가진다. ① 외부환경을 고려하지 않는다. 이에 외부환경과의 관계를 평가할 수 없다. ② 외부고객 혹은 주주(shareholders)를 무시한다. ③ 내적 건강성과 기능에 대한 평가는 가끔 주관적이다. 즉 많은 측면을 계량화할 수 없기 때문에 주관적이다. ④ 내적 효율성은 조직효과성에 대한 매우 제한된 시각이다.

3. 목표접근법

목표접근법(goal approach)은 조직의 산출 측면(the output side)에 관심을 가지며, 조직이 바람직한 산출의 수준에서 목표를 성취하는지를 평가한다. 목표접근법의 관점에서 조직효과성은 조직목표를 확인하는 정도와 조직이 조직목표를 얼마나 잘 달성하는가를 평가하는 것이다.

목표접근법은 조직의 목표를 달성하기 위한 과정을 측정한다. 목표접근법에서 고려되는 중요한 목표는 운영목표이다. 즉 효과성을 측정하는 노력은 공식목표를 활용하는 것보다 오히려 운영목표를 사용하는 것이 보다 생산적이다. 운영

목표는 조직이 실질적으로 성취하는 활동을 반영한다. 더욱이 공식목표는 추상적이고 측정하기가 매우 어렵다.

목표접근법에서 활용되는 지표들은 수익성(profitability), 시장지배력, 성장, 사회적 책임성, 생산품의 질 등이 활용된다. 〈표 2-3〉은 미국 경영자들을 대상으로 선호하는 조직목표에 관한 설문결과이다. 이 조사에서 미국 경영자들은 중요한 조직목표로 8개의 지표를 들고 있다.

┃표 2-3┃ 미국 경영자들이 선호하는 조직목표

조직목표	가장 중요한 목표순위(%)	기업의 성공을 위해 중요하다고 판단하는 목표(%)
조직효율성(organizational efficiency)	81	71
높은 생산성(high productivity)	80	70
이윤극대화(profit maximization)	72	70
조직성장(organizational growth)	60	72
산업의 리더십(industrial leadership)	58	64
조직의 안정성(organizational stability)	58	54
구성원의 복지(employee welfare)	65	20
사회복지(social welfare)	16	8

출처 : Daft(1983: 94)

이러한 조직목표에 대한 효과성을 측정함에 있어 연구자들이 빈번하게 활용하고 있는 평가지표는 〈표 2-4〉와 같다. 조직효과성은 단지 하나의 차원으로 평가할 수 없다. 왜냐하면 이것은 조직목표와 결과를 너무 단순화하기 때문이다. 이리하여 조직효과성을 평가하기 위해서는 몇몇 평가기준을 선택하고 결합해야 한다. 또한 정량적인 지표(quantitative indicators)를 이용할 수 없는 직무만족, 조직구성원의 발달과 같은 지표는 주관적인 평가지표가 필요하다. 이러한 주관적인 목표에 대한 진행정도를 측정하는 것은 효과성 평가에 있어 복잡한 요인이 되고 있다(Daft, 1983: 95-96).

┃표 2-4┃ 조직효과성 연구에서 나타난 평가기준

기준	순위	기준	순위
적응성(adaptability)-유연성	10	효율성(efficiency)	2
생산성(productivity)	6	구성원의 보유 (employee retention)	2

만족(satisfaction)	5	성장(growth)	2
이윤(profitability)	3	통합(integration)	2
자원의 확보(acquisition)	3	개방적 의사소통	2
중압감의 부재 (absence of strain)	2	생존(survival)	2
환경에 대한 통제(control)	2	기타	1
발달(development)	2		

출처 : Daft(1983: 95)

　이와 같이 목표접근법은 조직효과성을 목표달성을 위한 조직의 능력으로 정의한다. 이점에서 목표접근법은 산출목표를 측정할 수 있는 민간조직에서 유용하다.

　하지만 공공조직은 많은 목표를 가지고 있어 효과성을 측정하기 위한 단일의 지표란 존재하지 않는다. 목표는 때론 주관적이다. 나아가 조직목표는 조직 내 구성원에 의해 인지되어야만 한다. 이점에서 조직성과에 대한 등급은 가끔 주관적이고, 그리고 조직활동과 밀접한 사람에 의해 평가가 이루어져야만 한다. 또한 이 접근법의 한계는 이상적인 목표(ideal goals)보다 실질적인 목표(real goals)를 인식하는 것이다.

4. 전략적 고객접근법

　전략적 고객접근법(strategic constituencies approach)은 효과적인 조직이란 조직의 생존에 핵심적인 고객의 요구를 충족하는 것이라고 제안한다. 이런 관점에서 조직효과성은 조직이 조직의 다양한 내적 고객과 외적 고객 모두를 만족시키고 있는가를 평가하는 것이다. 이에 전략적 고객접근법은 환류 과정에 가장 밀접하게 관련되어 있다. 환류 과정을 통해 조직은 전략적 고객의 요구와 기대에 얼마나 잘 부응하는가를 학습한다. 이런 점에서 전략적 고객접근법은 조직이란 고객의 요구에 대한 반응에 상당히 의존적이라는 시각이다.

　전략적 고객접근법은 조직에 직접적 혹은 간접적 영향을 미치는 공급자, 구성원, 참여자, 고객, 공동체 등의 다양한 이해관계집단에 초점을 둔다. 이들 다양한 이해관계집단의 요구와 기대를 충족시키는 것이 효과적인 조직이다. 이 접근법에는 교환(trade-offs)이 매우 중요하다.

전략적 고객접근법의 핵심적인 요인은 ① 핵심 고객을 인식하는 것, ② 핵심 고객에 대해 우선순위를 정하는 것, ③ 환경변화를 인지하는 것, ④ 모든 고객을 만족시키는 것이며, 인간적 요인이 매우 중요한 변수이다.

이 접근법은 급격한 환경변화 때문에 중요한 목표였던 것이 내일에는 그렇지 않다는 것이다. 전략적 고객접근법의 한계는 다양한 고객들은 효과성에 대해 서로 다른 기준을 가질 수 있다는 것이다.

05 조직효과성의 기준 선택

조직의 어떠한 상황적 요인이 효과성 기준을 결정하는가? 이 물음에 대해 4가지 요인 – 관리가치, 환경, 선거구민, 조직유형 – 이 관리활동을 위한 조직효과성 기준의 선택에 영향을 미친다. 이들 4가지 요인이 조직기능을 형성하는 효과성 기준에 영향을 준다.

1. 관리가치

관리자들은 자신들의 선호에 의해 특정한 방식으로 업무를 수행하기 때문에 조직효과성 기준의 선택에 영향을 미친다. 조직목표는 최고관리자의 판단을 표현하는 것이다. 특히 조직기능에 영향을 미치는 관리가치(managerial values)는 조직의 초점과 조직구조의 2가지 요인에 영향을 받는다.

첫째, 조직의 초점(organizational focus)은 지배적 가치(dominant values)가 조직의 내부적인가 혹은 외부적인가에 관한 것이다. 내부적 초점은 구성원의 복지와 효율성에 관한 관리적 관심을 반영한다. 반면에 외부적 초점은 환경에 대응한 조직의 복지를 대변한다.

둘째, 조직구조는 지배적인 구조적 배려(dominant structural consideration)가 안정성인가 혹은 유연성인가에 관한 사항이다. 안정성(stability)은 관리적 선호가 기계적 구조에 유사한 탑-다운 통제를 반영하는 것이다. 유연성(flexibility)은 관리적 선호가 유기적 구조에 유사한 변화와 적응을 반영하는 것이다.

이들 2가지 차원에 기초하여 〈그림 2-4〉와 같이 조직은 4가지 상이한 효과성 모델로 구별할 수 있다.

┃그림 2-4┃ 관리가치에 기초한 효과성 모델

초점(focus)-지배적 가치

		내부적 초점	외부적 초점
구조에 대한 선호	유연성 (유기적 구조)	**인간관계 모델** 목표 : 인적자원개발 지표 : 사기, 훈련	**개방시스템 모델** 목표 : 성장, 자원확보 지표 : 시장의 팽창
	안정성 (구조적 통제) (기계적 구조)	**내부과정 모델** 목표 : 안정성 지표 : 커뮤니케이션의 질	**합리적 목표모델** 목표 : 생산성, 효율성 지표 : ROI

출처 : Narayanan & Nath(1993 : 167)

---

1) 개방시스템 모델

개방시스템 모델(open systems model)은 외부적 초점(external focus)과 유연한 구조(flexible structure)의 결합을 반영한다. 주요한 목표는 성장과 자원확보 (resource acquisition)이다. 조직은 유연성, 준비성, 긍정적 외부평가의 하위목표를 통하여 이들 목표를 달성한다. 이 모델의 주된 가치는 자원을 확보하고, 규모를 팽창하기 위해 환경과 좋은 관계를 설정하는 것이다.

2) 합리적 목표 모델

합리적 목표 모델(rational goal model)은 구조적 통제와 외부적 초점의 가치를 표현한다. 주요한 목표는 생산성, 효율성, 이익이다. 조직은 통제된 방식에서 산출목표를 성취하려고 한다. 이들 산출을 용이하게 하는 하위목표는 합리적 관리도구로 내부계획과 목표설정이다.

3) 내부과정 모델

내부과정 모델(internal process model)은 내부적 초점과 구조적 통제의 가치를 반영한다. 주요한 결과는 질서정연한 방식에서 체제를 유지하는 안정적인 조직환경이다. 이 모델의 하위목표는 효율적인 커뮤니케이션, 정보관리, 의사결정을 위한 메커니즘이 포함된다.

4) 인간관계 모델

인간관계 모델(human relations model)은 내부적 초점과 유연한 구조의 가치를 포함한다. 이 모델의 관심은 인적자원의 개발에 있다. 조직구성원에게 자율성과 발전의 기회를 제공하는 것이다. 이 모델의 하위목표는 응집력, 사기, 훈련의 기회이다. 이 모델을 채택하는 조직은 환경보다는 조직구성원에게 관심이 있다.

2. 환경

환경적 조건은 다음의 2가지 방식에서 효과성 기준에 영향을 미친다. 첫째, 환경적 조건은 기준 선택(choice of criteria)에 영향을 미친다. 예를 들면, 자원이 부족할 때 조직목표는 자원확보와 효율성 기준에 한정된다. 자원확보가 용이하게 될 때 성장이 강조된다.

둘째, 효율성을 측정하는 시간 간격(time span)은 환경적 조건에 의존적이다. 예를 들면, 시장에서 상품생명주기가 짧을 때 투자회수율은 짧은 기간에서 측정되어야 한다. 반면에 제약산업의 투자회수율은 15년에서 20년이 필요하다.

3. 선거구민

조직이 다른 효과성 기준을 추구해야 하는 이유는 다양한 개개인들이 기준 선택에 영향을 미치기 때문이다. 더욱이 경영의 패러다임이 생산자 중심의 경영에서 소비자 중심의 경영으로 변화하고 있다. 이런 변화 과정에서 효과성 기준에 대한 논의는 궁극적으로 조직이 누구를 위해 서비스를 제공하는가 하는 물음에 도달하게 된다.

조직에 요구하는 이들 사람의 집단이 선거구민(constituencies) 혹은 이해당사자(stakeholders)이다. 다른 선거구민들은 상이한 효과성 기준을 선호한다. 이점에서 조직효과성을 평가하는 것에 있어 여러 가지 집단에 적용할 수 있는 공통적인 평가기준을 설정하기란 매우 어렵다.

조직효과성의 연구자들은 다음과 같은 4단계로 평가한다. ① 선거구민을 명확하게 한다. ② 선거구민의 관심을 명확하게 한다. ③ 측정할 수 있는 형태로 관심을 조작한다. ④ 지표를 측정하기 위해 다양한 방법을 활용한다.

특히 관리자들은 가장 강력한 선거구민(powerful constituencies)의 효과성 기준에 주의한다. 효과성 기준은 〈그림 2-5〉와 같이 2가지 차원 – 선거구민의 권한, 선거구민의 중요성 – 으로 분류하는 것이 유용하다.

선거구민의 권한

		많음	적음
선거구민의 중요성	높음	높은 수준의 우선순위 (priority)	가끔 관심
	낮음	만족 (satisfice)	무시 (ignore)

출처 : Narayanan & Nath(1993 : 173)

4. 조직유형에 따른 효과성

효과성의 기준은 조직의 유형에 따라 차이가 있는가? 이 물음에 대해 비시장 조직(nonmarket organization)과 시장조직을 구별할 필요가 있다. ① 시장조직 (market organizations) - 전형적인 민간 혹은 영리를 추구하는 조직이다. 시장은 조직참여자와 외부지지층의 관심에 연계하는 메커니즘을 제공한다. ② 비시장조 직(nonmarket organizations) - 정부기관과 같은 조직은 처음부터 비시장환경에서 운영된다.

다음과 같이 3가지 차원에서 효과성 기준의 관점에 있어 두 가지 조직유형이 구별된다.

첫째, 민간조직의 효과성은 고객에 의해 직접적으로 결정된다. 즉 적절하게 기능하는 민간조직에서의 효과성은 시장에서 측정되어지며, 고객의 만족에 의해 직접적으로 영향을 받는다. 고객이 자신의 관심에 만족한다면, 고객은 조직에 대한 지원을 지속할 것이다. 반면에 비시장조직은 기관서비스와 기관서비스를 받는 고객의 수입과 직접적인 관계가 없다.

둘째, 비시장조직은 명확한 산출목표가 미흡하다. 특히 이들 조직의 목표가 적절한 국방의 제공, 범죄와의 전쟁, 교육향상 등이라면 성과를 효과적으로 평가하는 것은 매우 어렵다. 하지만 비시장조직이 성과와 반응성에 대해 불만이 증가하게 되면, 기관을 민영화 혹은 민간위탁을 통해 서비스를 제공할 수도 있다.

셋째, 투입, 전환 과정, 산출이라는 시스템연계에 있어 비시장조직보다는 시장조직이 밀접하게 연계되어 있다. 이런 점에서 시장조직보다 비시장조직의 효과성을 측정하는 것은 매우 어려운 과제이다. 비시장조직에 대한 통제는 결과보다 오히려 과정에 대한 통제가 강조된다.

06 조직효과성 측정의 이슈와 측정단계

조직효과성의 기준은 다양한 상황에 의존한다. 효과성을 평가하는 기준(yardstick)은 무엇인가? 측정할 수 있는 형태로 기준을 어떻게 조작하는가? 이런 관점에서 효과성을 측정하는 주요한 이슈에 대해 살펴보고자 한다.

1. 효과성 측정의 이슈

효과성을 측정하는 데 관련하는 2가지 중요한 이슈인 기준과 지표에 대해 살펴보고자 한다.

1) 기준

민간조직은 수익성(profitability)의 절대적 측정에 의해 판단할 수 있다. 국방부와 같은 조직은 어떻게 효과성을 측정할 수 있을까? 이처럼 공공조직에 대해 기준을 명확하게 하는 것은 매우 어려울 것이다.

이점에 있어 Thompson과 Tuden(1959)은 효과성 기준을 결정하는 2가지 중요한 차원을 명확하게 제시하고 있다.

첫째, 기준의 명확화(clarity of standards) – 바람직함(desirability)의 기준이 상대적으로 명확하게 표현되고 있는가 혹은 모호한가에 관한 물음이다. 이것은 지지층이 조직목표에 동의하는 정도로 측정하는 것이다.

둘째, 원인–결과의 관계(cause-effect relation) – 지지층이 활동과 결과 사이의 연계에 관한 완전한 지식을 가지고 있느냐 없느냐(do or do not have)에 대한 신뢰도이다. 이것은 조직현상에 관한 지식기반을 표현하는 것이다.

각 상황에 대한 적절한 효과성 기준이 무엇인가?

① 기준이 명확하고 인과관계(cause-effect relations)를 알 때 – 효율성 검증 (efficiency tests)이 적절하다. 이러한 검증은 바람직한 결과가 달성되었는가를 평가하는 것이 아니라 최소의 투입으로 바람직한 목표가 효율적으로 달성되었는가를 평가하는 것이다.

② 기준이 명확하지만 인과관계가 알려지지 않는 경우 – 기계적 검증(instrumental tests)이 적절하다. 이 검증은 바람직한 상태가 성취되었는가를 단지 확인하는 것이며, 자원의 보존을 요구하지 않는다.

③ 바람직함(desirability)의 기준이 모호할 때 – 사회적 검증(social tests)으로 평가

하는 것이 적절하다. 사회적 검증은 합의나 권위에 의해 입증된다.

┃그림 2-6┃ Thompson의 모델

		기준의 명확성(clarity)	
		명확	모호
인과관계에 관한 지식	많음	효율성 검증 (efficiency test)	사회적 검증 (social test)
	적음	기계적 비교 (instrumental relative)	

출처 : Narayanan & Nath(1993 : 178)

2) 지표

조직효과성의 다양한 국면을 평가하는 데에는 상당히 다른 지표들이 활용된다. 대체로 3가지 지표의 유형인 결과, 과정, 구조를 활용한다.

① 결과(outcome) – 결과지표는 조직이 수행하는 문제와 목적(materials & objects)의 구체적 특징에 초점을 둔다.

② 과정(process) – 과정지표는 조직이 수행하는 활동의 양과 질에 초점을 둔다. 과정 측정은 결과가 아니라 노력을 평가한다.

③ 구조(structure) – 구조지표는 효과적 성과를 위한 조직능력(capacity of organization)을 평가한다. 예를 들면, 학교조직은 교사들의 자격에 의해 평가된다.

2. 효과성 측정단계

효과성 측정의 단계는 다음과 같이 4가지 단계로 구성된다.

첫째, 효과성의 기준을 설정한다. 적절한 효과성의 기준(standards)은 기준과 원인-결과 관계를 어떻게 명확하게 하는가에 의존한다. 또한 관리자는 조직발전 단계와 같은 구체적인 상황을 고려해야 한다. 이 단계는 강력한 선거구민(powerful constituencies)을 인식하고, 선거구민의 관심을 이해하고, 그리고 선거구민과 협상하는 것이 포함된다.

둘째, 지표(indicators)를 선택한다. 기준은 절대적일 수 있지만 상대적(relative)일 수 있고 혹은 사회적 검증에 기초할 수 있다. 조직효과성과 관련하여 구조, 과정, 결과에 관련된 지표를 선택한다.

셋째, 지표에 관한 데이터를 수집(data collection)한다. 이 단계에서는 객관적인 지표, 서베이, 의견조사 등이 포함된다.

넷째, 효과성의 상태와 선택한 기준 사이의 차이를 인식한다. 어떠한 행동이 실제로 필요한지를 판단한다.

용어 해설

- 조직목표(組織目標, organizational goal) − 어떤 조직이 성취하고자 시도하는 바람직한 미래의 상태(the desired future state)를 설정한 성명이며, 조직구성원이 함께 협력하여 달성하고자 원하는 종국의 상태 혹은 바람직한 결과(end states or desired results)이다.

- 적응적 흡수(co-optation) − 집단의 안정을 유지하고 그리고 반대를 관리하기 위해 엘리트집단에 새로운 구성원을 추가하는 과정이다.

- 목표대치(目標代置, goal displacement) − 최초의 목표가 목표계층제에서 다른 위치로 주어진 상황 혹은 다른 목표에 의해 대치되는 것이며, 또한 궁극적 목표로부터 도구적 목표(instrumental goals)로 바뀌는 현상이다.

- 효율성(效率性, efficiency) − 민간부문에 있어 수익성(이윤성, profitability)이라고 명명되며, 주어진 산출물을 생산하기 위한 투입의 최소화를 의미할 뿐만 아니라 동일한 투입요소를 사용하여 산출의 극대화를 의미한다.

- 효과성(效果性, effectiveness) − 조직목표와 관련하여 기대한 결과를 어느 정도 충실히 달성하였는지를 의미한다. 정책, 사업 또는 계획의 의도한 결과(intended output)와 실제 달성한 결과(actual output) 사이의 관련성에 초점을 둔다.

- 직무만족(職務滿足, job satisfaction) − 조직구성원이 자신의 직무에 관련한 태도이며, 자신의 직무 혹은 직무경험에 대한 평가로부터 도출되는 즐겁고 혹은 긍정적인 감정상태(pleasurable or positive emotional state)이다.

- 사기(士氣, morale) − 가끔 만족과 동의어로 사용되며, 만족의 태도(attitude of satisfaction) 혹은 특정한 조직의 목표달성에 대한 자발심이고, 기분과 감정이 포함된 정신상태이다.

- 직장생활의 질(quality of working life: QWL) − 사람, 업무 및 조직에 관한 사고방식(a way of thinking)이며, 노동조건, 직무내용, 작업안전성, 임금과 편익을 향상시키기 위한 의식적인 노력이다.

- 워라벨(일과 삶의 균형, work-life balance: WLB) − 일과 개인 생활의 요구를 동등하게 우선시하는 것이다. WLB는 일과 개인 두 영역 모두 관심과 투자가 필요하지만, 서로를 희생해서는 안 된다는 것이다.

- 조직효과성(組織效果性, organizational effectiveness) − 조직이 설정한 목표를 잘 실현하는가? 또한 조직이 바람직한 효과를 산출함에 있어 낭비없이 생산적인가? 하는 물음에 대한 진단이다.

- 시스템자원접근법(system resource approach) – 조직이 높은 성과에 필요한 자원을 효과적으로 획득하는지를 평가함으로써 조직의 효과성을 측정하며, 전환 과정에의 투입 측면에 초점을 둔다.
- 내부과정접근법(internal process approach) – 내적 활동을 관찰하고, 그리고 내적인 조직 건강성과 효율성(internal health and efficiency)과 같은 지표로 조직효과성을 평가하며, 조직이 순조로운 내부 과정(well-oiled internal process)을 지니고 있는 정도로 판단한다.
- 목표접근법(goal approach) – 조직의 산출 측면(the output side)에 관심을 가지며, 조직이 바람직한 산출의 수준에서 목표를 성취하는지를 평가한다. 공식적 목표보다 운영목표로 효과성을 측정한다.
- 전략적 고객접근법(strategic constituencies approach) – 조직에 직접적 혹은 간접적 영향을 미치는 공급자, 구성원, 참여자, 고객, 공동체 등의 다양한 이해관계집단에 초점을 두며, 조직이 조직의 다양한 내적 고객과 외적 고객 모두를 만족시키고 있는가를 평가하는 것으로 조직효과성을 측정한다.

CHAPTER **3**

고전적 조직이론

SECTION

01 이론과 조직이론

1. 이론

이론(theory)은 검증할 수 있는 개념 혹은 생각을 진술하는 것이다. 이론은 변수들 사이의 관계를 구체화함으로써 상황을 설명하거나 예측하는 것이다. 이론은 일반화(generalization)를 위한 탐구의 최종 결과이고, 그리고 현상을 설명하는 데 제공되는, 수긍할 수 있고 과학적으로 수용할 수 있는 일반적 원리(acceptable general principle)이다. 즉 이론은 현상과 연계된 관계를 기술하는 원리들을 구성한다.

이론은 경험적으로 검증된 정의에 기초한 가정(assumptions)을 포함한다. 즉 이론은 가설의 토대이며, 검증을 통한 증거에 의해 지지 혹은 기각된다. 이점에서 이론은 단지 추측(guess)하는 것이 아니다.

이러한 이론의 첫째 역할은 어떤 현상을 설명(explanation)할 뿐만 아니라 기술(description)이 가능하도록 하는 것이다. 이를 통하여 이론은 현상의 실제를 설명하고, 그리고 현상에 대해 논리적으로 이해하는 데 기여한다. 이리하여 이론과 실제(practice)는 모순되는 것이 아니라 상호보완적인 것으로 볼 수 있다.[10] 또한 이론을 통하여 현상 속에서 존재하는 규칙성을 이해할 수 있다. 나아가 이론은 현상의 발생 원인뿐만 아니라 결과까지 예측할 수 있도록 한다.

이론과 관련하여 몇 가지 차원에서 살펴보면, 이론의 유형을 귀납적 이론과 연역적 이론, 기술적 이론과 규범적 이론 등으로 이해할 수 있을 것이다.

첫째, 귀납적 이론(inductive theory)은 사고의 출발에 있어 보다 자유해답식 (open-ended)이고 탐험적 조사(exploratory)이다. 구체적인 것(개별적인 사례)으로부터 일반화하는(from the specific to the general) 논리의 흐름을 강조한다.

이와 같이 귀납적 이론은 경험적 데이터를 기초하여 가설을 검증한다. 귀납적 이론은 관심분야와 관련한 데이터 수집으로 시작하고, 데이터로부터 패턴을 조망하고, 패턴을 설명할 수 있는 이론을 전개한다. 특히 귀납적 이론은 데이터의 통계적 검증에 의해 설정된 신뢰의 한계를 반영하기 때문에 경향 혹은 가능성이라고 말한다.

둘째, 연역적 이론(deductive theory)은 하향적 접근법(top-down approach)을 활용한다. 즉 일반화에서부터 구체적인 것으로 흐르는 논리로 특징지어진다. 연역적 이론은 관심주제와 관련한 기존 이론의 선택과 더불어 시작된다. 검증할 수 있는 구체적인 가설을 도출하고, 수집된 데이터로 가설을 검증하여 기존 이론을 증명하거나 혹은 부인하게 된다.

이와 같이 연역적 이론은 일반적으로 원인과 결과의 관계(cause-and-effect relationships)에 관한 연구로부터 도출된다. 연역적 이론은 내적인 일관성 (internally consistent)을 가져야만 한다. 연역적으로 도출된 이론은 내적인 일관성 검증을 충족한다면 경험적 입증(empirical verification) 없이 가끔 수용된다. 이 이론은 수리적 모델(mathematical model)과 같이 도식 혹은 상징적 형태로 규정한다.

더불어 기술적 이론(descriptive theory, 실증이론(positive theory)으로도 명명함) 은 현상을 설명하는 것이다. 규범적 이론(prescriptive theory, 또는 normative theory)은 논리와 경험적 증거를 기초하여 어떤 현상이 무엇일 것이라고(what a phenomenon should be) 규정하고, 현상에 대한 설명을 제공한다.

---

10 좋은 이론의 조건은 다음과 같다(이해영, 2005: 98-101). ① 좋은 이론은 인간 존재의 본질에 관한 질문에 해답을 제공할 수 있는 이론이다. ② 좋은 이론은 사회 법칙으로서 사회 현상과 인간행태를 설명할 수 있고, 또 그에 적용될 수 있는 이론이다. ③ 좋은 이론은 간결하고도 분명히 정의된 개념으로 구성되어야 한다. ④ 좋은 이론은 원칙적으로 수정 가능하여야 하고, 또 그 진위를 판단할 수 있어야 한다. ⑤ 좋은 이론은 규범적이고 정책적 지침이나 함의를 많이 제공할 수 있어야 한다.

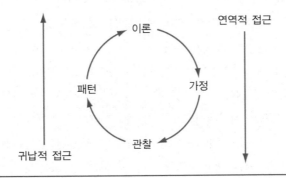

2. 조직이론

조직이론(organization theory)은 조직현상을 기술하고 설명하는 데 활용되는 일련의 개념과 원리에 관한 사고이다. 이점에서 조직이론은 지식의 몸체(a body of knowledge)가 아니며, 사실의 집합체도 아니다. 조직이론은 조직에 관한 사고방식(a way of thinking)이고, 조직의 관리방식이다. 조직이론은 조직에 대해 보다 정확하게 그리고 심도있게 분석하고, 바라보는 방식이다(Daft, 1983: 20). 이러한 조직이론은 주어진 조건에서 조직이 어떻게 대응 또는 처리할 것이라는 것을 예측하기 위해 조직의 구성요소와 이들의 관계를 논리적으로 설명하는 것이다.

조직이론은 조직이 무엇인지, 조직이 주어진 환경에서 어떻게 대응하는지에 대한 이해를 제공한다. 또한 조직이론은 조직구성원에 의해 향상된 의사결정에 이르게 하는 방식에 있어 조직행태를 예측하고 설명하는 데 도움을 준다. 이러한 조직이론은 조직 관리자가 실제의 생활상황에서 적용할 수 있는 전체 지식의 일부분이다.

이와 같이 조직이론은 조직문제를 해결하고, 효율성과 생산성을 극대화하고, 고객의 기대에 부응하기 위한 조직관리의 패턴과 구조를 명확하기 위해 조직을 연구하는 것이다. 조직이론은 조직이 어떻게 최상으로 기능할 수 있는가에 관한 규범적 이론(normative theories) 측면에서 접근한다고 볼 수 있다. 이러한 조직이론은 체계적인 조직연구의 결과로서 발달된다. 조직이론은 모든 유형의 조직에 대해 일반적으로 적용된다. 즉 조직이론의 연구는 조직현상을 어떻게 기술하고 진단할 것인가, 어떻게 조직화할 것인가, 조직에서의 변화를 어떻게 가져올 것인가, 조직효과성을 어떻게 측정할 것인가 등과 같은 물음에 해답을 줄 것이다. 따라서 조직이론가들은 조직활동과 관련한 사회학, 심리학, 경제학 등 다양한 학문에 대해 많이 알아야만 한다. 즉 하나의 학문영역으로만 조직이 사회에서 어떻게 기능하는지를 완벽하게 이해하는 것은 불가능할 것이다.

조직관계를 이해하기 위한 또 다른 기법은 모델을 활용하는 것이다. 모델 (model)은 실제를 단순하게 대표(a simplified representation of reality)하는 것이라고 할 수 있다. 실제로 다양한 사회현상을 묘사하는 것에 있어 모델이 활용된다. 예를 들면, 수학적 모델에 있어 차원은 추상적인 숫자로 표현되고, 차원들 사이의 관계는 수학적으로 계산된다. 또한 지도는 지리적 영역에 대한 도식적인 모델 (schematic models)이다. 모델에는 몇몇 변수들이 포함된다. 변수(variables)는 조직의 주요한 구성요소를 대표하고, 그리고 측정할 수 있는 조직적 특성이다.

Daft(1983: 25)는 조직이론을 연구하는 대부분의 사람을 2가지 집단 – 관리자 혹은 잠재적 관리자와 관리자가 아닌 사람 – 으로 규정한다. 특히 관리자가 아닌 조직구성원들은 우리 주변의 세계에 대해 보다 잘 이해하고 알고 싶어 한다. 왜냐하면 거의 모든 사람은 조직에서 일하기 때문이다. 또한 조직은 우리의 일상생활에서도 가장 중요한 환경이기 때문이다. 이처럼 조직이론은 조직에서 일어나는 현상에 대한 이해를 제공한다. 즉 조직을 연구함으로써 우리는 우리의 환경에 대해 보다 잘 알 수 있다. 나아가 조직이론은 관리자에게 보다 많은 능력과 영향력을 제공할 수 있다. 왜냐하면, 조직이론은 관리자에게 조직이 어떻게 그리고 왜 그렇게 작동하는가에 대한 설명을 제공한다.

조직관리자를 위한 행동 가이드

- 외부환경(external environment)을 무시하지 말라. 외부환경으로부터 조직을 보호하라. 생존하고 번창하기 위해서는 외부환경과 자원을 교환하라.
- 부서에게 하부시스템 기능 – 생산, 경계스패닝, 유지, 적응, 관리 – 을 수행하도록 할당하라. 이들 기능의 어떤 것을 간과함으로써 조직의 생존과 효과성을 위험하게 하지 말라.
- 조직에서 업무하는 개인과 완전히 구별되는 것으로 조직을 생각하라. 규모, 공식화, 분권화, 복잡성, 전문화, 직업주의(professionalism), 인적 배치(configuration)의 수준에 따라 조직을 기술하라. 조직을 분석하고 그리고 다른 조직과 비교하는 데 이들 특성을 활용하라.
- 한 상황에서 작동하는 어떤 것을 다른 조직에 적용할 때 신중하라. 모든 조직시스템은 동일하지 않다. 정확한 구조, 목표, 전략을 인식하는 데 조직이론을 활용하라.

조직현상은 상이한 수준 – 개인, 집단, 집단 간, 조직 – 으로 분류할 수 있으며, 또한 다양한 연구자가 조직효과성을 향상시키기 위한 통찰력을 제공하고 있다.

첫째, 조직행태(organization behavior) 분야는 개인과 집단을 우선적으로 다루며, 집단 간 수준까지 확장하기도 한다. 이에 조직행태의 분야는 개인적 수준에서 동기부여, 지각, 태도, 의사결정, 직무만족, 스트레스 및 경력 등이 주요 과제이며, 집단 수준에서는 집단기능, 집단 과정, 집단성과, 리더십, 팀 빌딩이 주요한 주제이다. 집단 간 수준에서는 집단 간 관계, 경쟁, 갈등과 협력 등이 주요한 주제이다.

둘째, 조직이론 분야는 조직변화와 성장, 효과성, 기획, 설계, 발전, 정치 및 문화와 같은 거시적 수준의 조직현상을 주로 다룬다. 집단 간 수준에서는 집단 간의 갈등 그리고 조직단위의 갈등에 관한 관리를 포함한다.

조직에 관한 체계적인 지식이 산출되는 2가지 주요한 방식은 다음과 같다 (Narayanan & Nath, 1993: 7).

1) 경험적 방식

경험적 방식(experiential way)의 지식은 3가지 단계가 필요하다. ① 현재의 조직에서 작동하는 조직현상을 경험한다. ② 이들 경험을 반추한다. ③ 이들 반추로부터 체계적인 감각(systematic sense)을 갖춘다. 경험으로부터 추론(inferences)하고 경험을 일관된 틀(coherent framework)로 개념화한다. 이런 방식으로 조직이론을 추구한 학자들은 Chester Barnard, Frederick Taylor, Mooney와 Reiley, Mary Parker Follettt, Henri Fayol 등이다.

2) 과학적 연구

지식산출의 또 다른 방식은 과학적 연구(scientific research)를 통해 조직에 관한 지식을 산출하는 것이다. 이 방식에는 실험(exploratory)과 설명(explanatory)의 기본적 연구방식이 있다. 실험적 연구의 목적은 현재의 조직에 존재하는 관계의 유형을 발견하는 것이다. 즉 가설을 설정하는 것이다. 실험적 연구는 인터뷰와 관찰 방식(observational methods)이 포함된다. 가장 보편적인 관찰 방식은 참여적 관찰(participant observation)이다. 설명적 연구의 주요 목적은 가설을 검증하는 것이다. 이들 가설은 현재의 조직에서 실험적 연구의 결과이다. 가설은 양적인 기법(quantitative techniques)을 활용하여 검증된다. 상황적합적 이론이 이들 방식을 활용한 연구결과이기도 하다.

02 고전적 조직이론의 의의와 특징

18세기 이전에 사람들은 조직이 어떻게 작동할 것인가에 대해 체계적으로 생각하지 않았다. 사람들은 조직을 관리하는 것이 아니라 정치력(political power)을 획득하거나 돈을 얻기 위해 조직을 활용하는 데 관심을 가졌다.

이러한 관리적 사고의 사례로, Machiavelli(1513)는 국가의 지도자를 위한 교활한 기술(crafty techniques)인 「군주론(The Prince)」을 저술했다. 이 시대에 대부분 조직(성당, 군대조직 등)은 비교적 소규모이고 단순한 구조이었다.

1750년대 영국에서 시작된 산업혁명이 모든 것을 변화시켰다. 인간 작업성과에 일어나는 근본적인 변화의 주된 원천은 기계화된 동력(mechanized power)인 기술에의 발달이었다. 이때까지 작업은 사람 혹은 동물의 노력을 통해 성취되었다. 작업은 가족에 의해 조직되었고, 작업은 각 가족의 주거공간 내에서 위치했었다. 이 시스템의 본질은 보다 복잡한 작업을 수행하기가 어려운 한계가 있었다.

이러한 가내공업제도(domestic production system)의 종말은 동력구동식 기구(power-driven machinery)의 출현으로 시작되었다. 최초로 가동된 증기기관(steam engine)은 1765년 James Watt가 발명했다. 증기기관 이후, 다양한 유형의 상품을 생각하는 방식이 급속하게 변화되었다. 이것이 공장시스템의 발생을 위한 가장 중요한 첫 번째의 단계였다. 증기기관은 대량생산을 가능하게 했다.

이처럼 공장은 증기기관을 활용하여 생산성을 증가하기 위한 문제에 대해 해답을 얻었지만, 다른 문제가 발생했다. 이들 문제가 최대의 효율화를 위해 노동자의 노력을 어떻게 잘 조정하는가 하는 것이었다. 이 문제의 접근은 각 사람에게 제한된 작업수를 수행하도록 작업을 분할하는 것이었다.

이와 관련하여 현대 경제학의 창시자 중 한 사람인 Adam Smith가 노동의 분업(division of labor)이라 불리는 사상을 옹호했다. Smith는 미국의 독립전쟁(Revolutionary War) 때인 1776년 「국부론(The Wealth of Nations)」을 저술했고, 이 책에서 노동의 분업에 대한 장점을 명확하게 기술했다. 다음의 3가지 상이한 상황에 기인하여 작업의 양이 크게 증가하였다. ① 모든 노동자에 있어 재주의 증가, ② 한 유형의 노동에서부터 다른 노동으로 이전됨에 따른 손실시간의 절약, ③ 노동을 용이하게 하고 축소시키는 다량의 기계의 발명 등으로 같은 사람의 수로 보다 많은 작업을 수행할 수 있게 되었다.

특히 1865년 미국의 시민전쟁(American Civil War)의 종료와 더불어 급속한 공장의 증가는 산업의 생산성 또는 효율성을 어떻게 향상시킬 것인가라는 주제에 관심을 기울이게 되었다. 이와 더불어 1886년 Chicago에서 개최된 미국기계학회(American Society of Mechanical Engineers)에 Henry R. Towne이 발표한 "경제학자로서 엔지니어(Engineer as Economist)"는 미국에 있어 현대적 관리의 시작으로 간주되고 있다. 이 논문에서 Towne은 엔지니어에게 공장관리(shop management)의 문제는 엔지니어의 문제와 동등하게 중요한 것이라고 촉구하고 있다. 이러한 주장은 같은 시대에 필라델피아 Midvale Steel Company에서 근무하고 있는 엔지니어인 Frederick Winslow Taylor도 같은 생각을 가졌다(Black & Porter, 2000: 37).

고전(classic)이란?

Cambell(1999)에 의하면, 고전은 일반적으로 2가지 의미를 포함한다.
① 고전은 질(quality)에 관한 것이다. ② 고전은 영속되는 것(lasted)을 의미한다. 예를 들면, 고전적 음악으로 많이 언급되는 Mozart의 작품은 높은 질을 갖추고 있고, 18세기 이후 지속적으로 영향을 미치고 있다.
또한 고전이란 몇 가지 중첩적인 의미로 사용된다. 고전은 그 자체의 맥락에서 정당성을 가진다. 특정한 분야에서 높은 수준의 권위 혹은 상당히 역사적으로 중요한 연구를 말한다. 예를 들면, Darwin의 「종의 기원(Origin of Species)」은 생물학에서 고전적 연구로 규정한다. 문학 영역에서 작가들은 평가적 의미(evaluative sense)로 고전을 높은 가치의 문학작품(literary work)이며, 명성을 가진 작품이라고 말한다.

초기의 관리자들은 대량생산기술과 경제적 팽창에 필요한 합리화(rationalization), 효율성, 통제의 문제에 초점을 두었다. 이들 관리적 사고가 고전적 조직이론가들의 주된 관심사였다. 이들 학자의 주된 주제는 육체노동자(blue-collar)를 과학적으로 연구하는 것이었다. 이 시기에서 있어 고전적 조직이론가들은 관리의 가장 핵심적인 문제란 생산에 대한 효율성의 자각(realization)이었다. 즉 대량생산을 유발하는 주된 효율성은 노동력에 대한 통제와 훈련에 결부시켰다. 이에 안전성, 통제, 그리고 효율성을 확보하는 문제가 관리의 중심 주제였다. 반면에 조직환경은 다소 경쟁적이었지만, 매우 안정적이었다.

이런 배경의 고전적 조직이론은 몇 가지 특징으로 정리할 수 있을 것이다. ① 고전적 조직이론은 조직구성원보다는 생산에 보다 많은 관심을 두었다. 이에 조직성과를 위해 조직구조와 행정적 통제의 중요성에 초점을 두었고, 작업 활동의 전문화와 조정을 강조하였다. 이리하여 조직을 기계(machine)로, 직원들을 기계의 일부로 간주한다. ② 고전적 조직이론가들은 관리의 원리와 기능, 그리고 조직의 권위적 구조에 관한 연구에 초점을 두었다. ③ 고전적 조직이론은 산업 및 군사 조직의 원형에 기초하여 보다 빠른 의사결정과 신속한 집행, 명령통일에 중점을 두며, 고도로 관료적인 구조와 적절한 지휘 체계로 갈등을 최소화하고자 한다. ④ 고전적 조직이론은 경영자의 경험과 그에 따른 제한된 관찰에 기반을 두고 있으며, 규칙의 엄격한 준수를 강조한다. 또한 노동자의 주된 동기로 경제적 보상에 초점을 두고 비금전적 요소를 무시한다.

이러한 시각 때문에 고전적 조직이론은 다음과 같은 한계를 가진다. ① 일하는 것에 대한 사람의 동기를 경제적 보상(economic reward)의 기능으로 엄격하게 설명하고 있다. ② 효율성을 최고관리자의 관점에서 이해했기 때문에 조직구성원을 평범한 사람(mediocrity)으로 이끌고 있다. 즉 조직구성원은 자신의 직무와 노동조건에 대한 최소한의 권한(minimal power)을 가진 것으로 가정하고 있다. ③ 조직구성원의 작업에 있어 구성원의 종속, 수동성, 의존성을 기대하였으며, 인간관계 측면을 무시하고 인간적 요소의 역할을 훼손하고 있다. ④ 조직성과와 관련하여 근무조건에 매몰되어 조직구성원의 심리적 실패(psychological failure)를 초래하였다. 즉 인간을 기계의 구성요소로서 보고 있었다. ⑤ 고전적인 원칙은 경영자의 경험과 그에 따른 제한된 관찰을 기반으로 하고 있고, 또한 고전적 접근법은 지나치게 단순화된 가정에 기반을 두고 있으며, 그 원리는 모호하고 모순적이다. ⑥ 조직을 폐쇄적인 시스템(closed system), 즉 외부환경과 상호작용하지 않는 것으로 간주하는 관점이다.

Taylor	• 과학적 관리(Taylorism)의 창시자 • 1911년에 과학적 관리의 원리(The Principles of Scientific Management)를 소개함
Fayol	• 1916년 「일반관리와 산업관리(General and Industrial Management)」 출간 • 5가지 관리원리(기획, 조직, 명령, 조정, 통솔) • 14개 관리원리 제시
Mooney & Reiley	• 조직과 관리의 4가지 기본원리(조정, 계층제 원리, 기능적 원리, 참모의 원리) 제시함 • 모든 직무는 조직의 기능적 원리인 결정기능(목표설정), 응용기능, 해석기능(의사결정) 중 하나의 기능에 포함된다고 함
Follett	• 작업장에서의 민주화와 비계층적 네트워크에 대한 관심 • 관리이론은 조직구조의 기능과 권위의 계층제를 조사하는 과학으로 이해; 강제적 권한(coercive power)과 위압적 권한(coactive power)으로 구분
Gulick & Urwick	• 행정관리원리를 통해 행정의 과학 발달에 기여함 • 분업화원리, 부서화, 계층제를 통한 조정원리, 명령통일원리, 통솔범위, 계선과 막료, 중요한 행정기능의 요소로 POSDCORB 제시함
Weber	• 사람들이 강요됨이 없이 권위에 복종하게 하는 것은 무엇인가라는 물음을 통해 3가지 권위유형을 제시함 • 합리적-법률적 권위에 기초하여 이상적인 조직형태인 관료제(bureaucracy) 모형을 제시함

SECTION

03 Taylor의 과학적 관리론

1. 과학적 관리의 의의

과학적 관리(scientific management)의 아버지로 명명되는 Frederick Taylor (1856-1915)는 시행착오적 접근법(trial and error approach)을 활용하여 체계화와 표준화 방법을 모색하기 위해 노력하였다.[11] Taylor는 조직의 생산성을 향상시키기 위한 기법과 방법을 위해 탐구하였던 개척자이다. 기본적인 사회문제에 대한

---

11 이 당시의 미국사회에 있어 산업노동자의 교육 수준은 6학년(sixth grade)보다 낮았으며, 고등교육을 받은 사람도 매우 드물었다. 1880년대에 모든 공장의 85%가 생산제조업체(manufacturing enterprises)였다.

Taylor의 진단은 비효율성(inefficiency)이었다. 이러한 Taylor의 이론은 「공장관리(Shop Management, 1903)」와 「과학적 관리의 원리(The Principles of Scientific Management, 1911)」라는 저서에서 나타난다.

Taylor(1911)는 노동자란 업무수행에 있어서 최상의 방법(the best way)을 모르기 때문에 비생산적이라는 견해를 가지고 있었다. 또한 인간에 대하여 합리적이고 경제적인 존재이며, 경제적 인센티브를 통한 동기부여가 최상의 방법이라는 관점을 가지고 있었다. 이점에서 바람직한 협력과 통제 그리고 생산성을 증가하기 위해서는 일한 분량대로 지급받는 방식에 의한 경제적 인센티브를 제공해야 한다고 주장하였다. 나아가 미리 설정한 과학적 기준을 초과한 노동자에게 보수를 증가할 수 있다면, 보다 높은 보수를 위한 노동자의 욕구는 더 많은 생산을 유인하는 데 있어 강력한 동기부여라고 믿었다. 즉 돈이 동기를 부여한다(money motivates)는 것이다.

과학적 관리에서 관리의 역할(the role of management)은 업무 과정에 관한 구체적인 정보를 수집 및 분석하고, 이를 바탕으로 주어진 업무를 성공적으로 수행하기 위한 가장 효율적인 방법에 관한 규칙과 지침을 도출하는 것이다(Rainey, 2014:19). 이를 위하여 과학적 관리의 첫 번째 단계는 작업을 분석하고, 작업의 기본적 구성요소를 분석하는 것이었다. 예를 들면, Taylor는 한 사람이 다양한 크기의 삽(shovels)으로 들어 올릴 수 있는 철광석과 석탄의 양을 측정하였다. 이러한 정보를 기초하여 낭비적인 동작을 제거하기 위해 직무를 재설계하였다. 즉 각 노동자는 21파운드의 용량을 가진 삽을 사용한다면 철광석과 석탄을 최대로 이동할 수 있다는 것이다(Mescon, et al., 1988: 43). 이와 같이 과학적 분석에 기반한 테일러리즘(Taylorism)은 경제적 효율성, 특히 노동생산성을 향상시키기 위해 업무흐름(work flows)을 분석하는 관리이론이다. 이러한 관점은 1880년대에서 1980년대에 제조산업체에서 많이 활용한 관리전략이었다.

2. 과학적 관리의 특성: 최상의 방법

Taylor는 작업장에서 수집한 자료의 객관적 분석이 업무를 조직화하는 데 있어 최상의 방법을 위한 기초를 제공한다고 믿었다. 이에 Taylor는 어떤 활동을 수행하는 데 최상의 방법(one best way)이 있으며, 시간과 동작 연구(time and motion study)와 직무분석을 통하여 최상의 생산성을 창출하는 방법을 발견할 수 있다고 생각했다. Taylor의 과학적 관리 원리는 다음과 같이 구성되어 있다.

① 직무의 과학적 연구와 분석 – 각 노동자의 직무를 과학적으로 분석하고, 직무 수행에 가장 효율적인 방식을 탐구한다. 업무에 있어 최선의 방식을 발견한다. 특히 관리자의 궁극적 목적은 생산성을 증대하는 것이다.

② 과학적 선발, 훈련 및 발전 – 직무를 수행함에 있어 가장 적절한 노동자를 과학적으로 선발하고, 정확한 방식으로 직무를 수행할 수 있도록 교육한다. 이러한 업무 과정은 관리의 역할이다. Taylor에 의하면, 최적의 사람은 직무를 성공적으로 수행하고자 하는 강한 열망을 가진 가장 강한 사람이며, 모든 노동자는 직무에 최고(first-class)가 될 수 있는 능력이 있다.

③ 관리자와 노동자의 협력 – 관리자는 노동자가 과학적 방식으로 직무를 수행할 수 있도록 협력해야만 한다. 특히 기획, 조직 및 통제와 같은 활동은 개개 노동자보다는 관리자의 주된 책임이다. Taylor는 노동자가 성취한 것에 기초한 보상시스템을 옹호한다.

④ 기능적 감독 – 관리와 노동자 사이의 책임과 명확한 업무분할이 있어야 한다. 관리자는 업무를 기획하고, 조직화하고, 의사결정 활동 및 감독하는 데 책임이 있으며, 노동자는 직무를 수행해야 한다. 특히 관리자는 노동자가 할당된 업무를 수행할 수 있도록 가까이에서 감독해야 한다.

Taylor 접근법의 목적은 작업수행에 가장 효율적인 방법을 모색하는 것이며, 경제적 합리주의이다. 노동자, 관리자, 소유자 사이의 공통적인 기반은 각자의 경제적 이익을 최대화하기 위해 노력한다는 점과 각 집단이 과학적 원리라는 새로운 접근법을 도입한다면 모든 집단이 각자의 목적을 달성할 수 있다는 것이다.

Taylor의 과학적 관리론은 행정의 기법과 철학에 기여하였다. 특히 1912년 William H. Taft 대통령(제27대)은 행정개혁을 위해 경제와 효율성을 위한 Taft 위원회(Taft Commission on Economy and Efficiency)를 조직하였다. Taft위원회는 결과, 생산성, 효율성을 강조하였으며, 행정가는 비용과 효율성의 단위로 결과에 대한 질과 양을 측정해야 한다고 주장하였다. 1911년과 1912년 하원의 노동위원회(Labor Committee)의 청문회에서 Taft위원회는 과학적 관리가 보통의 노동자에 어떠한 영향을 미치는가에 관한 Taylor의 견해를 조사했었다.

3. 과학적 관리의 비판과 공헌

Taylor의 과학적 관리론은 제조업 등을 중심으로 조직의 생산성 또는 효율성을 향상시키는 데 이론적 및 방법론적 기여가 크다는 평가와 함께 다음과 같은 비판이 제기된다. 이러한 비판은 Taylor 시스템이란 조직을 보다 효율적으로 만드는 수단이기보다는 오히려 관리자가 즐기는 권력을 정당화하는 논리(a rationale justifying the power)라는 것이다.

1) 과학적 관리의 비판

첫째, Taylor의 과학적 관리론에서 적용하는 과도한 전문화, 금전적 인센티브 의존, 밀접한 감독체계, 상의하달식의 일방적인 권력관계 등은 팀워크의 발전과 프로젝트의 관리를 방해하며, 조직발전을 저해한다. 이러한 엄격한 노동방식은 대부분 노동자에게 소외감을 갖게 한다. 상이한 성과급(pay for performance)을 지급함으로써 노동자의 결속을 악화시켰다(Hatch & Cunliffe, 2006: 33). 또한 과학적 관리는 노동자들에게 과도한 압박을 가하고 있다.

둘째, 과학적 관리는 노동자의 업무수행에 있어 지나치게 몰인간성(inhumanity)을 강조한다(Rainey, 2014: 20). 과학적 관리는 노동에 대한 사회적 측면과 윤리적 측면을 무시하였다. Taylorism은 노동자의 인간적인 측면보다는 기계적 측면을 강조한다. 이러한 맥락에서 미국의 노동단체는 Taylorism이란 노동자에 대한 노동력 착취를 강화하는 새로운 수단이라고 비판한다(Gvishiani, 1972). 정부조직에 Taylor의 원리를 도입하려는 시도는 노동단체의 반대와 파업을 초래하게 했고, 또한 미국 의회조사의 의제가 되기도 했다.

셋째, 행태과학자의 비판처럼 과학적 관리는 임금 인센티브의 중요성을 강조하기 때문에 동기부여에 대해 너무 단순한 접근법이다. 또한 작업장에서 노동자의 행태에 영향을 미치는 다른 사회적 요인들에 대해 충분한 관심을 갖지 못했다. 과학적 관리는 권위주의적 혹은 관리지배적 접근(management-dominated approaches)이라고 할 수 있었다. 또한 노동과 직무의 전문화를 너무 과도하게 강조하고 있다.

넷째, 과학적 관리학파는 주로 작업현장(shop floor)의 수준에서 놓여있고, 조직설계와 같은 보다 광범위한 혹은 거시적인 문제들에 대해 논의하지 못했다.

다섯째, 과학적 관리는 조직의 공식적인 분석에 초점을 둠으로써 조직의 비공식적인 측면을 고려하지 못한 제한적 분석이다.

2) 과학적 관리의 공헌

Taylor는 조직의 합리화(rationalization of organizations)의 주창자로서 이미지가 지속되고 있다. Taylor의 과학적 관리는 다음과 같은 분야에 공헌하였다.
① 과학적 관리는 작업업무에 대한 면밀한 분석을 시도했다는 점과 보다 높은 생

산성 향상을 위해 가능한 체계적인 재정적 인센티브와 동기부여의 중요성을
제시했다.

② 생산성 향상을 위한 사람의 선발과 훈련의 중요성을 보여주었다.

③ 업무효율성을 지배하는 객관적 측정과 규칙의 발견이라는 Taylor의 신념은
관리통제시스템의 초석이 되고 있다.

이와 같은 Taylor의 과학적 관리원리는 국가수반과 경영지도자에게 영감을
주었다. Lenin, Stalin과 Henry Ford도 각자의 방식에서 Taylor의 아이디어를
채택했다(Hatch & Cunliffe, 2006: 33).

Fordism란?

Fordism은 농업사회에서 대량생산, 대량소비경제시스템으로의 전환을 상징한다.
Ford는 자동차 산업의 성장을 이끈 창의적인 힘이었다. 자동차 산업은 우리가 사물
을 어떻게 생산할까에 대한 근본적인 사고를 변화시켰다. 이러한 첫 번째 변화는 기
술생산(craft production)에서 대량생산이다. 이것은 기능적 전문화와 세밀한 노동
분업을 초래했다. 또한 대량생산/소비에 대한 Fordism의 기여는 공정공학(process
engineering)의 영역이다. 이 시스템의 핵심은 표준화(standardization)이며, 이것
은 부품의 완전한 교환가능성(interchangeability)을 초래했다.

이러한 Fordism은 20세기 초 생산품 조립라인의 구축된 생산시스템으로, 선진국의
지배적인 산업패러다임이 되었다. Fordism은 1980년 후반 세계경제와 확장된 생산
요소의 이동성(mobility)을 반영한 Post-Fordism으로 대체되었다.

이처럼 Taylorism과 Fordism 모두는 노동자에 대한 자본가의 통제를 증대하는 수
단이며, 생산성을 증가하는 수단이다. 또한 Taylorism이 강조한 노동분업, 노동의
과학적 관리, 동선(moving line)은 Fordism의 구성요소이기도 하다. 작업장에서
Taylorism과 Fordism으로 1919년에서 1929년 사이 산업노동자가 감소되었지만 미
국의 산업생산성이 두 배로 증가되었다. 또한 Taylorism과 Fordism의 발달은 새로
운 자본주의를 초래했으며, 새로운 산업 노동조합의 성장에 기여했다.

04 행정원리학파

1. 행정원리학파의 의의

행정원리학파(principles school)는 모든 조직에 적용할 수 있는 보편타당한 관리의 원리를 추구하였다. 이점에서 행정은 대기업과 본질적으로 같으며, 동일한 관리원칙과 가치에 따라 운영되어야 한다는 행정에 대한 경영학적 접근법(businesslike approach)이다. 행정원리학파는 정치행정 이원론(dichotomy)의 원리를 적용하고 있는 것이며, 행정활동의 최고의 목표는 효율성이라고 전제한다.

행정원리학파는 과학적 관리와 같이 조직을 관리하는 데 있어 사회적 측면에 대해 관심을 많이 보여주지 않았다. 이들 학파의 기여는 과학적 방법론보다 주로 개인적 관찰에 의존하였다. 대부분의 행정원리학파들은 대규모 조직에 있어 최고관리층에서 많은 경험을 가진 관리자들이었다. 이들 학파의 주요한 관심은 전반적인 조직을 효율적으로 관리하는 데 관련된 보다 광범위한 문제이었다. 이들 학파의 목적은 보편적인 관리원리(management plincilples)를 도출하는 것이었다. 조직이 이들 원리에 따라 운영하는 것이 곧 조직의 성공에 이르게 된다는 것이 핵심이라고 할 수 있었다.

이러한 행정원리는 사람들을 관리하기 위해 설계되었다. 이들 원리의 주요한 특징은 다음과 같이 요약된다. ① 권위와 책임은 동등해야만 한다. 관리에 대한 권위는 책임과 균형을 이루어야 한다. ② 조직의 목표는 개인의 목표 혹은 조직구성원의 집단목표에 우선한다. ③ 개인에 대한 보상은 공평하여야 한다. 이것은 성공적인 노력과 부합하여야 한다. ④ 모든 조직구성원은 한 사람의 상관에 대해 직접적으로 책임을 져야 한다는 명령통일의 원칙이 적용된다. ⑤ 의사소통은 계층적으로 공식적 통로에 의해 이루어져야 한다(이영균, 2001).

이러한 관점에서 행정원리학파는 몇 가지 점에서 비판을 받고 있다. ① 이들 학자는 규칙, 절차, 계층구조에 지나치게 집중하여 창의성과 혁신을 저해할 수 있고, 또한 공식조직에 초점을 두고 있기 때문에 비공식적 조직의 중요성을 간과하고 있다. ② 조직의 공식적인 구조와 프로세스에 중점을 두고 있어 비공식적인 구조와 인간관계의 중요성을 간고하고 있다. ③ 엄격한 과학적 연구보다는 개인적인 경험과 관찰에 보다 많이 기반하고 있기 때문에 과학적 검증이 부족하다.

④ 대체로 안정적 환경의 조직에 경험한 것을 바탕으로 아이디어를 개발했다는 점에서 동태적이고 경쟁적 환경의 조직에 적용하는 데 한계가 있다.

1920년에서 1930년 사이의 행정관리학파들은 행정에 보편적으로 적용할 수 있는 행정원리 혹은 법칙을 발견하기 위해 연구하였다. 이들 학파에 의하면, 이들 행정원리는 효율적인 행정을 증진하기 위해 적용할 수 있으며, 과학적으로 도출될 수 있다는 것이다. 행정원리학파의 대표적인 학자로 Henri Fayol, Mary Parker Follett, Luther Gulick, Lyndall Urwick, James Mooney, Alan Reiley 등이 있다. 이들 학파가 제기한 행정원리는 다음과 같은 2가지 주요한 영역을 포함하고 있다.

첫째, 이들 원리는 조직을 관리하기 위한 합리적 시스템(rational system)에 관한 설계이었다. 이들 학자는 조직의 중요한 기능을 인식함에 있어 최상의 방법으로 조직을 작업단위 혹은 부서로 분할할 수 있다는 것이다. 이들 기능은 관리의 기본적 기능을 발견하는 것이다.

둘째, 이들 원리는 조직을 구조화하고, 그리고 사람을 관리하는 데 관심을 가졌다. 즉 명령통일의 원리나 Henri Fayol의 14가지 관리원리 등은 유용한 가이드라인을 제공해 주고 있다.

2. Fayol의 연구

프랑스 경영학자인 Henri Fayol(1841-1925)은 석탄·철강회사의 총책임자로서 1916년 「일반관리와 산업관리(General and Industrial Management, 미국에는 1949년에 소개됨)」라는 책에서 다양한 관리이론을 소개한다. Fayol은 관리에 관해 최초로 포괄적이고 완전한 이론을 제시했다(Narayanan & Nath, 1993: 30). Fayol은 개별공장의 관리와 작업현장의 감독(shop floor supervision)보다 오히려 다수의 부서단위를 가진 기업의 관리활동(multi-unit enterprises)에 있어 중간 그리고 상위계층에 초점을 두었다.

Fayol은 관리를 가정, 회사, 정부 등 모든 사람들의 일에 있어 공통적인 활동이라고 주장했다. 또한 Fayol은 전체적인 산업활동에 관한 업무를 6개의 독립적인 활동 - 기술활동, 상업활동, 재무활동, 보안활동, 회계활동, 관리활동 - 으로 구분하고, 이들 6가지 활동이 조직에 관련한 중요한 영역이라 주장한다.

Fayol은 모든 관리활동에 공통적으로 적용되는 핵심적인 5가지 원리인 전망과 기획, 조직, 명령, 조정, 통제를 제시하고 있다. 이들 5가지 원리는 관리자의 책임성을 구체화하는 것이다.

① 전망(forecasting)과 기획(planning) – 미래를 예측하고 분석하기 위해서는 관련된 정보와 데이터의 분석을 통해 시작하는 것이 중요하다. 미래를 조사하고 그리고 활동에 대한 계획을 도출한다.

② 조직(organization) – 부여된 업무를 성취하기 위해 인적자원과 물적자원의 구조를 조직화하는 것이다.

③ 명령(commending) – 조직을 움직이게 하고, 조직구조에 활력을 부여한다.

④ 조정(coordinating) – 모든 활동과 노력을 결합하고, 통일하며 그리고 조화하는 것이다.

⑤ 통솔(controlling) – 모든 활동이 설정된 계획과 명령에 부합·성취할 수 있도록 한다.

이러한 5가지 기본적 관리기능을 토대로 관리가 어떻게 되어야 하는가에 대해 14가지 관리원리를 제시하고 있다. 이들 14가지 관리원리는 조직에 있어 광범위한 방식으로 성과를 향상시키는 데 활용될 수 있다. 이들 원리는 좋은 조직관리의 요소들로 다음과 같다.

① 분업(division of work) – 한 사람이 하나의 직무, 전문화된 활동. 분업의 목적은 같은 노력으로 업무를 보다 많이 그리고 보다 좋게 산출하게 하는 것이다.

② 권한과 책임(authority) – 관리자는 종업원이 수행해야 하는 것을 보장하기 위해 명령을 발휘할 수 있어야만 한다.

③ 규율(discipline) – 작업장에서의 질서. 규율은 조직과 구성원 사이의 동의에 대한 복종과 존경을 의미한다.

④ 명령통일(unity of command) – 종업원이 단지 한 사람의 상관에게 보고함으로써 혼란을 제거한다.

⑤ 지휘통일(unity of direction) – 상관이 기획과 방향에 대해 책임을 진다.

⑥ 전체 조직이익에 대한 개인이익의 종속(subordination) – 조직기능이 잘 운영되기 위해서는 개인적 이익(personal interests)이 조직의 이익에 종속되어야 한다. 우선적인 초점은 개인적 목적이 아니라 조직의 목적이다. 종업원은 항상 회사가 가장 중요하다고 준비되어 있어야 한다.

⑦ 직원에 대한 보상(remuneration) – 보수는 직원에게 공평하게 제공되어야 하고, 그리고 조직에 의해 수용되어야 한다.

⑧ 집권화(centralization) – 관리적 권위와 책임은 궁극적으로 집중되어 있어야

한다.

⑨ 계층의 원리(scalar chain) - 부하에서 상관으로 질서정연한 권위 계층라인이 준수되어야 한다.

⑩ 질서(order) - 작업환경에 있어 시설관리(housekeeping), 정돈(tidiness), 질서가 있어야 한다.

⑪ 공평성(equity) - 공정성(fairness)과 정의감(a sense of justice)의 결합이다. 모든 직원은 공정해야 한다.

⑫ 직원임기의 안정성(stability of tenure of personnel) - 선발된 직원에게 고용의 안정을 제공해야 한다. 높은 이직률은 비효율적이다.

⑬ 솔선수범(initiative) - 종업원은 솔선수범을 보여주도록 장려되어야 한다. 이것은 조직에 대해 열정(zeal)과 에너지를 부여한다.

⑭ 단합심(esprit de corps) - 팀 구성원들의 단합심을 의미하는 것으로 감정의 일치(unity of sentiment)와 조화는 조직의 기능을 순조롭게 하는 데 기여한다고 주장한다.

Taylor의 관리와 Fayol의 관리원리를 비교하면 다음과 같다. ① Fayol는 모든 계층에 적용할 수 있는 일반적인 14개의 관리원리를 제시한 반면에, Taylor는 관찰과 실험을 토대로 4가지 과학적 관리원리를 제시하고 있다. ② Fayol는 고위계층 관리에 초점을 둔 반면에, Taylor는 하위계층 관리에 초점을 두고 있다. 이 점에서 Fayol는 관리효율성을 수행하는 데 목적을 두고 있지만, Taylor는 노동자와 노동의 생산성을 향상에 초점을 두고 있다. ③ Fayol는 개인적 관찰과 경험으로 관리원리를 제시했지만, Taylor는 과학적 관찰과 실험을 통해 관리원리를 제시했다.

▌표 3-1▐ Fayol과 Taylor

구분	Henri Fayol	F. W. Taylor
특징	관리적 효율성을 향상시키는 데 기여하는 14개의 원리 제시	전반적 생산성을 향상시키는 데 목적을 둔 4가지 기본적인 원리 제시
개념	모든 계층에 적용할 수 있는 일반적인 관리원리	관찰과 실험에 기초한 과학적 관리원리
초점	최고계층	하위계층
관리방향	탑-다운 접근법	다운-탑 접근법

목적	관리효율성(managerial efficiency)의 향상	구성원의 생산성과 노동생산성의 향상
이론적 기반	개인적 관찰과 경험	과학적 관찰과 실험
인적 특성	실무가(practitioner)	과학자(scientist)

3. Mooney와 Reiley의 연구

James Mooney(1884-1957)와 Alan Reiley(1869-1947)는 General Motors Corporation의 고위관리자였다. 이들 관리자는 조직원리에 관한 역사적 전개에 관심을 가졌다. 대공황(Great Depression)이 한창이던 1931년에 「앞으로의 산업(Onward Industry)」라는 저서를 출간했다. 이 책에서 두 사람은 관리의 기원을 설명한다. Taylor는 행정의 과학적 향상을 강조하지만, Mooney와 Reiley는 행정에 보다 초점을 둔다.

이들 학자는 「조직의 원리(The Principles of Organization, 1939)」라는 저서에서 과거와 현재의 모든 대규모 조직은 다음과 같은 몇몇 근본적인 원리에 따르는 경향이 있다고 주장한다.

① 조정원리(coordinative principle) - 공동의 목적을 달성하기 위해 높은 수준의 조정노력이 필요하다. 조정을 성취하기 위해서는 집권화된 권위 형태가 있어야 한다. 이는 조직에서 리더십의 중요성을 보여준다.

② 계층제 원리(scalar principle) - 조직의 최고층에서부터 하부층까지 정확한 권위위임을 지정하는 것이 필요하다. 권위의 계층은 책임성에 상응하는 힘을 부여하는 것이다. 이것은 행정의 계층제적 본성을 강조한다.

③ 기능적 원리(functional principle) - 조직의 기능 혹은 의무(duties)에 대한 분화(differentiation)를 의미한다. 목표의 설정, 목표를 성취하기 위한 행동 과정, 의사결정 과정에 관한 기능의 조정이 포함된다. 관리자는 관리의 목적을 성취하기 위해 이들 기능을 수행해야 한다.

④ 참모원리(staff principle) - 특별한 전문가로부터 아이디어와 정보를 직접적 명령계통에 있는 관리자에게 제공할 필요가 있다. 이러한 참모의 기능은 전문가적 지식에 기반하여 충고와 조언을 제공한다.

4. Follett의 연구

과학적 관리의 어머니로 명명되는 Mary Follett(1868-1933)는 강한 사회적 공동체(social communities)에 기여하는 원리들은 성공적인 조직을 일으키는 데 적용할 수 있다는 아이디어를 전개했다. 이에 Follett는 1911년 「새로운 국가 : 집단조직과 대중적 정부의 해결(The Next State: Group Organization and the Solution of Popular Government)」이라는 저서에서 민주적 조직형태와 조직구성원의 관여(employee involvement)에 관한 중요성을 강조하고 있다.

또한 1924년 「창조적 경험(Creative Experience)」이라는 저서에서 개인의 성장과 자기가 속한 집단의 성장을 촉진하는 자치정부(self-government)의 원리에 기반한 관리원칙을 제시했다. Follett는 조직구성원이 공동의 목표를 성취하는 데 직접적인 상호작용(by directly interacting with one another)을 함으로써 집단구성원들은 집단발달 과정을 통하여 자신들이 성취감을 느낄 수 있다고 주장한다. 이러한 Follett의 아이디어는 작업장의 민주화와 자치그룹의 비계층적 네트워트에 대한 관심으로 이어지고 있다.

이와 같이 자치조직(self-governing organization)에 대한 Follett의 아이디어는 민주사회 내의 조직이 민주적 아이디어를 포용하고, 권력이란 사람을 지배하는 권력이 아닌 것(power should be power with no power over people)을 보여주고 있다(Hatch & Cunliffe, 2006: 33-34). 공동체로서의 조직에 관한 Follett의 업적은 조직문화연구에 있어 선구자로 여겨지고 있다.

이와 같이 Follett의 조직이론은 조직구성원이 공동으로 작업하도록 장려하는 개인과 자율성의 힘에 초점을 두고 있다. 이에 진정한 리더는 타협을 통해 갈등을 해결하는 협업(collaboration)에 중점을 두어야 한다고 규정한다.

이처럼 Follett는 관리와 노동자의 상호작용을 강조하고 있다. 또한 협상, 권력, 구성원의 참여 아이디어는 조직연구 분야의 발전에 큰 영향을 미치고 있고, 과학적 관리의 어머니로 간주되고 있다. Follett가 제시하고 있는 관리 원리는 다음과 같다.

① 통합(integration)을 통한 갈등해결은 윈윈 상황(win-win situation)을 초래한다. 특히 조정(coordination)은 지속적인 과정이며, 호혜적 관계(reciprocal relationship)로 팀워크를 이루어야 한다는 것을 강조한다.

② 진정한 권력은 강요적인 권력(power over)이 아니라 공동의 권력(power with, coactive)이다.

③ 진정한 리더는 개인적 권력을 표현하는 것이 아니라 오히려 집단권력(group power)을 일으킨다. 리더의 가장 핵심적인 업무는 보다 많은 리더를 양성 및 배출하는 것이다.

④ 조직의 평평한 계층구조를 장려한다. 조직구성원들이 평가절하를 느끼지 않도록 해야 하며, 리더가 부하에게 힘을 실어주고 있다(powering with employees)고 느껴야 한다.

5. Gulick과 Urwick의 연구

미국의 행정전문가 Luther Gulick(1891-1993)과 경영컨설턴트인 Lyndall Urwick(1892-1983)은 1937년 「행정과학의 논문집(Papers on the Science of Administration)」이라는 책에서 공식적 조직의 원리를 공식화하였다. 이들 조직 원리는 현재까지도 공공관리에 지속적으로 영향을 미치고 있다. Gulick과 Urwick의 원리는 1935년 Franklin Roosevelt 대통령에 의해 임명된 행정관리를 위한 대통령위원회(President's Committee on Administrative Management)의 보고서와 1947년 Hoover Commission의 보고서에 포함되어 있다.

1) 공식적 구조와 노동의 분업

Taylor가 제시한 아이디어에 영향을 받은 Gulick과 Urwick(1937)의 행정원리는 공식적 조직구조와 노동분업의 필요성을 강조하면서 업무 과정을 합리화하는 것이다.

① 공식적 조직구조(계층제 원리) - Urwick은 계층제 원리(scalar principle)가 조직이 작동하는 데 필수불가결한 것으로 이해한다. 계층제의 원리가 없다면, 권위가 무너진다는 것이다. 권위란 부하들에게 행동을 요구할 수 있는 권한이다.

② 노동분업 - 노동분업은 전문화를 초래하며, 노동자가 직무를 수행하는 데 보다 전문적인 기술자가 될 수 있다. 노동의 분업을 조직의 기초라고 규정하고, 관리는 조직의 구조를 조정하는 것이며, 조직구성원을 조직구조에 적합하도록 배치하는 것이라고 주장한다. 또한 조직의 차트(organizational chart)는 조정 과정을 통제하고 감시하는 주요한 도구라는 것이다.

2) POSDCORB

Gulick은 Fayol의 기획, 조직, 명령, 조정, 통솔의 5가지 원리에 기초하여 행정가의 주요한 책임, 최고 행정가가 수행해야 할 업무로 머리글자(acronym)인 POSDCORB를 제시하고 있다.

Gulick은 이들 기능의 지식을 만들어내는 행정의 과학은 행정과 경영관리를 합리화하고 전문화하는 수단이 될 수 있다고 생각했다. 또한 Gulick은 행정가의 역할은 공공정책을 이해하고 조정하며, 서비스의 수행에 있어 정책방향을 해석하고, 나아가 선출된 공무원의 결정에 충성하는 것으로 기술하고 있다.

① 기획(planning) - 조직이 달성해야 하는 것과 그것을 달성하는 데 필요한 방법, 그리고 필요한 것을 포괄적으로 설정하는 것이다.

② 조직(organizing) - 공식적 권위구조와 기능의 배분에 관련되어 있다.

③ 인사(staffing) - 직원을 모집하고 교육훈련하는 인사관리기능과 우호적인 근무환경을 유지하는 것이다.

④ 지시(directing) - 구체적인 명령과 지시를 통하여 의사결정과 조직의 활동을 결합시키는 것이다.

⑤ 조정(coordinating) - 여러 가지 분화된 조직부문과 기능을 연계시키고 그리고 통합시키는 것이다.

⑥ 보고(reporting) - 기록, 연구, 조사를 통하여 조직활동을 책임지는 관리자에게 지속적으로 알리는 것이다.

⑦ 예산(budgeting) - 재정적 기획, 회계 그리고 자금에 관한 것이다.

이러한 POSDCORB는 행정학에 대한 이해와 관리에 많은 공헌을 했다. POSDCORB는 행정학의 작업 활동을 촉진하게 했다. 하지만 POSDCORB는 조직의 고유한 문제를 다른 방식으로 다루는 데 있어 한계를 가지고 있다.

3) 부서주의(departmentalism)

Gulick은 행정원리가 효율성을 이끌어낸다고 믿었고, 부서주의의 개념을 연구했다. 조직에서의 부서는 다음과 같은 4가지 기준에 따라 조직될 수 있다. 이들 4가지 기준은 ① 주요한 목적(교육, 국방 등), ② 과정(회계, 모집, 구매 등), ③ 고객(고령자, 어린아이, 제대군인 등) 또는 다루는 일, ④ 장소(보스톤, 영국 등) 등이다. 이러한 기준을 바탕으로 조직의 부서를 설정할 수 있다.

4) 과정적 접근법(process approach)

Gulick과 Urwick은 과정적 접근법에 초점을 둔다. 이리하여 관리란 조직화된 집단의 조정으로 업무를 추진하는 하나의 과정이라고 주장한다. 이들 학자는 인간을 수동적인 존재로 이해하며, 효율성이라는 목적을 최대화하기 위해 인간을 기계와 같이 취급해야 한다는 것이다. 특히 최고관리자의 역할에 관심을 두었으며, 계층제에 의해 권위를 위임하는 것이 필요하다고 강조한다.

05 Weber의 관료제

1. 관료제란?

관료제(bureaucracy)를 어원적으로 해석하면 프랑스어의 작은 책상(small desk)을 의미하는 Bureau와 그리스어의 지배하다(to rule)를 의미하는 Kratein으로 이해할 수 있다. 이에 관료제는 기본적으로 사무실에 의한 지배(rule by office)를 의미한다. 즉 관료제는 정부부서에 의해 수행되는 규칙과 절차를 의미한다.

이러한 어원적인 의미에 비추어 관료제는 전문적 지식을 갖춘 사람들이 명확하게 규정된 계층제적 구조로 조직되고, 각 부서가 구체적인 임무를 가진 대규모 조직을 말한다. 또한 관료제란 보편적으로 대규모 조직과 정부에서 활동을 통제하기 위한 구조와 일련의 규제를 말한다.

행정학에 있어 관료제란 정책결정에 관여하지만 비정치인으로 구성된 정부조직체이며 정부기관의 행정적 활동을 담당하는 기구이다. 이점에서 관료의 직무는 선출직 공무원에 의해 만들어진 법률과 결정사항인 정부정책을 실제로 집행하는 것이다. 사회학과 정치학에 있어 관료제란 행정적 집행과 법률적 집행(enforcement)을 하기 위해 사회적으로 조직된 방식을 말한다.

이런 관료제의 정의에는 4가지 구조적 개념을 포함한다. ① 사람과 사무실 사이에 잘 규정된 행정적 노동의 분할, ② 일관성 있는 채용절차와 안정적인 선형의 경력관리(linear careers)를 갖춘 인사시스템, ③ 계층제적 직위, ④ 조직활동을 연계하는 공식적·비공식적 네트워크 등이다.

2. Weber 관료제의 의의와 특징

1) Weber의 연구

독일의 사회과학자 Max Weber(1864-1920)는 행정사상의 개척자이다. Weber는 관료제를 보다 합리적인 인간 행태를 가정하는 도구로 이해한다. Weber의 관료제 개념은 실제적 조직을 설계한 것은 아니다. Weber는 조직이 달성하고자 노력하는 아이디어, 또는 규범적 모델(normative model)로서 관료제를 제안했다. Weber는 조직을 전혀 관리하지 않았던 학자이었다. 이에 Weber는 관리이론가가 아니라 조직이론가이다(Black & Porter, 2000: 46).

Weber는 대규모 사회에 있어 조직의 역할에 대해 관심을 가졌다. Weber는 유럽의 산업화된 사회에서 서비스를 제공하는 조직형태를 관찰했다. Weber에 의하면, 관료제가 가장 효율적인 조직형태라는 것이다. 즉 관료제는 정부와 민간조직에서 효율적인 기능을 보장하는 데 필요한 특성을 가지고 있다. 더욱이 관료제는 복잡성이 증가하는 사회에 있어 부족한 자원을 할당하는 데 기여할 수 있다.

Weber는 역사란 전통적인 지배(traditional domination)로부터 합리적 원리와 법률이 지배하는 새로운 질서로 전환되는 것으로 이해한다. 이런 맥락에서 역사의 진전은 전통적이고 카리스마적 권위에서 관료제로 대체되는 것으로 이해한다. 즉 관료제화 과정은 서구세계의 합리화 과정과 연계되어 있다.

2) Weber의 권위 유형

Weber가 조직분석에서 가진 핵심적인 질문은 사람들이 강요됨이 없이 권위에 복종하게 하는 것은 무엇인가(What leads people to obey authority without coercion?)이다. Weber는 조직에서 행해지는 권위를 3가지 유형으로 구분하고 있다.

(1) 전통적 권위

전통적(traditional) 권위에서 사회는 신성한 또는 종교적인 가치에 따라 지배된다. 권위는 관습 혹은 과거의 관행에 기초하여 발휘된다. 합법성이란 제정된 법률이 아니라 전통적으로 지배하는 사람에 대한 복종·명령의 존엄에 기초한다. 이러한 전통적 권위는 군주(monarchies)와 교회에 기반을 둔다. 전통적 권위에 기초한 조직의 약점은 가능한 최상의 의사결정을 하는 것보다 오히려 선례를 강조한다는 것이다.

(2) 카리스마적 권위

카리스마적(charismatic) 권위는 개인의 권력에 기초하며, 때로는 개별 지배자의 구세주의적 권력 또는 최면술적인 권력에 토대를 둔다. 즉 권위는 특별하고 예외적인 신성함, 영웅 혹은 개인의 예외적인 특성에 헌신하는 것에 기초한다. 이리하여 추종자는 지배자의 초인간적 특성(superhuman qualities)에 기초하여 지배자의 명령을 정당한 것으로 받아들이는 것이다. 예를 들면, 일본의 천황(Emperor)은 신성화된 지위에 의해 통치하는 반면에, Adolf Hitler는 카리스마적 지도자이다. 카리스마적 권위의 약점은 카리스마 리더가 현장에서 떠날 때 권위의 승계가 효과적으로 이루어지기 어렵다는 것이다.

(3) 합리적-법률적 권위

합리적-법률적(rational-legal) 권위는 조직구성원의 믿음이 규칙의 합법성에 기초한다. 즉 법률적 권위체계에 있어 법률은 최고의 가치이다. 권위는 구체적으로 설계된 목표를 성취하는 데 발휘되고, 그리고 특정한 사무실에 있는 사람들의 법률적 권리에 기초한다. 개인들은 공식적인 지위의 결과로써 권위를 부여받는다. 공식적인 지위를 상실하면, 권위 또한 상실된다. 사회적 최고의 충성은 일련의 법률원칙이다.

Weber에 의하면, 합리적이고 법률적인 기초로 구조화된 조직관계인 관료제란 노동의 체계적인 분업, 전문화, 표준화에 기초하며, 정치적이고 비합리적인 인간관계를 배제하는 시스템이다. 또한 Weber는 합리적-법률적 관료제가 대규모 활동을 수행함에 있어서 최상의 효율성을 산출하는 가장 좋은 수단이라는 것이다. 나아가 Weber는 관료제에서의 결정은 객관적으로 이루어지기 때문에 합리적이라고 주장한다.

┃표 3-2┃ Weber의 권위 유형

구분	전통적 권위	카리스마적 권위	합리적-법률적 권위
특징	오랜 문화적 패턴에 대한 존중에 의해 정당화된 권력	헌신과 복종을 격려하고, 예외적이고 특이하고 특별한 개인적 능력에 의해 정당화	법적으로 제정된 규칙과 규정에 의해 권력이 합법화되는 관료적 권위
리더 및 사례	확립된 질서나 전통에 의존하는 사람 세습 군주제, 로마 가톨릭 교회	신에 의해, 또는 고상한 비사회적 원칙에 의해 영감을 받은 사람 예수 그리스도, 마하트마 간디, 나폴레옹 등	법과 절차가 권위 있는 사람들에게 부여하는 능력과 정당성을 가진 사람 선출된 정부, 경찰, 법원 등

3) Weber의 관료제 특징

Weber가 제시한 이상적인 조직형태인 합리적 관료제의 구조는 다음과 같은 특징을 포함한다.

① 명확한 계층제(clear hierarchy) - 관료제는 명확한 지휘계통을 가진다. 모든 구성원은 계통에서 자신의 수직적 지위를 가지며, 각 구성원의 직무는 직속 상관에 의해 감독을 받는다. 권한은 계층제의 상부에서 하부로 흐른다.

② 전문화(specialization) - 계층제의 모든 사람은 수행해야 할 구체적인 직무를 가지고 있으며, 그 업무에 전문가가 되어야 한다.

③ 노동 분업(division of labor) - 관료제에 있어 각 업무는 보다 작은 업무로 구분되며, 각 업무에 다른 사람들이 업무를 수행한다. 즉 계층제는 조직에 있어 기능과 활동의 분배를 결정하는 합리적인 노동 분업(division of labor)이 이루어진다.

④ 공식적 규칙(formal rules) - 이것을 표준운영절차(standard operating procedure, SOP)라 한다. SOP는 각 구성원에게 업무와 상황을 어떻게 처리해야 하는지에 대한 설명을 제공한다. 관료제는 법률과 행정적 규제에 의해 명확하게 규정된 공식적인 의무(official duties)와 관할 영역(jurisdictional areas)이 존재한다.

⑤ 객관적 선발과 평생고용의 관리시스템 - 관료제는 전문적인 자격과 능력에 기초한 시험과 교육을 통한 모집과 선발, 그리고 업무활동을 위한 전임제 직원(full-time vocation)으로 구성된다.

⑥ 문서주의 - 행정행위, 의사결정, 규정은 문서로 규정화된다.

Weber 합리적 관료제(rational bureaucracy)의 특성

• 각 직위에 전문화된 전문가로 인한 명확한 노동 분업
(clear-cut division of labor resulting in specialized experts in each position)

• 낮은 직위의 직원에 대해 보다 높은 직위의 상관이 통제하고 그리고 감독하는 계층제
(Hierarchy of offices, with each lower one being controlled and supervised by a higher one)

• 모든 직무수행에 있어 통일성을 확보하고, 그리고 여러 가지 업무의 조정을 보장하는 요약규칙과 기준을 가진 일관된 시스템
(Consistent system of abstract rules and standards that assures uniformity in the performance of all duties and coordination of various tasks)

• 직원들이 자신의 사무실에서 직무를 수행함에 있어 형식주의적 비인간성 정신
(Spirit of formalistic impersonality in which officials carry out the duties of their office)

• 기술적 자격에 기초한 고용과 임의적인 해고로부터 보호하는 고용시스템
(Employment based on technical qualifications and protected from arbitrary dismissal)

이러한 특징을 가진 관료제는 정확성, 신속성, 명확성, 계속성의 관점에서 다른 조직과 비교하여 기술적으로 우월하다. 또한 Weber의 관료제는 행정 과정을 정책결정 과정과 정당적 정치활동과의 구별을 강조하며, 행정의 중립화(administration neutral)를 추구한다. 이런 Weber의 관료제 원리는 복잡한 문제와 이슈 및 심지어 다루기 어려운 문제(wicked problems)에 대응하는 데 최상의 조직형태라고 간주되고 있다(Cayer & Weschler, 2003: 58).

Weber의 관료제는 전문화, 계층제, 명령통일, 지식 등의 측면에서 행정원리학파들의 사고와 유사성을 가진다. 하지만 Weber의 관료제와 행정원리학파의 사고는 다음과 같이 몇 가지 측면에서 차이가 있다(Narayanan & Nath, 1993: 32).

① 행정원리학자들은 전문가(practitioners)인 반면 Weber는 지적(intellectual)인 학자이다. 즉 행정원리학자들의 원리는 전문가들이 조직설계를 위해 활용하는 반면에, Weber의 모델은 학자들이 현상을 예측하고 설명하는 목적으로 활용한다.

② 보편적인 관리 원리를 강조하는 정도에 따라 차이가 있다. Weber는 관료제가 이상적이며, 관료제로부터 거리가 먼 조직은 비효율적일 수 있다는 것이다. 반면에 Fayol의 원리는 보다 잠정적이다. 이에 Fayol은 자신이 주장하는 원리는 유연성에 기초한 것이라고 강조한다.

3. 관료제와 조직규모

대규모 조직은 규칙, 노동의 분업, 명확한 권위계층제와 같은 관료제적 특성을 가지고 있다. 조직의 규모가 증가함으로써 보다 관료제가 되는가? 관료제적 특성은 언제 가장 적절한가?

조직이 규모가 증가함으로써 관료제 특성이 서로 영향을 받는 경향이 있다. 또한 관료제 특성은 규모에 의해 영향을 받기도 한다. 조직 규모의 증가는 노동의 분업과 권위의 계층제(복잡성)에 가장 많이 영향을 미친다. 노동의 분업은 조직의 분리된 부서를 함께 작동하기 위해 보다 많은 감독과 조정이 요구된다.

권위의 계층제(hierarchy of authority)는 최고관리층이 과부하에 걸리기 때문에 보다 많은 분권화(decentralization)가 요구된다. 분권화는 사람들에 대한 감독을 위해 필요한 규정과 원리를 제정하여 공식화를 증가시키고, 이는 다시 조직에 대한 표준화와 통일성을 제공하는 데 도움을 준다. 이러한 다양한 규정 제정을 통한 공식화와 권위의 분산을 이루는 분권화는 최고관리자에 대한 필요성을 완화시킬 수 있다. 규칙이 사람들에 대한 감시를 대신하고, 그리고 중간관리자가 몇몇 의사결정을 수행한다. 이와 같이 조직의 규모는 조직 관료제의 주요한 원인이라 할 수 있다. 즉 다수의 구성원을 가진 대규모 조직은 보다 관료제화되는 경향이 크고, 그리고 관료제적 특성은 대규모 조직에 영향을 미친다(Daft, 2010: 348-349).

대규모의 조직 규모는 다음의 조직특성과 관련이 있다.

- 관리계층의 수가 증가한다(수직적 복잡성, vertical complexity).
- 직무와 부서의 수가 증가한다(수평적 복잡성, horizontal complexity).
- 기술과 기능(skills and functions)의 전문화가 증가한다.
- 보다 많은 공식화(formalization)
- 보다 많은 분권화(decentralization)
- 최고관리자(top administrators)의 비율이 줄어든다.
- 기술적 그리고 전문적인 지원 직원(technical and professional support staff)의 비율이 증가한다.
- 사무직과 유지지원 직원(clerical and maintenance support staff)의 비율이 증가한다.
- 문서화된 의사소통과 서류(written communication and documentation)의 양이 증가한다.

출처 : Daft(1983: 133)

또한 조직규모와 관련하여 C. Northcote Parkinson은 1957년 파킨슨법칙(Parkinson's Law)을 발표했다. Parkinson(1964)에 의하면, 어떤 조직이 수행해야 하는 업무의 양과 그 업무를 수행하는 데 요구되는 행정직원의 수 사이의 관련이 없다는 것이다. 행정직원은 세력 확대를 통해 자기 자신의 지위를 상승하는 것을 포함한 다양한 이유로 직원의 수를 확대하는 것에 동기부여 되어 있다.

실제로 Parkinson은 영국해군(the British Admiralty)을 대상으로 연구를 수행하였다. 연구결과, 1914년 군함 62척에 장교와 사병이 14만 6,000여명이었으나 1928년 군함이 20척으로 3분의 2가 감소하였음에도 불구하고 장교와 사병은 약 10만명으로 감소하여 3분 1정도만 감소하였다. 그런데 해군 행정직원의 수는 2,000여명에서 3,569명으로 80% 가까이 증가하였다. 즉 전투장비의 감소에 따라 전투인원의 감소가 어느 정도 있었지만, 전투와 무관한 행정직원의 대폭적인 증가가 나타났다. 이와 같이 Parkinson의 저서는 대규모 조직은 매우 비효율적이라고 지적하고, 복잡하고 느린 행정적 비율이 얼마나 광범위한지에 대해 설명하고 있다.

Parkinson's Law

영국 해군사학자인 Northcote Parkinson은 영국 공무원의 경험에 기초하여 업무완성에 요구되는 시간을 채우기 위해 업무가 팽창한다(work expands so as to fill the time available for its completion)는 것이다. 이 법칙은 대규모 조직에서 관료제의 비효율성을 비판하기 위해 활용되고 있다. Parkinson은 관료제가 어떠한 변화가 초래되지 않음에 불구하고 어떻게 성장을 정당화하는가를 기술하는 데 활용된다.

Parkinson 법칙은 업무를 수행하는 사람들이 업무를 조기에 완성할 수 있는 능력이 있지만, 업무 마감시간까지 수행하는 경향을 말한다. 이점에서 조직구성원들은 자신의 실질적인 업무량과 관계없이 일반적으로 과도하다고 느끼게 된다. 이에 관리자가 선호하는 해결책은 구성원들의 업무량을 감소시키기 위해 보다 많은 부하직원을 채용하는 것이다. 즉 기본적인 업무량의 변화 없이도 직원의 숫자가 증가되는 경향이 있다. 또한 직원의 숫자가 많을수록 조정의 업무가 보다 어렵게 된다. 이러한 현상으로 조직은 비효율성을 초래하게 된다.

Parkinson은 1955년에 「The Economist」에 풍자적인 논문을 출간하였으며, 1958년에 「Parkinson's Law」 혹은 「과정의 추적(Pursuit of Progress)」으로 재출간되었다.

---

4. 관료제의 유형

Weber는 합리적 의사결정을 하는 이상적인 조직의 형태가 관료제로 이해하고 있으며, 관료제의 유형을 기계적 관료제와 전문적 관료제로 구분하고 있다.

1) 기계적 관료제

기계적 관료제(machine bureaucracy)의 기능과 업무는 공식적인 규율과 규제에 기반을 둔다. 업무 과정의 표준화와 최고관리자에 의한 조정과 통제가 이루어진다. 업무는 기능적 부서에 따라 그룹화되어 있으며, 명령통일의 원칙과 집권화된 권위구조를 갖고 있다. 규율과 규제는 조직구조를 통하여 발휘된다. 기계적 관료제는 우체국과 같이 대체로 비교적 안정적인 환경과 표준화된 기술을 가진 대규모 조직에서 활용된다. 하지만 기계적 관료제는 조직환경의 변화에 대해 효과적으로 적응하지 못한다. 또한 전문화로 인하여 좁은 업무시각과 부서 단위 간의 갈등이 일어나며, 과도한 규제로 인하여 업무수행이 경직되어 있다.

2) 전문적 관료제

전문적 관료제(professional bureaucracy)는 효율적인 집단으로 운영되기 위해서 상당히 훈련받은 전문가를 채용한다. 전문적 관료제는 표준화와 전문화를 결합한다. 이러한 유형의 조직은 대학교, 사회사업기관, 박물관, 도서관, 병원, 학교 등이 포함된다. 전문적 관료제의 권한은 조직운영에 요구되는 핵심적인 기술에 관련되어 있으며, 분권화된 운영으로 높은 자율성을 가지고 있다. 또한 전문적 관료제는 전문적 기술을 적용함에 있어 최고의 자유재량권을 행사한다. 이러한 유형의 관료제는 기계적 관료제와 병행하여 상당히 전문화된 업무를 효율적으로 수행할 수 있다. 반면에 전문화된 관료제는 부서 단위 간의 갈등이 위험적이며, 부서 단위가 업무를 수행함에 있어 좁은 시야를 가지고 있다.

5. Weber 관료제의 장점과 비판

1) 관료제의 장점

오늘날 대부분의 조직은 관료제의 변형이다. 즉 관료제 구조의 특성은 모든 유형의 정부조직과 많은 민간조직, 서비스 조직에서 아직까지도 적절하다. 또한 관료제에 내포된 사회적 형평성의 개념은 민주주의 국가와 공산주의 국가 모두에서 표현하는 가치와 일맥상통한다. 즉 미국의 공무원시스템도 정치적 엽관주의를 억제하기 위해 설립된 관료제이며, 그리고 정부도 관료제의 아이디어와 매우 밀접하다. 이점에 있어 John Child는 Weber의 관료제 분석은 오늘날 조직의 정당성에 가장 영향력 있는 진술을 제공한다고 주장한다.

이와 같은 Weber의 관료제는 조직 설계에 있어 보편적인 모델(pervasive model)을 제공한다. 이런 Weber의 관료제는 다음과 같은 몇 가지 장점을 가진다(Cooper, et al., 1998: 201-202).

① 표준운영절차(SOP) - 관료제는 효율성과 결과에 대한 예측가능성(predictability)을 갖는 공식화된 규칙을 기반으로 운영된다. 표준운영절차에 따라 관료들은 업무와 상황을 처리함에 있어 순차적으로 절차와 지시를 이행할 수 있다. 이처럼 관료제는 일관성, 계속성, 예측성, 안정성, 신중성, 반복적 업무에 대한 효율적 성과, 공평성, 합리성, 전문성을 위해 고안된 최상의 조직형태이다.

② 정실주의(favoritism)의 타파 - 역량과 전문성에 기초한 객관적 선발과 채용 등과 같이 관료제는 결과를 성취함에 있어 준수해야 하는 절차와 규정이 있기에

다른 사람의 부탁에 대해 개인적 의지를 최소화할 수 있다. 즉 관료제는 정치적 엽관제(political patronage)보다는 업무수행 기술과 지식에 기반을 두어 직원들의 채용과 승진을 지원한다. 이점에서 관료제는 모든 관료들을 동등하게 대우하기 때문에 사기 제고에 도움이 된다.

③ 실적주의에 입각한 채용과 승진 - 공직에 임용되기 위해 자격시험을 통과할 수 있는 능력을 갖추고 있어야 한다. 즉 담당 직무를 처리할 수 있는 능력과 전문성을 갖추어야 임용될 수 있다. 나아가 담당직무에 부합한 기량을 겸비할 수 있는 훈련을 할 수 있다.

④ 계층제적 장점 - 관료제는 명령통일, 부서에서의 구체적인 역할과 임무로 인해 일선 관료들의 성과를 모니터링할 수 있는 장점이 있다. 관료제는 개인들의 책임성, 권위 및 책무성에 대해 잘 정의된 방향을 제공하는 기반이 된다.

⑤ 규모의 경제(Economies of Scale) - 관료제 구조는 직무의 전문화를 요구한다. 이처럼 기능에 의해 직무를 명확하게 구분하는 것은 경제성 발생하게 한다. 전문화된 부서는 효율적으로 자원을 공유할 수 있다.

이와 같이 관료제는 조직의 관리 및 의사결정에 있어 정치와 인간적 특성의 영향력을 최소화하는 업무에 매우 적절하다. 나아가 선출된 공직자에게 정부에 근무하는 공무원들이 무엇에 대해 누구를 위해 책임을 져야 하는가(to whom for what)를 인지하도록 하고, 그리고 통제하도록 허용된 최상의 조직형태이다.

2) 관료제의 단점

Weber의 관료제에 대해 학자들은 관료제가 의도하지 않았던 역기능과 병리현상(pathologies)이 초래되고 있다고 지적한다.

① 수동적 인간(passive human beings) 초래 - 관료제에 부과된 엄격한 규칙과 규제는 활동에 있어 개인의 자유를 억제하고 통찰력을 발휘하지 못하게 하는 경향이 있다. 관료제의 일관된 업무행태는 업무와 관련한 혁신에 있어 방해가 되며, 이로 인해 서비스 생산 및 제공에 관련한 성과의 위기에 봉착하게 된다. 즉 관료제가 사람에 의한 것이 아니라 계산적인 규칙에 의해 운영되면, 감정 혹은 정열이 없는 비인간적인 특성만을 강조되는 기계(machine)로 전락한다.

이점에 대해 Crozier(1964)는 Weber는 이상적인 관료제적 조직을 묘사했으며, 역사적 발전을 위한 제안적 분석이고, 가치배제된 사회학적 분석이라고 규정한다. 이리하여 Weber의 이상적 모형은 구체적인 실체에서 발견할 수 없다는 것이다(Mouzelis, 1967: 82).

② 기동성의 부재(absence of maneuverability) - 안정적 환경에서는 관료제의 엄격성이 문제가 되지 않지만, 변덕스러운 환경과 관련하여 빠른 변화에 효과적으로 대응하는 데 실패할 수 있다. 관료제에 있어 엄격한 명령통일은 많은 시간이 소요되기 때문에 적실성 있게 결과를 성취하는 데 방해가 된다. 나아가 관료제가 자유재량의 행사를 제거하거나 최소화하도록 설계되어 있기에 지역사회의 요구와 정책목적에 대한 대응성에 저해가 될 수 있다. 이로 인하여 팀관리, 총체적 품질관리, 조직혁신, 리엔지리어링 등과 같은 현대적 조직개혁이 요구되는 환경에서는 관료제가 불가피한 개혁의 대상이 된다.

③ 비효율성(inefficiency) 초래와 비공식적 관계의 무시 - 관료제는 모든 조직활동을 공식화된 규정과 절차 그리고 문서주에 기반하여 운영된다. 이러한 공식화와 문서주의가 운영의 안정성을 제공하지만 반대로 지나친 공식화와 문서주의는 비효율성을 초래한다. 더불어 관료제는 공식적인 권위체계에 의한 계층제적 구조에 초점을 두기 때문에 비공식적 관계의 긍정적인 측면을 무시한다. 하지만 Barnard(1938)에 의하면 비공식적 관계가 조직구성원 개인과 조직 모두에 대해 생존에 도움을 준다. 또한 Blau(1955)도 비공식적 관계가 개인과 기관의 생산성 모두에 대해 긍정적인 결과를 초래한다고 지적한다.

또한 Weber는 계층제 자체가 효율성과 생산성에 장애요인이 된다는 것을 인식하지 못하였고, 더욱이 부하들이 상관에게 정보전달을 조작할 수 있다는 사실을 인식하지 못하였다(McKinnery & Howard, 1998: 144).

Weber의 이념형에 대한 비판으로 신관료제 모형이 제기되고 있다. 신관료제 모형(neobureaucratic model)은 실제로 조직의 목적인 효율성, 효과성, 그리고 경제성을 성취하기 위해 추구하는 고전적 관료제 모형의 연장이라고 할 수 있다. 하지만 방법에 있어 고전적 관료제 모형과 구별된다. 고전적 관료제 모형은 조직의 목적을 추구하기 위해 행정의 구조, 통제 및 원리를 강조하지만, 신관료제 모형은 조직의 목적을 달성함에 있어 정책분석, 체제분석, 운영연구, 관리과학을 강조한다. 즉 작업집단, 관청, 행정기관보다는 의사결정 과정이 행정의 효율성과 효과성에 있어 핵심적인 요인으로 인식한다. 신관료제 모형의 옹호자(Herbert Simon, Richard Cyert, James March, William Gore)는 과학적 방법의 활용을 통하여 행정을 향상시키기 위한 고전적 탐색을 시도한다. 이들 학자는 고전적 관료제 패러다임에 놓여있는 가치를 추구하기 위해 보다 과학적인 방법으로 접근하고 있다(Barton & Chappell, Jr., 1985: 249).

6. 관료제와 민주주의

관료제와 민주주의(democracy)는 피할 수 없는 갈등이 존재한다(Cayer & Weschler, 2003: 20-21). 관료제와 민주주의는 추구하는 가치, 조직권력 등 다양한 측면에서 하나의 연장선에서 대척점에 위치하는 다양한 경우가 존재한다.

첫째, 관료제가 통일성(unity)을 요구하지만, 민주주의는 다원성(plurality)과 다양성(diversity)을 가정한다.

둘째, 관료제가 권위의 계층제(a hierarchy of authority)를 요구하는 반면에, 민주주의는 권력의 분산(dispersion of power)과 공평한 접근(equal access)을 본질로 하고 있다. 즉 관료제는 권위의 계층제에 존재하는 사람들만이 정책 과정에 제한적으로 참여하지만, 민주주의는 정책 과정에 모든 사람들이 참여할 수 있는 기회를 가진다. 이점에 있어 Nachimias와 Rosenbloom(1980)은 미국 사회에 있어서 관료제의 지배력과 권한이 증가됨으로써 합법성의 위기가 일어났다고 지적하고, 국민들은 정책 과정에서의 참여에 대해 실망하게 되었다고 주장한다. 또한 Lewis(1988)도 정부와 사회에 있어 대규모적이고 복잡한 관료제는 사회의 모든 구성원들에 대해 관심을 가질 시간과 자원이 없다고 지적한다. 즉 대규모의 관료제는 다수와 다른 관심을 가진 개개인들을 고려할 여지가 없다는 것이다.

셋째, 관료제는 명령과 통솔을 필수적인 구성요소로 하지만, 민주주의는 자유를 요구한다.

넷째, 관료제에서의 공무원은 임명되고 장기적으로 근무하는 반면에, 민주주의는 선거를 통해 비교적 단기적 기간으로 공직을 가지며 종종 교체된다.

다섯째, 관료제는 비밀(secrecy)과 정보에 대한 통제가 강조되는 반면에, 민주주의는 공개성(openness) 없이 존재할 수 없다.

이러한 맥락에서 선출된 정치인과 시민들이 관료제의 임무를 통제하기가 어렵다. 더욱이 관료제는 고객 혹은 관료제가 규제해야 하는 사람들과 연합하게 되고, 이에 따라 일반 국민들의 이익보다는 특정 집단의 이익을 추구하는 데 기여하게 된다. 이리하여 대규모 정부 혹은 관료제는 경제적으로 강력한 이익집단을 보호하는 토대가 된다. 즉 대규모 기업체, 대규모 노동집단 등과 같은 조직화된 집단들은 개개 시민들의 이익에 손실을 가져오게 한다.

용어 해설

- 이론(理論, theory) – 검증할 수 있는 개념 혹은 생각을 진술하는 것이며, 변수들 사이의 관계를 구체화함으로써 상황을 설명하거나 예측하는 것이고, 일반화(generalization)를 위한 탐구의 최종 결과이다.

- 귀납적 이론(歸納的 理論, inductive theory) – 구체적인 것(개별적인 사례)으로부터 일반화하는(from the specific to the general) 논리의 흐름을 강조하며, 경험적 데이터를 기초하여 가설을 검증한다.

- 연역적 이론(演繹的 理論, deductive theory) – 일반적인 논리로부터 구체적인 결론으로 이어지며, 두 가지 이상의 변수 사이의 관계를 표출하는 이론을 논리적으로 세운다.

- 조직이론(組織理論, organization theory) – 조직현상을 기술하고 설명하는 데 활용되는 일련의 개념과 원리에 관한 사고이며, 조직의 관리방식이다.

- 고전적 조직이론(classical organizational theories) – 이들 이론의 주제는 육체노동자(blue–collar)를 과학적으로 연구하는 것이며, 관리의 가장 핵심적인 문제란 생산에 대한 효율성의 자각(realization)이었다. 또한 안전성, 통제, 그리고 효율성을 확보하는 문제가 관리의 중심 주제였다. 나아가 이들 이론은 성과를 위해 조직구조와 행정적 통제의 중요성에 초점을 두었고, 작업 활동의 전문화와 조정을 강조하였다.

- 과학적 관리(科學的 管理, scientific management) – Frederick Taylor가 시행착오적 접근법(trial and error approach)과 시간과 동작연구를 통해 과학적 관리의 최상의 방법(the best way)을 모색하기 위해 노력하였다. 과학적 관리의 원리는 직무의 과학적 연구와 분석, 과학적 선발, 훈련 및 발전, 관리자와 노동자의 협력, 기능적 감독을 강조한다.

- 행정원리학파(行政原理學派, principles school) – 모든 조직에 적용할 수 있는 보편타당한 관리의 원리를 정립하기 위해 추구한 학자들이다. 이들 학파는 행정에 대한 경영학적 접근법(businesslike approach)을 강조하고, 정치행정 이원론(dichotomy)의 원리를 적용하는 것이며, 행정활동 최고의 목표는 효율성이라고 전제한다.

- Fayol의 연구 – Fayol은 모든 관리활동에 공통적으로 적용되는 핵심적인 5가지 원리인 기획, 조직, 명령, 조정, 통제를 제시하였으며, 또한 조직에 있어 광범위한 방식으로 성과를 향상시키는 데 활용되는 14가지 관리원리를 제시하였다.

- Mooney와 Reiley의 연구 – 「조직의 원리(The Principles of Organization, 1939)」라는 저서에서 과거와 현재의 모든 대규모 조직은 4가지 원리인 조정원리, 계층제 원리, 기능적 원리, 참모원리를 따른다고 지적한다.

- Follett의 연구 – Follett은 강한 사회적 공동체(social communities)에 기여하는 원리들은 성공적인 조직을 일으키는 데 적용할 수 있다는 아이디어를 전개했으며, 1911년 「새로운 국가: 집단조직과 대중적 정부의 해결(The Next State: Group Organization and the Solution of Popular Government)」이라는 저서에서 민주적 조직형태와 조직구성원의 관여(employee involvement)에 관한 중요성을 강조하고 있다.

- Gulick과 Urwick의 연구 – 이들 학자는 1937년 「행정과학의 논문집(Papers on the Science of Administration)」이라는 저서에서 공식적 조직의 원리를 공식화하였고, 최고 관리자가 수행해야 할 업무로 머리글자(acronym)인 POSDCORB를 제시했다.

- 관료제(官僚制, bureaucracy) – 어원적으로 보면, 프랑스어의 작은 책상(small desk)을 의미하는 Bureau와 그리스어의 지배하다(to rule)를 의미하는 Kratein이며, 기본적으로 사무실에 의한 지배(rule by office)를 의미한다. 관료제는 정부 부서에 의해 수행되는 규칙과 절차를 의미한다.

- Weber의 연구 – Weber는 합리적-법률적 관료제가 대규모 활동을 수행함에 있어서 최상의 효율성을 산출하는 가장 좋은 수단이라고 주장한다. Weber가 제시하고 있는 관료제의 특징은 명확한 계층제, 전문화, 노동분업, 공식적 규칙, 객관적 선발과 평생고용의 관리시스템이다.

- Frederick Tayor – 과학적 관리의 아버지(the father of scientific management)로 알려져 있는 미국의 발명가이자 엔지니어이다. 그는 산업효율성을 추구하였으며, 효율성운동의 지적인 리더이었고, 개혁시대(Progressive Era)에 상당한 영향력을 발휘했다. 특히 25세인 1881년에 Midvale 공장에서 시간연구를 소개했으며, 공장에서의 생산효율성은 개별 노동자에 대한 근접관찰과 노동자의 시간과 동작의 낭비를 제거하는 것으로 제안한다.

- Henri Fayol – Fayol은 터키 이스탄불 외곽에서 1841년에 태어나 1847년에 프랑스로 이주하여, 프랑스 광산엔지니어로 활동하였다. 그의 과학적 관리원리인 14개 관리원리와 5가지 관리기능은 경영학과 경영관리의 기초를 형성하였다.

- Luter Gulick – Gulick은 1892년 일본 오사카에서 태어나 1914년 Oberlin대학을 졸업하고, 1920년 컬럼비아대학에서 박사학위를 받았고, 1931년에서 1942년까지 컬럼비아대학에서 교수로, 1951년에서 1952년까지 미국행정학회 회장을 역임하였고, 1954년에서 1957년까지 뉴욕시 시행정관으로 봉사했다. Lyndall Urwick과 함께 관리활동과 관련하여 POSDCORB라는 신조어를 만들었다.

■ Max Weber – Weber는 독일의 사회학자, 철학자, 법학자, 정치경제학자로 사회이론과 사회연구에 심오한 영향을 미쳤으며, Émile Durkheim, Karl Marx와 더불어 현대 사회학의 창시자 중 한 사람이다. 또한 관료제의 아버지(father of bureaucracy)로 명명되고 있다.

Weber는 1889년에 베를린대학(University of Berlin)에서 「중세경영조직의 역사(The History of Medieval Business Organizations)」로 법학박사를 받았다. 그리고 동대학에서 강의하였고, 1894년에 Freiburg 대학에서 경제학 교수로 임용되었다.

칸트학파의 윤리(Kantian ethics)에 영향을 받은 Weber는 「프로테스탄트 윤리와 자본주의의 정신(The Protestant Ethic and the Spirit of Capitalism)」이라는 저서에서 금욕 프로테스탄주의(ascetic protestantism)가 서구의 시장지향적 자본주의 세계와 합리적-법률적 국가(rational-legal nation-state)의 성장과 연계된 중요한 선택 친화력(elective affinites)의 하나로 이해하고 있다. Weber는 자본주의의 태동을 이해하기 위한 수단으로써 종교에 내포된 문화적 영향의 중요성을 강조하고 있다.

「경제와 사회(Wirtschaft und Gesellschaft)」라는 저서에서 사례분석을 통하여 자본주의적 활동을 6가지 유형으로 발전시켰다. 그의 논제는 개혁에서 초래되는 가치의 변화가 현대 자본주의의 성장을 용이하게 하는 윤리적이고 경제적 분위기를 제공한다는 것이다. Weber에 의하면, 열심히 노력하고 검소한 프로테스탄의 가치와 물질적 부의 취득은 자본주의적 경제를 정착하게 한다. 기독교(구원)의 소망은 자본주의적 경제에서 요구되는 생산을 위한 동기를 제공한다고 주장한다. 이와 더불어 자본주의를 용이하게 하는 가장 중요한 제도는 현대 관료제라는 것이다. 관료제가 자본주의와 인과관계가 없지만, 강한 자본주의 사회의 전제조건이라는 것이다.

Weber의 주요한 저작물은 「프로테스탄트 윤리와 자본주의 정신(The Protestant Ethic and the Spirit of Capitalism, 1905)」, 「시(The City, 1912)」, 「종교사회학(The Sociology of Religion, 1922)」, 「일반경제역사(General Economic History, 1923)」, 「사회경제조직의 원리(The Theory of Social and Economic Organization, 1925)」 등이 있으며, 「사회적 맥락에서 종교와 관련하여 중국의 종교(The Religion of China, 1916)」, 「인도의 종교(The Religion of India, 1916)」, 「고대 유대교(Ancient Judaism, 1917-1918)」를 출간했다. 「경제와 사회(Economy and Society)」의 원고는 부인이 편집하여 1922년에 출판되었다.

신고전적 조직이론

01 신고전적 조직이론의 의의와 특징

1. 신고전적 조직이론의 의의

신고전적 조직이론은 미국의 대공황과 노동조합의 역할 강화로 인해 조직관리의 새로운 사고가 대두되면서 나타났다. 무엇보다 미국의 대공항(Great Depression)이 고전적 조직이론에 대한 근본적인 재평가를 요구하게 되었다. 고전적 조직이론은 산업노동자와 정부의 비정규직 직원에 대한 관심이 거의 없었다. 이러한 배경에서 새로운 조직연구 경향은 개인의 행태와 소규모 집단의 기능에 대한 관심으로 이어졌다.

노동조합의 힘이 강화되고, 노동조합의 압력이 증대되고, 그리고 조직 내 사람에 대한 관심이 고조됨으로써 기계적, 고전적 조직이론의 환상에서 벗어났다. 특히 노동분업의 증가는 상호의존을 초래하였고, 엄격한 조정에 대한 요구가 나타났다. 또한 커뮤니케이션과 교통수단의 향상은 이전보다 사람들을 더 큰 규모로 통합시켰다. 더욱이 기계화(mechanization)와 인구의 증가로 인하여 노동조합과 파업이 산업체에 나타나기 시작했다. 이에 노동자들은 직업 상실에 대한 두려움으로 시간과 동작연구의 적용에 대해 저항하기 시작했다.

이러한 시대적 배경에서 신고전적 조직이론(neoclassical organizational theory)은 고전적 조직이론에서 제기된 문제를 해결하기 위해 관리적 사고에 행태과학을 결합하기 위한 시도였다. 신고전적 조직이론은 생산성, 구조 혹은 기술보다 오히려 조직구성원에 초점을 둔다. 신고전적 이론가들은 조직 내의 조직구성원을 동기부여시키고, 구조화하고, 그리고 지원하는 최상의 방법과 관련한 문제와 관련하여 해답을 추구한다.

호오손 연구(Hawthorne Studies)를 포함한 이 기간의 연구들은 종업원의 인간관계와 같은 사회적 요인들이 관리자가 고려해야 하는 중요한 요인으로 강조한다. 이에 종업원의 사회적 욕구에 대해 이해하지 못하는 관리자들은 저항과 낮은 성과를 마주하게 된다. 즉 종업원들은 상당히 표준화된 직무에서 성취할 수 없는 직무에서의 내적인 가치(intrinsic value)를 발견하고자 어려움을 겪게 된다.

이와 같이 신고전적 조직이론은 고전적 조직이론에서 제기된 최상의 원리와 행정관리원리에서 성취할 수 없었던 종업원의 사회적 욕구를 충족하기 위한 구조화의 필요성을 깨닫기 시작하였다. 이에 동료와의 상호작용을 위해 종업원은 서로 업무와 정보 및 지식을 빈번하게 공유할 수 있는 구조화의 필요성이 요구되었다. 이러한 대안적인 조직구조의 설계는 종업원의 사회화 욕구를 충족할 수 있고, 보다 생산적인 업무 과정이 되었다.

2. 고전적 조직이론과 신고전적 조직이론

고전적 이론과 신고전적 이론 모두 관리적 사고의 발달에 크게 기여를 했다. 또한 고전적 조직이론과 신고전적 조직이론의 목적은 최대의 조직효율성을 성취하는 것에 있어, 본질적으로 동일하다. 하지만, 두 이론은 〈표 4-1〉과 같은 차이점이 있다.

첫째, 두 이론이 최대의 조직효율성을 유도하는 것과 관련된 작업방식(modus operandi)에 있어 차이가 있다. 고전적 조직이론은 높은 수준의 인간 예측가능성을 가정하는 데 있어 'if … then'의 합리적 모델을 제안하고 있다. 반면에 신고전적 조직이론은 조직이 인간으로 구성되어 있기 때문에 인간의 욕구와 동기부여에 초점을 두는 것이 최적의 조직효율성을 도출하는 방식이라고 제안하고 있다. 이에 인간관계이론의 핵심은 인간이 조직의 핵심 자원이라고 믿는 것이다(Campbell, 1999: 10-11).

둘째, 고전적 조직이론가들은 합리적 인간의 개념(rational concept of human beings)을 구현하지만, 신고전적 조직이론가들은 사회적 존재(social beings)로서 인간을 본다. 신고전적 조직이론은 고전적 조직이론에서 무시한 인간적 요소에 대한 일종의 대응이며, 관리적 사고에 행태과학을 소개 및 추가하는 것이다.

셋째, 고전적 조직이론은 직무와 기계에 초점을 두었지만, 신고전적 조직이론은 사람에 대한 이해를 통해 생산을 증가하는 관리를 강조했다. 즉 고전적 조직이론은 업무와 구조를 강조하지만, 신고전적 조직이론은 인간적 측면(people aspect)을 강조한다.

이와 같이 신고전적 조직이론은 조직의 인간적 측면에 초점을 둔 이론과 접근법을 포함하고 있다. 이러한 신고전적 조직이론의 두 가지 중요한 이론적 원천은 인간관계운동과 행태운동이다. 인간관계운동은 사람이 집단 내에 어떻게 관계하고 그리고 어떻게 상호작용하는가에 관심을 가진 사회학자와 사회심리학자들의 노력이다. 행태운동(behavior movement)은 종업원의 개인적 행태에 초점을 둔 몇몇 심리학자들의 연구 결과라고 할 수 있다.

| 표 4-1 | 고전적 조직이론과 신고전적 조직이론

구분	고전적 조직이론	신고전적 조직이론
초점	노동자의 기능과 경제적 요구	노동자의 감정과 인간적 특성
구조	비인간성과 기계적 구조	사회시스템
적용	권위적 관리와 엄격한 규칙	민주적(democratic) 과정
강조	훈련(discipline)과 합리성	개인적 안전과 사회적 요구
노동자의 업무 목적	최대의 보수와 보상	조직목표의 달성
사람에 대한 개념	경제적 인간관(economic being)	사회적 인간관(social being)
관계	공식적 관계	비공식적 관계
내용	과학적 관리, 행정관리학파, 관료제	Hawthorne 실험, 인간관계운동, 조직행태

또한 신고전적 조직이론은 조직과 작업장에서 인간의 행태를 이해하는 데 중요한 기여를 했다. ① 신고전적 조직이론은 인간행태에 관해 보다 잘 이해할 수 있는 새로운 아이디어와 기법을 제공하고 있다. 이러한 신고전적 조직이론은 2가지를 가정한다. 하나는 조직에서 구성원이 인식하는 만족도 수준과 성취하는 업무의 효율성과 생산성 수준 사이에 직접적인 상관관계가 있다. 다른 하나는 조직구성원의 사회적 욕구에 부합되는 업무와 조직구조가 생산성에 영향을 미친다는 것이다. ② 신고전적 조직이론은 평면 구조, 분권화, 비공식 조직의 조직설계에 좋은 아이디어를 제공했다.

하지만 신고전적 조직이론은 몇가지 비판을 받고 있다. ① 고전적 조직이론을 대체하기보다는 고전적 조직이론에 사고의 기반을 두고 있기 때문에 신고전적 조직이론은 독자적 이론이라기보다 고전적 조직이론의 수정이론이다. ② 조직과 조직 내 사람들이 어떻게 상호작용하는지에 초점을 두기 때문에 조직환경을 고려하는 데 한계가 있다. 즉 조직의 내부문제에 초점을 두어 외부환경에서 발생하는 요인을 고려하지 못했다. 또한 모든 조직이 동일한 문화와 환경을 가지고 있다고 가정하고 있기 때문에 다양한 조직에 적용하는 데 한계가 있다. ③ 고전적 조직이론과 같이 신고전적 조직이론의 결론은 과학적 타당성이 부족하고, 임상적 오류(clinical bias)를 겪게 된다.

02 Hawthorne의 연구

1. Hawthorne 실험

하버드 경영대학과 일리노이 시세로(Cicero) 호오손 작업장이 있는 서부전기회사(Western Electric Company, 미국의 Bell 전화회사)는 생산성을 최고로 향상시킬 수 있는 이상적인 작업장과 물리적 조건을 평가하는 실험에 대해 계약을 맺었다. Hawthorne 실험의 책임자는 하버드 대학의 Elton Mayo(1880-1949) 교수이며, 다른 두 명의 연구보조원은 William Dickson과 Fritz Roethlisberger이었고, 국가연구위원회(National Research Council)가 지원했다. Mayo 팀은 〈표 4-2〉와 같이 1924년에서 1932년까지 과학적 관리론에 근거하여 작업장의 조명, 휴식시간 등 육체적 및 물리적 근무환경과 물질적 보상이 근로자의 노동생산성과 동기유발에 미치는 영향을 분석하는 것을 목적으로 하였다.

┃표 4-2┃ Hawthorne의 4가지 실험

실험	실험내용	결과
조명도 실험 (1924-1927년)	조명도(illumination) 변화에 따른 생산성의 영향	• 작업장의 물리적 조건(조명도) 변화가 생산성 변화를 설명하지 못함 • 심리적 요인이 생산성에 중요한 요소임
릴레이 조립공정 실험 (1927-1929년)	근무시간 및 근무조건 변화(보수 인센티브, 작업기간, 휴식시간 등)에 따른 생산성의 영향	• 노동자의 생산성은 관심의 반응임 • 강한 사회적 연대가 실험집단에서 일어남 • 노동자는 인정의 욕구, 안전과 소속의 욕구에 영향을 받음
광범위한 인터뷰 프로그램 (1928-1930년)	노동자의 태도와 감정 조사(감독훈련에 활용할 정보 수집) 약 2만 명의 노동자 인터뷰	• 대화 및 불평 호소의 기회 제공은 사기를 향상시킴 • 불평은 뿌리깊은 불안의 상징임 • 노동자는 조직의 내·외에서 획득한 경험에 좌우됨
뱅크배선 관찰 실험 (1931-1932년)	관찰자가 노동자와 상호작용 없이 데이터만 기록 노동자의 생산성에 대한 비공식 집단과 동료 집단의 압력	• 이전에 존재하는 성과규범 • 집단지향적 생산표준(group directed production standards) 설정 • 관리적 변화로부터 작업집단 보호 • 임금 인센티브 계획이 생산성에 비효과적임 • 집단 내의 비공식 관계에 대한 통찰력 제공

1) 조명도 실험(1924-1927년)

이 연구는 호주의 사회과학자이자 하버드 대학의 교수인 Mayo와 동료 연구자들이 노동자는 근무조건의 변화에 대해 기계와 같이 반응할 것이라는 Taylor의 가정을 실험하는 것이었다.

조명도 실험은 조명도(illumination)라는 물리적 환경(physical environment)이 노동자의 산출에 어떠한 관계가 있는지를 살펴보는 것이다. 즉 조명도가 높을수록 생산성이 증가될 것이라는 가정을 검증하는 실험이었다.

이 실험을 위해 노동자 집단을 실험집단(6명으로 구성된 여성 노동자의 팀)과 통제집단으로 구분하여 조명도 강도의 변화에 따른 생산성 변화를 조사하였다. 연구자들은 조명도의 강도를 증가하거나 혹은 감소하여도 두 집단 모두에서 생산성이 증가되는 것을 발견했다. 단지 조명도를 달빛(moonlight) 수준으로 낮출 때 실험집단의 노동자 생산성이 감소하였다.

이 실험의 결과, 조명도는 생산성에 어떠한 영향도 미치지 못한다는 것을 발견했다. 오히려 인간적 요인이 생산성을 결정하는 데 중요하다는 것을 발견했다. 즉 노동자의 생산성에 영향을 미치는 것은 작업장에서의 조명 강도가 아니라 오히려 노동자 사이의 관계, 노동자와 감독자의 관계와 같은 인간적 요인이다.

2) 전화기 릴레이 조립공정 실험(1927-1929년)

전화기 릴레이 조립공정 실험(relay-assembly test room experiments)은 집단생산성에 대한 여러 가지 작업조건 변화의 효과를 검증하기 위해 설계된 것이다. 이 실험은 노동자와 감독관 관계의 본질과 관련된 데이터를 수집하기 위한 것이다.

이 실험에서 연구자는 6명의 여공을 선발하여 보수 인센티브 프로그램, 업무시간 및 휴식시간의 변화, 간식 제공 등의 프로그램을 통해 생산성의 변화를 관찰하였다. 이 실험의 결과 긍정적인 물리적인 요인의 변화뿐만 아니라 업무와 업무집단에 대한 여공의 태도 변화로 인해 생산성이 증가되는 것을 발견했다. 이 실험은 안정감과 소속감, 그리고 책임감과 자기훈련을 발전시켰다. 이는 집단역학(group dynamics)의 효과가 물리적인 환경의 변화보다 생산성에 더 중대하게 영향을 미친다는 것을 보여주었다. 결국 노동자와 관련하여 기술적 변화와 물리적 변화보다 인간적 요소가 생산성에 많은 영향을 미친다는 것이다.

3) 대규모 인터뷰 프로그램 실험(1928-1930년)

이 실험은 1928년에서 1930년에 약 2만 명을 대상으로 회사, 감독, 보험설계, 승진 및 임금에 대한 종업원의 태도에 대해 인터뷰하는 프로그램(interviewing program)이었다. 예를 들면, 당신의 상관을 좋아하는가? 당신이 생각할 때 상관은 공평한가? 상관은 좋아하는 사람이 있는가? 이러한 인터뷰 프로그램은 회사에서 사람의 행태에 관한 가치 있는 정보를 수집하는 것이었다.

이 실험결과에서 조직에 있어 개인들의 업무수행, 지위, 위치는 개인 자신뿐만 아니라 집단구성원에 의해 결정된다. 동료들은 개인의 업무수행에 영향을 미친다. 면접 실험은 공장에서의 비공식 조직과 동료집단의 사회화와 압력에 대한 영향에 관하여 가치 있는 정보를 산출하였다. 비공식 조직은 중요한 사회적 통제 기제(control mechanism)로서 작용하고, 그리고 공식적인 절차와 감독과 같은 정도로 직무수행에 중요하다. 특히 이 인터뷰 실험에서 노동자의 사회적 요구들은 작업장 내·외부의 집단에 의한 사회적 경험에서 영향을 받는다는 것을 밝혀냈다. 결과적으로 노동자의 태도는 집단행태에 의해 영향을 받는다는 것이다.

4) 뱅크배선 작업장(bank wiring room)의 관찰 실험(1931-1932년)

뱅크배선 실험실은 개인에 대한 소규모 집단의 영향을 살펴보는 것이었다. 14명의 남성 노동자로 구성된 하나의 집단이 소규모 작업집단을 형성한다. 이들 남성은 전화교환기에서 사용되는 터미널뱅크의 조립에 참여하는 전기배선공(wiremen), 납땜공(soldermen), 조사관(inspectors)으로 구성된 집단들이다.

각 노동자에게 시간당 임금은 각 노동자의 평균 산출에 기반해 고정된 것이다. 보너스도 집단노력(group efforts)에 기초하여 지불된다. 각 집단에게 제공되는 인센티브 계획이 집단생산성에 영향이 있는지를 실험했다. 이 실험은 임금인센티브 계획이 노동자의 경제적 이익에 영향을 미칠 것으로 설계하였다. 하지만 임금 인센티브 계획이 생산성 향상에 비효과적이라는 것을 발견했다.

또한 이 실험에서 노동자들은 자신들의 산출기준을 설정하고 있었으며, 이것이 사회적 압박(social pressure)의 방식으로 강요되고 있었다. 이러한 현상은 실업에 대한 공포, 산출량 증가에 대한 공포, 낮은 생산 노동자의 보호 등의 이유가 내포되어 있었다.

이와 같이 호오손 실험은 작업장에서 노동자들은 경제적 욕구에 대한 만족 이외의 다른 욕구에 의해 동기부여된다는 것을 보여주었다. 이 실험으로 인간은 단지 경제적 존재가 아니라 사회적 존재(social beings)라는 것을 보여주고 있다. 인간은 집단의 구성원이며, 관리는 집단의 태도와 집단심리에 대하여 관심을 가져야 한다는 것을 보여주었다.

2. Hawthorne 실험의 결과와 비판

Hawthorne 연구는 1939년 Roethlisberger와 Dickson에 의해 저술한 「관리와 노동자(Management and the Worker)」에서 정리되고 있다. 이들 연구에서 가장 중요한 발견은 노동자의 작업장에 있는 사회적 조직의 발견이다. 즉 작업장에서 노동자들은 관찰하고 분석할 수 있는 자신들의 문화를 구성한다는 것이다. 또한 연구자의 기대와 반대로 비물리적인 조건(nonphysical conditions)이 조직구성원이 참여하는 생산 활동과 결과에 결정적인 역할을 수행한다는 것이다. 객관적인 생산적 요구사항에 부합되는 업무배치는 작업장에 있어 노동자의 주관적인 사회적 만족의 요구사항도 만족시킬 수 있어야 한다는 것이다.

또한 공식적 조직 내에 형성된 비공식적 작업집단에 보다 많은 관심이 주어졌고, 노동자는 집단의 구성원이며, 노동자의 산출은 사회적 행태의 산물이다. 집단적 감정(group sentiments)이 행위규범을 형성하며, 행위규범에서 벗어난 노동자는 처벌의 대상이 된다.[12] 이러한 연구결과는 1933년 Mayo가 저술한 「산업문명에 대한 인간문제(The Human Problems of an Industrial Civilization)」에 수록되어 있다.

1) Hawthorne 실험의 연구결과

Hawthorne 실험은 고전적 이론에 따라 어떠한 물리적 변화가 바람직한 반응을 초래할 것이라는 가정에서 출발했다. 하지만 Hawthorne 연구에서 어떤 변화에 대한 노동자의 반응은 단지 그들의 태도 혹은 감성으로 설명할 수 있었다. 〈그림 4-1〉과 같이 노동자가 특별한 변화를 해석하는 방식은 자신들의 사회적 조절(social conditioning) 혹은 감성(가치, 희망, 공포)에 의존하며, 또한 작업장에서 자신의 사회적 상황에 의존한다. 그리고 태도와 행동을 강하게 조건화시키는 집

---

12 특히 노동자의 평균적인 산출보다 너무 많이 생산하는 노동자는 속도쟁이(rate busters)이고, 너무 적게 생산하는 노동자는 사기꾼(chiselers), 상관을 잘 따르는 노동자는 밀고자(squealers)로 비난의 대상이 되었다(Jreisat, 1997: 95).

단구성원으로서 행동한다는 것이다. 이리하여 조직에서 사람들의 행태는 경제적 고려에 의해 엄격하게 동기부여된다고 간주할 수 없다. 즉 노동자들은 경제적 이득이 아니라 사회적 수용을 위해 희생한다.

┃ 그림 4-1 ┃ Hawthorne 연구

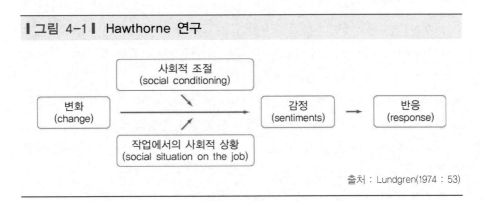

출처 : Lundgren(1974 : 53)

Hawthorne 실험의 중요한 연구결과는 인간관계론의 중요한 원리를 제공하였으며, 다음과 같이 정리할 수 있다(Bozeman, 1979: 99; Henry, 1992: 55; Campbell, 1999: 11).

① 사회적 단위(social unit) − 공장은 기술−경제적 단위뿐만 아니라 사회적 단위(social unit)이다. 인간은 사회적 동물(social beings)이다. 작업장에서 사회적 특성이 사람을 동기부여시키는 데 중요한 역할을 수행한다. 개인의 정체성(individual identity)은 자신이 소속된 집단과 강하게 연계되어 있다. 사람들은 개인보다는 집단구성원으로 많이 고려된다.

② 집단영향(group influence) − 한 집단 내의 노동자는 공동의 심리적 결속체(psychological bond)이며, 집단을 비공식적 조직의 형태에서 발전시킨다. 관리적 요구보다 집단의 압박이 노동자들이 어떻게 생산하는가에 더 강한 영향을 미친다. 특히 공식적 집단(formal group)과 비공식적 집단(informal group) 모두가 작업에 있어 개인의 행태에 강하게 영향을 미친다. 무엇보다 비공식적 조직과 비공식적 동료집단은 조직의 행태와 생산성에 중요한 역할을 발휘한다.

③ 동기부여와 감독스타일 − 노동자 집단을 동기부여하고 관리하는 데 있어 금전적 인센티브보다 인간적이고 사회적인 동기부여(human and social motivation)가 중요한 역할을 발휘한다. 또한 감독의 스타일이 작업장에 있어 노동자의 태도에 영향을 미친다. 노동자에 대한 친밀한 감독자와 노동자의 사회적 문제에 관심을 가진 감독자가 부하들의 협력을 쉽게 얻을 수 있다.

④ 전인격체(a total person)로서의 노동자 - 노동자는 단순한 기계(machines)가 아니다. 자신이 맡은 직무에서의 역할에 대한 개념뿐만 아니라 전인격체로 노동자를 생각해야 한다. 업무환경 이외의 다양한 사회심리적 요인들이 직무 수행에 중요하게 영향을 미친다. 또한 노동자는 물리적 근무환경보다는 다른 동기부여적인 변수에 민감하게 반응한다. 노동자의 직무만족에는 다양한 욕구, 동기부여, 그리고 보상이 포함되어 있다. 직무에서의 만족과 직무환경은 업무성과에 대한 중요한 결정요인이다.

⑤ 의사소통의 중요성 - 호오손 실험은 의사소통이 조직관리의 중요한 요소라는 것을 보여준다. 노동자들은 의사소통을 통해 조직 활동의 합리성을 이해할 수 있다. 나아가 의사결정에서의 노동자의 참여는 노동자에게 중요한 문제와 관련하여 긍정적인 결과를 산출하게 한다.

⑥ 호오손 효과(Hawthorne effect) - 노동자들은 자신들이 감시되고(being watched) 있다는 인식 때문에 나쁜 업무조건에도 불구하고 많은 생산성을 유지했다. 이처럼 노동자들은 자신이 관찰되고 있다는 사실을 인지할 때 평소와 다른 행태를 보이는 경향이 있다.

2) Hawthorne 실험의 비판

Hawthorne 실험은 다음과 같은 점에서 비판을 받고 있다(Landsberger, 1958; Carey, 1967).

① Hawthorne 연구는 비교적 사소한 문제에 너무 많은 관심을 기울였다. 즉 의사소통의 필요, 카타르시스(catharsis)와 같은 상담의 역할, 갈등을 완화하는 수단 등과 같은 문제에 너무 많은 관심이 있었다.

② Hawthorne 연구는 근로자의 전체적인 환경의 중요성을 인지하였으나, 근로자의 소외 감정, 계층의식, 무력감에 대한 감정을 충분히 탐구하지 못하였다. 또한 Hawthorne 연구자들은 관리 목표에 대해 무비판적으로 수용하고 있다. 이것은 근로자의 관심, 가치 그리고 합법적인 불평을 무시하고 근로자를 도구로 본다.

③ 감독의 유형과 근로자의 직무만족은 과업성과에 중요하게 영향을 미친다. 하지만 Hawthorne 연구는 이들 관계를 지지하는 실제적 증거를 제공하지 못한다.

④ Hawthorne 연구는 노동자 자체가 연구의 목적이 아니라 생산성 향상이라는 목적의 수단으로 노동자를 취급했다는 것이다.

⑤ Hawthorne 연구도 안정적 환경을 가정한다. 이 연구자들도 목표는 주어지고 (given), 문제가 없으며, 조화와 효율성의 증진이 사회를 위해 좋은 것이라고 가정한다.

⑥ Hawthorne 공장은 보편적인 작업장이 아니었다. Hawthorne 공장은 불평이 많은 작업장이었다. 이점에서 Hawthorne 실험 결과가 다른 유형의 작업장에 타당하지 않을 수도 있다.

03 행태주의

1. 행태주의의 의의와 공헌

1) 행태주의의 의의와 특징

행태주의(behaviorism)는 19세기 후반 심리학자들에 의해 주관적인 접근법인 정신주의(mentalism)에 대한 반작용으로 나타난 것이다. 정신주의에 의하면, 정신 (mine)은 비유와 자신의 생각과 감정, 즉 자기성찰이라고 불리는 과정을 통해 연구된다. 이점에서 행태주의자들은 정신주의의 관찰이 너무 주관적인 것으로 생각했다.

행태주의는 John Watson에 영향을 받은 방법론적 행태주의와 Skinner에 의해 영향을 받은 급진적 행태주의(radical behaviorism)로 유형화되기도 한다. 무 엇보다 행태주의는 1913년 Watson이 출간한 「행태학자가 본 심리학(Psychology as the Behaviorist Views It)」에서 출발했다.

이러한 행태과학의 접근법은 인간관계이론의 연장선이지만, 조직연구에 있 어 새로운 접근법이다. 인간관계이론은 아직까지 고전적 이론을 확인하는 수준 이었다. 이점에서 신(neo)고전적 이론이라고 명명하기도 한다. 행태과학은 고전 이론과는 상당한 차이가 있다. 행태적 접근법은 사람의 물질적 욕구와 감정적 욕 구(physical and emotional needs)가 조직의 토대를 구성한다고 주장한다. 행태과학 은 전체로서 조직의 관심을 지향하고, 그리고 조직 내 개인과 집단의 행태를 고 려한다. 이리하여 행태과학은 심리학, 사회학, 사회심리학, 인류학과 밀접한 관 계를 가진다(Lundgren,1974: 56).

행정학(정치학)은 1950년대 후반과 1960년대 초반의 행태주의적 혁명(behavioral revolution)으로 인해 급진적인 변화를 겪게 되었다. 행태주의자들은 행정학이 너무 기술적(descriptive)이고, 가치지배적(value-laden)이며, 또한 규범적(normative)이라고 비판한다. 더욱이 행정학 연구에 있어 축적하고, 입증할 수 있고, 신뢰할 수 있는 과학적인 지식이 결여되어 있다고 주장한다. 행정학은 과학적이지 못하다는 것이다.

이후 행태주의가 진전됨에 따라 통계학, 수학, 방법론, 과학철학에 관한 연구가 활발하게 진행되었다. 이에 행태과학(behavior sciences)은 인간 행태를 이해하기 위한 노력의 일환으로 사회과학과 생물학 등이 결합된 학문이다. 이점에서 응용연구(applied research)보다는 순수 혹은 기본적인 연구를 보다 선호하며, 지식은 객관적인 관찰에 의해 추구되어야 한다고 주장한다. 이리하여 행태과학자들은 인간행태에 관해 일반적으로 수용할 수 있는 이론을 성립하기 위해 객관적이고 사실적인 정보의 중요성을 강조한다(Singer, 1992: 14).

이와 같이 행태주의 접근법은 지식을 축척하기 위해 통제된 조건에서 이루어지는 실험과 관찰을 활용하는데 대체로 경험적 조사 또는 연구로 이루어진다. 연구자들은 어떤 변수들이 인간의 행태를 어떻게 결정하는지를 발견하기 위해 노력한다. 인간의 행태는 대체로 2가지 조건에 의해 결정된다. 하나는 행태에 영향을 미치는 환경적 변수들이다. 다른 하나는 개인의 육체적 상태와 감정적 상태 및 활동과 관련되어 있다.

2) 행태주의의 공헌과 비판

행태주의는 다음과 같은 몇 가지 측면에서 공헌하고 있다. ① 행태주의의 가장 큰 장점 중 하나는 인간의 행동을 명확히 관찰하고 측정하는 능력이다. ② 행태주의가 활용하는 집중적인 행동개입, 행동분석의 접근방식은 어린이와 성인 모두에게 부적응하거나 해로운 행동을 변화시키는 데 매우 유용하다. ③ 행태과학 철학의 주요한 특징은 생산성이란 사기, 동기부여, 직무만족과 같은 조직구성원의 개인과 집단의 느낌에 직접적인 관계가 있다는 것이다. 이러한 행태과학의 시각은 현대 행정학에 지속적으로 영향을 미치고 있다.

하지만 행태주의는 다음과 같은 비판을 받고 있다. ① Hammond(1990)의 주장처럼, 행정관리학파에 대한 Simon의 비판은 행정관리학파의 주요한 장점을 간과하고 있다. 행정관리학파들은 관리자가 지속적으로 직면하는 도전들을 체계적으로 분석하기 위해 노력하였으며, 이러한 노력들은 정부의 조직구조에 지속적으로 영향을 미치고 있다. ② 행태주의는 인간의 행동을 이해하는 일차원적 접근법이다. 이에 행태주의는 인간의 자유 의지와 기분, 생각, 감정과 같은 내적 영향을 설명하지 못하고 있다. ③ 행태주의는 인간의 행동에 대해 강화와 처벌을 제외한 다른 유형의 학습을 설명하지 않는다.

2. Easton의 연구

David Easton(1962)은 행태주의의 신조(behavioral credo)라는 말을 통해 행태주의의 여러 특성을 정리하고 있다. 이로 인하여 1950년대 여러 학자 간에 논쟁되어 온 전통주의와 행태주의의 쟁점이 어느 정도 정리되었다. Easton은 다음과 같이 행태주의의 특성을 정리하고 있다.

① 규칙성(regularities) - 행태주의는 규칙성을 찾아내려 한다. 인간의 행태를 중심으로 한 사회현상 속에서 통일성과 규칙성을 찾아냄으로써 향후의 행동을 예견해 보자는 것이다. 즉 관찰 가능한 균일한 행동에 기초하여 일반적인 결론을 도출할 수 있다는 것이다.

② 입증(verification) - 행태주의는 입증을 필요조건으로 한다. 이런 입장에서 지식이란 검증 이전의 명제로 구성되는 것이며, 당연히 경험적으로 검증되어야 한다. 즉 모든 증거는 관찰에 의해 이루어져야 한다.

③ 기술(technique) - 행태주의는 기술을 요한다. 자료는 때론 부정확하기 때문에 자료의 타당성, 신뢰성 및 비교가능성을 보장할 수 있는 기법이 필요하다. 행태주의는 과학적으로 개선된 방법으로 자료를 수집하고 해석한다.

④ 계량화(quantification) - 행태주의는 계량화(quantification)를 기본적 속성으로 한다. 복잡한 사회현상으로부터 분명하고 정확한 지식을 얻기 위하여 때로는 애매·모호한 질적 정보를 양적 정보로 전환할 필요가 있다.

⑤ 가치중립성(value neutrality) - 행태주의는 가치중립성을 지닌다. 과학적 탐구라는 것은 객관성을 유지하기 위하여 가치의 개입을 배제한다.

⑥ 체계화(systematization) - 행태주의는 체계화된 이론에 관심을 갖는다. 지식은 체계적 방법으로 얻어진다. 검증 가능한 가설은 논리적으로 연결된 개념과 명제의 구조로부터 연역적으로 도출되어야 하며, 이것이 경험의 세계에서 새로운 증거를 통해 입증되어야 이론이 성립된다.

⑦ 순수과학(pure science) - 행태주의자는 순수과학(pure science)의 원리에 기초하고 있다. 모든 연구가 실천적 수준에서 정책에 즉각 응용되는 것은 아니다.

응용과학을 위해 그 기초를 공고히 해 주는 순수한 지식이 다른 한편에서는 필요하게 마련이다.

⑧ 통합(integration) – 행태주의는 분과 학문 간의 연관성(interdisciplinarism)을 표방한다. 행태주의자들은 스스로 개별과학 영역에 한정하여 자신을 구속하지 않고 다른 분과의 방법과 이론, 그리고 다른 분야의 연구에서 얻은 발견 등을 결합하고 활용하려 한다.

3. Barnard의 연구

New Jersey Bell Telephone Company의 회장이었던 Chester Barnard(1886-1961)는 「최고관리자의 기능(The Functions of the Executive, 1938)」라는 저서에서 비공식적 조직을 관리하는 것은 성공적인 경영진의 핵심적 기능이라고 제안하고, 관리자의 기능으로 ① 의사소통의 시스템을 구축하고 유지 관리하는 것, ② 다른 구성원으로부터 필수적인 서비스를 확보하는 것, ③ 조직목적 및 목표를 수립하는 것, ④ 구성원들을 관리하고, 자신들의 직무를 수행할 수 있도록 하는 것으로 규정하고 있다.

이런 시각에서, Barnard는 조직관리 활동을 다음과 같이 이해하고 있다.

(1) **협력적 활동으로서의 조직** – 공식적 조직이란 두 사람 이상의 사람들이 의식적으로 협력하려는 활동(consciously coordinated activities) 혹은 힘의 시스템으로 정의하고 있다. 개인의 참여가 협동을 위해 필요한 것으로 이해하고 있고, 조직의 하부단위 사이의 협력을 구축하는 것이 경영진의 핵심적 기능으로 이해하고 있다. 협력(協力)은 개인들이 할 수 있는 한계를 극복하는 수단으로 본다. 이러한 협력은 협력적 목적의 성취와 개인적 동기의 만족이라는 두 가지 조건이 부합할 때 존재한다.

(2) **조직관리의 주요기능** – Barnard는 모든 조직에 요구되는 것으로 ① 자발적인 협력, ② 공통의 목적, ③ 의사소통 등을 들고 있다. 이에 Barnard는 리더는 조직의 기본이 되는 협력적인 활동을 어떻게 유인하고 조정하는가에 관한 문제에 초점을 두어야 한다고 지적한다. 경영진은 조직을 협력적 사회시스템(coopertative social system)으로 발전시켜야 한다고 주장하고, 경영진은 조직목표에 대한 의사소통과 종업원의 동기부여에 관심을 가지고 직무수행 노력을 통합하는 데 초점을 두어야 한다.

(3) 인센티브 경제(economy of incentives)로서의 조직 - 조직은 인센티브 경제로 특징지어진다. 개인들은 조직이 제공하는 인센티브에 대한 교환으로 참여와 노력에 기여한다. 조직에 있어 고위 행정가들은 인센티브의 경제를 적절하게 운영해야만 한다. 행정가들은 조직구성원의 기여를 유인할 수 있는 인센티브의 활용성을 확보하는 것과 지속적인 인센티브 자원을 확보하는 것에 대해 균형을 유지해야만 한다.

Barnard에 의하면, 인센티브의 유형은 금전적·물질적이고, 사회적인 요인뿐만 아니라 권력, 위신, 이상의 실현, 이타적인 동기, 효과적이고 유용한 조직에의 참여 등의 요인도 포함된다. 인센티브 경제는 행정가의 주요한 기능인 의사소통과 설득에 밀접하게 관련되어 있다. 행정가는 다양한 인센티브에 대한 노동자의 주관적인 평가에 영향을 미치기 위해 의사소통과 설득을 활용해야만 한다.

(4) 권위(authority)의 원천 - Barnard에 의하면, 권위란 공식적 조직에 있어서 의사소통의 특징이다. 이해할 수 없는 비합리적 의사소통은 권위를 가지지 못한다. 조직의 목적과 조화하지 못하는 의사소통은 수용될 수 없다.

Barnard는 관리자의 권위 원천은 관리자의 명령이 부하들에 의해 수용되는 것에 의존한다는 것이다. 상관의 명령이 의문없이 수용된다면 무차별영역(zone of indifference. 다른 학자들은 수용의 영역, zone of acceptance라고 함)이 발생한다. 무차별영역은 명령을 내리는 사람의 지위가 높을수록 넓다. 관리자의 리더십 기술과 능력은 부하들이 저항없이 수용할 수 있는 명령의 범위를 넓게 하는 데 있어 중요하다. 이런 측면에서 조직의 유효성은 개인들이 명령에 동의하는 정도에 영향을 받는다. Barnard는 전달, 설득 및 유인 과정의 구체화를 위해 비공식적인 조직의 중요성을 지적한다. 조직의 본질인 협력적인 활동이 성공하기 위해서는 공식적 조직과 비공식적 조직이 상호관련되어 있어야 한다(Rainey, 1997: 38).

4. Simon의 연구

Barnard보다 행정관리학파들에 대해 직접적으로 비판을 한 학자는 Herbert Simon(1916-2001)이다. Simon(1945, 1946)은 저서인 「행정행태(Administrative Behavior)」와 논문인 「행정의 격언(The Proverbs of Administration)」에서 행정원리학파의 행정원리(administrative principles)들이 상호모순되고 모호하며, 과학적인 근거가 미흡하여 원리 또는 원칙이라기보다는 격언(proverb)에 지나지 않는다고 비판했다. Simon은 공식적인 처방 또는 원리를 기술하는 것보다는 실제적인 행태의 분석을 강조한다. Simon은 다음과 같이 과학적인 행정연구와 제약된 상황에서의 의사결정 행태를 강조한다.

① 과학적인 행정연구 – Simon은 전통적인 행정원리(예를 들면, 명령통일의 원리, 통솔의 범위)를 조사한 결과, 이들 원리는 행정에 보편적으로 적용할 수 있는 법칙이 아니라 오히려, 과학적으로 입증할 수 없는 행정의 격언(proverbs of administration)이라고 주장한다. Simon은 행정원리학파들이 주장하는 개념과 원리들 간의 관계를 연구하기 위해서는 행정 과정에 대한 보다 체계적인 조사가 필요하다고 주장한다. 이러한 연구에서 Simon은 두 가지 측면에 목적을 두고 있다. 하나는 행정학을 비판적으로 평가하는 것이며, 다른 하나는 학문에 대해 보다 향상된 접근방법을 어떻게 발전할 것인가에 대한 제안을 하는 것이다(Barton & Chappell, Jr., 1985: 248-249).

② 의사결정에서의 제한된 합리성 – Simon의 주요한 관심 영역은 의사결정 과정이다. 불확실성과 복잡성 속에서 행정적 선택과 의사결정이 어떻게 이루어지는가 하는 문제에 지속적으로 관심을 가졌다. 고전적 행정원리는 행정가가 가장 효율적인 조직모형을 선택함에 있어 합리적일 수 있다는 가정에 놓여있다. 대부분의 경제적 이론은 경제적인 인간(economic man)을 가정한다. 즉 개인들은 최대의 이윤과 개인적 이득을 위해 합리적일 수 있다는 것이다.

　Simon은 행정적인 배경이 대부분 불확실하다는 것을 관찰했다. 행정가(administrative man)는 합리성에 대해 지각적인 한계를 가진다. 즉 복잡한 상황에서는 합리적인 선택과 의사결정이 불가능하다. 의사결정을 위한 시간과 정보가 제한적이고, 인간의 지각능력 역시 너무 제한적이기 때문에 모든 정보를 처리할 수 없으며, 또한 모든 대안을 고려할 수 없다. 이리하여 행정가는 활용할 수 있는 시간, 자원 그리고 지각능력의 한계 내에서 가능한 최선의 선택을 한다. 이런 시각에서 Simon은 합리적 의사결정은 인간의 한계에 의해 제한된다고 주장한다. 이를 제한된 합리성(bounded rationality)이라고 명명하고, 이로 인하여 관리자는 최상의 대안을 위해 무기한 찾을 수 없으며, 오히려 만족할 만한 수준에서 대안 탐색을 멈추고 의사를 결정을 한다. 만족(滿足, satisfying)은 필연적으로 최상의 과정은 아니지만 수용할 수 있는 행동을 초래할 수 있는 결정을 말한다.

또한 Simon은 조직구성원이 입사하고 퇴사하는 결정과 조직구성원 참여자로 행하는 결정을 구별한다. 더욱이 높은 지위의 참여자들은 보다 높은 가치적 요소(value component)로 의사결정을 하는 반면, 낮은 지위에 있는 참여자들은 보다 사실적인 요소(factual component)로 의사결정에 참여한다. 이는 최고관리자들은 무엇에 관한 결정을 하며, 부하들은 어떠한 것에 관한 것을 결정한다는 것이다.

용어 해설

- 신고전적 조직이론(新古典的 組織理論, neoclassical organizational theory) – 고전적 조직이론에서 제기된 문제를 해결하기 위해 관리적 사고에 행태과학을 결합하기 위한 시도이며, 생산성, 구조 혹은 기술보다 오히려 조직구성원에 초점을 두고 있다. 이 이론은 조직과 작업장에서 인간의 행태를 이해하는 데 중요한 기여를 했다.

- Hawthorne 실험 – 하버드대 Elton Mayo 교수팀이 1924년부터 1932년까지 업무자체(work itself)보다는 오히려 노동자의 태도에 초점을 두어 실험했으며, 이 실험은 노동자는 작업장에서 경제적 존재일 것이라는 가설에서 출발하였다.

- 호오손 효과(Hawthorne effect) – 노동자들은 자신들을 감시하고(being watched) 있다는 느낌 때문에 나쁜 업무조건에도 불구하고 보다 많은 산출을 유지하는 현상을 말한다.

- 행태주의(行態主義, behaviorism) – 이 접근법은 지식을 축적하기 위해 통제된 조건하에서 이루어지는 실험과 관찰을 활용하는데 대체로 경험적 조사로 이루어진다. 이 이론에 의하면, 생산성이란 사기, 동기부여, 직무만족과 같은 조직구성원의 개인과 집단의 느낌에 직접적인 관계가 있다.

- George Elton Mayo – Mayo는 1880년 호주 애덜레이드(Adelaide)에서 출생한 심리학자이다. 1926년부터 1947년까지 하버드 경영대학 교수로 재직했으며, 미국에서 산업사회 분야의 초기 리더로 활동했고, 인간관계운동의 창설에 기여했다.

  특히 Hawthorne 실험을 통해 과학적 관리접근법의 부적절성을 지적하고, 공장에서 일하는 사람들의 관계(relationships)에 관한 중요성을 강조한다. 대표적인 저서로 「산업화문명에 관한 인간적 문제(The Human Problems of an Industrial Civilization, 1933)」가 있다.

- David Easton – Easton은 1917년 6월 24일 캐나다 토론토(Toronto)에서 태어났으며, 1939년에 토론토 대학교를 졸업하고, 하버드 대학교에서 1943년에 석사학위를, 1947년에 박사학위를 받았으며, 1947년부터 1997년까지 시카고 대학교 정치학과 교수로 재직했다.

  Easton은 정치학 분야에 있어 행태주의 혁명의 1세대 학자 중 한 사람이다. Easton은 사회현상과 관련하여 신뢰할 수 있고 보편적인 지식을 산출하기 위해 정치학 연구의 과학화 발달에 공헌하였다. 절차의 과학적 규칙의 목적은 정치학에 있어 일반화된 원리(generalized theory of politics)의 발견이 가능하다고 주장하고 있다. 즉 사고의 연역적 시스템을 구성하는 정치학의 일반적 이론을 탐색하는 것이다. 경험적으로 타당한 일반화는 정치행태에 대해 예측가능한 인과 설명을 제공한다는 것이다.

자료의 수집과 분석을 위한 시스템적 기법의 발달로 정치학에 있어 일관된 원리를 구축하는 데 실패한 이후 Easton은 새로운 후기행태학자의 혁명에 역할을 담당했다. 정치학 연구는 적절성(relevant)과 행동지향성(action-oriented) 모두를 가져야 한다고 주장하고 있다.

이러한 연구가 1960년대 제기된 사회·정치적 문제를 해결하는 데 있어 사회에 보다 필요하다고 주장한다. 즉 새로운 혁명은 조사의 방법(methods of inquiry)이 아니라 국민에 대한 책임성(responsibilities)에 보다 많은 관심을 가져야 한다. 현재의 정치문제와 이슈에 대해 보다 적실성 있는 연구이어야 한다.

Easton은 미국정치학회 회장을 역임하였으며, 대표적인 저서로는 1953년「정치시스템(The Political System)」, 1965년「정치분석의 틀(A Framework for Political Analysis)」, 1966년「정치이론의 다양성(Varieties of Political Theory)」, 1990년「정치구조분석(The Analysis of Political Structure)」등이 있다.

▪ Chester Irving Barnard – Barnard는 1909년에 AT&T에 입사하였으며, 1927년에 뉴저지 전화회사(New Jersey Bell Telephone Company) 회장이 되었고, 세계 대공황 때 뉴저지 주 구제시스템을 관장했다. 1942년부터 1945년까지 미국위문협회(United Service Organizations) 회장이었으며, 경영일선에서 물러나 1948년부터 1952년까지 록펠러 재단(Rockefeller Foundation) 회장으로 봉사했으며, 국립과학재단(National Science Foundation) 회장으로 활동했다.

Barnard는 조직을 인간활동의 협력시스템으로 보며, 100년 이상 지속되는 회사가 매우 드물며 전형적으로 단명하는(short-lived) 것으로 간주하고 있다. Barnard에 따르면 조직은 생존에 필수적인 2가지 기준인 효과성과 효율성에 부응하지 못해 장수하지 못한다는 것이다.

Barnard는 1937년 하버드 대학교에서 일련의 강연을 진행했으며, 이러한 강연내용에 기초하여 1938년의「최고관리자의 기능(The Functions of the Executive)」을 저술했다. 이 책에서 최고관리자의 기능은 ① 의사소통 시스템을 설정하고 유지하는 것, ② 조직구성원으로부터 핵심적인 서비스를 보장하는 것, ③ 조직목적을 설정하는 것, ④ 사람들을 관리하고 그리고 그들이 직무를 수행하도록 보장하는 것이다.

또한 Barnard는 인센티브 이론에서 부하와 협력하기 위해 설득하는 2가지 방법인 유형의 인센티브(tangible incentives)와 설득(persuasion)을 제시하고 있다. 경제적 인센티브보다는 설득이 훨씬 중요하다고 지적한다. 4가지 인센티브는 ① 돈과 같은 물질적인 유인, ② 개인적 특별함을 위한 비물질적인 기회, ③ 바람직한 물리적 노동 조건, ④ 기량에 대한 자부심과 같은 이상적인 기부(ideal benefactions)이다.

대표적인 저서로는 1939년 「민주적 과정에서의 리더십 딜레마(Dilemmas of Leadership in the Democratic Process)」, 1948년 「조직과 경영(Organization and Management)」, 1958년 「비즈니스 도덕의 기본적인 조건(Elementary Conditions of Business Morals)」 등이 있다.

■ Herbert Alexander Simon – Simon은 1916년 6월 15일 위스콘신주 밀워키 (Milwaukee)에서 태어났고, 시카고 대학교에서 1936년에 정치학 학사와 Harold Lasswell과 Charles Edward Merriam의 지도로 1943년에 박사학위를 취득했다. 카네기 멜론 대학교(Carnegie Mellon University)에서 강의하였다. Simon은 미국의 정치학자이며, 인식심리학, 컴퓨터과학, 행정학, 경제학, 경영학, 사회철학 등의 광범위한 영역에서 연구한 학자이며, 20세기 가장 영향력 있는 사회과학자이다.

특히 Simon은 고전경제학 주의(tenets)에 반대되는 제한적 합리이론(theory of bounded rationality)을 제시했다. Simon 자신은 만족하다(satisfy)와 충족하다(suffice)의 두 단어를 조합한 만족하는(satisficing)으로 명명되는 것을 좋아했다. Simon은 개인들은 특정한 행동 과정에 있어 요구되는 모든 정보에 접근할 수 없기 때문에 인식적 제한(cognitive limits)에 의해 교착된다고 지적한다. 이러한 만족원리는 설문지를 완성하는 방식에서 적용할 수 있다는 것이다. 응답자는 가끔 최적의 해답을 추구하기보다는 만족스러운 해답을 선택한다는 것이다. 이와 같은 만족은 시장연구에 있어 전통적인 통계방식을 왜곡할 수 있다.

Simon은 피아니스트인 엄마의 영향으로 피아노를 잘 쳤으며, 열정적인 산악등반가이기도 했다. 어떤 때에는 학부에서 프랑스혁명을 강의하기도 했다. 1978년에 노벨경제학상을 수상하였다.

대표적 책으로 1948년의 「행정행태: 행정조직의 의사결정과 연구(Administrative Behaviour: A Study of the Decision Making Processes in Administrative Organization)」 와 1958년 James March와 공저한 「조직론(Organizations)」이 있다.

CHAPTER 5

현대조직이론

모더니즘(modernism)은 Descarte, Locke, Kant와 관련된 17세기와 18세기 유럽철학의 계몽시대(Enlightenment)에 뿌리를 두고 있다. 이성의 시대(Age of Reason)로 기술되는 계몽시대는 봉건주의(feudalism)와 미신을 합리적 지식으로 대체하기 위해 노력했다. 이 시대의 신념은 합리성을 통해 인간을 노예제도와 미신의 공포로부터 해방시키는 것이다. 즉 인간은 과학적 지식을 통하여 자신의 환경을 통제할 수 있다.

이런 사상적 흐름과 더불어 현대 조직이론가들은 완전한 지식이란 조직이 어떻게 그리고 왜 기능하는지, 그리고 상이한 환경조건에 의해 조직기능이 어떻게 영향을 받는지를 이해하는 것으로 믿고 있다. 현대 조직이론가의 관점으로부터 효과적인 조직은 ① 내부적 압박과 외부적 압박에 대한 균형을 유지하고, ② 핵심 능력을 발전시키고, ③ 효율성을 증가시키고 변화에 적응하는 것이다(Hatch & Cunliffe, 2006: 36-37).

또한 불황(recession)과 2차 세계대전이 관리운동을 방해했지만, 기술과 관리의 발전을 초래했다. 전후시대(postwar era)는 기술, 인구변동, 제도적 형태의 변화를 초래했다. 이리하여 새로운 기술(예를 들면, TV, 커뮤니케이션)과 산업이 생활의 변화를 유도했다. 특히 인구변동은 노동조합의 강화를 초래했고, 인구의 교육수준을 향상시켰다. 이런 조직 환경의 변화에서 초래되는 문제에 대응하는 것은 분권화된 구조이었다. 새로운 조직형태인 분권화된 구조는 의사결정과 문제해결 기술을 모든 관리계층제의 수준에 전파하게 했다. 더욱이 정보통신기술의 발달은 학문영역 간에도 개방성과 상호성을 증대시켰다.

이러한 시대적 배경에서의 현대조직이론은 조직구성원 간의 대인관계뿐만 아니라 조직 내 개인과 환경 간의 상호작용도 고려한다. 이점에서 현대조직이론은 ① 복잡한 조직문제해결을 위해 다양한 접근방법으로 분화되고 있다. ② 조직현상의 다양성을 탐구하기 위해 통합적 관점으로 발전하고 있다. ③ 다른 학문분야의 연구방법과 결과 등을 활용하는 학제적 성격이 심화되고 있다(오석홍, 2011: 39–40).

이와 같은 현대조직이론은 다음과 같은 몇 가지 측면에서 고전적 조직이론과 신고전적 조직이론과의 차이가 있다.

첫째, 현대조직이론은 고전적 조직이론과 신고전적 조직이론을 종합하는 측면에서 다소 복잡한 성격을 가지고 있다. 나아가 현대조직이론은 조직에 관한 새로운 접근법 발달로부터 많은 영향을 받았다.

둘째, 현대조직이론은 고전적 조직이론과 신고전적 조직이론에서 강조한 조직의 형식주의 측면(formalistic aspects)을 비판한 조직심리학자와 사회학자로부터 전개되었다.

셋째, 고전적 조직이론과 신고전적 조직이론은 조직 내부에서의 효율성을 추구하고 고층구조의 계층제(tall hierachy)를 강조했지만, 현대조직이론은 효과적인 팀과 팀워크를 강조하는 저층구조의 계층제(flat hierarchy)를 선호한다.

넷째, 고전적 조직이론과 신고전적 조직이론은 조직의 활동과 발전을 안정적인 정태적 환경에 기반을 둔다. 반면에 현대조직이론은 조직의 전략을 끊임없이 변화하는 환경에 부합하기 위한 역동성에 둔다.

다섯째, 고전적 조직이론과 신고전적 조직이론에서 조직 내 인간을 다루고 있는 조직적 개념과 원리는 노동조합이 활동하고 있는 현대 조직에 있어 다소 부적절하다. 현대 조직에서 관리자의 가장 효과적인 관리방식은 특정한 관리상황에 놓인 모든 조건들을 고려하는 것이다. 나아가 이들 조건에 가장 부합되는 리더십 스타일과 기법을 선택하는 것이다.

이처럼 1960년대 이후 관리적 사고는 사람과 기계를 동등하게 강조했던 고전적 조직이론과 달리 기업의 사회적 책임을 인지하였다. 또한 거대 민간기업의 경우 소유자와 경영을 구분하며, 소유자의 경영 대신에 전문가적 경영자를 초빙하기 시작했다. 즉 현대조직이론가들은 조직활동의 사회적 책임(social responsibilities)을 강조하고 있다. 이에 조직관리과정에서 품위(refinement)와 성숙(perfection)의 단계를 강조한다.

┃표 5-1┃ 고전적 조직이론과 현대조직이론

구분	고전적 조직이론	현대조직이론
내용	전문적인 업무를 나누는 가장 효과적이고 효율적인 방법을 추구	조직구성원 간의 대인관계뿐만 아니라 조직 내 개인과 환경 간의 상호작용 고려
시기	산업 혁명에서 등장한 효율성과 생산성의 극대화	제2차 세계대전 이후, 수학적 원리와 심리학의 균형을 이룬 종합적 접근
초점	개인적인 이익에의 동기부여 직무에의 초점(job-focused) 개인지향(individual-oriented)	개인의 직무만족과 건전한 조직문화 형성 기술에 초점(skills-focused) 팀지향(team-oriented)
강조	규칙과 규정, 전문화, 계층구조(tall hierarchy), 명령통일, close system	유연한(flexible) 조직구조, 네트워크 구조, open system
리더십	중앙집권적 리더십	상황에의 리더십, 적합성
환경	정태적(stable) 환경	동태적(dynamic) 환경
대표적 연구	Taylor의 과학적 관리, Fayol의 관리원칙, Weber의 관료제	시스템이론, 상황적합이론, Fiedler의 리더십

SECTION

01 시스템이론

1. 시스템 및 시스템이론의 의의와 특징

1) 시스템의 의의와 특징

시스템(체제, system)은 함께 배열하다(to place together)를 의미하는 그리스어 systema에서 유래되었다. 시스템은 환경으로부터 구별되는 일련의 구성요소로 이루어져 있으며, 자신의 경계(boundary)를 가지면서 상호의존적으로 활동하며, 일련의 상호작용하는 구성요소(a set of interacting components)이다. 또한 시스템은 전체의 특성에 기여하는 독립된 부분으로 구성된 실체이다. 이처럼 시스템은 조직화된 혹은 복잡한 전체(complex whole)이다. 이러한 시스템 개념은 상호관련된 활동과 사건을 처리하는 데 도움을 준다. 시스템은 미리 결정된 목표를 성취하는 데 매우 합리적인 수단이라 할 수 있다.

특히 시스템은 하위시스템(subsystems)이라 명명되는 상호관련된 부분의 총체라고 할 수 있을 것이다. 이에 하나의 시스템을 구성하는 부분들은 상호의존적 (interdependent)이다. 즉 각 하부시스템은 다른 시스템에게 영향을 미치고, 각 시스템은 전체에 의존한다. 하위시스템(subsystems)과 상위시스템(suprasystems)은 상호관계를 가지며, 이들의 구분은 분석단위에 의존한다. 이와 같이 상호의존적인 부분들은 하나의 통일된 전체(a unified whole)를 도출한다. 이점에서 시스템은 시너지즘(synergism)이 발생한다. 이것은 부분이 분리해서 작동하는 효과보다 상호작용하는 부분의 효과가 훨씬 크다는 것이다.

이와 같이 시스템의 사고는 구체적인 방식에 있어 서로 관련된 일련의 요소이다. 이처럼 시스템 사고는 조직을 외부세계와 뒤섞여 있는 서로 관련된 부분의 실체(as an entity of interrelated parts)로 간주하는 것이다. 시스템 사고의 초기 공헌자인 Henderson은 하나의 시스템 내에서 상호의존적인 변수는 우리가 경험한 것으로부터 가장 현명한 추론 중의 하나라고 주장한다. 우리가 흥미를 가지는 시스템 유형은 인과관계 네트워크에 직접 혹은 간접적으로 관계하는 복잡한 구성요소로 정의할 수 있다.

시스템의 실체(entities)는 시스템이 구성하는 것이다. 예를 들면, 조직시스템의 실체는 조직화되거나 혹은 조직화되지 않는 그룹과 개인이다. 시스템 접근은 관리를 위한 원리나 지침이 아니라 조직과 관리에 관한 하나의 사고방식(a way of thinking)이다.

2) 시스템이론의 의의와 특징

시스템이론(system theory)은 통합접근법(integrative approach)이다. 시스템이론은 조직현상에 대해 전체적 일반화, 완전한 설명을 가능하게 하는 거대한 관리이론(grand management theory)의 발달을 위한 중요한 단계이다.

시스템은 조직의 모든 요소들을 포함하기 때문에 시스템이론은 조직에서 무엇이 일어나는가를 연구하고, 설명하는 데 매우 효과적인 방법을 제공한다. 시스템이론에 있어서 중심적인 개념은 시스템이 어떻게 스스로 유지하는가, 시스템이 필요한 에너지의 상실을 어떻게 방지하는가, 시스템이 일상화(routinization)되는 것을 어떻게 회피하는가 등이다.

이점에서 시스템이론의 특징은 다음과 같다. ① 시스템은 특정한 목적을 수행하는 데 연계된 하위요소의 상호작용으로 구성된다. ② 시스템은 다양한 하부시스템으로 구성되며, 이들 하부시스템은 서로 독립된 것이 아니라 상호영향관계를 갖고 있다. 이에 한 부분의 변화는 다른 부분의 변화를 초래한다. ③ 시스템은 진공(vacuum)상태에 존재하지 않는다. 즉 다른 시스템으로부터 끊임없이 정보, 에너지, 투입자원을 받는다. ④ 시스템은 환경으로부터 반응하는 동태적 시스템이다. ⑤ 시스템은 무엇이 내부인지, 외부인지를 판단할 수 있는 명확한 경계를 가지고 있다.

시스템이론을 고전적 조직이론과 신고전적 조직이론과 비교하면, 고전적 이론은 본질적으로 과학적 용어로 조직을 바라보고, 신고전적 조직이론은 조직을 조직에서 일하는 개인으로 보고 있다. 시스템이론가들은 가장 현실적 견지에서 하나의 전체 시스템으로서(as a total system) 조직을 바라보고 있다. 시스템적 시각은 조직의 내·외부 모두를 전체론적 맥락(holistic context)에서 접근한다. 즉 시스템이론가들은 전체적으로 조직을 연구하고, 상호의존적인 변수를 적절하게 분석한다.

이와 같이 시스템이론은 고전적 이론과 신고전적 조직이론가들의 단순한 관점을 거부한다. 즉 고전적 이론은 조직의 기술적 요구와 생산성 욕구(사람없는 조직, organizations without people)를 강조한다. 반면에 신고전적 조직이론은 사람의 심리와 상호작용 – 조직없는 사람(people without organizations) – 에 너무 과도하게 초점을 둔다. 즉 고전적 조직이론과 신고전적 조직이론 양극단에서 위치하고 상호대립적 시각을 가지고 있다고 볼 수 있다. 하지만 조직은 현실적으로 사회·기술적 시스템(socio-technical system)이다. 이에 조직은 사람과 조직의 기술 모두 동등하게 필요하며, 조직의 외부환경으로부터 영향을 받고 있다. 이리하여 시스템이론가들은 사회적 집단과 이들에 대한 기술의 적용 사이의 관계를 연구하고 있다.

3) 시스템이론의 이론적 기반

몇몇 역사적 경향이 조직연구에 있어 시스템이론 적용을 수용하고 파급하게 했다.

첫째, 조직의 복잡성은 물리적 체제 및 생물적 체제(biological systems)와 비교한다. 물리적 체제는 단지 몇 가지 변수가 포함되지만, 복잡한 현대조직은 수천 가지의 상호작용하는 변수들을 가진다. 이것이 시스템 개념의 수용을 촉진하게 했다.

둘째, 하나의 학문에 기초한 접근방법의 실패에 기인한다. 예를 들면, Frederick Taylor와 같은 고전적 이론가들은 합리모형에서 기대하지 않았던 결과를 설명하는 데 실패했다. 이로 인해 조직연구에 있어 시스템이론가들은 다양한 학제 간의 광범위한 관점의 적용을 선호하게 되었다.

셋째, 제2차 세계대전 이후 산업에 있어 컴퓨터의 활용이 증가하였다. 수많은 참모들은 시스템분석(systems analysis)에 대하여 훈련받았다. 이를 바탕으로 운영과학, 관리과학, 정보체제와 같은 분야에서 활동하게 되었다. 이것이 시스템적 사고의 수용을 촉진하게 되었다.

이와 같이 시스템적 사고가 조직연구에도 확산되었으며, 특히 시스템이론에 기여한 다음의 학자들에 의해 시스템적 사고가 다양하게 적용되었다.

① Bertalanffy의 일반시스템이론 – 1920년대 초에 생물학과 엔지니어링에서 활용되었던 일반시스템이론(general system theory)이 발달되었다. 1951년 Ludwig von Bertalanffy가 일반시스템이론에서 다수의 상호의존적이고 상호연계된 하부시스템이 포함된 생물학적 실체와 법인체의 개념을 표명했다.

② Barnard, Easton 및 Sharkansky의 연구 – 시스템이론은 Barnard가 1930년에 시스템 개념을 소개하였으며, Easton (1965)이 정치학 분야에 시스템이론을 처음 적용하였다. Easton은 정치를 사람들이 환경을 변화시키고 통제하는 데 있어 활용하는, 변화하는 과정으로 인식하고 있다. Easton은 경험적 정치이론을 구축하기 위해 노력하였으며, 정치학 영역에서 조직을 인지하는 데 있어 시스템이론적 시각에 영향을 미쳤다. 1970년에 Sharkansky(1970)가 저술한 행정학 저서에서 조직 틀로서 시스템 접근법을 소개하였다. 조직 맥락에서 시스템이론은 조직에 의해 투입이 산출로 어떻게 전환되는가를 포함하는 과정을 말한다.

③ Parsons 등 사회학자의 연구 – 조직의 현대적 시스템이론에 기여한 Talcott Parsons와 같은 사회학자들은 사회를 일련의 공통의 가치(a common set of values)에 의해 통합된 것으로 본다. 이들 학자는 가치가 사회의 각 부분에 어떻게 기여하고 있는가에 관심을 가졌다.

④ Katz와 Kahn의 연구 – 미시간 대학교의 Daniel Katz와 Robert Kahn은 조직연구에 있어 개방시스템의 기초를 제공했다. 「조직의 사회심리학(The Social Psychology of Organization)」이라는 책에서 최초로 사회심리학적 관점에서 개방시스템적 시각으로 조직을 연구했다. 이들 학자의 초기 초점은 사회구조였다.

이들 학자는 2가지 사회행태적 유형인 상호의존적 행태(interdependent behavior)와 환경적 투입에 대한 개방성(openness to environmental inputs)을 강조하고 있다.

⑤ Carzo와 Yanouzas의 연구 - 개방시스템으로서 공식적 조직을 모형화하는 데 노력한 Rocco Carzo와 John Yanouzas는 「공식적 조직: 시스템접근(Formal Organizations: A Systems Approach)」이라는 책에서 공식적 조직은 3가지 하부시스템인 기술시스템, 사회시스템, 권한(power)으로 구성되어 있다고 주장한다. 각 하부시스템은 명확한 목적, 과정, 역할, 구조 그리고 행위의 규범으로 인식된다. 이들 학자는 조직에서 사람들의 명확하고 규칙적인 행태에 초점을 두었으며, 조직분석을 위한 진단 틀(diagnostic framework)을 제시했다. 즉 조직에서 발견한 행태의 규칙성을 설명하고 있다.

2. 시스템의 유형

1) 폐쇄시스템과 개방시스템

시스템이 마주하고 있는 외부환경에 대한 관점에 기반하여 폐쇄시스템과 개방시스템으로 구분한다. 폐쇄시스템은 외부환경과 상호작용이 없다. 반면에 환경과 끊임없이 상호작용하는 시스템을 개방시스템이라 한다.

폐쇄시스템과 개방시스템을 구별하는 것은 조직이론의 발달에 있어 시스템 개념의 영향을 평가하는 데 중요한 것이다. 이러한 의미에서 조직 외부환경에 대한 고려가 결핍되어 있는 고전적 조직이론과 인간관계이론은 폐쇄시스템 접근방법이라고 할 수 있다.

(1) 폐쇄시스템

폐쇄시스템(close system) 사고는 주로 물리학에 기원을 두고 있으며, 시스템을 자체로서 완성된 것으로 본다. 즉 폐쇄시스템은 필요한 모든 에너지를 갖고 있으며, 외부적 자원의 유입 및 소비 없이 기능을 한다.

이와 같이 폐쇄시스템은 환경에 의존하지 않는다. 즉 폐쇄시스템은 환경으로부터 격리된 것으로 간주되는 시스템을 다룬다. 이처럼 폐쇄시스템은 확고하고 고정된 경계를 가지고 있고, 폐쇄시스템의 내부적 과정은 환경의 변화와 관계없이 동일하게 유지한다. 이러한 시스템 과정은 안정적이고 기계와 같은(machinelike) 프로그램화된 유형에서 항구적인 기능을 수행한다.

폐쇄시스템의 예로 시계(watch)를 들 수 있다. 시계에 배터리를 장착하거나 태엽을 감을 때 시계에 상호의존적인 부속품이 정확하게 계속해서 움직인다. 과학적 관리와 같은 고전적 관리개념은 폐쇄시스템 접근법이다. 이들 접근법에서 조직은 내부적인 설계를 통해 보다 효율적일 수 있다고 주장한다. 환경은 안정적이고 예측할 수 있고, 그리고 문제의 원인이 아니라는 것이다. 주요한 관리이슈는 내부적 효율성을 어떻게 달성할 것인가에 있다.

(2) 개방시스템

개방시스템(open system)의 내부 과정은 환경에 대해 보다 개방적이고 환경변화에 보다 잘 적응하는 것을 목표로 한다. 또한 개방시스템은 투입-산출 평형상태에서 시스템과 환경 간의 경계교환을 강조한다. 즉 개방시스템은 투입, 전환과정, 산출, 환류의 4가지 단계를 가지고 있다. 이점에서 조직은 환경과 끊임없이 상호작용하는 개방시스템이다. 개방시스템은 생존하기 위해 환경과 상호작용을 해야만 한다. 이처럼 개방시스템은 자급자족(self-sufficient)하는 것이 아니라 외부로부터 에너지, 정보, 자원을 의존한다. 또한 개방시스템은 외부환경의 변화에 대해 적응할 수 있는 능력을 가지고 있다.

예를 들면, 인간의 몸(human body)은 개방시스템이다. 우리 몸은 몇몇 본질적인 투입 - 공기, 음식, 주거, 물 - 이 필요하다. 그리고 우리 몸은 정상적인 기능에서 투입요소를 산출 - 에너지, 업무, 숨을 내쉬는 등 - 로 전환한다. 더욱이 우리 몸은 환경에 매우 의존적이다. 공기가 부족하면 우리 몸은 심각한 영향을 받게 된다.

2) 동태적 시스템과 정태적 시스템

시스템은 동태적 시스템 혹은 정태적 시스템일 수 있다(Hodge & Anthony, 1979: 53).

① 정태적 시스템(static system) - 정태적 시스템은 변화가 일어나지 않는 시스템이다. 정태적 시스템의 예는 테이블이며, 시간이 경과하더라도 거의 변화가 없다.

② 동태적 시스템(dynamic system) - 동태적 시스템은 시간에 따라 변화가 일어나는 시스템이다. 대부분의 사회적 시스템과 생물체의 시스템(biological system)은 시간이 경과하면서 변화하는 동태적 시스템이다. 대학교는 신입생이 입학하고, 다른 학생들이 졸업하며, 새로운 교직원이 입사하고 퇴사하고, 교과목이 변화하는 동태적 시스템이다.

동태적 시스템과 정태적 시스템은 이분법(dichotomy)로 간주되는 것이 아니라 오히려 하나의 연속체(continuum)로 간주할 수 있다. 즉 주어진 시간 간격에서 분석할 때 시스템은 정태적일 수 있다. 반면에 장기적 시간 간격에서 분석할 때 시스템은 동태적일 수 있다.

3) Boulding의 9단계

Kenneth Boulding(1956)은 Bertalanffy와 더불어 일반시스템운동을 발전시킨 대표적인 선구자이기도 하다. Boulding은 조직을 동적이고 상호연관된 시스템으로 보는 것의 중요성을 강조했다.

Boulding은 시스템의 복잡성을 기술하기 위해 단계(levels)의 개념을 활용했다. Boulding은 복잡성이 증가되어 가는 9개의 단계를 인식했다. 복잡성의 9개 단계는 가장 단순한 기반구조(simple framework structure, 예를 들면 태양시스템)에서 가장 복잡한 인간 혹은 사회적 시스템으로 구성된다. 이들 9단계는 관리자가 다루는 시스템의 본질에 대한 통찰력을 제공한다. 특히 단계 4에서 단계 9까지는 환경과 상호작용하는 개방시스템으로 볼 수 있다. 즉 환경으로부터 자원이 투입되면, 시스템에 의해 전환되고, 그리고 산출은 환경으로 돌려준다. Boulding이 인식한 복잡성의 9단계는 다음과 같다.

① 프레임워크(frameworks) - 인간구조의 일부, 도서관에서 활용하는 목록시스템(cataloging system), 원자, 지도 혹은 다리와 같은 고정된 틀 또는 프레임워크이다. 이 프레임워크는 어떤 분야에 있어 조직화된 이론적 지식의 출발이다.

② 시계장치(clockworks) - 이 단계는 예정되어 있고 필연적인 운동을 가진 단순한 동적 시스템이다. 의학, 화학, 심지어 경제학의 많은 이론적 구조가 이 단계에 속한다.

③ 온도조절장치(thermostats) 혹은 통제 메커니즘 - 외부적으로 규정된 목표 혹은 기준에 따라 시스템 행태를 규제하는 것이다. 이 단계는 항상성 제어 메커니즘으로 규제자와 운영자 사이의 시스템에서 정보의 흐름이 있다.

④ 개방시스템(open systems), 세포(cell) 단계 - 세포는 생명의 가장 단순한 단위이다. 통제시스템은 균형목표(equilibrium target)를 지향하는 반면에, 개방시스템은 내부적 구별(internal differentiation)을 유지한다. 개방시스템은 화재의 불꽃처럼 환경에 있어 필요한 다양성에 의해 유지된다.

⑤ 유전적-사회적 단계(genetic-societal level), 식물(botanical) 단계 - 식물은 복잡한 구조와 분업을 가진 세포의 사회이다. 이 단계는 분화되고 상호의존적인 부분을 가진 세포 사회를 형성하기 위한 세포 간의 분업이 특징이다.

⑥ 동물단계(animals level) − 이 단계는 신경학적 행동 및 자기인식이 증가하는 것이 특징이다. 이 단계는 가장 단순한 자아 이미지를 가진 세포 사회이다.

⑦ 인간(human beings)의 단계 − 이 단계는 상징과정시스템(symbol−processing systems)으로 환경에 대한 상세한 의식뿐만 아니라 자의식(self−consciousness)이 나타난다. 이 시스템은 아이디어와 상징으로부터 정보를 일반화하거나 요약하는 능력을 가진다. 인간 수준의 조직은 언어, 기록, 시간 이미지를 위한 능력을 가지고 있다.

⑧ 사회 조직(social organization)의 단계 − 이 시스템의 단위는 사람이 아니라 역할이다. 사회 조직의 수준은 해당 조직이나 상황과 관련된 사람의 일부로 구성된다. 사회 조직은 의사소통 경로와 연결된 일련의 역할로 정의한다.

⑨ 초월 시스템(transcendental system)의 단계 − 이 단계는 알 수 없는(unknowable) 수준, 절대적이고 답이 없는 질문의 수준이다. 아직 상상할 수 없는 시스템의 새로운 복잡성이 나타날 가능성을 반영한 것이다.

3. 개방시스템의 요소

폐쇄시스템의 경우 환경이 시스템에 영향을 미치지 않는다. 하지만 조직시스템은 〈그림 5−1〉과 같이 환경과 지속해서 상호작용하는 개방시스템이다. 시스템 모델은 환경에 대해 개방의 가치를 유지한다. 또한 조직은 파슨주의자(Parsonians)가 주장하는 보다 큰 실체(entity)의 하부시스템으로 간주된다. 나아가 상당기간 생존하기 위해서 조직은 사회에서 적실성 있는 기능으로 기여하기 위해 자신들의 환경에 적응해야 한다. 어떠한 공공 또는 민간 조직도 사회가 요구하는 기능과 역할을 수행하지 못하면 점차 쇠퇴하여 소멸될 수밖에 없다. 이들 시스템은 상당히 유연한 구조를 가지며, 그리고 과정들은 지속적으로 진행된다. 또한 개방시스템의 경우 시스템 경계와 환경 사이의 구별은 임의적인 문제이다. 즉 경계는 관찰자의 목적에 의존적이다.

개방시스템 시각에서 관리는 전환 과정 중 하나의 유형으로 간주될 수 있다. 즉 관리자의 역할은 자원의 수집을 통해 유용한 산출로 전환하는 것이다. 이에 관리자는 모든 요소들이 서로 어떻게 관련되어 있고, 이들 요소를 어떻게 효과적으로 통합시키는가를 이해하는 것이 중요한 과제이다.

Checkland(1981)는 시스템 사고를 위한 연성체계 방법론(Soft Systems Methodology)을 개발하고 시스템의 주된 요소는 뿌리 정의(root definitions)에서 개념화할 수 있다고 제안하고 있다. 이들 시스템의 주된 요소는 연상기호인 CATWOE의 6개 요소로 구성하고 있다.

C : customers(고객) - 시스템에 종사하는 활동의 직접적인 수혜자 혹은 희생자(immediate beneficiary or victim)를 의미한다. 공공부문에서 주된 직접적인 수혜자는 납세자이다.

A : actors(활동가) - 전환 과정에 종사하는 사람과 그렇게 하기 위해 자원을 조달하는 사람을 말한다. 공공성과를 산출하기 위해 고용된 사람, 관리자, 현장직원(front-line staff) 등이 될 수 있다.

T : transformation process(전환 과정) - 시스템의 필수적인 활동으로, 전환 과정은 투입을 지정된 산출물로 변환시키는 것으로 의미한다. 이것은 변화하는 환경에서 안정을 유지하기 위해 존재하는 시스템에서도 포함된다.

W : worldview 또는 weltanschauung(세계관) - 전환 과정을 이해하기 위한 세계관 혹은 이념(the worldview or ideology)을 의미한다. 공공서비스가 얼마나 잘 제공되는가를 판단할 수 있도록 하는 신념이 예가 될 수 있다.

O : ownership(소유권) - 시스템의 활동을 종결하는 데 권력을 가진 개인이나 집단이다.

E : environmental constraints(환경적 제약) - 활동이 수행되어야만 하는 범위 내에 외부적으로 강요된 제약(the externally imposed limits)들을 의미하며, 이미 주어진 것(given)으로 간주된다.

〈그림 5-1〉과 같이 조직은 환경으로부터 정보, 자본, 인적·물적자원, 원자재를 수입한다. 이들 투입요소는 조직의 전환단계(throughput stage)에서 산출로 전환한다. 조직은 이들 산출물(재화와 서비스, 사회적 책임성, 조직성장, 구성원의 만족 등)을 환경으로 전한다. 조직을 효과적으로 관리한다면, 전환 과정은 투입에 가치를 부가한다. 이와 같이 개방적 사회시스템으로서 조직을 전제하기 위해서는 보편적으로 다음과 같은 8가지 주요 개념을 이해할 수 있다. 즉 환경과 상호작용하는 개방시스템이론은 다음의 요소들을 가정한다(Bozeman, 1979: 106-107; Narayanan and Nath, 1993: 63-67).

┃그림 5-1┃ 개방시스템

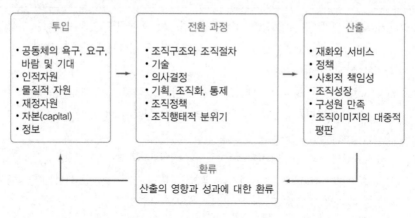

출처 : Hodge & Anthony(1979 : 58) ; Mckinney & Howard(1998 : 158)

1) 총체주의적 관점

시스템이론가는 포괄적 그리고 통합적으로 조직을 이해함에 있어 일련의 복잡한 힘의 결과(the result of a complex set of forces)로 조직현상을 간주한다. 개방시스템이론은 조직을 분석함에 있어 구성요소별로 보는 것이 아니라 하나의 총체(entity)로서 조직을 이해한다. 시스템은 총체주의적 관점(holism, wholism)이다. 즉 시스템은 하나로 기능하는 전체로서 고려되어야 한다.

게슈탈트 심리학(Gestalt psychology)에서와 같이 전체는 구성요소들의 단순한 합계 이상의 특성을 지닌다. 이것은 하위시스템의 상호의존성이 시스템에 대해 독특한 특성을 창출하기 때문이다. 시스템은 각 부분을 분석함으로써 전체를 결코 충분하게 이해할 수 없기 때문에 시스템 자체를 전체적으로 이해해야만 한다.

게슈탈트 심리학(Gestalt psychology)

게슈탈트 심리학은 전체로서 심성(human mind)과 행태를 관찰하는 사고학파이다. 게슈탈트 심리학은 모든 작은 부분에 초점을 두지 않는다.

게슈탈트 심리학에 의하면, 우리는 단지 세계를 보는 것이 아니라 우리가 보고자 기대한 것에 기초하여 우리가 보는 것을 실제로 해석한다(We do not see the world as it is). 더욱이 어떤 물체의 전체는 그 물체의 개별 부분보다 중요하다. 전체를 관찰하는 것은 혼란 속에서 질서를 발견하는 데 도움을 준다.

게슈탈트 심리학은 몇 가지 지각적 조직화의 법칙으로 구성된다. 이들 법칙은 ① 유사성(similarity)의 법칙, ② 단순성(pragnanz)의 법칙, ③ 근접(proximity)의 법칙, ④ 지속성(continuity)의 법칙, ⑤ 폐쇄(closure)의 법칙이다.

이러한 게슈탈트 심리학은 1930년대와 1940년대에 시각적 지각(visual perception)에 적용되었으며, 이것은 부분적으로 Max Wertheimer가 Wilhelm Wundt의 구조주의(structuralism)의 반응으로서 형성되었다. Wundt가 심리적 문제를 가능한 가장 작은 부분으로 나누어 이해하는 반면에, 게슈탈트 심리학은 전체적인 심성과 행태로 관찰하는 것이다. Wertheimer에 의하면, 행태는 전체적 관점에서 개개의 요소에 의해 결정되는 것으로 이해할 수 있다. 부분 프로세스(part-processes)는 전체의 본질적 특성에 의해 결정된다.

2) 상호의존성과 환경적 자각

개방시스템의 가장 중요한 특징은 시스템과 시스템의 환경 사이의 상호의존성(interdependency)을 인식하는 것이다. 시스템은 상호의존적 요소로 구성되어 있다. 중요한 문제들은 어떤 하나의 요소에 의해 일어나는 것이 아니라 요소들의 상호작용 결과로서 일어난다. 즉 시스템의 구성요소 사이의 상호연계성(interconnections)과 상호작용이 구성요소를 분리하는 것보다 중요하다.

개방시스템은 끊임없이 변화하는 환경과의 지속적인 상호작용을 통해 동태적 균형(dynamic equilibrium)을 이룬다. 환경적인 제약에 대한 일반적인 개방시스템의 대응은 동화하거나(elaboration) 보다 높은 또는 복잡한 단계에 대해 시스템 자신들의 구조를 변화시키는 것이다. 이처럼 개방시스템은 자신들의 구조를 끊임없이 변화하거나 동화시킨다.

3) 전환 과정

전환 과정(transformation or conversion process)은 조직이 투입에 대해 가치를 추가하는 과정이다. 시스템은 어떤 구체적인 투입요소를 산출로 전환하는 진행 과정이다. 개방시스템이론은 환경과의 동태적인 상호작용을 통하여 조직은 환경으로부터 원자재(raw materials)와 인적자원을 투입(inputs) 받아 자원을 시스템으로 전환(transformation process)시켜 환경에 영향을 미치는 산출(outputs)을 제공한다. 시스템은 산출을 흡수하는 환경에 있는 고객에 의존하게 된다. 이러한 의미에서 개방적인 조직은 정태적이 아니며, 시스템을 소멸로 이끄는 엔트로피(entropy)의 문제를 피할 수가 있다.

전환 과정의 개념으로 공공기관 혹은 공공프로그램의 역할에 관한 본질을 파악할 수 있다. 전환 과정의 활동은 전형적으로 과정의 효율성을 반영하는 과정 측정의 대상이다. 이런 전환 과정은 자원의 할당과 유용하는 전체적인 기획, 조직화, 통제, 의사결정 과정, 조직 자체를 구조화는 방식인 정책·절차·규칙 등이 포함된다. 전환 과정의 종국적 결과는 조직산출이다.

4) 환류

조직은 목적 시스템(purposive systems)의 특성을 갖고 있다. 목적지향적 혹은 목표추구적 행태(goal-seeking behavior)의 기본적인 원리는 환류(feedback)의 개념이 포함되어 있다.

시스템은 환류에 적응해 나아감으로 스스로 규제할 수 있는 능력을 가지고 있다. 개방시스템은 환경으로부터 환류의 장점을 가질 수 있고, 그리고 자율규제와 적응에 대한 능력을 고양할 수 있다. 이리하여 개방시스템은 정태적이 아니라 외부적 요구와 내부적 반응에 대한 균형을 유지할 수 있는 평형(equilibrium) 능력을 가진다.

특히 시스템의 산출은 환류로 연계된다. 즉 시스템의 산출은 계속되는 투입에 영향을 미치기 때문에 순환적인 특징(cyclical character)을 가진다. 조직은 지속적인 사이클을 통해 생존을 유지한다.

5) 안정성과 변화

조직시스템은 안정성과 변화(stability and change)를 포함하고 있다. 시스템과 환경 간의 교환 과정은 주어진 시스템 형태, 조직 혹은 상태를 보존하거나 변화시킨다. 유기체의 항상성 과정(homeostatic processes)은 안정성을 유도하는 과정의 예이다. 반면에 몇몇 과정은 시스템의 주어진 형태, 구조 혹은 상태를 변화하기도 한다. 이러한 과정의 예는 생물체의 진화, 학습, 사회발전, 그리고 조직성장 등이다.

또한 개방시스템은 구조의 분화(differentiation)를 통하여 긴장에 대응할 수 있고, 그리고 환경으로부터 발산되는 변화에 부응할 수 있다.

6) 동일종국성과 다중종국성

고전적인 인과성(causality)의 원칙은 비슷한 조건이 유사한 결과를 도출한다는 것이다. 즉 상이한 결과는 상이한 조건(dissimilar conditions)에 기인한다는 것이다. 동일종국성(equifinality)의 개념은 수많은 상이한 발달 과정에도 최종의 상태(final state)는 동일한 결과에 도달된다는 것을 의미한다. 다중종국성(multifinality)의 개념에 의하면, 비슷한 조건은 최종적으로 상이한 결말상태(dissimilar end states)에 이르게 할 수 있다는 것이다. 즉 매우 비슷한 환경에서 발달한 두 개의 조직은 매우 다른 종국에 이를 수 있다.

특히 폐쇄시스템은 외부환경에 대한 고려가 없기 때문에 결정론적이고 그리고 결과를 명확하게 예측할 수 있다. 어떤 일정한 상태로부터 폐쇄시스템은 하나의 종국 상태에 도달한다. 반면에 개방시스템은 변화의 결정체가 시스템 내에 고정되어 있지 않고 외부로부터 영향받기 때문에 서로 다른 출발조건과 통로를 거쳐 종국상태 또는 목표상태를 성취할 수 있다. 동일종국성은 주어진 문제에 대해 엄격한 최적 해결을 추구하는 것보다 오히려 다양한 해결을 고려할 수 있게 한다.

7) 단계

복잡한 시스템은 계층적으로 연계되어 있는 몇 가지 단계로 구성되어 있다. 보다 높은 단계(higher levels)가 낮은 수준의 단계를 포함하고 있기 때문에 계층적이다. 예를 들면, 조직은 개인, 집단, 국, 부서 등을 포함하고 있다. 국(departments)은 많은 집단으로 구성되어 있고, 집단은 몇몇 사람들로 구성되어 있다.

8) 반엔트로피

엔트로피(entropy)는 시스템이 쇠약하게 되거나 분해(disintegrate)하는 속성 또는 에너지를 의미한다. 엔트로피는 폐쇄시스템에서 시스템의 생존과 존속을 위한 에너지가 상실할 것이라는 열역학(thermodynamics)의 법칙이다.

폐쇄시스템이 환경으로부터 에너지 또는 새로운 투입(inputs)을 획득할 수 없다면 궁극적으로 시스템은 소멸될 것이다. 반면에 개방시스템은 에너지를 소비하는 것보다 환경으로부터 더 많은 에너지를 받아들이기 때문에 에너지를 저장할 수 있고 시스템의 소멸로 이어지는 엔트로피를 피할 수 있다. 즉 외부환경으로부터의 새로운 에너지 유입을 의미하는 반엔트로피(negative entropy)을 통해 개방시스템은 강해지고 스스로 유지하면서 성장할 수 있게 된다.

4. 하부시스템

조직은 몇몇 하부시스템으로 구성되어 있다. 하부시스템(subsystems)은 시스템의 일부분(parts of a system)이며, 보다 큰 규모의 시스템 내 하나의 시스템이다. 조직의 사회적 부분과 기술적 부분은 하부시스템으로 고려될 수 있다. 조직 생존을 위해 요구되는 구체적인 기능은 하부시스템에 의해 수행된다. 조직의 하부시스템은 5가지 본질적인 기능인 생산, 경계 스패닝(boundary spanning),[13] 유지(maintenance), 적응(adaptation), 관리를 이행한다.

하부시스템은 보다 소규모의 하부시스템들로 구성되며, 전체 시스템에 영향을 미칠 수 있다. 각 하부시스템은 관련된 실체(entities)와 구성요소들의 집합이다. 예를 들면, 사회적 하부시스템의 실체는 사람들이며, 그리고 몇몇 구성요소들은 감성, 느낌, 요구 등이다. 시스템은 복잡성에서 차이가 있다. 조직은 매우 복잡한 단계의 시스템이다.

특히 조직시스템은 〈그림 5-2〉과 같이 5개의 중첩된 하부시스템으로 구성되어 있다. 이들 각각의 하부시스템은 자신의 투입, 전환 과정, 산출을 가지고 있다. 이들은 자신의 관점에서 환경과 상호작용을 한다.

---

13 경계 하부시스템은 조직 경계에 있어 거래(transactions)를 다룬다. 경계 하부시스템은 경계를 통제하고, 그리고 환경과의 교환(exchanges)에 대해 책임을 진다. 경계 하부시스템은 직접적으로 외부적 환경과 함께 작동한다. 경계 스패닝의 역할은 조직과 외부환경에서의 주요한 요소 사이를 연결하고 그리고 조정하는 것이다. 특히 경계 스패닝 역할은 2가지 목적 — ① 외부환경에서의 변화에 관련한 정보를 탐지하고 전달하는 것, ② 환경에 대해 조직을 대변하는 것 — 을 제공한다. 이처럼 경계의 역할은 조직을 위한 정보에 초점을 둔다(Daft, 1983: 57).

| 그림 5-2 | 조직시스템

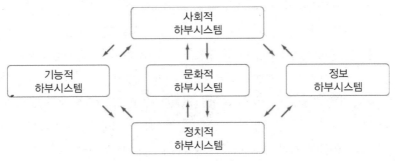

출처 : Narayanan & Nath(1993 : 77)

이들 하부시스템은 상호의존적이며, 상당한 정도로 중첩되어 있다. 예를 들면, 어떤 정보의 유형이 요구되는가를 결정하는 것은 정보 하부시스템에서부터 기능적 하부시스템으로 정보 흐름이 있고, 그리고 기능적 하부시스템에서부터 정보 하부시스템으로 정보가 흐른다. 하부시스템 사이의 연계는 조직의 전체주의 본성(holistic nature)을 강조하는 것이다. 즉 하나의 하부시스템에서의 변화는 다른 하부시스템으로의 파급효과를 가져온다.

(1) 기능적 하부시스템

기능적 하부시스템(functional subsystems)은 공식적인 직무의 정의, 직무구조 간의 관계, 조직의 공식적 혹은 합법적 권위구조, 명시된 정책, 절차, 규정, 공식적 보상과 인센티브 시스템, 기능적 전문화와 조정에 관심을 가진다. 이 하부시스템의 중요한 문제와 이슈는 직무명세화(job specification)와 전문화, 조정과 통제, 권위구조의 설계, 조직설계를 강화하기 위한 규정과 정책이다. 이 영역은 고전적 조직이론가인 Max Weber, Luther Gulick, Lyndall Urwick, Frederick Taylor의 영역이다.

(2) 사회적 하부시스템

사회적 하부시스템(social subsystems)은 조직 내 사람들의 사회적 상호작용으로부터 일어난다. 사회적 하부시스템은 개인, 집단 및 제도 사이에 형성된 유형화된 관계 네트워크이다. 사회적 하부시스템이 조직 내 개인들의 기능적 역할을 명확하게 한다. 사회적 관계가 차별을 발생하게 하고, 사회적 구조가 만들어진다. 사회적 규범이 이들 구조를 유지하게 하고, 비공식적 커뮤니케이션 네트워크를 발전시키며, 개인들은 자신의 사회적 역할을 수행하도록 요구된다.

(3) 정보 하부시스템

정보 하부시스템(informational subsystems)의 주요한 활동은 공식적 그리고 비공식적 채널을 통해 발생하는 정보의 전달(transmission)이다. 공식적 커뮤니케이션 과정은 조직에 있어 한 지점에서 다른 지점으로의 정보의 수집, 과정 및 전달을 포함한다. 비공식적 채널은 소문의 근원지(rumor mills), 불평토론회(gripe sessions), 공식적으로 규정하지 않은 채널이 포함된다. 이 하부시스템은 우선적으로 기능적 하부시스템의 요구에 기여한다. 이에 기능적 하부시스템의 한 부분이라고 주장하기도 한다.

(4) 정치적 하부시스템

정치적 하부시스템(political subsystems)은 권력관계, 참여자들의 연합관계를 다룬다. 사회적 하부시스템 내 집단구성에서의 연합관계이다. 이 시스템은 구성원들의 사회적 욕구를 만족시키기 위해 형성된다. 사람들은 자신들의 권력욕구를 만족하기 위해 정치적 연합관계를 형성한다. 이 하부시스템의 구성요소들은 권력원, 협상기술, 갈등, 부족한 자원(scare resources), 목표, 통제욕구 등이다.

(5) 문화적 하부시스템

문화적 하부시스템(cultural subsystems)은 조직의 비교적 오래 지속되는 모습이다. 이 시스템은 조직 참여자들 사이에 공유하는 규범, 가치, 신념 등이다. 이와 같이 공유한 양상은 사회화 과정을 통해 신입 구성원들에게 전달된다. 구성원들은 주어진 상황의 문화를 수용한다. 문화적 하부시스템은 조직에 있어 분명하게 표현되지 않고, 비가시적인 측면을 표현한다. 문화적 하부시스템은 일종에 조직적 무의식(organizational unconscious)이 되며, 조직에 대해 정체성을 제공한다.

5. 시스템 모델의 장점과 단점

시스템이론가는 시스템 접근법의 장점이 그것의 단점보다 더 크다고 믿는다. 이런 이유에서 분석도구로서 시스템 모델을 활용하고 있다. 시스템 모델의 단점에도 불구하고, 시스템 접근법은 조직연구에 대해 가치있는 분석적 지침이다 (Hodge & Antony, 1979: 60-62).

1) 시스템 모델의 장점

① 전체주의적 시각 – 시스템 접근법의 주요한 장점은 전체주의(wholism)이다. 즉 전체로서(as a whole) 조직을 고려하는 것이다. 조직의 요소들은 명확하게 명시되고, 한 요소의 변화는 시스템을 통해 추적할 수 있다. 즉 시스템의 성과와 산출에 대한 시스템 요소들의 영향을 결정할 수 있다.

② 시스템적 자원흐름 관찰 – 투입–전환 과정–산출 과정을 통한 자원과 에너지의 흐름을 명확하게 보여준다. 투입자원과 산출의 사용자가 명시될 수 있다. 전환 과정은 시스템의 결과가 다른 투입에 어떻게 영향을 미치는가를 보다 명확하게 규정한다.

③ 통합적 시각제공 – 시스템 철학은 다양한 개념, 아이디어, 요소처럼 보이는 것을 통합한다. 시스템과 관련한 개념 혹은 요소들이 하나의 시스템으로 통합되며(synthesize), 조직적 퍼즐(organization puzzle)의 조각을 통합할 수 있다.

④ 모델 빌딩 제공 – 시스템 접근법은 모델 빌딩을 제공한다. 시스템 접근법은 요소들의 상호관계 흐름에 초점을 둠으로써 조직운영을 보다 잘 표현할 수 있는 모델을 전개할 수 있다. 이런 시스템 모델은 업무흐름도(a flow diagram) 혹은 하나의 방정식으로써 표현할 수 있다. 즉 변수들 사이의 관계를 명시할 수 있다. 또한 시스템 접근법은 요소들 사이의 관계를 양화(quantification)할 수 있게 한다.

2) 시스템 모델의 단점

분석적 도구로써 시스템 틀을 채택하는 단점들은 거의 존재하지 않으나, 시스템 모델의 적용 혹은 오해로 인하여 단점이 나타난다(Hodge & Antony, 1979: 61).

① 집권화 초래 – 행정실무가들이 조직에 있어 집권적 행정 구조를 옹호하기 위해 시스템 접근법을 적용하는 경우가 있다. 집권화에 대한 이러한 경향은 시스템 접근법의 전체주의적 측면으로부터 초래된 것이다. 즉 하나의 전체로서 조직을 간주하는 것은 권한 위임을 거의 하지 않고 최고관리층이 의사결정권한을 집중하게 한다.

② 조직분석에서 과도한 단순화 – 시스템 접근법은 조직관계를 너무 단순화하게 한다. 조직 내의 관계(intraorganizational relationships, 조직 내 요소들 사이의 관계)와 조직 간의 관계(interorganizational relationships, 조직과 조직환경 사이의 관계)가 너무 단순화될 수 있다. 시스템 접근법은 개념적 그리고 분석적 모델에

과도하게 의존한다. 이처럼 시스템 모델은 현실을 너무 과도하게 단순화한다.

③ 적용상의 어려움 - 시스템 접근법은 너무 추상적이고 적용하기가 어렵다. 시스템 접근법이 추상적 개념과 양화의 모델을 활용할 때 수학적 기호(mathematical notation)의 활용에 익숙하지 않은 사람들에게는 너무 어렵다.

④ 복잡한 변수 규정의 한계 - 시스템 접근법에서 양화방법의 활용은 유한성의 환상(the illusion of finiteness)을 제공한다. 사회과학에 있어 매우 적은 관계만 정확하게 규정할 수 있다. 즉 인간과 사회적 상호관계는 매우 복잡하다. 이리하여 관련된 모든 변수 그리고 원인과 결과 관계(cause and effect relationship)를 명확하게 규정할 수 없다.

<!-- SECTION -->

02 이해관계자이론

1. 이해관계자이론의 의의와 특징

이해관계자(stakeholders)는 조직운영에 영향을 미치거나 조직의 활동에 관심을 가진 어떤 사람 혹은 단체로 정의된다. 모든 이해관계자의 관심이 본질적으로 금전적인 것은 아니다. 몇몇 이해관계자는 조직에 있어 긴급하고 필수적인 이해관계자이지만, 반대로 이해관계자는 조직에 대해 관심을 갖고 있지 않을 수도 있다.

이해관계자이론은 Edward Freeman이 1984년에 저술한 「전략적 관리: 이해관계자 접근법(Strategic Management: A Stakeholder Approach)」에서 시작되었다. Freeman에 의하면, 기업은 이해관계자의 가치를 극대화하는 방법을 모색해야 한다고 지적한다. 이런 맥락에서 이해관계자이론(stakeholder theory)은 조직의 목적이 다양한 이해관계자의 상대적 힘(the relative strengths)에 의해 결정된다는 것이다. 이해관계자이론은 조직과 이해관계자의 상호관계를 강조한다. 조직에 대해 가장 강력한 영향을 발휘하는 이해관계자는 조직의 목적설정에 강력한 투입자원이다. 조직의 지배적인 목적은 가장 강력한 이해관계자 혹은 가장 강력한 이해관계자의 연합체의 목적이 된다.

또한 어떤 이해관계자가 조직의 목적에 영향을 미칠 수 있는 정도는 이해관계자의 관심과 권력이라는 2가지 변수가 핵심이다. 먼저 이해관계자의 관심은 조직에 대해 영향을 미치고자 하는 자발성을 말한다. 즉 이해관계자가 조직이 무엇을 하는가에 관해 주의깊게 살펴보는 정도를 말한다. 다음으로 이해관계자의 권력(stakeholder power)은 조직에 영향을 미칠 수 있는 능력을 말한다. 이해관계자가 가지는 실질적 영향의 정도는 이해관계자가 능력과 영향에 대한 자발성의 관점에서 어디에 주어지는가에 의존한다. 〈그림 5-3〉과 같이 높은 권력과 많은 관심을 가진 이해관계자는 낮은 권력과 적은 관심을 가진 이해관계자보다 많은 영향력을 미칠 것이다.

이와 같이 어떤 조직에 있어 이해관계자 혹은 이해관계자 연합체에 대한 조사를 통해 이해관계자가 어느 정도의 영향력을 가지고 있는지를 파악할 수 있다. 또한 동일한 정도의 관심과 권력을 가진 이해관계자 사이의 갈등을 발견 및 관찰할 수 있다.

┃그림 5-3┃ 이해관계자의 맵(stakeholder map)

이해관계자의 관심(interest)

		적음	많음
이해관계자의 권력(power)	높음		가장 영향력이 많음 (most influential)
	낮음	가장 영향력이 적음 (least influential)	

출처 : Campbell(1999 : 27)

2. 이해관계자이론의 관점

이해관계자들(stakeholders)은 조직에 대해 자신들의 다양한 열망을 가지고 있다. 그렇다면 조직은 다양한 이해당사자 집단의 목적에서 영향을 받는가? 이 질문에서 조직은 이해당사자의 열망을 관리함에 있어 도구론적 관점과 규범론적 관점, 2가지 접근법이 있다(Campbell, 1999: 28).

① 이해관계자이론의 도구적 관점(instrumental view) - 이 관점에 의하면, 조직은 조직의 최대 효과성의 목적과 부합한다면 이해당사자의 의견을 고려한다. 그러나 중요한 이해당사자 집단의 충성심 혹은 몰입에 위협이 있다면, 조직은 자신의 목적을 수정할 것이다. 이리하여 조직의 가치는 조직의 이해당사자 의견에 의해 조정될 수 있다.

② 이해관계자이론의 규범적 관점(normative view) - 이 관점은 경영윤리의 칸트주의 견해(Kantian view, 독일의 철학자 Immanual Kant(1724-1804)에서 비롯됨)를

취한다. Kant는 민사문제(civil matters)와 관계에 있어 의무와 호의(duty and good-will)의 개념을 강조한다. Kant의 기본적인 윤리철학은 한 사람이 다른 사람에게 가지는 도덕적 의무에 대한 존경의 개념이다. 이런 사상에 기초한 이해관계자이론의 규범적 시각에 의하면, 조직은 자신의 이윤을 회피할 수 있기 때문이 아니라 도덕적 의무에서 이해관계자의 열망을 수용한다. 즉 규범적 견해는 이해관계자를 단지 다른 목적을 성취하기 위한 도구가 아니라 조직의 목적으로서 본다.

03 카오스이론

1. 카오스이론의 의의와 특징

카오스이론(또는 혼돈이론, chaos theory)은 조직 또는 시스템의 예측 불가능성(unpredictability)을 기술하는 과학적 조직이론이다. 이 이론의 기본적인 가정은 조직 또는 시스템이 때때로 카오스 속에 위치하고 있다는 것이다. 즉 조직은 어떤 예측할 수 있는 방향과 관계없이 에너지를 야기한다.

이러한 카오스이론은 소란, 기후, 주식시장, 뇌의 상태와 같이 효과적으로 예측하거나 통제할 수 없는 것으로 보이는 비선형적인 것(nonlinear things)을 다룬다. 즉 카오스이론의 복잡한 시스템은 기후패턴, 생태계(ecosystems), 수류, 해부학적 기능, 주가, 교통혼잡 등의 자연적·인공적 현상을 설명하는 데 활용되어 왔다.

이처럼 시스템의 카오스 행태가 무작위적으로 나타나는 동안 카오스 시스템은 수학적 공식에 의해 정의될 수 있고, 한정된 경계가 없는 것이 아니다. 즉 카오스이론은 외견상 혼돈스러운 형태로부터 질서와 패턴이 드러나는 복잡하고 동태적 연구이며, 또한 복잡하고 비결정적이며 비선형적이고 동태적 체계에 관한 연구이다(류혜연, 2003).

이와 같은 카오스이론은 다음과 같은 몇 가지 특징으로 정리할 수 있다(권동택, 2002).

① 결정론적(deterministic) 특성 – 카오스 시스템은 결정론적 특징을 가지고 있다. 카오스 시스템은 자신의 행태를 지배하는 방정식을 결정하는 어떤 것을 가지고 있다. 카오스는 외형적으로는 혼돈된 형태를 가지고 있지만 그 속에는 일련의 질서와 패턴이 드러나는 매우 복잡한 동태적 시스템이다.

② 혼돈과 질서의 공존 – 카오스는 혼돈 속의 질서를 유지한다. 즉 카오스는 단순한 혼돈이 아니라 새로운 구조를 역동적으로 자기조직화(self-organizing)하는 것을 의미한다. 카오스이론에서 중요한 것은 역동적이고 변화무쌍한 현상계를 설명할 규칙 또는 패턴을 찾는 일이다.

이처럼 카오스 시스템은 무작위하지 않고, 무질서하지 않다. 무작위한 시스템은 카오스가 아니다. 오히려 카오스는 어떤 질서와 패턴의 파도를 가진다. 즉 카오스 이론은 관련된 시스템의 복잡성으로 인해 무질서한 사건으로 보이지만 정규적 방정식을 초래할 수 있다.

③ 비선형적 변화 원리 – 카오스는 비선형적 변화의 특징을 갖고 있다. 일반적으로 선형성의 시스템은 단순한 몇 개의 구성요소로 분석될 수 있으며, 구성요소의 개별적인 특징을 분석·종합함으로써 전체의 행동을 예측할 수 있다. 하지만 비선형성이란 일정한 원리로 설명할 수 없으며, 구성요소들 사이의 원인 –결과관계가 단순하게 예측될 수 없을 뿐만 아니라 행태심리학자들이 주장하는 전체는 부분의 합 이상의 의미를 갖는 특성과 유사하다.

④ 초기 조건에 대한 민감한 의존성(sensitive dependence) – 카오스는 초기 조건에 대한 민감한 의존성을 갖고 있다. 초기 조건이란 어떤 현상을 기술하는 데 처음에 입력되는 정보를 말한다. 이런 현상을 Edward Lorenz는 나비효과(butterfly effect)로 설명한다. 즉 한 시스템의 작은 부분의 하찮은 변화가 그 시스템에 보다 거대한 효과를 초래할 수 있다. 카오스이론에 의하면, 출발선상의 매우 미미한 변화가 중요한 다른 결과를 초래할 수 있다.

옥스퍼드 사전에 의하면, 카오스(chaos)란 뚜렷한 형체가 없는 물질 혹은 극심한 혼
돈상태이다.

카오스이론은 노벨 화학상을 수상한 프랑스 과학자 Henri Poincaré(1854-1912)에
의해 본격적으로 발전되었다. 그는 위상수학(topology)과 다이나믹 시스템을 연구
한 수학자이다. 그에 의하면, 최초의 조건에서 조그마한 차이는 종국의 현상에서 상
당히 다른 것을 산출한다. 또한 초기의 조그마한 실수는 나중에 거대한 잘못을 산출
한다. 예측이란 불가능하다.

시스템에서 예측 불가능성(unpredictability)에 관심을 가진 MIT대의 기상학자 Edward
Lorenz는 대기(atmosphere)와 관련하여 컴퓨터 모델로 설명한다. 이런 실험에서
카오스이론의 근본적인 원리인 나비효과(butterfly effect)를 발견했다. 나비효과는
기후층(weather formation)을 지배하는 힘이 불안정하다는 것을 증명한다. 나비효
과는 한 시스템의 작은 부분의 하찮은 변화가 그 시스템에 보다 거대한 효과를 초래
한다는 것이다. 즉 남미 브라질 아마존 밀림 나비 떼의 조그마한 날갯짓에도 뉴욕에
태풍이 불 수도 있다는 것이다.

2. 카오스이론과 시스템이론

시스템이론은 관찰 가능한 현상을 축소 설명하고자 하는 전통적 과학과 대비
하여 전체적 관점(holistic view)의 과학이라는 점을 강조하며, 세계를 결합된 관계
들의 집합으로 이해한다. 이러한 시스템은 기본적으로 안정과 균형적 세계관에
초점을 맞춘 균형시스템이론(equilibrium systems theory)에 입각해 있다는 한계가
있다. 이로 인하여, 대안으로 카오스이론이 대두되었다.

카오스이론은 불안정과 불균형의 세계관을 토대로 하는 비균형시스템이론
(non-equilibrium systems theory)이다. 이러한 카오스이론은 복잡한 현상을 단순
화시킬 수 있는 가능성을 열어 놓았다는 점에서 흥미를 자극하며 과학의 전통적
모델 정립 절차에 대해서 새로운 의문을 제기했다는 점에서 주목을 끌고 있다.

무엇보다 카오스이론은 사회시스템 형태의 불확실성, 비선형, 그리고 예측할
수 없는 측면들을 이해하고 검토하기 위한 수단으로 제공하고 있다. 이러한 비평
형 또는 카오스이론은 인간 진화에서 잠재적으로 혼돈스러운 접합점에서 무엇이
일어나고 있으며, 무엇이 일어날 수 있으며, 또한 고조되어 가는 사회적, 정치적,

경제적 및 환경적 위기의 시기에 일어날 수 있는 것에 대한 이해를 훨씬 더 명확하게 하는 데 도움을 준다(김민선, 2014).

04 후기행태론적 접근법

1. 후기행태주의의 의의

후기행태주의(post-behaviorism) 운동은 1950년대와 1960년대를 휩쓸었던 행태주의자들의 지나친 현실도피와 지나친 과학적 방법에의 몰두에 대한 깊은 불만과 반성에 기초하고 있다. 후기행태주의는 단순한 행태주의의 외형적 수정이 아니라 행태주의 핵심 가치를 부인한다. 후기행태주의는 과학적 추론(scientific reasoning)은 상식적 추론과 매우 유사하다고 지적한다.

이런 맥락에서 후기행태주의는 과학자가 결코 객관적이지 않다고 가정하며, 순수한 객관성이란 달성할 수 없다고 지적한다. 이에 후기행태주의 학자들은 자신들이 연구하는 실체를 비판하는 비판적 현실주의자(critical realists)로 간주한다. 즉 각 방법에는 오류가 있으며, 이러한 오류를 회피하기 위해서는 양적 및 질적 방법 모두를 활용하는 방법론적 다각화(triangulation)가 필요하다는 것이다.

이와 더불어 1960년대 후반 사회과학에 대한 적실성(適實性, relevancy)의 논의가 제기되었다. 적실성에 대한 관심은 부분적으로는 행태주의의 협소한 또는 좁은(narrowness) 시각에 대한 반작용으로 설명할 수 있다. 이러한 불만은 1960년대 중반부터 미국 정치학계에서 태동하기 시작하였다. 1967년에 미국사회는 Johnson 행정부에 대한 불신이 높아져서 베트남 전쟁에 대한 비판이 격화되고, 학생들의 폭동, 빈곤 및 흑인들의 폭동, 환경적인 위기 등과 같은 미국사회가 지닌 문제에 대하여 행태주의를 중심으로 한 정치학계가 위기에 대처하는 데 실패하였으며, 정치적 연구의 결과가 현실문제에 아무런 적합성을 제시하지 못하였다는 비판이 제시되었다.

이러한 시대적 배경에서 David Easton(1969)은 1969년 9월 미국정치학회 연례학회에서 '정치학의 새로운 혁명(the New Revolution in Political Science)'으로 주제 연설을 했다. 이 연설에서 가치중립적이고 과학적 방법론을 강조하는 행태주의보다는 문제의 본질적 이해를 추구하는 후기행태주의 연구의 장점을 적극

옹호하였으며, 학문에 대한 새로운 시각을 가지게 했다. Easton은 행태주의 접근법은 심각한 사회적 문제를 설명하지 못한다고 비판한다. 즉 가치중립적 과학으로 정치학을 탐구한 행태주의를 비판하며, 후기행태주의란 현재와 미래의 문제를 해결하고자 하는 미래지향적 접근법(future oriented approach)이라고 주장한다. 정치학은 사회변동에 강조점을 두어야 하며, 또한 사회에 대해 적실성을 가져야만 한다.

또한 1968년 시라큐스(Syracuse) 대학교의 Waldo 교수는 행정학 분야에 대한 미래의 방향을 고려하기 위한 젊은 행정학자들의 회의를 조직했다. 이 회의에서 발표된 주된 이론적인 논문들은 「신행정학의 방향(Toward a New Public Administration)」이라는 책으로 편집되었다. 이 회의에서는 행정학에서의 적실성, 즉 미국의 사회적·정치적 문제에 대한 적실성, 행정실무자에 대한 적실성, 그리고 사회활동에 대한 적실성에 대한 논의가 주된 관심사항이었다. 이는 Marini가 언급한 중심 주제이었던 후기행태주의다.

이 회의의 많은 참석자들은 가치배제(value-free)와 객관적인 연구를 위해 노력했던 연구자들에 대해 비평을 표출하였다. 즉 사회과학자들은 전문가적 능력에서 가치판단을 해야 한다고 주장하였다. 행정학은 급변하는 환경(turbulent environment)에 대해 보다 민감하게 대응해야 한다. 이에 학자들은 정치적 그리고 사회적 환경의 변화에 반응하기 위해 새로운 이론과 접근방법을 개발하는 데 관심을 가지게 되었다. 또한 행정가들은 정책결정에 참여를 확대하고, 그리고 변화에 대응하기 위해 유연한 새로운 조직형태를 설계하는 데 관심을 가지게 되었다.

2. 후기행태주의의 특징

행태주의에 대해 불만을 표시하는 후기행태주의의 특징은 다음과 같다(김광웅, 1975; 김영래, 1983; 김영찬, 2004).

① 행태주의의 논리적 결함 극복 – 후기행태주의는 행태주의가 가지는 논리적 결함을 극복하고, 전통주의적 연구방법과 행태주의적 연구방법의 장점을 조화시키려는 의도에서 출발하였다.[14] 즉 후기행태주의는 일반적인 행태주의가 갖고 있는 오류인 가치와 윤리를 외면하는 분석방법을 보완하기 위해 등장하였다.

---

14 행태주의는 확실히 관찰할 수 있는 것만을 연구하겠다는 자세로 정치학의 윤리적인 측면을 간과하였고, 전통적인 연구는 윤리적인 측면을 지나치게 강조한 나머지, 현실적인 측면을 소홀하였다는 것이다(김기우 외, 2005: 23).

② 사회적 문제의 적실성 탐구 – 후기행태주의는 행태주의가 지나치게 현상유지의 관점에서 정치현상을 분석하였다는 점을 비판하고, 사회문제를 해결할 수 있는 관점에서 연구할 것을 주문한다. 행태주의 학자들은 세세한 과학적인 방법만을 발전시킴으로서 사회문제의 본질보다는 지엽적인 주제에 오히려 더 많은 관심을 두었다. 과학적인 방법에 지나치게 얽매일수록 현실에 대한 적실성은 오히려 감소하고 있다. 이와 같이 후기행태주의는 경험적 보수주의를 감춘 행태주의를 비판하고, 사회적 문제의 적실성을 탐구하기 위해 노력한다.

③ 가치중립적 접근의 비판 – 후기행태주의는 가치중립적 접근을 취하고 있는 행태주의를 비판하고, 사회적 문제의 적실성을 탐구하기 위해 노력한다. 이점에서 후기행태주의자들은 사색적 과학(contemplative science) 대신 행동을 강조한다. 이에 연구는 사회의 사회적, 정치적 병폐와 그것들을 제거하는 방법을 연구해야 한다고 지적한다. 사회과학이란 가치중립적일 수 없다는 것이다. 가치란 항상 사회과학의 한 부분으로 역할을 한다. 예를 들면, 연구방법과 자료의 선택, 자료의 개념화, 개념의 일반화, 연구자료의 해석은 연구 과정에서 가치를 동반하게 한다. 즉 사람의 본질, 사회의 본질, 그리고 사람과 사회의 관계에 관한 일련의 명제는 모든 사회과학에서 발견될 수 있는 것이다.

④ 능동적 활동의 대상자로서 사람 – 행태주의는 사람을 외부적인 자극에 반응하는 수동적인 대상으로 간주한다. 하지만 후기행태주의 시각에서 사람은 사회를 변화시킬 수 있으며, 자극에 따라 행태를 변화할 수 있는 적극적인 주체이다. 더욱이 후기행태주의자들은 사회활동을 통하여 사회적 변화 과정에 관련된 책임성을 수용한다. 이점에서 후기행태주의자들은 사회적 보존(social preservation)이 아닌 사회적 변화(social change)에 중점을 둔다.

⑤ 인간의 복잡한 행태 연구 – 행태주의 연구결과는 좀 더 복잡한 문제에 대한 어떤 지식의 보탬을 주지 못하였다. 예를 들면, 행태주의 연구자들이 많은 관심을 기울이고 연구하였던 것 가운데 하나인 투표행태에 관한 연구도 이미 상식선에서 발견할 수 있는 정도의 결과밖에 도출하지 못하였다. 이처럼 후기행태주의는 인간의 복잡한 정치행태에 대한 검증성의 문제에 대한 행태주의적 방법론에 대해 비판을 가한다.

┃표 5-2┃ 행태주의와 후기행태주의의 비교

구분	행태주의 (behaviorism)	후기행태주의 (post-behaviorism)
핵심 사상	경험주의(empiricism)	잘못된 추론(faulty)
관점	현실주의자(realists)	비판 현실주의자(critical realists)
연구초점	가치가 아닌 사실적 연구(fact)	사실과 가치의 엄격한 이분법은 유지할 수 없다.
과학의 목적	과학의 목적은 진실을 푸는 것 (unravel)이다.	모든 과학적 방법에는 오류가 존재한다.
과학자의 목적	과학자는 객관적으로 고려해야 한다.	과학자에 있어 오류가 존재한다. 모든 관찰은 오류가 있으며 (fallible), 모든 이론은 수정될 수 있다.

용어 해설

- 시스템(體制, system) – 함께 배열하다(to place together)를 의미하는 그리스어 systema에서 유래되었으며, 환경으로부터 구별되는 일련의 구성요소로 이루어져 있고, 자신의 경계(boundary)를 가지면서 상호의존적으로 활동하며, 일련의 상호작용을 하는 구성요소(a set of interacting components)이다.

- 폐쇄시스템(close system) – 시스템을 자체로서 완비된 것으로 보며, 필요한 모든 에너지를 갖고 있으며, 외부적 자원의 소비 없이 기능하고, 환경에 의존하지 않는다.

- 개방시스템(open system) – 투입-산출 평형 상태에서 시스템과 환경 간의 경계교환을 강조하며, 투입, 전환 과정, 산출의 3가지 단계를 가지고 있다.

- 엔트로피(entropy) – 엔트로피는 어떤 시스템의 무질서에 관한 측정(the measure of the disorder of a system)이다. 엔트로피는 질서가 시간의 경과와 더불어 저하되는 과정을 의미한다. 즉 엔트로피는 이용할 수 있는 에너지가 감소하는 현상이며, 순 산출에너지(net output energy)가 투입에너지보다 적게 되는 것이다. 많은 과학자들은 우주는 자연스럽게 최대의 엔트로피 상태를 향해 전개한다고 믿는다. 엔트로피 이론에 의하면, 우주에 있는 모든 것은 궁극적으로 동일한 기온에 도달한다. 별과 은하수는 존재하지 않게 되고 생명이 없게 된다.

- 이해관계자이론(利害關係者理論, stakeholder theory) – 조직의 목적은 다양한 이해관계자의 상대적 힘(the relative strengths)에 의존한다는 것으로 보며, 또한 조직의 지배적인 목적은 가장 강력한 이해관계자 혹은 가장 강력한 이해관계자의 연합체의 목적이 된다고 인식한다.

- 카오스이론(混沌理論, chaos theory) – 시스템의 예측 불가능성(unpredictability)을 기술하는 과학적 원리이다. 이 이론은 시스템은 어떤 예측할 수 있는 방향과 관계없이 에너지를 야기시킨다고 이해한다.

- 후기행태주의(後期行態主義, post-positivism) – 1950년대와 1960년대를 휩쓸었던 행태주의자들의 지나친 현실도피와 지나친 과학적 방법에의 몰두에 대한 깊은 불만과 반성이 일어났으며, 사회문제를 해결할 수 있는 관점에서 연구할 것을 강조하고, 사람은 사회를 변화시킬 수 있으며, 자극에 따라 행태를 변화할 수 있는 활동적인 대상으로 인식한다.

- Karl Ludwig von Bertalanffy – 일반시스템이론(GST)의 창시자 중 한 사람인 Bertalanffy는 1901년 오스트리아 Atzgersdorf에서 태어났으며, 1918년에 빈 대학교에서 철학과

역사를 공부하였다. 이후 전공으로 생물학과 과학철학을 선택하였고, 1926년에 페히너와 고차의 통합문제(Fechner and the problem of integration of the higher order)의 논문으로 박사학위를 받았다. Bertalanffy는 빈 대학교 교수(1934-48), 런던대학교(1948-49), 앨버타 대학교(1961-68), 버팔로의 뉴욕주립대학교(1962-72) 등에서 교수로 역임했다.

Bertalanffy는 고전적 열역학(thermodynamics) 법칙이 폐쇄시스템에 적용되지만, 생물체와 같은 개방시스템에는 적용할 수 없다고 주장한다. 또한 Bertalanffy가 1934년에 저술한 시간이 지남에 따른 유기체 성장에 관한 수학적 모델은 현재까지 활용되고 있다.

Bertalanffy의 GST에 의하면 실체(reality)은 모든 현상에 대한 본질적 상호관계(interrelatedness)와 상호의존성(inter-dependence)의 의식에 기반한다. 이것은 전통적인 학문과 개념적 경계를 초월한다. 특히 시스템은 상호관계와 통합의 관점에서 세계를 본다. 각 유기체는 하나의 통합된 전체(an integrated whole)이고 생물시스템(a living system)이다.

- Kenneth Ewart Boulding – 영국에서 태어난 미국의 경제학자, 교육자, 평화 운동가, 철학자이다. Boulding은 인간의 경제적 행동과 다른 행동들이 더 큰 상호연결된 시스템에 포함되어 있다고 강조한다. Boulding은 인문학적 가치와 기술적 숙련도를 결합하여 경제 지식의 체계에 기여했다. Boulding은 일반 시스템 연구 협회 회장(1957년-59년), 미국 경제학회 회장(1968년), 국제 평화 연구 협회 회장(1969년-70년), 국제 연구 협회 회장(1974년-75년), 미국 과학 발전 협회 회장(1979년) 등을 역임했다.

CHAPTER **6**

상황적합이론

상황적합적 접근법은 조직 사이와 조직 내의 상황적 차이점(situational diffe-rences)에 초점을 둔다. 조직에 영향을 미칠 수 있는 상황의 중요한 변수가 무엇인지, 이 변수들이 조직효과성에 어떻게 영향을 미치는지를 이해하는 데 있어 상황적합적 접근법이 좋은 사고 및 분석의 틀을 제공한다. 본 장에서는 상황적합적 접근법의 의의, 기반 및 관련된 연구들을 간략하게 살펴보고자 한다.

SECTION 01 상황적합이론의 의의와 기반

1. 상황적합이론의 의의와 특징

1) 상황적합이론의 의의

상황적합(contingency)의 용어는 하나의 일이 다른 것에 관련되어 있다(one thing is related to another)는 것을 의미한다. 상황적합이론(contingency theories)은 고전적 조직이론가들이 주장했던 관리에 최상의 방법(one best way)이 있다고 접근했던 가정에 대해 1960년대 후반부터 Lorsch와 Lawrence(1967)가 비판을 제기함으로써 발전된 것이다. 이들 학자는 관리문제란 상이한 상황에서는 다르게 다루어져야 하며, 상황적 요구에 따라 해결되어야 한다는 주장이다. 즉 업무수행의 최상의 방법은 반복적인 일에는 유용하지만 관리적 문제에 대해서는 유용하지 않다.

이처럼 상황적합이론은 조직과 관리에 관한 유일의 적절한 형태(appropriate form)를 강조했던 최선의 방법을 거부한다. 반면에 조직이 직면하는 다양한 상황 또는 조건하에 효과적인 다양한 조직형태를 강조한다. 상황적합적 접근법의 초점은 상황, 특정한 시점에 조직에 영향을 미치는 구체적인 환경적 맥락이다.

이와 같이 상황적합이론은 상황적 사고(situational thinking)의 중요성을 강조한다. 이러한 상황적합이론의 특징을 몇 가지로 정리하면 다음과 같다.

① 최상의 방법에 대한 비판 – 관리에 있어 최상의 방법이나 주먹구구식 방식은 없다. 관리자는 모든 시대와 모든 욕구에 적용할 수 있는 특정한 관리원리와 기법을 고려하지 않아야 한다. 조직구성원의 문제를 해결하는 데 최상의 방식은 없으며, 모든 것은 상황에 의존한다. 즉 상황에 따라 최상의 방식은 다를 수 있다.

② 상황에 따른 관리기술과 관리전략 – 관리는 본질적으로 상황적이다. 관리기술은 상황에 따른다. 즉 환경적인 요구에 적합(fit)하다면 기술은 효과적이다. 이에 조직체는 각 조직의 고유한 내부적인 요인과 환경적인 조건에 의존한다. 조직에 따라 조직적 접근법과 관리적 접근법이 다양해야만 한다(Bowdith & Buono, 1985: 19). 관리자는 특정한 상황에서 조직목적을 달성하는 데 가장 효과적으로 기여하는 관리기술에 대해 정확하게 이해하는 것이 중요하다.

또한 관리는 각 특정한 상황의 요구와 조화하는 접근법과 전략을 채택해야 한다. 환경적 변화에 부응하는 관리정책과 집행이 효과적이다. 조직은 상황을 극복할 수 있도록 조직구조, 리더십 스타일, 통제시스템을 설계해야 한다. 이 점에서 관리자는 구체적인 상황에 가장 적절한 조직설계와 관리활동을 규정하기 위해 노력해야 한다.

③ 하부시스템과의 상호의존성 – 상황적합이론은 조직시스템을 하부시스템과 환경과의 상호작용의 산물로 인식한다. 이런 관점에서 Kast와 Rosenzweig도 상황적합적 시각은 조직과 조직환경 사이의 상호관계, 그리고 하부시스템 내혹은 하부시스템 사이의 상호관계를 이해하는 것으로 규정한다. 이것은 여러 변수(multivariate)에 의해 영향받는다는 조직의 본질적 특성을 강조하고, 조직이 다양한 조건(varying conditions)과 구체적인 상황에서 어떻게 운영되는가를 이해하기 위한 시도이다. 조직연구에서 상황적합적 시각은 조직 간에 형성된

의문적 이론가(questions theorists)의 관점을 반영하는 것이다.

④ 시스템 시각의 분지 – 상황적합이론은 시스템적 시각의 분지(outgrowth) 가운데 하나이다. 즉 상황적합이론은 시스템접근법을 발전시킨 것이다. 상황적합이론은 시스템이론에 확고하게 뿌리를 두고 있으며, 1960년대와 1970년대 조직분석의 지배적인 접근법이다. 이 접근법의 주된 주제는 모든 상황에서 비판없이 적용될 수 있는 보편적인 관리원칙(universal principles of management)이 없다는 것이다.

2) 상황적합이론과 시스템이론의 관계

상황적합이론은 시스템접근법의 개선된 관점으로 조직시스템을 하부시스템과 환경과의 상호작용의 산물로 인식한다. 특히 상황적합이란 관리자가 직면하는 상황 그리고 관리자 행동에 영향을 미치는 요인을 파악하는 것이다.

이점에서 상황적합적 시각은 2가지 주요한 주제에서 논의된다. 첫째는 시스템이론의 분파(offshoot)로서 상황적합적 시각을 본다. 시스템이론은 일반적으로 과학을 통합하기 위해 시도한다. 반면에 상황적합적 시각은 조직연구에 있어 시스템이론의 적용을 대변한다. 둘째는 조직에서 모든 의사결정은 상황적합적이다. 즉 구체적인 이론이 아니라 상황적합적으로 고려한다.

이런 관점에서 상황적합적 시각과 시스템 개념 사이의 몇몇 영역은 다음과 같이 관련성이 존재한다.

① 개방시스템(open system) 모델은 모든 조직은 환경과의 상호작용을 한다는 사고가 공식화되어 있다. 반면에 상황적합적 시각에 있어 환경은 조직효과성의 중요한 결정요인 중에 하나로 간주된다. 상황적합이론가들은 조직이 직면하는 환경을 유형화하고, 그리고 상이한 조직환경에 적합한 조직구조 및 특성을 발견하기 위해 노력하였다.

② 시스템이론은 하부시스템(subsystems) 사이의 상호의존성을 강조한다. 상황적합적 시각에 있어 활동의 처방이 조직을 환경에 상호조정하게 설계할 뿐만 아니라 내부적 요소를 조정하게 설계한다.

③ 시스템이론에서 동일종국성(equifinality)의 개념은 단일의 최상의 해결책은 없다는 상황적합의 개념과 유사하다. 즉 상황적합적 시각은 상황에 따라 상당히 다양한 해결책을 제시한다.

④ 시스템 개념은 상이한 단계에서도 적용할 수 있다. 같은 맥락에서 상황적합적 시각은 조직에 있어 개인, 집단, 조직 등에서 적용할 수 있다.

⑤ 환류(feedback)는 시스템 모델에서 중심적 개념이다. 이것은 상황적합적 시각에서도 지배적인 개념이다. 즉 조직의 문제를 진단하기 위해 필요한 데이터수집 과정은 조직에 있어 환류를 시작하는 방식이다. 상황적합이론가들은 조직연구에 있어 시스템이론가들이 제공하는 진단의 틀(diagnostic framework)을 활용한다. 이처럼 상황적합적 시각은 조직현상에 있어 시스템이론의 적용이다.

2. 상황적합이론의 기반

과거 수년 동안 조직현상의 연구에 있어 새로운 경향이 일어나고 있다. 특히 상황적합이론가들은 합리적–고전학파와 인적자원이론가 사이의 결합을 시도한다. 이러한 상황적합적 이론은 다음과 같은 몇 가지 토대에 영향을 받았다.

① 보편적 법칙과 개별적 관점 사이의 중도적 관점 – 상황적합적 시각은 2개의 적대적 입장 사이의 중도적 입장(moderate position)을 취한다. 보편적인 법칙의 입장(nomothetic stance)은 과학자들이 보편적인 관계(universal relations) 혹은 일반화를 추구하는 경향이 있다. 즉 심리학자들은 모든 개개인들이 보유하는 보편적인 법칙을 추구한다. 반대로 개별사례(idiographic)의 관점은 과학자들이 특별한 것을 추구하는 경향이 있다. 특수 사례가 갖는 의미, 예외성들을 강조한다. 보편주의자들은 가장 효과적인 방식이 무엇인가에 초점을 두지만, 개별주의적 사례중심 접근은 구체적인 조직에 초점을 둔다. 상황적합이론가들은 상이한 방식이 성공할 수 있는 맥락을 이해하기 위해 시도한다. 즉 "대안적 접근방식이 무엇인가?", "어떤 조건에서 성공적일 수 있는가?" 등의 질문을 좋아한다. 이것은 단지 해결을 추구하는 것이 아니라 해결이 적절한 맥락을 추구한다.

② 경제학적 사고 반영 – 경제학자들은 상황적합이론을 옹호하는 첫 번째 학자들이다. 이들은 완전경쟁, 독점, 과점과 같은 서로 다른 시장 조건들을 범주화한다. 또한 회사의 행태가 다른 시장에서 어떻게 변화하는 것으로 공식화한다.

③ 상황적합적 리더십 연구 – 집단 수준에서 상황적합적 시각을 채택한 초기의 연구자는 Frederick Fiedler이다. 1951년에 Fiedler는 동료학자와 함께 리더십의 효과성에 관한 상황적 특성에 초점을 두어 연구하였다. 이 연구에서 Fiedler는 집단성과를 최대화하는 리더십 스타일은 집단의 본성과 업무의 본성에 의존한다고 주장한다. 즉 극단적 조건(extreme conditions)에서 독재적 리더십(autocratic leadership)이 요구되는 반면에 중도의 조건(moderate conditions)

에서는 배려적 리더십(considerate leadership)이 적절하다. 이처럼 모든 상황에서 최상인 하나의 리더십 유형은 존재하지 않으며, 리더의 효과는 상황에 따라 결정된다는 것이다.

④ 환경에의 적합성(congruence) 모색 – 상황적합이론은 관리자란 조직구조의 재설계를 통해 환경에 대한 조직적 적응(organization adaptation)을 이끌어내는 역할을 수행하는 것으로 이해한다. 이점에 있어 Paul Lawrence와 Jay Lorsch(1967)는 「조직과 환경(Organization and Environment)」의 저서에서 다음과 같이 주장한다. 효과적인 조직이 되기 위해서는 조직의 내부적 기능이 조직업무, 기술, 외부환경, 그리고 조직구성원의 요구에 부합되어야 한다. 즉 모든 조건에서 조직화하는 데 최상의 방법에 대한 만병통치약(panacea)을 추구하는 대신에 조직이 직면하는 외부적 압력과 조직구성원의 요구에 대응하는 조직의 기능을 검토하는 것이 필요하다.

이와 같이 상황적합이론(contingency theory)은 외부적 요건과 구성원의 요구에 부응하는 조직의 과정과 내적 상태를 탐구한다. 상황적합이론은 조직별 업무의 순서(existing order of things)를 설명한다. 즉 모든 조직들이 동일한 업무수행 구조를 갖는 것이 아니라 상이한 조직은 다른 업무수행 구조를 보인다는 것이다. 전반적으로 상황적합이론가들은 조직의 효과성을 향상시키는 처방(prescriptions)의 개발에 관심이 있다. 이들 학자는 상이한 환경에 적합한 조직구조에 관심을 가진다. 상황적합이론가들은 효과성의 열쇠로 적합성(congruence)을 강조한다. 조직의 구성요소가 적합하고 조직환경에 부합된다면 조직은 바람직한 결과를 창출할 것이다.

3. 상황적합이론의 평가

상황적합이론은 조직과 관리에 있어 개방적이고 현실적인 관점(realistic view)을 취한다. 이 이론은 원리의 보편적인 타당성을 거부한다. 관리자는 상황지향적인 사고를 가져야 하며, 고정관념(stereo-type)에서 벗어나야 한다. 관리자는 상황에 따라 혁신적이고 창의적인 사고를 배양해야 한다.

이점에서 상황적합이론은 관리자에게 외부환경에 대한 판단과 가장 적합한 관리기법의 활용에 대해 선택의 자유를 제공한다. 이에 상황적합이론은 조직과 관리에 있어 광범위한 적용성(applicability)과 실제적인 유용성을 가진다. 나아가 상황적합이론은 조직구조와 상황 사이의 적절한 적응(adjustment)을 가지고 있는지에 대한 비교론적 조직분석을 가능하게 한다.

하지만 상황적합이론은 다음과 같은 비판을 피할 수 없다.

① 논리적 전개의 모순 – 상황적합이론의 논리적 전개는 모든 상황이 독특(unique)
하다는 것이다. 이것이 사실이라면, 관리는 단지 직관(intuition)과 판단에 의해
서 실행되어야 한다. 이 경우 관리자가 소유한 관리에 관한 과거의 지식과 지혜
의 가치를 부인하게 된다.

② 이론적 기반의 미흡(atheoretical) – 상황적합이론은 이론적 기반을 가지고 있
지 않다. 이 이론은 관리자가 행동을 취하기 전에 모든 행동 대안에 대해 알
고 있기를 기대한다. 이처럼 상황적합이론은 이론적 틀과 개념적 틀의 제공
없이 전적으로 현실적인 접근법(practical approach)이다.

③ 관리자의 책임 증가 – 상황적합이론에 있어 관리자의 책임은 무한하게 증가
된다. 관리자는 자신이 상황을 분석해야만 하고, 상황에 대한 다른 원리와 기
술에 대한 타당성을 검증해야 하며, 상황에 적절한 기술을 올바르게 선택해야
하고, 선택한 대안을 집행해야 한다.

02 상황적합이론

조직의 환경이 강력해짐에 따라 이론가들은 환경과 조직 간의 관계를 연구하
기 시작했다. 대표적인 이론으로는 ① 환경적 상황이론, ②자원의존이론, ③ 조
직군 생태학이론, ④ 전략적 선택이론, ⑤ 제도이론 등이 있다.

1. 환경적 상황이론

환경적 상황이론(environmental contingency theories)은 고정불변한 조직이론
은 존재하지 않으며, 끊임없이 변화하는 조직환경에 적합한 전략을 찾아야 한다
는 것이다. 즉 관리자는 조직환경의 복잡성과 불확실성에 관련된 환경적 변수 사
이의 상호작용을 분석하고, 최적의 의사결정을 내려야 한다.

환경적 상황이론과 관련하여, 영국의 사회학자 Tom Burns와 George Stalker,
미국의 조직이론가 Paul Lawrence와 Jay Lorsch는 조직구조는 조직환경에 직면하
고 있는 조건에 기초한다고 주장한다.

① Burns와 Stalker의 연구 - Burns와 Stalker에 따르면, 안정적 환경에서 성공적인 조직은 엄격한 권위체계와 명확하게 할당된 책임영역에서 일상적 활동을 전문화해야 한다. 반면에 급격하게 변화하는 환경에서 조직은 유연성이 요구되고, 조직구성원은 변화하는 조직환경에 대응한 자신의 기술을 적용하는 것을 권장하며, 변화하는 업무패턴에 적응하도록 격려해야 한다. 이에 유기적 조직이든지 기계적 조직이든지 각각 상이한 환경조건에서 적절할 수 있다. 안정적 환경에서는 기계적 유형이 장점을 가진다. 즉 정형화된 활동을 이행하는 데 표준화된 절차를 활용하여 업무를 수행함에 따라 효율성을 확보할 수 있다. 이런 조건의 조직은 조직 활동을 최소의 비용과 최대의 이익의 관점에서 최적화하는 것을 학습할 것이다. 반대로 조직이 급변하는 환경변화에 적응하기 위해서는 조직의 업무활동이 끊임없이 변화해야 하기에 정형화된 이점은 상실된다. 따라서 유기적 조직형태(organic forms)가 가지는 유연성이 변화하는 조직환경에서 장점이 있다. 이러한 유연한 조직은 필요한 혁신과 상황적 적응을 지원할 수 있다.

또한 초기의 환경적 상황이론에서 불확실성은 〈그림 6-1〉과 같이 복잡성과 변화율로부터 초래되는 환경적 속성이다. 복잡성(complexity)은 환경에서의 요소의 수와 다양성을 말한다. 변화율(rate of change)은 이들 요소가 얼마나 급변하게 변화하는가를 말한다. 이에 환경적 불확실성(environmental uncertainty)은 변화하는 복잡성의 정도와 환경에서의 변화 사이의 상호작용으로 정의할 수 있다.

환경적 불확실성이론의 문제점은 환경에서의 조건은 모든 사람에 의해 같은 방식으로 경험하는 것으로 가정한다는 점이다. 하지만 같은 환경조건에 대해서 어떤 관리자는 안정적인 환경으로, 다른 관리자는 불확실한 환경으로 다르게 인식한다. 오늘날 조직이론가들은 불확실성이란 환경에(in the environment) 놓여있는 것이 아니라 조직의 의사결정시 환경을 고려하는 개인에게(in the individuals) 있다고 말한다. 이런 관점은 불확실성에 대한 정보적 지각과 연계되어 있다 (Hatch & Cunliffe, 2006: 77-78).

정보적 지각은 관리자가 환경을 예측 불가능한 것으로 지각할 때 불확실성을 경험한다고 주장한다. 즉 불확실성은 관리자가 결정을 할 필요가 있는 상황에서 자신의 정보가 부족할 때 일어난다.

〈그림 6-1〉과 같이 관리자는 자신이 필요한 정보를 이해하고, 이를 이용할 수 있을 때, 이런 환경은 복잡성이 가장 적고 안정적인 것으로 인식할 것이다. 반면에 관리자는 끊임없이 변화하는 환경에서 정보의 양이 너무 과도할 때 매우

복잡하고 변화하는 환경으로 이해할 것이다.

┃그림 6-1┃ 환경의 불확실성과 정보의 관계

변화율(rate of change)

		낮음	높음
복잡성 (complexity)	적음	낮은 불확실성 (필요한 정보가 알려져 있고 이용할 수 있음)	보통의 불확실성 (새로운 정보가 끊임없이 필요함)
	많음	보통의 불확실성 (정보 과부화)	높은 불확실성 (무슨 정보가 필요한지 알 수 없음)

출처 : Hatch & Cunliffe(2006 : 79)

② Lawrence와 Lorsch의 연구 — Paul Lawrence와 Jay Lorsch는 1967년 「조직과 환경(Organization and Environment)」이라는 저서에서 조직은 조직환경에서 매우 상이한 조건과 많은 요소들에 직면한다고 제안한다. 이들은 10개 기업의 제도·연구·판매 3개 기능을 가진 부서를 비교연구하였다. 연구결과 부서마다 상이한 관심과 구조를 가지고 개별적으로 전문화되어 있으며, 이를 바탕으로 외부환경의 문제를 해결하고 있다는 것을 밝혀냈다. 3가지 부서는 마주하고 있는 시장, 과학, 제조 분야의 환경에 상호작용하고 있었으며, 각각 상황에 적합한 방향으로 적응했다. 이는 개별적인 분화를 의미하는 것으로 상이한 환경적 요구는 내적 분화(internal differentiation)를 유발하고, 이는 다시 개별 분야에서의 전문화를 이끌어 냈다. Lawrence와 Lorch의 연구결과는 환경의 불확실성이 높을 때 분화와 분화된 내부를 통합할 수 있는 조직이 성과가 높으며, 반대로 환경의 불확실성이 낮을 때는 분화와 통합이 낮은 조직이 성과가 우수하다는 것을 보여준다.

2. 자원의존이론

1) 자원의존이론의 의의와 특징

자원의존이론(resource dependence theory, RDT)은 Jeffrer Pfeffer와 Gerald Salancik의 연구에서 발달된 것이다. Pfeffer와 Salancik는 1978년 「조직의 외부통제(The External Control of Organizations)」라는 저서에서 조직은 매우 중요한 자원(critical resources)의 유입을 환경에 의존한다. 즉 환경은 조직의 전략적 행동에 있어 강력한 영향력을 미칠 수 있다는 것이다. 이처럼 자원의존이론은 조직이 자신의 환경에 의해 통제된다는 가정에 기초한다. 이에 관리자는 환경적 결정(environmental determination)인 혹독한 바다를 어떻게 항해할 것인가를 학습해야 한다고 제안하고 있다. 따라서 관리자의 중요한 업무는 이러한 환경적 의존도에 대한 개선이다. 즉 의존도를 낮추기 위한 자원획득이 핵심이다.

환경에 대한 조직의 취약성(vulnerability)은 환경에 의해 통제를 받는 자원인 원자재, 노동, 자본, 장비, 지식, 생산과 서비스의 배출구와 같은 자원의 필요성에 의해 초래된다. 환경은 이러한 조직의 의존도로부터 조직에 대해 권한 및 영향력을 창출해낸다. 이에 환경은 경쟁적 가격, 바람직한 상품과 서비스, 효율적인 조직구조와 과정 등을 조직에게 요구하는 데 환경적 권한 및 영향력을 발휘한다.

① 조직 불확실성에의 지각 – 자원의존이론은 환경이 조직에 부족한 자원의 원천이며, 조직은 생존을 위해 한정된 자원(finite resources)에 의존한다는 것에 기초한다. 이들 자원에 대한 통제의 결핍으로 발생된 환경의존적 상황에서 운영해야 하는 조직에 대해 불확실성을 일으키게 된다. 즉 조직에 있어 자원에 대해 높은 확보 수준은 조직 안정성에 대한 불안을 해소한다.

② 조직의 전략적 선택에 영향 – 자원의존이론은 조직의 전략적 선택이 환경에 의해 상당히 영향을 받는다. 조직은 자원을 획득하기 위한 전략을 설계해야 한다. 특히 결핍된 자원에 대한 통제가 선택과 결정론(determinism)의 관계의 핵심이다. 이에 조직은 이들 자원을 활용하는 방법을 전개해야만 한다.

이처럼 자원의존이론은 자원획득이 조직성공의 핵심이라는 사고에 기반한다. 즉 자원에 대한 접근과 통제가 권력의 기반이다. 조직관리자는 자원에 대한 개방적인 접근을 지속하기 위한 다양한 전략을 개발해야 한다. 나아가 조직은 단일의 자원에 대한 의존을 줄이기 위해 자원확보와 관련한 다양한 확보경로를 추구하는 자원의 가외성(redundancy)을 획득해야 한다.

③ 조직 간의 네트워크 분석 – 자원의존이론은 조직 간의 네트워크(organizaiotal network) 분석이 관리자에게 조직과 다른 네트워크 액터(actor) 사이에 존재하는 권력·의존관계를 이해하는 데 도움을 준다고 말한다. 이 이론은 관리자에게 조직이 대항력 있는 의존(countervailing dependence)을 찾아냄으로써 환경에의 영향을 상쇄할 수 있는 전략과 방안을 제시한다.

2) 자원의존이론의 적용

자원의존이론은 조직행태가 조직이 활용하는 외부자원에 어떠한 영향을 받는가를 분석하는 데 도움을 준다. 이 이론은 경쟁적 조직보다 원자재의 확보, 변경. 개발에 대한 조직능력이 성공의 핵심적 전략이라는 것을 보여준다.

특히 자원의존분석은 〈그림 6-2〉와 같이 조직이 필요로 하는 자원을 명확하게 함으로써 시작되고, 그 자원의 원천을 추적하게 된다. 개방시스템 사고를 적용한다면, 먼저 조직의 투입과 산출의 원천을 명확하게 해야 한다. 이후 자원이 어디로 흐르는지, 산출이 결국 어디를 지향하는지를 인지할 수 있다. 이에 조직 산출에 대한 추적은 네트워크에서 구체적인 고객을 명확하게 식별할 수 있다.

▌그림 6-2▌ 자원의존이론의 적용

출처 : Hatch & Cunliffe(2006 : 81)

또한 조직이 특정한 자원에 의존하는 수준에 다음과 같은 요인들이 영향을 미친다. ① 조직에 대해 자원의 전반적 중요도가 자원의존을 결정하는 데 중요한 요인이다. ② 자원의 부족이 중요한 요인이다. 자원이 부족할수록 조직은 보다 의존적이다. ③ 자원의존에 영향을 미치는 다른 요인이 그 자원의 통제와 관련한 조직 간의 경쟁이다.

현실에 있어 조직이 모든 잠재적 경쟁, 특별한 관심사와 규제 등 환경과 관련한 모든 의존적인 원천을 고려하는 것은 불가능할 것이다. 이에 Pfeffer와 Salancik는 조직에 관련된 자원의 임계성과 희소성에 의한 분석으로 요소들에 대해 우선순위를 매길 것을 제안하고 있다. 임계성(criticality)은 특별한 자원에 대한 중요성을 평가하는 것이다. 조직은 임계자원 없이 기능을 할 수 없다. 희소성은 자원의 이용가능성에 대한 평가이다.

환경의존에 대한 관리는 조직이 의존하는 특별한 환경적 요인의 관점에서 대항력(countervailing power)을 수립할 것을 요구한다. ① 관리자는 자원의존의 관점에서 자원의 임계성과 희소성에 의해 조직 간 네트워크를 충분하게 이해해야 한다. ② 관리자는 조직이 의존하는 다른 환경적 공급처를 마련하든지 의존을 피할 수 있는 방법을 찾아야 한다. 즉 조직은 자원에 대한 다수의 공급원천을 마련함으로써 특정 공급자의 조직에 대한 권한 및 영향력을 감소시킬 수 있을 것이다. 이리하여 자원 공급자와 합병하거나(수직적 통합전략, vertical integration strategies), 경쟁자 관계를 관리하는 전략(수평적 통합전략, horizontal integration strategies)은 조직경제학(organizational economics)과 거래비용이론과의 연결고리가 되기도 한다.

이처럼 자원의존을 관리하는 것은 조직환경에 대한 면밀한 정의와 모니터링이 요구된다. 즉 자원의존이론가들은 자원의 흐름에 초점을 두며, 환경으로부터 자원획득방법을 열거한다. 법률, 공모, 합병, 적응적 흡수(cooptation) 등 다양한 전략을 통하여 조직은 자원확보와 유지에 일어나는 불확실성을 회피한다. 이점에서 자원유입 및 획득을 위한 조직의 정치적 활동은 효과적인 관리활동을 위해 피할 수 없는 것이며, 필연적이다. 조직의 정치적 역량은 조직이 필요한 자원을 획득하기 위한 조직의 능동적 전략이라고 할 수 있다.

3. 조직군 생태학이론

1) 조직군 생태학이론의 의의

조직군 생태학이론(population ecology theory)은 생물학의 자연도태이론(natural selection)으로부터 발달했다. 생물학에서는 어떤 생명체가 사라지는 반면에 다른 생명체는 왜 탄생하고 생존하는지를 설명하기 위해 노력한다. 조직군 생태학이론의 핵심적 원리는 생물학적 관점에서의 적자생존의 논리를 조직의 생존(that are best fitted to the environment survive)에 적용한다는 점이다.

조직군 생태학이론가들은 조직변화를 설명하기 위해 생물학적 관점을 활용한다. ① 조직은 환경적 변화에 적응하기 위한 제한된 능력을 가진다. ② 변화의 과정은 궁극적으로 환경에 의해 통제된다. 이처럼 조직군 생태학 모델은 변화의 원천으로서 환경에 초점을 두며, 자연적 시각(naturalistic perspective, 외부-자연)으로부터 변화를 본다. 이들 학자는 조직이 환경에 의해 통제되는 자원을 위해 경쟁하고, 승리자와 패자(who wins and who losses)는 환경에 의해 결정된다.

또한 조직군 생태학이론은 조직의 다양성(organizational diversity)과 적응(adaptation)의 문제에 초점을 둔다(Daft, 2014: 188). 이 연구의 핵심적 관심은 사회적 조건이 ① 새로운 조직과 새로운 조직 형태의 탄생비율, ② 조직과 조직행태의 소멸비율, ③ 조직형태의 변화비율에 어떠한 영향을 미치는가에 대해 조사하는 것이다. 이러한 조사에서의 강조점은 조직다양성에 영향을 미치는 진화적 동태 과정이다. 또한 조직군 생태학이론은 일련의 조직에서의 동태적 변화를 연

구한다. 분석단위로서 조직군(a population of organizations)을 활용함으로써 조직
군 생태학자들은 조직의 탄생과 운명(mortality)을 통계학적으로 조사한다.

조직군 생태학이론은 조직이 조직운영에 필요한 자원을 환경에 의존한다고
가정하기 때문에 자원의존이론과 일맥상통한다. 그러나 자원의존이론의 관점은
개별 조직을 분석단위로 설정하지만, 조직군 생태학은 조직군을 분석 수준으로
활용한다. 조직군 생태학은 조직들의 희소하고 임계적인 자원획득을 위한 경쟁
에 초점을 두는 것이 아니라 제한된 자원환경 풀에서 경쟁하는 모든 조직 사이의
성공과 실패의 규칙을 탐색한다. 즉 조직군 생태학은 환경 내에 구체적인 영역인
생태적 지위(ecological niche)를 연구한다. 생태적 지위는 경쟁그룹이 의존하는 자
원환경으로 구성된다.

2) 조직군 생태학이론의 특징

(1) 환경적 선택의 중요성

조직군 생태학이론은 조직의 운명을 결정하는 데 환경이 전능한(all-powerful)
또는 절대적인 것이라고 본다. Charles Darwin의 연구에 영감을 받은 Michael
Hannan and John Freeman과 같은 연구자들은 환경이 지배하는 규칙의 경쟁적인
게임에서 가장 적합성을 가진 조직이 성공한다고 묘사한다. 또한 이런 관점에서 조
직에의 적합성을 갖추지 못하다면 조직실패가 일어난다. 또한 Hannan과 Freeman
은 한 모집단 내에 조직의 다양한 형태의 장기적인 변화가 적응(adaptation)보다는
오히려 환경적 선택(selection)을 통해 일어난다고 주장한다. 대부분 조직은 환경이
변화를 요구할 때, 변화를 방해하는 구조적 관성(structural inertia)을 가진다. 환경
과 조화하지 못한 조직은 경쟁에 의해 궁극적으로는 환경의 요구에 보다 효과적으
로 적응하는 새로운 조직으로 대체된다. 즉 환경으로부터 선택받지 못한 조직은
도태 또는 소멸된다.

(2) 3가지 선택 과정

조직군 생태학에 있어 조직환경은 조직욕구에 가장 부합할 수 있는 경쟁그룹
으로부터 선택할 수 있는 권한을 가진다. 이점에서 조직군 생태학이론은 Darwin
의 적자생존논리를 조직을 대상으로 적용한 관점으로 조직군 생태학이론의 두
가지 원리에 기초한다. ① 조직은 강한 관성적 압박(inertial pressures)에 종속된
다. ② 조직 모집단의 변화는 조직의 창설(탄생)과 조직소멸(dissolutions, 죽음)에
대한 인구학적 과정에 기인한다.

이점에서 조직군의 역학관계는 Darwin 원리의 전개와 같이 3가지 과정 - 변이(variation), 선택(selection), 보유(retention)로 설명할 수 있다. 이들 3단계가 조직이 어떻게 탄생하고, 생존하고, 소멸하는가를 설명한다. 성공적인 조직실체는 조직군을 통해 확산된다.

① 변이(variation)는 새로운 조직 형태가 조직군 내에서 발생하는 것을 의미한다. 주로 새로운 조직에 대한 탄생을 일으키는 기업가적 혁신(entrepreneurial innovation)에 의해 일어난다. 또한 조직환경의 새로운 위협 혹은 기회에 대한 반응처럼 기존 조직에의 적응 혹은 우연히 발생할 수 있다.

② 선택(selection)은 조직이 환경적 적소(environmental niche)에 위치하여 생존에 필요한 자원을 환경으로부터 공급받는 것을 의미한다. 생태적 지위의 요구와 필요에 가장 적합한 조직이 자원의 지원에 의해 일어난다. 비선택(non-selection)은 항상 조직의 쇠퇴와 소멸이 일어나는 것은 아니며, 다른 자원적 지위를 유지하기 위해 현존하는 환경과 투쟁해야 한다.

③ 보유(retention)는 자원이 지속적으로 조직에 투입되어 조직이 환경에서 존속되는 것 또는 제도화되는 것을 의미한다. 적합을 유지하는 것은 조직생존과 같은 것이다. 끊임없는 환경의 변화는 지속적인 적응을 요구한다.

┃표 6-1┃조직군 생태학이론 모델

변이(variation)	선택(selection)	보유(retention)
• 조직에서의 변이 혹은 차별성이 조직변화를 위한 첫 번째의 요구이다. • 조직에서의 차별성이 진화과정(evolutionary processes)을 개시하게 한다.	• 새로운 조직형태의 선택은 환경적 제약(environmental constraints)의 결과이다. • 환경이 적자생존의 조직을 선택한다. • 환경적 기준에 부합한 조직은 적극적으로 선택되고 생존한다.	• 보유는 선택된 조직형태의 보존(preservation)이다. • 다양한 틈새(various niches)를 위해 가장 적합한 조직이 존속된다.

출처 : Narayanan & Nath(1993: 139)

(3) 진화론적 관점에서의 조직 분석

조직군 생태학이론가는 진화론적 관점에서 조직변화를 분석한다. 조직은 이전 혹은 현존하는 조직으로부터 이어진다. 조직형태에서의 조직군 수준의 변화는 느리게 진행되고 지속적이다. 최적의 변화는 의도와 결과 사이의 연결

(coupling)에 의존한다. 이런 관점에서 조직군 생태학의 분석은 ① 어떤 조직군의 탄생과 소멸률을 설명한다. ② 조직군 사이의 생명률 상호작용(vital-rate interaction)을 설명한다. ③ 같은 환경을 공유하는 조직군 공동체를 조사한다.

이런 맥락에서 조직군 생태학의 핵심적 원리는 어떤 조직군에서의 생물체는 생태학적으로 동등하다. 생태적 등가성(ecological equivalency)은 ① 유기체는 동일한 라이프 사이클을 겪는다. ② 라이프 사이클의 특정한 단계에 있는 유기체는 동일한 생태적 과정에 포함된다. ③ 유기체적 발생확률은 유기체가 같은 환경에 놓여있다면 기본적으로 같다.

① Aldrich의 연구 – Howard Aldrich는 「조직과 환경(Organizations and Environments)」이라는 저서에서 조직군 생태학이론을 옹호한다. Aldrich는 조직변화에 대한 조직군 생태학모형은 생물생태(biological ecology)에서 잘 발달된 모델을 취한다는 것이다. 이 모형은 변화에 있어 핵심적인 힘으로 조직환경에 있어 자원의 본질과 분배(nature and distribution)에 초점을 둔다.

② Ouchi의 연구 – William Ouchi는 일본회사와 미국회사의 심층적 연구를 통해 성공적인 회사에 있어 공통적인 문화특성을 발견하고 있다.

③ Hannan과 Freeman의 연구 – 1977년 Hannan과 Freeman이 조직의 인구생태학을 소개했으며, 1989년에 「조직생태학(Organizational Ecology)」을 저술했다. 이 책에서 조직생태학은 조직이 경쟁하는 환경과 자연도태가 일어나는 과정을 조사했다. 즉 새로운 조직의 탄생, 조직의 성장과 변화, 조직의 소멸을 탐색하고 있다. 조직생태학에는 관성과 변화, 생태적 지위와 폭(niche width), 자원분할, 밀도의존성(density dependence), 연령의존성을 포함하고 있다.

3) 조직군 생태학이론의 평가

조직군 생태학이론은 조직이 강한 관성적 압박과 더불어 불확실한 환경적 변화에 직면할 때 조직분석으로 적절하다. 또한 조직에서의 조직군 생태학이론은 한 인구의 생명률(vital rates)이 다른 조직인구에 의해 어떻게 영향을 받는가에 대해 설명력을 제공해 준다.

하지만 조직군 생태학이론은 다음과 같은 몇 가지 측면에 의해 비판을 받고 있다(Hatch & Cunliffe, 2006: 85).

① 적합성(fitness) 개념의 불명확성 – 이 이론은 Darwin이론과 더불어 적합성의 정의에 문제가 있다. 이 이론은 적합성의 개념을 명확하게 규정하는 데 한계가 있다. 이 이론에 의하면 생존은 적합성으로 설명하고, 적합성은 생존으로

정의하고 있다. 이점에서 조직군 생태학이론의 핵심인 적합성을 동어반복적으로 사용하고 있다.

② 미래 예측에의 한계 – 조직의 존재와 생존은 환경에 의해 결정된다는 주장은 이 이론이 미래를 예측하는 데 활용될 수 없다는 것이다. 조직군 생태학이론은 단지 사후적 혹은 회고적 기반에서 측정한다. 이점에서 조직이 환경에 적응하는 데 활용하기에 한계가 있다.

③ 의사결정자의 역할 무시 – 조직군 생태학이론은 관리적 의사결정자의 역할을 무시한다. 이 이론은 관리자가 환경적 요인에 의존하는 수동적이고 무기력한 존재로 주장한다. 관리자가 조직의 성공 혹은 실패를 결정하는 데 중요한 역할을 한다는 사실을 무시한다. 나아가 생물유기체로 조직을 규정하는 것은 조직이 목적을 달성하기 위한 사람들에 의해 설립된다는 사실을 무시하는 것이다.

④ 규제적 장벽이 있는 인구 설명의 한계 – 이 이론은 높은 경쟁을 가진 인구에 대해 가장 잘 적용된다. 이에 모든 인구에 대해 이렇게 기술하는 데 적합하지 않다. 즉 높은 시동비(start-up cost) 혹은 복잡한 법률적 규제와 같이 진입 혹은 탈퇴에 중요한 장벽을 가진 인구는 조직군 생태학연구에 있어 이상적인 사례가 아니다.

4. 전략적 선택이론

1) 전략적 선택이론의 의의와 특징

전략적 선택이론은 John Child(1972)의 「조직구조, 환경 그리고 성과: 전략적 선택의 역할(Organizational Structure, Environment and Performance: the Role of Strategic Choice)」에서 구조적 상황이론을 기반으로 제시되었다. 상황이론에 기반한 연구들에서 조직의 구조는 경제적 제약(economic constraints)의 주된 결과로 간주되었다. 그러나 상황이론적 관점은 조직의 구조를 결정짓는 중요한 요소라 할 수 있는 조직 내부의 권력가들의 전략적 선택(strategic choice)를 무시하고 있다고 비판한다. 즉 조직의 구조를 결정하는 것은 상황이론적 관점에서 강조하는 환경, 기술, 규모뿐만 아니라 조직의 주요 의사결정자들에 의해 전략적으로 선택될 수 있다는 것이다. 이점에 있어 전략적 선택이론은 리더나 리더 그룹이 역동적인 정치 과정에서 선택을 통해 조직에 영향을 미치는 역할을 설명한다. 즉 전략적 선택 과정은 본질적으로 조직의 성과에 지속적으로 영향을 미치는 의사결정과정이다.

2) 전략적 선택이론의 가정

전략적 선택이론은 조직의 구조를 결정하는 데 있어 외부환경, 조직의 기술, 조직의 규모와 같은 객관적 상황적 제약이 미치는 영향만큼 조직의 최고 의사결정자들의 어떠한 전략적 관점과 이에 기반한 선택이 중대한 영향을 미칠 것이라 강조한다. 이러한 조직구조에 관한 주요 의사결정자들의 전략적 선택은 3가지 정도의 가정에 기초한다.

첫째, 조직은 상황이론적 관점에서 주장하는 것처럼 환경과 밀접하게 연결되어 있지 않을 수 있다는 것이다. 즉 환경이라는 영향요인이 조직의 구조를 결정짓는 단일 변수는 아닐 수 있다는 것이다. 나아가 환경을 조직에 유리한 반향으로 변화 또는 통제할 수도 있다고 주장한다. 이를 바탕으로 조직은 우호적인 환경을 창조 및 조성하는 것이 가능하다는 관점에 기반한다.

둘째, 환경은 객관적 실체로만 존재하는 것이 아니라 주요 의사결정자들의 구성적 관점(constructive view)의 인식으로도 이해될 수 있다는 것이다. 조직이 마주하고 있는 경제, 사회 등 외부환경적 요인들은 객관적으로 존재하는 실체를 가지고 있지만, 이러한 외부환경에 대하여 조직의 중요 사항을 결정하는 관리자들이 어떠한 인식을 가지고 있느냐에 따라 조직의 구조를 결정할 수 있다는 것이다. 예를 들어 높은 환율과 금리 등 거시 경제지표가 기업에 객관적으로 불리한 상황에서도 경영자는 이러한 대외적 위기에 조직의 위협으로 인식하여 대응하는 것이 아니라, 새로운 시장을 창출할 수 있는 기회로 인식하고 조직의 구조를 전략적으로 선택할 수 있다는 것이다.

셋째, 조직과 환경 간의 관계가 상황이론적 관점이나 조직군 생태학이론과 같이 밀접하고 견고하게 연계되어 있지 않을 수 있다는 것이다. 관리자에 따라 그 관계의 강도가 상이할 수 있다는 것이다.

3) 전략적 선택이론의 평가

전략적 선택이론은 상황이론 또는 조직군 생태학이론과 같이 외부환경이 조직의 운명에 지대한 영향을 미친다는 환경결정론적 관점(environmental determinism)에서 벗어나 조직의 구조가 단순히 외부상황에 적응하기 위한 수동적 결과물이 아니라 조직의 핵심 의사결정자들에 의해 능동적으로 선택된 결과일 수 있다는 가능성을 제시하고 있다. 따라서 전략적 선택이론은 조직관리자들의 자유재량 및 권력, 그리고 정치적 과정의 결과로 조직의 구조를 이해할 수 있다는 것을 보여주고 있다. 이에 따라 조직관리자들이 환경과 조직의 관계를 어떻게 인식하는가(전략)를 기반으로 조직의 능동적 관점을 제시하고 있다.

5. 제도이론

1) 제도이론의 의의와 특징

제도(institution)란 인간의 상호관계의 틀을 형성하는 제약조건(the rules of the game)이다(North, 1992: 3). W. Richard Scott(1987)은 제도화(institutionalization)를 행동이 반복되는 과정이고, 자신과 다른 사람에 의해 유사한 의미의 과정으로 정의하고 있다.

제도는 개인이 직면하는 정보, 인센티브 및 상황에 영향을 미치고, 행태와 집합적 결과를 형성하는 중요한 맥락변수이다. 제도가 특정한 행동의 허용과 금지를 요구하는 규칙들이라는 점에서 인간 행동에 영향을 미치는 중요한 독립변수이다.

이처럼 학자들은 제도를 인간행위를 제약(constraints)하고 영향을 미치는 것으로 이해하고, 상대적 지속성을 갖고 있는 광의의 규약, 절차, 정치와 경제의 다양한 단위에서 개인 사이의 관계를 구성하는 표준화된 작용까지 확대시키고 있다(Hall, 1986: 19). 이런 맥락에서 조직은 새로운 법률의 채택, 새로운 표준 또는 규칙의 출현, 새로운 관행 및 설계의 개발로 인한 제도적 변화를 겪는 환경에서 존재하고 운영된다.

제도이론의 선구자인 Philip Selznick은 조직이 내부 그룹의 노력과 외부사회의 가치에 적응하는 것을 관찰하고, 제도란 조직의 사회적 적응의 산물로 이해하고 있다. 이러한 Selznick의 아이디어를 기초하여 Paul DiMaggio와 Woody Powell(1983)은 조직은 사회뿐만 아니라 경제적 적합을 위해 단지 자원과 고객을 위해 경쟁하는 것이 아니라 정치적 권한과 제도적 합법성(institutional legitimacy)을 위해 경쟁한다고 지적한다.

Powell과 DiMaggio(1991)는 제도적 동형화(institutional isomorphism)라는 개념을 제시한다. 제도적 동형화는 상이한 제도들 간의 시스템과 과정의 유사성을 의미한다. 이런 맥락에서 이들 학자는 3가지 상이한 제도적 압박(institutional pressures)으로 구분하고 있다. 이러한 제도적 압박으로부터 사회적, 문화적, 정치적 그리고 법률적 기대에 의해 환경이 조직화된다. 특히 제도적 관점에서 환경은 조직이 무엇으로 보이는 것과 조직이 어떻게 처신하는가에 대해 공유하는 관점을 제공하는 문화이다.

① 강요적 제도 압박(coercive institutional pressures)은 정부의 규제나 법률에서 나타난다. 이런 압박은 정치적 영향이나 정당성의 문제에서 비롯된다.

② 규범적 제도 압박(normative institutional pressures)은 조직구성원의 교육 및 훈련을 통하여 구성원에 대한 문화적 기대로부터 나타난다. 즉 한 사람의 교육과 직업경력에 의해 추진되는 변화이다. 이러한 압박은 본질적으로 전문화에 기인한다. 예를 들어 다양한 전문직업인들로 구성된 협회(변호사 협회 등)들은 회원들을 대상으로 해당 분야 전문직 종사자로서 규범적인 가치를 제시하고 이를 따를 것을 강요한다.

③ 모방적 제도 압박(mimetic institutional pressures)은 기대에 부응하기 위해 다른 조직의 구조, 실제 혹은 산출을 모방하는 것으로 나타난다. 이러한 압박은 불확실성에 대한 반응으로 설명될 수 있다. 예를 들어, 조직이 모호한 원인 또는 불분명한 해결책을 지닌 문제에 직면할 때 동일 또는 유사한 상황에서 성공적으로 운영되고 있는 제도를 단순하게 모방하여 문제를 해결하려는 시도가 모방적 제도 압박으로 볼 수 있다. 대체로 모방적 제도 압박은 적은 비용이 요구된다. 이러한 모방은 구조조정 및 중요한 변화를 겪고 있는 조직에서도 활용된다.

특히 다른 조직의 실체를 모방하는 것은 〈그림 6-3〉과 같이 ① 관리자가 조직 환경의 불확실성에 직면했을 때 성공적인 조직의 실체를 모방한다. 이것은 불확실성을 줄이는 데 도움을 준다. ② 관리자들은 환경으로부터 합법성을 추구한다.

이와 같이 제도는 사람들의 상호관계를 규정하는 일련의 제약이기 때문에 사람들의 교환행위의 유인시스템을 결정하는 중요한 역할을 한다. 이러한 제도는 다음과 같이 몇 가지 역할을 수행한다. ① 상호작용하고 있는 인간들의 관계를 규율한다. 즉 제도는 인간행위를 통제하는 메커니즘으로 개개인들의 활동들을 용이하게 하고 활발히 이루어질 수 있도록 유인한다. ② 제도는 인간의 선호와 행위를 제약하는 규범이기 때문에 사회적 위험을 방지하는 역할을 한다. 즉 제도는 우리 생활의 기초를 이루며 안전을 보장하는 역할을 한다. ③ 제도는 다양한 거래행위에 안정성과 예측가능성을 부여한다. 즉 안정적인 구조를 제공함으로써 불확실성을 줄인다(최난관, 2004: 49-50).

▌그림 6-3 ▐ 모방에 대한 제도주의 이론

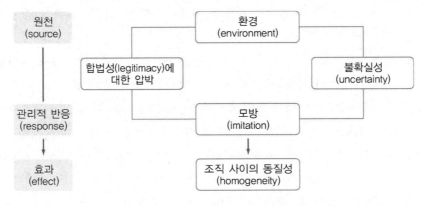

출처 : Narayanan & Nath(1993 : 145)

이러한 제도주의의 특성은 대체로 국가정책이 제도에 의해 결정되고, 어느 정도 지속해서 영향을 받기 때문에 국가의 내적인 제도적 차이를 분석함으로써 국가 간 정책의 차이점을 이해하는 데 매우 좋은 분석틀로 기능한다.

특히 기존의 제도이론은 제도를 일정한 인간행동을 유인하는 장(arena)으로 파악한다. 또한 제도주의는 국가기관의 공식적인 구조와 법체계에 초점을 맞추고 있다. 나아가 제도주의는 특정한 정치체계의 특징을 구체적으로 기술하는 차원에 머물러 있고, 그것이 공동체 구성원들에게 미치는 영향이나 제도 자체의 변화에 대해서는 관심을 두지 않고 있다(하연섭, 2004: 25-26).

2) 신제도주의

신제도주의(new institutionalism)는 1940년대 중반 이후 정치학과 행정학을 비롯한 서구의 사회과학을 주도하고 있던 행태주의에 대한 비판에서부터 출발하였다.[15] 신제도주의는 행태주의적 접근방법의 한계를 극복하고자 국가별 정책의 특성을 정책 과정에 참여하는 개인이나 집단의 합리적 선택의 합(合)으로서 파악하지 않고, 국가 간의 제도적 차이에 의하여 형성되는 것으로 간주한다(염재호, 1993: 21-22).

이처럼 신제도주의는 법률적 또는 제도적 특성의 기술(description)에 집중하

---

15 신·구 제도주의 구분은 행태주의가 사회과학 연구에 주류를 형성했던 1950년대와 1960년대를 기준으로 한다. 이 시대 이전의 제도주의 연구를 구제도주의라고 하며, 이후의 연구를 신제도주의라고 한다.

는 구제도주의와 상황적 또는 맥락적 요인들을 과도하게 배제하는 행태주의 또는 행태과학에 대한 반발로서 전개된 것이며, 인간의 사회적 행동이란 원자적인 개인 수준에서 설명될 수 없으며 제도적 배열과 사회적 과정을 통해 설명될 수 있다는 것이다(배병룡 외, 2016: 17). 신제도주의는 제도가 인간의 선호나 유인에 어떠한 영향을 미치고 궁극적으로 인간의 행태에 어떠한 영향을 미치는가에 대한 경로를 분석한다. 또한 신제도주의는 제도적 방식이 국가와 시대에 따라 상이하기 때문에 국가와 시대에 따라 관료의 행태에 있어 차이가 존재한다고 가정한다.

이러한 신제도주의는 구제도주의와 몇 가지 공통성을 가진다. ① 신·구제도주의는 제도가 개인행동 및 선호에 영향을 미친다는 점을 분명히 한다. ② 신·구제도주의는 조직과 환경 사이의 관계를 강조한다. 따라서 조직의 현실을 인식하는 데 있어서 신·구제도주의는 문화의 역할을 강조하고 있다.

하지만 신제도주의는 구제도주의와 몇 가지 차이가 있다. 신제도주의는 조직과 구조에 초점을 맞추기는 하지만 제도적 요소를 다루는 데 있어서도 단순한 기술이 아니라 분석적 틀에 기반하여 설명과 이론의 발전에 초점을 맞춘다. 또한 신제도주의는 제도를 통해 국가정책을 설명하려는 궁극적인 목적을 가지며, 국가 간 정책의 동질화 현상보다는 다양성과 차이점을 분석하고자 하는 데 주된 관심을 두고 있다.

이와 같이 신제도주의는 제도에 대한 정태적인 기술에 그쳤던 구제도주의와 보편적인 일반법칙만을 강조하여 정책의 특성을 무시한 행태주의를 비롯한 기존의 접근방법들의 한계를 극복하였다는 점에서 정치현상이나 정책에 대한 매우 유용한 접근방법이다.

신제도주의는 행위자보다는 구조로서의 제도에 주목하여 사회현상을 설명한다. 신제도주의 분파로 역사적 신제도주의, 합리적 선택 신제도주의, 사회적 신제도주의로 분류된다. 역사적 신제도주의는 비교정치학에 뿌리를 두고 있으며, 합리적 선택 신제도주의는 경제학과 정치학에 뿌리를 두며, 사회학적 신제도주의는 조직사회학에 뿌리를 두고 있다(구현우, 2012).

① 역사적 신제도주의는 국가 간 정책의 상이성과 한 국가 내에서의 정책 패턴의 지속성을 설명하기 위해 정치를 구조화하는 제도적 구조와 그러한 구조의 결과물인 정책 사이의 특정적인 양상을 연구한다. 역사적 제도주의는 제도 현상을 이해하기 위해서 역사적 맥락을 필수적인 고려사항으로 전제한다.

② 합리적 선택 신제도주의는 인간은 주어진 선호체계를 갖고 있으며 효용을 극대화하기 위해 전략적으로 행위한다는 가정을 갖고 있다. 즉 합리적 선택 신

제도주의는 합리적 개인의 이기적 전략을 제약하는 맥락으로서의 제도와 그 러한 제도가 만든 기능적 결과에 주목한다. 이처럼 합리적 선택 신제도주의는 제도가 어떻게 발생하는가를 설명하기 위해 제도가 수행하는 기능에 대한 연역으로부터 출발한다.

③ 사회적 신제도주의는 사회적 존재로서의 개인을 강조하고 제도는 인간 활동 의 결과물이기는 하지만 의식적 설계의 산물은 아니며, 제도의 인지적·문화 적·상징적 측면에 초점을 맞추고 있다. 이에 사회학적 신제도주의에서 의미 하는 제도는 문화, 상징, 의미가 포함된다. 또한 사회학적 신제도주의는 형식 적 수단 목적 합리성과 다른 문화라는 맥락에서 현대 조직에서 나타나는 주목 할 만한 수렴 현상을 연구한다.

┃표 6-2┃ 신제도주의의 분파

구분	역사적 신제도주의	합리적 선택 신제도주의	사회학적 신제도주의
등장 배경	행태주의, 다원주의, 합리적 이론 등에 대한 비판	경제학, 환원주의의 한계를 보완	도구주의적, 기능주의적 이론 비판(관료제)
주요 개념	역사, 맥락 강조	개인의 선호와 합리적 선택, 전략적 행위	인지적, 문화적, 상징적
제도 개념	역사적 산물 (중범위 수준의 제도)	집단적 딜레마의 해결책	문화, 상징, 의미
제도 형성 및 유지	역사적 우연성 (역사적 전환점) 경로 의존성	효용 극대화 행위자의 합리적 선택	동형화, 모방
제도 변화	외부적 충격 (권력 과정)	제도적 균형 (경제적 효용성)	문화적 인지 (사회적 정당성)
이론적 한계	• 제도 결정론(제도적 제약요인) • 행위에 대한 설명 미흡	• 비공식 측면 간과 기능저의 설명, 역사적 맥락 및 관련 관계 무시 • 개인의 선호형성 설명 미흡	• 미시적 수준의 행위자 상호작용에 대한 무관심 • 제도의 정당성 약화 및 탈제도화 현상 설명 미흡

출처 : 구현우(2012: 194)

하지만 신제도주의는 다음과 같은 방법론상의 한계를 극복하지 못하고 있다는 비판이 있다(염재호, 1993: 30-32).

첫째, 신제도주의는 개별 국가의 제도적 특성이 국가 간의 정책적 차이를 효과적으로 설명해 줄 수 있다고 강조하고 있다. 그러나 개별 국가의 제도적 특성과 그것이 형성되어 온 사회적 맥락은 매우 다양하기 때문에 신제도주의 역시 구제도주의와 마찬가지로 역사적으로 형성된 개별 국가의 제도적 차이에 대한 보편적인 분석방법을 결여하고 있다.

둘째, 신제도주의는 역사적·비판분석적 접근방법에 주로 의존하고 있다. 이와 같은 귀납적 접근방법은 제도적 특성에 대한 설명을 자치 이야기 만들기(storytelling)에 그치게 할 우려가 있다.

셋째, 신제도주의는 제도 이외에 공공정책에 영향을 미치는 다른 변수들을 경시하고 있으며, 제도와 행위자 간의 상호작용에 대한 문제를 해결하지 못하고 있다.

넷째, 신제도주의는 정책을 설명하는 독립변수로서 제도의 일관성과 연속성을 가정하고 있기에 제도 자체의 변화에 대한 문제를 명쾌하게 해결하지 못하는 한계를 갖고 있다.

SECTION
03 상황적합적 관련 연구

1. 조직구조와 규모의 연구

1) Thompson의 연구

James Thompson(1967)의 「행동 조직학(Organizations in Action)」은 상황적응적 시각을 보다 발전시킨 영향력 있는 저서이다. Thompson에 의하면, 조직은 작업 과정에 있어 서로 정보를 교환하고, 조직환경에 부합되는 구조를 채택해야 한다. 조직환경이 불안정하고 변화할 때 환경에 적응하기 위한 유연성을 제공하기 위해 보다 덜 공식화된 규칙과 절차를 지닌 분권화된 구조를 채택한다. 그리고 조직은 보다 복합적이고 유연한 구조를 채택함으로서 조직기술과 환경에서의 불확실성과 복잡성에 대응할 수 있다. 반면에 명확한 명령통일과 상의하달의 의사소통시스템, 엄격한 작업 전문화 및 엄격한 규칙과 절차는 복잡한 정보를 처리하고 적응하는 데 너무 느리고 경직될 수 있다.

조직이론가들은 규모와 몇몇 조직의 내부적 특성 사이의 연계를 설정하기 위해 노력하였다. 이에 조직특성에 대한 규모의 영향에 관심을 가진 학자들은 공식화, 전문화, 표준화, 집중화와 같은 관료제적 차원에 초점을 둔다. 이들 학자들은 조직규모가 커질수록 보다 관료제가 되는가, 관료제적 특성에 보다 적합한 조직규모는 무엇인가 등의 물음에 흥미를 가졌다. 이에 조직이론가들은 조직규모가 커질수록 대규모 노동자의 업무를 통제하고 조정해야 한다고 주장한다. 관료제는 조직에 있어 조정의 비용을 줄인다.

2) Katz와 Kahn의 연구

Daniel Katz와 Robert Kahn(1966)는 「조직의 사회심리학(The Social Psychology of Organizations)」이라는 저서에서 투입, 전환 과정, 산출 및 환류라는 시스템적 용어가 조직에 적용하는 것이 얼마나 유용한가를 보여주고 있다. 또한 Katz와 Kahn는 처리 과정(throughput process)의 분석에서 유지적 하부시스템, 적응적 하부시스템, 관리적 하부시스템을 포함한 다양한 하부시스템을 구별하고 있다.

특히 개방적이고 적응적 시스템과 같은 조직의 은유(metaphor)는 조직을 이해하고 분석하는 데 강력한 도구라는 것이다. 다양한 영향과 긴급한 상황에 대해 적응하는 사회시스템으로서 조직을 이해하는 데 유용한 분석 틀이다.

2. 기술에 대한 연구

기술(technology)이라는 용어는 상이한 사람에 대해 다른 것(different things to different people)을 의미한다. Charles Perrow(1970)는 기술을 원자재인 사람, 정보, 물리적 자재를 바람직한 재화와 서비스로 전환하는 수단으로 설명하고 있다.

특히 조직에 있어 기술의 활용이 증대되고 있다. 조직이 활용할 수 있는 기술의 범위는 매우 광범위하다. 기술 혹은 정보시스템은 조직의 변화를 초래한다. 즉 기술시스템은 바람직한 변화를 성취하기 위한 수단이 될 수 있으며, 변화를 위한 촉매(catalyst)의 역할을 한다.

조직이론에서 기술은 투입에서 산출로 전환할 때 요구되는 지식, 도구, 기법, 행동을 의미한다. 또한 기술은 기계, 구성원의 기량, 업무절차도 포함한다. 이처럼 조직의 기술은 생산적 하부시스템에서 일어나는 전환 과정이다. 즉 시스템이론에서 기술은 전환 과정의 요소(throughput factors)를 언급한다. 조직의 기술은 조직의 주된 재화 및 서비스의 생산 또는 제공에 활용된다. 기술은 조직에 유입되는 원자재, 과업활동의 가변성, 전환 과정에 있어 기계화의 정도, 기계적 보조의 활용, 업무흐름에 있어 어떤 업무가 다른 업무에 의존하는 정도, 새로운 산출의 수를 조사함으로써 평가할 수 있다.

또한 기술은 〈그림 6-4〉와 같이 과업에 밀접하게 관련되어 있다. 어떤 과업을 수행하는 것은 특정한 기술 - 원자재의 투입을 바람직한 산출로 전환하는 수단 - 을 활용하는 것을 포함한다.

┃그림 6-4┃ 기술, 과업, 구조 및 목적의 상호관계

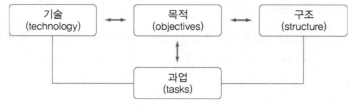

출처 : Mescon, et al.(1988 : 76)

1) Woodward의 연구

영국의 사회학자 Joan Woodward(1965)는 기술의 중요성에 관심을 가진 초기의 조직이론가이다. Woodward는 영국의 남부 Essex 부근에서 운영되는 100개의 제조업체를 설문조사했다. Woodward는 상대적 성과 수준(보통 이상, 보통, 보통 이하), 통솔의 범위, 관리단계의 수, 의사결정에 있어 집권화 정도, 관리스타일 등을 측정했다. 이 조사에서 Woodward는 고전적 관리변수의 패턴이 높은 성과 수준과 일관성 있게 관련된 것으로 나타났다.

Woodward는 기술적 복잡성(technical complexity)의 수준에 따라 조직을 그룹화했다. 기술적 복잡성은 제조 과정에 있어 기계화 정도(degree of mechanization)로 정의하고 있다. 그녀의 분석은 구조는 성과에 관련되어 있고, 조직을 위한 최상의 구조는 조직이 활용하는 핵심 기술에 의존한다는 것이다.

결국 "기술이 조직의 내부적 특성에 어떠한 영향을 미치는가?"라는 질문에 대해 Woodward는 "기술은 공장의 방법과 과정(methods and processes of manufacture)이라고 정의하고, 관리구조에 중요한 결정요인"이라고 주장한다. 상이한 기술이 개인과 조직에 대해 다른 유형의 요구를 강요한다. 이들 요구는 적절한 구조를 통하여 이루어진다. Woodward는 〈표 6-3〉과 같이 3가지 유형으로 기술을 분류하고 있다.

① 단위생산(unit production)은 양복, 수력발전 댐의 터빈, 주문한 자동차와 같이 주문생산과 같은 기업이다.

② 대량생산(mass production)은 자동차 생산과 같이 대량으로 생산되는 기술이다.

③ 연속생산(continuous production)은 석유나 화학정련과 같이 자동화된 과정생산의 공정을 거치는 기술이다.

┃표 6-3┃ 사회구조와 기술의 관계에 관한 Woodward의 연구

구조적 차원	기술 유형		
	단위생산 – 양복, 주문자동차	대량생산 – 자동차 생산	연속생산 – 자동화된 생산과정
관리계층의 수	3	4	6
통솔의 범위	23	48	15
직접노동/간접노동의 비율 (노동자/관리자의 노동비율, labor ratio)	9:1	4:1	1:1
행정적 비율(administrative ratio) 관리자/전체 인원의 비율	낮음	중간	높음
노동자의 기술 수준(skill level)	높음	낮음	높음
공식화(문서의 의사소통)	낮음	높음	낮음
집권화	낮음	높음	낮음
언어적(verbal) 의사소통의 양	높음	낮음	높음
문서화된(written) 의사소통의 양	낮음	높음	낮음
전체적 구조(overall structure)	유기적 구조	기계적 구조	유기적 구조

출처 : Woodward(1965)

2) Thompson의 연구

James Thompson(1967)에 의하면, 조직은 개방시스템이고, 기술은 조직의 외부환경뿐만 아니라 내적 과업활동을 반영한다. 이런 시각에서 Thompson은 제조업 조직과 서비스 분야의 조직과 관련한 기술적 유형화를 전개한다. Thompson은

3가지 기술유형을 제시하고 있다. 특히 길게 연계된 기술은 본질적으로 Woodward의 대량생산과 몇몇 과정생산과 동등하다. 집약기술은 고객기술와 동등하다. 집약기술의 의도는 유연성을 최대화하는 것이다. 중개기술은 많은 측면에서 고객과정생산과 대량생산과정 사이에 존재한다.

Woodward는 주로 산업조직에서의 기술에 관심을 가졌지만, Thompson은 모든 조직을 포괄할 수 있는 하나의 안(a scheme)을 발견하고자 노력하였다. 이점에서 Thompson의 분류는 광범위한 조직의 기술을 설명하는 데 보다 적합하다.

(1) 길게 연결된 기술

길게 연결된 기술(long-linked technologies)은 Woodward가 정의한 대량생산 혹은 연속생산의 범주에 적합하다. 조직활동은 길게 연결된 기술에서 연속해서 일어난다. 운영 1의 산출은 운영 2에 투입이 되고, 운영 2의 산출은 운영 3에 투입이 되고, 최종의 산출물은 고객이 이용할 수 있다.

예를 들면, 자동차조립라인 그리고 전력생산의 기술은 길게 연결된 기술에 적합하다. 이 유형의 모든 기술은 업무 A는 업무 B 전에 수행되어야 하고, 업무 B는 업무 C 전에 생산되는 일련의 연속적인 단계를 가진 직선모양의 변환프로세스(linear transformation processes) 형식의 기술이다.

(2) 중개기술

중개기술(mediating technologies)은 외부환경으로부터 고객의 중개 혹은 연결과 관련되어 있다. 이들 고객들은 면대면 거래에 관련한 비용 혹은 복잡성 때문에 서로 거래할 수 없다. 중개기술은 상호의존하길 원하는 집단, 고객과 같은 집단에 의한 회의로 특정지어진다. 예를 들면, 고용기관은 노동의 공급자와 노동의 구매자 사이를 연결해 준다. 이 기술은 은행, 증권회사, 보험회사와 같이 가끔 물리적인 접촉 없어도 조직의 투입과 산출을 고객들에게 연결하여 준다. 예를 들면, 은행은 대출을 원하는 차용자와 투자를 원하는 저축하는 사람을 접촉하는 데 중개기술을 활용한다. 또한 증권 중개인은 주식의 판매자와 구매자를 중개한다.

(3) 집약기술

집약기술(intensive technologies)은 고객에 대해 전문화된 서비스의 집합에 의해 특징지어진다. 집약기술은 병원의 응급실, 연구실험실, 엔지니어링 디자인 혹은 건축업무와 같이 프로젝트 조직에서 일어난다. 이 기술은 특유한 투입을 고객요구에 맞춘 산출(customized output)로 전환하는데, 두 사람 이상 전문가의 특수한 능력에 대한 조정이 요구된다. 이 기술의 활용은 새로운 문제 혹은 특유한 상황에 대해 전문적 지식의 현지(on-the-spot) 적용과 전개가 요구된다. 이 기술의 사례로 병원의 응급실은 식이요법(dietary), X-ray, 실험실, 시설관리과, 작업요법, 사회복지서비스 등과 같은 서비스의 결합을 요구한다.

Thompson의 유형은 〈그림 6-5〉와 같이 핵심 기술이 투입과 산출 두 부문에서의 환경이 개방되어 있기 때문에 개방적 조직시스템 모델에 기반을 둔다. Thompson은 기술이란 전환 과정에의 실질적인 의존성에 따라 상이하다고 지적한다. 몇몇 기술은 투입과 산출의 과정에서 상당히 표준화되어 있고(자동차 조립 노동자의 업무수행), 다른 기술은 과정의 표준화가 매우 낮다(응급실에 근무하는 직원).

Thompson은 2×2 매트릭스를 활용하여 3가지의 조직기술유형과 추가적인 하나를 제시하고 있다. 하지만 4번째 대안에 대해 무시했다. ① 표준화된 전환과정을 가진 표준화된 투입/산출은 길게 연결된 기술로 규정한다. ② 표준화된 전환과정을 가진 비표준화된 투입/산출은 중개기술을 규정한다. ③ 비표준화된 전환과정을 가진 비표준화된 투입/산출은 집약기술을 규정한다. ④ 비표준화된 전환과정을 가진 표준화된 투입/산출이다.

┃그림 6-5┃ Thompson의 기술유형

		전환 과정	
		표준화	비표준화
투입/산출	표준화	**길게 연결된 기술** • 자동차 조립라인, 전력생산기술	**?**
	비표준화	**중개기술** • 은행, 증권사, 보험사	**집약기술** • 응급실, 연구실험실

출처 : Thompson(1967)

3) Perrow의 연구

Charles Perrow는 조직의 구조와 과정에 관련된 업무활동의 2가지 차원을 구체화했다. Perrow는 기술의 개념을 위해 두 가지 기본적인 차원인 ① 회사가 직면하는 문제의 분석가능성과 ② 회사가 직면하는 예외와 변화의 정도인 업무의 예측가능성(predictability) 혹은 업무의 변이성을 제안하였다.
① 업무의 분석가능성(task analyzability) - 업무의 분석가능성이란 예외적인 업

무를 직면했을 때 그 문제를 다루기 위한 분석적 방법(analytical methods)이 알려져 있는가 하는 것이다. 즉 새로운 문제 또는 예외적인 문제를 직면했을 때 그 문제를 해결하기 위한 명확한 프로그램을 따를 수 있는 정도이다. 이러한 맥락에서 반복적인 업무(routine tasks)는 보다 예측이 가능하고 분석을 가능하게 한다. 반복적인 업무를 가진 조직은 보다 공식적이고 집중화된 구조를 가진다. 이들 조직은 보다 공식적인 규칙, 절차 및 계획을 활용한다. 반면에 보다 예외적인 업무를 많이 가지고 있는 조직과 업무는 예언하기 어렵고 분석하기 어려우며, 나아가 해결하기 매우 어려운 비반복적인 업무(nonroutine tasks)를 가진 조직은 보다 유연한 조직구조를 가져야만 한다. 이들 조직은 규칙과 계획보다는 공식적이고 비공식적인 모임을 많이 가져야만 한다.

업무의 분석가능성에 대해 각 조직구성원은 다음의 물음에 1에서 7로 응답한다.

- 당신이 보통 접하는 중요한 업무타입을 수행하는 데 있어 명확하게 알려진 방법(a clearly known way)이 있는가?
- 당신은 업무수행에 있어 안내하는 명확하게 규정한 지식체계(defined body of knowledge) 혹은 주제가 있는가?
- 당신은 업무수행에 있어 따를 수 있는 이해 가능한 연속적 단계(sequence of steps)가 있는가?
- 당신은 업무를 수행함에 있어 규정된 절차와 관례를 실질적으로 어느 정도 의존할 수 있는가?

출처 : Daft(1983: 176)

② 업무의 변이성(task variability) – 업무의 변이성은 주어진 기술의 적용에 있어 직면하는 표준적 절차에 대한 예외의 수(the number of exception)에 의해 측정된다. 만약 담당업무가 아주 일상적이라면 예외가 적다. 이 업무는 이미 계획이나 규정에 따라 프로그램화되어 있기 때문에 각 조직구성원들은 자유재량권이 거의 없다.

業務의 変異性에 대해 각 組織構成員은 다음의 물음에 1에서 7로 応答한다.

- 얼마나 많은 業務가 日常的(the same from day-to-day)으로 같은가?
- 당신이 담당하고 있는 業務에 대해 루틴하다(routine)고 어느 정도 말하는가?
- 이 部署의 사람들이 대부분 時間 같은 方式(the same way)으로 같은 職務를 遂行하는가?
- 基本的으로 部署의 構成員들이 自身들의 職務를 이행함에 있어 反復的인 活動(repetitive activities)을 하는가?
- 당신의 義務는 얼마나 反復되는가(repetitious)?

出處 : Daft(1983: 176)

Perrow는 〈그림 6-6〉과 같이 業務의 変異性과 業務의 分析可能性의 2×2 매트릭스에 의해 4가지 技術類型을 提示하고 있다.

┃그림 6-6┃ Perrow의 技術類型

업무변이성(task variability)

		낮음	높음
업무 분석가능성 (task analyzability)	높음 반복적 업무	**루틴(routine) 기술** • 판매원 • 은행직원 • 사무직원	**엔지니어링 기술** • 변호사 • 세무사 • 회계 파트너
	낮음 비반복적 업무	**공예(craft) 기술** • 연예인 (performing artists) • 수공업 • 고급유리제품 • 장인(tradesmen)	**비일상적(nonroutine) 기술** • 기술 • 전략적 기획 • 사회과학 연구 • 응용 연구

出處 : Perrow(1967)

(1) 루틴 기술

루틴 技術(routine technologies)은 낮은 業務 変異性과 높은 業務分析 可能性이 特徵이다. 루틴 技術은 낮은 業務変異性과 客観的인 컴퓨터 節次의 活用에 의해 特徵지어진다. 業務는 公式化되고 標準化되어 있다. 이러한 事例는 Thompson의 길게 連結된 技術의 自動車 組立라인과 Woodward의 大量生産 範疇이다.

(2) 공예 기술

공예 기술(craft technology)은 상당히 안정적인 활동 흐름(stream)으로 특징지어진다. 하지만 전환 과정은 분석되지 않고 혹은 잘 이해할 수 없다. 조직구성원들은 지혜, 통찰력, 경험에 기반한 무형적인 요인(intangible factors)에 반응해야하기 때문에 업무는 상당한 훈련과 경험이 요구된다. 이 기술은 낮은 업무변이성과 낮은 업무분석가능성의 조건을 기술한 것이다.

이 기술의 사례로, Corning의 유리공장에서 근무하는 유리제조인은 최고의 기술 수준에 도달하기 위해 20년 이상 소요되지만, 건설노동자는 표준적 절차에 대해 예외가 거의 없다. 예외적인 업무(예, 이용할 수 없는 자재, 기획의 착오)를 만났을 때 이들 문제를 다루는 방식은 새롭게 탐색해야만 한다.

(3) 엔지니어링 기술

엔지니어링 기술(engineering technologies)은 수행하는 업무에 있어 상당한 변이성이 존재하기 때문에 복잡하다. 이 기술은 높은 업무변이성과 높은 업무분석가능성이 결합할 때 일어난다. 실험실 기술자, 비서실장, 회계사, 대부분의 엔지니어의 기술은 이 범주에 속한다. 엔지니어링 기술에서 표준적 관례에 많은 예외가 발생하지만 조직구성원들이 이와 관련한 문제를 해결하는 데 필요한 지식을 소유하고 있다.

(4) 비일상적 기술

비일상적 기술(nonroutine technology)은 높은 업무변이성과 낮은 업무분석가능성에 의해 특징되는 기술이다. 비일상적인 기술에 있어 대부분의 노력은 문제와 활동을 분석하는 데 소요된다. 경험과 기술적 지식이 문제를 해결하고 과업을 수행하는 데 활용된다.

이 기술은 연구개발부서, 항공우주공학 엔지니어링회사, 원형실험실(prototype laboratories)에서 일어난다. 이 기술범주는 Thompson의 집약기술과 공통성을 가진다. 비일상적인 기술에서 큰 문제가 발생하고 이 문제를 해결하기 위한 방법이 부족할 때 조직구성원들은 다소간 불확실한 상태에서 놓이게 된다.

3. 조직환경의 연구

1) Burns와 Stalker의 연구

Burns와 Stalker(1961)는 「혁신의 관리(The Management of Innovation)」라는

책에서 약 20개의 영국 전기회사를 대상으로 가장 안정적인 것부터 가장 예측가능성이 낮은 것에 이르기까지 5가지 광범위한 환경적 조건을 분석하였다. 이 분석을 통하여 효과적인 조직은 상황에 부합되는 조직구조를 가지고 있다는 것을 보여주고 있다. 또한 외부환경은 내부적 관리구조와 관련이 있다는 것을 발견했다.

Burns와 Stalker는 관리구조와 실제를 토대로 두 가지 유형의 회사로 분류하고 있다.

① 기계적 조직(mechanistic organization) – 고전적 접근방법에 따라 설계된 관료제적 조직으로 특징된다. 이 조직은 기계와 같은 유형으로 운영하도록 설계되어 있다. 즉 외부적 환경이 안정적일 때 효과적이며 높은 예측가능성을 갖는다. 이 조직은 엄격한 권위라인, 명확한 직무명세화, 계층적 구조의 통솔, 권위 및 커뮤니케이션 등이 특징이다. 이 조직은 조직운영 및 업무수행 등에 관한 규정과 절차가 구체적으로 설정되어 있는 높은 수준의 공식화가 구축되어 있고, 대부분의 의사결정이 최고관리층에서 이루어지는 집권화 구조로 되어 있다.

② 유기적 조직(organic organization) – 동태적이고 변화하는 환경(dynamic & changing environments)에서 나타나는 비교적 유연한 구조이다. 급변하는 환경에서 내부적 조직은 낮은 수준의 공식화, 복합적인 명령계통, 분권화된 의사결정, 넓은 통솔의 범위 등의 원리로 운영될 수 있다.

이와 같이 유기적 조직체는 조직구성원 간의 상하 명령체제, 하위구성원 행태에 대한 통제가 덜 강조되며, 직무기술과 조직차트에 대한 엄격한 일치를 강하게 주장하지 않는다. 또한 네트워크적이고 수평적인 의사소통이 강조되며, 촉진자(facilitator)로서 상관과 유연하고 변화하는 직무할당이 중요하다. 이러한 조직체는 변화하고 불확실한 조건하에 보다 효과적으로 혁신하고 적응한다. 반면에 안정적인 환경과 기술조건하에서는 기계적인 조직유형이 느슨하게 구조화된 조직보다 성공적이다. 이런 상황에 부합되는 적절한 적응적 조직유형의 필요성을 강조하고 있다.

2) Lawrence와 Lorsch의 연구

Paul Lawrence와 Jay Lorsch(1967)는 다양한 불확실성, 복잡성 및 변화에 직면하고 있는 3가지 구별되는 산업에 관련된 미국 기업조직을 연구하였다. Lawrence와 Lorsch는 10개 기업조직의 R&D 부서, 제조업 부서, 판매 부서의 3가지 조직 부서를 조사했다. 이 연구에서 각 부서는 〈표 6-4〉와 같이 외부적 환경의 전문화된 영역과 효과적으로 상호작용하기 위해 상이한 방향과 구조를 전개한다. 각 부서는 상이한 외부집단과 상호작용한다.

┃표 6-4┃ 조직부서 사이의 방향과 목표의 차이점

특징	R&D 부서	제조업 부서	판매 부서
목표지향성	새로운 개발, 질	효율적 생산	고객 만족
시계(time horizon)	장기	단기	단기
개인 간 정향(orientation)	대부분 과업	과업(task)	사회적(social)
구조의 공식화	낮음	높음	높음

출처 : Lawrence & Lorsch(1969: 23–39)

이들 학자는 조직에 있어 2가지 핵심적인 변수 – 조직구조와 환경 – 에 관심을 가졌다. 이들 학자는 비교적 불안정하고 혹은 변화하는 환경에 있는 조직과 안정적인 환경에 있는 조직을 조사하였다. 이들 학자는 분화와 통합의 정도에 따라 조직을 분석하였다.

이러한 연구를 통하여 Lawrence와 Lorsch는 성공적인 조직은 환경요구에 일치하는 유형으로 구조화되는 것을 발견하였다. 즉 효과적인 구조의 결정체로써 조직환경을 강조하고 있다. 조직구조의 유형은 조직에서 일어나는 분화(分化, differentiation)의 본질과 정도에 영향을 받는다.

분화에 영향을 미치는 조직의 4가지 기본적인 구성요소는 다음과 같다. ① 구조의 공식성(formality) – 규칙과 절차의 의존성, ② 목표지향성(goal orientation) – 시장목표의 관심과 과학적 목표의 관심, ③ 시간정향(time orientation) – 단기적인 기간과 장기적인 기간, ④ 개인 간의 정향(interpersonal orientation) – 업무성취의 관심과 사람 간의 관계에 대한 관심으로 측정된다.

이러한 시각에서 성공적인 기술적 조직은 공식화의 정도가 낮고, 시장목표 성향보다는 과학적 목표에 관심을 갖고, 업무성향에 부합한 장기적인 기간의 방향성을 가진 관리자가 있는 조직구조라는 것이다. 반면에 사회적 클럽과 같은 조직은 시장정향성, 의식적인 형태가 상당한 정도의 공식성, 단기적인 시각 및 사람간의 관계에 관심을 가진다.

더욱이 Lawrence와 Lorsch는 성공적인 조직은 조직환경과 부합되는 성향을 가진다는 것을 발견하였다. 즉 보다 안정적인 환경을 가진 조직은 상대적으로 전통적이고 계층적인 구조에 의해 관리되는 반면에, 보다 불안정하고 불확실한 환경을 가진 조직은 그렇지 않다. 불확실한 환경에서의 성공적인 조직은 보다 높은 수준의 통합과 조정의 방법을 가지고 있다.

이러한 Lawrence와 Lorsch의 연구를 요약하면 다음과 같다.

① 조직의 통합과 분화의 정도가 모두 높을 때 비교적 변화하는 조직환경을 가진 조직이 보다 좋은 성과를 산출한다.

② 분화의 정도는 낮지만 통합의 정도는 높을 때 비교적 안정적인 조직환경을 가진 조직이 보다 좋은 성과를 산출한다.

③ 분화와 관련한 하나의 결점은 상당히 분화된 조직에서 갈등을 해결하는 데 어려움이 있다는 점이다.

④ 갈등 해결은 빈약한 성과를 산출하는 경쟁조직보다는 좋은 성과를 산출하는 조직에서 잘 이루어진다.

⑤ 불안정한 환경에서의 통합은 중간관리계층과 낮은 관리계층 사이에서 보다 보편적이다. 안정적인 환경에 있어서는 고위관리층이 보다 통합을 발휘한다.

3) Daft의 연구

Richard Daft(1983)는 환경의 불확실성이 조직구조에 미치는 영향을 〈그림 6-7〉과 같이 요약하고 있다. 단순한 환경에서 조직구조는 단순하다. 환경이 복잡할수록 조직은 보다 많은 수의 완충장치 부서(buffer department)와 경계 스패너(boundary spanner)가 필요하다.

환경이 안정적일 때 내부적 구조와 과정은 기계적이다. 반면에 환경이 불안정할 때 조직구조는 덜 공식적이며, 덜 집권화하며, 유기적 과정이 지배적이다. 이점에서 조직은 미래 변화를 예측하여 불확실성을 줄이기 위해 기획을 더 중요하게 활용하게 된다.

〈그림 6-7〉에서와 같이 ① 낮은 불확실성 환경은 적은 부서와 기계적 구조를 가진 소규모 조직에 의해 보편적이다. ② 낮고-중간(low-moderate) 수준의 불확실성은 보다 복잡하다. 부서를 조정하기 위한 역할에 관련된 통합에 있어 더 많은 부서가 요구된다. 몇몇 기획은 외부적 영역을 분석하는 데 활용된다. 조직구조는 유기적이며, 기획이 강조된다. ③ 상당히 복잡한 환경은 관리적 관점에서 모든 것이 가장 어렵다. 조직은 대규모이며 많은 부서를 가지만, 유기적이다. 많은 수의 관리적 인원은 조정과 통합의 임무를 수행하며, 조직은 기획과 예측을 강조한다.

| 그림 6-7 | 환경의 불확실성과 조직구조를 위한 상황적 틀

환경적 복잡성(Environmental Complexity)

	단순	복잡
안정	**낮은 불확실성** • 기계적 구조 : 공식화, 집권화 • 적은 부서 • 통합 역할이 없음 • 운영적 정향	**낮은/중간 불확실성** • 기계적 구조 : 공식화, 집권화 • 많은 부서, 완충장치 • 작은 통합 역할 • 몇몇 기획
불안정	**높은/중간 불확실성** • 유기적 구조 : 비공식적, 분권화 • 적은 부서 • 작은 통합 역할 • 기획 정향	**높은 불확실성** • 유기적 구조 : 비공식적, 분권화 • 많은 부서 • 많은 통합 역할 • 광범위한 기획, 예측

환경적 변화 (Environmental change)

출처 : Daft(1983 : 64)

Daft(1983)는 조직이 외부적 환경에 적응하기 위해 활용하는 방법으로 조직 구조, 완충장치 부서, 경계역할, 분화, 기획을 들고 있다. 더욱이 조직은 생존의 기능성을 증가하기 위해 외부환경에서 있어 몇몇 요소를 변화한다.

외부환경을 관리하기 위해 채택하는 전략은 〈표 6-5〉와 같이 ① 환경에 있어 핵심적인 요소를 우호적인 연결장치로 설정하거나, ② 환경적 영역을 구체화하는 것이다.

| 표 6-5 | 외부환경을 통제하기 위한 전략

우호적인 연결장치의 설정	환경적 영역을 통제
• 합병(merger) • 합작투자(joint ventures), 계약 • 협력(cooperation), 겸직임원회의(interlocking directorates) • 임원채용(executive recruitment) • 광고, 홍보(public relations)	• 영역의 변경(change domains) • 정치적 활동, 규제 • 무역협회(trade associations)

출처 : Daft(1983: 65)

4) Ouchi의 연구

(1) Theory Z의 의의와 특징

William Ouchi(1981)는 「Theory Z: 미국의 경영이 일본의 도전을 어떻게 대처할 수 있을까(Theory Z: How American Business Can Meet the Japanese

Challenge)」의 저서에서 미국의 산업생산성과 일본의 산업생산성의 차이 분석을 통해 Theory Z를 제시하고 있다. 이 책에서 일본의 경영기법이 미국의 기업에서 어떻게 채택될 수 있는지를 보여주고 있다. 미국에 있는 일본계 회사들은 일본의 관리기법과 조금 다르게 운영된다는 것을 발견하고, 미국에서 활용되는 보편적인 관리기법을 조합하여 Theory Z로 명명하였다.

Theory Z는 미국과 일본의 관리체계의 장점을 수용하고, 미국과 일본의 문화적 차이를 허용하는 관리기법이다. 이리하여 Theory Z는 〈표 6-6〉과 같이 보다 참여적 의사결정 유형, 보다 활발한 의사소통, 원활한 직무순환, 덜 전문적 경력체계, 팀워크의 강조, 관리자-구성원 간의 좋은 관계 등이 포함된다.

▎표 6-6 ▎ Theory Z의 특징

구 분	일본의 관리기법 (Theory J)	Theory Z	미국의 관리기법 (Theory A)
고용기간	평생 동안(lifetime)	장기적: 해고하지 않음	단기적 고용(short-term)
평가와 승진체계	느리게(slow) 시행	비교적 느리게 시행	급속하게 시행(rapid)
통제기제	암시적(implicit) 통제	비공식적, 암시적 통제	명시적(explicit) 통제
의사결정	집단적(collective)	공유적(shared)	개별적(individual)
경력통로	비전문적 (non-specialized)	비전문적; 직무순환	전문적(specialized)
책임성	집단적	공유적	개별적
가치	가족적 환경을 발전함	가족적 환경을 제공함	각 개인별 관심

출처 : Ouchi(1981: 58)

이와 같이 Ouchi는 미국적 관리와 일본적 관리는 다음과 같은 5가지 영역에서 서로 다른 가정을 한다고 지적한다.

① 직업안정(job security) - Theory Z는 경제가 침체할 때 사람은 매우 가치있는 자원이라는 신념이다. 이에 일본기업들은 경제적 침체기에 있어 사람을 해고하는 것이 아니라 업무시간을 줄인다. 이리하여 종업원이 갖춘 모든 지식, 기술 및 전문적 기술을 보유할 수 있다.

② 신뢰(trust) - 미국의 기업과 달리 일본의 기업은 어떤 사람을 신뢰하지 않은

이유를 그 사람에게 말하지 않는다.

③ 의사결정(decision-making) - 일본기업에 있어 모든 사람들은 의사결정에 참여하기 때문에 매우 느리게 진행되지만, 미국기업의 경우 의사결정은 소수 관리자의 책임이며 매우 빨리 진행된다.

④ 팀워크(teamwork) - 일본에서의 조직적 성공은 팀의 노력에 따른 결과로 간주하기 때문에 개별 조직구성원을 보상하는 것은 비논리적이라는 것이다. 반면에 미국에서 개별 조직구성원은 개인적 업무수행에 따라 보상이 이루어진다.

⑤ 동기부여와 목표설정(target-setting) - 일본기업은 종업원을 동기부여시키는 방법으로 개인적 목표를 거의 설정하지 않고 팀에서 다른 종업원으로부터 개인적 동기부여가 초래된다고 이해한다. 반면에 미국기업에서의 관리의 역할은 부하직원들의 목표를 설정하고 평가를 통해 인센티브와 보상을 제공한다.

이와 같이 Ouchi가 제시한 Theory Z의 주요한 가정은 관리가 조직의 노동자에 놓여있다는 것이다. 이 이론은 조직구성원이 조직에 충성하고 자신의 생애를 위해 그 조직에서 일하는 것을 선호하는 노동력(work force)으로 발전시키는 것이 중요하다는 것을 제안하고 있다.

Ouchi의 Theory Z를 채택한 조직은 조직구성원의 만족, 동기 및 성과에 있어 커다란 보상을 얻었다. 이점에서 Ouchi의 사고는 경영발달에 기여하였다. 이러한 Ouchi의 Theory Z 역시 MacGregor의 Theory X와 Theory Y와 같이 관리에 있어 사람에 관한 가정에 기초를 두고 있다.

┃표 6-7┃ Theory X, Theory Y 그리고 Theory Z

구 분	Theory X	Theory Y	Theory Z
노동자의 동기	Theory X에서 관리자가 노동자를 작업하게 만드는 동기부여는 금전적 동기라고 가정한다.	Theory Y에서 관리자는 노동자가 자신의 사회적 욕구, 존경의 욕구, 자아실현의 욕구 및 안전의 욕구를 충족하기 위해 동기부여된다고 가정한다.	Theory Z에서 관리자는 노동자가 가치있는(worthwhile) 어떤 것에 일부분이라는 강한 몰입감에 의해 동기부여된다고 가정한다.
업무에 대한 노동자의 태도	Theory X에서 관리자는 노동자가 업무를 싫어하고, 책임을 회피하고, 단지 업무로부	Theory Y에서 관리자는 노동자가 업무를 자연스러운 활동으로 보며, 증가된 책임감을 갖	Theory Z에서 관리자는 노동자가 책임을 위한 기회를 추구할 뿐만 아니라 승진의 기회를 추구하며, 조직에

	터 안전을 추구한다고 가정한다.	기 위한 기회를 찾고, 자신의 업무를 이해하기 노력한다고 가정한다.	서 보다 많이 학습하려고 노력한다고 가정한다.
노동자와 관련하여 업무란 무엇인가?	Theory X에서 관리자는 노동자가 강요, 통제, 지식 혹은 처벌에 대한 위협에 대해서만 반응한다고 믿는다.	Theory Y에서 관리자는 노동자가 위협 혹은 강한 통제를 취하지 않더라도 좋은 업무조건을 위해 최선을 다한다고 믿는다.	Theory Z에서 관리자는 노동자가 여러 가지 부서를 통해 경영을 학습하고, 계층을 통해 느리게 진급하며, 기업은 평생고용의 가능성을 제공함으로써 최상의 혜택을 얻는다는 것이다.

(2) Theory Z의 한계

미국에서 운영되는 일본기업은 Theory Z를 성공적으로 활용하고 있다. 특히 Ouchi에 의하면, Theory Z의 이점은 조직구성원의 이직 감소, 조직몰입의 증대, 사기 및 직무만족의 향상, 나아가 생산성의 증대를 가져오게 한다. 하지만 Theory Z는 다음과 같은 한계가 있다.

① 높은 직무안정성의 한계 – 조직과 조직구성원 사이의 강한 유대를 발전시키는 평생 고용은 높은 수준의 욕구를 가진 조직구성원을 동기부여시키는 데 실패한다. 이것은 직무안정성을 제공하지만 구성원 사이의 충성심을 발전시키는 데 실패하며, 나아가 많은 구성원에게 무기력(lethargy)을 유발할 수 있다.

② 의사결정 과정에서의 참여 한계 – 의사결정 과정에서의 구성원 참여는 매우 어려운 것이다. 관리자는 자신의 자존심이 상한다는 이유로 참여를 싫어하며, 구성원은 비판에 대한 공포로 인해 참여를 꺼린다.

③ 공통된 문화 유지의 한계 – 조직에서 공통된 문화를 발전시키는 것은 매우 어렵다. 사람들은 태도, 습관, 언어, 종교, 관심 등에서 차이가 있다. 이러한 차이는 공통된 문화를 형성하는 데 장애가 될 수 있다.

④ 일본문화 적용의 한계 – Theory Z는 일본의 관리 실체에 근거하고 있다. 이것은 일본의 독특한 문화로부터 전개된 것이다. 이에 다른 문화에 적용하는데 한계가 있다. 이처럼 Theory Z는 다른 환경 타입에서 존재하는 모든 조직의 동기부여 문제를 완전하게 해결하지는 못한다.

용어 해설

- 상황적합이론(狀況適合理論, contingency theories) – 조직과 관리에 관한 유일의 적절한 형태(appropriate form)를 강조했던 최선의 방법을 거부하고, 조직이 직면하는 다양한 상황 또는 조건하에 효과적인 다양한 조직형태를 강조한다. 이 접근법의 초점은 상황, 특정한 시점에 조직에 영향을 미치는 구체적인 환경적 맥락이다.

- 환경적 상황이론(environmental contingency theories) – 고정불변한 조직이론은 존재하지 않으며, 끊임없이 변화하는 조직 환경에 적합한 전략을 찾아야 한다고 강조하고, 관리자는 조직 환경의 복잡성과 불확실성에 관련된 환경적 변수 사이의 상호작용을 분석하고, 최적의 의사결정을 내려야 한다고 주장한다.

- 자원의존이론(資源依存理論, resource dependence theory, RDT) – 조직은 자신의 환경에 의해 통제된다는 가정에 기초하고, 관리의 중요한 업무는 조직에 있어 환경적 의존에 대한 개선이라고 주장한다.

- 조직군 생태학이론(組織群 生態學理論, population ecology theory) – 이 이론은 생물학의 자연도태이론(natural selection)으로부터 발달했으며, 핵심적 원리는 적자생존(that are best fitted to the environment survive)의 유형이다.

- 전략적 선택이론(戰略的 選擇理論, strategic choice theory) – 조직의 구조를 결정하는 데 있어 외부환경, 조직의 기술, 조직의 규모와 같은 객관적 상황적 제약이 미치는 영향만큼 조직의 최고 의사결정자들의 어떠한 전략적 관점과 이에 기반한 선택이 중대한 영향을 미칠 것이라 강조한다.

- 제도이론(制度理論, institutionalism) – 제도란 인간의 상호관계의 틀을 형성하는 제약조건으로 이해하고, 이런 맥락에서 국가정책이 제도에 의해 결정되고, 일정 정도 지속적으로 영향을 받기 때문에 국가의 내적인 제도적 차이를 분석함으로써 국가 간 정책의 차이점을 이해한다. 이 이론은 국가기관의 공식적인 구조와 법체계에 초점을 맞추고 있다.

- 신제도주의(新制度主義, new institutionalism) – 제도가 인간의 선호나 유인에 어떠한 영향을 미치고 궁극적으로 인간의 행태에 어떠한 영향을 미치는가에 대한 경로를 분석한다. 또한 제도적 방식이 국가와 시대에 따라 상이하기 때문에 국가와 시대에 따라 관료의 행태에 있어 차이가 존재한다고 가정한다.

- Theory Z – 미국과 일본의 관리체계의 장점을 수용하고, 그리고 미국과 일본의 문화적 차이를 허용하는 관리기법이다.

■ William Ouchi – 1943년에 하와이 호놀룰루(Honolulu)에서 태어났으며, 1965년 Williams 대학에서 정치경제 학사, 1967년 Stanford 대학교에서 경영학 석사, 1972년 Chicago 대학교에서 경영학 박사를 취득했다. 이후 Stanford 경영대학과 UCLA에서 교수로 재직했다. 그는 대규모 그리고 복잡한 조직에서 효율성을 어떻게 향상시키는가, 어떻게 제구조화할 수 있는가에 관심을 가졌다. 또한 가난하고 불우한 사람(disadvantaged people)을 돕기 위해 노력하였다.

대표적인 저서로 1981년 「Theory Z: 미국의 경영이 일본의 도전을 어떻게 대처할 수 있을까(Theory Z: How American Business Can Meet the Japanese Challenge)」와 2009년 「TSL의 비밀: 학교성과를 향상시키는 혁명적 발견(The Secret of TSL: The Revolutionary Discovery That Raises School Performance)」이 있다.

조직은 결코 동일하게 머물지 않는다(Organizations never stay the same). 왜냐하면 조직을 둘러쌓고 있는 세계는 결코 동일하게 머물러 있지 않기 때문이다. 이에 조직의 외부세계(고객, 경쟁자, 정부기관, 노동력 풀 등)에 끊임없이 관심을 갖고 변화에 대한 대응능력을 갖추어야 할 것이다. 이런 맥락에서 본 절에서 조직이 직면하는 환경의 본질은 무엇인지, 조직이 자신의 환경을 어떻게 대처(cope with)하는지 알아본다. 오늘날 조직의 외부환경은 관리자에게 중요성이 증가하고 있고, 그리고 도전적인 과제이기도 하다. 또한 조직은 설정된 목표를 달성하기 위하여 가장 효율적이고 효과적인 방식으로 조직활동을 수행한다. 이러한 조직활동 과정들을 체계적으로 수립한 형식을 조직구조라 할 수 있다. 조직의 구조는 다양한 하위 요소들과 특성을 가지고 여러 유형들이 제시되고 있다. 조직의 핵심적인 기능과 활동을 수행하는 데 기초가 되는 조직구조를 이해하는 것은 조직을 이해하는 데 가장 기본적이자 필수적인 것이다. 공공 및 민간 조직에서 어떠한 구조적 공통성과 차이가 존재하는지 이해할 필요가 있다.

PART

2

조직환경과 조직구조

CHAPTER 7

조직환경

01 조직환경의 의의와 기반

1. 조직환경의 의의와 특징

1) 조직환경의 의의

조직환경(organizational environments)은 조직의 경계 밖에 놓여있는 실체이며, 조직기능과 성과 및 행태에 영향을 미치는 조직의 외부적 요인을 말한다. 즉 조직환경은 조직의 경계 밖에 있는 모든 것(everything outside of boundary)을 의미한다. 이러한 조직환경은 조직을 둘러싸고 있는 일련의 힘이며, 조직의 운영방식과 결핍된 자원의 접근에 영향을 미치는 잠재적 힘(the potential)이다.

이처럼 조직환경은 직·간접적으로 조직 내에서 조직의 업무방식과 활동에 영향을 미친다. 또한 조직환경은 조직에 대해 다양한 제약요인을 부과하고, 적응을 요구함으로써 조직산출에 영향을 미친다. 조직은 조직환경이 제공하는 다양한 자원에 의존하고, 환경이 요구하는 불확실성에 직면한다. 또한 조직이 성장하기 위해서는 끊임없이 변화하는 환경에 지속적으로 적응해야 한다.

이점에서 조직환경을 이해하는 것은 다음과 같은 이유로 매우 중요한 과제이다. ① 전략적 의사결정 - 조직은 운영에 영향을 미치는 내부 및 외부환경적 요인을 분석하고 목적을 달성하기 위해서 효과적인 전략을 개발해야 한다. ② 자원

할당(resource allocation) – 조직에 가장 영향을 미치는 환경을 이해하면 자원을 할당할 수 있다. ③ 혁신과 적응력 – 환경변화에 대한 정보를 지속적으로 제공함으로써 조직은 경쟁력을 유지하기 위한 전략과 운영을 조정할 수 있다. ④ 리스크 관리(risk management) – 조직환경을 이해하면 조직은 잠재적인 리스크를 파악하고 이를 완화하기 위한 전략을 개발할 수 있다. ⑤ 조직의 성공 – 조직은 장기적으로 성공하기 위해서는 조직환경을 이해하고 적응해야만 한다.

2) 환경분석

조직은 생존과 건강성을 지속하기 위해서 조직환경에 대한 분석이 필요하다. 환경분석은 의사결정자에 대해 조직 환경 – 현재와 미래의 조직의 기능과 성과에 영향을 미치는 요인 – 의 이해를 제고하기 위한 과정이다. 이런 환경분석은 조직행태를 설명하는 데 있어 매우 중요한 것이다. 환경분석에서 가끔 다양한 문제의 원인을 환경의 탓으로 돌리기도 한다. 이러한 맥락에서 효과적 관리활동의 기본적인 출발점은 환경에 대한 정확한 분석이다.

이처럼 환경분석은 조직이 마주하는 외부환경에 대한 의사결정자의 인식과 지각을 정교하게 하는 것이다. 의사결정자가 환경을 어떻게 고려하는가? 의사결정자가 생각하는 성공의 루트가 무엇인가? 등에 대한 지각을 형성한다. 이런 의미에서 환경분석은 환경과 관련한 정보를 수집하고 분석하는 것이 포함되며, 그리고 환경변화에 대한 현재와 잠재적 영향을 예측하는 것이다. 데이터 수집의 초점은 조직 내에서 진행되는 것이 아니라 외부환경이다. 이에 환경분석은 조직 내 정보 하부시스템에 초점을 두는 것이 아니다.

환경분석의 영역에는 다음의 4가지 철학적 가정이 놓여 있다.
① 환경분석의 영역은 폐쇄적 관리시스템의 관점으로부터 개방시스템의 관점으로의 이동을 의미한다. 조직과 환경이 상호의존적이라면 관리활동이 보다 효과적으로 이루어지기 위해서는 환경에 대한 명확한 이해에 기초해야 한다.
② 환경은 조직의 유리한 관점에 의해서가 아니라 환경 자체의 관점에서 이해되어야 한다. 내부의 일반적인 정보에 반응하는 것보다 오히려 조직 환경 자체에 대해 이해하는 것이 중요하다.
③ 조직은 환경에 대해 어느 정도의 통제력을 가진다. 상황적합이론가들과 달리 환경분석은 조직이 자신의 환경을 창조하는 능력이 있다. 이에 환경에의 적응이 조직–환경의 인터페이스를 관리하는 유일한 방법이 아니라는 것이다.

④ 환경이 복잡해짐으로써 조직환경의 이해와 분석에 있어 시스템 개념이 채택된다.

이와 같은 환경분석은 다음과 같은 3가지 목적을 가진다. ① 환경에서 발생하는 현재와 잠재적인 변화에 관해 주요한 의사결정자에게 알리는 것이다. ② 최고의사결정자에게 전략적으로 중요한 정보를 제공하는 것이다. ③ 의사결정자들이 환경에서의 기회, 위협 및 가능성에 대해 민감하기 때문에 의사결정자들 사이에 광범위하게 일어나는 예측에 대처하는 것이다.

환경분석의 이러한 목적과 더불어 조직에 있어 다음과 같이 2가지 이점이 기대된다.

① 환경분석은 현재의 환경변화, 잠재적 변화(potential changes)의 지표, 미래변화에 대한 선택에 설명을 제공한다. 이러한 설명은 조직에 있어 외부적 이슈에 대해 명확하게 하고, 이해하고, 채택하는 소요시간(lead time)을 제공한다.

② 환경분석은 최고관리자에게 현재 작동되고 있는 관심을 초월하여 사고하도록 유도함으로써 조직학습(organizational learning)을 위한 메커니즘을 제공한다. 또한 최고관리자에게 개방적 마인드로 환경을 조망하도록 강요한다.

이처럼 환경분석은 미래를 예측할 수 있다. 환경분석은 환경요인에 대한 예측을 명확하게 하고, 환경을 예측할 수 없을 때 잠재력을 보여주는 것이다. 또한 환경분석은 조직이 직면하는 당황스러운 일의 정도와 빈도를 줄이는 데 도움을 준다.

2. 조직환경의 기반

조직에 대한 개방시스템적 관점이 조직연구에서 지배하게 됨에 따라 학자들은 조직과 환경에 대한 관계에 대해 체계적으로 연구하기 시작했다. 환경이 어떻게 전개되는지, 조직에 직면하는 환경적 특성이 무엇인지, 조직은 환경에 어떻게 반응하는지, 관리자는 조직환경을 어떻게 분석하고 이해하는지, 이러한 조직환경의 연구가 시대별로 어떠한 관심을 가지고 이루어져왔는지는 다음과 같다.

① 1950년대의 관심 - 1950년대 초기에는 민간조직의 시장 부서와 재무 부서에서 찾아볼 수 있다. 최첨단 조직(leading edge organizations)의 시장 부서는 시장연구 - 고객욕구와 반감에 대한 데이터를 수집하고 분석 - 에 대한 자원을 할당하기 시작했다. 이들 정보를 통해 시장전략을 형성할 수 있었다.

② 1960년대의 관심 - 1960년대에는 미래학자들로 명명되는 지식인 집단이 미

래에 대해 논의하기 시작했다. 이들 집단은 수학자, 경제학자, 사회과학자, 저널리스트 등이 포함되었다. 이들 중 몇몇 학자들은 사회를 위한 수리모델(mathematical model)을 설정하기 시작했다.

③ 1970년대의 관심 – 1970년대에는 제1차 석유파동으로 인해 많은 조직관리자들이 효과적으로 조직을 관리하기 위해 시장연구와 이자율을 초월한 전망이 필요하다는 것을 깨닫기 시작했다. 외부환경에서 발생하는 문제에 대해 자문의 필요성 때문에 많은 조직들은 사회과학자와 정치학자들을 고용하기 시작했다.

이와 관련하여 John Naisbitt(1982)는 자신의 저서 「메가트렌드(Megatrends)」에서 미국은 10개 주요한 트렌드를 경험할 것이라고 제시했다. 'Megatrends'를 Washington Post는 미래의 영역에 대한 안내(field guide of the future)로, American School Broad Journal은 21세기를 향한 로드맵(a road map to the 21st century)이라고 명명하고 있다.

Naisbitt의 10가지 Megatrends

① 산업사회에서 정보사회로(Industrial Society to Informational Society) – 산업사회에서 정보사회 – 정보의 창출과 분배에 기초한 – 로 이동한다. 이제 제조업도 보다 많은 정보 노동자를 보유하고 있다.

② 힘의 기술에서 하이테크/하이터치의 기술로(Forced Technology to High-tech/High-touch) – 새로운 기술과 보상적 인간반응(compensatory human response)에 부합한 하이테크/하이터치(high tech/high touch)의 양방향으로 이동한다.

③ 국가경제에서 세계경제로(National Economy to World Economy) – 격리된 자급자족의 국가경제시스템 내에서 운영되는 편안함이 더 이상 지속되지 않는다. 세계경제(a global economy)의 일부라고 인식해야만 한다.

④ 단기간에서 장기간으로(Short-term to Long-term) – 어떠한 것을 다룸에 있어 단기적 고려(short-time considerations)와 보상에 의해 운영되는 사회로부터 장기적 시간 틀(longer term time frames)로 재구조화해야 한다.

⑤ 집권화에서 분권화로(Centralization to Decentralization) – 소규모 조직과 부서, 시와 정부에서 상향식(the bottom up)으로부터 혁신적으로 활동하는 능력과 결과를 성취하는 능력을 재발견한다.

⑥ 제도적 도움에서 자립으로(Institutional Help to Self-help) – 모든 영역에서 제도적 도움으로부터 자립(self-reliance)으로 이동한다. 우리는 집단적 의존으로부터 우리 자신을 신뢰하는 법을 학습하고 자립하게 된다.

⑦ 대표적 민주주의에서 참여적 민주주의로(Representative Democracy to Partici-patory Democracy) - 대표민주주의(representative democracy)의 틀은 동시적인 정보공유의 시대에서 더 이상 쓸모없게 된다. 이제 사람들은 자신의 삶에 영향을 미치는 결정을 담당해야만 한다.

⑧ 계층제에서 네트워킹으로(Hierarchies to Networking) - 비공식적 네트워크(informal network)의 선호에 따라 계층적 구조에 의존하는 것을 단념하게 된다.

⑨ 북부도시에서 남부도시로(North to South) - 대부분의 미국인들은 북부의 산업도시를 떠나 남부와 서부에서 생활하게 된다.

⑩ 제한된 선택에서 다수의 선택으로(Either/Or to Multiple Option) - 제한된 개인적 선택의 범위에 있는 좁은 사회로부터 자유분방한 다수선택의 사회(a free-wheeling multiple option society)로 폭발적으로 이르게 된다.

02 환경의 특성

조직은 다양한 측면에서 효과적으로 운영하기 위해 불확실성을 제거할 수 있는 많은 정보가 요구된다. 또한 조직은 재화 및 서비스의 생산 및 공급을 위하여 조직환경으로부터 자원확보가 필요하다. 이들 두 가지 아이디어를 파악하기 위해 불확실성과 의존성의 개념을 살펴볼 필요가 있다.

1. 불확실성

불확실성(uncertainty)은 의사결정자가 환경변화에 관해 충분한 정보를 소유하지 못하는 조건을 언급하는 것이다. 조직이 정보를 거의 이용할 수 없거나 정보의 정확성에 대한 신뢰성이 낮을 때 환경은 보다 불확실할 것이다. 조직환경이 불확실할수록 효과적으로 의사를 결정하기가 매우 어려울 것이다. 또한 불확실성이 높을수록 조직활동에 대한 실패의 위험이 높아진다.

Robert Duncan(1972)은 〈그림 7-1〉과 같이 조직이 직면하는 환경과 관련하여 2가지 차원 - 단순-복잡(simple-complex)과 안정-동태(stable-dynamic) - 에 의해 복잡성을 파악하고 있다. 이러한 2가지 차원은 환경평가를 위한 틀을 제공한다.

① 단순-복잡(simple-complex) 차원은 조직의 의사결정에 관련된 상이한 요인의 수를 언급하는 것이다. 단순한 환경에서는 2개 혹은 3개의 환경적 요인이 환경에 영향을 미친다. 예를 들면 지방소재의 약국이다. 반면에 복잡한 환경의 예로, 대학은 다양한 요인(정부, 전문가집단, 동문회, 학부형, 설립자 등)과 상호작용을 한다.

② 안정-동태(stable-dynamic) 차원은 조직의 의사결정에서 고려해야 할 환경적 요인이 어느 정도 동태적인지를 의미하는 것이다. 안정적 환경에서는 환경요인이 일정기간 동일하다. 동태적 환경에서는 갑작스럽게 변화한다.

▍그림 7-1▍ Ducan의 조직환경 유형

환경의 복잡성(complexity)

환경 변화		단순(simple)	복잡(complex)
	안정 (stable)	1. 소규모 유사 외부요인 수 2. 요인이 느리게 변화한다. 3. 예 미용실 4. 낮은 불확실성	1. 다수 상이한 외부요인 수 2. 요인이 느리게 변화한다. 3. 예 대학 4. 낮은-중간 불확실성
	동태 (dynamic)	1. 소규모 유사 외부요인 수 2. 요인이 종종 변화한다. 3. 예 패션디자인 4. 높은-중간 불확실성	1. 다수 상이한 외부요인 수 2. 요인이 종종 변화한다. 3. 예 전자회사 4. 높은 불확실성

출처 : Duncan(1972) ; Narayanan & Nath(1993 : 207 재인용)

또한 환경적 변동성(environmental volatility)은 조직환경이 변화는 속도이다. 현대 조직의 환경은 Alvin Toffler의 「미래의 충격(Future Shock)」과 「제3의 물결(The Third Wave)」 그리고 John Naisbitt의 「메가트렌드(Megatrends)」에서 말한 것처럼 급속한 속도로 변화하고 있다. 예를 들면, 의약품, 화학, 및 전자산업의 기술적 환경과 경쟁적 환경에서의 변화율이 기계산업, 자동차부품산업, 과자제조업에 비해 매우 높다. 높은 변동적 환경을 가진 조직 혹은 하부부서는 내부적 변수와 관련하여 효과적인 의사결정을 하기 위해 보다 다양한 정보를 수집해야만 한다. 이처럼 환경적 변동성은 의사결정을 더욱 어렵게 한다.

2. 자원의존성

환경은 조직생존을 위한 희소하고 가치있는 자원의 공급원천이다. 조직의 필수적인 자원은 환경으로부터 온다. 시스템이론 관점에서 투입과 산출은 환경에 의해 통제되는 자원이다. 즉 환경은 생산제품의 원천 자재를 제공하고, 고객들에게 조직의 산출, 노동, 심지어 자본을 제공한다. 이와 같이 조직은 상당한 정도로 환경에 의존적이다.

자원의존이론가들은 조직의 자원 대부분은 다른 조직에 의해 통제되고 있다고 가정한다. 이들 이론가는 조직사이의 관계에 우선적으로 초점을 둔다. 조직은 다른 조직과의 관계 진전을 통해 자원결핍을 줄이기 위해 노력한다. 관리자들은 경영의 자유를 확보하는 것을 선호한다. 다른 한편으로 관리자들은 경영의 자유를 제한하는 자원을 확보하기 위해 조직 사이의 연계를 추구한다. 즉 조직 사이의 연계는 자치권과 자원 사이의 균형(trade-off)을 대변하는 것이다. 이와 같이 자원의존이론가들은 영향에 초점을 둠으로써 조직환경 관계에 있어 정치적 관점을 적용한다.

특히 조직의 외부적 의존이 크고 변화한다면, 조직은 이에 대한 높은 의존도에 대처하기 위해 조치를 취해야 하고 의존도를 줄여야만 한다. 조직은 자원의존을 줄이기 위한 2가지 대처기술을 가지고 있다. 하나는 내부적 변화이다. 조직은 외부적 환경에 적응하기 위해 조직구조, 내부적 업무패턴, 정책, 기획을 변경한다. 다른 하나는 외부적 환경에 대해 접근하고 환경을 변경하는 것이다. 조직은 외부적 변화를 줄이기 위해 노력하거나 자신의 요구에 적합한 방향에서 외부적 조건을 변경할 수 있다(Daft, 1983: 55).

3. 환경의 상호연관성 및 복잡성

많은 환경적 요인들이 조직에 영향을 미친다. Steiner와 Miner(1977)에 따르면, 과거에 관리자들은 경제적 그리고 기술적 환경에 관심을 집중했다. 하지만 현재의 관리자들은 사람들의 태도와 사회적 가치의 변화, 정치력, 법적 책임과 같은 환경적 영향력 범위를 폭넓게 고려한다.

환경의 상호연관성(environmental interrelatedness)은 한 요인의 변화가 다른 요인에게 영향을 미치는 정도를 말한다. 즉 하나의 내적인 변수 변화가 다른 내적인 변수에 영향을 미치듯 하나의 외부적 요인 변화는 다른 요인 변화의 원인이 된다. 예를 들어 환율 변동이 원자재 수입에 미치는 영향처럼 말이다. 이러한 조직의 환경변수들 사이의 상호의존성이 증가됨으로써 환경의 복잡성은 더욱 증가된다.

여러 가지 환경적 요인의 상호연관성에 대한 영향은 현대 조직에 대해 격동적인 환경을 야기하고 있다. 관리자가 더 이상 환경적 요인을 독립적으로 고려할 수 없다. 관리자는 환경적 요인들이 서로 관련되어 있고 변화한다는 것을 인식해야만 한다. 이처럼 조직의 생존은 조직환경이 무엇인가를 아는 것에 중요하게 연계되어 있다.

환경의 복잡성(environmental complexity)은 조직이 반응해야만 하는 외부적 요인의 수(the number of external factors)이고, 각 요인의 다양성 정도를 말한다. 또한 복잡성은 조직에 영향을 미치는 강력한 힘의 수를 언급한다. 즉 정부규제기관, 노동단체와의 빈번한 협상, 몇몇 이익집단, 다양한 경쟁자, 급속한 기술발달 등에 영향을 받는 조직은 그렇지 않은 조직에 비해 보다 복잡한 환경에 처해 있다고 고려될 수 있다.

SECTION
03 조직환경의 유형

1. 내부환경과 외부환경

조직환경은 조직에 자원(투입)을 제공하고 조직의 서비스와 상품(산출)을 받아들인다. 이에 조직을 효과적으로 관리하기 위해 관리자는 조직환경을 잘 이해할 필요가 있다. 조직환경은 내부환경과 외부환경으로 구분할 수 있다.

① 내부환경(internal environment) - 조직의 내부환경은 조직의 내부에 있는 실제 (entities), 조건, 사건 및 요소들로 구성되며, 조직의 선택과 활동에 영향을 미친다. 이들 내부환경으로는 조직구성원의 행태, 조직문화, 조직의 강령(mission statement), 리더십 스타일, 노동조합 등이 포함된다. 이러한 내부환경은 조직의 강점과 단점을 만들어 낸다. 조직관리자는 외부환경보다 내부적 환경을 보다 용이하게 통제할 수 있다.

② 외부환경(external environment) - 조직의 외부환경은 조직의 기회와 위협을 결정한다. 조직의 외부환경은 업무환경과 일반적 환경으로 구성된다. 업무환경(task environment)은 경쟁자, 고객, 구성원, 전략, 기획 등이 포함된다. 반면에 일반적 환경은 여론, 경제적 조건, 기술적 조건, 정치-법률적 조건, 국제적 환경 등이 포함된다. 조직의 외부환경은 무한하기에 조직이론가들은 성과를 설명하거나 향상시키는 데 기여할 수 있는 요인에 초점을 둔다.

2. Emery와 Trist의 분류

환경의 전개에 관한 최초의 포괄적 모델은 Fred Emery와 Eric Trist(1965)의 연구이다. 이들 학자는 조직행태의 관한 포괄적 이해를 위해 4가지 요인(조직 내의 과정, 조직으로부터 환경에의 교환, 환경으로부터 조직에의 교환, 환경 자체 내의 교환 과정)에 관한 지식이 필요하다고 지적한다. 특히 조직환경의 인과구조로 불리는 환경 자체 내의 교환 과정에 초점을 두고 있다.

이들 학자는 〈표 7-1〉과 같이 4가지 환경유형을 인식하고 있다. Emery와 Trist는 모든 환경은 시간이 지남에 따라 동태적으로 진화한다고 주장한다. 즉 환경전개의 일반적 신념은 동태적 수준(불확실성과 복잡성)이 증가하는 방향으로 진행된다.

┃표 7-1┃ 환경적 구조와 관리적 적용

인과관계 구조	특징	조직적 반응
평온, 무작위	변화가 드물며, 하나의 요인에서 변화한다.	일상업무(day-to-day operations)에 집중함. 계획이 거의 없음
평온, 군생적	변화가 드물지만, 연계된 요인의 집합(clusters)에서 일어난다.	군집적 변화를 회피하고 예상하기 위해 계획과 예측한다.
불안, 반응적	외부적 요인들이 조직에의 변화에 반응하고, 역으로도 반응한다. 조직은 대규모적이고 가시적이다.	다른 조직에 의한 이동과 대항수단(countermove)을 취하는 것을 예상하기 위해 계획과 예측한다.
소용돌이 장	환경적 영역이 종종 변화하고 집합적이다.	환경을 해석하고 생존하기 위해 적응한다.

출처 : Daft(1983: 54)

① 평온하고 무작위한 환경(placid, randomized environment) — 이 유형의 환경은 안정적이고 불변적인 특징을 가진다. 이 유형은 가장 단순한 환경이다. 환경의 요인은 임의로 분산되어(randomly disturbed) 있다. 환경요인들 사이의 체계적인 관계가 없으며, 환경적 요인이 느리게 변화한다. 이들 환경에서 최선의 조직전략은 최선을 다해 시행착오를 거치며 학습하는 것이다. 이런 조직의 사례는 지방에 소재하는 약국 혹은 소규모의 은행이다.

② 평온하고 군생한 환경(placid clustered environment) – 이들 환경에서 자원은 무작위하게 분산되어 있지 않고 오히려 어떤 영역에서 군집화 또는 집중화 되어 있다. 환경은 안정적이지만, 자원이 집중되어 있기 때문에 조직의 위치가 조직 생존에 있어 중요한 요인이 된다. 생존은 조직환경에 관한 지식에 중요하게 연계되어 있다. 최적의 소재(optimal location)가 조직 성공의 열쇠가 된다.

미국의 강철회사 혹은 GM과 같은 거대한 기업은 경쟁적인 일본 기업의 출현으로 이와 같은 환경에 직면하게 된다. 또한 평온하고 군생한 환경은 화학폐기물 처리절차 때문에 화학물질 생산회사에서 경험하게 된다. 이들 환경에의 조직은 강력한 연합체의 요구를 회피하기 위해 집약적 반응을 계획해야 한다.

③ 교란적이고 반응적인 환경(disturbed, reactive environment) – 자원이 집중되어 있을 뿐만 아니라 하나의 조직유형보다 많이 존재하기 때문에 환경이 불안정하고 역동적이다. 조직 사이에 경쟁과 같이 상호작용이 유발된다. 이 환경에서 변화는 더 이상 무작위하지 않는다. 어떤 조직에 의한 행동이 환경을 불안하게 만들고, 반응을 일으키게 한다.

이 환경은 경제학자가 명명하는 소수 독점산업(oligopolistic industries)과 유사하다. 즉 가격, 광고, 새로운 재품에 관련하여 어떤 조직의 결정은 경쟁업체로부터의 반응을 일으키게 하고, 때론 정부 혹은 항의집단으로부터 반응을 일으키게 한다. 이에 조직적 기획과 전략은 조직 자체의 행태만 고려하는 것이 아니라 산업체의 모든 조직을 고려해야만 한다.

④ 격동적인 환경(turbulent environment) – 환경요인 사이의 관계가 변화하고 관계변화가 매우 높기 때문에 동태적 환경(dynamic environment)이다. 즉 소용돌이의 장(turbulent field)이 복잡하고 급격하게 변화하는 특성의 환경이다. 소용돌이의 장은 조직에 대해 저항하기 힘든 부정적 결과를 가진다. 환경이 급격하게 변화하기 때문에 조직이 소멸할 수 있다.

동태적인 영역이 힘으로 작용하는 것은 다음과 같은 3가지 경향에서 나타난다. 이런 경향은 ① 불안하고 반응적인 환경에 있는 조직 수의 증가와 이들 조직 사이의 관계의 증가, ② 경제적 부문과 다른 부문 사이의 상호연계 심화, ③ 경쟁적 도전에 대응하기 위한 연구와 개발에의 의존 증가이다. 이런 환경에서의 생존은 효율적인 환경 검토와 감시(scanning & monitoring)가 요구된다.

- 지속적으로 변화하는 생산품 혹은 서비스(Continually changing products or services).
- 경쟁자의 변화무쌍한 배열(An ever-changing array of competitors).
- 소비자보호, 오염방지 및 시민권리를 위한 시민과 시민단체 사이의 정치적 상호작용을 반영한 예측할 수 없는 정부의 활동(Unpredictable governmental actions).
- 핵심적인 기술혁신(Major technological innovation).
- 대규모 시민들의 가치와 행태의 급격한 변화(Rapid changes in the values and behavior of large numbers of citizens).

출처 : Webber(1979: 391)

3. 복잡성과 예측 불가능성에 따른 환경유형

조직환경에 관한 설명에 있어 복잡성과 예측 불가능성의 2가지 차원을 적용한다면 〈그림 7-2〉와 같이 4가지 환경유형 - 안정적 환경, 다양한 환경, 지역적으로 격렬한 환경, 격동적인 환경 - 으로 구분할 수 있다. 조직이 안정적 환경에서 격동적 환경으로 이동할 때 일반적으로 정보 과정 요구가 증가하게 된다. 조직환경의 복잡성과 예측 불가능성이 증가할수록 조직은 고려해야 하고 조정해야 하는 이슈가 많이 발생한다.

┃그림 7-2┃ 조직환경의 공간

		예측 불가능성(환경변화, unpredictability)	
		낮음	높음
복잡성 (complexity)	높음	다양한 환경 (varied)	격동적 환경 (turbulent)
	낮음	안정적 환경 (calm)	지역적으로 격렬한 환경 (locally stormy)

출처 : Burton, DeSanctis & Obel(2006 : 43)

① 안정적 환경(calm environment) - 안정적 환경은 낮은 복잡성과 낮은 예측 불가능성을 가진다. 이 환경은 단순하고 예상 밖의 것이 거의 없다. 이 환경은 정치적 이슈와 재정적 이슈가 관리의 중요한 도전이 아니며, 시장을 예측할

수 있다. 대부분 공공기관이 안정적 환경에 속한다.

② 다양한 환경(varied environment) – 다양한 환경은 고려해야 하는 요인이 많고 요인들이 상호의존하여 복잡하다. 하지만 이들 요인은 상대적으로 예측할 수 있고 제한적인 범위에서 변화하는 경향이 있다. 더욱이 환경에 있어 정치적 이슈와 재정적 이슈가 요인으로 추가될 수 있다. 미래 환경에 대한 예측기법으로 시장예측과 정치적 경향에 대한 분석이 적용된다.

③ 지역적으로 격렬한 환경(locally stormy environment) – 지역적으로 격변하는 환경은 상당히 예측 불가능하지만, 복잡하지는 않다. 상대적으로 상호의존적인 환경적 요인이 매우 적지만, 예측할 수 없다. 이런 환경은 비가 올 수 있는 가능성이 0.5인 예측과 유사하다. 이런 환경에서 관리자는 조직에 영향을 미치는 예측 불가능한 환경적 요인에 보다 많이 관심을 가져야 한다.

이와 같이 복잡하지 않지만 예측 불가능성은 지역적 기반에서 다룰 수 있으며, 조직 전체에 대한 고려가 요구되지 않는 환경이다.

④ 격동적 환경(turbulent environment) – 격동적 환경은 높은 복잡성과 높은 예측 불가능성 모두의 특성을 가진다. 이 환경은 예측할 수 없는 상호의존적인 요인이 매우 많다. 이 환경은 농부가 비의 확률을 예측을 할 수 없을 뿐만 아니라 곡물의 시장가격을 알 수 없는 상황에 직면한 상태이다. 즉 강우량의 확률과 곡물의 가격이 상호관계가 있고, 더욱이 두 변수 모두를 예측하기 어려운 환경이다. 이런 환경에서는 조직이 취할 행동 대안을 신속하게 선택할 수 있도록 광범위하고 신속한 정보 처리 능력을 갖추어야 한다.

조직환경의 복잡성과 예측 불가능성에 대한 질문

- 조직환경에 있어 핵심적 요인(critical factors)의 수가 얼마인가?
- 핵심적 요인을 작성하고, 핵심적 요인을 평가하라.
- 이들 핵심적 요인 사이의 전체적인 상호의존성은 무엇인가? 서로 상호관련된 요인의 전체적 등급을 선택하라(낮음, 중간, 높음).
- 조직환경에 포함된 핵심적 요인의 각각에 대해 예측 불가능성 측도에 점수를 부여하라(예측 불가능성이 낮으면 1, 높으면 5)

핵심 요인의 상호의존성	조직환경에서의 요인 수				
	1-3	4-6	7-9	10-12	12 이상
낮음	1	1	2	2	3
보통	1	2	3	4	5
높음	3	4	4	5	5

출처 : Burton, DeSanctis & Obel(2006 : 48)

04 환경분석의 접근방법

조직은 환경에 반응하고 적응함으로써 체계적인 레퍼토리(repertoire)를 가진다. 환경에 대한 반응은 다음의 3가지 유형으로 분류할 수 있다. 이들 유형은 ① 적절한 전략의 선택, ② 내부구조와 과정, ③ 환경을 예측하고 이해하는 메커니즘 등이다.

이 점에서 관리자와 조직이 환경에 관해 어떻게 제대로 인식하는가에 관련하여 주사형과 주사시스템(scanning systems)의 모델이 있다.

1. 주사형

Francis Aguilar는 조직환경을 주사하면서 매우 구조화된 것으로부터 매우 구조화되지 않는 것의 연속체 모형으로 배열하고 있다. Aguilar는 다음과 같은 4가지 유형을 제시하고 있다.

① 목표가 불명확한 조망(undirected viewing) - 목표가 불명확한 조망은 특별한 목적을 가지지 않고, 관리자의 정보 노출과 지각을 언급한다. 정보의 원천과 실체가 매우 다양하고, 전형적으로 많은 정보가 관심에서 멀어진다.

② 조건화된 조망(conditioned viewing) - 조건화된 조망은 관리자가 정보를 수령함으로써 관리자에 의해 합목적성의 정도에 관여하는 것이다. 관리자는 일련의 관심을 가지고, 이에 따라 어떤 유형의 정보를 수령한다. 이 모형은 반응적인 특성을 갖는다. 즉 관리자가 적극적으로 정보를 추구하지 않지만, 활용할 수 있는 정보에 반응한다.

③ 비공식적 검색(informal search) - 비공식적 검색은 정보에 대한 검색에 있어

적극적 성향(proactive orientation)이 포함되어 있다. 하지만 구체적 목표에 대한 정보를 추구함에 있어 비교적 비구조화된 노력이 수반된다.

④ 공식적 검색(formal search) - 공식적 검색은 구체적 목표에 대한 정보를 획득함에 있어 매우 적극적이고 구조화된 유형이다. 정보 획득에 있어 공식적 절차와 방법을 강조한다.

2. 주사시스템

Liam Fahey, William King, V. K. Narayanan(1981)은 환경분석에 있어 다음의 3가지 시스템 유형을 제시하고 있다. 이러한 시스템은 미래의 조직 조건에 부합하는 장기적 전략기획을 평가하는 데 도움을 준다.

특히 주사시스템은 조직의 맥락과 일치해야 한다. 이점에서 변덕스러운 환경을 위해 설계된 주사시스템은 안정적 환경에 부적합하다.

① 불규칙적 시스템(irregular systems) - 조직은 위기 상황 혹은 즉각적 결정(immediate decisions)에 있어 구체적 사건을 이해하기 위해 특별한 기반(ad hoc basis)에서 환경분석을 수행한다.

② 주기적 시스템(periodic systems) - 환경의 힘에 대한 분석은 목적설정을 위해 전략적 기획을 주기적으로 갱신한다. 주기적 시스템은 중요한 환경적 요소를 정기적으로 검토하며, 보통 매년 이루어진다.

③ 연속 시스템(continuous systems) - 광범위한 환경 데이터는 해결하는 문제를 위해 진행하는 기반(ongoing basis)에서 수집된다. 연속시스템은 조직환경의 구성요소를 지속적으로 모니터링한다.

King 교수팀(1981)은 "조직이 장기적 기획(long-term planning)을 위한 환경분석과 이해를 위해 무엇을 해야 하는가?"라는 물음에 대해 연구했다. 이들 학자는 12개 대기업의 관리자를 대상으로 자신들의 조직이 무엇으로 환경을 분석하는가에 대한 인터뷰를 수행했다.

▮ 표 7-2 ▮ 환경에 대한 주사시스템

특성	불규칙적 시스템	주기적 시스템	연속 시스템
주사의 이유	위기	문제/이슈	스포라이트 기회 (spotting opportunity)

주사의 범위	구체적 사건	선택된 사건	광범위한 환경 범위
데이터	현재 결정을 위한 과거 데이터	짧은 기간의 결정을 위해 과거와 현재의 데이터	장기간을 위한 현재와 장래의 데이터
예측 (forecasts)	예산	판매지향	사회경제적 예견을 위한 광범위한 범위
과정	특별한 연구 (ad hoc studies)	주기적으로 갱신되는 연구(periodically updated studies)	구조화된 데이터 (stru-ctured data) 수집과 분석
조직구조	특별한 팀 (ad hoc teams)	여러 가지 막료기관	환경적 주사단위 (environmental scanning unit)

출처 : Fahey, King, and Narayanan(1981); Narayanan & Nath(1993: 215 재인용)

3. 환경주사의 장점

환경분석에 활용되는 환경주사는 다음과 같은 장점이 있다.

① 위험 탐지(signal threats) – 환경주사는 조직에게 위험에 관한 조기 신호를 제공한다. 조직의 환경적 위험을 미리 인지한다면 그 영향을 최소화할 수 있다.

② 고객의 욕구(customer needs) 탐지 – 환경주사는 고객의 변화하는 욕구를 탐지할 수 있다.

③ 기회 포착(capitalize opportunities) – 환경주사는 조직이 경쟁조직보다 빨리 기회를 포착하는 경쟁에서 승리하는 데 도움을 준다.

④ 지적 영감(intellectual simulation) – 환경주사는 의사결정에 있어 관리자에게 지적 영감을 제공한다.

05 환경분석의 과정

환경분석의 과정은 4단계 - 주사, 모니터링, 예측, 평가 - 로 구성할 수 있다. 이들 4가지 분석 과정은 모든 환경 수준에서 적용할 수 있다. 특히 정확한 환경분석의 결과는 수집하는 데이터의 질과 활용되는 예측기술의 적절성에 의존된다.

1. 주사

주사(scanning)는 잠재적 환경변화에 대한 조기신호의 식별과 진행 중인 환경변화를 탐지하기 위해 수행하는 환경요소에 대한 전반적인 감시를 말한다. 판단이 의사결정 정보의 질에 심각하게 영향을 미치기 때문에 주사는 매우 중요하다.

이런 관점에서 환경주사는 조직의 내부환경과 외부환경의 관계와 사건에 관한 정보를 수집하는 과정이다. 환경주사의 기본 목적은 조직의 미래 방향을 결정하는 데 있어 관리에 도움을 제공하는 것이다. 이러한 환경주사는 환경에서의 잠재적 변화에 관해 신호를 조기에 탐지할 수 있다.

효과적인 주사는 〈그림 7-3〉과 같이 4가지 기본적인 구성요소를 가진다 (Black & Porter, 2000: 86). ① 정의(define) 단계는 당신의 살펴야 하는 정보유형이 무엇인지 그리고 당신이 정보를 어디서, 어떻게 확보하기 위한 계획인지를 결정하는 것이다. ② 인식(recognize) 단계는 당신이 관련된 정보를 이해하는 단계이다. ③ 분석(analyze) 단계는 정보를 인식했다면, 당신이 정보를 분석하고 정보의 영향을 결정해야 한다. ④ 적용(apply) 단계는 당신의 직무, 조직에 정보력을 적용하는 것에 놓여있다. 이 정보가 무슨 영향을 가지고 있는가, 내가 어떻게 효과적으로 반응할 수 있는가에 대해 답해야 한다.

┃그림 7-3┃ 환경적 주사

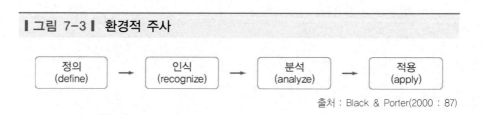

출처 : Black & Porter(2000 : 87)

2. 모니터링

모니터링(monitoring)은 주사 과정에서 밝혀진 환경의 경향과 사건을 체계적으로 추적 관찰하는 것이다. 모니터링 과정에서 데이터는 정확해지고 집중된다. 모니터링과의 마지막 단계에서 조직은 예측하기 위해 환경적 경향에 대한 구체적인 기술을 하게 된다. 이처럼 모니터링은 다른 환경적 사건과 경향을 탐지하는 것이다. 특히 변덕스러운 환경에서 모니터링은 매우 중요하다.

3. 예측

예측(forecasting)은 환경변화의 방향, 범위, 속도, 강도에 대한 예상을 발전시키는 것이다. 예를 들면, 경쟁적인 조직의 가격 할인이 어떠한 영향을 가져오는가? 예측은 모니터링 과정에서 발견된 강력한 경향의 이유 혹은 세력을 탐지하는 것이 포함된다. 예측력은 분석가들에게 미래에 있어 경향의 유형과 전개를 예측할 수 있게 한다.

이와 같이 예측은 무엇이 일어날 것인가, 얼마나 빨리 일어나는가에 대한 가능한 설계(feasible projections)를 전개하는 것이다. 예측은 변화와 경향에 기초하기 때문에 도전적인 업무이다.

4. 평가

평가(assessing)는 지각했던 환경적 변화의 효과에 관한 흐름과 중요성을 결정하는 것이다. 평가단계는 현재와 예측한 환경변화가 조직의 관리에 어떻게 그리고 왜 영향을 미치는가를 인지하고 평가하는 것이다. 평가단계는 조직의 경쟁적 지위를 검토하는 것도 포함된다. 이점에서 자기 조직의 강점과 약점뿐만 아니라 경쟁조직의 강점과 약점도 인식해야 한다.

SECTION
06 환경분석의 모델

모든 관리기능은 각각의 환경분석을 위해 구체적인 모델을 전개한다. 예를 들면, 재무전문가들은 전형으로 자금시장의 운영에 집중적으로 관심을 가진다. 또한 인적자원전문가들은 노동시장에 관심을 가진다. 이처럼 사람들이 업무하는 환경은 다양한 방식에서 자신들의 성과에 영향을 미친다. 이들 업무환경은 몇 가지 범주로 구분할 수 있다.

첫째, 조직과 환경과의 상호작용하는 관점에서 거시적 환경과 미시적 환경으로 구분하기도 한다. 미시적 환경(micro environment)은 조직 자체를 의미한다. 이러한 미시적 환경에는 3가지 주요한 하부시스템으로 구성되어 있다. 이들 하부시스템은 ① 기술을 포함한 목표와 업무시스템 – 모든 조직 활동의 기반 역할, ② 내부적 연계시스템(internal linking system)인 구조, 의사소통, 권위와 권한 시스템 – 조직 내 의사결정의 권위를 할당하는 방식, ③ 인적요인시스템 – 조직 내 대인관계와 행태패턴의 네트워크이며, 이들 시스템에는 역할행태, 동기부여, 지각, 자문집단, 리더십과 같은 개념이 포함된다. 이들 3가지 시스템은 조직의 산출을 생산하는 데 관련된 중요한 조직시스템이다.

둘째, 조직에 있어 거시적 환경과 조직 사이를 연계하는 중개적 환경(intermediate environment)이 있다. 이 환경은 미시적 환경과 거시적 환경 사이의 인터페이스를 편리하게 하는 연계시스템을 구성한다. 중개적 환경의 각 단위(공급자/배분자, 광고/홍보기관, 중개인/대리인, 고용기관, 서비스 단위)는 환경으로부터 자원획득 혹은 환경에 대해 제품과 서비스를 배분하는 것을 편리하게 한다.

▌그림 7-4▐ 미시적, 중개적, 거시적 조직환경

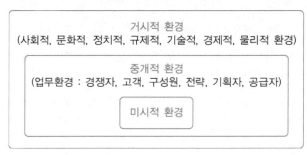

출처 : Hodge & Anthony(1984 : 63)

이 책에서는 거시적 환경과 산업/경쟁적 환경으로 대별하여 살펴보고자 한다.

1. 거시적 환경

거시적(macro) 환경 혹은 일반적 환경(general environment)은 가장 광범위한 환경 수준이며, 모든 조직에 영향을 미치는 경제, 문화 등 여러 가지 사회적 경향이 포함된다. 조직의 거시적 환경은 관리적 의사결정을 위한 맥락을 설정하는 모든 외부적 조건으로 구성된다. 이 단계의 환경은 매우 많은 요소들을 포함하기 때문에 매우 복잡하다.

이러한 거시적 환경은 사회적 환경, 문화적 환경, 정치적/규제적 환경, 기술적 환경, 경제적 환경, 물질적 환경으로 구분할 수 있다.

1) 사회적 환경

거시적 환경의 사회적 부분은 계층구조, 인구, 유동성 패턴, 라이프 스타일, 사회적 이동과 전통적 사회제도(교육시스템), 종교적 실제, 직업 등에 연계되어 있다. 무엇보다 사회적 환경은 인구통계학적 유형의 이동 – 라이프 스타일의 다양성, 한 사회에 일반적 혹은 최근에 나타난 사회적 가치 – 에 초점을 둔다.

인구통계학(demographics)은 한 사회의 인구에 대한 규모, 인구구조, 평균수명, 출생률, 교육 수준, 지리학적 분포, 인종 혼합(ethnic mix), 수입 분포 등을 언급한다. 이것의 변화는 사회의 장기적 변화의 핵심이다.

라이프 스타일(life style)은 사람들의 삶의 패턴이다. 즉 가정의 방식, 일, 교육, 소비패턴, 휴가 활동 등이다. 라이프 스타일은 상품과 서비스의 요구에 영향을 미친다.

사회적 가치(social values)는 활용할 수 있는 행동의 수단과 결과에 대한 선택에 영향을 미친다. 사회적 가치의 변화는 환경에 대한 관심과 유사한 사회적 경향에 기반한다.

2) 문화적 환경

한 사회의 문화적 시스템은 사회의 기본적인 신념, 태도, 역할 정의와 상호작용이다. 문화적 시스템에 있어 구체적인 제도는 가족, 종교시스템 및 교육시스템이 포함될 수 있다. 이들 제도는 문화를 한 세대에서 다음 세대로 전승한다. 하지만 이들 제도는 단지 문화를 전승만 하는 것이 아니라 문화적 가치, 규범 및 역할패턴을 재정의하고 창조하기도 한다(Hodge & Anthony, 1979: 70).

이와 같이 문화적 영역에서의 관심은 역사, 전통, 행태에 대한 규범적 기대, 신념과 가치와 같은 이슈가 포함된다. 이러한 보편적 태도, 가치를 포함한 문화적 요인은 조직에 영향을 미친다. 예를 들면, 미국회사에 있어 문화적 영역의 경향은 계층적 권위에 대한 중요도가 약하고, 윤리적 경영기법과 인권에 대한 가치가 증대되고, 자연환경에 대한 보호가치가 강조되고 있다. 반면에 문화적 영역의 조건은 리더십, 기술적 합리성, 물질적 풍요 등에 대해 강조하고 있다. 이러한 문화적 가치의 변화는 조직의 일반적 환경에 있어 법률적 그리고 정치적 부분에 영향을 미친다.

3) 정치적·규제적 환경

조직은 지속적으로 정치적 그리고 규제적 환경변화에 대해 많은 관심을 가지고 있다. 정치적 환경(political milieu)은 상이한 이익집단이 자신의 가치, 이익 그리고 목표를 확보하기 위해 자원에 대해 경쟁하는 영역이다. 이들 집단은 자신의 바램을 일반화하기 위해 권한과 영향력을 추구한다. 이 정치적 환경은 행정부와 의회뿐만 아니라 사회 내의 다양한 이익집단이 포함된다.

정치적 부문은 경제적 부문과 매우 밀접하게 관련되어 있어 분리해서 각각의 영향을 분석하는 것은 어렵다. 예를 들면 경영단체의 압력에 의해 많은 정부들은 무역장벽을 완화하고, 국가의 자치권을 약화시키는 다른 나라와 무역협정을 체결하기도 한다. 나아가 미국에 있어 지방, 주정부 및 연방에서의 총 정부지출은 국내총생산(gross domestic product)의 20%에 달한다. 이점에서 정부지출의 증가와 감소는 전체 경제에 중요한 영향을 미친다.

규제적(regulatory or legal) 환경은 조직관리에 직접적 혹은 간접적으로 영향을 미치는 법률과 규제로 구성된다. 규제기관은 규제하기 위해 다양한 메커니즘을 활용한다. 특히 법률적 영역의 경우, 조직이 수행하는 업무에 영향을 미치는 헌법과 법률(정부조직법, 기업법, 독과점법, 조세법, 외국투자법 등)이 있다. 이에 법률은 조직이 할 수 있는 것과 할 수 없는 것에 대해 기준을 구성한다. 예를 들면, 조세법은 기업의 근본적인 활동에 영향을 미친다.

4) 기술적 환경

모든 조직은 어느 정도 기술을 활용한다. 조직의 성공은 조직이 기술혁신에 적응하는 능력과 활용하는 능력에 의해 측정된다. 기술은 산업영역에서 다루는 광범위한 지식과 정보를 언급하며, 제품과 분배에 요구되는 방식과 기법, 기구 등을 말한다. 기술 부문은 새로운 지식을 창출하는 데 관련한 활동과 제도를 포함한다.

기술의 변화는 사회에 있어 가장 가시적이고 일반적인 변화이다. 기술의 변화는 우리 주변의 모든 사회적 측면에 영향을 미친다. 즉 기술의 변화는 교통수단, 에너지 형태, 의사소통, 영화, 의료, 음식, 농업, 산업 등에 영향을 미친다.

또한 기술적 변화는 사회적 가치에도 영향을 미친다. 이처럼 기술적 영역의 변화는 사회적 그리고 경제적 영역에 많은 영향을 미친다.

기술적 혁신은 조직의 탄생과 성장을 초래하고, 다른 조직의 쇠퇴와 소멸을 가져온다. 기술적 환경이 매우 복잡한 경우 관리자는 생산 및 과정의 기술적 변화에 대해 지속적으로 관심을 가질 필요가 있다. 생산기술변화(production technology changes)는 새로운 상품의 특성, 능력 혹은 완전히 새로운 제품의 등장을 초래한다. 과정기술변화(process technology changes)는 생산이 어떻게 이루어지는가 혹은 기업이 어떻게 관리되는가에 대한 변화 또는 교체에 관련되어 있다. 예를 들면, 경영정보시스템 기술은 관리자에게 매시간 제품의 추적을 가능하게 한다.

5) 경제적 환경

경제적 영역은 조직이 운영되는 경제의 본질과 방향을 언급하는 것이다. 경제적 환경은 노동시장, 자금시장, 상품과 서비스시장 등으로 구성된다. 이러한 경제적 환경은 조직의 운영에 영향을 미치며, 경제적 조건은 민간부문에서 자본 획득과 관련한 조직의 능력에 강하게 영향을 미친다.

특히 현재의 경제조건인 인플레이션 수준과 금리는 조직에 중요하게 영향을 미친다. 나아가 산업의 구조적 변화는 경제활동의 현재와 미래에 중요하게 영향을 미친다. 예를 들면, 산업경제에서 서비스경제로의 이동은 다양한 측면에 영향을 미친다. 사람들이 작업하는 지역, 수행하는 업무 종류, 그 업무에 요구되는 교육 수준 등에서 사회의 구조적 변화를 초래하게 된다.

또한 경제적 환경은 물질적 그리고 자연적 자원의 자본, 상품과 서비스가 지불에 의해 교환되는 모든 시장의 집합체가 포함된다. 경제적 영역은 모든 민간조직의 기능에 직접적으로 영향을 미친다. 이것은 수요, 가격 및 자본의 접근에 영향을 미친다. 나아가 경제적 영역의 변화는 정치적 부문에 영향을 미친다.

6) 물리적 환경

물리적 환경(physical environment)은 천연자원과 자연의 효과 등을 포함한다. 대부분 조직은 석탄과 석유의 비축, 접근가능한 항구, 독자적으로 가능한 수송노선, 기후조건 등에 영향을 많이 받는다. 또한 지진과 같은 재앙은 지역의 경제에 많은 영향을 미친다. 나아가 다른 환경적 영역 – 인구의 성장, 이주 관련 세금 등 – 도 물리적 환경에 영향을 미친다.

또한 물리적 작업환경은 일반적 작업조건과 구체적인 요소(예를 들면 도구, 기술 및 작업설계)와 관련되어 있다. 이들 물리적 요소는 작업을 수행하는 데 사람들의 능력과 동기부여에 영향을 미친다.

특히 조직이 자국의 경계를 초월해서 활동을 전개할 때 국제적 환경에 영향을 받는다. 더욱이 조직은 국제적 시장에서 운영되고 있는 경쟁업체에게 영향을 받고 있다. 결국 조직 자체는 〈표 7-3〉과 같이 다른 조직과 더불어 환경을 구성하기 때문에 환경으로부터 분리할 수 없다.

┃표 7-3┃ 세계적 복잡성과 환경적 영역의 요인

영역	세계적 변화에 대한 기여요인
기술적 영역	• 개인용 컴퓨터 • 인터넷과 WIFI • 디지털 카메라와 HDTV • 휴대폰(cell phone) • 커뮤니케이션 위성 • 고속수송열차, 우주왕복선(space shuttles), 초대형 유조선
경제적 영역	• 글로벌 자금시장 • 기술교환 • 전 세계적 무역(worldwide trade) • 초국가적 기업(transnational corporations) • 국제경제기구(예를 들면, IMF, World Bank, WTO) • 지역무역시스템과 글로벌 소매업
정치적/법률적 영역	• 민족국가(nation-state)의 권위 붕괴 • 영토적 경계의 침식 • 글로벌 거버넌스 기구(UN, WHO, World Court)
사회/문화적 영역	• 글로벌 매스컴의 보도(global media coverage) • 인구문화(예를 들면, 음악, 패션 등) • 과학, 정치, 비즈니스, 인터넷의 글로벌 언어로서 영어 • 물질주의와 소비지상주의(consumerism) • 관광 • 다인종, 다문화와 다중언어(multi-lingualism)
물리적 영역	• 인구성장 • 생물다양성의 상실(loss of biodiversity) • 유해폐기물(hazardous waste)과 산업재해 • 오염(pollution) • 질병과 식품불안정(food insecurity) • 유전자 조작식품(Genetically modified(GM) foods)

출처 : Hatch & Cunliffe(2006: 76)

2. 산업/경쟁적 환경

Michael Porter(1980)는 산업의 경쟁적 환경을 분석하는 데 있어 가장 보편적이고 포괄적인 5가지 힘 모델(5 force model)을 제시했다. Porter는 산업의 상대적 내구성의 특성(enduring characteristics)은 조직이 전략을 수립하는 데 고려하는 가장 중요한 환경이라고 지적한다.

이와 같이 산업의 경쟁적 환경분석과 관련하여, 1979년에 발전시킨 Porter의 경쟁적 지위분석을 위한 5가지 힘의 분석 틀은 기업조직의 경쟁적 강점과 위치를 평가하기 위한 분석 틀이다. 이 이론은 시장에서의 구매력과 경쟁적 강도를 결정하는 5가지의 힘이 있다는 개념에 기초한다. 이러한 5가지의 힘은 새로운 상품 혹은 서비스가 잠재적으로 수익성이 있는지를 진단하는 데 활용되는 전략적 분석의 틀이다.

① 공급자의 힘(supplier power) – 이것은 공급자가 가격을 상승시키는 것이 얼마나 용이한가를 평가한다. 이러한 힘에는 공급자의 상품 혹은 서비스의 독특성, 공급자의 상대적인 규모와 강도, 어떤 공급자에서 다른 공급자로의 전환비용 등이다.

② 구매자의 힘(buyer power) – 이것은 구매자가 가격을 낮추는 데 얼마나 용이한가를 평가한다. 이러한 힘에는 시장에서의 구매자 수, 조직에 대해 각 구매자의 중요성, 어떤 구매자로부터 다른 구매자로의 전환비용 등이다.

③ 경쟁의 강도(competitive rivalry) – 이것은 시장에서 경쟁자들의 수와 능력이다. 다수의 경쟁자, 차별점이 없는 상품과 서비스의 제공 등은 시장구매력(market attractiveness)을 줄인다.

④ 대체재의 위협(threat of substitution) – 시장에서 대체할 수 있는 상품이 가까운 곳에 있을 때 제품의 가격 상승에 대응하여 고객은 대용 상품으로 전환할 가능성이 높다. 이것은 공급자의 힘과 시장구매력을 모두 줄인다.

⑤ 새로운 진입의 위협(threat of new entry) – 수익성이 있는 시장은 새로운 진입자에게 매력적이다. 이것은 따라서 새로운 시장 진입자는 기존 기업들의 수익성을 파괴한다.

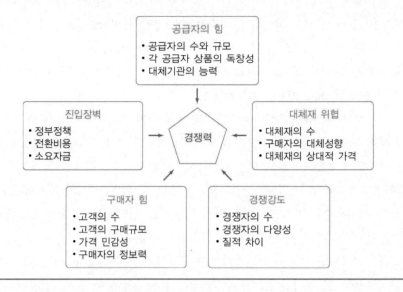

유망산업	비매력적 산업
• 진입위협이 적음	• 진입위협이 큼
• 대체물의 위협이 적음	• 대체물의 위협이 큼
• 구매자의 협상력이 약함	• 구매자의 협상력이 강함
• 공급자의 협상력이 약함	• 공급자의 협상력이 강함
• 경쟁강도가 낮음	• 경쟁강도가 높음

3. PEST 분석

1) PEST 분석의 의의와 특징

조직환경에 대한 분석으로 PEST 분석이 광범위하게 활용되고 있다. PEST 분석은 하버드대학교 Francis Aguilar 교수가 고안한 것으로, 조직환경과 관련하여 정치적(Political) 변화, 경제적(Economic) 변화, 사회인구학적(Social & Demographic) 변화, 기술적(Techological) 변화를 분석하는 것이다. 이 분석은 변화와 관련한 큰 그림(big picture forces)을 이해하는 데 도움을 준다. 즉 PEST 분석은 전략적 기획과 관련한 거시적 환경영향을 분류하는 효과적인 틀이다.

PEST 분석의 목적은 조직에서의 4가지 범주에 대한 각각의 전체적 영향을 검토하는 것이다. PEST 분석은 전략적 기획을 준비할 때 위협에 대응하기 위한 상황적 기획의 설계에 도움을 준다. PEST 분석은 다음과 같이 4가지 측면에서 도움을 준다.

① PEST 분석은 중요한 위협에 대해 사전적 경고를 제공한다. 조직의 기회 혹은 위협을 탐지하는 데 도움을 준다.

② PEST 분석은 조직환경에서 변화방향을 보여준다. 무엇을 해야 하는지를 구체화하는 데 도움을 준다.

③ PEST 분석은 실패할 수 있는 프로젝트를 시도하는 위험을 회피할 수 있게 한다.

④ PEST 분석은 새로운 시장에 진입할 때 무의식적인 가정을 차단하게 한다. PEST 분석은 새로운 환경에 대한 객관적인 관점을 전개하는 데 도움을 준다.

2) PEST의 4가지 변화

PEST 분석은 다음과 같이 4가지 변화가 장기적으로 기업활동과 성과에 어떻게 영향을 미치는지를 결정하는 데 도움을 준다.

① 정치적 변화(Political changes) - 조직환경에 영향을 미치는 정부규제와 법률적 요인에 대한 검토이다. 이 분석과 관련한 것은 정치적 안정성, 조세정책, 무역 및 관세, 환경규제, 안전규제, 고용 관련 법, 채용 관련 법 등이다.

② 경제적 변화(Economic changes) - 잠재적 고객의 구매력과 기업의 자본비용에 영향을 미친다. 이 분석과 관련한 것은 나라의 경제사이클, 경제성장, 이자율, 환율, 인플레이션, 실업률 등이다.

③ 사회인구학적 변화(Social & Demographic changes) - 외부적인 거시적 환경으로 인구사회학 측면과 문화적인 측면이다. 이 분석과 관련한 것은 인구성장률, 연령분포, 보건의식, 라이프 스타일, 교육 등이다.

④ 기술적 변화(Technological changes) - 기술은 시장에서의 생산 혹은 서비스 도입에 있어 긍정적 혹은 부정적인 영향을 미친다. 이 분석과 관련한 것은 기술의 발달, R&D 활동, 자동화, 인터넷의 역할 등이다.

┃그림 7-6┃ PEST 분석

용어 해설

- 조직환경(組織環境, organizational environments) – 조직의 경계 밖에 놓여있는 실체이며, 조직기능과 성과 및 행태에 영향을 미치는 조직의 외부적 요인을 말한다. 조직의 경계 밖에 있는 모든 것(everything outside of boundary)이다.

- 환경분석(環境分析, environmental analysis) – 의사결정자에 대해 조직환경 – 현재와 미래의 조직의 기능과 성과에 영향을 미치는 요인 – 의 이해를 제고하기 위한 과정이다. 이처럼, 환경분석은 환경과 관련한 정보를 수집하고 분석하여, 환경변화에 대한 현재와 잠재적 영향을 예측하는 것이다.

- 격동적 환경(激動的 環境, turbulent environment) – 조직환경에의 변화와 복잡성 정도를 언급하는 것이며, 높은 복잡성 그리고 높은 예측 불가능성 모두의 특성을 가진다. 환경적 요인들의 변화정도가 많을수록 고려해야 할 환경적 요인의 수가 많아지고, 격동적 환경의 수준이 높아진다.

- 주사(走査, scanning) – 잠재적 환경변화에 대한 조기신호의 식별을 위해 그리고 진행 중인 환경변화를 탐지하기 위한 환경요소에 대한 전반적인 감시를 말한다.

- 거시적 환경(巨視的 環境, macro environment) – 일반적 환경(general environment)으로 명명되며, 가장 광범위한 환경 수준으로 모든 조직에 영향을 미치는 여러 가지 사회적 경향을 포함하는 환경이고, 사회적 환경, 문화적 환경, 정치적/규제적 환경, 기술적 환경, 경제적 환경, 물질적 환경으로 구분할 수 있다.

- Porter의 다섯가지 힘(force) – Porter가 1979년에 경쟁적 지위분석을 위한 5가지 힘의 분석 틀로 기업조직의 경쟁적 강점과 위치를 평가하였다. 5가지 힘은 공급자의 힘, 구매자의 힘, 경쟁의 강도, 대체재의 위협, 새로운 진입의 위험이다.

- PEST 분석 – 하버드대학교 Francis Aguilar 교수가 고안한 것으로, 조직환경과 관련하여 정치적 변화(Political changes), 경제적 변화(Economic changes), 사회인구학적 변화(Social & Demographic changes), 기술적 변화(Technological changes)를 분석하는 것이다.

CHAPTER **8**

조직구조

01 조직구조의 의의와 변수

1. 조직구조의 의의

조직구조는 조직의 목표로부터 발생되고, 조직목표에 의해 변화해야만 한다. 이점에서 조직구조는 목표지향적(goal-oriented)이며, 조직의 한 국면이다.

조직구조(organizational structure)란 조직이 구별되는 업무에 노동을 분할하고, 이들을 조정하기 위한 방식의 총합으로 정의된다. 또한 조직을 구성하는 부분들 간의 관계 및 유형으로 조직활동의 형태, 부서 간의 조정방식 등을 포함한다. Griffin과 Moorehead(2008)는 조직구조를 조직이 작동하도록 만드는 업무, 보고, 권위의 공식화된 장치라고 정의하고 있다. 종합하면 조직구조는 조직 내 노동의 분업, 전문화, 관계의 조정을 등 조직활동 전반을 규정한 체계라고 할 수 있다. 이러한 조직구조의 개념은 조직의 목적과 목표의 존재를 설명하는 것이고, 그리고 관리는 조직효과성에 기여하는 의미에서 구조를 생각한다. 조직구조의 설계를 통하여 관리는 개인과 집단이 조직목적을 성취하는 것에 대한 기대를 설정한다.

조직구조는 조직구성원의 활동과 상호작용을 정의하고 규제하는 규칙, 절차, 정책, 의사소통 네트워크 등으로 구성된다. 이러한 조직구조는 조직을 구성하는 개인과 집단의 행태에 영향을 미친다. Lawrence와 Lorsch는 효과적인 조직성과는 조직의 사회적 구조와 조직환경 사이의 적합도 수준에 의해(by the fit) 결정된다고 주장한다. 특히 가장 성공적인 조직은 분화의 정도와 통합의 수단이 환경의 요구에 잘 부합한다.

일반적으로 조직의 구성을 한눈에 볼 수 있도록 작성된 조직도(organizational charts)는 조직구조의 중요한 측면을 표현하지만, 조직구조와 동등한 것은 아니다. 왜냐하면, 조직구조는 조직도에 나타나는 가시적인 조직의 물리적 구조(physical anatomy)보다 훨씬 복잡하기 때문이다. 실제로 조직도에 묘사할 수 있는 것보다 조직구조는 더 복잡하다.

특히 고전적 조직이론가들은 사람, 지위 및 작업단위의 구조적 배열(structural arrangement)을 통해 조직의 설정된 목적 혹은 목표를 성취하기 위한 최상의 방법을 찾고자 노력하였다. 즉 조직의 구조에 대한 연구는 어떻게 조직을 구조화했을 때 조직목표를 최적으로 달성할 수 있는가에 초점을 두고 있다고 할 수 있다. 하지만 어떻게 조직구조를 가장 잘 정의할 것인가에 대한 동의는 없었다. 고전적 관리학자들이 정의하는 조직구조의 특성은 Weber의 관료제에서 잘 표현되고 있다.

조직구조의 정의에 관련된 4가지 구성요소

• 조직구조는 조직에 있어 개인과 부서에 대해 업무의 할당과 책임(allocation of tasks and responsibilities)을 기술한다.
• 조직구조는 관리자와 감독관의 통솔범위와 계층제의 수 등이 포함된 공식적인 보고관계(formal reporting relationships)를 명시한다.
• 조직구조는 부서 내의 개인들의 그룹핑과 전체 조직에서의 부서의 그룹핑을 확인하게 한다.
• 조직구조는 수직적 그리고 수평적 방향에서 효과적인 의사소통, 조정, 통합(effective communication, coordination, and integration)을 보장하기 위한 시스템의 설계를 포함한다.

출처 : Daft(1983: 202)

2. 조직구조의 변수

조직구조는 관리자의 선택에 의존되며 다양한 기준이 존재한다. Robbins & Judge(2015)는 공식화, 집권화와 분권화, 업무 전문화, 부서화, 명령계통, 통솔범위를 조직구조 설계의 기준으로 제시하고 있다. Daft(2015)는 업무 전문화, 부서화, 명령계통, 집권화와 분권화, 공식화, 경계스패닝(boundary spanning) 등의 7가지를 조직구조 설계의 핵심 요인으로 제시하고 있다. 이 책에서는 조직구조의 변수를 노동의 분업, 권한의 위임, 부서화, 통솔의 범위 기준으로 살펴보고자 한다.

1) 노동의 분업

노동의 분업(division of labor)은 조직 내 작업업무의 할당과 책임의 분배(distribution of responsibilities)로 정의된다. 노동이 적절하게 분업될 때 업무의 결합이 바람직한 조직산출(organizational output)을 생산할 수 있다. 이에 노동의 분업 수준은 직무가 어느 정도 전문화되었는지를 알 수 있는 지표가 되기도 한다. 관리자는 조직의 전체 업무를 수행하는 종업원을 규정하는 활동에 연계된 구체적인 직무를 통하여 분류한다. 구체적인 직무로 노동을 분리하는 것의 경제적 이점이 조직 탄생의 역사적 이유이기도 하다.

2) 권한의 위임

권한의 위임(delegation of authority) 혹은 권한계층제(hierarchy of authority)는 조직에 있어 권한의 배분을 말한다. 즉 권한계층제는 각 관리자에 대한 통솔의 범위(span of control)를 말한다. 관리자는 각 직무와 각 직무담당자에게 권를 얼마나 할당할 것인가를 결정한다. 권한은 상위관리계층의 승인 없이, 그리고 다른 사람에게 의존함이 없이 의사결정을 하는 개인의 권리를 말한다.

이와 같이 권한의 위임은 어떤 업무를 사람에게 할당하고 어떤 업무를 수행하기 위한 적절한 권한를 위임하는 과정이다. 이러한 권한위임은 다음과 같은 중요한 역할을 한다.

첫째, 비교적 높은 수준의 권한위임은 전문적 관리자의 양성에 기여한다. 의사결정의 권한을 하부 계층으로 위임하면, 중간관리자들은 중요한 의사결정에 참여할 기회를 가지고, 의사결정의 기술을 학습하게 된다. 이처럼 권한위임은 부하를 훈련시키는 중요한 방법이다.

둘째, 권한위임은 조직 내 경쟁적 분위기를 이끌 수 있다. 비교적 많은 수준의 권위를 가진 관리자들은 넓은 업무자율권을 가지며, 문제해결에 참여하고자 하는 열망을 충족할 수 있게 될 것이다. 이러한 업무자율권은 조직발전과 상황적 적응에 있어 관리적 창의성과 독창성을 가져온다.

셋째, 권한위임은 효과적인 의사소통의 도구가 된다. 권한위임이 적절하게 이행되기 위해서는 부하들이 상관이 무엇을 원하는가에 대해 정확하게 이해해야 한다. 즉 권한을 위임받은 부하들은 관리자 또는 상관의 관점을 이해할 수 있는 좋은 기회를 제공한다. 이런 점에서 권한위임은 또한 동기부여, 영향력 및 리더십이 포함되어 있다.

효과적인 권한위임의 전제조건

- 상관은 자신의 권한와 책임을 이해해야만 한다.
- 상관은 위임해야 할 자신의 권위영역을 결정한다.
- 상관은 부하의 능력과 무능에 관련한 지식을 가지고 있어야 한다.
- 상관은 부하가 위임된 업무를 이해할 수 있다고 보장해야만 한다.
- 상관은 권한위임과 관련하여 위임의 필요성, 중요성, 가치를 이해해야만 한다.
- 상관은 독립적으로 수행되는 업무를 위임할 수 있어야 한다.
- 상관은 부하에서 부여한 의사결정권한에서 해방되어야 한다.
- 권한위임은 조직의 구조에서 제한되어야 한다.
- 권한위임은 적절한 의사소통의 네트워크, 명확한 책임성의 기준에 대한 정의 등과 같은 전체적인 계획에 따라 수행되어야 한다.

William Newman(1956)이 지적하는 관리자들이 권한위임을 꺼리는 이유

- 나는 자신의 오류를 나름의 방식으로 잘 대처할 수 있다(The I can do it better myself fallacy). 관리자는 직무를 잘 수행할 수 있기 때문에 부하 대신에 그것을 한다.
- 업무지시에 대한 능력의 부족(lack of ability to direct). 업무흐름에 대한 장기적인 전망을 파악할 수 없다면, 관리자는 부하들에게 직무분할의 중요성을 깨닫지 못한다.
- 부하에 대한 신뢰의 부족(lack of confidence in subordinates). 부하에 대한 신뢰가 부족하다면, 부하가 정확하게 일을 수행하는지에 대해 종종 요청의 필요성을 느낄 것이다.

- 위기에 대한 혐오감(aversion to risk). 관리자가 직무위임으로 인해 대담해야만 하는 문제를 야기할 것이라는 공포를 느낄 때 권한위임을 어렵게 된다.
- 절박한 난제의 관리를 경고하는 데 선택적 통제의 부족(absence of selective controls to warn management of impending difficulty). 관리자는 권위에 대한 권한위임에 따라 관리는 부하들의 결과에 대한 환류를 제공받기 위해 효과적인 통제를 만들어야 한다. 통제가 효과적이지 않다면, 관리는 부하들에게 권한위임한 것에 대해 걱정을 일으키는 원인이 될 것이다.

출처 : Newman(1956)

3) 부서화

부서화(departmentalization)는 유사한 혹은 밀접하게 관련된 활동을 조직의 하부단위로 그룹화하는 것이다. 이처럼 부서화는 조직을 하부단위로 분할하는 과정이다. 직무를 분류하는 논거(rationale)는 직무를 조정하기 위한 필요성에 놓여있다. 또한 직무의 활동과 권위를 규정하는 과정은 분석적이다. 조직의 전체적 업무는 연속적인 소규모 업무로 분할한다. 그리고 관리는 분할된 업무(the divided tasks)를 집단 혹은 부서로 통합해야만 한다. 이에 관리자는 조직의 목표를 효과적으로 성취하기 위해서 부서화에 의해 만들어진 하부단위를 체계적으로 감독해야 한다.

이러한 부서화를 추진함에 있어 다음과 같은 몇 가지 기준에 적합성을 고려해야 한다. ① 전문화 – 조직활동은 업무의 전문화로 이어지도록 분류되어야 한다. ② 조정(coordination) – 부서화의 기준은 서로 다른 활동들이 한 부서에서 함께 수행되도록 설계되어야 한다. ③ 통제 – 부서화는 성과의 측정과 시기적절한 교정활동의 채택을 촉진해야 한다. ④ 적절한 관심(proper attention) – 하부부서의 성과달성에 기여하는 모든 활동들에 대한 적절한 관심을 기울여야 한다. ⑤ 경제성 – 부서화를 통하여 경제적 효율성을 확보할 수 있어야 한다. ⑥ 현지 조건 – 부서화는 현지 조건이나 상황을 적절히 고려해야 한다. ⑦ 인적 고려 – 부서화는 조직의 인적 측면을 고려해야 한다.

이러한 부서화는 다음과 같은 몇 가지 이유로 필요하다. ① 전문화의 장점 – 모든 부서가 하나의 주요한 기능을 수행한다면 운영의 효율성을 향상시킬 수 있다. ② 자율성(autonomy) – 자율성은 업무만족도와 동기부여를 제공한다. ③ 확장성(expansion) – 활동과 부서인력을 그룹화하는 것은 성장과 확장성을 제고한다. ④ 책임성 – 부서화는 전체 조직에서의 개인이 수행해야 하는 구체적인 역할을 알게 한다. ⑤ 관리능력의 향상(upliftment) - 부서화는 관리능력을 개발하는 데 도움을 주며, 직무훈련에 효과성을 제공한다. ⑥ 평가의 용이성 - 부서 직원에게 특정업무를 할당하면 경영성과의 평가가 용이하다. ⑦ 행정통제(administrative control) - 부서화는 큰 조직과 복잡한 조직을 작은 행정단위로 분할하는 수단이기 때문에 관리통제가 용이하다.

(1) 기능적 부서화

기능적(functional) 부서화는 때론 전통적 혹은 고전적 부서화로 명명한다. 기능적 부서화는 조직을 구별되고, 상이한 업무와 책임(distinct, dissimilar tasks and responsibilities)을 가진 단위부서로 분할하는 과정이다. 기능적 부서화는 종업원이 수행하는 광범위한 직무에 따라 종업원을 부서화하는 것이다.

관리자는 조직의 기능에 따라 직무를 결합할 수 있다. 조직의 필요한 활동이 조직의 기능이다. 예를 들면, 병원의 필요한 기능은 외과 의사, 정신과 의사(psychiatry), 시설관리과, 약국, 간호사, 행정직원 등이 포함된다. 이들 기능의 각각은 구체적인 부서가 될 수 있다.

이러한 기능적 부서화의 장점은 전문성과 효율성에 있다. 특별한 분야에 있어 전문가로 구성되는 부서라는 점에서 업무수행이 논리적이며, 전문가 집단에 의한 업무수행이 매우 효율적이다. 반면에 단점은 자기 분야의 전문성과 관심을 가진 전문가들은 조직의 목표보다 자기 부서의 목표를 선호하는 경향이 있다. 따라서 개발 부서들이 부서의 목표만 강조하게 되어 전반적인 조정이 쉽지 않다는 문제가 발생한다.

장점	단점
• 업무/기술 전문화를 향상시킨다. • 기능적 영역 내에 중복적인 노력과 자원을 줄인다. • 기능적 영역 내에 조정을 증가시킨다. • 권한의 위임을 용이하게 한다.	• 기능적 부서화는 전체적인 목적보다는 오히려 하부단위 목적에 보다 많은 관심을 가진다. 이것은 기능적 영역 사이에 잠재적 갈등을 증가시킨다. • 조직이 대규모라면, 명령통일이 지연될 수 있고, 의사소통에 장애가 발생할 수 있다. • 조직운영의 복잡성과 비유연성(inflex-ibility)이다.

출처 : Mescon, et al.(1988: 355)

(2) 지역적 부서화

조직이 광범위한 지리적 지역(예를 들면, 국제적 영역)으로 운영될 때 지역적 부서화가 바람직하며, 특정한 지역적 요구에 적정하게 대응할 수 있다. 즉 지리적 영역에 기초하여 조직화(organizing by location)하는 것이다. 많은 글로벌 기업들이 해외 지사 또는 법인을 설립하여 운영하는 방식이 지역적 부서화의 예라 할 수 있다.

논리적 근거는 한 지역의 모든 활동은 특정한 지역에서의 모든 운영에 대한 책임을 한 사람의 관리자에게 할당하는 것이다. 지역적 부서화는 관리직 인원에 대한 훈련의 기반이 된다. 그러나 본부에 있는 기능이 지역 본부에서 설치되어 지역적 부서화는 기능적 측면에서 부서중복의 문제를 야기할 수 있다.

장점	단점
• 모든 지역관리자는 특정한 지역에 대한 문제에 대해 전문적으로 다룰 수 있다. • 다양한 지역으로 사업을 확장할 수 있다. • 조직은 현지 시장의 상황에 대해 정확한 지식을 획득할 수 있다. • 각 지역 책임자에게 적절한 자율성을 제공하고 훈련을 시킬 수 있는 기회를 제공한다.	• 의사소통의 문제가 발생한다. • 총괄적인 경영능력을 갖춘 관리자가 요구되며, 지역관리자 간에 충돌이 있을 수 있다. • 본사와 다른 지역간의 조정 및 제어가 비효과적일 수 있다. • 물리적 시설의 중복으로 인해 운영비용이 많이 요구된다.

(3) 생산물 중심 부서화

조직이 다양한 산출물로 인하여 확대하게 됨으로써 여러 가지 기능적 부서를 조정하는 데 어려움을 겪게 된다. 이에 따라 중요한 생산라인을 책임지는 부서로 조직화할 때 생산물(product) 중심 부서화가 필요하다. 즉 생산단위에 기초하여 부서를 조정하는 것이 효율적이다.

이런 형태의 조직은 직원들에게 연구, 판매, 생산라인 배분 등에 있어 총괄적인 전문가로 발전시키는 데 도움을 준다. 또한 구체적인 생산부서에 있어 권위, 책임 및 책무의 집중화는 최고관리층이 활동을 조정하는 데 효과적이다. 생산기반 조직은 관리자에게 이익창출에 필요한 자원을 부서에 제공해 줌으로써 창의성과 자율성을 촉진시킨다. 하지만 부서구조가 어느 정도의 기능적 가외성을 포함하고 있다. 이로 인하여 조직은 가외성이 얼마나 필요한지를 결정하는 어려운 과제에 직면된다.

장점	단점
• 제품의 확장과 다양성을 촉진하는 각 제품라인의 개별적인 주의를 집중할 수 있다. • 전문적 생산설비의 충분한 활용을 보장할 수 있다. • 생산관리자가 각 제품의 수익성에 대해 책임을 질 수 있다. 각 제품 사업부의 성과와 기여도를 쉽게 평가할 수 있다. • 변화에 대해 더 유연하고 적응력이 높다.	• 최고관리자에 의한 생산부서에 대한 효과적인 관리문제가 발생할 수 있다. • 금융 및 회계와 같은 특정 활동의 중앙집중화의 이점을 활용할 수 없다. • 물리적 시설과 기능의 중복이 발생한다. • 특정 제품에 대한 수요가 충분하지 않을 경우 기관 용량에 대한 활용도가 낮을 수 있다.

(4) 고객 부서화

고객 부서화는 고객 그룹으로 부서를 조직화하는 것이다. 고객(customers and clients)은 직무를 분류하는 기초가 될 수 있다. 고객기반 부서를 가진 조직은 비고객의 요인에 의한 부서화되어있는 조직보다 고객의 인지된 욕구를 보다 잘 만족시킬 수 있다. 단 하나의 고객 그룹에 집중하는 조직이 될 수 있다.

이런 형태의 조직 사례로 대규모 출판사는 부서를 성인도서, 청소년 일반도서, 대학교재, 초·중·고등학교 교재 등으로 구분한다. 이들 고객지향적 부서의 각각은 본질적으로 독립된 조직으로서 운영된다. 단점으로는 부서간 기능 또는 활동의 중복이 발생한다.

장점	단점
• 고객의 유형별 취향과 선호도에 특별히 주의를 기울 수 있다. • 전문 인력을 통해 다양한 유형의 고객을 만족시킬 수 있으며, 이로 인해 조직의 생산성을 증진시킬 수 있다. • 조직은 고객의 각 범주별 요구에 대한 밀접한 지식을 습득할 수 있다.	• 고객 부서화는 대체로 마케팅 부문에서만 수행될 수 있기 때문에 기타 기능 간의 조정이 어려울 수 있다. • 특히 수요가 적은 기간 동안 시설과 인력의 활용도가 낮을 수 있다. • 활동의 중복과 과도한 오버헤드를 초래할 수 있다.

(5) 혼합 및 변화(mixed and changing) 부서화

조직도는 목표의 이동에 따른 순간적인 묘사(snapshot)로 간주될 수 있다. 시간이 지남에 따라 조직은 조직 부서화의 기반을 혼합하여 활용한다. 즉 어떤 시점에는 두 가지 이상의 부서화 논리를 혼합하여 활용하기도 하고, 또 다른 시점에서는 기능적 부서화, 다음으로는 생산물 중심 부서화, 지역 부서화, 고객 부서화로 조직도를 변화시키기도 한다. 이와 같이 부서화는 조직설계에 있어 핵심적결정이다.

4) 통솔의 범위

통솔의 범위(span of control)는 한 사람의 상관이 효과적으로 통제할 수 있는 부하의 수를 의미한다. 이런 의미에서 통솔의 범위는 관리의 범위, 감독(supervision)의 범위, 권위의 범위로 명명되기도 한다. 또한 통솔의 범위는 한 사람의 상관에게 얼마나 많은 부하들이 직접 보고하는지를 의미한다. 이점에서 직무의 종류와관련하여 설정되는 부서화에 대한 적절성의 결정기준은 통솔 범위의 문제이다.이 문제는 한 사람의 관리자가 얼마나 많은 사람을 감독할 수 있을까 하는 결정이다. 통솔의 범위를 넓게 혹은 좁게 하는가 하는 결정은 부서관리자가 처리할수 있는 개인 간 관계의 범위에 대한 결정이다.

통솔의 범위는 조직의 고층(tallness) 혹은 저층(flatness)의 정도를 결정한다.즉 통솔의 범위가 좁으면 관리자 한명이 통제할 수 있는 부하의 수가 적다. 따라서 조직의 상하계층 수가 많은 고층 조직(tall organization)이 된다. 또한 통솔의범위가 좁으면 상관이 보다 많은 부하를 감독하게 된다. 또한 통솔의 범위가 넓으면 상하계층이 상대적으로 적은 평면조직(flat organization)이 된다. 그러나 통솔의 범위가 넓으면 효과적으로 감독할 수 없어 조직구성원이 어떤 업무를 수행하는지, 그리고 관리자는 무엇이 진행되었는지(what was going on)에 대해 알지못한다(정우일 외, 2011: 169).

통솔의 범위는 공식적으로 부하를 할당하는 것뿐만 아니라 관리자에게 접근하는 사람을 정하는 것이다. 관리자의 통솔범위를 결정하는 데 중요한 고려는 잠재적 관계의 수가 아니라 실질적 관계의 빈도수와 강도이다.

이러한 통솔의 범위에 관한 연구는 적정한 통솔의 범위를 찾기 위한 많은 연구가 수행되었으나, 보편적인 범위를 찾는 데는 실패하였다(Simon, 1964). 오히려직무에 따라 조직 특성에 따라 다양한 통솔의 범위를 제시하고 있다. 대량생산공장의 몇몇 감독자는 40명에서 50명의 부하를 성공적으로 관리할 수 있다. 반면에 공학관리자(engineering managers)는 일반적으로 5명에서 10명의 부하를 관리할 수 있다(Webber, 1979: 356-357).

이와 같이 수용할 수 있는 통솔의 범위는 다음의 상황에서 줄어든다(Webber, 1979: 357). ① 예측할 수 있는 업무요구가 적은 경우, ② 부하에게 보다 많은 자유재량을 허용하는 경우, ③ 보다 높은 직무 책임성, ④ 결과에 대한 낮은 가측성, ⑤ 부하들 사이의 높은 업무 상호의존성 등이다.

반면에 부하들이 수행하는 업무가 단순하고, 유사하고 반복적이며, 프로그램화되어 있을 때, 그리고 쉽게 측정될 수 있는 업무를 수행하는 곳에서는 통솔의 범위를 넓게 할 수 있다.

이처럼 통솔의 범위를 바람직하게 설계해야 하는 것은 다음과 같은 이유이다. ① 효과적인 통솔 범위는 조직 내 원활한 의사소통 흐름을 보장한다. ② 균형 잡힌 통솔 범위는 효율적인 자원 할당을 가능하게 한다. ③ 적절한 통솔 범위는 조직구성원의 참여를 강화한다. ④ 적절한 통솔 범위는 보다 의사결정을 촉진한다. ⑤ 적절한 통솔 범위는 관리자에게 통제와 자율을 균형있게 하고, 효과적인 감독을 하게 한다.

SECTION 02 조직구조의 차원

구조적 차이를 측정하는 공통적인 차원은 가능하지도 바람직하지도 않다. 영국의 Aston University의 연구자들은 52개의 조직을 대상으로 조직의 사회적 구조와 관련하여 6차원에 대해 양적인 측정을 전개했다(Pugh, et al., 1968). 이들 6개 조직구조의 차원은 전문화의 정도, 표준화, 공식화, 집중화, 배치, 유연성이다. 이 연구에서 규모가 조직구조에 영향을 미치는 요인이라고 제안하고 있다. 조직의 규모가 클수록 전문화와 집중화의 정도가 높다는 것이다.

본서에서는 4가지 차원 - 공식화, 집중화, 복잡성, 분화와 통합 - 으로 조직구조를 이해하고자 한다.

1. 공식화

공식화(formalization)란 조직이 따라야 하는 규칙과 절차의 정도를 말한다. 이에 공식화는 업무에 관련된 수단과 목적에 관한 기대가 명시되고, 기록 또는 규정화되어 있는 정도를 의미한다. 따라서 공식화는 조직에서 적용되는 서류문서(written documentation)의 양을 의미하기도 한다(Daft, 2010). 문서는 절차, 직무기술, 규제 및 정책 메뉴얼이 포함된다. 이처럼 공식화는 조직구성원의 행태, 활동 및 관계가 규정, 정책 그리고 통제시스템에 의해 규제되고 있는 정도를 말한다. 공식화는 의사결정 과정을 합리화하기 위한 시도이며, 직위에 있는 사람보다 직위의 역할과 직위 그 자체에 초점을 두는 구조이다.

조직은 합리성(rationality)을 제고하기 위해 공식화를 활용한다. 공식화는 표준화된 절차를 통해 행태를 잘 예측하기 위해 시도된다. 공식화가 높은 조직에서 규칙과 절차는 각 개인이 무엇을 해야 하는가를 규정한다. 업무수행 등 조직의 모든 활동이 주어진 규칙과 절차에 수행되므로 조직구성원 개인의 행동과 그 결과에 대한 예측이 가능하다.

이와 같이 공식화를 통하여 조직은 기록된 표준적 운영절차, 구체적 방향 그리고 명확한 정책을 가진다. 공식적인 시스템은 조직 내에 명확한 권위라인을 명시한다. 즉 누가 누구에게 보고하는가에 대해 명확하게 제시함으로 통제를 용이하게 한다. 강한 공식화를 가진 조직은 의사결정, 의사소통 및 통제에 있어 지휘계통(chain of command)에 의존한다. 지휘계통은 사람들에게 정보와 의사결정이 누구를 통해 흐르는지에 대한 순서를 명확하게 한다. 더불어 높은 공식화 수준은 조직구성원이 특정 상황에 어떻게 행동해야 하는지를 강제 또는 인식하게 하므로 업무수행의 혼란을 방지할 수 있다.

그러나 조직의 공식화가 증가할수록 표준화를 강화시켜 개인에 대해 특정한 기여를 인정하기가 어렵게 된다. 이리하여 공식화는 개성(individuality)의 개념과 반대되는 것으로 표출되기도 한다(Hodge & Anthony, 1979: 361). 또한 정해진 규정과 절차의 준수에 대한 지나친 강조는 조직구성원의 자율성 감소와 적절한 재량 발휘에 제한이 될 수 있다.

┌─
│   조직의 공식화 측정지표
└

1. 조직도의 사본(a copy of organization chart)이 누구에게 주어지는가?

ⓐ 아무도 없음(no one)

ⓑ 오직 조직 부서의 장

ⓒ 조직 부서의 장과 한 사람의 다른 고위 상사

ⓓ 조직 부서의 장과 대부분의 고위 상사

ⓔ 조직 부서에 있는 모든 조직구성원

2. 문서화된 운영지침에 따르면 비관리직(nonsupervisory) 구성원이 몇 %인가?

ⓐ 0~20%　　ⓑ 21~40%　　ⓒ 41~60%　　ⓓ 61~80%　　ⓔ 81~100%

3. 문서화된 직무기술 혹은 위임사항(terms of reference)은 누구에게 주어지는가?

ⓐ 조직 부서장　　　예＿＿＿　아니오＿＿＿

ⓑ 고위 상사　　　　예＿＿＿　아니오＿＿＿

ⓒ 비관리직 구성원　예＿＿＿　아니오＿＿＿

4. 활용할 수 있는 규칙과 규제에 관한 안내서가 있는가?

ⓐ 예　　　　　　　ⓑ 아니오

5. 활용할 수 있는 문서화된 정책명세서(statement of policies)는 있는가?

ⓐ 예　　　　　　　ⓑ 아니오

6. 활용할 수 있는 문서화된 업무흐름 스케줄(work flow schedule)이 있는가?

ⓐ 예　　　　　　　ⓑ 아니오

7. 귀 부서에 있는 조직구성원의 몇 % 정규적으로 문서화된 보고서를 돌려보고 있는가?

ⓐ 0~20%　　ⓑ 21~40%　　ⓒ 41~60%　　ⓓ 61~80%　　ⓔ 81~100%

출처 : Osborn, et al.(1980 : 308-309)

2. 집권화와 분권화

집권화와 분권화는 의사결정이 조직의 최고계층에서 이루어지는지 혹은 하부계층에서 이루어지는지 대한 정도를 말한다. 또한 집권화와 분권화는 조직 내 권한의 배분(distribution of power)을 언급하는 것이며, 상대적인 용어(relative terms)

이다. 집권화는 모든 중요한 결정이 조직의 최고관리자에 의해 이루어지는 것이며, 반면에 분권화란 하위계층의 조직구성원들이 의사결정에 개입하는 것이다. 이에 일반적으로 집권화와 분권화는 하나의 연속체(continuum)의 양극단에 위치하는 상대적 개념으로 묘사된다. 따라서 어떤 조직은 몇몇 기능에서 상대적으로 집권화되어 있고, 반면에 다른 조직은 몇몇 기능에서 상대적으로 분권화되어 있다고 주장할 수 있다.

공공조직의 집권화 혹은 분권화의 정도는 조직의 가치, 업무 그리고 구조와 밀접하게 관련되어 있으며, 기관의 정치적, 행정적, 경제적 그리고 기술적 요인에 의해 영향을 받는다. 또한 집권화와 분권화의 기준은 다음의 질문과 같이 의사소통의 용이성과 비용(ease and cost of communication), 필요한 정보에 대한 접근, 급속한 반응의 필요성(necessity of rapid response) 등이다.

이와 관련하여 조직구조에 있어 집권화 정도는 다음과 같은 몇 가지 요인에 의해 영향을 받는다. ① 경영철학(management philosophy) – 최고경영진의 지위와 권력에 대한 철학이 영향을 미친다. ② 의사결정의 비용(costliness) – 의사결정 비용이 많이 요구될수록 보다 높은 관리자 수준에서 결정될 가능성이 높다. ③ 의사결정의 중요성와 낮은 수준에서의 결정 수 – 낮은 수준의 결정이 조직에 중요한 영향을 미칠 때 분권화가 촉진되며, 또한 낮은 수준에서의 의사결정 횟수가 많을수록 분권화 정도가 커진다. ④ 정책의 통일성(uniformity) – 정책의 통일성이 요구될수록 집권화가 선호된다. ⑤ 조직의 규모와 특성 – 조직이 클수록 의사결정의 집권화가 어려워 분권화해야 할 필요성이 커진다. 또한 의사결정이 지체되어 비용이 많이 들수록 집권화의 필요성이 증가된다. ⑥ 기타 고려요인 – 조직의 역사와 문화, 독립성의 욕구, 능력이 있는 관리자의 확보 정도, 통제장치, 조직구성원의 책임성 수용 의지 등이다.

또한 조직에서의 집권화와 분권화는 〈그림 8—1〉에서와 같이 리더십의 스타일, 조직의 업무성격 및 환경 등에 따라 추의 진동(pendulum swings)이 일어난다. 즉 산업화시대에는 집권화된 조직의 탑다운 통제의 계층제가 보편화되었다. 반면에 지식—정보화시대에서는 느슨하게 연계된 네트워크의 분권화된 구조가 작동하게 된다. 퓨전조직(fusion organizations)은 집권화된 조직과 분권화된 조직의 요소를 결합한다.

▌그림 8-1▐ 집권화와 분권화의 추 진동

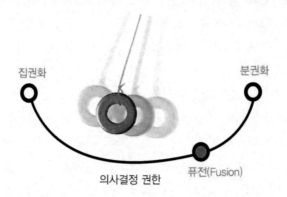

집권화   분권화

의사결정 권한   퓨전(Fusion)

☐ **집권화 혹은 분권화가 효과적인지를 결정하는 질문**

• 누가 결정에 토대가 되는 사실을 알고 있는가?(Who knows the facts on which decisions will be based?)

• 누가 가장 신속하게 정보를 얻을 수 있는가?(Who can get the information most readily?)

• 누가 올바른 결정을 하는데 능력과 지식을 소유하고 있는가?(Who has the ability and knowledge to make sound decisions?)

• 지역적 조건에 부합할 수 있게 신속하게 결정해야만 하는가?(Must speedy decisions be made to meet local conditions?)

• 지역적 결정이 다른 활동과 면밀하게 조정되어야만 하는가? 혹은 지역적 단위가 상당히 독립되어 있는가?(Must local decisions be carefully coordinated with other activities, or are local units fairly independent?)

• 최고관리자가 얼마나 바쁜가? 누가 계획 대비 경영결정에 대해 시간을 가지고 있는가?(How busy are top-level executives? Who has the time to plan versus making operating decisions?)

• 분권화에 의해 독창성과 사기가 향상될 수 있는가? 이것이 조직에 도움을 주는가?(Will initiative and morale be improved by decentralization? Will this help the organizations?)

출처 : Webber(1979: 380)

1) 집권화

집권화(centralization)는 조직의 상위계층에 의사결정 권위의 소재(the location of decision-making authority)가 집중되어 있는 것을 말한다. 이 개념은 조직에 있어 직무들 사이에 권한의 위임(delegation of authority)을 말한다. 연구자들은 의사결정과 통제의 의미로 집중화를 이해한다.

집중화된 조직에 있어 의사결정은 최고관리층에 의해 이루어지고, 이러한 결정에 대해 부하직원들에게 의심없이 수용되길 기대한다. 이리하여 낮은 계층의 조직구성원으로부터의 참여가 최소한의 수준에서 이루어진다. 반면에 분권화된 조직에 있어 의사결정은 무엇인가를 결정해야 하는 상황 또는 직무에 가장 밀접한 조직구성원에 의해 이루어진다. 즉 분권화된 조직은 의사결정 과정에 있어 많은 조직구성원의 참여에 의존한다.

이러한 집권화의 장점은 다음과 같다. ① 조직에 대한 공통적인 정책을 이행하기가 쉽다. ② 하부단위부서가 너무 독립적인 것을 방지할 수 있다. ③ 조정하기가 쉽다. ④ 규모의 경제를 향상하고 간접비용(overhead costs)을 줄일 수 있다. ⑤ 분화된 기관 때문에 결정과 타협의 결과가 지연될 수 있는 상황에서 신속한 의사결정을 할 수 있다. ⑥ 고객에 대해 공평하고 균일한 대우를 보장할 수 있다(Lawton & Rose, 1991: 50).

반면에 집권화는 의사결정 권위의 집중화로 인해 조직의 최고위층 의사결정자는 과도한 시간을 투자해야 한다. 또한 집권화는 조직의 유연성을 줄여 위협 혹은 기회에 대해 신속하게 대응하기 어렵게 된다. 나아가 권위와 책임의 집권화로 인해 조직에서 하부 구성원의 역할은 감소된다. 관료제와 문서주의는 집권화의 단점 중 하나이다.

┃표 8-1┃ 집권화와 분권화

구분	집권화	분권화
의미	최고관리층에 기획과 의사결정에 관한 권한과 권위를 보유하는 시스템	다양한 관리계층에 권위, 책임성이 분파(dissemination)된 시스템
권위보유 형태	중심점(central points)에 권위의 시스템적 그리고 일관된 집중 보유	권위의 시스템적 분산(systematic dispersal)

의사소통의 흐름	수직적 흐름	개방적 그리고 자유로운 흐름 (모든 방향으로 의사소통이 흐름)
의사결정	느림	비교적 빠름
결정의 갈등	거의 일어나지 않음, 집권화된 권위에 의한 결정으로 비교적 안정적임	대체로 일어남, 갈등적인 결정으로 인해 불안정(instability)할 수 있음
리더십 유형	포괄적으로 조정되는 리더십	최고관리자의 책임과 짐을 공유하는 리더십
의사결정의 권한	최고관리층	다양한 사람에게 의사결정의 권한이 놓여있음
통제의 형태	조직관리에 대한 부적절한 통제가 있을 때 최고관리자가 수행함	조직관리에 대한 포괄적 통제가 필요할 때 분권적으로 수행됨
이념	효율성 (반복적인 과정, 가외성 축소 등)	자치권과 임파워먼트(각 단위에서 기능적 문제해결능력 향상)
	일관성(consistency) 있는 서비스 제공	맞춤(tailored) 서비스 제공
적합한 조직유형	소규모 조직	대규모 조직

2) 분권화

분권화(decentralization)는 의사결정 권한이 다수의 하위계층 구성원에게 분산된 구조를 통해 분권적 통제(decentralized control)를 통하여 조직을 관리하는 것이다. 이에 분권화된 조직체계에서는 조직구성원들에게 많은 정도의 권한위임 (empowerment)이 이루어지고, 의사결정의 권위가 하위계층의 조직구성원들에게도 부여되어 있다.

집권화된 구조에서 분권화된 구조로 전환하는 일반적인 과정은 계층의 수를 줄이고 통솔의 범위를 확장하는 것이다. 이렇게 함으로써 업무수행의 접점에 있는 구성원에게 실제적인 의사결정 권한을 부여하는 것이다. 또한 집권화와 분권화는 조직 내 운영영역의 측면에서 편익이 고려되어야 하며, 한 조직체 내에서도 집권화와 분권화가 얼마든지 공존할 수 있다.

이러한 분권화의 장점은 다음과 같다. ① 업무의 운영단위 수준에서 결정이 이루어질 수 있다. ② 동기부여를 조장하고 사기를 제고할 수 있다. ③ 서비스를 향상시킬 수 있으며, 고객에 대해 대응성을 향상시킬 수 있다. ④ 관료제적 절차를 극복할 수 있으며, 변화에 유연성을 가진다. ⑤ 책임감을 향상시킬 수 있다. ⑥ 참여를 조장하기 때문에 정치적 지각(political awareness)을 제고할 수 있다 (Lawton & Rose, 1991: 50).

분권화와 위임은 모두 권력의 공유를 포함하고, 또한 조직 내 권력과 권한의 분배를 포함한다. 분권화는 의사결정 권한을 조직의 다양한 수준 또는 단위에 분산시키는 것을 말한다. 반면에 위임은 특정 업무나 책임을 상관에서 부하에게 이전시키는 것이다. 또한 분권화는 전체 구조와 의사결정 과정을 포괄하는 보다 넓은 접근방식인 반면에, 위임은 특정한 업무와 책임을 할당하는 메커니즘이다.

┃표 8-2┃ 분권화와 위임

구분	분권화(decentralization)	위임(delegation)
의미	중앙의 권한을 여러 하부기관으로 이전하는 것	부하 직원에게 특정 업무를 수행하게 하거나 상관을 대신하여 의사결정을 내릴 책임과 권한을 부여하는 것
권한 배분	여러 기관 혹은 개인에게 권한 분산	상관이 부하에게 권한을 위임
의사결정	여러 기관 혹은 개인이 다양한 수준에게 내리는 의사결정	특정 개인 혹은 집단에 권한을 위임
책임성	여러 기관 혹은 개인 간에 공유	상관이 계속 유지하고, 부하 직원은 위임된 업무에 대해 책임을 짐
업무의 자율성 (liberty)	상당한 정도의 자율성이 존재함	부하 직원들이 완전한 자율성을 가지고 있지 않음
통제	보다 적은 집중화된 통제, 하위 기관에 보다 많은 자율성 부여	통제권은 상급 기관에 유지하지만, 특정 의사결정 권한은 하급 기관에 부여됨
유연성 (flexibility)	의사결정에서 적응성과 유연성을 허용함	상관이 특정 책임을 위임하면서 다른 다른 업무에 집중할 수 있도록 유연성을 제공함
의사소통	여러 기관 간의 효과적인 의사소통과 조정이 필요함	위임된 업무에 대한 이해를 위해 상관과 부하 간의 명확한 의사소통이 필요함
관계	반자율적 단위(semi-autonomous unit)를 만들기 위한 한 걸음	우월한 종속관계(superior-subordinate relationship)를 만듦

(1) 정치적 분권화

정치적 분권화는 정책이 가능한 낮은 계층(풀뿌리, grass roots)에서 전개되도록 하는 것이다. 이점에 있어 정치적 분권화(political decentralization)는 주정부, 지방정부, 카운티와 같은 지역에 따라 권한의 할당을 기술하는 것이며, 하부 단위 혹은 하부 지역에서 상당한 정도의 자유재량권을 가지게 되고, 통제와 가이드라인에 대한 제한이 최소화한다. 이리하여 정치적으로 분권화된 시스템은 참여, 접근성 및 책임감, 유연성과 민주주의를 증진하며, 미국의 연방정부와 같이 가이드라인의 유연성을 허용함으로써 선거구민들의 요구에 지방공무원들의 능력을 제고할 수 있다. 하지만 다양한 정부활동에 대한 수직적인 통합의 어려움을 겪게 된다.

(2) 행정적 분권화

행정적 분권화(administrative decentralization)는 같은 부서 혹은 기관 내에서 하부부서(기관)로 권한을 위임할 때 일어난다. 행정적 분권화는 행정조직이 정책을 집행하면서 하부 단위조직에서 정책을 해석하고 적용하는 데 보다 많은 자율성과 책임감을 부여하는 것이다. 행정적 분권화는 기관의 기능을 이행함에 있어 기능, 전문성 그리고 권위의 라인을 강조한다. 행정적으로 분권화된 시스템은 정부활동의 수평적 통합에 있어 어려움을 겪게 된다(Berkley & Rouse, 1984: 85-88).

3. 복잡성

복잡성(complexity)이란 조직 분화의 정도를 의미하며, 조직 내 활동 혹은 하부시스템의 수를 언급한다. 즉 조직이 목표를 달성하기 위하여 인적·물적 자원을 과업에 할당하고 업무와 권위를 세분화하는 과정을 의미한다(Jones, 2010: 114). 복잡성은 업무를 분담하고 그리고 부서를 만드는 직접적 결과물이다. 이 개념은 명백하게 상이한 직무타이틀(job titles)의 수, 직업의 그룹핑, 명백하게 상이한 단위 혹은 부서의 수를 언급하는 것이다. 즉 직무와 단위에 있어 서로 다른 유형이 많은 조직은 관리적 문제와 조직적 문제가 매우 복잡하다.

따라서 복잡성은 직무와 단위부서 사이의 분화에 관련되어 있다. 이에 분화(differentiation)는 복잡성의 동의어로 가끔 사용된다. 이와 관련하여 Hall(1972)은 복잡성의 3가지 구성요소를 지적하기도 한다.

1) 수평적 분화

수평적 분화(horizontal differentiation)는 과업을 같은 계층에 있는 사람들 사이에 분할하고 할당할 때 발생한다. 수평적 분화는 같은 계층에서 서로 다른 단위부서의 수를 말한다. 간단하게는 동일한 또는 유사한 수준의 부서의 수로 표현될 수 있다. 예를 들어 한 조직에 동일한 수준의 실(室), 국(局), 과(科), 팀이 몇 개가 설치되어 있는가에 따라 수평적 분화를 파악할 수 있다. 수평적 분화는 계층제에 따른 업무의 전문화 정도를 의미하기도 한다. 또한 수평적 분화는 업무를 조직구성원에 따라 나누는 방식이다. 조직의 작업을 나누는 과정은 위임에 의해 수행된다. 수평적 분화의 특징은 전문화와 부서화에서 찾아 볼 수 있다.

2) 수직적 분화

관리계층 사이의 감독책임(supervisory responsibilities)의 분할과 할당은 수직적 분화를 만들어 낸다. 수직적 분화(vertical differentiation)는 조직에서의 상하계층의 수를 말한다. 즉 수직적 분화는 계층제의 높이라고 할 수 있다. 따라서 수직적 분화는 단순히 한 조직의 최고계층에서 최하위계층까지 계층 수로 계산한다. 계층의 수가 증가할수록 복잡성은 증가하고, 또한 의사소통이 왜곡될 가능성이 높아진다.

이러한 수직적 분화는 조직 규모의 성장에 따른 결과로 일어난다. 즉 조직의 규모가 증가할수록 관리자의 통솔의 범위가 점차 좁아져 많은 상하계층을 형성하는 고층조직(tall organization)이 된다.

3) 공간적 분화

공간적 분화(spatial differentiation)는 조직의 업무가 서로 다른 물리적 지점에서 수행될 때 발생한다. 즉 공간적 분화는 업무활동의 지리적 분포(geographical distribution)이다. 조직이 한 지역 이상에서 운영될 때 조정의 문제가 발생한다.

이와 같이 상이한 지역에서 활동하는 조직구성원의 활동은 조정하는 데 어려움이 있다. 특히 상이한 정치적 경계에 분산되어 있는 복잡한 조직은 활동을 조정하기 위해 특별한 구조적 유형이 요구된다.

이와 같이 조직의 복잡성은 〈그림 8-2〉과 같이 수평적 분화, 수직적 분화 그리고 공간적 분화로 이해할 수 있다. 이들 3가지 복잡성의 조건은 위임과 상호관계를 가진다. 관리자는 하위계층에게 권한을 위임할 때 이러한 사실을 고려해야 한다.

특히 조직의 규모가 산술적으로 증가할 때 복잡성과 통합의 문제가 기하학적으로 증가한다. 이처럼 규모와 복잡성은 매우 밀접한 관계를 가진다. 그리고 조직구성원이 높은 정도의 분산된 업무를 수행한다면 높은 수준의 통합이 요구된다.

┃그림 8-2┃ 조직의 복잡성

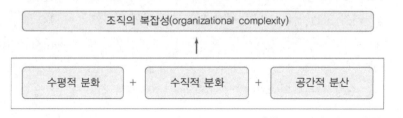

출처 : Hodge & Anthony(1979 : 360)

조직의 복잡성은 조직의 업무관리와 관련한 수평적 분화, 수직적 분화 그리고 공간적 분화의 정도이다. 특히 조직의 수평적 분화와 수직적 분화의 정도에 대한 선택을 통해 〈그림 8-3〉과 같이 4가지 조직복잡성의 유형이 도출된다(Burton, DeSanctis & Obel, 2006: 70-73).

| 그림 8-3 | 조직복잡성의 공간

수평적 분화(horizontal differentiation)

수직적 분화 (vertical differentiation)		낮음	높음
	높음	고층구조 (tall)	대칭적 구조 (symmetric)
	낮음	방울구조 (blob)	저층구조 (flat)

출처 : Burton, et al.(2006 : 70)

① 방울(blob)구조 - 조직이 하부부서로 업무를 공식적으로 분할하지 않는 경우이다. 조직이 분화되지 있지 않다. 조직의 수평적 분화와 수직적 분화 모두 매우 낮다. 방울구조는 업무와 관련하여 전문화가 거의 없다. 조직은 계속진행 중인 변화에 대한 반응이 빠르고 매우 신축적이다. 직무기술이 매우 느슨하거나 거의 존재하지 않는다. 이리하여 경영진이 요구하는 것에 대해 누가 할 것인가에 대한 규정이 명확하지 않다.

② 고층(tall)구조 - 고층구조는 수평적 분화가 낮고 수직적 분화가 높다. 이러한 조직은 정보 과정에 초점을 둔 대규모의 중간관리층을 가진다. 다수층의 중간관리층은 전문화된 업무 수준으로 경영진에 연계되어 있다. 증간관리층은 하위계층에서 무엇이 발생한지를 요약하고, 그리고 계층제의 상위관리층에게 전달한다. 즉 중간관리층은 올라가는 정보를 집약한다.

③ 저층(flat)구조 - 저층구조는 수평적 분화는 높고, 그리고 수직적 분화는 낮다. 조직에 있어 최고관리층과 하위계층 사이에 조정하는 중간관리자가 매우 적다. 이 구조에서 중간관리자는 시간과 관심을 세부적인 운영에 초점을 두는 것이 아니라, 자원할당, 일반적인 정책, 재정에 초점을 둔다. 정보는 집약되고 매우 적다. 하부단위의 조직업무 범위가 매우 다양하지만, 운영의 연계가 없다. 정보흐름의 초점이 세부적인 운영에 있는 것이 아니라 정책에 초점을 두기 때문에 통솔의 범위가 넓다.

④ 대칭적(symmetric) 구조 - 대칭적 구조는 수평적 분화와 수직적 분화 모두 높다. 조직의 업무가 작업 전문분야로 매우 많이 나누어져 있고, 수직적으로 보고하는 단계가 매우 많다. 중간계층은 효율성을 산출하기 위해 업무를 조정하는 역할을 한다. 수평적 그리고 수직적으로 조정의 요구가 높기 때문에 정보처리 과정에 대한 요구가 매우 높다.

｜표 8-3｜ 고층 조직구조와 저층 조직구조

고층 조직구조	저층 조직구조
통솔의 범위가 좁고, 많은 관리계층의 구조	통솔의 범위가 넓고, 적은 관리계층의 구조
각 관리자는 적은 수의 부하를 관리함 부하들 사이의 관계는 비공식적이고, 인간적 관계가 가능함	각 관리자는 많은 부하를 관리함 부하들 사이의 관계는 공식적이며, 인간적 관계가 불가능함
적은 수의 부하로 인해 근접 통제(close control)가 이루어짐 근접 감독과 통제로 인해 실수(mistakes)가 적음	많은 수의 부하로 인해 느슨한 통제(loose control)가 이루어짐 느슨한 감독과 통제로 실수가 일어남
조정(coordination)이 잘 이루어짐	조정이 잘 이루어지지 않음
적은 수의 부하로 인해 적절한 훈련이 유지됨	많은 수의 부하로 인해 무질서(indisc-ipline)의 가능성이 존재함
많은 관리자로 인해 비용이 높은 구조	적은 관리자로 인해 낮은 비용의 구조
많은 관리계층으로 인해 의사결정이 느림	적은 관리계층으로 인해 의사결정이 신속함
구체적인 가이드가 필요한 직원에게 적합함	적은 가이드와 보다 많은 독립이 요구되는 직원에게 적합함
감독할 부하가 소수이므로 관리자에게 압박(pressure)이 적음	감독할 부하가 다수이므로 관리자에게 압박이 많음
많은 관리계층으로 인해 의사소통이 왜곡되고 느림	적은 관리계층으로 인해 의사소통이 왜곡되지 않고 빠름

4. 분화와 통합

1) 분화

모든 조직은 조직의 작업을 구체적인 업무로 나누어야만 한다. 이것을 분화라 한다. 분화(differentiation)란 공식화의 정도이다. 또한 분화는 전문화된 기술을 가진 개인에 의해 수행되는 정도와 업무가 하부업무로 나누어지는 정도를 말한다. 이에 분화의 주요한 이점은 보다 높은 수준의 전문화이다.

분화는 조직의 부서에 따라 다양하게 나타난다. 판매부서는 고객만족에 초점을 두며, 고객과 장기적 관계를 설정하려고 한다. 생산부서는 일일 산출목표 혹은 주간 산출목표와 같이 생산지향적이다. 이들 부서는 대규모의 표준적 생산에 관련한 사람과 장비의 효율성에 초점을 둔다. 생산부서는 산출의 양을 증가시키고, 불량율(defect rates)과 생산 과정의 변환시간을 줄이는 데 관심을 둔다.

이러한 분화의 장점에도 불구하고, 수평적 그리고 수직적 분화의 수준이 높은 조직은 의사소통의 압박이 증대되고, 협력과 통합의 요구가 높아진다.

① 안정적 환경에서 운영되는 부서(생산부서)는 불안정 환경(연구개발부서)보다 공식화의 정도가 높고, 계층적이며, 보다 빈번한 성과검토가 이루어진다.

② 업무불확실성(task uncertainty)이 높은 부서(판매부서)는 보다 관계지향적이고, 반면에 업무불확실성이 낮은 부서(생산부서)는 보다 업무지향적이다.

③ 부서의 시간지향성(time orientation)은 다양하다. 판매와 생산부서는 단기적 지향성(short-term orientation)을 가지며, 결과에 대한 빠른 환류를 요구한다. 반면에 연구개발부서는 장기적 지향성(long-term orientation)을 갖는다.

④ 목표지향성(goal orientation) 관점에서 부서들은 차이가 있다. 고객부서는 고객이슈에 관심을 갖고, 생산부서는 비용과 과정효율성에 관심을 갖는다.

2) 통합

분화와 반대로 통합(integration)은 조직의 목표달성을 위하여 여러 부서가 서로 협력하고 상호작용하는 정도를 말한다. Lawrence와 Lorsch(1967)는 통합을 노력의 통일성을 성취하는 데 요구되는 협력으로 정의하고 있다. 이러한 통합의 주요한 이점은 바람직한 조직목표를 위해 다양한 사람과 활동에 대한 조정이다. 통합의 추진력은 상호의존성에 있다. 상호의존성은 개인 혹은 조직단위가 요구된 업무를 수행함에 있어 다른 사람 혹은 다른 조직단위에 의존하는 정도이다. 이러한 상호의존성은 3가지 유형이 있다(Black & Porter, 2000: 266-267).

① 공동관리의 상호의존성(pooled interdependence) – 공동관리의 상호의존성은 여러 집단이 자신들의 기능에 있어 주로 독립되어 있지만, 공통의 산출에 대해 공동으로 기여해야 할 때 일어난다. 예를 들면, 2개의 생산부서가 동일한 고객에 대해 고객의 전체적 요구에 대응하기 위해 상품을 송부하는 경우이다.

② 순차적인 상호의존성(sequential interdependence) – 순차적인 상호의존성은 한 집단의 산출이 다른 집단의 투입이 될 때 존재한다. 즉 구매부서에 의해 제공되는 원자재가 생산부서의 투입이 되는 경우이다.

③ 상호 간의 상호의존성(reciprocal interdependence) – 상호 간의 상호의존성은 두 집단 혹은 그 이상의 집단이 투입에 대해 서로 의존할 때 존재한다. 예를 들면, 신제품개발부서는 조사에 관련된 아이디어에 대해 시장연구부서에 의

존하고, 시장연구부서는 신제품에 대한 고객에 대한 조사를 위해 신제품 개발부서에 의존하다.

통합의 필요에 영향을 미치는 다른 요인은 불확실성이다. 조직의 불확실성은 미래의 투입, 전환 과정 및 산출요인을 정확하게 예측할 수 없는 정도를 말한다. 이들 요인에 대한 예측이 어려울수록 조직이 직면하는 불확실성은 많을 것이다. 불확실성이 많을수록 통합과 조정에 대한 요구는 많아질 것이다.

가장 보편적인 통합 메커니즘은 활동을 조정하고 문제를 해결하는 관리자에 대한 공식적인 보고체계인 계층제이다. 또한 부가적인 통합 메커니즘은 권위의 계층제를 보완하는 장치인 규칙, 절차, 업무일정 등이다.

특히 적절한 통합기법은 〈표 8-4〉와 같이 조직이 운영되는 환경에 의존한다. 즉 행정관리학자들이 옹호하는 기법은 규칙과 절차를 만드는 것이다. James Thompson에 따르면, 이러한 통합기법은 조직환경이 비교적 안정적이고 예측가능할 때 효과적이다. 반면에 환경이 비교적 빠르게 변화하는 조직에서의 통합은 개인 간의 연락관계, 위원회 및 프로젝트 팀(task forces)의 활용 및 부서 간 회의를 통해 성취될 수 있다.

┃표 8-4┃ 통합기법

통합기법	환경유형
규칙, 절차, 스케줄(schedules), 관리계층제	• 시장, 기술 및 경쟁적 변수에서 느리게 변화하는 특징을 가진 비교적 안정적이고 예측가능한 환경(stable and predictable environment) • 보통 대량생산기술, 반복적 업무(repetitive tasks)에 의해 특징되는 조직 혹은 하부부서
연락(liaison)관계, 통합위원회(integrating committees), 복합기능팀(cross-functional teams), 프로젝트 팀, 부서 간 회의	• 시장, 기술 및 경쟁적 변수에서 급변하게 변화하는 특징을 가진 변덕스러운 환경(volatile environment) • 단위 혹은 과정 기술, 보다 다양한 업무, 보다 공식적으로 교육을 많이 받은 노동자로 특징되는 조직 혹은 하부부서

출처 : Mescon, et al.(1988: 373)

Lawrence와 Lorsch는 환경적 안정성과 내부적 구조(internal structure) 사이의 관계를 연구하기 위하여 비교적 다양하고 불안정한 조직환경인 포장식품산업

(packaged food industry)과 안정적 조직환경인 컨테이너산업(container industry)을 살펴 보았다. 연구결과, 높은 성과를 창출하는 조직은 조직환경에 대한 적절한 분화정도를 가지고 분화된 활동에 대한 조정요구에 일치하는 통합방식을 활용하고 있었다. Lawrence와 Lorsch는 적절한 분화정도와 통합방식은 특정한 조직과 조직환경에 의해 다양하다고 결론을 내리고 있다. 또한 이들 학자는 이 연구에서 다음과 같은 것을 발견했다.

첫째, 다양하고 복잡한 요구에 대응하기 위해 불안정한 환경은 안정적 환경보다 높은 분화정도를 요구한다.

둘째, 안정적 환경과 불안정한 환경 모두 높은 정도의 통합을 요구한다. 하지만 통합의 수단은 차이가 있다. 안정적 환경에서는 계층제와 집중화된 조정이 보다 적절하며, 불안정 환경에서는 계층제에 있어 낮은 단계의 의사결정을 유도하는 것이 필요하다. 조직문제는 관련된 지식을 소유한 조직구성원 사이의 직접적 의사소통을 통해 다루어야 하기 때문이다.

SECTION

03 조직구조의 영향요인

일반적으로 조직을 구조화하는 데 최상의 방법은 없다. 조직구조의 전개와 설계에 영향을 미치는 요인은 〈그림 8-4〉와 같이 조직임무와 전략, 조직의 규모, 조직이 활용하는 기술, 핵심적인 조직 구성원의 특성, 조직이 작동하는 환경 등이 관련되어 있다(Reitz, 1987: 518-515).

| 그림 8-4 | 조직구조의 영향요인

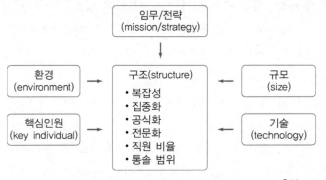

출처 : Reitz(1987 : 524)

1. 임무와 전략

조직의 임무(mission)는 조직의 전반적인 목표로 조직의 존재이유이다(Daft, 2010: 60). 대체로 조직의 임무는 조직이 추구하는 목적과 실체를 규정하는 포괄적인 선언으로 조직이 설립될 때 부여되는 근본적인 목적이 기술되어 있다. 특히 공공부문의 기관들은 법률에 기초해 설립되는 경우가 대부분인데, 기관 설립 근거가 되는 법률 첫 번째 조항에서 기관의 설립목적을 밝히고 있는 경우가 많다. 예를 들면, 경찰조직은 법률을 집행하기 위해 존재하고, 병원은 보건을 향상시키고 건강을 회복하기 위해 존재한다. 이러한 조직의 임무는 절대적으로 불변하는 것은 아니다. 다만 대부분의 공공조직은 기본적 가치나 틀은 유지하면서 환경의 변화에 따라 점증적·부분적으로 변화한다.

이와 함께 조직의 전략(strategy)은 조직의 임무를 수행하기 위해 시도하는 전반적인 정책이다. Daft(2010)는 조직의 목표를 달성하기 위해 경쟁적인 환경에서 조직이 어떻게 상호작용하는가에 대한 계획으로 정의하고 있다. 일반적으로 전략은 '유리한 조건에서 적을 대처하기 위한 무력의 개발(the development of forces so as to meet the enemy under advantageous conditions)'이라는 의미를 가진 그리스 군사용어에서 유래되었다. 전략은 조직의 임무와 조직환경과의 상호의존 관계를 의미한다. 조직의 임무는 '조직이 추구하는 바'라면 전략은 '설정된 목표를 어떻게 달성할 것인가'에 관한 것이다.

2. 기술

기술(technology)은 조직이 투입에서 산출로 전환하는 데 활용하는 과정이다. 기술과 구조 사이의 관계에 관련한 Woodward(1965)의 연구에 의하면, 기술이 복잡할수록 수직적 분화가 증가하며, 관리계층제가 고층구조로 증가하고, 라인계통의 노동자에 대한 관리자와 감독자의 비율이 증가한다.

또한 증가하는 기술은 조직에 의해 직면하는 문제의 복잡성과 그것을 다루는 불확실성이 증가하는 경향이 있다. 나아가 수직적 분화, 집권화, 통솔의 범위는 기술과 밀접한 관계를 갖고 있다.

3. 규모

조직의 규모(organizational size)는 조직의 크기를 의미하는데, 종사자 수, 재정 규모 등 다양한 기준으로 설명될 수 있다. 조직 규모는 조직의 다양한 구조적 특성에 영향을 미치는 것으로 나타나고 있다(Robbins & Judge, 2015). 조직 규모는 몇 가지 조직의 특성에 관한 총체적인 평가(a gross estimate)를 제공한다. 대체로 조직 규모를 전임구성원(full-time employees)의 숫자로 정의 및 측정하는 것이 일반적이다.

요즘 IT 기업이 소규모 스타업으로부터 시작되는 것처럼, 조직은 보통 소규모로 시작한다. 조직이 성공하면, 조직은 규모가 증가하고, 성장에 수반되는 복잡성에 대응하기 위해 구조에 있어 변화가 요구된다. 대규모 조직은 소규모 조직보다 전문화, 공식화 그리고 분권화된다. 전문화는 효율성을 제고하고, 성장을 촉진시킨다. 조직 규모의 성장은 가능한 전문화를 확대하게 만든다. 또한 규모가 큰 조직일수록 보다 복잡한 행정적 틀로 전문화된다. 대규모 조직은 소규모 조직보다 위험, 권력, 영속성을 가진다고 생각한다(Starbuck, 1971).

조직 규모에 따른 업무형태를 보면, 50개 부서를 관리하는 업무는 1,000개의 부서를 가진 조직보다 훨씬 수월하다. 반면에 얼굴없는 관료제(faceless bureaucracy)와 같은 대규모 조직은 조직구성원과 외부인을 사람보다는 숫자로 취급하는 경향이 있다.

특히 Caplow(1957)의 연구에 의하면, 2개에서 50개 부서의 조직에서 근무하는 개인들은 서로 상호작용하는 기회를 가진다. 반면에 50에서 200개 부서를 가진 조직구성원들은 다른 구성원과 매우 제한된 접촉기회를 가진다. 200개에서

1,000개의 부서단위를 가진 조직에서 근무하는 개인들은 다른 구성원과 접촉하는 것이 매우 어렵다. 모든 구성원들은 핵심적인 중심인물만 인식할 수 있다.

4. 핵심적 인원

핵심적인 인원(key individuals)의 선호와 기술은 조직구조의 형성과 성공에 영향을 미친다. 예를 들면, 조직의 기술에 있어 높은 수준의 기술을 보유한 경영진은 분권적 구조가 허용하는 것보다 의사결정에 직접적으로 관여하기를 원한다.

나아가 핵심적 인원이 조직구조와 관련하여 무엇을 신뢰하는가에 따라 조직구조에 관련한 의사결정에 영향을 미친다. 예를 들면, 집권화된 구조가 모든 환경에서 최고라고 믿는 경영진은 조직이 복잡하고 동태적 환경에 직면하더라도 구조의 변경을 꺼린다.

5. 환경

조직환경은 조직과 상호작용하는 물리적, 사회적, 정치적, 경제적 세계를 모든 부문을 포함한다. 조직은 노동, 자본, 정보 그리고 다른 자원의 형태의 투입을 환경에 의존하며, 재화와 서비스의 산출을 소비하기 위해 환경에 의존한다.

Burns와 Stalker(1961)의 연구에서와 같이 안정적이고 예측가능한 환경에서 운영되는 조직은 기계적 구조에 의해 잘 실행되며, 반면에 변화하는 기술을 가진 동태적 환경의 조직은 보다 복잡하고 동태적 구조를 요구한다.

SECTION

04 공식적 조직구조와 비공식적 조직구조

1. 공식적 조직구조

공식적 조직구조(formal organizational structure)는 조직에서의 지위와 기능에 기초하고, 조직도(organizational chart)로 나타난다. 공식적 조직구조는 정보가 공식적으로 이루어지고, 공식적인 의사소통 시스템을 이해하는 데 기여한다. 공식적 조직은 구체적인 조직목표를 성취하기 위해 조직화되며, 업무수행에 관한 권한 배분을 구체화하고, 업무활동을 위해 조정에 관심을 기울인다. 이처럼 공식적 조직구조는 모든 역할이 구체적으로 명확하게 규정된 구조이다. 공식적 조직구조는 전형적으로 상세하게 기술되기 때문에 해석의 여지가 거의 없다.

이와 같이 조직은 공식적으로 허가된 구조 – 공식적 조직 혹은 법률상의 조직(de jure organization) – 를 만든다. 공식적 조직구조는 효과적으로 목적을 성취하는 데 관련된 구성요소들의 유형화된 관계(patterned relationships)를 설정하는 계획된 구조이다. 공식적 조직은 인위적인 형식적 절차와 명문화된 제도화에 의하여 만들어진다(윤재풍, 1991: 263).

2. 비공식적 조직구조

조직의 완전한 구조는 공식적으로 문서화된 것만이 아니다. 조직에 비공식적 차원이 존재한다. 의사결정, 의사소통 및 통제에 대한 비공식적 구조는 조직도에 나타나 있지 않다. 즉 조직은 공식적 조직도 이외에 조직에 의해 필연적으로 허가되지 않은 비공식적 관계 혹은 사실상의 관계(de facto relationships)가 존재한다. 조직에 있어 많은 의사결정, 의사소통 및 통제는 공식적 보고관계를 가지지 않는 사람들 사이의 비공식적인 면대면 회의를 통해 이루어진다.

비공식적 조직구조(informal organization structure)는 조직구성원의 비공식적 활동과 관심의 결과로 발전되는 관계유형을 말한다. 즉 조직구성원들 간의 활동과 상호작용에 의해 비공식 조직구조는 자발적으로 형성된다. 이러한 비공식적 조직구조는 자연적으로 발전되며, 정보의 수집과 확산 등을 위한 비밀정보망(grapevine)으로 기여한다.

이와 같이 비공식적 조직구조는 공인 관계(official relationships)보다 인간적 관계(interpersonal relationships)로 일어나는 패턴, 행태, 상호작용으로 정의된다. 비공식적 구조는 사람에 초점을 두며, 조직 차트 내에 존재하는 공식적 역할에 초점을 두기보다 오히려 조직구성원들이 어떻게 함께 업무를 수행하는가에 초점을 둔다.

| 표 8-5 | 공식적 조직구조와 비공식적 조직구조

공식적 조직구조	비공식적 조직구조
• 권위와 부하 사이의 관계에 우선적으로 관심을 가진다. • 책임이 있다는 것에 의문이 여지가 없다. • 구체적인 규칙과 규제에 의해 유지되기 때문에 이해하기가 쉽다. • 과정과 절차를 잘못 해석할 여지가 없다.	• 보고되는 구조와 관계없이 정보가 흐르는 구조이며, 사람에 초점을 둔다. • 급격하게 변화하는 상황에 손쉽게 반응한다. • 전형적으로 사회적 집단 혹은 프로젝트 집단으로 발전된다. • 동지애(camaraderie)에 기반하는 구조이기 때문에 개인에게 보다 즉각적 반응이 일어난다.

이러한 비공식적 조직의 중요성은 Hawthorne 실험의 결과에서 중요하게 인식되었다. 비공식집단의 규범은 개개 조직구성원이 승진을 거부할 정도로 구성원들에게 영향을 미쳤다는 것을 밝혀냈다. 이점에서 전통적 조직이론가들은 공식적 조직구조에 초점을 두었지만, 인간관계이론가들은 조직구성원들 사이의 인간적 관계에 주된 관심을 가졌다.

이와 같이 비공식적 구조는 다음과 같은 몇가지 점에서 장점을 가진다. ① 조직구성원의 사기 진작 – 구성원에게 편안한 환경을 조성하기 때문에 직원들의 사기를 높일 수 있다. ② 창의성과 혁신의 장려 – 경직된 계층구조보다 자유로운 아이디어 흐름을 가능하기 때문에 창의성과 혁신을 자극할 수 있다. ③ 유연성과 적응력 향상 – 변화와 예기치 않는 상황에서 쉽게 적응할 수 있는 유연성을 향상시킨다. ④ 강력한 관계 조성 – 팀원들 간의 강한 관계를 구축하는 데 도움을 준다. ⑤ 개방적인 소통의 촉진 – 소통의 장벽이 줄어들어 생각과 아이디어를 쉽게 공유할 수 있게 한다.

반면에 비공식적 구조의 단점으로 다음과 같이 제기되기도 한다. ① 명확한 권한 구조의 부족 – 누가 책임이 있는지에 대한 혼란이 발생할 수 있다. ② 비구조화된 의사소통으로 인한 비효율성 – 정보가 적절한 시기에 적절한 사람에 전달되는 데 어려움이 발생할 수 있다. ③ 조정의 어려움 – 명확한 규칙이나 절차가 미비하면 조직활동을 조정하는 데 어려움이 있다. ④ 소문을 퍼뜨릴 가능성 – 비공식적 구조는 소문이 쉽게 퍼질 수 있어 잘못된 정보가 확산될 수 있다. ⑤ 체계적인 문제해결 접근방식의 미흡 – 체계적인 문제해결과 관련한 접근방법이 부재하면 해결책이 일관성이 있어 조직의 전반적인 효율성을 저해할 수 있다.

┃ 표 8-6 ┃ 비공식적 조직구조의 장점과 단점

장점(advantages)	단점(disadvantages)
• 조직구성원의 사기 진작 • 창의성과 혁신 촉진 • 유연성과 적응력 향상 • 강력한 관계 형성 • 개방적인 소통 촉진	• 명확한 권한 구조 부족 • 비구조화된 의사소통으로 인한 비효율성 • 조정의 어려움 • 소문을 퍼뜨릴 잠재력 • 문제해결을 위한 체계적인 접근방식 미흡

용어 해설

- 조직구조(組織構造, organizational structure) – 조직이 구별되는 업무에 노동을 분할하고, 이들을 조정하기 위한 방식의 총합이며, 조직 내 노동의 분업, 전문화, 관계의 조정을 규정하는 시스템이다.

- 노동의 분업(division of labor) – 조직 내 작업업무의 할당과 책임의 분배(distribution of responsibilities)이며, 직무가 전문화된 정도를 의미한다.

- 권위의 위임(delegation of authority) – 권위계층제(hierarchy of authority)이고, 조직에 있어 권위의 배분을 말한다.

- 부서화(部署化, departmentalization) – 유사한 혹은 밀접하게 관련된 활동을 조직의 하부단위로 그룹핑하는 것이고, 또한 조직을 하부단위로 분할하는 과정이다.

- 통솔의 범위(span of control) – 한 사람의 상관이 효과적으로 통제할 수 있는 부하의 수를 의미하며, 한 사람의 상관에게 얼마나 많은 부하들이 직접 보고하는지를 의미한다.

- 공식화(公式化, formalization) – 조직에서 적용되는 서류문서(written documentation)의 양이며, 공식화는 조직이 따라야 하는 규칙과 절차의 정도이다.

- 집권화(集權化, centralization) – 조직의 상위계층에 의사결정 권위의 소재(the location of decision-making authority)가 집중되어 있는 것이다.

- 분권화(分權化, decentralization) – 분권적 통제(decentralized control)로 관리되는 것이며, 조직구성원들에게 많은 정도의 권한위임(empowerment)이 이루어지고, 그리고 의사결정의 권위가 하위계층의 조직구성원들에게도 부여되어 있는 정도이다.

- 복잡성(複雜性, complexity) – 조직 내 활동 혹은 하부시스템의 수를 언급하며, 분화(differentiation)와 동의어로 가끔 사용된다.

- 공식적 조직구조(公式的 組織構造, formal organizational structure) – 조직에서의 지위와 기능에 기초하고, 구체적인 조직목표를 성취하기 위해 조직화되며, 업무활동을 위해 조정에 관심을 가진다.

- 비공식적 조직구조(非公式的 組織構造, informal organization structure) – 조직구성원의 비공식적 활동과 관심의 결과로 발전되는 관계유형이며, 조직구성원의 활동과 상호작용에 의해 비공식 조직구조는 자발적으로 형성된다.

CHAPTER 9

조직설계와 직무설계

01 조직설계의 의의와 관점

1. 조직설계의 의의

조직설계(organization design)란 조직의 직무를 조정하고 통제하기 위한 구조와 과정을 결정하는 데 목적을 둔 관리적 의사결정을 말한다. 조직설계는 조직의 전략적 목적과 환경적 요구를 평가하고, 목표달성에 효과적인 조직구조를 결정하는 과정이다. 이러한 조직설계는 기획에 기초해야만 한다.

결국 조직설계 의사결정의 결과는 조직의 구조 혹은 틀(framework)이다. 또한 조직설계는 조직을 권위의 수준으로 만드는 수직적 분화(vertical differentiations)와 기능, 프로젝트, 생산 및 지리와 같은 기준에 기초하여 만드는 수평적 분화(horizontal differentiations)에 초점을 두는 것이다.

이와 같이 조직설계는 무엇보다 조직구조(organizational structure)를 결정하는 데 관심을 가진다. 조직구조는 조직차트(organization chart)에 가장 명시적으로 반영되어 나타나고 있다. 조직구조는 다음과 같이 4가지 주요한 구성요소를 가진다.

① 조직구조는 조직에서의 개인과 부서에 대해 업무와 책임의 할당(the allocation of tasks and responsibility)을 기술한다.

② 조직구조는 공식적 보고관계(formal reporting relationship)를 표시한다. 이것은

계층의 수와 관리자와 최고관리자의 통솔범위가 포함되어 있다. 즉 조직구조
는 관리자의 통솔범위(the span of control)를 결정한다.
③ 조직구조는 부서 내의 개인들을 공동운명체로 인식하게 하고, 전체 조직 내에
서 부서를 그룹화한다.
④ 조직구조는 조정의 메커니즘(mechanisms of coordination)과 노력의 통합을 포
함한다.

조직설계의 관점에서 조직은 상사와 부하의 수직적 피라미드 관계인 계층제
(hierarchy)이다. 개인이나 부서가 계층제에서 높은 단계일수록 권위가 더 높다.
고층구조 혹은 저층구조는 계층제에 있어 몇 개의 계층으로 이루어지고 있는가
에 의존한다. 저층구조일수록 통솔범위가 넓고 수직적 계층의 수가 적은 반면에
고층구조일수록 통솔범위가 좁으며 수직적 계층의 수가 많다.

조직설계는 부서화(departmentation)와 조정에 기초하여 적절한 조직형태에
이르는 과정이다. 이러한 과정은 다음의 3가지 주요한 아이디어에 기초한다.
① 조직설계는 조직의 장기적 성공에서 매우 중요한 요인이다. 설계의 영향이 단
기적보다는 장기적으로 미치기 때문에 장기적 관점이 중요하다. 조직의 장기
적 성과에 영향을 미치기 때문에 조직설계는 주요한 관리기능으로 고려된다.
② 조직설계는 계속적인 과정이다. 조직의 환경과 전략이 변화하기 때문에 새로
운 조직설계가 단계적으로 진행된다. 이점에서 조직설계의 적합성을 지속적
으로 평가할 필요가 있다.
③ 모든 시대, 모든 조직에 적용할 수 있는 보편적인 설계는 존재하지 않는다.
특정한 설계의 효과성 또는 적절성은 조직의 맥락에 의존한다.

2. 조직설계의 논리적 관점

조직은 목표성취가 가능하도록 설계되어야 한다. 〈그림 9-1〉과 같이 조직구
조는 목표를 성취하는 데 편리하도록 하기 위해 업무흐름을 조직한다. 이에 조직
정책(organization policy)은 업무흐름이 향상되도록 전개한다.

조직설계는 조직의 몇몇 내부적 특성을 다룬다. 시스템적 관점에 비추어 보
면, 조직설계는 조직의 전환 과정에 초점을 두며, 조직의 투입 혹은 산출에 대한
처방을 시도하지 않는다. 투입과 산출에 대한 설계는 전략적 기획 과정에서 다룬
다. 또한 조직설계는 가장 효과적이고 효율적인 생산에 가장 부합하는 내부적 조
직시스템을 창출하기 위한 시도이다. 이리하여 합리적 관리모델에 있어 조직설

계는 환경분석과 전략기획의 결과를 고려하여 결정된다.

하지만 조직설계는 조직의 모든 내부적 특성을 다루지는 않는다. 업무에 초점을 둔다면, 조직의 기능적 하부시스템을 우선적으로 다룰 것이다. 기능적 하부시스템은 환경에 대한 조직 적응의 도구로서 간주된다. 반면에 사회적 그리고 정치적 요인의 역할로 인식한다면 조직의 공식적 측면을 최우선으로 간주할 것이다.

현대 조직설계이론가들은 조직의 기능적 하부시스템이 조직의 전략과 환경에 부합되어야 한다고 주장한다. 조직 내의 다양한 기능을 수행하는 각기 다른 부서들 사이의 상호의존성은 적절한 조정메커니즘을 설치함으로써 관리될 수 있을 것이다. 또한 이들 학자는 조직의 환경과 전략이 시간이 지남에 따라 변화하기 때문에 조직의 적응 또는 진화를 위하여 재설계되어야 한다고 강조한다. 이처럼 조직설계는 지속적인 과정이다.

┃그림 9-1┃ 조직설계의 논리

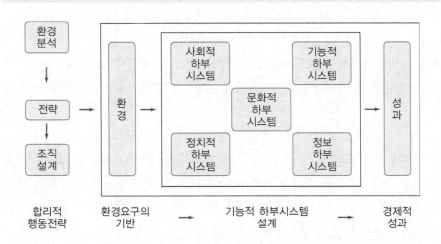

출처 : Narayanan & Nath(1993 : 308)

조직설계와 관련하여 학문영역별로 보면, 경제학자와 관리학자들은 조직의 내부 구조에 관심을 가졌다. 반면에 행정조직에 대한 조직설계의 기반은 Max Weber에 의한 관료제로 구체화된다.

Weber의 모델은 부분적으로 산업화 초기의 문제점(예속, 연고주의, 불공평, 주관적 판단)을 다루기 위해 발전된 것이다. 이점에서 Weber는 정부와 민간경제 모두에 효율적인 조직기능을 확보할 수 있는 일련의 관료제적 특성을 제시했다. 관료제가 복잡성이 증가하는 사회에 있어 다른 어떤 조직형태보다 빈약한 자원을 할당하는 데 기술적으로 우월하다고 할 수 있다. 특히 대량생산의 장점을 확보하기 위해서 조직은 기능 중심적 형태를 채택하기 시작했다. 부서(시장 부서, 생산 부서, 연구개발 부서) 내에서 업무단위는 기능에 기초하여 세분화된다. 예를 들면, 생산 부서는 유지, 제조, 질 통제(quality control) 등과 같이 보다 세분화된다.

특히 조직연구의 문헌에 조직은 무엇 때문에 구조를 재설계하는가? 조직전략과 조직구조 사이의 관계는 무엇인가? 조직설계가 경제적 차이점을 만드는가? 조직설계와 환경 사이는 무슨 연계가 있는가? 조직설계의 원리는 무엇인가? 등의 물음에 대해 관심을 가진다.

이러한 조직설계에는 3가지 비판적인 가정이 놓여있다. ① 개인과 업무단위를 어떻게 함께 그룹화하는가를 결정하는 조직구조는 조직성과에 있어 차이를 만든다. ② 조직설계는 조직에 있는 조직구성원들의 행태에 영향을 미친다. 조직설계는 관리자가 장악하는 통제를 위한 메커니즘이다. 즉 인간행태가 조직구조의 설계와 선택에 있어 매우 중요한 고려사항이다. 예를 들면, 관료제적 구조는 조직목표를 간과한 채 사람들을 규정과 절차에 매몰되게 만든다. ③ 조직설계는 본질적으로 효율성의 이슈에 관심을 가진다. 업무활동에 대한 구조화는 투입에서 산출로 전환하는 비용의 최소화를 창출한다. 따라서 조직설계의 초점을 기능적인 하부시스템을 어떻게 효율적으로 설계할 것인가에 초점을 둔다.

조직구조의 설계와 관련하여, Alfred Chandler는 조직구조는 전략에 따르고, 가장 복잡한 구조 유형은 몇몇 기본적인 전략에 대한 연결의 결과라고 주장한다. Chandler는 미국 기업에 대한 연구를 통해 〈그림 9-2〉와 같이 조직설계의 배경을 설명하고 있다. 조직구조의 변화는 전략적 변화뿐만 아니라 경쟁적 압력에 의해 부합되어야만 한다. 경쟁력 압력은 구조변화를 이끄는 동인이기도 하다.

▌그림 9-2 ▌ Chandler의 변화모형

출처 : Narayanan & Nath(1993 : 318)

    일반적인 조직설계의 과정은 〈그림 9-3〉과 같다. 조직설계의 출발점은 환경에 대한 분석과 조직전략의 형성에서 시작된다. 이것은 조직관리에 대한 합리성을 확보하기 위한 노력이라고 할 수 있다. 환경에 대한 분석과 전략이 형성된다면, 조직설계는 조직이 수행해야 할 핵심적인 기능을 파악하고 이에 따라 부서에 대한 기초를 형성하고, 다양한 기능의 분화로 인해 발생할 수 있는 문제를 해결하기 위한 필수적인 조정메커니즘을 구성한다.

▌그림 9-3 ▌ 조직설계의 과정

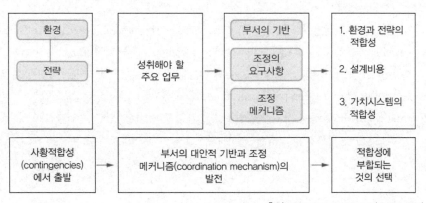

출처 : Narayanan & Nath(1993 : 334)

이러한 대안적인 조직설계는 ① 환경과의 적합성(congruence), ② 전략과의 적합성, ③ 조직설계의 비용, ④ 최고관리자의 가치시스템 등의 관점에서 평가된다. 특히 가장 중요한 기준은 환경과 전략의 적합성이다. 비용과 가치시스템과의 적합성은 실용적인 기준이지 특정한 조직설계의 선택에 있어 최우선시되는 요인은 아니다 .

성공적인 조직은 조직구조의 효과성과 적절성을 정기적으로 평가한다. 그리고 변화하는 환경의 요구에 따라 조직의 구조를 지속적으로 변화시키는 것이다. 또한 좋은 조직설계에 대한 검증은 다음과 같은 3가지 질문에 답하는 것에 의존한다.

① 조직설계가 조직전략을 수행하기 위해 적합한가? 전략과 환경의 적합성은 좋은 조직설계의 중요한 결정요인이다.
② 조직설계가 조직이 환경에 적절하게 대응 및 기능할 수 있는가?
③ 조직설계의 부서의 기반과 조정 등 여러 요소가 함께 일치하는가? 부서의 기반과 조정은 전략과 환경에 일치되어야만 한다. 또한 각 요소들은 내부적으로 적절하게 부합되어야만 한다.

조직설계의 단계

- 조직을 광범위한 하부단위로 수평적으로 분할하라((Horizontally divide the organization into broad subunits). 활동을 계선조직과 참모조직에서 할당할 것인가를 결정하라.
- 지위 사이의 권위관계를 설정하라(Establish authority relationships between positions). 관리는 명령계통(the chain of command)을 설정한다.
- 직무에 어떤 업무를 포함할 것인지 설계하라. 그리고 개인에게 이들 업무를 위임하라(Design jobs comprised of certain tasks and delegate these tasks to individuals). 관리는 구체적인 업무를 설계하고, 만족할 만한 성과를 위해 누가 책임을 맡을 것인가를 보장하는 것이다.

출처 : Mescon, et al.(1988: 350)

03 조직설계의 진단, 과정 및 스타모델

1. 조직설계의 진단

조직설계 과정을 시작하면, 조직설계의 진단은 최고관리층에서부터 최하위 층까지 종속접근법(cascade approach)을 활용할 필요가 있다. 즉 조직의 최고관리층에서 5단계(① 목표, ② 전략, ③ 환경, ④ 구조, 과정과 인원, ⑤ 조정과 통제)의 설계 과정을 통하여 진행한다. 각 부서에 대해 이런 과정을 반복한다. 특히 목표단계에서 조직의 범위를 구체화하고, 효율성과 효과성 측면에서 목표를 명시한다. 더욱이 조직의 현재 위치를 검토하고, 위치에 알맞은 비전과 임무 상태가 잘 부합되는지를 설정한다. 또한 조직의 현재 위치에 대해 일반적인 동의가 있는지를 검토한다.

이와 더불어 조직설계의 과정은 2가지 중요한 질문으로 구성된다. ① 조직은 현재 어디에 위치하고 있는가(Where are you?), ② 조직은 어디에 위치하고자 원하는가(Where do you want to be?). 전자는 현시점에서 조직의 상태와 현황(as-is)을 파악하는 것을 의미하며, 후자는 단기적 또는 장기적으로 조직의 바람직한 위치(to-be)는 어디이며, 어떻게 달성한 것이가에 대한 질문이다.

이와 같이 조직이 효율성과 효과성의 도표 중에 어디에 위치하고 있는가를 점검한다. 즉 조직의 근본적인 2개의 목표 - 효율성과 효과성 - 에 대한 상대적 평가를 시작한다(Burton, DeSanctis & Obel, 2006: 11-14). 효율성과 효과성은 2개의 차원이다. 즉 단일 측도의 양극단이 아니며, 2가지 개별 목표 차원으로 조직에 대해 비율을 산정한다. 2개 차원의 모델에서 4가지 상이한 유형의 목표 형태가 가능하다.

• A 사분면(Quadrant A) - 이 조직은 효율성과 효과성 모두 상대적으로 낮다. 이 조직은 활용되는 자원에 대한 초점이 적고 보다 높은 수준에 관련한 구체적인 목표가 미흡하다. 이것은 독점(monopoly)의 경우이다. 이 조직은 조기에 착수할 수 있다.

• B 사분면(Quadrant B) - 조직의 재품과 서비스를 산출하는 데 필요한 가장 적은 양의 자원에 대한 효용성(utilization)에 초점을 두는 조직이다. 이 조직은 과거에 수행한 것을 지속하고, 지속적인 향상을 위해 개선한다. 이 조직은 안정적인 환경에서 잘 유지된다.

- C 사분면(Quadrant C) - 이 조직은 효율성에 초점이 낮지만, 효과성에 보다 높은 초점을 둔다. 즉 조직이 조직목표에 초점을 두는 반면에, 자원의 효율적 활용에 대한 관심이 적다. 이 조직은 매우 급변하는 환경에서 혹은 새로운 아이디어를 지속적으로 발전시켜야 하는 상황에서 적합하다.
- D 사분면(Quadrant D) - 이 조직은 효율성과 효과성 모두 강조한다. 이 조직은 경쟁적이고, 복잡하고 급변하는 환경에 직면해 있다. 이런 환경은 상품의 혁신과 낮은 가격으로 성공적인 경쟁을 할 수 있는 조건이 요구되는 조직이다. 이런 조직은 동일한 힘(equal vigor)으로 효율성과 효과성의 2가지 목표를 추구한다.

┃그림 9-4┃ 조직목표의 평가

		효과성(effectiveness)	
		낮음	높음
효율성 (efficiency)	높음	Quadrant B (안정적 조직환경)	Quadrant D (경쟁적, 복잡한 조직환경)
	낮음	Quadrant A (독점의 경우)	Quadrant C (급변하는 조직환경)

출처 : Burton, DeSanctis & Obel(2006 : 11)

조직설계의 진단질문

1. 단계적 접근(step-by-step approach)을 위한 분석단위가 무엇인가?
2. 조직이 무엇을 하는가? 조직의 주요한 작업활동은 무엇인가?
3. 조직은 효율성에 얼마의 점수인가?(① 매우 낮음 - ⑤ 매우 높음)
4. 조직은 효과성에 얼마의 점수인가?(① 매우 낮음 - ⑤ 매우 높음)
5. 효율성/효과성 표에서 조직을 구획하라.
6. 조직은 효율성/효과성 표에서 어디에 위치하는가?

출처 : Burton, et al.(2006: 14)

2. 조직설계의 과정

조직설계의 과정은 비효과적인 업무흐름, 구조 혹은 시스템을 명확하게 파악하고, 현재의 경영요구에 부합하도록 재설계하며, 새로운 변화를 이행하기 위한 계획을 발전시키는 것이다. 이처럼 조직을 설계하는 최상의 방식은 곧 조직의 구체적인 욕구, 기능 및 목표에 의해 결정된다. 최상의 조직설계를 고려할 때 관리자는 조직의 목적을 먼저 정의해야만 한다. 조직설계방식의 모든 특성들은 조직목적을 성공적으로 이행하는 데 집중한다. 이러한 조직설계는 조직의 구조를 조사하기 위한 체계적인 점증적 방식으로 다음과 같이 4가지 참여적 단계로 이루어진다.

① 예비분석단계(preliminary analysis) — 이 단계는 조직설계의 결정을 위한 필요한 정보를 수집하는 과정이다. 조직의 목표를 달성하기 위해 조직구성원의 조직화가 합리적으로 설계되고 있는지, 실제로 조직운영에서 어떻게 표출되고 있는지, 변화되고 있는 조직환경에 부합한 조직설계인지 등에 대한 정보를 수집하는 과정이며, 진단 과정이기도 하다. 이러한 예비분석단계에서 아래와 같은 설문지를 활용할 수 있다.

┃표 9-1┃ 조직설계의 설문문항

조직설계 예비분석단계의 진단항목	예	아니오
귀하의 조직은 합병(merger and acquisition)의 일부분이 되고 있는가?		
귀하의 조직구조는 고객들의 요구에 방해되고 있는가?		
귀하의 조직은 경영의 하락을 경험하고 있는가?		
귀하의 조직은 세계적인 시장으로 팽창하고 있는가?		
규제기관 혹은 인가평가기관과 같은 외부적 요인이 조직구조의 재검토를 요구하고 있는가?		
귀하는 조직 활동에 비해 조직구조가 너무 크다고 생각하는가?		
귀하의 새로운 리더십이 조직구조를 향상시키기를 원하고 있는가?		
귀하의 조직은 작년에 구성원 감축을 시행했는가?		
귀하의 구성원들은 조직구조가 조직효과성을 방해하고 있다고 말하는가?		
귀하의 조직은 자발적으로 과정 향상을 위한 프로그램 혹은 6 Sigma를 채택하고 있는가?		

② 전략적 설계단계(strategic design) — 이 단계는 조직구조를 조사하기 위한 체계적이고 점증적 단계로 참여적 과정을 포함한다. 이 과정은 지원을 구하고, 참여적 훈련을 촉진하기 위한 과정이기도 하다. 현재 조직의 강점과 약점에 대한 설문조사도 포함한다.

전략적 설계단계에서는 조직설계와 관련하여 전문적인 컨설팅 기관에 도움을 받을 수 있다. 이들 기관의 목적은 조직의 목표와 대비하여 조직의 성과, 방식, 구조를 검토하는 것이다. 이들 컨설팅 기관은 조직의 외부적인 시각에서 조직을 진단할 수 있는 장점이 있고, 조직의 욕구를 대응하기 위한 최상의 방식에 대해 객관적인 시각을 제공할 수 있다.

③ 운영설계단계(operational design) - 이 단계는 전략적 설계에 결정한 범위에서 관리자의 역할을 구조화하고, 정보흐름을 구조화하는 것이다. 이 단계는 조직의 목표를 추구함에 있어 조직구성원과 관리자가 담당업무를 적절하게 수행하는지에 대한 확인 과정이라고 할 수 있다. 조직설계 과정은 곧 조직구성원에 대해 보다 많은 책임감을 갖게 하도록 격려하는 모델이다.

④ 집행단계(implementation) - 이 단계는 조직의 목표실현을 위해 관리와 조직구성원에게 유익한 해결책이 실현되는 과정이다 새로운 조직설계가 직무수행과 관련한 의사소통, 교육훈련, PR 등에 실질적으로 도움이 된다는 것을 깨닫게 된다. 결국 최상의 조직설계는 조직의 목적에 조직의 활동을 체계적으로 맞추는 해결책일 것이다.

이와 같이 조직설계는 지속적인 몰입 과정이고 반복되는 과정(reiterative process)이다. 조직설계는 끊임없이 변화하는 조직환경에 부합하기 위한 해결책이기도 하다. 이처럼 조직설계는 조직구성원에게 변화능력과 학습능력을 일으키는 데 매우 중요한 전략이기도 하다.

3. 조직설계의 스타모델

Jay Galbraith(1973)는 1970년대에 조직의 틀이 의사결정과 행태를 안내하는 데 어떻게 유용할 수 있는지를 관찰했다. Galbraith의 스타모델은 광범위하게 수용되고 있는 조직설계모델이다. 조직설계란 단순히 구조와 조직도의 결과만은 아니다. 조직설계는 사람, 업무, 공식적인 구조, 비공식적인 실체와 행태 사이의 관계에 관한 것이며, 경쟁적 이점의 원천이 된다. 조직설계는 누가 결정하고, 그러한 결정이 어떻게 이루어지는지에 대한 결정이다. 조직설계를 통해 리더는 조직의 의사결정 과정을 만드는 사람(shapers)이 된다.

스타모델은 조직의 중요한 요소를 인식하게 하고, 전략문제와 전략의 이행에 초점을 둔다. 특히 스타모델은 〈그림 9-5〉와 같이 스타의 각 5점 사이에 적합성을 가질 때 최상의 조직효과성이 도출된다. 스타모델에서 전략은 방향을 결정하고, 구조는 의사결정의 권한의 소재를 결정한다. 과정은 정보와 의사결정의 흐름을 다루며, 보상시스템은 조직목표의 수행과 관련한 사람들의 동기부여에 영향을 미친다. 인적자원정책은 조직구성원의 사고와 기술에 영향을 미친다. 이들 5가지 범주를 구체적으로 살펴보면 다음과 같다.

① 전략(strategy) – 전략은 목표, 목적, 가치 및 임무를 통해 방향을 결정하는 것이다. 전략은 제공되어야 하는 서비스 혹은 상품, 고객에게 제공해야 하는 가치를 구체적으로 설계하는 것이다. 이것은 경쟁적 이점의 원천을 구체화하는 것이다. 전략은 조직구조의 선택을 위한 기준을 정의한다. 전략은 대안들 사이의 최상의 균형방식을 규정한다. 또한 전략은 가장 필요한 활동이 무엇인지를 구체화한다.

② 구조(structure) – 구조는 의사결정의 권한에 관한 소재를 결정한다. 구조는 전문화, 직무전문성의 유형과 수, 각 계층제 단계에서의 통솔범위, 권한의 배분, 집권화와 분권화의 수준, 부서화 등을 세분화하는 것이다.

③ 과정(process) – 과정은 설계된 조직구조에 따라 정보와 의사결정 과정의 흐름을 보여준다. 수직적 과정과 수평적 과정이 있다. 수직적 과정은 경영기획과 예산 과정이다. 수평적 과정은 작업흐름(workflow)을 설계하는 것이다.

④ 보상시스템(reward systems) – 보상시스템은 조직구성원과 관련하여 조직목적에 대응하여 조직구성원의 목표를 맞추도록 동기부여에 영향을 미치는 것이다. 관리자는 조직구성원의 바람직한 행태를 위해 인센티브를 제공하고 동기부여의 보상을 활용하기도 한다. 조직의 보상시스템은 보수, 승진, 보너스, 이익배당, 스톡옵션(stock options)에 관련한 정책이다.

⑤ 사람과 정책(people and policies) – 조직은 채용, 승진, 순환배치, 훈련과 개발을 통해 조직구성원의 사고와 기술에 영향을 미친다. 인적자원관리는 조직의 전략과 구조에 요구되는 능력을 산출한다. 또한 선택한 전략방향을 이행하는 데 필요한 사고와 기술을 일으킨다. 인적자원정책은 전략적 방향을 집행할 수 있는 조직의 역량을 향상시킨다.

이러한 스타모델은 조직설계가 조직도 그리고 사람들을 올바른 위치에 배치하는 것보다 많은 것을 내포하고 있다는 것을 강조한다. 이 모델은 조직설계의 과정에서 중요한 관점을 누락시키는 것을 방지하는 도구이다. 하지만 스타모델은 초점을 조직의 내부적 원리(rationale)와 관련된 전략으로만 한정하기 때문에 조직의 외부적 원리, 즉 사회적·경제적 분석 등 환경적 요소를 고려하지 않는다는 한계가 있다.

┃그림 9-5┃ 스타모델

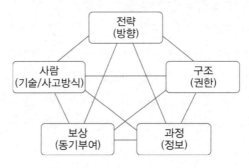

출처 : Galbraith(1973)

---

04 조직설계의 유형

1. 기능조직과 부서조직

1) 기능조직

기능조직(functional organization)은 상당히 집권화되어 있다. 가장 중요한 조정메커니즘은 계급의 계층제이다. 기능적 책임자는 자신의 업무를 조정하기 위해 중앙 책임자에게 의존한다. 최고 계층은 전략적 방향과 운영의 조정에 우선적으로 책임이 있다. 중간관리 단계는 조직을 운영하는 데 책임이 있다. 하위관리단계는 판매 혹은 용접과 같은 활동을 수행한다. 조직은 효율성을 위해 전문화와 표준화의 이점을 확보하는 데 초점을 둔다.

기능적 조직구조는 전통적 기능적 부서 – 회계, 재무, 판매, 운영 등 – 에 따라 조직을 조직화하는 것이다. 이러한 조직구조는 수평적 분화를 통해 각 기능적 영역의 전문화된 지식을 분리하고, 조직의 핵심적인 상품 혹은 서비스를 위해 지식을 연결한다. 이에 기능조직의 이점은 기능적 전문화가 허용된다는 점이다. 즉 계선관리자에 대해 기능조직은 최고의 전문화, 참모 전문가에 의해 이루어진 조언을 따르도록 강요하는 구조라는 것이다.

기능적 조직은 단지 몇몇 상품을 다루는 회사 혹은 단일 산업을 운영하는 회사에 잘 부합된다. 또한 비교적 안정적인 조직환경에서 잘 운영된다. 조직환경이 안정적일 때 업무는 표준화된다. 이러한 환경에 놓여있는 조직은 기능적 조직에 의해 통제되어야 한다.

하지만 기능에 초점을 두기 때문에 전체적인 조정의 책임은 최고관리자에게 부과된다. 더욱이 환경이 불안정하게 될 때 혹은 생산라인 확장될 때 계층제의 최고관리자는 과도한 의사결정과 조정의 압력에 과부하된다. 또한 낮은 계층은 목표에 대해 제한된 관점을 가지게 되기 때문에 하부관리자가 조직의 전반적인 관점을 발전시킬 수 있는 기회가 매우 적다. 이리하여 조직은 시장의 변화에 대해 매우 느리게 반응하게 된다.

장점	단점
• 본부와 하부조직 간의 갈등을 줄일 수 있다. • 모든 관리자에 대해 전문가적 경력 발전과 국제적 성향을 향상시킬 수 있다. • 기능 내 조정을 편리하게 한다. • 시장요구(market demands)가 비슷할 때 효과적이다. • 부족한 자원에 대한 중복을 줄인다.	• 수평기능조정(cross-functional coordination)에 있어 문제가 발생한다. • 과도한 전문화로 비효과적인 협력이 발생한다. • 구체적인 시장변화에 반응이 느리다. • 국제적 시장요구가 다를 때 비효과적이다. • 통상적인 대화(routine talks)를 강조한다. • 전반적인 결과에 대한 책임을 모호하게 한다.

출처 : Black & Porter(2000: 271)

┃그림 9-6┃ 기능조직의 구조

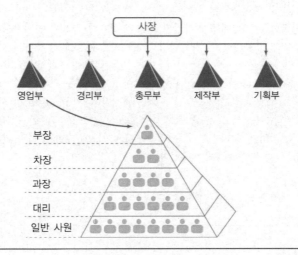

2) 부서조직

부서조직(divisional organization)은 1930년대에 GM과 Du Pont과 같은 회사의 기관혁신으로 나타났다. 최고관리자는 부서관리자를 감독한다. 부서관리자는 자기 부서의 전체적 성과에 대한 책임을 진다. 각 부서의 구조는 기능적 조직과 유사하다. 부서조직은 일반적으로 생산구조의 팽창이다. 부서조직 구조에 있어 모든 기능적 활동은 한 부서 내에 놓여있다.

부서조직에서 최고관리자는 〈그림 9-7〉과 같이 부서관리자에게 기능을 분권화함으로써 몇몇 조정기능을 부여한다. 최고관리자는 부서들 사이의 조정과 조직의 전략적 기능에 대해 책임을 진다. 각 부서는 다소간 자립된 단위이다. 조직구성원들은 자신의 기능보다는 생산라인에 일치감을 가지게 된다. 각 생산라인이 분리된 사업처럼 운영되기 때문에 예산과 기획이 이윤의 기반이 된다. 생산부서의 책임자는 상당한 정도의 영향력을 가진다.

부서조직은 독특한 시장에 대해 많은 유연성과 책임성을 제공한다. 부서구조(divisional structure)는 많은 생산라인과 서비스를 가진 대규모 조직에 가장 잘 부합된다. 하지만 이런 부서조직은 규모의 경제에 대한 이점을 상실할 수 있다. 또한 부서조직은 각 부서에서 기능적 전문가와 보다 능력있는 관리자를 요구하게 됨으로써 비용이 증가하게 된다. 나아가 조직의 목표보다 부서의 목표를 과도하게 강조하게 되어 자원과 노력의 중복을 초래할 수 있다.

장점	단점
• 명확한 책임성: 각 부서조직의 비용과 편익 사이의 명확한 상호관계를 제공한다. • 부서 사이의 비교가 용이하고, 자원할당을 향상시킨다. • 교차상품(cross-product) 조정을 편리하게 한다. • 횡단적 지역조정(cross-regional coordination)을 편리하게 한다. • 불안정한 외부환경에 신속하게 대응하게 한다. • 보다 강력한 내부적 효율성을 추구할 수 있다.	• 부서조직은 각 부서에서 기능적 전문가와 보다 능력있는 관리자를 요구하게 됨으로써 비용을 증가하게 한다. • 횡단적 부서조정(cross-divisional co-ordination)을 억제할 수 있다. • 세계적 경제규모(global economic of scale)를 모호하게 할 수 있다. • 자원할당에 대한 부서와 본부 사이에 갈등이 발생한다.

출처 : Black & Porter(2000: 274)

| 그림 9-7 | 부서조직의 구조

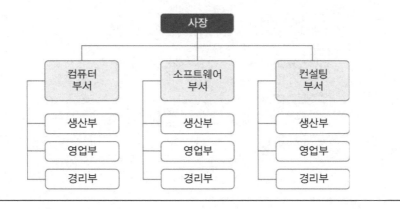

2. Burns와 Stalker의 모델

Burns와 Stalker는 전자공학과 연구개발산업에 관련된 많은 조직의 연구를 통하여 조직의 운영에 있어 안정-불안정 환경에 의해 규정되는 연속체의 정반대에 있는 기계적 조직과 유기적 조직을 확인했다.

이들 학자에 의하면, 기계적 조직이 안정적 환경에 있어 유기적 조직보다 더 좋은 결과를 산출한다. 반면에 유기적 조직은 불안정적 환경에 있어 보다 성공적인 조직구조라는 것이다. 즉 급변하는 환경변화에 있어 조직은 생존하기 위해 혁신이 필요하고, 환경변화에 빠르게 반응할 수 있는 지식을 갖춘 팀이 필요하다.

대부분 조직들은 기계적 특성과 유기적 특성을 병행한다. 예를 들면, 대부분 대학행정업무는 기계적 방식으로 이루어지지만, 연구 활동은 유기적 방식으로 이루어진다.

조직설계는 〈그림 9-8〉과 같이 조직구조의 변수에 기초하여 2가지 유형으로 이해할 수 있다. 왼쪽의 조직구조는 고전적, 형식주의, 구조화, 관료제, 시스템 1(system 1), 기계적(mechanistic) 특성을 가진다. 반면에 오른쪽의 조직구조는 신고전적(neoclassical), 비형식주의(informalistic), 비구조화(unstructured), 비관료화(nonbureaucratic), 시스템 4, 유기적(organic) 특성을 가진다.

| 그림 9-8 | 조직구조의 변수

노동의 분업   전문화(specialization)

높음   낮음

권위   위임(delegation)

높음   낮음

부서화   기반(basis)

동종   이질

통솔 범위   수(number)

적음   많음

출처 : Ivancevich & Matteson(1990 : 432)

1) 기계적 모델

20세기 초기의 조직이론가(Fayol Follet, Max Weber 등)는 관리자의 업무수행을 안내하는 원리를 발견하는 것이었다. 이들 학자는 동일한 유형의 조직을 설계했다. 즉 가장 효율적인 방식으로 조직의 목표를 성취하는 것은 기계와 같이 기능하는 조직이었다.

기계적 조직(mechanistic organizations)은 예측가능성(predictability)과 효율성을 제고하기 위해 설계된 구조이다. 기계적 조직은 광범위한 규칙과 절차, 집중화된 권위, 높은 전문화를 활용하여 높은 수준의 생산과 효율성을 성취하는 것을 강조한다. 기계적 조직은 안정적이고 비교적 동질적인 환경에서 적절하다. 기계적 조직의 특성을 가진 조직 사례는 대학 도서관, 우체국, 정부조직 및 전화회사 등이다.

이들 기계적 모델의 구조적 특성은 노동의 전문화, 권위와 책임의 집중화, 기능의 공식화, 수직적 의사소통, 상의하달의 의사소통이다. 특히 높은 계층제적 통제, 명확하게 정의된 역할과 업무로 특징되는 기계적 조직은 유연성과 창의성을 방해한다.

① 활동은 명확하게 규정된 직무와 업무로 세분화된다. 이러한 조직특성은 혁신(innovation)을 제한하게 된다.

② 높은 직위의 사람이 낮은 직위의 사람보다 조직이 직면하는 문제에 대한 지식을 보다 많이 가지고 있다. 해결하지 못하는 문제는 계층제의 상위계층으로 전달된다.

③ 표준화된 정책, 절차 그리고 규칙은 조직에 있어 대부분의 의사결정을 안내한다.
④ 보상은 감독관으로부터 지시에 대한 순응을 통해 이루어진다. 이 모델은 부하를 근접하여 감독하며, 엄격한 훈련과 질서를 강조한다.

2) 유기적 모델

동태적이고 이질적인 환경에 직면한 조직은 관료제와 같은 기계적 조직이 부적절하고 유기적 조직(organic or adaptive organization)이 적합하다. 유기적 모델은 변화에 대응하기 위한 능력과 유연성을 향상시키기 위해 설계된 구조이다. 즉 유기적 모델은 불안정한 조건을 가진, 변화하는 환경에 적합하다.

조직설계의 유기적 모델은 기계적 모델과 반대이다. 기계적 모델은 계층과정(scalar process)을 통해 조정하지만, 유기적 모델은 구성원의 상호작용을 통해 지속적인 재조정에 의해 통합된다. 또한 기계적 조직은 상관으로부터의 지시와 결정에 의해 운영되지만, 유기적 조직은 의사소통된 정보와 조언에 의존한다.

이러한 유기적 조직은 기계적 조직보다는 낮은 수준의 전문화, 공식화 및 계층제의 특성을 가지고 있다. 이 조직은 상당한 정도의 수평적 의사소통과 조정을 활용하고 있다. 유기적 조직의 최고 가치는 수평적 그리고 대각선적 상호작용(lateral and diagonal interaction)이다. 이들 유기적 조직 특성을 가진 조직사례는 병원 응급실, 연구소 등이 있다.

이와 같은 유기적 모델에 내재한 조직의 특성과 실재는 기계적 모델에 내재하는 것과 상당히 차이가 있다. 두 모델의 가장 큰 차이는 각 모델이 추구하는 최고의 가치인 효과성 기준에 차이가 있다. 기계적 모델은 생산과 효율성을 극대화하는 것을 추구하지만, 유기적 모델은 유연성과 적응성(flexibility and adaptability)을 극대화하는 것이다.

유기적 조직은 변화하는 환경의 요구에 유연하고 적응적이다. 이에 유기적 조직설계는 보다 많은 인간의 잠재력 활용을 격려하는 것이다. 이점에서 관리자는 인간의 성장과 책임성을 강조하는 직무설계를 통해 인간의 동기부여를 충분하게 발휘하도록 한다. 의사결정, 통제와 목표설정 과정은 분권화되어 있고, 조직의 모든 계층에 공유되어 있다. 의사소통은 명령통일의 원칙에 의해 단순히 탑다운이 아니라 조직 전체를 통해 이루어진다. 이러한 조직구조는 조직 내에 모든 상호작용과 모든 관계가 극대화하도록 격려한다. 또한 조직구조는 개인적 가치와 중요성을 유지하도록 지원적이다.
① 직무기술과 전문화에 대해 경시한다. 사람들이 문제를 해결하기 위한 지식 혹

은 기술을 함양했을 때 사람이 문제해결에 관여한다. 업무수행에 대해 조직구성원에게 보다 많은 정도의 자유재량권을 부여한다.

② 높은 직위에 있는 사람이 낮은 직위에 있는 사람보다 필연적으로 보다 유익한 정보를 지니고 있다는 것에 대해 명확하지 않다.

③ 수평적 그리고 측면적(horizontal and lateral) 조직관계가 수직적 관계에 비해 보다 많이 관심을 가진다.

④ 지위와 계급 차이(status and rank differences)가 덜 강조된다.

⑤ 조직의 공식적 구조가 덜 항구적이며, 보다 변화적이다. 시스템과 조직구성원이 변화하는 환경에 보다 예방적이고 적응적이다. 또한 비공식적 특성을 가진 유기적 조직은 부서 간의 높은 정도의 협력이 요구된다.

┃표 9-2┃ 기계적 조직과 유기적 조직의 비교

기계적 구조(예측가능성, 설명가능성)	유기적 구조(유연성, 적응성, 혁신)
높은 수평적 그리고 수직적 분화(differentiation) - 권위와 통제의 계층제적 구조(hierarchical structure)	높은/복잡한 수평적 그리고 수직적 통합(horizontal and vertical integration) - 업무의 지식에 기초한 권위와 통제의 네트워크
높은 공식성(high formalization) - 역할, 책임성, 명령 및 직무방법의 정의가 지속성이 있음	낮은 공식화(low formalization) - 업무와 책임은 상황에 의존하여 재정의 됨
집중화(centralization) - 계층제의 상부에서 이루어지는 결정	분권화(decentralization) - 지식을 갖춘 사람에 의한 결정
성문화된 규칙, 절차, SOPs에 의한 표준화(standardization)	결합된 문제해결과 상호작용을 통한 업무와 방식의 재정의와 상호조정(mutual adjustment)
직위에 기반을 둔 권위와 위신에 의한 근접한 감독(close supervision)	감독없이 개인적 전문지식과 창의성(personal expertise and creativity), 전문지식에 부합한 위신
명령 형식의 의한 수직적 의사소통(vertical communication)	빈번한 수평적 의사소통(lateral communication) 그리고 가끔 상이한 부서의 사람들 사이에 상담형식에 의해 수평적 의사소통
객관적 선발기준과 객관적인 보상시스템(objective reward system) 강조	주관적 선발기준과 주관적 보상시스템(subjective reward system) 강조
공식적이고 비개인적인 것이 개입되지 않음(impersonal)	비공식적이고 개인적인(informal and personal)임

출처 : Reitz(1987: 518); Hatch & Cunliffe(2006: 111)

3. 매트릭스 조직

1) 매트릭스 조직의 의의와 특징

매트릭스 조직(matrix organization)은 프로젝트 팀을 구성하면서 유능한 인력을 적절한 팀에 배치하기 위한 교차 협력 노력(cross-collaborative effort)의 구조이다. 매트릭스 조직의 유연성은 민첩한 팀을 지원하고 참여를 촉진한다. 이처럼 매트릭스 조직은 급변하는 외부환경에 대해 높은 대응력을 갖추기 위해 구성된다. 이러한 매트릭스 조직은 2가지 이상의 관리적 책임성을 가지는 조직이며, 기능적 계통과 프로젝트 혹은 생산계통의 2개의 명령구조를 가진다. 이점에서 매트릭스 조직은 기능적 관리자와 프로젝트 관리자 사이의 권한균형이 고려되어야 한다. 또한 매트릭스 조직은 기계적 설계와 유기적 설계의 장점을 극대화하고 단점을 최소화하기 위해 시도한다. 매트릭스 조직의 특성은 생산구조(product structure)와 기능적 구조(functional structure) 모두가 조직에서 동시적으로 이행되는 혼합물(hybrid)이다. 매트릭스 구조는 지위의 유연성을 향상시키는 임시적 조직의 하나의 방식이다. 즉 프로그램이 종결되면, 조직구성원들은 이전의 직위로 되돌아가거나 혹은 새로운 프로그램 관리자에 대해 임무를 받게 된다.

이러한 매트릭스 조직구조는 미국의 항공우주 산업에서 처음 활용되었으며, 더욱이 대규모 프로젝트의 증가에 대한 경영적 대응으로 활용되고 있다. 특히 매트릭스 조직형태에서 몇몇 구성원들은 고전적 관리원리(명령통일의 원리)에 위반되게 두 사람의 상사를 두게 된다. 이리하여 매트릭스 조직(행렬조직)은 〈그림 9-9〉와 같이 2개의 명령구조(command structure) - 하나는 기능구조(프로젝트 구조), 다른 하나는 부서구조 - 를 가지게 된다. 즉 매트릭스 구조는 조직에 있어 수직적 그리고 수평적 단위부서를 가로질러가는 단위부서를 포함하는 구조이다. 최고관리자는 두 구조의 책임자이며, 두 구조 사이의 권한균형을 유지하기 위한 조정 책임성을 보유하게 된다.

매트릭스 보스는 자신들의 부하들에게 완전한 통제력을 가지지 못한다. 또한 매트릭스 보스의 활동은 구성원들과 활동함에 있어 상당한 정도의 시간, 커뮤니케이션, 인내심, 기술 등이 요구된다. 나아가 매트릭스 조직에서 프로젝트 관리자는 프로젝트에 관련된 활동과 자원을 통합하기 위한 책임을 진다. 프로젝트 관리자는 또한 프로젝트 기획, 특히 업무스케줄에 대한 책임을 진다. 기능 관리자도 업무성과를 감독한다.

┃그림 9-9┃ 매트릭스 구조

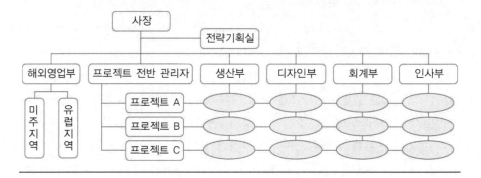

매트릭스 조직은 과정에 의한 부서화와 목적에 의한 부서화 사이를 균형적으로 결합하는 것이다. 이처럼 매트릭스 조직은 한쪽 극단의 기계적 조직과 다른 극단에 위치한 유기적 조직의 연속체 중간에 위치한다. 이에 조직은 기계적 조직에서 매트릭스 조직으로, 혹은 유기적 조직에서 매트릭스 조직으로 이동할 수 있다.

이러한 매트릭스 조직은 1950년대에서 1960년대에 중간 규모의 항공기 제조업체(aerospace companies)에서 시도되었다. 즉 과학자와 엔지니어와 같은 전문가들이 복잡한 프로젝트 혹은 프로그램을 수행하기 위해 고용되는 기술적 조직에서 나타났다.

또한 매트릭스 구조는 기술과 시장 같은 환경의 급격한 변화에 대응이 요구되는 조직이다. 이러한 환경은 높은 정보 과정이 요구되는 불확실성에 직면한 조직이며, 재정적 자원의 제약과 인적자원의 제약을 다루어야만 하는 조직이다. 공공부분의 이러한 사례는 보건과 사회복지기관이 포함된다.

┃표 9-3┃ 매트릭스 조직의 환경적 특성과 내부시스템

환경적 특징	• 환경적 불확실성(environmental uncertainty): 높음 • 지배적인 경쟁적 이슈: 이중적 - 생산/기능, 지리/기능
내부시스템	• 하위목표(sub-goals): 생산과 기능 • 기획과 예산: 이중적 시스템 - 기능과 생산라인 • 영향: 기능적 책임자와 생산적 책임자 사이의 결합 • 승진: 기능적 전문지식 혹은 통합적 기술에의 기반 • 정보와 연결: 매트릭스 인원 사이의 직접적 접촉

출처 : Daft(1983: 242)

2) 매트릭스 조직의 조건과 장점 및 단점

(1) 매트릭스 조직의 조건

매트릭스 조직과 같이 이중의 계층제(dual hierarchy)는 조직을 설계함에 있어 특이한 방법이다. 매트릭스 조직은 다음과 같은 조건일 때 올바른 구조이다(Daft, 1983: 237-239). 이들 조건은 기능적 구조 혹은 생산적 구조 어느 것도 충분하지 않다. 또한 수직적 권위와 수평적 권위라인에 동등한 인정이 주어져야만 한다. 즉 이중적 권위구조가 창조되고, 이들 사이의 권한의 균형이 동등하다.

첫째, 환경적 압박(environmental pressure)은 기능과 생산 혹은 기능과 지역과 같은 2가지 이상의 중요한 분야로부터 온다. 이 압박은 권력의 균형이 조직 내에 요구되고, 이중적 권위구조가 환경적 압박을 반영하는 데 필요하다는 것을 의미한다.

둘째, 조직의 업무환경은 복잡하고 불확실하다. 부서 사이의 빈번한 외부적 교환과 높은 상호의존성은 극단적으로 수직적 방향과 수평적 방향에서 효과적인 연계를 요구한다.

셋째, 내적 자원의 활용에 있어 규모의 경제가 필요하다. 조직은 전형적으로 중간규모이며, 그리고 적절한 수의 생산라인을 가지고 있다. 조직은 사람과 장비의 공유와 유연한 활용에 대한 압박을 느낀다.

매트릭스 조직구조의 성공적 활용을 위한 팁(tips)

- 최우선 보고관리자(primary reporting manager)가 누구인지를 직원들에게 명확하게 전달한다.
- 각 프로젝트의 우선순위와 목표를 식별하고, 관리자 및 팀과 공유한다.
- 프로젝트 관리자와 프로젝트 목표 및 진행상황에 대해 서로 동기화되도록 개방된 의사소통을 유지한다.
- 직원 및 관리자에게 매트릭스 조직구조의 작동방식을 교육하는 데 시간을 할애한다.
- 갈등을 무시하거나 확산되기를 기다리지 말고, 발생하면 관리하도록 한다.
- 효과적인 권한 집행을 보장하고 권위의 혼란을 줄이기 위해 관리책임이 균등하게 배분되도록 한다.

(2) 매트릭스 조직의 장점 및 단점

매트릭스 조직은 다음과 같은 장점을 가진다(Ivancevich & Matteson, 1990: 448-450).

① 자원의 효율적 활용 - 매트릭스 조직은 보다 전문화된 직원과 장비의 활용을 가능하게 한다. 각 프로젝트 혹은 생산 단위는 다른 단위와 전문화된 자원을 공유할 수 있다. 나아가 매트릭스 조직은 비교적 다양한 업무범위를 수행하는 조직에서 유용하다.

② 변화와 불확실성 조건하에의 유연성 - 매트릭스 구조는 프로젝트 단위와 기능적 부서의 구성원 사이에 끊임없는 상호작용을 조장한다. 사람들이 기술적 지식을 교환하는 정보 그리고 경쟁적 조건에 빠르게 대응하기 위한 정보가 수직적으로 그리고 수평적으로 흐른다.

③ 기술적 우월성(technical excellence) - 기술적 전문가와 프로젝트에 할당된 다른 전문가와 상호작용하는 것은 아이디어의 상호교류를 격려한다.

④ 장기적 기획을 위해 최고관리자에게 자유를 제공 - 매트릭스 조직은 최고관리자에게 진행 중인 의사결정을 위임할 수 있게 한다. 이리하여 장기적 기획을 위해 최고관리자에게 보다 많은 시간을 제공할 수 있다.

⑤ 동기부여와 몰입의 향상 - 매트릭스 조직에 있어 집단 내의 의사결정은 계층제의 배경보다 참여적이고 민주적이다. 중요한 결정에서 참여하는 기회는 동기부여와 몰입의 높은 수준을 조성한다.

⑥ 개인적 발달(personal development)을 위한 기회 제공 - 매트릭스 조직에 있어 구성원들은 자신들의 기술과 지식을 발달할 수 있는 기회를 상당히 많이 가진다. 다양한 부서를 대표하는 사람들로 구성되는 매트릭스 구성원들은 전체 조직에 대해 보다 잘 알 수 있고, 다양한 관점에서 조직을 이해할 수 있다.

이와 같은 매트릭스 조직의 장점에도 불구하고, 몇 가지 문제점이 제기되고 있다. 매트릭스 조직이 모든 구조적 문제에 대한 해결책은 아니다. 다음과 같은 문제점으로 인해 많은 조직에서 매트릭스 조직을 도입하고, 유지하는 것은 어렵다.

① 복잡성 - 매트릭스 조직의 주요한 단점은 복잡성에 있다. 많은 문제점은 명령통일의 원리를 위반하는 수평적 권위와 수직적 권위가 중첩되는 것에 기인한다. 이러한 중첩이 갈등을 일으킨다는 것이다.

② 프로젝트 비항구성에 대한 불안 - 일시적인 프로젝트는 매트릭스 조직의 프로젝트 관리자를 불안하게 하는 문제에 직면하게 된다. 이 문제점은 관리자가 위치

하는 직위에 기인된다. 관리자는 프로젝트 그룹과 모 조직(parent organization) 사이의 경계에 놓여있다. 또한 몇몇 사람들은 자신이 동일시할 수 있는 항구적 부서가 없다는 상실감을 느낀다.

③ 프로젝트 관리자 역할의 모호성 – 프로젝트 관리자는 자신이 통솔하는 직원들의 욕구와 기대를 다루는 데 있어 곤란(troublesome)을 겪는다. 더욱이 프로젝트 관리자는 자신이 통솔하는 직원에 대해 승진과 보수 증액과 같은 직접적인 보상을 할 수 없다. 모 조직의 관리자가 가끔 이러한 특권을 가지고 있다.

④ 행태적 트라우마 발생 – 매트릭스 조직에서는 직원들의 재배치를 요구하기 때문에 행태적 트라우마(behavior traumas)를 일으키게 한다. 즉 새로운 업무와 교우관계 그룹을 형성하고, 해체하고, 가끔 가족이 이사를 해야 하고, 상호신뢰에 기반에서 새로운 상사-부하의 관계를 형성해야 하는 정신적 손상을 경험하기도 한다.

┃표 9-4┃ 매트릭스 조직의 장점과 단점

장점	단점
• 환경으로부터 이중적 요구에 대처할 필요가 있는 조정을 성취할 수 있다. • 생산을 위해 인적자원의 유연적 활용 • 불안정한 환경에서의 빈번한 변화와 복잡한 결정에 적합하다. • 조직을 통해 정보흐름(information flow)을 증가시킨다. • 균형적인 방향(balanced orientation)	• 잠재적 갈등을 증가시킨다. • 권위의 모호성(ambiguity of authority) • 시간소모(time consuming): 빈번한 회의와 갈등해소시간 • 조직구성원은 좋은 대인관계 기술이 요구된다: 광범위한 훈련이 요구된다. • 일시적인 프로젝트는 매트릭스 조직의 프로젝트 관리자를 불안하게 하는 문제에 직면하게 된다.

출처 : Daft(1983: 242); Black & Porter(2000: 276)

• 프로젝트 팀(기동부대, task force) – 급격한 시장변화에 대한 능동적인 대응이 요구되는 환경에 있어 조직은 기능적 부서로부터 차출된 프로젝트 팀을 구성할 수 있다. 이들 프로젝트 팀이 문제를 해결한다면 이들 팀원은 최초의 기능적 부서로 재배치된다. 즉 프로젝트 팀은 명확한 목적을 성취하기 위해, 그리고 임무가 성공한 후 해체되는 임무지향적(mission-oriented)이다.

프로젝트 팀은 매트릭스 조직의 선행이다. 프로젝트 팀의 개념은 참모유형의 문제해결 팀(staff-type troubleshooting team) 및 기업에서의 특수임무부서(task force)와 유사하다. 예를 들면, 군대와 우주 프로젝트에 있어 프로젝트 관리자는 프로그램을 수행하는 데 필요한 모든 활동에 대해 완전한 권위를 가진다. 이에 프로젝트 조직 내에 역할관계로 구조화된다.

프로젝트 조직은 여러 조직계층에서 상당한 기능을 가진 직원의 유동적인 상호작용(fluid interaction)이 일어난다. 하지만, 프로젝트는 〈그림 9-10〉과 같이 모 조직의 지정된 상관(designed boss)에게 보고해야만 한다. 이리하여 프로젝트 팀은 모 조직으로부터의 지시, 통제 및 보상에 대해 지향하는 경향이 있다.

이러한 프로젝트 팀의 특성으로 인하여 프로젝트 팀의 일원들은 프로젝트가 끝날 때 고용상실(loss of employment)에 대해 우려한다. 즉 업무가 단계적 철수기간(the phaseout period)으로 다가올 때 다른 프로젝트 혹은 다른 직무를 얻기 위해 상당히 걱정하고 그리고 좌절감을 느끼게 된다.

┃그림 9-10┃ 프로젝트 조직

• 팀(team) – 팀은 항구적인 기동부대(permanent task forces)이다. 부서 사이의 활동이 지속적인 조정이 요구될 때 하나의 팀이 가끔 해결책이다. 일시적인 프로젝트 팀이 비효과적이라면, 각 기능적 부서로부터 차출된 대표 조직인으로 구성된 항구적인 팀(permanent teams)을 만들 수 있다. 이 팀이 정기적으로 부서 간의 이슈를 해결하고 조정을 성취할 수 있다. 또한 특별한 프로젝트 팀은 조직이 중요한 혁신 혹은 새로운 생산라인과 같은 대규모 프로젝트를 수행할 때 활용된다.

• 연계집단(linked groups) – 연계집단은 기능적 영역과 계층적 단계로부터 선발된 작업그룹 사이의 상호작용을 촉진시키기 위해 그룹 사이의 중첩(overlap)을 제공하는 방식이다. 관리자 A와 B는 연결침(linking pin) 구조에서 중요한 역할을 발휘한다. 이들 관리자는 부하의 팀과 상관의 팀을 연결할 뿐만 아니라 다른 두 부하의 팀과 상관의 팀을 연결하는 중요한 역할을 담당한다. 연결침 관리

자는 정보를 공유하고 조정하는 업무를 수행하는 역할을 발휘해야 한다.

　이러한 조직설계에서 상관은 두 집단 혹은 그 이상의 집단에서 동시적인 직원(simultaneous memberships)을 보유하게 된다. 이에 상관은 하부그룹에게 자신들의 활동을 통합할 수 있도록, 그리고 차선의 상태(suboptimization)를 줄이기 위해 연계를 제공해야 한다. 이 조직에서는 관리자가 조직의 업무를 통합하는 데 역할을 발휘하는 수직적 그리고 수평적 연계역할을 강조한다. 상관은 중첩하는 직원을 가진 유일한 사람이기 때문에 통합의 전체적인 짐을 맡아야 한다.

　이러한 매트릭스 형태가 그룹으로부터 조직에 이르기까지 그리고 조직에서부터 그룹에 이르기까지 보다 좋은 대표성을 제공한다. 즉 중첩적인 그룹 구성원은 의사결정에 있어 조직의 모든 요소로부터 대표성을 보장하는 데 도움을 준다.

　연결침 구조도 명령통일의 원리를 위반하는 가능성 때문에 약점이 있다. 즉 연결침 관리자는 두 사람의 상관에게 보고해야 하는 갈등을 경험하기도 한다.

┃그림 9-11┃ 연계집단

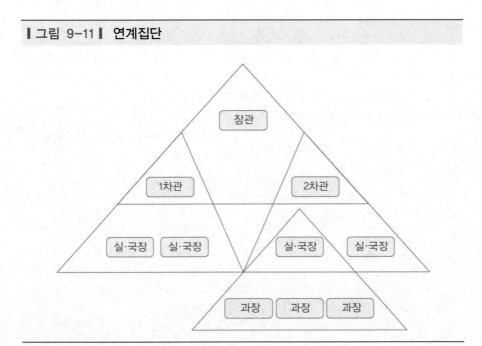

• 조직특성의 진단표 – 기계적 조직과 유기적 조직의 연속체에서 조직이 어디에 위치하는가에 대해 다음의 설문지를 활용하여 결정할 수 있다. 10개의 설문지에 대한 응답점수는 다음과 같은 판정표로 조직의 특성을 규정할 수 있다.

	10	20	30	40	50

```
10            20          30              40              50
상당히 유기적 조직        혼잡 조직              상당히 기계적 조직
```

조직특성의 진단항목	매우 그렇다 ↔ 전혀 그렇지 않다				
이 조직은 모든 사람이 엄격하게 따르기를 기대하는 명확한 규칙과 규정을 가지고 있다.	5	4	3	2	1
이 조직의 정책은 수행되기 이전에 정책 영향이 사람들에 의해 검토된다.	5	4	3	2	1
이 조직에서 주요한 관심은 모든 사람이 자신의 능력과 재능을 개발하게 하는 것이다.	1	2	3	4	5
이 조직에서의 모든 사람들은 자신의 직접적인 상관이 누구인지를 안다. 보고해야 하는 관계가 명확하게 규정되어 있다.	5	4	3	2	1
이 조직에서의 직무는 명확하게 규정되어 있다. 모든 사람들은 어떤 구체적인 직무 직위에 있는 사람들에 대한 기대가 무엇인지를 명확하게 안다.	5	4	3	2	1
직무집단(work groups)은 이 조직에서 전형적으로 일시적이고(temporary) 가끔 변화한다.	1	2	3	4	5
이 조직에서의 모든 결정은 상위계층의 관리에 의해 검토되고 승인된다.	5	4	3	2	1
이 조직에서 강조는 끊임없이 변화는 환경에 효과적으로 적응하는 것이다.	1	2	3	4	5
이 조직에서의 직무는 보통 상당이 전문화되고 소규모 업무로 나누어진다.	5	4	3	2	1
이 조직에서의 표준적 활동은 명확한 절차에 의해 항상 다루어진다. 이 절차는 모든 사람들이 따르기를 기대하는 활동의 순서로 규정된다.	5	4	3	2	1

출처 : Ivancevich & Matteson(1990: 461)

4. 위원회 구조

위원회 구조(committee form)는 서로 다른 배경과 전문 분야에서 구성된 위원들로 집단적 사고, 공동결정의 방법을 모색하는 구조이다. 이러한 위원회 구조는

계층적으로 구조화된 조직에서와 같이 엄격한 방식의 명령통일 원리를 관찰하기가 어렵다. 이러한 비계층적 구조(non-hierarchical structures)는 업무에 있어 보다 창의적이고 유연한 접근을 촉진하기 위해 각 구성원들에게 한 사람의 상관에게 엄격하게 보고하는 체제가 아니라는 점에서 활동이 자유롭다.

대부분 조직은 여러 가지 목적 – 의사결정, 조정, 정보흐름의 향상, 교육, 추천활동, 아이디어 수집 등 – 을 위해 위원회를 가지고 있다. 이러한 위원회 구조는 의사결정에 있어 다양한 경험과 배경을 가진 참여자가 필요할 경우, 한 사람이 조직을 이끌어 나가기가 어려운 상황일 때 자주 활용된다. 이점에서 위원회 구조는 조직구성원들이 자유롭게 아이디어를 교환하는 데 유용하며, 이런 과정을 통해 조직에 유용한 제안 및 권장 사항을 제시할 수 있어 조직의 정책 개발 및 수립에 지원하기 위해 구성되기도 한다. 이러한 위원회 조직은 〈표 9-5〉와 같이 장점과 단점을 가진다.

┃표 9-5┃ 위원회 조직의 장점과 단점

장점	단점
• 의견수렴: 광범위한 의견수렴으로 양질의 의사결정이 이루어짐 • 협력과 조정의 강화 • 관점의 균형: 심의 과정에 있어 서로 다른 대표성에 대한 비판적인 관점과 균형 잡힌 결과 제공 • 권력의 분산: 권력의 남용과 잘못된 결정에 대한 권한과 책임의 분산 • 의사결정의 수용성 향상 • 훌륭한 교육훈련장의 제공	• 시간과 비용이 많이 드는 문제 • 타협으로 인해 타당한 소수의견이 무시되는 경향 • 결탁(logrolling): 특정한 주장이 지배하기 위한 정치적 결탁이 이루어짐 • 책임소재의 불분명: 잘못된 결정에 대해 개별적인 책임소재를 규명하기 어려움 • 일부 위원에 의한 지배: 자신의 관점을 다른 사람에게 강요하려는 현상 발생 • 실효성 부족: 개인의 주도권과 창의성이 포함된 정책수립에 비효과적임

위원회가 바람직할 때

- 집단으로써 관리자의 부하들이 상관이 하는 것보다 구체적인 문제에 대해 보다 많은 경험(more experience)을 가지고 있을 때
- 필수적인 조직활동에 대한 권력(power over a vital organizational activity)이 한 개인에게 부과할 수 없을 때. 그러한 권력은 한 개인이 소유하는 것보다 많은

지식을 요구하고, 이슈에 대해 전적으로 공평한 견해(a totally unbiased view)가 요구되는 매우 중요한 것이다.
- 어렵고 인기없는 결정(difficult and unpopular decision)에 대해 책임감을 공유할 필요가 있을 때
- 적정한 규모일 때(the right size). 위원회의 규모는 여러 가지 이익집단에 의해 대표되는 정치적 고려에 영향을 받기 때문에 종종 위원장의 통제를 초월한다. 연구에 의하면, 바람직한 집단규모는 5명에서 7명의 사람들이다.

출처 : Webber(1979: 217-218)

위원회가 다른 조직화된 시스템과 구별되는 것은 집단적 의사결정(group decision making)을 한다는 것이다. 위원회는 이사회(boards), 프로젝트(task forces), 위원회(commissions) 혹은 팀(team)으로도 명명되기도 한다.

위원회는 일반적으로 2가지 유형인 특별위원회와 상설위원회가 있다(Mescon, Albert & Khedouri, 1988: 479-481). 위원회 조직은 임시적 혹은 영구적 조직일 수 있다. 나아가 대학교와 비영리적 조직은 위원회 형식을 많이 활용한다.

① 특별위원회(ad hoc committee) - 특정한 목적을 위해 형성된 일시적 집단(temporary group)이다. 즉 임시적으로 위원회 조직을 활용할 때 특정 과제에만 집중한다. Ad hoc은 라틴어 용어 '이것을 위해(for this)'를 의미한다. 의회는 종정 특정한 문제 혹은 민감한 문제를 다루기 위해 특별위원회를 구성한다.

② 상설위원회(standing committee) - 특정한 목적을 수행하기 위해 조직 내 항구적인 집단으로 구성된다. 가장 보편적인 상설위원회는 중요성이 지속되는 영역에서 조직에 대해 자문하는 것이다. 민간기업에서 보편적인 상설위원회는 이사회 제도(the board of directors)이다. 또한 감사위원회(audit committee), 재정위원회(finance committee) 등이 있다. 이러한 상설위원회는 중요한 정책과 운영적 결정을 수행한다.

- 위원회에 대한 권위와 책임성의 규정이 미흡(Lack of definition of the committee's authority and responsibilities)한 경우 - 위원회를 형성하기 전에 관리는 위원회의 목적이 무엇인지를 명확하게 결정해야만 한다.
- 잘못된 조직규모(wrong size) - 개인의 순수한 기여에 의해서가 아니라 정치적 편의(political expediency)에 의해 위원회 구성원을 추가하는 경향이 있다. 위원회의 최적 규모는 5명에서 10명이다.
- 시간 낭비(Time wasting) - 위원회는 하찮은 문제에 대해 끊임없이 입씨름하고, 중요한 결정을 몇 분만에 처리한다.
- 의사결정과 집행을 지연(Delay in decision making and implementation)하는 경우
- 타협으로 인해 평범한 결정(Mediocrity resulting from compromise)을 하는 경우 - 어떤 이슈에 대해 집단투표는 거의 만장일치가 없다.
- 과도한 비용(Excessive cost) - 집단적 결정에 대한 인력비용은 개인적 선택에 비해 훨씬 초과한다.
- 집단사고(Groupthink) - 위원회의 순응(conformity)은 아이디어를 비판적으로 평가하는 데 실패한다. 집단은 어떤 프로젝트에 대해 너무 열광적이고 다른 프로젝트에 대해서는 너무 신중하다.

출처 : Mescon, et al.(1988: 485-486)

5. 무경계 조직과 가상조직

1) 무경계 조직

급속한 기술변화와 더불어 전지구적 경쟁이라는 새로운 환경에서의 생존을 위해 조직은 새로운 성공적인 모델인 무경계 조직이 요구된다. 무경계 조직은 끊임없이 변화하는 세계에서 혁신과 성장을 추구하기 위해 정보와 아이디어의 자유로운 흐름에 기반한다. 예를 들면, 보잉과 애플과 같은 기업은 조직구성원과 팀에게 권한을 위임하기 위해 계층제를 제거하기 위해 노력한다.

무경계 조직(boundaryless organization)은 수평적 경계, 수직적 경계 혹은 외부적 경계로 사전에 구조를 규정하지 않는 조직구조이다. 무경계 조직은 하나의 조직에 존재하는 엄격한 계층제적 라인과 분업적 경계를 초월한 조직형태이다. 경계를 가지지 않는다는 것은 직무를 무시한다는 것을 의미하지 않는다. 무경계

조직은 조직구조가 없는 설계이다(Griffin, 2011).

무경계 조직은 명령통일, 부서화, 조직계층제와 같은 것을 다루는 경계가 없기 때문에 매우 유연하다. 이점에서 적응성과 유연성이 무경계 조직의 중요한 기준이다. 경계를 제거하기 위해 관리자는 가상조직구조, 네트워크 조직구조를 활용한다. 이러한 무경계 조직구조는 조직설계에 있어 상황적 접근이다. GE의 최고경영자였던 Jack Welch가 비경계 조직을 고안했다. 이와 같은 무경계 조직구조는 다음과 같은 특징을 가진다.

첫째, 무경계 계층제에서 조직구성원은 의사결정에 있어 권한이 위임된다. 이리하여 문제의 뿌리에 가장 접근하여 생활하는 조직구성원 그리고 결과와 더불어 생활해야만 하는 조직구성원이 의사결정을 하는 구조이다.

둘째, 무경계 조직은 정보와 아이디어를 자유롭게 교환하고 교류하기 위해 보다 많은 유연성과 책임성을 발전시키는 것이다. 무경계 조직은 명령통일, 부서화, 조직계층제와 같은 것을 다루는 경계가 없기 때문에 매우 유연하다. 또한 조직구성원은 자율적 동기부여(self-motivation)와 자제(self-discipline)를 가질 수 있다.

셋째, 무경계 조직은 보다 많은 통합과 조정을 성취할 수 있다. 이점에서 무경계 조직은 자원과 인적자본의 통합을 보여주며, 급속한 환경적 변화와 기술적 변화를 채택할 수 있다. 무경계 조직에서 조직구성원, 관리자, 고객, 공급자들은 보다 많은 통합과 조정을 성취할 수 있다.

넷째, 무경계 조직은 조직구성원들이 다른 문화와 다른 배경을 가진 다른 나라 출신일 수 있다. 이들 조직은 조직구성원 개개인의 차이와 상관없이 구성원을 하나로 묶는 강력한 비전과 핵심 윤리와 가치를 설정하고 있다. 또한 조직구성원들 간의 대면 소통이 거의 없다. 조직은 가상 커뮤니케이션 방법과 같은 기술에 크게 의존한다. 나아가 조직구성원들은 재택근무를 자주하게 된다. 화상회의와 가상 협업 소프트웨어를 사용하여 의사소통하고 협업한다.

이러한 무경계 조직과 같이 경계가 적은 조직은 모듈 조직(modular organization)과 전략적 동맹(strategic alliances)이 있다. 모듈 조직은 모든 비핵심적인 기능을 아웃소싱한다. 이러한 조직은 효율적이고 효과적인 운영을 산출하는 데 도움이 된다. 전략적 동맹은 두 개 이상의 조직이 제휴의 영역을 찾고, 상호간 이익을 위해 파트너십을 구축하는 것이다. 예를 들면, 스타벅스(Starbucks)와 펩시회사가 파트너십을 형성하는 것이다.

이와 같은 무경계 조직의 장점은 ① 높은 유연성(flexible), ② 반응성(responsive), ③ 인재 활용을 들 수 있다. 반면에 단점으로 ① 통제의 미흡, ② 의사소통의 곤란, ③ 권위의 미흡 등이 제기된다.

2) 가상조직

(1) 가상조직의 의의와 특징

가상조직(virtural organization)은 물리적 실체가 존재하지 않는 조직이다. 이러한 조직은 인터넷 기반에 기초하여 협력 네트워크로 작동한다. 이러한 가상조직의 특징은 조직 간의 연합, 지식과 자원의 공유, 구성원의 분산, 짧은 존속시간 (duration time), 상호신뢰의 기반, 의사소통과 정보의 배분을 위한 IT 활용이다. 이점에서 전통적인 조직과 가상조직의 가장 큰 차이점은 집권화와 분권화 그리고 계층제와 비계층제로 비교될 수 있다.

가상조직의 외부적 특징은 묶어놓지 않은 구조(a loose structure)이다. 이점에서 몇몇 관리자의 실체는 수행해야 할 업무가 어떠한 업무인지, 누가 업무를 수행해야 하는지 등을 결정할 조정자로서의 역할을 수행해야 한다. 이러한 업무환경으로 인해 가상조직에서의 관리자 역할은 전체 조직에 대한 의사결정을 내리기 위해 다른 구성원에 대한 신뢰를 얻어야 한다.

가상조직은 민주적 의사결정 환경이 요구된다. 가상조직구조의 시스템은 특정한 결정과 관련하여 자신의 관점을 표명함으로써 의사결정에 모두 참여할 수 있다. 이러한 의사결정유형은 창의적인 아이디어뿐만 아니라 혁신성을 증대할 수 있다.

이와 같은 가상조직은 분산환경, 네트워크, 의사소통, 정보 및 기술의 공유, 정보기술의 활동 등을 특징하고, 다음과 같은 조직특성을 가지고 있다(양경훈 외, 1999: 195-200).

① 정보 중심의 조직 - 대량의 정보를 신속하게 처리할 수 있는 능력을 기반으로 한 정보 사용의 극대화와 정보 공유가 활발한 조직구조를 요구한다.

② 분산형 조직 - 중앙집중형이 아닌 분산된 조직구조를 가진다. 현장 중심의 빠른 의사결정과 문제의 정확한 처리에 부합한 조직구조를 요구한다.

③ 비전의 공유와 신뢰 - 조직구성원의 유대를 강화하고, 자발적인 참여를 유도하기 위한 비전 공유와 신뢰 구축이 요구된다.

④ 유연한 조직 - 조직환경 변화에 따라 또한 시장의 변화, 고객요구의 변화에 따라 새로운 팀의 참여 또는 기존 조직의 재구성을 가능케 하는 유연한 조직구조가 요구된다.

⑤ 팀 경영 - 정보기술을 이용하여 빠른 시간 내에 핵심 기술을 보유한 팀들을

중심으로 업무의 성격에 따라 조직을 구성하고, 문제에 대응할 수 있는 팀 경영이 요구된다.

⑥ 학습조직 – 가상조직의 각 부분을 담당한 팀은 높은 수준의 기술력과 지식을 보유하기 위한 지속적인 노력이 필요하다. 이 환경은 집단적인 학습능력을 수용할 수 있는 문화가 요구된다.

⑦ 고객 중심 – 가상조직은 고객을 외부의 구성원으로 보지 않고 내부의 일원으로 조직에 포함한다. 고객의 요구를 진단하고 고객만족을 최대화하는 조직행태이다.

‖ 표 9-6 ‖ 가상조직과 네트워크 조직

가상조직	네트워크 조직
• 통신 및 컴퓨팅 기술로 연결된 독립적 실체를 가진 유연한 네트워크로, 비전통적인 방식으로 기술, 지식, 전문지식에 대한 접근과 공유	• 무경계조직이며, 중심조직(허버조직, hub organization)은 조직경계를 초월하여 많은 파트너조직과 관계와 협정을 가짐 • 계층적 팀과의 교차(cross hierarchical teams와 참여적 의사결정을 강조함
• 단위의 통합(coonsolidation), 외부적 의사소통	• 단일 단위(single unit), 내부적 의사소통
• 통합적 동의에 의해 설정된 조직구조	• 평면(저층) 조직구조
• 통합적 동의에 의해 설정된 의사소통에의 구조적 경계	• 의사소통에 있어 구조적 경계가 없음
• 지역적으로 분산	• 지역적으로 집중 혹은 분산
• 가장 편리한 방식으로 기능의 분배	• 정보통신기술에 기반한 기능의 분배

(2) 가상조직의 장점과 단점

가상조직의 장점은 다음과 같다. ① 가상조직은 다양한 방식으로 업무를 수행하는 기회를 가진다. 업무를 집에서, 사무실에서 혹은 길에서도 처리할 수 있는 유연성, 적응성의 장점을 가진다. ② 전형적으로 가상조직은 전통적 구조를 가진 조직보다 소규모이다. 이리하여 업무처리에 있어 민첩성과 스피드를 가진다. 가상조직은 조직의 계층을 줄이기 때문에 어떤 요구에 대해 보다 빨리 반응할 수 있다. ③ 가상조직은 조직이 능력있고 동기부여된 조직구성원을 발견하는 기회를 제공한다. 또한 가상조직은 전문화할 수 있는 계기를 제공한다. ④ 가상

조직은 서류작업을 줄일 수 있는 경제적 이점을 가진다.

하지만, 가상조직은 다음과 같은 단점이 있을 수 있다. ① 가상조직에서는 조직구성원들이 자신의 업무를 스스로 통제해야만 하기 때문에 전체적인 관점에서의 통제장치가 미흡하다. ② 가상조직의 환경에서 조직구성원은 자신의 이익을 극대화하기 위해 자연적으로 노력하게 되어 갈등을 초래하게 된다. ③ 가상조직은 조직구성원의 조직몰입이 다소 저하될 수 있으며, 의사소통의 부족, 정보공유의 부족을 초래할 수 있다(하미승, 2015: 476).

가상조직이 성공적으로 활용되기 위한 조건

- 협력, 신뢰 및 권한위임을 촉진하라.
- 각 파트너의 공헌과 명확한 강점을 보증하라.
- 기술과 능력이 중첩되지 않고 보완할 수 있도록 보증하라.
- 파트너가 적응할 수 있도록 확인하라.
- 계약동의서가 명확해야 하고, 구체적 역할을 명확하도록 하라.
- 가능하다면, 대면 상호작용을 완전히 바꾸지 말라.
- 팀 성공에 중요한 교육훈련을 제공하라.
- 팀이 발전할 수 있는 시간을 갖도록 인정하라.
- 기술이 적합하고 신뢰할 수 있다는 것을 확인하라.
- 적절하고 이용할 수 있는 기술적 지원을 제공하라.

출처 : Pang(2001)

SECTION

05 인터페이스 네트워크와 조직설계

조직환경이 조직설계에 영향을 미치는 것을 〈그림 9-12〉와 같이 요약할 수 있을 것이다(Hodge & Anthony, 1979: 142-145). 특히 업무환경에 있어 두 가지 주요한 변수가 구조에 상당하게 영향을 미친다. 이들 변수는 두 개의 연속체에서 존재한다.

① 업무환경의 동질성과 이질성 – 첫 번째의 연속체는 환경에서 발견되는 동질성–이질성(homogeneity–heterogeneity)의 정도이다. 조직에 의해 서비스를 제공하는 사람이 매우 비슷하거나 매우 다른 정도이다. 원자재를 제공하는 원천이 비슷하거나 실질적으로 차이가 있는가 정도이다. 또한 인적자원에 대한 공급원이 동질적인가 혹은 이질적인가 하는 것이다.

② 환경의 변이성 – 두 번째의 환경연속체는 환경의 안정성(environmental stability) 정도이다. 안정성 이슈는 환경에서 발견되는 변이 범위의 명확성(certainty of the range of variation) 정도로 정의할 수 있다. 즉 조직이 변이 범위를 예측하거나 알 수 없을 때 조직은 불안정한 환경에 직면하게 된다.

또한 환경적 영향은 조직설계의 3가지 측면 – ① 조직의 복잡성(organizational complexity) 정도, ② 규칙설정과 기획(rule making and planning)의 강조, ③ 분권화(decentralization) 정도 – 에 영향을 미친다.

(1) Box 1 – 안정적 환경에 직면한 조직 혹은 동질성의 조직은 복잡하지 않고 집권화하는 경향이 있다. 또한 활동에 대한 규칙을 강조하는 경향이 있다.

(2) Box 2 – 조직이 동질적 환경에 직면했지만 업무환경이 변화하는 상황이다. 조직은 이러한 불안정을 대처하기 위한 방법을 개발해야 한다. 이에 환경변화에 쉽게 대응할 수 있도록 낮은 계층에 보다 많은 권위를 부여하는 분권화 방식을 개발해야 한다. 이런 변화를 예측하기 위해 기획부서를 만들 필요가 있다.

(3) Box 3 – 조직의 업무환경이 안정적이지만 상당히 차별적 업무환경의 상황이다. 많은 환경적 구성요소를 다루기 위해서 조직은 규칙을 개발해야 한다.

(4) Box 4 – 조직의 업무환경이 안정적이지도 않거나 동질적이지도 않는 상황이다. 이런 동태적이고 이질적인 환경은 조직의 가장 높은 도전이기도 한다. 매우 적은 규칙이 구비되어 있기 때문에 기획에 의존하게 된다.

결국, 조직의 업무환경이 동질적이고 안정적일수록 조직의 복잡성에 대한 요구가 낮아지고 규칙 설정을 보다 많이 활용하게 된다. 또한 업무환경이 이질적이고 변화할수록 조직의 복잡성, 기획 그리고 분권화가 많아진다.

┃그림 9-12┃ 조직의 환경적 인터페이스(environmental interface)

환경

	안정(stable)	변동(shifting)
동질 (homogeneous)	Box 1 낮은 복잡성 집중화 규칙 강조	Box 2 중간 정도의 복잡성 분권화 기획 강조
이질 (heterogeneous)	Box 3 보다 많은 복잡성 부서단위의 전문화 규칙 강조	Box 4 가장 높은 복잡성 보다 많은 분권화 기획 강조

업무
환경

출처 : Hodge & Anthony(1979 : 144)

SECTION

06 직무설계와 직무분석

1. 직무설계의 의의

조직은 상당히 다양한 직무유형을 가지고 있다. 직무를 어떻게 구조화하고 설계하는가에 따라 조직성과에 영향을 미친다. 직무설계(job design)는 직무의 객관적 특성(objective characteristics)을 기술하는 것이다. 즉 직무설계는 업무가 수행되어지는 것, 업무가 어떻게 완성되는 것, 직무에 연계된 기대사항, 책임감, 그리고 권위를 결정하는 것이다. 이리하여 직무설계는 조직목표의 달성과 동시에 각 직무를 수행하는 구성원의 개인적 욕구 충족을 도모하기 위한 직무내용, 직무기능 및 직무 간의 상호작용과 연결된다.

전통적 직무연구는 직무를 중심으로 사람을 어떻게 적응시키도록 하느냐에 관심을 두는 직무분석, 직무평가를 그 중심 연구대상으로 삼았다. 반면에 근대적 직무연구는 사람을 중심으로 직무를 어떻게 디자인하느냐의 직무설계를 핵심적인 연구대상으로 삼고 있다(김성국, 1999: 428).

이러한 직무설계는 ① 조직구성원과 조직의 가장 중요한 욕구를 명확하게 하는 것이며, ② 이들 욕구를 좌절시키는 작업장의 방해요인을 제거하기 위한 시도이다. 직무설계를 통해 관리자는 중요한 개인적 욕구를 충족시키고, 개인, 집단

그리고 조직효과성에 기여하는 직무이길 기대한다.

불충분한 직무설계는 결근과 퇴직을 증가하게 하고, 동기부여와 직무만족을 낮게 하는 등의 조직비용을 증가하게 한다. 이점에서 행정관리자들은 조직구성원들이 직무를 잘 수행할 수 있도록 동기부여하는 방안으로 조직구성원들에게 의미있는 직무를 제공해야 하는 과제를 안고 있다.

이러한 과제를 대처하기 위해 직무단순화, 직무순환, 직무확장, 직무확충 등의 조직설계의 기법들이 있다. 직무설계에는 〈그림 9-13〉과 같이 조직구성원의 능력, 조직구성원의 개인적 성장 욕구, 기술, 작업장의 물리적 배치, 법률적 제약요인, 업무내용에 대한 만족 수준 등이 중요하게 고려되어야 한다(Hackman & Oldham, 1980). 이런 의미에서 직무설계의 목적은 생산성과 성과를 향상시키는 것이며, 조직구성원의 직장생활의 질(quality of working life)과 직무만족을 향상시키는 것이다(Kast & Rosenzweig, 1985: 229).

┃그림 9-13┃ 직무설계의 고려사항과 성취

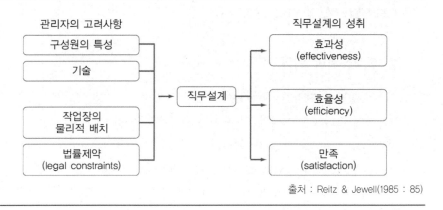

출처 : Reitz & Jewell(1985 : 85)

또한 직무의 재설계가 가치가 있는 것인지를 결정하는 데 활용되는 질문은 다음과 같다. 이들 질문에 대한 대답이 모두 예(yes)라면, 직무재설계는 가치 있다는 것이다(Aldag & Brief, 1979: 63).

① 직무가 단순하고, 단조로운(monotonous) 것인가? 직무에 요구되는 기술이 낮은 수준인가?
② 직무를 수행하는 조직구성원은 자신의 임금과 업무조건에 대해 불만족하는가?
③ 재설계가 경제적, 기술적으로 가능한가?
④ 조직구성원이 직무재설계에 대해 준비되어 있는가? 구성원들은 보다 다양하

고, 보다 많은 책임에 대해 환영하는가? 구성원들은 필요한 기술과 지식을 습득할 수 있는가?

2. 직무분석

직무설계는 직무분석의 결과이다. 직무분석(job analysis)은 업무적 요인, 인적 요인, 기술적 요인을 직무설계로 바꾸는 결정 과정이다. 즉 직무분석은 서비스, 영업 및 지원 직무의 구성요소들을 구체적으로 할 수 있다(can do)는 것과 할 수 있다(will do)는 것을 이해하는 포괄적인 방법이다.

직무분석방법에 있어 가장 많이 활용되는 기능적 직무분석(functional job analysis: FJA)은 업무적 요인과 기술적 요인에 관심의 초점을 둔다. 각 직무 혹은 직무 종(class of job)에 대해 다음과 같은 직무활동과 직무성과의 4가지 측면에 관심을 가진다.

가능적 직무분석은 직무를 구성하는 활동, 방법, 기구를 정의하는 것에 부가하여 직무에서 수행하는 개인이 무엇을 생산하는가를 정의한다. 기능적 직무분석은 성과의 기준을 정의하기 위한 기반이 된다.

직무활동	① 조직구성원은 데이터, 사람 그리고 직무에 관련하여 무엇을 하는가? ② 조직구성원이 활용하는 방법과 기술은 무엇인가? ③ 조직구성원이 활용하는 기구, 도구 그리고 장비는 무엇인가?
직무성과	④ 조직구성원이 생산하는 자재, 상품, 주제(subject matter), 서비스는 무엇인가?

또한 직무분석은 3가지 직무특성(범위, 깊이, 관계)을 명시하는 것이다.

① 직무의 범위(job range)는 직무담당자가 수행하는 직무의 수이다. 수행해야 하는 업무의 수가 많을수록 직무를 완성하는 데 소요되는 시간이 길다.

② 직무의 깊이(job depth)는 개인이 직무활동과 직무결과를 결정해야 하는 자유재량의 양이다. 직무의 깊이는 개인적 영향뿐만 아니라 위임된 권위 또는 권한에 관계가 있다.

③ 직무관계(job relationships)는 부서화의 기반과 통솔의 범위에 관련된 관리자의 결정에 의해 이루어진다. 집단의 응집력 정도는 업무에 할당된 직무담당자의 개인 간 관계에 대한 종류와 질에 의존된다. 의사소통의 기회가 없다면 사람들은 응집력 있는 작업집단을 구성할 수 없을 것이다. 통솔의 범위가 넓을수록 동료관계와 관심의 관계를 설정하는 것이 보다 어려울 것이다.

직무분석 과정은 구조화된 단계별 접근방식이 필요하다. 이 과정은 한 조직 구성원이 성공적으로 업무를 처리하는 데 필요한 역량목록(a list of competencies)을 작성하는 데 도움이 되는 많은 데이터를 생성한다. 직무분석 과정은 다음의 단계를 포함하고 있다.

① 프로세스, 자원 및 시간의 틀을 계획한다.
② 조직 내에서 활용 가능한 직무 및 외부에서 접근 가능한 직무에 관한 현재의 모든 정보를 수집하고 분석한다.
③ 대표적인 직무담당자의 샘플을 선정한다.
④ 직무담당자의 인구통계적 데이터(직원의 교육 수준, 경험, 자격 및 개인적 기술에 관한 정보)를 수집한다.
⑤ 실무책임자로부터의 정보를 수집한다. 실무책임자에 관련된 정보들은 직무요구사항, 목표와 목적, 부서단위와 조직의 성공에 대한 기여도 등이다.
⑥ 고위 책임자(senior managers)로부터의 정보를 수집한다. 보다 전략적 정보로, 직책 등이 조직 성공의 큰 그림(big picture)에 어떻게 부합하는가에 관한 정보이다.
⑦ 예비 직무능력 및 기술 목록을 작성한다. 이 목록에는 업무, 의무, 책임, 지식, 기술, 능력 및 성공적인 직무 수행을 위해 중요한 다른 특성이 포함된다.
⑧ 직무능력과 역량의 중요도를 평가한다. 이 단계에서는 최종 역량 목록을 선택하고 확인한다.

07 직무분석방법과 접근법

1. 직무분석방법

직무분석에 활용하는 방법은 관찰법, 인터뷰법, 설문지법이 있다.
① 관찰법(observation method) – 관찰법은 직무분석가가 직무를 수행하고 있는 조직구성원을 관찰하는 것이다. 조직구성원이 성취한 업무와 성취하지 않은 업무, 이행한 책임과 이행하지 않은 책임, 다양한 임무를 수행함에 활용한 방식 및 기술, 도전과 위기를 대처할 수 있는 정신적·감정적 능력 등을 기록한

다. 이 방법은 구체적인 직무를 분석하는 가장 손쉬운 방법이지만 가장 어려운 방법이기도 하다. 또한 이 방법은 분석 과정에 있어 개인적 편견이 포함되어 객관성을 확보하기 어려운 제한점이 있다.

② 인터뷰법(interview method) – 인터뷰법은 조직구성원의 업무스타일, 조직구성원이 직면한 문제점, 이들이 자신의 직무를 수행하는 동안 활용하는 특별한 기술과 기법, 자신의 경력에 관한 불안정과 공포 등과 관련하여 인터뷰하는 것이다. 이 방법은 면접관이 조직구성원으로 하여금 자신의 직무와 책임과 관련하여 정확하게 무엇을 생각하고 있는가를 발견하는 데 도움을 준다.

③ 설문지법(questionnaire method) – 설문지법은 직무분석에서 가장 보편적으로 활용되는 방법으로 조직구성원, 상관, 관리자가 설문지에 자신의 생각을 답하는 방식이다. 이 방법은 설문 방식에 따라 개인적 편견이 개입될 수 있는 여지가 있다. 또한 설문지를 통하여 습득된 자료가 직무분석 이외에 어떠한 방식으로 활용되지 않는다는 것을 설문대상자에게 반드시 안내해야 한다.

┃그림 9-14┃ 직무분석 방법

2. 직무분석의 접근법

직무설계는 어떤 직무와 관련한 업무와 책임을 조직화하는 것이다. 이것은 직무수행에 요구는 책임감, 자격 혹은 기술을 통합하는 것이다. 이러한 직무설계에 대한 접근법은 인간적 접근법, 공학적 접근법, 직무특성접근법이 있다.

1) 인간적 접근법

직무설계의 인간적 접근법(human approach)은 조직 과정이 아니라 조직구성원에 놓여있는 어떤 직무를 설계하는 것을 강조하는 것이다. 이 접근법에 따르면, 직무는 인정, 존경, 성장, 책임감과 같은 개인적 욕구를 만족시키는 것이다.

Herzberg 연구에 의해 보편화된 직무충실화는 직무설계의 인간적 접근법이다. Herzberg는 동기요인(motivators)이 작업장에서 작동할 수 있도록 직무를 설계해야 한다고 주장한다. 이것은 직무확충, 직무순환, 직무충실화를 통해 이루어질 수 있다.

2) 공학적 접근법

공학적 접근법(engineering approach)은 Taylor에 의해 고안된 것으로 각 조직구성원의 업무는 관리에 의해 미리 설계되어야 한다. 이 접근법에 의하면, 마감시간에 따라 업무가 어떻게 수행되어야 하는 것들을 상세하게 안내해야 한다. 즉 공학적 접근법은 직무설계에 관련하여 과학적 원리를 적용해야 한다는 것이다. 공학적 접근법에 따르면, 업무는 과학적으로 분석되고, 논리적으로 업무가 분리되어야 한다. 또한 업무의 효율성을 지속하기 위해 조직구성원의 훈련과 보상을 강조한다.

특히 공학적 접근법은 직무전문화(직무가 목적달성의 관점에서 상당히 전문화되어 있는가), 도구와 절차의 구체화(목적달성의 관점에서 도구, 절차, 재료 등이 상당히 구체화되어 있는가), 업무의 단순화(업무가 단순하고, 또한 복잡하지 않는가), 단일 활동(직무가 어떤 시점에 하나의 업무만 요구하는가), 직무단순화, 반복, 시간절약(직무수행 활동 사이에 시간의 낭비가 없는가), 자동화(직무수행 활동 과정의 많은 부분이 자동화되어 있는가) 등을 강조한다.

3) 직무특성접근법

직무특성접근법(job characteristics approach) 또는 직무특성이론(job characteristics theory)은 Hackman과 Oldham(1976)에 의해 고안되었다. 무엇보다 직무설계의 주된 목적은 조직구성원의 동기부여와 생산성 모두를 증가시키는 것이다. 직무특성접근법은 효과적으로 설계된 직무는 조직구성원의 심리적 욕구를 충족시키고, 이러한 욕구충족은 동기유발을 가능하게 한다는 것이다.

직무특성접근법은 직무 자체가 구성원의 동기부여에 핵심이라는 신념에 기초한다. 이런 관점에서 높은 직무만족과 직무성과 등을 예측하는 데 도움을 주는 것은 〈그림 9-15〉와 같이 5가지 직무특성 요인들로 구성된다. 5가지 직무특성 요인들은 긍정적 행태와 태도를 격려하고, 부정적인 행태의 기회를 줄인다. 즉 5가지 특성은 직무만족, 내적 직무동기와 강한 상관관계가 있다.

이들 5가지 핵심적인 직무특성 요인들은 개인적 성과와 업무결과를 결정하는 3가지 심리적 상태와 결합된다. 3가지 심리적 상태는 의미성, 결과에 대한 책임성, 실질적인 업무결과에 관한 지식이다(Robbins & Judge, 2015).

① 기술 다양성(skill variety) − 직무가 한 사람에 대해 얼마나 다양한 기술과 재능을 요구하는가? 구성원들은 다양한 일들을 할 수 있는가? 혹은 그 일이 단조롭고, 반복적인 직무인가?

② 업무 독자성(task identity) − 담당업무가 시작, 중간, 완성을 명확하게 규정할 수 있는가? 구성원이 해야 하는 일이 무엇인가를 알고 있는가? 그 일을 언제 성공적으로 마칠 수 있는가?

③ 업무 중요성(task significance) − 직무가 다른 사람의 삶과 업무에 실질적인 영향(substantial impact)을 가지는가? 그 직무가 조직 내의 사람 혹은 사회에서의 사람에게 중요한가? 직무가 업무의 의미를 주는가?

④ 자율성(autonomy) − 개인 자신의 업무를 수행하는 데 얼마나 많은 자유를 가지는가? 그 자유가 업무를 계획할 수 있는 능력뿐만 아니라 업무를 어떻게 수행할 것인가를 판단하는 것도 포함하는가?

⑤ 직무 환류(job feedback) − 구성원이 자신의 성과에 관련하여 명확하고 직접적인 정보를 발생시키는가? 구성원이 자신의 업무를 잘 수행할 때와 잘못 수행할 때에 대해 평가가 이루어지는가?

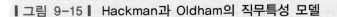

┃그림 9-15┃ Hackman과 Oldham의 직무특성 모델

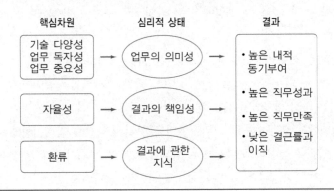

08 직무범위의 재설계

1. 직무단순화

직무단순화(job simplification)는 직무를 보다 소규모 단위로 분할하고, 부수적으로 전체 직무에 따라 근로자를 배치한다. 직무단순화는 교육훈련이 요구되지 않는 직무에 대해 비숙련 근로자가 저렴한 비용으로 담당할 수 있고, 각 근로자가 분할된 소규모 단위의 업무를 담당하기 때문에 직무진행의 속도가 빠르다는 장점이 있다. 반면에 직무단순화는 근로자들에게 지루함, 욕구불만, 이직, 낮은 동기부여와 직무만족 등으로 생산성이 저하되어 조직의 비용이 증가시킬 수 있다(Singer, 1992: 87).

2. 직무순환

직무순환(job rotation)은 직무의 과다단순화(over-routinization) 등으로 인한 문제에 대한 대안이다(Robbins & Judge, 2015). 직무순환은 조직구성원의 경험을 넓히기 위해 조직 내 다양한 직무를 경험하도록 조직구성원을 동일한 또는 유사한 수준의 직무 난이도 내에서 체계적으로 순환하는 것이다. 직무순환은 직무의 범위를 증대하고, 다양한 직무내용에 대한 지각을 증대한다. 직무순환의 전제는 근로자에 의해 수행되는 여러 가지 과업은 호환성이 있으며, 근로자의 작업흐름에 큰 지장을 주지 않고 이 과업에서 저 과업으로 순환이 가능하다는 것이다(김성국, 1999: 432).

직무순환은 직무변경(job changes)을 결정한다. 직무순환은 개개 구성원의 발전을 위해 구성원의 경력선택을 발전시키고, 직무의 지루함을 회피하는 등의 목적을 가진다. 효과적인 직무순환은 직무순환의 목적을 구체화하는 것이 필요하다.

직무순환에는 업무순환과 직위순환의 유형이 있다. ① 업무순환(task rotation)은 육체적 요구가 높거나 극단적으로 지루한 반복성 정도가 많은 업무에 관한 직무에서 일어난다. 업무순환을 통한 조직구성원은 정기적으로 정신적 스트레스로부터 벗어날 수 있다. ② 지위순환(position rotation)은 조직구성원이 새로운 지식, 기술 그리고 관점을 접할 수 있도록 다른 지위와 부서 그리고 다른 지역적 장소로 이동하는 과정이다.

이러한 직무순환을 통하여 조직구성원은 다음과 같은 장점을 얻을 수 있다. ① 조직구성원은 다른 직무의 학습을 통하여 지식과 기술을 얻을 수 있다. 이를 통하여 새로운 기술을 학습할 수 있고, 다른 책임을 제공할 수 있다. ② 변화된 책임과 직무와 더불어 새롭고 다른 직무를 담당함으로써 잠재적 권태와 직무불만족을 극복할 수 있다. ③ 조직구성원에게 새로운 자극 또는 도전을 제공한다. 조직구성원은 지식을 팽창할 수 있는 기회와 성취감을 가질 수 있는 기회가 될 수 있다. ④ 조직의 다른 국면에 대해 학습할 수 있다. 조직구성원은 직무순환을 통하여 직무 사이의 상호관계를 학습할 수 있는 기회를 가지게 된다. 즉 직무가 다른 부서에서 어떻게 수행되고 있는지를 학습할 수 있다. ⑤ 직무순환은 새로운 동료와 관리자를 통하여 시계(visibility)를 학습할 수 있다. 또한 직무순환은 조직구성원에게 문제해결 능력과 의사결정의 기술을 향상시키는 데 도움을 준다.

3. 직무확장

직무확장(job enlargement)은 기존의 직무에 동일 책임 수준의 직무요소 또는 기능을 추가하는 것이다(오석홍, 2020). 간단한 예로는 하나의 직무를 수행하는 데 관련된 업무의 수를 증가시키는 것이다. 즉 종업원이 수행하는 직무의 수 또는 관련 다른 직무를 추가시키는 것이다. 부가적인 업무 제공은 조직구성원에게 직무내용에 대해 보다 바쁘게 수행하게 하고, 이로 인하여 지루함을 경험하지 못하도록 하며, 나아가 직무에 대해 책임감과 의미를 갖게 한다. 즉 근로자가 담당하는 업무에 있어 과업의 수를 증가시켜 책임감을 부여하고, 과업의 다양성을 증대함으로써 직무내용을 변화시키는 것이다. 이러한 직무확장은 근로자들에게 수평적으로 부가적인 담당업무를 추가하는 직무범위의 확장인 수평적 직무팽창이다.

직무확장과 관련하여 연구한 Walker와 Guest(1952)는 많은 노동자들이 상당히 전문화된 직무와 관련하여 불만족하고 있다는 것을 발견했다. 또한 이들은 직무범위(job range)와 직무만족이 긍정적인 관계가 있는 것을 발견했다. 이에 직무범위를 증가하면 직무만족이 증가할 것이라는 것이다. 나아가 직무를 확장하는 것은 보다 장기적인 훈련기간이 필요하지만, 지루함을 줄이기 때문에 직무만족이 증대된다.

| 표 9-7 | 직무확장의 장점과 단점

직무확장의 장점	직무확장의 단점
• 기술의 다양성(variety of skills): 직무 확장은 조직구성원의 기술을 향상시키는 데 도움을 준다. • 학습능력 향상: 직무확장으로 사람들은 다양한 새로운 활동을 학습할 수 있게 된다. • 광범위한 범위의 능력 향상: 직무확장은 조직구성원에게 광범위한 범위의 능력을 제공한다. 이로 인하여 조직구성원의 수를 줄일 수 있다.	• 업무부담(work burden)의 증가: 직무 확장은 조직구성원의 업무 증가를 초래하지만, 부가적인 업무에 대한 추가적인 보수를 제공하지는 않는다. • 구성원의 좌절 증가: 증가된 활동이 보수의 증가를 초래하지 않기 때문에 구성원이 좌절하기도 한다. • 노동조합원과의 문제: 많은 노동조합원들은 노동자의 착취로 직무확장을 잘못 이해하고 있다.

4. 직무충실화(확충)

직무깊이(job depth)를 재설계하기 위한 자극은 Herzberg의 2요인 이론에서 제기되었다. 이 이론에서 심리적 성장(psychological growth)을 위한 개인적 욕구를 충족하는 요인(책임감, 직무 도전, 성취)이 자신의 직무 특성이어야 한다. Herzberg 이론의 적용이 직무확충이다. 직무확충의 실행은 직무깊이의 직접적 변화를 통해 실현된다.

직무충실화(job enrichment)는 직위에 연관된 근로자의 책임성 범위를 확대하는 수직적 직무팽창(vertical expansion of jobs)이다. 직무충실화는 과학기술의 고도화에 따라 점차적으로 단순화되고 구조화되어 가는 과업내용과 직무환경을 배제하고, 개인의 동기를 유발시키고 개인의 능력이 충분히 발휘될 수 있는 인간위주의 과업내용과 과업환경을 설계하는 것이다(김성국, 1999: 435).

직무충실화는 조직구성원들이 직무를 수행하는 데 보다 많은 자율성과 통제력을 제공함으로써 업무에 대한 책임감, 범위, 그리고 도전을 증가하게 하는 것이다. 또한 조직구성원들이 담당업무의 의사결정에 대한 책임감과 권위를 증가함으로써 업무성과를 향상시킬 수 있을 것이다(Hersey & Blanchard, 1993).

직무확장과 직무충실화의 차이점은 양과 질이다. 첫째, 직무충실화는 향상(improvement) 혹은 숙련과 발전에의 도움을 증가시키는 것이다. 반면에 직무확장은 보다 많은 의무와 증가된 업무량(workload)를 추가하는 의미이다. 둘째, 조직구성원은 직무충실화를 통하여 자신의 직위와 개인적 성장의 관점에서 만족을 얻을 수 있지만, 직무확장은 현재의 직무기술에서 부가적인 의무와 책임을 수행하게 된다.

셋째, 이러한 직무확장과 직무충실화는 서로 연관성을 갖고 있다. 직무확장은 의존성을 가지지 않지만, 직무충실화는 주로 직무확장에 의존한다. 직무확장은 수직적으로 직무가 확장되는 직무충실화와 비교하여 업무내용이 수평적으로 확장되는 것이다. 직무의 수직적 성장 혹은 증대는 관리적 권리를 획득하는데 도움을 준다. 이점에서 직무충실화는 직무확장에서 일어나지 않는 조직구성원의 직무깊이(job depth)에 보다 초점을 둔다. 이리하여 직무충실화는 직무확장보다는 많은 동기부여적 영향을 가진다.

이와 같이 직무충실화는 관리자 행태의 본질과 스타일을 변화시키는 것이 포함되어 있다. 직무의 재설계를 포함하는 직무충실화의 양상은 수직적 직무 추가 부담이다. 이러한 직무 재설계에는 〈그림 9-16〉과 같이 ① 보다 많은 책임감, ② 보다 많은 자율성, ③ 개인 혹은 집단에 대해 보다 즉각적인 환류(immediate feedback), ④ 업무의 근접성 증가(부하에게 보다 많은 상관의 활동의 이전) 등이 포함된다. 즉 관리자는 권위를 기꺼이 위임시켜야 한다. 이러한 지원적 업무환경이 직무충실화 노력을 위한 전제조건이다. 직무충실화와 직무확장은 경쟁적인 전략이 아니다. 직무충실화는 필연적으로 직무확장이 포함된다.

┃그림 9-16┃ 직무확충의 원천

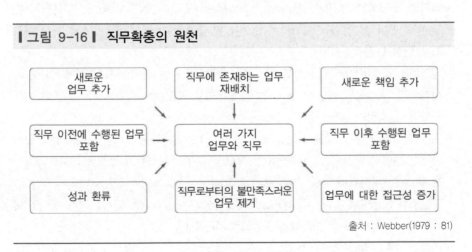

출처 : Webber(1979 : 81)

용어 해설

- 조직설계(組織設計, organization design) – 조직의 직무를 조정하고 통제하기 위한 구조와 과정을 결정하는 데 목적을 둔 관리적 의사결정을 말하며, 조직의 전략적 목적과 환경적 요구를 평가하고, 적절한 조직구조를 결정하는 과정이다.
- Galbraith의 스타모델 – 이 모델은 미국의 조직이론가 Jay Galbraith(Indiana 대학에서 "직무성과에 대한 동기부여 결정요인"으로 박사학위를 받음)가 설계한 것으로 전략, 구조, 과정, 보상시스템, 사람과 정책 사이의 적합성을 고려하여 조직설계를 하도록 안내한다. 이 모델은 조직의 중요한 요소를 인식하게 하고, 전략문제와 전략의 이행에 초점을 둔다.
- 기능조직(機能組織, functional organization) – 전통적 기능적 부서 – 회계, 재무, 판매, 운영 등 – 에 따라 조직을 조직화하며, 기능적 전문화가 허용된다.
- 부서조직(府署組織, divisional organization) – 일반적으로 생산구조의 팽창이며, 부서조직 구조에 있어 모든 기능적 활동은 한 부서 내에 놓여있다.
- 기계적 조직(機械的 組織, mechanistic organizations) – 예측가능성과 효율성을 제고하기 위해 설계된 구조이며, 광범위한 규칙과 절차, 집중화된 권위, 높은 전문화를 활용하여 높은 수준의 생산과 효율성을 성취하는 것을 강조한다.
- 유기적 조직(有機的 組織, organic or adaptive organization) – 변화에 대응하기 위한 능력과 유연성을 향상시키기 위해 설계된 구조이고, 불안정한 조건을 가진 변화하는 환경에 적합하다.
- 매트릭스 조직(matrix organization) – 생산 구조와 기능적 구조 모두가 조직에서 동시적으로 이행되는 혼합물이며, 기능적 전문화와 프로젝트에 기반하는 이중적 명령구조이고, 지위의 유연성을 향상시키는 임시적 조직의 하나의 방식이다.
- 위원회 구조(委員會 構造, committee form) – 비계층적 구조이며, 의사결정에 있어 다양한 경험과 배경을 가진 참여자가 필요할 경우, 한 사람이 조직을 이끌어나가기가 어려운 상황일 때 자주 활용된다.
- 가상조직(假想組織, virtural organization) – 물리적 실체가 존재하지 않는 조직이며, 인터넷 기반에 기초하여 협력 네트워크로 작동한다.
- 무경계 조직(無經界 組織, boundaryless organization) – 수평적 경계, 수직적 경계 혹은 외부적 경계로 사전에 구조를 규정하지 않는 조직구조이며, 하나의 조직에 존재하는 엄격한 계층제적 라인과 분업적 경계를 초월한 조직형태이다.

- 직무설계(職務設計, job design) – 직무의 객관적 특성을 기술하는 것이며, 업무가 수행되어지는 것, 업무가 어떻게 완성되는 것, 직무에 연계된 기대, 책임감, 그리고 권위를 결정하는 것이다.
- 직무분석(職務分析, job analysis) – 업무적 요인, 인적 요인, 기술적 요인을 직무설계로 바꾸는 결정 과정이다.
- 직무단순화(職務單純化, job simplification) – 직무가 보다 소규모 단위로 분할하고, 부수적으로 전체 직무에 따라 근로자를 배치하는 방법이다.
- 직무순환(職務循環, job rotation) – 조직구성원의 경험을 넓히기 위해 조직 내 다양한 직무를 경험하도록 조직구성원을 체계적으로 순환하는 것이다.
- 직무확장(職務擴張, job enlargement) – 하나의 직무를 수행하지만 업무의 수가 증가하는 것이며, 종업원이 수행하는 직무의 수를 증가시키는 것이다.
- 직무충실화(職務充實充, job enrichment) – 직위에 연관된 근로자의 책임성 범위를 확대하는 수직적 직무팽창이다.

조직관리과정은 조직이 전략적 목표를 달성하기 위해 원활하게 운영하는 과정이다. 이에 조직관리과정은 조직목표를 향해 제반 활동을 기획하고, 통제하는 과정이다. 이를 위해 조직관리자는 조직의 인적자원과 물적자원을 최대로 유용하게 활용하여 최고의 성과를 성취하도록 조직에 기여하는 활동을 수행한다. 이런 활동은 지속적이며, 순환적인 과정이기도 하다.

특히 조직관리자는 관리의 핵심적 기능인 기획, 의사결정, 조직문화, 조직권력과 정치, 통제와 평가 및 성과관리 등의 과정을 체계적으로 수행해야 한다. 조직관리자는 이런 복잡한 관리 과정과 다양한 도전에 대해 잘 대처해야만 조직이 경쟁력을 가질 수 있을 것이다. 이에 조직관리자는 관리 과정에 놓여있는 정보처리능력, 개인적인 관리능력, 결정능력을 향상시키기 위해 끊임없는 노력이 요구된다.

PART

3

조직관리과정

CHAPTER 10

기획

01 기획의 의의와 특징

1. 기획의 의의

기획(planning)은 조직의 목적을 달성하기 위한 행동 과정을 전망하는(look ahead) 것이고, 조직관리의 최상위 기능(supreme function)이다. 즉 기획은 성취하고자 하는 목적을 정의하고, 규정한 목적을 성취하기 위한 적절한 수단(appropriate means)을 결정하는 과정이다. 기획은 의사결정을 위한 관리적 기능에 관련되어 있으며, 문제를 해결하는 데 활용된다.[16] 기획은 의미있는 목표의 범위를 고안하고, 목표성취를 위한 행동의 대안을 선택하는 것이 포함된다. 기획은 목표의 결정이고, 목표를 성취하기 위한 수단의 명세화이며, 특정한 기간에 미리 결정한 행동 과정이다.

또한 기획은 미래의 비전(vision)이 포함되어 있으며, 미래의 사건에 대한 변

---

16 조직의 목적(organizational objectives)은 관리자가 목표로 하는 최종상태 혹은 대상(the end states or targets)이다. 계획(plans)은 관리자가 바람직한 대상을 때리는 것(to hit the desired targets)을 희망하는 수단이다. 반면에 기획(planning)은 본질적으로 조직의 미래에 초점을 둔 의사결정 과정이다. 조직목적을 설정하는 것이 조직계획을 전개하는 것에 선행한다. 즉 목적 혹은 대상없는 계획은 의미가 없다. 목적은 방향 설정에 도움을 주고, 행태를 안내하고 진행에 대해 평가하는 데 도움을 준다. 이에 목적과 기획은 조직성공을 위해 매우 중요하다((Black & Porter, 2000: 174).

화의 영향을 줄이는 것이며, 나아가 낭비와 가외성을 최소화하는 것이다. 이런 의미에서 Simon(1976)은 기획과 의사결정으로 행정업무를 관찰할 수 있다고 지적한다.

Harmon과 Jacobs(1985)는 기획이란 조직의 목적을 명확하게 하는 것이고, 의사결정은 기획을 성취하기 위한 의지를 제공하는 것이라고 주장하며, 결정과 연결되지 않는 기획은 단순한 사색이고, 기획하지 않고 이루어진 결정은 충동적이라고(impulsiveness) 지적한다. 또한 Dror(1963)는 최적의 수단을 통하여 행정이 추구하는 목표를 성취할 수 있도록 미래에 어떻게 행동을 집행할 것인가를 결정하는 계속적 과정으로 정의하고 있다.

이와 같이 기획은 '조직이 어디로 갈 것인가' 뿐만 아니라 '어떻게 목적지에 도착할 것인가'를 명확하게 하는 것이 포함된다. 이런 의미에서 기획의 정의에는 ① 미래 – 미래의 비전 혹은 미래사건에 대한 예측, ② 대안, ③ 합리적 선택 등이 포함된다. 즉 기획의 본질은 현재의 상태를 평가하고, 미래의 상황이 무엇이 될 것이라는 것을 결정하고, 미래의 상황에 도달하기 위해 무엇을 해야만 하는지를 합리적으로 결정하는 것이다(Shafritz, et al., 2007: 346). 이런 맥락에서 조직이 미래의 사건을 정확하게 기획한다면 성공할 확률을 높일 수 있을 것이다.

기획은 행정 관리자가 불확실한 환경조건에 대해 효과적으로 반응할 수 있도록 도움을 준다. 또한 시간과 자금의 낭비없이 업무를 수행하도록 도움을 준다. 나아가 기획은 규정된 목표를 달성하기 위한 조직활동의 조정을 용이하게 한다. 기획은 정책, 절차, 법률의 3가지 구성요소를 가지고 있다. 절차는 정책을 이행하는 데 필요한 업무의 연속적인 단계이다. 규칙은 정책이나 절차보다 엄격하고, 일탈 없이 따라야만 한다(Miller, Catt, & Carlson, 1996: 145).

전략적 기획(strategic planning)은 조직의 목표와 조직목표를 성취하기 위한 수단을 공식화하고 수행하는 과정이다. Bryson(2011: 7-8)은 전략적 기획을 조직 또는 기관의 정체성, 기능, 목적을 형성하는 근본적인 의사결정과 행동을 수행하는 신중하고 질서 정연한 접근(deliberate, disciplined approach to producing fundamental decisions and actions that shape and guide what an organization (or other entity) is, what it does, and why)으로 정의하고 있다.

이러한 전략적 기획은 조직의 경제적 목표(economic goals)를 다루며, 그리고 목표를 달성하기 위한 수단과 전략을 다룬다. 이점에 있어, 전략적 기획은 조직이 운영되는 산업의 선택을 반영하는 것이며, 조직이 산업체에서 경쟁하는 방식을 반영하는 것이다. 이에 전략적 기획은 조직의 높은 계층에서의 조직적 전략이다. 전략적 기획의 옹호자들은 조직의 생존에 가장 필요조건은 조직의 경제적 건강성(economic health of an organization)이라고 주장한다. 건강성을 보장하기 위해 조직전략은 환경적 위협에 대처해야 하며, 환경적 기회를 활용해야 한다.

2. 기획의 특징

기획은 따라야 하는 미래의 행동 과정을 전망하는 것이다. 기획은 준비단계 (preparatory step)로 '어떤 특정한 직무를 누가 수행할 것인가', '언제 그리고 어떻게 수행할 것인가' 등을 결정하는 시스템적 활동이다. 이러한 기획활동은 다음과 같은 특징을 가진다.

① 기획은 목표지향적(goal-oriented)이다. 기획은 경제적으로 바람직한 조직목표에 이르게 하는 행동을 명확하게 하는 것이다.

② 기획은 앞을 전망하는(looking ahead) 것이다. 기획은 미래를 위해 수행하는 것이며, 전망에의 종합(synthesis of forecast)이다.

③ 기획은 지적 과정(intellectual process)이다. 기획은 창의적 사고, 건전한 판단과 상상력이 포함된 인지적·정신적 활동이다.

④ 기획은 선택과 의사결정이 포함된다. 기획은 여러 가지 대안 가운데 선택하는 활동이다.

⑤ 기획은 관리의 첫 번째 기능이다. 기획은 다른 관리기능의 토대가 된다. 즉 기획은 조직화, 충원, 지도, 통제를 위한 안내이다.

⑥ 기획은 지속적인 과정(continuous process)이다. 기획은 동태적인 조직환경에 기인하여 결코 끝나지 않는 연속적 기능이다. 기획은 변화하는 조건들을 지속적으로 검토해야 한다.

⑦ 기획은 광범위하게 침투한다. 기획은 모든 관리단계와 모든 부서에서 요구된다. 기획의 범위는 상하계층에 따라 차이가 있다. 즉 최고관리 수준에서의 기획은 조직 전체에 대한 기획에 관심을 가지는 반면에, 낮은 수준에서의 기획은 최고관리 수준에서 제시한 기획을 어떻게 효과적·효율적으로 이행하는가에 대한 방법을 설계한다.

⑧ 기획은 효율성을 위해 설계된다. 기획은 가능한 최소의 비용으로 목적을 수행하도록 설계한다. 기획은 자원의 낭비를 줄이고, 자원의 최적 활용을 확보한다.

⑨ 기획은 유연성(flexibility)이 있다. 미래를 정확하게 예측하는 것은 불가능하기 때문에 기획은 고객의 요구, 경쟁, 정부정책 등의 변화에 대응하기 위해 어느

정도의 여지를 제공해야 한다.

3. 시스템 모델과의 연계

기획은 조직과 조직환경 사이를 어떻게 부합할 것인가를 관리하는 데 관심을 가진다. 시스템이론의 관점에서 기획은 조직의 바람직한 산출에 대한 선택에 관심을 가지며, 바람직한 산출을 성취하는 투입과 전환 과정의 조화에 관심을 가진다.

이에 조직의 내부적 특성(구조, 과정, 조직구성원)은 전략을 집행하는 도구로서 간주된다. 내부적 특성이 채택한 조직전략과 일관성을 가진다면 조직을 위해 적절하다고 판단할 것이다.

조직이 환경과의 접점(interface)을 관리하는 데 있어 전략적 기획은 2가지 방식에 초점을 둔다. 하나는 환경의 선택(choice of environment)이고, 다른 하나는 조직에 의한 내부적 적응(internal adaptation)이다. 전략이 방향을 결정하기 때문에 내부적 그리고 외부적 상호의존성을 관리하는 메커니즘이 된다. 이와 같이 시스템 논리에서의 전략적 기획은 〈그림 10-1〉과 같이 환경과 조직의 기능적 하부시스템의 연계에 초점을 둔다. 조직의 기능적 하부시스템(조직구조, 보상 등)은 전략을 이행하기 위해 설계된다. 이에 기능적 하부시스템은 조직의 전략에서 의해 결정되어진다.

| 그림 10-1 | 시스템 논리하의 전략적 기획

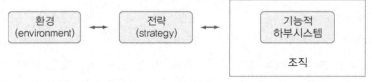

출처 : Narayanan & Nath(1993 : 245)

02 경영전략유형 및 기획 과정

1. 경영전략유형

전략은 조직의 목표 달성을 위하여 경쟁적 환경과 상호작용하기 위한 계획이다(Daft, 2010: 65). 이러한 전략에 대한 가장 보편적인 관점은 Michael E. Porter(2008)의 경쟁전략과 Raymond Miles와 Charles Snow(1978)의 전략유형이 있다. 먼저 Porter의 경쟁전략은 다수의 민간 기업에 대한 연구를 토대로 개발된 이론으로 환경의 5가지 영향요인을 이해하는 것이 필요하다고 주장한다. 아래의 5가지 환경 요인은 조직의 상대적 위치에 영향을 미친다.

1) 신규 진입자의 위협 – 새로운 시장 진입자의 출현은 기존 기업에게 경쟁압력을 추가하여 가격의 하락 및 신규 투자를 압박한다.

2) 공급업체의 협상력 – 공급업체의 가격 책정 또는 서비스의 제공 역량, 공급자의 집중도 또는 다른 공급자로의 대체 가능성은 공급업체의 협상력을 결정한다.

3) 구매업체의 협상력 – 공급업체의 협상력과 마찬가지로 구매업체 역량은 제품과 서비스의 가격에 매우 중대한 영향을 미친다.

4) 대체재의 위협 – 해당 조직의 제품이나 서비스를 대체할 수 있는 대안의 존재는 큰 위협이 될 수 있다.

5) 기존 조직 간 경쟁 관계 – 기존 조직 사이의 경쟁강도는 제품과 서비스의 가격에 영향을 미칠 수 있다.

Porter는 이러한 5가지 영향요인의 역학 관계에서 경쟁우위(competitive advantage)와 경쟁영역(competitive scope)을 고려하여 조직이 경쟁우위를 확보할 수 있는 저원가 전략, 차별화 전략, 집중화 전략(집중화된 저원가 전략과 집중화된 차별화 전략)의 3가지 전략을 제시하고 있다.

① 저원가 전략(low-cost leadership)은 경쟁자에 비해 낮은 가격을 책정하여 시장 점유율을 높이는 전략이다. 이 전략을 활용하는 조직은 경쟁자에 비해 상대적으로 높은 효율성을 바탕으로 원가를 절감하고 효율적인 제품 생산에 집중

한다. 이러한 저원가 전략은 혁신과 같은 변화와 기회를 추구하는 전략이라 기보다는 위험감수(risk-taking)을 하지 않는 안정지향적 전략이라고 할 수 있다.

② 차별화 전략(differentiation)은 조직이 종사하는 분야의 다른 경쟁 조직과 차별적인 제품이나 서비스를 제공하는 전략이다. 차별화 전략은 대체로 가격에 민감하지 않고 높은 가격을 지불할 수 잇는 고객을 대상으로 하기 때문에 수익성 향상에 기여할 수 있다. 시장 내 다른 경쟁 조직의 고객과 차별될 수 있는 제품과 서비스를 제공함으로 인해 고객의 높은 충성심을 유발할 수 있다. 차별화를 위해서는 홍보 기능과 기술혁신 등이 필요하다.

③ 집중화 전략(focus strategy)은 특정 시장 또는 고객에 집중하는 것을 의미하며, 집중화된 저원가 전략과 집중화된 차별화 전략으로 구분될 수 있다. 일반적으로 집중화 전략은 제품과 서비스를 특정 지역이나 고객에 집중한다. 따라서 제품과 서비스의 잠재 시장을 협소하게 설정하고, 이에 대해 저원가 전략이나 차별화 전략을 활용할 수 있다.

┃ 그림 10-2 ┃ 경쟁우위에 관련한 3가지 전략

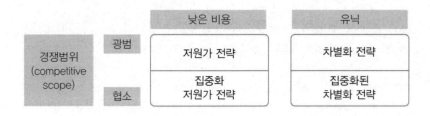

출처 : Daft(2010 : 68)

Miles와 Snow(1978)은 전략의 이행(strategy formulation)의 2가지 행태적 요인(환경을 지각하는 관리자의 특성, 조직의 내부적 특성에 대한 관리자의 가치)을 강조한다. 이들 2가지 요인을 기초하여 Miles과 Snow는 경영전략을 4가지로 유형화하고 있다. 이들 학자는 실제적인 경영전략이 행태적 요인에 의해 결정된다고 주장한다.

1) 옹호자 전략

옹호자 전략(defender strategy)은 새로운 경쟁자로부터 시장을 보호하기 위해 시도한다. 옹호자 시각에서의 최고관리자는 조직운영에 있어 제한된 영역에서 상당히 전문화되어 있고, 새로운 기회를 위해 자신의 영역 이외에 대해 탐구하려고 노력하지 않는다. 이와 같은 좁은 시각으로부터 이들 관리자는 현존하는 운영에 대한 효율성 향상에 주된 관심을 가진다. 즉 옹호자는 지속적으로 자신들의 시장점유(market share)를 보호하고, 내적 효율성에 가치를 부여하며, 엄격한 운영통제를 시도한다. 옹호자는 쇠락하는 산업이거나 안정적 환경에서의 조직에서 성공적일 수 있다.

2) 분석가 전략

분석가 전략(analyzer strategy)을 이행하는 조직은 자신의 현재 경영을 유지하기 위해 시도한다. 그리고 새로운 경영에서의 혁신을 추구한다. 즉 안정적 환경에서의 목표는 현재의 고객을 보유하기 위해 효율적 전략을 설계하는 것이다. 반면에 새롭고 다소 동태적인 환경에서는 변화를 추구한다. 이처럼 안정적 영역에 있는 조직은 공식화된 구조와 과정의 활용을 통해 효율적으로 운영한다. 반면에 보다 동태적인 영역에 있어 최고관리자는 새로운 아이디어를 위해 경쟁자를 관찰하고 가장 가망성 있는 아이디어를 급속하게 채택한다.

3) 탐색자 전략

탐색자 전략(prospector strategy)은 습관적으로 환경을 동태적인 것을 해석하고, 새로운 시장기회를 지속적으로 탐색한다. 이에 탐색자 전략을 이행하는 조직은 혁신적이고, 새로운 기회를 추구하고, 위기와 성장을 추구한다. 이러한 전략을 이행하는 조직은 창의성과 유연성(creativity and flexibility)을 격려한다. 이들 조직은 경쟁자들이 반응해야만 하는 불확실성과 변화를 이끈다. 이러한 환경에 있어 창조성이 효율성보다 중요하다.

4) 반응자 전략

반응자 전략(reactor strategy)을 따르는 조직은 일관된 전략-구조 관계를 가지지 않는다. 반응자는 특정한 환경에 적합한 전략을 규정하기보다 오히려 환경적 위협과 기회에 반응한다. 특히 반응자 입장에서의 최고관리자는 조직환경에서 일어나는 변화와 불확실성을 지각하지만 효과적으로 반응하지 않는다. 환경적 압박이 강요하지 않는 한 어떤 유형의 전략을 채택하지 않는다. 이처럼 반응자는 전략가가 아니라 당면한 상황(immediate circumstances)에 초점을 둔다. 실패한 조직은 가끔 반응자 전략의 결과이다.

┃ 표 10-1 ┃ Miles과 Snow의 전략유형

구분	경영 전략유형			
	옹호자	분석가	탐색자	반응자
환경에 대한 지각	안정	중간정도의 변화	동태적 그리고 성장하는 (dynamic & growing) 환경	모름(none)
전략	시장 유지기능	유지기능, 선택적으로 혁신기능	새로운 기회 발견과 활용	일관성있는 전략이 없음
	영역 보호 (protect turf)	선택적으로 기회 인식	공격적으로 기회 인지	환경에 대한 반응
기본적 가치	효율성 (efficiency)	효율성과 유연성(flexibility)의 혼합	창의성과 유연성	정의된 가치가 없음
운영의 초점	가격통제, 기계적 조직 (mechanistic organization)	가격통제와 혁신	혁신, 팽창, 유기체적 조직 (organic organization)	당면한 상황 (immediate circumstance)에의 의존

출처 : Miles & Snow(1978); Narayanan & Nath(1993: 268 재인용)

2. 기획 과정과 도구

1) 기획 과정

기획 과정은 어떻게 계획하고, 상황에 따라 복잡한 수준으로 진행되는 프로젝트를 어떻게 관리할 것인가에 도움을 제공한다. 또한 기획 과정은 잘못 결정한 것으로부터의 교훈과 미래의 기획과 의사결정에 정보를 제공한다.

이러한 기획 과정은 〈그림 10-3〉과 같이 연속적이다. 기획이 문서화되었다고 기획이 끝나는 것은 아니다. 행정관리자는 기획, 측정, 수정을 통하여 계속적으로 기획해야 한다.

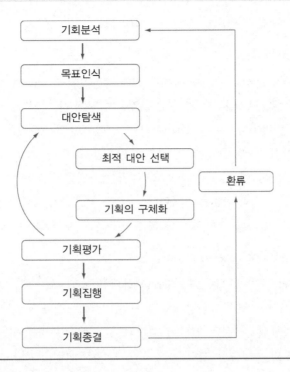

(1) 기회분석과 목표인식

공식적 목표를 구체화하기 위해 기회분석(analysis of opportunities)이 필요하다. 이 기회분석을 통해 프로젝트 완성에 관련한 실제의 문제를 규정하고, 문제를 구체적으로 기술한다. 특히 SWOT 분석을 통해 프로젝트가 직면한 장점, 약점, 기회, 위기를 분석한다. 이러한 분석은 전략적 문제와 기회를 탐지하고, 프로젝트 운영에 관한 리스크를 발견하는 데 도움을 준다.

이런 과정은 문제와 관련한 효과적인 의사소통이 요구된다. 또한 환경의 불확실성 정도가 기획의 유용성에 영향을 미친다. 즉 환경의 불확실성이 높을수록 기획이 보다 유연성을 가질 필요가 있다. 이 단계에서는 목표를 명확하게 기술하는 것이며, 목표와 전략(수단) 사이의 인과관계를 포괄적으로 발견하게 된다.

(2) 현재 상태의 현실적 분석

기획과 관련하여 변화를 위한 현실적인 분석을 수행한다. 계획의 목적이 무엇인지를 정확하게 기술하는 것이다. 이것은 부적절한 이슈에 관한 낭비적인 노력을 피할 수 있다. 즉 기획과 관련하여 현재의 상태를 검토하고, 바람직한 목표와 현재 상태 간에 차이가 있다면 기획활동은 갭을 줄이기 위해 고려해야 한다. 현재의 상태에 대한 지속적인 평가가 필요하다.

(3) 대안탐색

조직관리자는 문제와 기회를 다루기 위해 광범위한 대안을 탐색해야 한다. 즉 조직관리자는 수행하는 일이 무엇인지, 그것을 어떻게 할 것인가에 관련한 가능한 대안을 탐색하는 것이다. 이 단계에서는 기획과 관련한 제약요인을 인식하는 것이다. 과거의 기록은 미래를 예상하는 기초로 활용할 수 있다. 대안탐색의 단계에서는 기획을 완성하는 데 필요한 물적자원과 인적자원을 인식하는 것이다.

이 단계에서 중요한 활동은 예측이다. 예측은 목표를 수정하는 데 가치가 있을 뿐만 아니라 목표를 달성하는 데 활용되는 수단을 구체화하는 데도 가치가 있다.

(4) 최적 대안(the best option)의 선택

조직관리자는 활용할 수 있는 대안을 탐색한 이후 무슨 대안을 활용할 것인가를 선택해야 한다. 최적 대안을 선택함에 있어 각 대안과 관련한 비용, 리스크 평가 등을 평가한다. 최선의 계획이 설정되면, 업무를 구체화하고, 우선순위를 설정하고, 책임을 할당해야 한다.

특히 조직관리자가 선택하는 최적 대안은 종종 정치적 과정이다. 적절한 대안이 선택되면 정책이 된다. 선택한 최종대안은 곧 구체적인 행동의 전개 과정이다. 이러한 행동계획(action plans)은 모든 조직구성원이 설정된 목표를 성취하는 데 활용하는 행군명령이다.

(5) 기획의 구체화와 기획평가

기획의 구체화는 명확하게 규정한 목표를 성취하는 가장 효율적이고 효과적인 방식으로 수행하는 과정이다. 이 단계는 누가, 무엇을, 언제, 어디에서, 어떻게, 왜 할 것인가를 결정하는 과정이며 관련된 비용을 구체화하는 단계이다. 특히 크리티컬 패스 분석(Critical Path Analysis)은 업무수행의 우선순위, 최종기한, 자원의 할당에 관한 분석에 도움을 준다.

또한 기획을 이행할 가치가 있는지를 결정하기 위해 기획을 검토한다. 이 단계는 객관적이어야 한다. 이러한 기획의 평가는 다른 대안을 조사할 것인가에 대해 기회를 제공한다. 계획이 필요 없다면 기획은 수용된다.

> ### 크리티컬 패스 분석(Critical Path Analysis: CPA)
>
> CPA는 프로젝트를 완성하는 데 필요한 모든 주요작업을 매핑해야 하는 프로젝트 관리기법이다. 각 활동을 완성하는 데 필요한 시간과 다른 활동에 대한 각 활동의 종속성을 확인하는 작업이 포함된다. 즉 CPA는 시작부터 끝까지 작업계획을 구성하는 중요 단계와 상호의존단계의 순서를 식별한다. 이처럼 CPA의 핵심은 사업 프로젝트 또는 작업계획에서 중요한 단계를 완성하는 데 필요한 기간을 줄이기 위한 모든 선택을 검토하는 것이다.
>
> 1950년대 말 Remington Rand의 James Kelley와 DuPont의 Morgan Walker가 임계경로방법(critical path method)이라는 프로젝트 관리기법을 개발했다. 이 방법은 대규모 방위사업과 기술사업을 통제하기 위해 개발된 것이다.
>
> CPA는 다음 사항을 평가하는 효과적이고 강력한 방법이다.
>
> ① 수행되어야만 하는 업무
>
> ② 병행하는 활동(parallel activity)이 어디에서 수행되어야 하는가?
>
> ③ 프로젝트를 완성할 수 있는 가장 짧은 시간
>
> ④ 프로젝트를 실행하는 데 필요한 자원
>
> ⑤ 관련된 활동, 일정, 시간의 순서
>
> ⑥ 업무의 우선순위(task priorities)
>
> ⑦ 긴급한 프로젝트(urgent projects)의 시간을 단축하는 가장 효율적인 방법

(6) 기획의 집행

기획이 완성되면, 성공적으로 기획을 집행하는 것이다. 계획을 행동으로 구체화하는 것이 최종단계이다. 이 단계에서는 의사소통이 매우 중요하다. 계획을 집행하기 위해서 참여자들은 업무에 관하여 누가 책임이 있는가를 알고 있어야 한다. 나아가 계획이 성취되면 프로젝트는 일단 마무리된다. 끝으로 기획한 프로젝트의 체계적인 평가를 통해 교훈과 학습의 기회를 얻을 수 있다.

특히 집행의 질은 기획 자체의 질만큼 실질적 결과에 영향을 미친다. 집행의 성공은 기획 과정의 이전단계를 따라 확인된다. 즉 선택된 대안에 대한 집행은 논리적인 선택에 따른다. 조직구조는 재설계되며, 자원이 할당되고, 보상과 인센티브 시스템이 바람직한 행태를 위한 동기부여로 설치된다. 성과를 모니터링하기 위해 통제와 평가시스템이 구축된다.

이전의 기획 과정이 잘 이루어졌다 할지라도 기획진행 과정에 대한 모니터링

이 필요하다. 관리자가 계획을 잘 준비하고, 적절한 동기부여를 활용하는지, 적기에 필요한 행동을 취하고 있는지, 바람직한 질적 수준을 이행하고 있는지 등에 대한 집행 과정의 모니터링이 필요하다.

특히 전략이 형성되었다면, 바람직한 결과를 위해 효과적으로 집행되어야만 한다. 전략적 집행(strategy implementation)은 전략의 형성과 같이 중요하다. 가장 광범위하게 활용하고 있는 전략집행 틀은 가장 잘 알려진 전략컨설팅사인 McKinsey Consulting에 의해 개발된 것이다.

McKinsey는 새로운 전략을 이행할 때 과거의 구조, 공유된 가치, 시스템, 기술, 스타일, 직원으로 집행하기 때문에 잘못된다는 것이다. 조직의 과거 측면은 새로운 전략과 불일치하다. 과거의 틀은 새로운 전략에 대해 반대하거나 제압하게 한다. 이에 McKinsey는 전략적 계획에 관한 이행을 위해 〈그림 10-4〉와 같이 Seven S 틀을 고안했다.

① 전략(strategy) - 명시된 목표를 달성하기 위해 조직자원을 할당하게 하는 행동 과정 혹은 계획
② 구조(structure) - 사람과 업무가 서로 관계하는 방식. 관계와 활동을 보고하기 위해 기본적으로 그룹핑하는 것. 조직의 분리된 실체를 연결하는 방식
③ 공유된 가치(shared values) - 조직에 대해 목적과 의미를 부여하는 개념을 안내하는 것
④ 시스템(system) - 관리통제시스템, 성과 측정과 보상시스템, 기획과 예산시스템을 포함하는 공식적 과정과 절차
⑤ 기술(skills) - 조직에 속해 있는 조직능력(organizational competencies). 개인의 능력, 관리적 관행, 기술적 능력, 기타 역량이 포함됨
⑥ 스타일(style) - 관리의 리더십 스타일과 조직의 전체적 운영스타일
⑦ 직원(staff) - 조직에서 구성원의 채용, 선발, 개발, 사회화 및 승진

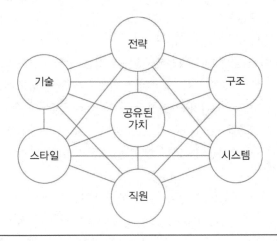

2) 기획도구: 예산

기획 과정은 조직이 미래 활동을 안내하는 데 요구되는 예산을 취하는 단계이다. 이 단계에서 관리자는 다양한 기획도구를 활용한다. 이때 광범위하게 활용하는 도구가 예산이다. 즉 조직목표를 달성할 수 있도록 조직의 하부시스템에 대해 인적자원, 물적자원 및 기타 자원을 적기에 할당하는 중요한 도구가 예산이다.

예산(budgets)은 특정한 기간을 위해 예상하는 수입과 지출을 보여주는 재무계획이다. 조직이 수행해야 할 구체적 활동에 대해 수량화하고, 자원을 할당하는 과정이다. 이에 예산은 구제적인 목적을 성취하기 위해 조직의 운영을 안내하고, 부족한 자원을 유용화하기 위한 기반을 제공한다.

특히 기획과 예산은 관리통제의 핵심이며, 조직의 미래가 어떻게 될 것인지에 대한 아이디어를 제공한다. 효과적인 기획과 예산은 하나의 시스템으로 조직을 바라보게 하며, 구성요소 사이의 관계에 대한 이해를 제공한다. 이에 예산은 기획을 이행하는 데 필요한 자원을 인식하고, 우선순위를 정하고, 확보하고, 할당하는 것이 포함된다.

이처럼 기획과 예산은 조직운영의 효과성을 향상시키기 위해 밀접한 상호관계를 가져야 한다. 핵심적인 목표와 우선사항을 성취하기 위해 관련된 예산을 확보하는 전략적 기획이 중요하다. 일반적으로 기획은 장기적 관점을 취하며, 예산은 단기적 관점에 초점을 두는 경향이 있다. 또한 기획과 예산의 관계는 예산과 성과목표 사이의 연계를 강화하는 것이다. 이에 조직은 성과를 향상시키기 위한 과정을 정의할 필요가 있으며, 이 과정에 부합되는 비용을 설정해야 한다. 나아가 기관의 예산프로그램 구조는 성과지표와 예산할당의 우선순위와 기획을 연계하는 안정적 틀을 제공한다.

이와 같이 예산은 활동을 통합하는 계획(coordinated plan)을 진술하는 성명서(statement)이다. 이러한 예산은 다음과 같은 역할을 한다. ① 예산은 미래를 위한 계획을 관리하게 한다. ② 예산은 조직의 자원능력에 관한 중요한 정보를 전달한다. ③ 예산은 조직의 자원 활용에 대한 통제와 조직구성원을 동기부여하고 통제하는 기준 설정에 도움을 준다. ④ 예산은 각 조직구성원에게 조직의 계획과 관련하여 의사소통을 향상시킨다. 또한 예산은 조직의 다양한 활동에 대한 조정을 향상시킨다.

나아가 조직에서 활용되고 있는 몇몇 예산유형은 다음과 같다. ① 자본지출예산(capital expenditure budget)은 장기적으로 사용하는 구체적인 아이템에 지출되는 자금의 정도를 명시한다. 이러한 아이템은 장비, 대지, 빌딩 등과 같은 것이 포함된다. ② 지출예산(expense budget)은 각 부서 혹은 조직이 자금을 지출하고자 계획하는 모든 활동을 포함한다. 또한 각 아이템을 위해 할당하는 자금이다. 모든 조직은 기획과 통제 목적으로 지출예산을 활용하고 있다. ③ 제출예산(proposed budget)은 자금이 얼마만큼 필요한지에 대한 계획이다. 상관 혹은 예산검토위원회에 제출된 계획이다. 제안된 예산이 제출되고, 검토 후 확정되면 예산이 승인된다. 확정예산(approved budget)은 관리자가 얼마만큼 자금을 지출할 것인가에 대해 실질적으로 권위가 부여된 것을 명시한다.

┃ 표 10-2 ┃ 기획과 예산

구분	기획(planning)	예산(budgeting)
목적	장기적인 가치 창출 극대화 (maximize long-term vlaue creation)	분기별/연도별 재무 예측과 통제 (financial projections & control)
방향	향후 몇 년 동안 조직의 재무목표를 위한 프레임워크를 제공	계획이 매달 어떻게 수행될 것인지를 상세하게 설명. 수익, 비용, 잠재적 현금흐름 및 부채 감소와 같은 정보를 제공
시간적 범위	장기적(향후 3-5년)	단기적(12개월)
관심	자원의 효율적인 활용	다양한 부서의 활동 조정
초점	구체적인 계획에 대한 공식적인 진술(formal statement)	책임의 할당(assignment of responsibility)

1. 기획 과정과 도구

1) 전략적 기획, 중기적 기획 및 운영기획

기획은 시간적 배경과 관련된 관리 수준에 따라 전략적 기획, 중기적 기획, 운영기획으로 유형화할 수 있다. 시간적 범위에 따라 단기적 기획은 구체성이 증가되는 반면에 기획의 시간범위는 줄어든다.

(1) 전략적 기획

전략적 기획(strategic plan)은 의지의 연합(coalition of the willing)이며, 3년에서 7년의 장기적인 시간범위에 초점을 두며, 최고관리자의 영역이다. 장기적 전략적 기획은 권한의 핵심에서 일어난다. 전략적 기획은 정책을 수행하기 위한 전략 혹은 수단이다. 이처럼 전략적 기획은 조직의 광범위한 미래와 조직의 비전에 초점을 둔다. 전략적 기획은 관리자가 조직의 장기적 목표를 성취하는 데 필요한 내부적 자원과 외부적 환경요구를 포함해야 한다.

이점에서 전략적 기획은 조직의 장기적 방향을 제공하기 때문에 전체 조직에 영향을 미친다. 전략적 기획은 중요한 조직변화가 포함되어 있으며, 자원할당에 관한 변경의 가능성이 있다. 즉 전략적 기획은 어떤 목적과 수단의 근본적인 방향 수정이 포함되고, 조직의 구조와 전략을 결정할 수 있다.[17]

이러한 장기적 계획(long-term planning)은 공공영역의 활동에서 피할 수 없으며, 새로운 국가 소유의 전력시설, 수자원 시설, 교통시설을 계획하고 운영할 때 활용된다. 장기적 기획은 전통적인 정부 부서에서 활용되는 단기적 기획보다는 사고하고, 계획하고, 운영하는 데 보다 자유롭다.

이러한 전략적 기획은 정책이 아니다. 정책은 활동에 대한 일반적인 안내이다. 그리고 전략적 목적의 연장과 확장이다. 정책은 시간적 제약을 가지지 않으며, 단지 계획이 변화할 때 변경된다.

---

17 McKnney와 Howard(1998: 201)는 전략적 기획의 과정을 다음과 같이 제시한다. ① 비전, 임무, 목표를 설정한다. ② 내·외부적 환경에 대한 위협과 기회를 평가한다. ③ 임무, 목표, 목적, 전략적 이슈를 검토함으로써 전략적 방향을 명확하게 한다. ④ 중요한 구성요소 사이의 일체감과 조정을 조장하고, 부채(liabilities)를 최소화하고, 이윤을 극대화한다. ⑤ 계획을 평가하고, 채택한다. ⑥ 명확하게 집행 과정을 설정한다. ⑦ 성과를 평가한다. ⑧ 전략과 전략 과정을 검토한다.

전략적 기획은 조직의 총체적 로드맵(organization's collective roadmap) 역할을
하는 전략적 계획문서를 개발하기 때문에 다음의 필수요소들을 포함한다.
- 문서의 맥락을 구체화하기 위한 명확한 임무 및 비전 진술
  (clear mission & vision)
- 전략 구현 및 진행 모니터링에 대한 명확한 일정(clear timelines)
- 연간 목표를 향한 진행 상황을 알려주는 분기별 목표(quarterly objectives)
- 진행상황을 추적하는 데 사용되는 데이터 소스 식별
- 각 전략을 담당하는 개인 및 기관의 표시

이와 같이 전략적 기획은 조직의 성공에 있어 중요한 관리활동이다. 왜냐하면,
전략적 기획은 마치 여행계획(travel plans)과 같이 조직이 어디로 가야하는지를 조
직구성원에게 알려준다. 즉 전략적 기획은 조직이 지향하는 방향을 보여준다. 이런
전략적 기획은 비전, 임무, 목적, 전략, 행동계획(VMOSA: Vision, Mission, Objectives,
Strategies, and Action Plans)과 밀접하게 연계되어 있다.

VMOSA는 실질적인 기획 과정이며, 조직이 장기적 비전의 관점에서 단기적
목표를 설정하고, 전개하는 데 도움을 준다. VMOSA 과정은 비전을 성취하기 위
해 무엇이 일어나야 하는가에 관련한 계획에 대해 좋은 아이디어를 제공한다. 이
과정은 조직이 취해야 하는 필요한 단계와 조직구성원이 초점을 두어야 하는 것
을 보여준다.

| 그림 10-5 | VMOSA

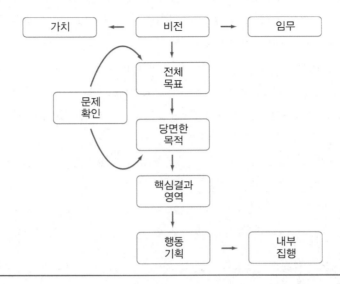

① 비전(vision, the dream) - 비전은 조직이 미래에 대한 꿈을 전달하는 것이다. 비전은 바람직한 미래에 대한 낙관적인 관점(optimistic view)이며, 현실적이지만 도전적이어야 한다. 비전에는 조직구성원에 의해 이해되고 공유되고 있는가, 다양한 관점을 포함하고 있는가, 구성원의 노력에 의해 향상될 수 있는가 등을 반영되어야 한다.

② 미션(mission, the what and why) - 조직의 미션은 집단이 무엇을 행해야 하는지, 왜 그것을 행해야 하는지를 기술한다. 미션은 기관이 존재하는 이유와 조직의 목적(purpose)이다. 미션은 비전보다 구체적이고, 행동지향적이다. 미션은 어떤 문제를 언급해야 한다. 미션은 집단 전체의 목표에 관한 논증이다. 또한 미션은 기관의 비전과 일관성을 가져야 한다.

③ 목적(objectives, how much of what will be accomplished by when) - 목적은 미션을 성취하는 데 초점을 둔다. 목적은 최초 광범위한 목표를 위해 구체적으로 측정할 수 있는 결과를 말한다. 조직의 목적은 일반적으로 언제, 얼마만큼을 성취하는가를 말한다. 예를 들면, 몇 년에 몇 %로 증가한다는 것과 같다. 특히 목적은 구체적이고, 측정 가능해야 하고, 달성할 수 있어야 하며, 적절성을 가져야 하고 시간적 범위를 가져야 한다(SMART).

④ 전략(strategic, the how) - 전략은 목적을 성취하기 위해 명확하게 무엇을 행해야 하는 것을 안내한다. 전략은 최초의 목적을 얼마나 달성할 것인가를

설명한다. 전략은 목적보다 광범위하다. 이러한 전략은 다음의 몇 가지 사항을 안내한다. ㉠ 정보를 제공하고 기술을 향상시키는 것, ㉡ 서비스와 지원을 향상시키는 것, ㉢ 접근, 장애요인, 기회를 수정하는 것, ㉣ 노력의 결과를 변화하는 것, ㉤ 정책을 변경하는 것이다.

⑤ 행동계획(action plan, what change will happen; who will do what by when to make it happen) – 조직의 행동계획은 전략이 목적을 달성하기 위해 어떻게 수행되는지를 정확하게 구체적으로 기술하는 것이다. 특히 모든 계획은 행동이 따르지 않는다면 소용이 없다. 이리하여 전략에 관한 인식으로부터 자연스럽게 행동계획이 도출된다. 행동계획에는 ㉠ 무엇이 일어나는가, ㉡ 누가 무엇을 행할 것인가, ㉢ 언제 각 행동단계가 완성되는가, ㉣ 요구되는 자원은 무엇인가, ㉤ 방해요인 혹은 저항이 무엇이며, 그것을 극복하기 위한 계획은 무엇인가, ㉥ 이 행동에 대해 누가 알고 있는가 등이 포함된다.

(2) 중기적 기획

중기적 기획(intermediate plan)은 중간관리자의 영역이며, 시간적 범위는 1년에서 2년 정도이다. 중기적 기획에서 중간관리자는 조직목표에 관한 지식을 소유해야 하고, 조직목표를 성취하기 위해 구체적인 계획을 이행해야 한다.

중기적 기획을 전술적 기획(tactical planning)으로 명명하기도 한다. 전략적 기획이 조직을 위한 방향을 개발하는 데 관심을 가지는 반면에, 전술적 기획은 동의한 목적지에 도달하는 루트를 계획하는 것이 포함된다. 이에 전술적 기획은 전략적 기획보다 훨씬 구체적이다.

또한 중기적 기획은 전략적 기획을 조직에 있어 구체적 부서의 목표로 전환시킨다. 이에 중기적 기획은 전체적인 전략기획을 보완한다. 나아가 중기적 기획은 조직의 일반적인 구조와 전략을 수용하는 반면에, 투입, 산출, 사람, 물질 및 자본의 양을 인위적으로 바꿀 수 있다.

(3) 운영기획

운영기획(operational plan)은 하위관리자의 영역이며, 1년 이내의 단기적 시간적 범위에 초점을 둔다. 운영기획은 관리자들에게 가까운 미래의 사건을 다루도록 안내한다. 이러한 운영기획은 중기적 기획을 조직의 소규모 단위를 위한 행동과 구체적인 목표로 전환하는 것이다. 즉 운영기획은 전술적 기획에서 동의했던 선택을 매일 혹은 매주간 이행한다. 이러한 운영기획은 구체적인 활동에 대한 스케줄에 있어 자원과 기술의 적용을 인위적으로 바꿀 수 있다.

정부에 있어서 운영기획 혹은 단기적 기획은 매년 예산안을 편성하는 데서 나타난다. 예산절차는 단기적 사고를 강화하는 경향이 있다. 운영기획의 실패는 상위 수준의 목표를 대처할 수 있는 조직의 능력에 부정적으로 영향을 미친다. 운영기획을 발전시키는 데 무엇보다 의사소통이 매우 중요하다.

▌표 10-3 ▌ 기획의 유형

유 형	운영기획	중기적(전술적) 기획	전략적 기획
구체화(detailed) 정도	매우 구체화	다소 구체화	대략적 기술
범위(scope)	매우 좁음, 조직의 소규모 단위	조직의 소규모 단위보다 넓음	가장 넓음, 전체 조직에 초점을 둠
경영/경제적 조건	불확실정도가 낮음	다소 불확실함	매우 불확실함
시간적 요인	1년 이내	1년에서 2년 이내	3년에서 7년
영향(impact)	구체적인 부서 혹은 조직단위에 한정된 영향을 미침	전체 조직의 성쇠가 아닌 구체적인 사업에 영향을 미침	조직의 성쇠(fortunes)와 성장에 극단적인 영향을 미침
상호의존성 (interdependence)	낮은 상호의존성, 기획은 보다 높은 수준의 전략기획과 연계됨	중간 정도의 상호의존성, 조직 내 몇몇 단위부서의 자원과 능력을 고려해야만 함	높은 상호의존성, 전체 조직과 외부환경의 자원과 능력을 고려해야 함
관리자의 수준	하위 관리자	중간관리자	최고관리자

출처 : Miller, Catt, & Carlson(1996: 152); Black & Porter(2000:175)

2) 장기적 기획과 단기적 기획

(1) 장기적 기획

성공적이고 책임성 있는 기획을 시도하기 위해서 행정가는 미래에 대해 자신들의 비전으로 대응해야 할 뿐만 아니라 고객과 선거구민들의 욕구에 대해 명확하게 표명해야 한다. 이에 장기적 기획(long-range planning)은 관리적 기획을 위한 가이드라인을 제공한다.

이런 의미에서 장기적 기획은 ① 무엇을 해야만 하는가? - 명시적인 목적(stated goals)의 준비, ② 현재 어디에 와 있는가? - 현재의 운영과 경향에 대한 내부적 평가(internal assessment), ③ 다른 사람은 비슷한 상황에서 어떻게 하는 가? — 기관에 의해 채택한 대안적 접근방법에 대한 비교, ④ 선택하는 대안에 대해 우리에게 무엇을 공개하는가? — 기관을 위해 실행 가능한 운영의 범위에 대한 검토, ⑤ 어떠한 과정(course)을 따르는가? — 자원할당에 대한 결정, ⑥ 누가, 무엇을, 언제 할 것인가? — 주요한 사건에 대한 계획, ⑦ 우리가 얼마나 잘 하고 있는가에 대해 우리가 어떻게 알 수 있는가? — 환류와 평가 과정에 관한 사항이 포함되어야 한다.

〈그림 10-6〉과 같이 장기적 기획은 현재의 문제에 대한 가장 적절한 대안으로 대안 1이 선택된다. 반면에 현상유지(status quo) 혹은 매몰비용(sunk costs) 때문에 대안 2와 대안 3은 선택되지 않는다. 이들 대안은 변화가 바람직한 것을 산출하지 않을 것이라는 여긴다.

▌그림 10-6▌ 장기적 범위의 기획순서

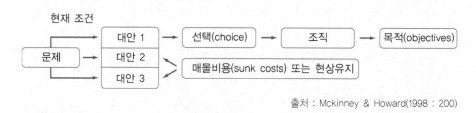

출처 : Mckinney & Howard(1998 : 200)

(2) 단기적 기획

단기적 기획(short-range planning)은 1년 이내에 일어나는 사건들에 주로 관심을 가진다. 단기적 기획은 장기적 기획과 관련하여 하나의 집행 국면으로서 장기적 기획범위에 부합되어야 한다. 최고관리자는 장기적 기획을 설계하는 반면에, 중간관리자들이 단기적 기획에 주된 영향력을 행사한다.

정부에 있어 가장 대표적인 단기적 기획은 연간 예산(annual budget)의 준비에서 일어난다. 단기적 기획은 프로그램 혹은 활동에 대한 수단과 작전에 보다 많은 강조점을 둔다.

2. SWOT 분석

조직의 장점, 약점, 기회 및 위협을 고려하는 SWOT(strengths, weaknesses, opportunities and threats) 분석은 조직의 경쟁적 지위를 평가하는 데 중요한 도구이다. 또한 SWOT 분석은 전략적 생존능력(viability)을 검토하는 데 활용되는 기법이다. 즉 SWOT 분석은 조직의 현재 상태를 요약하고 미래 계획을 수립하는 데 중요한 방법이다. 나아가 SWOT 분석은 의사결정과 경영운영을 향상시키는 좋은 방법이다. SWOT 분석은 조직이 높은 수준에서 성과를 산출하는 핵심적인 영역과 보강이 필요한 영역을 인식하는 데 도움을 제공한다.

특히 SWOT 분석은 S-W-O-T 순서로 진행하며, 4가지 포인트 각각에 관련된 정보를 식별하는 과정을 거치게 된다. 이후 SWOT 매트릭스를 검토하여 4가지 영역 각각에 대한 행동 계획을 수립한다. 또한 프로젝트 기획과 관련하여 SWOT 분석을 활용할 때 〈표 10-4〉의 진단문항에서 도출되는 프로젝트의 점수는 강점, 약점, 기회, 위협에 영향을 받는다(프로젝트 점수 = 강점-약점+기회-위협).

┃ 표 10-4 ┃ SWOT의 진단문항

S: 장점 (strength)	• 장점은 조직에서 강한 장점이 존재한다는 것을 인지하는 능력이다. • 당신의 조직에 있어 핵심적인 강점(core strengths)은 무엇인가? • 무슨 특유의 자원(unique resources)을 활용할 수 있는가? • 무슨 강점을 확보할 수 있는가?
W: 약점 (weakness)	• 약점은 바람직한 결과를 성취하는 가능성에 부정적으로 영향을 미치는 것이다. • 지각된 약점(perceived weaknesses)은 무엇인가? • 무슨 자원이 불충분한가? • 무슨 약점을 극복할 수 없는가?
O: 기회 (opportunity)	• 기회는 조직의 목표를 성취하는 영역과 조직의 효과성을 증진할 수 있는 영역을 명확하게 하는 것이다. • 현재의 기회에 관한 가치는 무엇인가? • 가치(value)가 진화되고 있는 시장기술조건에 의해 향상되는가? • 가치가 당신 조직의 핵심 강점에 의해 향상되는가?
T: 위협 (threat)	• 위협은 잠재적 방해요인이며, 나쁜 경제적 상황, 고객 선호의 변화, 과도한 경쟁체계 등과 같은 조직상황이다. • 가치를 줄이는 시장기술조건(market-technology conditions)이 있는가? • 경쟁 수준(the level of competition)이 무엇인가? • 당신의 약점이 당신의 성공을 제한하는가?

이러한 SWOT 분석은 전략적 기획의 제안단계에서 활용된다. 특히 SWOT 분석은 새로운 주도권을 위한 방법을 탐구할 때, 새로운 정책에 대한 집행전략에 관한 결정을 할 때, 어떤 프로그램에서의 변화가 가능한 영역을 인지할 때, 중간계획을 새롭게 하거나 방향을 수정할 때 활용된다.

첫째, 내부적 요인(internal factors)은 강점과 약점을 포함한다. 내부적 요인은 조직이 활용할 수 있는 자원인 재무자원, 물질적 자원, 인적자원, 천연자원, 상표권, 특허권, 저작권에 대한 접근, 조직구성원의 프로그램, 부서의 계층 및 소프트웨어시스템 등과 같은 현재의 과정 등을 포함한다.

둘째, 외부적 요인(external factors)은 모든 조직과 개인에게 영향을 미치는 것이다. 이들 요소는 기회 혹은 위협에 직·간접으로 연계되어 있다. 외부적 요인은 조직이 통제할 수 없는 것으로 경제상황, 인구학적 특성(대상 집단의 연령, 종족, 성별, 문화), 정치·환경·경제적 규제 등을 말한다.

이처럼 장점과 약점에 관한 분석은 능력의 문제에 초점을 두는 반면에, 기회와 위협은 조직생존의 기회와 약탈적 측면에 관심을 둔다. 이리하여 SWOT 분석은 경쟁적 조직에 대비하여 상황적 감사와 조직성과에 대한 평가를 위한 분석이다. 최고관리자는 SWOT 분석을 통하여 조직의 내적 강점을 최대화하고 약점을 최소화해야 한다.

이와 같이 중앙정부 또는 지방정부는 현재 상태에 대하여 환경적인 정밀조사와 강점, 약점, 기회 및 위협으로 구성된 SWOT 분석이 수행되어야 한다.[18] SWOT 분석에서는 다음과 같은 것을 고려해야 한다.

① 고객의 욕구와 바램이 무엇인가가 가장 중요한 구성요소이다.
② 미래를 조망하는 것이다. 중앙정부 또는 지방정부는 환경적인 정밀조사와 SWOT 분석에서 2년 동안의 전략적 우선순위를 결정해야 한다.
③ 어떻게 목표에 도달할 것인가를 선택한다(choosing how we get there). 정부는 몇 가지의 전략적 우선순위를 성취하기 위한 실행계획을 확정한다. 각각의 전략적 우선순위에 대해 업무성과를 측정하는 핵심적 의도결과(key intended outcomes, KIOs)를 개발한다. KIOs는 각 시(정부) 부서에 대한 목적을 설정하고, 각 구성원의 성과목표에 대한 계획을 설정하는 데 활용된다.

---

18 이 모형을 적용함에 있어서 기본 전제조건은 정책 과정이란 상황적응적 과정이라는 것이다. 즉 주어진 시간과 공간에 따라 정책의 유용성이 달라지는 경향을 보임에 따라 이미 형성된 정책이 시간의 흐름에 따라 집행되는 시점이나 집행되는 과정에서 정책형성의 전제조건이 오류가 발생할 수 있기 때문에 이를 집행 과정에서 수정 또는 보완해야 한다. SWOT 분석에 대한 상세한 내용은 김형렬(2000: 403-411) 참조 바람.

④ 목표가 수행되도록 하는 것이다. 성공을 위한 주요한 노력은 결과를 성취하기 위한 조직적인 노력에 초점을 둔 과정, 절차, 활동 및 서류를 모두 통합하는 것이다. 특히 전략적 우선순위와 연간사업 계획을 KIOs와 연계하고, 나아가 연간 예산 및 자금계획과 통합한다. 또한 만족의 수준을 결정하기 위해 정기적으로 고객에게 만족도 조사를 한다. 더욱이 구성원에게 자신들의 업무에 대한 태도를 정기적으로 조사하며, 자신들의 직무를 보다 효과적으로 수행하기 위한 욕구를 조사한다.

또한 조직관리자는 SWOT 분석을 적용하면서, 첫째, 조직의 강점과 약점을 명확하게 해야 한다. 조직관리자는 조직의 바람직한 산출물을 적기에 고객들에게 제공하는지, 조직의 운영 과정, 재무 및 회계상태, 연구개발(R&D) 분야, 인적자원 상태에 관한 강점과 약점을 명확하게 인식해야 한다. 둘째, 조직의 기회와 위협을 인식해야 한다. 조직관리자들은 조직운영에 영향을 미치는 요인들에 대해 반응적이어야 한다. 이들 환경적인 요인으로 사회경제적 부문, 기술적 부문, 고객 부문, 공급 부문, 경쟁적 부문, 국가 간 부문 등이다.

┃그림 10-7┃ 미국 우체국의 SWOT 분석 사례

강점(strengths)
- 가능한 모든 고객이 접근할 수 있는 전달 네트워크 구축
- 중요한 모든 지역에 설치된 우체국 지점
- 메일 핵심임무(우편배달)를 완수하는 업무능력

약점(weaknesses)
- 핵심적인 최고관리분야의 빈약
- 부족한 동기부여와 소외된 작업장
- 질적 서비스를 지속적으로 유지하는 데 어려움을 가진 대규모 조직
- 대규모 무능력으로 인식된 국민적 시각

기획(opportunities)
- 잠재적 고객으로 모든 시민
- 서비스에 새로운 기술을 확충
- 민간 배달기관의 협력

위협(threats)
- 의회에 의해 민영화 강요
- 민간기관(연방 익스프레스, UPS 등)과의 경쟁체제
- 악의적인 노동조합

출처 : Shafritz & Russell(1996 : 334)

이와 같은 SWOT 분석을 통하여 〈그림 10-8〉과 같이 각 조직은 4가지의 영역에 따른 적절한 대응전략을 수립해야 할 것이다. 더욱이 외부환경의 변화에 따라 기회와 위협요인도 변화하며, 또한 내부환경의 변화에 따라 강점과 약점도 변

화한다. 이에 전략과제의 달성을 위해서는 지속적인 점검과 개선의 노력이 병행
되어야 할 것이다.

┃그림 10-8┃ SWOT 분석에 따른 전략

		외부환경 분석	
		기회(opportunity)	위협(threat)
내부역량 분석	강점(strength)	SO전략 적극적 확대전략	ST전략 전략적 대응전략
	약점(weakness)	WO전략 전략적 탐구전략	WT전략 적극적 철수전략

용어 해설

- 기획(企劃, planning) – 조직의 목적을 달성하기 위한 행동 과정을 전망하는(look ahead) 것이고, 조직 관리의 최상위 기능(supreme function)이며, 또한 성취하고자 하는 목적을 정의하고, 규정한 목적을 성취하기 위한 적절한 수단(appropriate means)을 결정하는 과정이다.

- 전략적 기획(戰略的 企劃, strategic planning) – 전략적 기획은 조직의 목표와 조직 목표를 성취하기 위한 수단을 공식화하고 수행하는 과정이다. 이에 조직의 리더가 미래에 대한 비전을 정의하고 조직의 목표를 확인하는 과정이다. 전략적 기획은 일반적으로 3년에서 5년의 중장기 목표설정에서 활용된다.

- McKinsey의 7S – McKinsey는 새로운 전략을 이행할 때 옛날의 구조, 공유된 가치, 시스템, 기술, 스타일, 직원으로 집행하기 때문에 잘못된다고 지적하고, 전략적 계획에 관한 이행의 틀인 전략(strategy), 구조(structure), 공유된 가치(shared values), 시스템(system), 기술(skills), 스타일(style), 직원(staff)을 고안했다.

- SWOT 분석 – 조직의 장점, 약점, 기회 및 위협(strengths, weaknesses, opportunities and threats)을 고려하는 분석이며, 조직의 경쟁적 지위를 평가하는 데 중요한 도구이다. 또한 SWOT 분석은 전략적 생존능력(viability)을 검토하는 데 활용되는 기법이다.

CHAPTER **11**

의사결정

의사결정은 조직의 경영에 있어 가장 중요한 역할을 한다. 올바른 의사결정 (good decisions)은 조직을 성장, 안정, 성공으로 이끌 수 있지만, 잘못된 결정(bad decisions)은 조직을 빠르게 쇠퇴시킬 수 있다. 제한된 자원과 불확실한 환경, 다양한 이해관계자의 이해관계 등 다양한 요소를 고려하는 의사결정이 어떻게 이루어지는지를 살펴보는 것은 매우 중요한 과제일 것이다.

01 의사결정의 의의와 시각

1. 의사결정의 의의

의사결정(decision making)은 다양한 행동 과정 가운데 최적의 대안을 선택하는 과정이다. 좋은 결정은 조직과 조직구성원에 대한 최고의 관심사를 인식하게 하는 것이다. 또한 의사결정은 특정한 문제 혹은 기회의 본질을 명확하게 하는 과정이며, 어떤 문제를 해결하기 위해 가능한 대안 가운데 하나의 대안을 선택하는 과정이고, 기회를 포착하기 위한 과정이다. 이처럼 의사결정은 행동과 과정의 측면을 가진다. 이런 측면에서 의사결정 과정은 조치, 권고, 혹은 의견이 될 수 있는 결과를 생성하는 과정이다. 이에 경영의 모든 측면(계획, 조직, 통제 등)은 의사결정에 의해 결정되기 때문에 조직의 의도한 목적과 그것이 취해진 환경적 상황을 고려해야 한다.

의사결정은 사건에 포함된 지식의 정도와 사건이 발생할 수 있는 가능성에 따라 의사결정의 유형이 구분된다. 즉 사건의 명확성, 사건에 포함된 위기, 불확실성에 따라 의사결정이 다르게 이루어진다. 불확실성은 의사결정에 영향을 미치는 사건과 수반되는 가능성 모두에 대해 정보가 부족한 상황이다. 즉 불확실성은 구조화된 절차를 활용할 수 없는 복잡한 의사결정의 조건이다.

공공부문의 의사결정은 다음과 같은 공공부문의 특성으로 인하여 매우 어려운 국면에 놓여있다. ① 공공부문은 과잉 혹은 결손과 관련하여 기타의 요구자가 명확하지 않다. ② 대부분의 공공부문 생산은 개인적인 소비보다 오히려 집단적 소비(collective consumption)를 위한 것이다. 이리하여 명확한 가격표시가 미흡하다. ③ 자신들의 선호를 명확하게 표명하는 소비자(시민)를 만나기가 매우 어렵다. ④ 공공부문에서 산출을 측정하고 가치를 부여하는 것은 매우 어렵다(Ulbrich, 2003: 94). 이로 인하여, 공무원은 시민들이 무엇을 원하는지, 정부실패의 문제에 직면했는지에 대해 잘 모르거나 혹은 이해하지 못한다.

2. 의사결정의 시각

1) 합리적 인간과 의사결정

초기의 의사결정에 놓여 있었던 사고는 경제인(the economic man)이 보편적이었다. 이런 맥락에서 경제인은 합리적 방식으로 행동할 것이라고 가정한다. 합리적인 행태에 대한 가정은 ① 자신에게 이용할 수 있는 모든 대안에 대한 지식을 완벽하게 소유하고 있고, 주어진 상황에서 각 대안에 대한 결과를 알고 있다. ② 자신의 가치 계층(hierarchy of values)에 따라 선호를 정돈하는 능력을 가지고 있다. ③ 최선의 대안을 선택할 수 있는 능력이 있다. 하지만 이러한 가정은 현실세계에서 성립하기에는 매우 어렵다.

2) 의사결정의 행태적 기술

Herbert Simon은 의사결정을 설명하는 데 행정가(administrative man)라는 용어를 활용한다. 행정가의 개념은 고전적 이론과 반대된다.

경제인에서 가정하는 고전적 합리성의 기준(객관적 합리성이라고 명명됨)은 실제에 있어 성취될 수 없다. 우리는 가능한 모든 대안 가운데 단지 몇몇 가능한 대안들만 검토한다. 이리하여 우리의 예측은 매우 불완전할 수밖에 없다. 이러한 인간의 인지적 한계를 수용한 것이 제한된 합리성(bounded rationality)이라는 개념이다.

Simon은 무엇이 일어나야 하는가를 규정하는(to prescribe) 것보다 오히려 의사결정 과정에서 무엇이 발생하는가를 기술하고(to describe) 있다. Simon에 따르면, 어떤 결정을 해야 하는 문제에 직면할 때 우리는 만족스러운 대안(satisfactory alternative)을 찾을 때까지 대안을 추구한다. 즉 우리 자신의 주관적인 기준(subjective standards)에 만족스러운 대안이라는 것이다. 이리하여 만족하는 대안 혹은 해결책을 찾게 되면 부가적인 대안 발굴을 위해 노력하지 않는다. Simon은 어떤 사람이 만족스러운 대안을 발견함으로써 결정을 시도하는 경우를 그 사람은 만족(to satisfice)을 시도하는 것이라고 규정한다.

하지만 무엇이 만족스러운 것인가(what is satisfactory)를 어떻게 결정하는가 하는 의문이 남아있다. Simon은 만족이 열망의 수준(level of aspiration)에 의해 결정된다고 제안한다. 이것은 이전의 성공과 실패에 의해 결정되고 만족스러운 대안을 발견하거나 혹은 발견하지 못하는 개인의 능력에 의해 결정된다. 또한 열망의 수준은 미래에 있어 무엇을 기대하는가에 의해 영향을 받는다. 나아가 환경이 열망의 수준을 향상시킬 것인가 혹은 낮출 것인가에 대해 해답을 준다.

3) 의사결정의 제약

의사결정 과정에는 다양한 제약이 포함되어 있다. 이러한 제약을 제약된 재량(bounded discretion)이라 한다. 제약된 재량은 의사결정에 있어 재량을 제약하는 어떤 사회적 통제이다. 이러한 사회적 통제에는 법률적 규제, 도덕적 규범과 윤리적 규범, 공식적인 정책과 규칙, 비공식적인 사회적 규범 등이 포함되어 있다(Lundgren, 1974: 88-89). 나아가 급변하는 조직 환경도 의사결정을 제약하는 원인이 된다.

이러한 사회적 통제는 개인과 조직에 있어 동등하게 적용되는 것은 아니다. 예를 들면, 사회적 규범은 조직보다 개인에게 더 많이 영향을 미친다. 경쟁은 개인 사이보다는 조직 사이에 훨씬 더 공공연하다.

제약된 재량에 포함된 모든 제약은 다소간 한계가 존재한다. 이들 제약은 수용할 수 있는 행동에 대한 선택이 이루어지는 잔여의 재량영역(residual discretionary area)의 경계를 규정한다. 재량영역의 경계는 수용할 수 있는 선택을 포함하는 것뿐만 아니라 유리한 것으로 입증된 어떤 선택을 배제하기도 한다.

02 의사결정의 유형

의사결정은 사건에 포함된 지식의 수준과 사건이 발생할 수 있는 가능성에 따라 의사결정의 유형이 구분된다. 사건의 명확성, 사건에 포함된 위기, 불확실성에 따라 의사결정이 다르게 이루어진다. 불확실성은 결정에 영향을 미치는 사건과 수반되는 가능성 모두에 대해 정보가 부족한 상황이다. 즉 구조화된 절차를 활용할 수 없는 복잡한 의사결정의 조건이다.

1. 정형화된 의사결정

정형화된 의사결정(programmed or routinizede decision)은 본질적으로 일상적이고 반복적인 결정을 말한다. 이 결정은 습관, 규칙 혹은 절차에 따라 이루어진다. 이점에서 특별한 상황을 해결하기 위해 일상적인 절차가 활용된다면 결정은 정형화된다고 볼 수 있다. 정형화된 의사결정은 단순하거나 혹은 일상적인 문제에 대해 표준적인 반응을 한다. 우리가 일상 속에서 결정하는 출근 경로, 매일 반복 생산하는 문서 작성 방식 등 반복적으로 발생하는 의사결정이 정형화된 의사결정의 대표적인 사례라고 할 수 있다.

이와 같이 정형화된 의사결정은 상당히 구조화되어 있고, 표준운영절차 (standard operating procedures, SOP)에 의해 이루어지며, 일반적으로 거의 예외 또는 사고를 발생시키지 않는다. 또한 정형화된 의사결정은 무엇을 성취할 것인가, 수단을 통한 목적성취에 있어 무슨 자원을 어떻게 활용할 것인가에 대해 높은 동의가 있고, 투입에 대한 결과를 쉽게 예견할 수 있다. 즉 목적과 수단에 대해 명확하게 정의할 수 있다(Gore & Dyson, 1964: 2).

대부분 조직의 관리는 일상적인 운영에 있어 정형화된 의사결정에 직면한다. 그러한 결정은 불필요한 조직자원을 소모하지 않고도 이루어진다. 특히 수학적 모델의 개발(운영연구)을 통해 이러한 유형의 결정이 이루지고 있다.

이러한 정형화된 의사결정은 구조화된 계층제적 기술을 통해 이루어진다. 즉 정형화된 의사결정은 구체적으로 행동의 연속적 단계를 통해 진행된다. 예를 들면, 정형화된 의사결정에 표준운영절차가 활용된다. 표준운영절차를 통해 무엇이 이루어지는가, 각 단계가 어떻게 수행되는가에 대해 명확하게 규정한다.

2. 비정형화된 의사결정

비정형화된 의사결정(nonprogrammed decision)은 새롭고 비구조화된 상황을 다룰 때 이루어지는 의사결정이다. 이러한 상황의 경우, 문제가 복잡하고 극단적으로 중요하거나 이전에 동일한 방식으로 일어난 문제가 아니기 때문에 문제를 해결하기 위해 설정된 절차 또는 선례가 존재하지 않는다. 이리하여 과거의 결정이 도움이 되지 않는다.

비정형화된 의사결정은 본질적으로 반복되지 않는 경우가 많으며, 비구조화되어 있고, 일상적인 선택이 아니다. 비정형화된 의사결정은 문제가 명확하게 정의되지 않고 모호하며, 바람직한 해결을 성취하는 데 어떤 변수들을 적용할 것인가에 대해 불명확하다. 비정형화된 의사결정은 비용, 불확실성, 조직에 대한 몰입의 필요, 조정과 통제와 관련하여 일반적으로 최고관리자의 권한에 속한다. 이리하여 비정형화된 의사결정은 조직의 생명에 위협을 일으킬 수도 있다.

이에 관리자는 독창적인 의사결정(unique decision)을 하기 위해 대안과 대안의 결과에 대해 면밀하게 검토해야 한다. 비정형화된 의사결정은 판단, 직관, 창의성과 같은 문제해결 과정을 통해 다루어진다. 또한 시간적 압박 때문에 관리자는 보다 어려운 결정을 실제적으로 수행하지 못하는 경우가 종종 있다. 이러한 경향을 Gresham의 기획법칙(Gresham's law of planning)이라 한다(Simon, 1977).[19] 관리적 의사결정을 위한 Gresham 법칙의 이행에 있어 결정은 시기적절한 형태로 이루어져야만 한다. 조직은 기획부서와 같은 특별한 조직단위를 가지고 이 문제를 해결해야 한다.

┃표 11-1┃ 의사결정의 유형

구분	정형화된 의사결정	비정형화된 의사결정
문제의 유형	빈번함(frequent), 반복, 루틴, 인과관계(cause-and-effect relationships)의 명확성	새로움(novel), 비구조화, 인과관계의 불확실성(uncertainty)
절차	정책, 규칙 그리고 명확한 절차에 의존	창의성(creativity)과 직관의 필요, 모호성에 대한 인내(tolerance), 창의적 문제해결

출처 : Ivancevich & Matteson(1990: 516)

---

19 Gresham의 기획법칙은 경제학자 Thomas Gresham이 설계된 것으로, 모든 것은 경제학으로 할 수 있고, 기획과 할 수 있는 것은 없다는 것이다. 이것은 악화가 양화를 구축한다(Bad money drives out good money)는 것이다. 악화는 액면가격(nominal value)에 비해 상품가치(commodity value)가 상당히 낮게 평가되는 것이다. 이런 의미로, 정형화된 활동의 일반적인 성향이 비정형화된 활동을 무색하게 만든다. 이처럼 반복적이고 일상적인 활동으로 인하여 신중하게 고려해야 특유한 사항에 대해서도 일련의 의사결정을 하게 된다. 또한 일상적이고 반복적인 문제들이 계획 문제를 무색하게 만드는 경향이 있다는 것이다.

계산적인(computational) 합리모형은 정형화된 의사결정에 부합하는 반면에, 제한된 합리모형은 비정형화된 의사결정이 적절하다. 즉 정형화된 결정을 위한 계산적인 합리성은 가능한 모든 선택을 찾기 위해 광범위한 탐구 과정이 진행되고, 연산방식(algorithms)을 적용하여 최적의 대안을 선택한다. 반면에 비정형화된 결정을 위한 제한된 합리성은 이용 가능한 해결대안들 가운데 만족스러운 대안을 선택한다. 이러한 결정에 대한 집행은 분절되고(disjointed), 점진적인 경향이 있다(Butler, 1997: 311).

이리하여 반복적인 업무를 주로 수행하는 조직의 최하위 계층에서는 정형화된 의사결정에 관심을 가지는 반면에, 최고관리자들은 새로운 조직의 비전 설립, 신산업 진출 등 기존의 사례가 없거나 많지 않은 비정형화된 의사결정을 다루게 된다. 문제와 관련한 본질, 빈도, 확실성의 정도가 의사결정을 해야 하는 관리계층에게 영향을 준다.

많은 조직에서 일어나는 문제는 최고관리층이 정형화된 결정에 많은 시간과 노력을 투자하는 것이다. 이러한 경영은 곧 장기적 기획을 경시하게 되어 불행한 결과를 초래하게 된다. 장기적 기획에 대한 경시는 단기적 통제에 대한 지나친 강조로 이어진다.

SECTION

03 의사결정의 과정과 전략

1. 의사결정의 과정

의사결정은 목적보다 오히려 수단에 관한 사고이다. 의사결정은 바람직한 상태(a desired state)에 도달하기 위해 시도하는 조직적 메커니즘이다. 또한 의사결정은 문제에 대한 조직적 반응이다. 각 의사결정은 다수의 힘에 의해 영향을 미치는 동태적 과정의 결과물이다.

의사결정 과정은 2가지 범주(형성단계와 해결단계)로 구분할 수 있을 것이다. ① 형성(formation)단계는 문제와 기회를 명확하게 하고, 정보를 수집하고, 바람직한 성과기대를 전개하고, 문제와 기회에 영향을 미치는 요인들 사이의 관계와 원인을 진단하는 것이 포함된다. ② 해결단계는 대안을 개발하고, 선호된 해결책을 선택하고, 결정된 행동 과정을 이행하는 것이 포함된다.

합리적인 의사결정의 과정은 〈그림 11-1〉과 같다. 의사결정의 과정은 고정된 절차가 아니다. 이 과정은 여러 단계(a series of steps)가 아니라 하나의 순차적 과정(a sequential process)이다.

| 그림 11-1 | 의사결정 과정

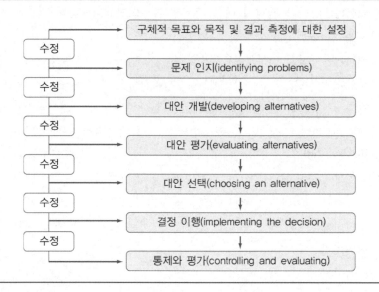

1) 문제의 명확화

문제가 존재하지 않는다면 결정에 대한 요구가 없다. 문제의 명확화(identification)는 의사결정자가 포괄적으로 문제를 이해하는 과정이다. 의사결정의 첫 번째 단계는 문제를 정확하게 진단하고 정의하는 것이다. 이에 의사결정자는 의사결정상황(문제와 기회)이 존재하는 것을 인식하는 것으로 의사결정단계가 시작한다.

이처럼 모든 결정은 문제와 더불어 시작된다. 문제(problems)는 목표에 대한 방해로 정의할 수 있다. 문제는 관리자가 존재하는 성과와 바람직한 성과 사이의 차이를 탐지할 때 존재한다. 즉 문제가 조직에 있어 얼마나 중요한가 하는 것은 조직의 목표와 목적과 관련하여 명시하는 성과의 수준과 달성하는 성과의 수준 사이의 차이에 의해 측정된다. 문제는 바람직한 결과(desired results)와 실제적인 결과(actual results) 사이에 차이가 일어날 때 존재한다. 이러한 과정에 있어 지각이 잠재적인 문제를 어떻게 고려해야 하는 것인지에 대해 영향을 미친다.

또한 복잡한 문제를 진단하는 단계는 기회 혹은 장애의 증상을 명확하게 하고, 인정하는 것이다. 조직문제의 공통적인 증상의 대표적인 사례들은 과도한 비용, 낮은 생산성, 저조한 실적, 낮은 질, 조직 내 과도한 갈등, 직원들의 이직 등이다. 나아가 관리자가 문제를 진단할 때 자신이 문제에 대해 할 수 있는 것을 고려해야만 한다. 즉 중요한 제약요인(부족한 재정, 전문적 지식과 경험을 가진 직원의 부족, 제한된 예산범위 내 자원확보의 어려움, 법률 및 윤리적 고려 등)을 고려해야 한다.

특히 의사결정에 중요하게 영향을 미치는 문제의 특성은 참신성, 위기와 불확실성, 결정의 복잡성을 들 수 있다(Reitz, 1987: 142-144).

① 참신성(novelty) - 몇몇 결정은 의사결정자에게 매우 일상적이고 잘 알려져 있다. 하지만 일상적이고 혹은 이전에 학습된 반응이 부적절한 어떤 문제 상황 혹은 기준은 극단적으로 변화되어야 한다. 예를 들면, 인간의 달 착륙은 과학적이고 관리적 방법에서 전적으로 새로운 개념이 요구된다. 또한 베트남 전쟁에서의 게릴라전(guerilla warfare)의 문제는 미국에 대해 완전히 새로운 무기 시스템과 전술의 개념을 요구했다. 이러한 참신성의 효과는 의사결정 과정의 시간 지연과 불확실성을 초래하게 된다. 또한 참신성은 이전의 문제해결 방법의 효과성에서 변화를 요구한다. 새로운 상황에서 전통적으로 가치화된 개인의 능력은 성공의 좋은 예측변수가 아니다.

② 위기와 불확실성(risk and uncertainty) - 위기는 실패의 기회(the chance of failure)로 정의된다. 실패의 기회가 높은 문제는 높은 위기결정(high-risk decision)이다. 조직에 있어 의사결정에 관련된 많은 활동은 특별한 결정에 대한 위기를 줄이는 것이다. 또한 불확실성은 어떤 결정의 구성요소 가운데 하나 혹은 그 이상이 알지 못하는 경우이다. 불확실성 자체가 의사결정자가 취하는 위기의 정도에 영향을 미친다. 많은 불확실성이 내재된 의사결정에 직면한 의사결정자는 불확실성을 줄이는 방법에 시간과 자금을 기꺼이 투자해야 한다. 이와 같이 위기와 불확실성은 의사결정에 있어 중요한 변수이다.

③ 결정의 복잡성(complexity) - 어떤 결정의 복잡성 혹은 어려움은 몇몇 예측할 수 있는 효과를 가진다. 개인은 단순한 결정보다 복잡한 결정을 할 때 보다 장기적인 시간이 요구된다. 또한 복잡한 결정을 진행하는 과정에 있어 보다 많은 정보가 요구된다.

2) 대안의 개발과 평가

바람직한 결과를 성취하기 위해 대안을 개발해야 한다. 의사결정이 이루어지기 전에 가능한 대안들이 개발되고, 각 대안의 잠재적 결과가 고려되어야 한다. 이러한 탐색 과정은 시간과 비용의 제약에서 이루어진다. 대안의 개발은 법률, 조직의 정책, 예산통제, 시간적 제약, 윤리적 관심 등에 의해 제약을 받는다.

의사결정에 관련한 대안들이 개발된다면 관리자는 각 대안에 대한 장점과 단점을 파악해야 한다. 또한 결정기준(decision criteria)에 따라 각 대안의 예측되는 결과를 측정해야 한다. 대안의 평가는 목적에 대한 전망과 일관성이 요구된다. 공통적인 선택기준은 실현가능성(feasibility)이다. 또한 대안 평가의 목적은 최상의 좋은 결과와 좋지 않은 결과를 최소화하는 대안을 선택하는 것이다. 대안과 결과의 관계는 3가지 가능한 조건에 기반을 둔다.

① 확실성(certainty) — 의사결정자가 각 대안의 결과와 관련한 가능성에 대해 완전한 지식을 가진다.

② 불확실성(uncertainty) — 의사결정자가 각 대안의 결과와 관련한 가능성에 대해 절대적 지식을 가지고 있지 않다.

③ 위기(risk) — 의사결정자가 각 대안의 결과와 관련하여 몇몇 확률론적 예측(probabilistic estimate)을 가지고 있다. 가장 보편적인 상황은 위기의 조건에서 의사결정을 하는 것이다. 이 상황에서는 통계학자와 운영연구자들이 의사결정에 있어 가장 중요한 역할을 한다.

3) 대안의 선택

관리자는 각 대안들이 최소한 수용할 수 있는 결과를 산출할 것인가에 대해 결정하고 최적의 대안을 선택해야 한다. 최적의 대안은 가장 긍정적이고 총체적인 결과(the most positive overall consequences)를 초래하는 대안이다. 이러한 대안 선택은 본질적으로 분석 과정이다.

특히 이전에 설정된 목표와 목적이 의사결정자의 대안선택 지침이 된다. 대안을 선택하는 목적은 미리 결정된 목적을 성취하기 위해 문제를 해결하는 것이다. 이것은 그 자체가 목적(an end in itself)이 아니라 목적을 위한 수단(a means to an end)이다. 또한 의사결정은 단순히 대안을 선택하는 활동 이상의 과정이다. 대안을 선택하는 것은 격리된 활동이 아니다. 즉 의사결정은 집행, 통제와 평가가 연계 및 포함되어 있고, 동태적인 과정이다.

고전적 모형인 주관적 기대효용성 모델(subjectively expected utility model: SEU model)은 관리자가 바람직한 결과를 최대화하는 대안을 선택할 것이라고 주장한다. 즉 관리자는 바람직한 결과를 최대화할 것이라고 주관적으로 믿는 대안을 선택한다. 이 모형의 2가지 요소는 각 대안이 산출하는 '기대한 결과'와 각 대안을 수행할 수 있는 '가능성'이다.

관리적 결정에 있어 최상의 해결은 가끔 불가능하다. 즉 의사결정자는 이용할 수 있는 모든 대안, 각 대안의 결과, 이들 결과가 일어날 가능성을 알 수 없다. 이리하여 의사결정자는 최적의 대안보다 수용할 수 있는 기준에 맞는 대안을 선택하는 만족가(satisficer)가 된다.

대안의 유형

① 좋은 대안(good alternative) – 좋은 대안은 긍정적으로 가치 개입된 결과(positively valued outcomes)에 대한 높은 가능성과 부정적으로 가치 개입된 결과에 대한 낮은 가능성을 가진다.
② 단조로운 대안(bland alternative) – 긍정적 그리고 부정적으로 가치 개입된 결과 모두가 낮은 가능성을 가진다.
③ 혼합된 대안(mixed alternative) – 긍정적 그리고 부정적으로 가치 개입된 결과 모두가 높은 가능성을 가진다.
④ 빈약한 대안(poor alternative) – 긍정적으로 가치 개입된 결과에 대한 낮은 가능성 그리고 부정적으로 가치 개입된 결과에 대한 높은 가능성을 가진다.
⑤ 불확실한 대안(uncertain alternative) – 의사결정자가 결과에 대한 상대적 가능성(the relative probabilities of outcomes)을 평가할 수 없는 경우이다.

만약 한 대안이 좋고 다른 대안이 단조로운 대안, 혼합된 대안, 빈약한 대안, 불확실한 대안이라면 의사결정은 매우 쉽다. 하지만 단조로운 대안과 빈약한 대안은 모두 수용할 수 없기 때문에 이들 대안 사이에 선택에 있어 어려움이 있다. 혼합된 대안과 불확실한 대안은 불확실성 때문에 선택의 어려움이 있다. 단조로운 대안과 혼합된 대안은 비교할 수 없기(incomparability) 때문에 선택에 있어 어려움이 있다.

출처 : Reitz(1987: 149)

4) 집행: 결정에의 이행

의사결정은 목적을 성취하기 위해 효과적으로 집행되어야만 한다. 즉 의사결정은 집행되지 않는다면 가치가 없다. 결정의 실질적 가치는 결정이 집행된 이후에 명확해 진다. 즉 대안을 선택했다고 의사결정 과정이 끝나는 것은 아니다. 이점에 있어 집행이 대안에 대한 실질적 선택보다 중요하다. 결정된 사항이 잘 실행되기 위해서는 결정에 대한 근거를 설명하고, 공평하게 대우하며, 조직구성원의 감정을 고려하는 것이 필요하다.

의사결정의 효과적인 집행은 다음과 같은 4가지 구성요소를 가진다(Black & Porter, 2000: 234).

① 결정에 대한 잠재적 저항(potential resistance)에 대한 원천과 이유를 평가한다.
② 결정에 대한 저항을 극복하기 위해 설계된 연대순(chronology)과 연속적 행동을 결정한다.
③ 결정을 효과적으로 이행하는 데 요구되는 자원을 평가한다.
④ 집행단계를 다른 사람에게 위임할 것인가를 결정한다. 또한 각 조직구성원들이 각 단계와 결과에 대해 책임을 갖도록 확인한다.

5) 통제와 평가

계속적인 집행활동은 결정사항의 변경이 필요한지를 검토하는 과정이며, 또한 결과에 대한 주기적 평가의 과정이다. 효과적인 관리는 결과에 대한 주기적 측정(periodic measurement)이 포함되어 있다. 실질적 결과를 계획된 결과와 비교하고, 만약 편차가 존재한다면 변경이 이루어져야만 한다.

결과에 대한 모니터링과 평가에 있어 정보를 수집하고, 목적에 대한 결과와 최초에 설정한 성과기준과 비교해야 한다. 무엇보다 정확한 정보를 수집해야 한다. 그렇지 않으면 평가가 왜곡되고 의미없는 것이 될 수 있다.

특히 인적 요인이 의사결정 과정에 중요하게 영향을 미치며, 행동을 개시하기 전에 잠재적인 결과를 고려하는 것이 중요하다. 효과적인 의사소통은 불명확한 정보와 부정확한 가정에서 초래되는 복잡성을 완화시킨다.

고전적 모델의 주장처럼 의사결정 과정에 있어 다음의 가정을 이해하는 것이 중요하다.

- 문제(problems)가 분명하다.
- 목적(objectives)이 명확하다.
- 조직구성원은 기준(criteria)과 가중치(weights)에 대해 동의한다.
- 모든 대안들(alternatives)이 알려져 있다.
- 모든 결과(consequences)를 예측할 수 있다.
- 의사결정자는 합리적(rational)이다.

2. 의사결정의 전략

의사결정의 중심은 선택행위이다. Thompson(1967)에 따르면, 의사결정에는 2가지 불확실성이 포함되어 있다. 이들 불확실성은 관리자 사이의 불일치에 기인된 결과에 대한 선호의 불확실성과 목적에 도달되는 수단에 관한 불확실성이다.

이들 두 가지 차원을 결합하면 〈그림 11-2〉와 같이 4가지 전략, 즉 ① 계산전략, ② 판단전략, ③ 협상전략, ④ 영감전략이 도출된다. 이들 전략은 각각 ① 관료제(bureaucratic) 조직, ② 대학조직(collegiate), ③ 정치적(political) 조직, ④ 카리스마적(charismatic) 조직 유형과 연계할 수 있다(Butler, 1997: 312-313).

┃그림 11-2┃ 의사결정의 전략

		가능한 결과에 대한 선호(preferences) (결과의 불확실성)	
		일치	불일치
인과관계에 대한 믿음 (수단의 불확실성)	명확	계산(computation)전략 (관료제 조직)	협상(negotiation)전략 (정치적 조직)
	모호	판단(judgement)전략 (대학조직)	영감(inspiration)전략 (카리스마적 조직)

출처 : Butler(1997 : 313)

04 의사결정의 모형

의사결정 모델은 인간의 의사결정을 기술하고, 의사결정을 향상시키기 위해 만들어진다. 모든 공식적 모델은 근거를 가진다. 또한 모든 모델은 의사결정자가 대안을 선택함에 있어 의사결정 개념에 합리적 활동을 포함시킨다. 합리성(rationality)의 기준은 목적의 존재와 목적에 대응한 대안선택이다. 합리성은 감정을 배제하는 것이 아니다. 감정은 어떤 결정에 있어 목적의 선택과 관련되어 있다.

1. 경제적 모델: 합리적 의사결정

의사결정의 경제적 모델은 완전한 합리성의 개념에 기반을 둔다. 이 모델은 의사결정자가 완전한 정보를 획득하고 보유할 수 있고, 나아가 기대한 가치를 최대화할 수 있다고 가정한다. 합리적 의사결정은 문제에 대한 체계적 분석에 있어 논리적인 단계적 순서(logical step-by-step sequence)에서 선택과 이행의 필요성을 강조한다.

이러한 점에서 합리적 의사결정은 감정이나 직관보다는 사실과 논리에 기초하여 결정을 내리는 데 도움을 주며, 활용 가능한 옵션을 철저하게 평가함으로써 올바른 결정을 내릴 가능성이 높다. 또한 조직이나 개인의 이익에 부합하지 않는 결정을 내릴 위험을 줄일 수 있는 장점이 있다.

이러한 합리적 의사결정(rational decision-making)은 문제에 직면한 의사결정자가 다음과 같이 합리적인 일련의 과정을 통하여 최적의 대안을 선택한다고 전제한다.

① 문제(problems)와 관련하여 가능한 모든 대안적 해결책을 인식한다.
② 각 대안(alternative)에 대한 가능한 모든 결과를 알 수 있다.
③ 몇몇 가치시스템(value system)에 대응한 결과를 평가할 수 있다.
④ 목적에 대응하기 위한 대안을 등급화할 수 있다.
⑤ 목적을 최대화할 수 있는 대안을 선택한다.

이와 같은 합리적 의사결정은 다음과 같은 몇가지 점에서 비판을 받는다.
① 실제의 의사결정은 완전분석적 의사결정이 아니라 습관, 직관 등의 방법으로도 이루어진다.
② 합리적 의사결정이 처방적·규범적 측면에서 어느 정도 의사결정자에게 도움

을 주는가 하는 점에서 약점이 있고, 또한 합리적 모형은 환경적인 변수를 고려하지 않고 있으며, 정책이 결정·집행된 후에 예상되는 비용과 편익을 구체적으로 계산할 수 있는 방법을 제시하지 못하였다는 점에 있어 한계가 있다(정정길, 1999: 465; 김형렬, 2000: 165).

③ 옵션(options)을 분석하는 데 너무 많은 시간이 소요되고 실제로 의사결정을 내리는 데 충분한 시간이 소요되지 않는 분석 마비(analysis paralysis)로 이어질 수 있다. 이에 빠른 변화에 대응한 신속한 의사결정에 적합하지 않다.

Guo가 제안한 D.E.C.I.D.E. 모델

- D(문제 정의): 당신이 내려야 할 결정은 무엇입니까?
- E(기준 결정): 이 결정에서 중요한 요소는 무엇입니까?
- C(모든 대안 고려): 당신의 선택사항은 무엇입니까?
- I(최선의 대안 식별): 어떤 것이 가장 좋은 선택입니까?
- D(실행계획의 개발과 구현): 어떻게 최선의 선택을 실행에 옮길 것입니까?
- E(솔루션 평가 및 모니터링): 그게 정말 최선의 솔루션이었을까요? 솔루션을 변경해야 합니까?

출처 : Guo(2008)

---

2. 행정적 모델: 만족모형

James March와 Herbert Simon(1958)은 인간의 인지능력, 시간, 경비의 부족으로 모든 대안을 탐색하고, 대안이 초래할 모든 결과를 예측하는 데 어려움이 있기 때문에 합리성이 제약을 받고 있다고 지적한다. 따라서 의사결정자는 이러한 제한된 합리성하에서 의사결정을 하게 된다고 주장하였다. 제한된 합리성(bounded rationality)이란 제한된 인지력, 시간 및 정보와 같은 제약 혹은 한계를 가진 상태에서 가능한 합리적으로 행동하는 것을 의미한다.

이와 같이 행정적 모델은 경제적 모델인 합리적인 의사결정모형의 비현실적인 가정에 대한 비판과 보완으로부터 발달되었다. Herbert Simon은 의사결정자가 완전한 합리성이 아니라 제한된 합리성에 의해 의사결정을 한다는 행정적 모델을 제시하고 있다. 제한된 합리성은 의사결정자와 관련하여 다음과 같은 것을 가정한다(Reitz, 1987: 133).

① 제한된 수의 가능한 대안만을 인식한다.

② 각 행동에 대해 단지 소수의 가능한 결과만 알 수 있다.

③ 실제 상황(real situation)에 있어 제한되고, 단순화된 모델로만 접근한다.

이와 같이 만족모형(satisficing model)이란 〈표 11-2〉와 같이 제약된 상황에서 문제에 대해 최적의 해결책을 탐구하는 것이 아니라 만족스럽거나 수용할 수 있는 해결책을 찾아가는 만족 추구의 과정이다. 즉 조직에서의 모든 결정은 사실상 단지 만족하는 결정(satisficing decisions)이라는 것이다. 결정이란 최대화(maximize)가 아니라 단지 만족하는 것(satisfy)과 충족하는(suffice) 것이 결합한 만족하는(satisfice) 것이다. 이러한 모형이 관료제와 인간에게 있어 가장 현실적인 관점이라는 것이다 (Henry, 1992: 102).

의사결정자는 모든 대안들을 함께 평가하는 것보다 오히려 하나의 대안과 다른 대안을 비교하는 결과로 대안을 평가한다. 대부분 사람들은 의사결정에 있어 만족하는 대안을 발견하고 선택하는 데 관심을 가진다. 단지 예외적인 경우에 최적의 대안을 발견하고 선택하는 데 관심을 가진다(March & Simon, 1958).

┃표 11-2┃ 합리적 정책결정과 제한된 합리성

포괄적(comprehensive) 합리성	제한된(bounded) 합리성
1a. 가치 혹은 목적의 명확화는 대안적 정책의 경험적 분석으로부터 구별하며, 보통 선행조건이다.	1b. 가치목표의 선택과 필요한 행동에 대한 경험적 분석이 서로 구별되지 않으며, 또한 밀접하게 뒤얽혀있다.
2a. 정책형성은 수단-목적분석(means-end analysis)을 통하여 접근한다. 먼저 목적을 분리하고, 그 후 목적성취를 위한 수단을 추구한다.	2b. 수단과 목표가 구별할 수 없으므로, 수단-목표분석은 부적절하거나 혹은 한계가 있다.
3a. 좋은 정책의 핵심(gist)은 바람직한 목적에 최적의 수단이 존재한다는 것을 보여줄 수 있어야 한다.	3b. 전형적으로 다양한 분석가들이 자신들이 어떤 정책에 대해 직접적으로 동의하는 것을 발견하는 것이 좋은 정책에 대한 점검(test)이다.
4a. 분석은 포괄적이다(comprehensive). 모든 관련된 중요한 변수들이 설명되어야 한다.	4b. 분석은 다음과 같이 극단적으로 제한되어 있다. ① 중요한 가능성이 있는 결과들이 무시될 수 있다. ② 중요한 대안적인 잠재적 정책(potential

	policies)이 무시될 수 있다. ③ 중요하게 영향을 미치는 변수들이 무시될 수 있다.
5a. 상당히 이론에 의존한다.	5b. 비교의 연속성은 이론의 의존성에 의해 매우 줄어들거나 혹은 제거된다.

출처 : Birkland(2001: 213)

3. 점증적 모형

Charles E. Lindblom(1959)에 의해서 고안된 점증적 의사결정 모형(incremental model)은 복잡한 정책문제를 해결하기 위해 합리적 의사결정 모형을 적용하는 데 한계가 있다는 것을 수용하고, 의사결정에서 선택되는 대안은 기존의 정책이나 결정의 점진적·부분적·순차적 수정 또는 보완으로 이루진다고 주장하였다. 점증적 의사결정 모형을 학자들은 '그럭저럭 헤쳐나가는 방법(science of muddling through)'이라고 부르기도 한다.

Lindblom에 따르면 합리적 의사결정 모형은 현실적으로 달성하기가 불가능하므로, 어쩔 수 없이 연속적·제한적 비교 또는 세부적 점증주의 전략에 의해 의사결정이 이루어진다고 한다. 이런 점증적 변화는 조금씩 연속적으로 수행하여 의사결정의 중대한 오류나 실수를 방지할 수 있다는 장점이 있다. 점증적 모형은 대체로 다원주의적(pluralistic) 특성을 가진 사회 또는 정치 체계 또는 사회적 안정성이 구축된 상황에서는 효과적일 수 있다.

반대로 점증적 의사결정 모형은 다원주의의 기반이 없는 후진국 또는 독재국가에서는 적용하는 데 한계가 있다. 또한 점증적 의사결정은 혁신적 또는 대규모의 변화를 수반하는 의사결정 현상을 설명하는 데는 제한점이 있다. 이점에 있어 점증적 의사결정에 따르면 계획을 지키는 것도 중요하지만, 필요한 경우에 계획을 변경하는 것도 중요하다.

4. Allison의 의사결정모형

Graham Allison(1969)은 미국 John Kennedy 대통령(1917–1963)에 의해 1960년 10월 13일에 발발한 쿠바 미사일의 사례연구를 통하여 13일 동안 미국의 의사결정을 이해하는 데 도움이 되는 합리모델, 조직과정모델, 정부정치모델을 제안하고 있다.

Allison은 「결정의 본질(Essence of Decision)」이라는 저서에서 공공정책이란 정치적 배경에서 다수의 행위자(multiple actors)에 의한 선택이고 행동결과라는 것이다. 공공문제에 대한 해결인 정책은 방법적이고 공정한 분석(detached analysis)으로 도출되는 것이 아니라는 것이다. 이런 시각에서 Allison은 쿠바 미사일 위기(Cuban missile crisis)를 분석하면서 무엇이 일어나는가에 대해 합리모델이 충분히 설명할 수 없으며, 대안적 개념모델인 조직과정모델과 정부정치모델이 중요하다는 것을 보여주고 있다. Allison 모델은 중요한 정부결정을 분석하는데 활용될 수 있는 3가지 시각 있다고 제안하고 있다.

특히 Allison은 다음의 3가지 물음을 통해 3가지 모델을 제시하고 있다. ① 소련은 왜 쿠바에 공격적인 미사일을 배치하기로 결정했는가? ② 미국은 왜 미사일 배치에 대해 봉쇄하는(blockade) 반응을 했는가? ③ 소련은 왜 미사일을 철수했는가?

1) 합리모형(합리적 행위자 모형)

합리모형(Rational Actor Model: RAM)은 국가를 합리적인 단일 행위자로 간주하여 국가들이 취하는 정책조치를 이해하는 방법이다. 즉 국가 활동을 통일된 정부의 목적이 있는 활동(purposeful acts)으로 가정한다. 합리모형은 국가를 블랙박스(black boxes)로 간주하며, 국가 활동을 무수한 결과로 본다. 이와 관련한 의사결정은 조직의 목표를 추구함에 있어 선택되는 행동의 과정에 의해 이루어진다.

이 모형에서 의사결정의 국면은 의사결정자의 사고와 행태의 합리성(rationality)에 의존하여 신중하고 의식적으로 수행된다. 즉 논리적 분석의 결과를 기초하여 의사결정이 이루어진다. 특히 합리모형은 해당 조치가 의도된 가치 극대화 및 전략적인 것으로 가정한다.

하지만 Herbert Simon(1976)은 행정행태(Administrative Behavior)에서 실제로 사람들은 이용할 수 있는 모든 정보를 처리할 수 없다고 주장한다. 또한 사람들은 경제적인 사람(economic man)의 가정에 부합하는 의사결정을 추구할 수 없다. 이에 가치를 최대화하는 선택(value-maximizing choices)을 하는 것이 아니라 만족하는(satisfactory) 결정을 한다.

2) 조직과정(관료제적)모형

조직과정모형은 국가 활동을 정부 내 조직행태의 패턴과 조직으로 본다. 이 모형에서 국가와 정부는 단결된 행위자가 아니라 각각의 실질적인 삶을 가진 느슨하게 제휴된 집합체로 명시된다. 조직과정모형은 한 사람의 리더가 매우 다양한 하위조직의 행태를 통제할 수 없다는 것이다. 복잡한 업무를 수행함에 있어 개인은 서로 다른 목표와 이해관계를 가지고 있기 때문에 조정 기능이 필수적이다. 행위자별 상이한 목표와 이해관계로 인하여 의사결정의 가장 일반적인 방식은 협상과 타협이다. 그러나 타협과 협상으로 문제가 해결된 것처럼 보이지만 완전한 해결이라기보다는 준해결(quasi-resolution) 상태에 머무르는 경우가 많다.

Lindblom은 조직과정모형의 핵심은 점증주의(incrementalism)라고 제안하고 있다. 즉 의사결정은 단기적 조건의 반응에서 이루어지는 소규모의 점증적 선택(small incremental choices)에 의존한다. 더욱이 정부의 협상 과정의 특성은 점진적 혼란한 상태(incremental muddling through)에서 산출된다.

3) 정부정치모형

정부정치모형(governmental politics)은 국가 활동을 국가의 계층적으로 배열된 활동가들 사이의 다양한 협상을 기반으로 하는 정치적 활동의 결과로 이해한다. 이 모형에 의하면, 의사결정은 다양하고 경쟁적인 이해를 가진 사람들 사이의 협상하는 정치적·집단적 노력이라는 것이다. 경쟁적인 힘에 대한 상호작용의 결과로써 의사결정이 이루어진다. 이런 예로, 케네디 정부 위기의 시기에 미국의 모든 결정은 특별히 미사일 위기를 위해 함께 구성된 케네디 대통령의 내부 자문기관인 ExCom에 의해 만들어졌다. ExCom에서 다양한 조직적 이익을 대표하는 다양한 개인들이 국가의 정책을 나타내는 단체 결정의 협상 과정을 거쳤다.

‖ 표 11-3 ‖ Allison의 3가지 모형

구분	합리모형(모형 1)	조직과정모형(모형 2)	정부정치모형(모형 3)
의의	개인적 차원의 합리적 결정을 설명하는 합리모형의 논리를 집단적으로 결정되는 국가정책의 경우에 유치시킨 모형	정부는 단일의 결정주체가 아니라 느슨하게 연결된 반독립적인 하위조직들의 집합체	정부의 정책결정도 참여자들 간의 정치적 협상과 타협 및 권력 게임과 같이 밀고당기는 이해관계에 의한 정치적 산물
조직관	조정과 통제가 잘된 유기체	느슨하게 연결된 하위조직들의 연합체	독립적인 개인적 행위자들의 집합체
권력의 소재	조직의 두뇌와 같은 최고지도자가 보유	반독립적인 하위조직들이 분산소유	개인적 행위자들의 정치적 자원에 의존

행위자의 목표	조직 전체의 목표	조직 전체의 목표 +하위조직들의 목표	조직 전체의 목표 +하위조직들의 목표 +개별행위자들의 목표
목표의 공유도	매우 강하다	약하다	매우 약하다
정책결정의 양태	최고지도자가 조직의 두뇌와 같이 명령하고 지시	표준운영절차(SOP)에 대한 프로그램 목록에서 대안 추구	정치적 게임의 규칙에 따라 타협, 흥정, 지배
의사결정의 일관성	매우 강하다 (항상 일관성 유지)	약하다 (자주 바뀐다)	매우 약하다 (거의 일치하지 않는다)

출처 : 정정길 외(2003: 553)

이들 세 가지 모형 중에서 정부정치모형은 조직의 상위계층에 적용 가능성이 높은 모형이고, 기능적 권위와 표준운영절차로 특징되는 관료제적 모형은 조직의 하위계층에 적용 가능성이 높은 모형이다. 합리적 모델은 조직의 각 계층에서 활용할 수 있다(정정길, 1999: 536).

Allison에 의하면, 쿠바의 해안봉쇄정책은 어느 한 모형으로서도 설명할 수 없으며, 이들 3가지 모형을 가지고 설명할 수 있다(정우일, 2005: 528). 즉 정책 행동을 분석하는 데 사용할 수 있는 세 가지 개념 모형인 합리적 행위자, 조직 행동, 정부정치모형으로 설명되고 쿠바 미사일 위기 사건에 적용할 수 있다는 것을 보여준다. 각 모형은 위기 동안 미국과 소련이 내린 근본적인 결정의 다른 특징과 영역을 보여준다. 이 세 가지 이론적 렌즈를 사용하면 당시 이루어진 모든 요소와 선택에 대한 더 깊은 이해와 인식을 얻는 데 도움이 될 것이다. 이처럼 모형 2와 모형 3은 합리적 정책모형의 대안적 개념모형으로서 조직과정모형과 관료정치모형이며, 이 모형은 모형 1분석에 의해 수행한 정부활동을 해석하고 예측하며, 향상시키는 데 있어 좋은 기반을 제공한다.

5. 쓰레기통 의사결정모형

최근 조직의 많은 문제는 합리적(경제) 모델 혹은 제한된 합리적(행정) 모델을 초월하여 매우 복잡하다. 관리자가 복잡한 시스템을 다루는 데 도움을 주는 의사결정기법이 발달하고 있으며, 이와 같이 문제의 뒤죽박죽한(hodgepodge of problems) 조직에서의 의사결정을 기술하는 것이 쓰레기통 의사결정이다.

Cohen과 March 그리고 Olsen(1972)에 의해서 개발된 쓰레기통 의사결정모형(garbage can model)은 사회 내의 신념 및 가치 체계나 정치 체제의 전환 등 매우 높은 불확실성을 가진 상황에서의 의사결정을 설명하기 위해 발전된 것이다. 쓰레기통 의사결정은 조직화된 무정부 상태(organized anarchies) 속에서 조직이 어떠한 결정 행태를 보여주는가를 설명하기 위한 모형이다. 쓰레기통 의사결정은 조직이나 집단이 구성단위나 구성원 사이에 응집성이 매우 약한 혼란한 상태에서 이루어지는 의사결정의 특징적 측면을 강조하는 모델이다(정정길, 1999: 523). 이러한 조직화된 무정부 상태란 다음의 3가지 특징을 가진다.

① 문제성 있는 선호(problematic preference) - 문제, 대안, 해결책, 목표가 잘 정의되지 않는다. 그 이유는 의사결정 참여자들이 정책과 목표에 대해 명확하게 선호를 정의할 수 없는 상태이기 때문이다. 참여자들은 무엇을 선호하는지조차 모르는 상태로 의사결정에 참여한다.

② 불명확하고, 미숙하게 이해된 기술(unclear, poorly understood technology) - 원인과 결과 또는 목표와 이를 위한 수단 간의 관계를 제대로 인식 또는 이해하기 못하고 있는 상태이다. 의사결정에 적용하는 지식기반이 명확하지 않으며, 기술도 불명확한 상태이다. 의사결정 참여자들이 목표를 이해하더라도 어떤 것이 목표달성에 효과적인 수단인지 알지 못하는 경우이다.

③ 유동적인 참여(fluid participation) - 의사결정자들은 매우 바쁘며, 하나의 문제 혹은 결정에 할당할 시간이 매우 제한적이다. 따라서 의사결정자들의 회의 참여가 유동적이고 심지어 변덕스러운 상태이다. 따라서 의사결정자들이 결정에 참여할 수도, 참여하지 않을 수도 있다.

이와 같이 조직화된 무정부 상태는 급변한 변화 그리고 합의제, 비관료제적 환경(collegial, nonbureaucratic environment)으로 특정지어진다. 이런 상황에 직면한 조직에서의 선택 과정을 기술한 것이 쓰레기통 모형이다.

쓰레기통 모형의 특징은 의사결정 과정을 문제와 더불어 시작하고 해결책으로부터 마무리되는 일련의 단계로 보지 않는 것이다. 문제의 인지와 문제해결이 서로 연결되지 않는다. 즉 해결책이 문제와 연결되지 않는 인과관계의 괴리가 발생한다. 결정이란 조직 내 독립된 사건의 흐름(independent streams of events)의 결과이다. 조직적 의사결정에 관련된 4가지 흐름이란 문제, 잠재적 해결책, 참여자, 선택의 기회이다. 〈그림 11-3〉과 같이 각각의 흐름은 거의 서로 연결되지 않는다. 이들 4가지 흐름이 어떤 시점에 서로 연결될 때, 의사결정이 이루어진다.

① 문제의 흐름(problems stream) – 문제는 현재의 활동과 성과에 관한 불만족이다. 문제는 바람직한 성과와 현재의 성과 사이의 차이로 나타난다. 이러한 문제는 주목을 받게 되지만, 대안이 채택되더라도 문제가 해결되지 않을 수 있다.

② 해결책의 흐름(solutions stream) – 해결책은 조직에 있는 아이디어와 대안을 말한다. 아이디어는 새로운 구성원에 의해 조직에 유입될 수 있거나 현재의 구성원에 의해 표출될 수 있다. 해결책은 문제와 연계되어 있는 것이 아니라 상호독립적으로 존재한다.

③ 참여자의 흐름(participants stream) – 의사결정 참여자는 조직에 대한 진퇴가 매우 유동적이다. 의사결정 참여자들은 자신들의 아이디어, 문제의 지각, 경험, 가치 그리고 훈련에 있어 매우 다양한 이해 수준을 가지고 있다. 한 사람의 참여자가 인식하는 문제와 해결책은 다른 참여자가 지각하는 것과 차이가 있을 것이다.

④ 선택 기회의 흐름(choice opportunities stream) – 선택 기회는 조직이 의사결정하는 경우 또는 기회를 말한다. 선택적 기회는 계약이 체결될 때, 사람을 채용할 때, 혹은 책임을 할당할 때 등 다양한 계기로 발생할 수 있다. 선택 기회는 공식적 조직으로부터 반응이 요구된다.

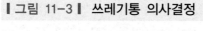

┃그림 11-3┃ 쓰레기통 의사결정

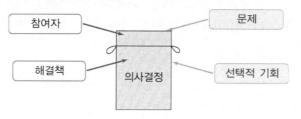

합리적 의사결정과 제한된 합리적 의사결정이 선형적, 단계적 과정(linear, stepwise process)이라면, 쓰레기통 모형은 비선형적(nonlinear) 과정이다. 즉 문제점, 해결책, 참여자, 선택적 기회의 4가지 흐름이 거의 무작위적 형식(random fashion)으로 엮어져 있다.

이와 같이 쓰레기통 의사결정은 문제에 대한 바람직한 상태는 아니다. 혼돈과 무작위적 본성의 의사결정은 양질의 결정 결과를 초래할 수는 없을 것이다. 이 모델은 어떤 조직적 배경에서 일어날 수 있는 조건과 결과를 기술하기 때문에 기술적 모형(descriptive model)이다(Hodge, et al., 2003: 295-296). 이러한 쓰레기통 모형은 의사결정자의 선택이 일반적인 이론에 부합되지 않은 상황을 이해하는 데 도움을 준다. 전통적인 이론은 모호하고 불확실한 결정을 설명하는 데 비효과적이고, 이러한 결정에 대해 보다 유연적인 쓰레기통 모델이 효과적일 것이다(Cohen, March & Olsen, 1972). 다만 일반적인 의사결정 이론 또는 모형이 의사결정 행태를 어느 정도 예측할 수 있는 장점을 가진 반면에, 쓰레기통 모형은 예측보다는 일반적 의사결정 이론으로 설명할 수 있는 과거의 사례를 이해하는 데 효과적이다.

05 의사결정의 행태적 영향과 집단적 의사결정

1. 개인적 의사결정의 행태적 영향요인

몇몇 행태적 요인들은 의사결정 과정에 영향을 미친다. 어떤 요인은 과정의 어떤 측면에만 영향을 미치고, 다른 요인들은 전체 과정에 영향을 미친다. 특히 4개의 개인 행태적 요인(가치, 성격, 위기에 대한 성향, 부조화의 가능성)이 의사결정 과정에 중요하게 영향을 미친다.

1) 가치

가치(values)는 선택이 이루어져야만 하는 어떤 상황에 직면했을 때 사람들이 활용하는 행동의 가이드라인과 같은 것이다. 가치는 개인적 사고(individual's thoughts)의 기본적 부분이다. 가치는 중요성, 질, 적합도에 대한 주관적인 순위를 포함한다. 예를 들면, 우선순위의 배정과 기회의 선택에 관련하여 가치판단이 필요하다. 또한 여러 가지 가능성에 관련하여 가치판단이 요구된다. 이와 같이 의사결정자의 가치는 대안 선택에 영향을 미치며, 집행을 위한 수단을 선택하는 데 있어서도 영향을 미친다. 정확한 행동을 취하고 있는가를 판단하는 평가와 통제 과정에서도 가치판단이 요구된다.

2) 성격

의사결정자는 의식적 그리고 잠재의식에 있어 심리적 힘에 의해 많이 영향을 받는다. 이러한 요인 중에서 가장 중요한 것은 의사결정자의 성격이다.

3) 위기에 대한 성향

위기를 대응함에 있어 의사결정자의 개인 성향(propensity for risk)은 매우 다양하다. 위기에 대해 혐오감이 적은 의사결정자는 위기에 대해 혐오감이 많은 사람에 비해 다른 목적을 설정할 것이며, 대안을 다르게 평가하고, 대안을 다르게 선택할 것이다. 이러한 사람들은 보다 혁신적이고 대담한 대안을 선택할 것이다.

4) 부조화의 가능성

행태과학자들은 결정 이후의 불안(postdecision anxiety) 발생에 관심을 가지고 있다. 이러한 불안을 Festinger(1957)는 인식적 부조화(cognitive dissonance)로 명명하고 있다. Festinger의 인식적 부조화이론에 따르면, 개인들의 여러 가지 인식 사이에 가끔 일관성 혹은 조화의 결핍이 있다. 즉 의사결정자가 알고 있고 믿고 있는 것과 행하는 것 사이에 갈등이 존재한다. 이리하여 의사결정자는 선택한 것에 대해 의심하고 재고하게 된다.

이러한 걱정의 강도는 다음과 같은 상황에서 보다 강하다. 첫째, 결정이 심리적으로 혹은 재정적으로 매우 중요하다. 둘째, 과거의 대안이 많다. 셋째, 과거의 대안들이 좋은 특성을 많이 가지고 있다.

대부분의 개인들은 자신이 내린 결정이 잘못되었다고 인정하는 것을 꺼린다. 자신의 부조화를 줄이기 위해 몇 가지 방법을 활용한다. 첫째, 자신의 결정에 관한 지혜를 지지하는 정보를 찾는다. 둘째, 자신의 결정을 지지하는 방식에서 정보를 선택적으로 지각한다. 셋째, 과거의 대안에 대해 다소 덜 선호하는 견해는 회피한다. 넷째, 결정의 부정적 측면에 대한 중요성을 최소화하고 긍정적 측면의 중요성을 과장한다. 이러한 부조화의 잠재성은 개인의 성격(특히 자신감과 설득능력)에 의해 상당히 영향을 받는다.

2. 집단적 의사결정의 기법

대부분 조직에 있어 많은 의사결정은 위원회, 팀, 프로젝트 팀, 기타 집단을 통해 이루어진다. 관리자가 비정형화된 문제에 직면했을 때 집단회의를 통하여 결정을 추구한다. 많은 문제에 내재되어 있는 복잡성은 개인이 보유하고 있는 정보보다 각 분야의 전문적 지식이 요구된다. 이리하여 의사결정 과정에 있어 집단적 접근(collective approach)의 활용이 증대되고 있다.

특히 집단은 의사결정 실체로 개인보다 우월성을 가진다. 즉 집단은 보다 큰 규모이고 보다 다양한 관점과 지지층(constituencies)을 대변한다. 이리하여 집단은 결정이 이루어지는 영역에서 보다 공평한 목소리를 제공하는 경향이 있다. 한 사람보다는 두 사람이 낫다는 것이다(Tindale, Kameda & Hinsz, 2005: 381).

집단적 의사결정(group decision making)은 개인이 하는 의사결정보다 결정에 도달하는 데 많은 시간이 요구된다. 집단구성원 간의 상호작용은 좋은 의사결정을 초래할 수 있다. 하지만 집단적 의사결정에 있어 집단 내 지배적인 성격유형을 가진 사람, 혹은 지위 부조화(status incongruity)의 영향으로 자신의 아이디어가 뛰어나지만 따라가는 경향이 있다.

의사결정에 있어 집단의 활용이 증가하는 경향은 무엇인가? 조직이 집단적 의사결정에 의해 얻게 되는 것은 무엇일까? 이 물음에 대해 조직은 집단적 의사결정을 통해 다음과 같은 것을 기대한다(Reitz, 1987: 337-338).

① 대부분 조직은 개인보다 집단이 좋은 의사결정을 한다고 기대한다. 즉 집단이 보다 정확하고 혹은 보다 좋은 판단을 하는 것으로 기대한다. 특히 조직이 복잡해짐으로써 조직결정은 보다 많이 관련되어 있고 문제에 관한 복잡성이 증가한다. 이런 상황에서 결정은 개인이 하기에는 너무 거대하다.

② 집단이 개인보다 창의적이라는 믿음이 있다. 혁신적인 해결을 요구하는 복잡한 결정에 직면할 때, 많은 조직은 문제에 관련한 다양한 배경과 경험을 한 집단을 통해 창의성을 향상시킬 수 있다. 즉 집단적 의사결정 과정 자체가 창의성과 상상력을 촉진한다고 느낀다.

③ 조직은 조직구성원에게 영향을 미치는 의사결정을 하는데, 조직구성원이 의사결정에 참여한다면 집단구성원으로부터 보다 많은 몰입을 획득할 수 있다고 믿는다. 즉 조직구성원이 의사결정 과정의 참여자가 된다면 결정에의 참여, 열정 및 몰입을 증진하는 효과적인 방법일 수 있다.

④ 집단적 의사결정이 개인적 의사결정보다 편견 혹은 과도한 편파를 보다 적게 한다. 이것은 배심제도(jury system)가 법적절차로 활용되는 이유이다.

1) 브레인스토밍과 델파이 기법

집단적 의사결정을 제고하기 위한 기법으로 브레인스토밍과 델파이 기법이 있다(McKinney & Howard, 1998: 268-269).

(1) 브레인스토밍

브레인스토밍(brainstorming)은 집단구성원의 가치를 평가하지 않고 다수의 창의적 해결을 발생시키도록 하는 과정이다. 즉 브레인스토밍은 새로운 아이디어를 생각하고 문제를 해결하기 위한 창의적인 사고의 기술(creative thinking technique)이다.[20] 이것은 짧은 시간 내에 최대의 아이디어를 제공하기 위한 메커니즘으로 종종 활용된다. 브레인스토밍은 조직문제에 대한 창의적 해결이 필요한 상황에서 적절하다. 또한 브레인스토밍은 집단에 대해 창의적 산출을 진작시킨다. 브레인스토밍 규칙의 목적은 면대면 집단에서 야기되는 어색함을 회피하고, 아이디어를 만들어내는 것을 자극하는 것이다.

브레인스토밍은 순응에 대한 압력을 최소화하고 그리고 대안을 조장하기 위해 활용하는 단순한 접근방법이다. 이 기법은 비판없이 대안들에 대한 일반화를 격려한다. 이처럼 브레인스토밍은 사람들에게 사고와 아이디어를 표출하도록 격려한다. 브레인스토밍 하는 동안 사람들은 비판하거나 보상하는 것을 회피한다.

브레인스토밍은 참여하는 모든 사람들이 자유롭고 개방적인 의사소통을 할 수 있는 환경을 제공하는 것이 무엇보다 중요하다. 브레인스토밍의 일반적인 과정은 다음과 같다.

① 준비단계 - 5명~15명 사람으로 브레인스토밍 집단을 구성한다. 문제를 정의하고, 언제 브레인스토밍 회의를 시작하고, 얼마의 기간으로 개최할 것인지를 정한다. 또한 이 단계에서는 참여자들이 제시하는 아이디어를 기록할 한 사람을 임명한다.

② 아이디어 제안단계 - 모든 아이디어를 화이트보드에 기록한다. 모든 참여자들이 제안할 수 있도록 하고, 다른 사람의 아이디어에 관해 비판하지 않는다. 제시되는 모든 아이디어는 타당하고 가치가 있으며, 비판하거나 토론하고 평가하지 말아야 한다. 모든 아이디어를 기록하고 문제와 관련하여 사고하도록

---

20 브레인스토밍은 두뇌라는 뜻의 brain과 폭풍이라는 뜻의 storm이 결합된 단어이다. 즉 두뇌에서 폭풍이 휘몰아치듯이 생각나는 아이디어를 밖으로 내놓는 아이디어 창출 방법이다. 뉴욕의 광고회사 BBDO의 사장인 Alex Osborn이 광고 관계의 아이디어를 창출하기 위해 고안한 일종의 회의방식으로 광고 회사와 같이 아이디어를 양산해야 하는 곳에서 조직적인 아이디어의 창출 기법으로 사용되었다.

1~2분 침묵한다. 더 이상의 아이디어가 제시되지 않을 때까지 아이디어를 기록한다.

③ 평가단계 - 참여자들은 제시된 아이디어 가운데 플립 차트(flip-charts)에 우선순위를 매기고, 요약한다. 제안된 모든 아이디어에 관한 시스템적 평가가 이루어진다. 각 아이디어와 관련하여 장단점을 평가하고, 다른 아이디어와 비교한다. 최상의 아이디어로 여과한다.

이와 같은 브레인스토밍의 장점은 다음과 같다. ① 창의성을 장려한다. 자유로운 사고환경을 제공한다. ② 협업 및 팀 구성을 지원한다. ③ 혁신적인 아이디어 창출을 촉진한다. ④ 다양한 관점을 제공한다. ⑤ 비교적 짧은 시간 안에 많은 아이디어를 제공한다.

하지만 브레인스토밍의 몇가지 문제점이 제기되기도 한다. ① 주제에서 벗어나 시간과 노력을 낭비할 가능성이 있다. ② 때론 자신의 생각을 공개적으로 말할 기회를 얻지 못할 경우도 일어난다. ③ 혼자 더 잘 일하는 사람들에게 그룹 세션이 위협적일 수 있다.

브레인스토밍의 4가지 규칙

① 비판엄금: 어떤 아이디어에 대해서도 평가를 해서는 안된다. 아이디어가 좋든 나쁘든 간에 수용하고, 평가는 보류해야 한다.
② 자유분방: 엉뚱하거나 비현실적인 아이디어라 할지라도 모두 수용한다.
③ 질보다 양: 아이디어는 많으면 많을수록 좋다.
④ 결합개선: 타인의 아이디어를 개선하여 새 아이디어로 발전시킨다.

---

(2) 델파이 기법

델파이 기법(delphi technique)은 전문가 패널을 모아 특정한 의사결정을 하거나 조직문제를 해결하는 방법에 대해 여러 차례 질문을 하는 과정이다. 델파이의 기본적인 접근은 설문지를 송부하여 관심있는 주제에 대해 익명의 판단(anonymous judgement)을 수집하는 것이다. 또한 델파이 기법의 주요 목적은 전문가들이 상호 합의를 도출하고 집단 합의를 도출하는 것이다.

델파이 기법은 명목집단기법과 유사하지만, 보다 많은 시간 소비를 요구하며, 복잡하다. 델파이 기법은 각 참여자들의 실제적인 참여를 요구하지 않는다. 각 참여자들은 면대면 만남이 허용되지 않는다. 델파이 기법은 면대면의 상호작용에서 발생하는 편견의 영향을 제거하는 판단의 이점을 가진다. 이 기법은 다음과 같은 단계를 통해 이루어진다.

① 문제 및 목표 식별 – 해결하려는 문제와 달성하고자 하는 목표를 정의하는 것이 중요하다. 해결해야 하는 문제에 대해 소수의 전문가를 명확하게 하고, 이들 전문가의 협조를 요청한다.

② 전문가 그룹과 진행자 선택 – 진행자는 중립적인 입장을 취하고, 연구 및 데이터 수집 경험이 있는 사람이어야 한다.

③ 설문지 1라운드 – 진행자는 기본적인 문제(the basic problem)를 각 전문가에게 제시한다. 즉 전문가들에게 문제를 인식하게 한 이후 세심하게 구조화된 설문지(constructed questionnaire)에 의해 잠재적 해결을 인식한다. 각 참여자들은 설문지에 답한다. 각 전문가는 문제에 대해 자신의 견해, 제안 및 해결책을 익명으로 그리고 독립적으로 기록한다.

④ 설문지 2라운드 – 2차 설문지는 1차부터 관찰한 답변을 분석해 작성한다. 전문가들의 견해는 설문 수행기관에서 편집되고, 기록하고, 재생한다. 즉 설문지 결과를 재분석한다. 이때 답변 사이의 유사성을 파악하고 관련 없는 내용을 제거한다.

⑤ 설문지 3라운드 – 전문가들은 2차 답변 요약 보고서의 의견을 토대로 3차 질문지에 답변한다. 이때 각 전문가는 다른 모든 전문가의 견해와 해결책의 복사본을 수령한다.

⑥ 다른 전문가의 제안에 대한 각 전문가의 견해는 새로운 아이디어를 촉발하도록 제안한다. 이들 견해는 중심지에 돌려보낸다. 이러한 방식은 새로운 해결책을 산출하거나 최초의 입장에서 변화를 일으키게 한다.

⑦ 의견일치로 도달할 때까지 필요하다면 단계 5와 단계 6을 반복한다. 이 과정은 집단구성원의 의견이 합의를 보여줄 때까지 몇 번의 반복을 통해 지속된다.

이와 같은 방식으로 각 참여자는 독립적으로 첫 번째의 설문지에 자신의 아이디어로 응답한다. 집단적 동의를 가진 응답을 요약하고, 재평가를 위해 두 번째 설문지와 함께 요약한 것을 송부한다. 이러한 환류 과정을 통해 응답자들은 자신의 초기 응답에 대해 독립적으로 평가할 수 있다. 익명의 집단적 판단 이후 더 좋은 합의된 판단(consensus estimate)의 결정에 도달한다.

이러한 델파이 기법의 장점은 ① 복잡한 문제를 해결하기 위해 전문가들의 도움으로 논리적 합의에 도달할 수 있다. ② 집단은 결정과 관련하여 덜 여과된 정보 혹은 덜 편파적인 정보(slanted information)를 받을 수 있다. ③ 이 기법은 조직에서 이루어지는 의사결정의 질과 시기적절성을 향상시킬 수 있는 메커니즘을 관리자에게 제공해 줄 수 있다. ④ 답변이 모두 익명이기 때문에 패널들은 판단이나 반대의견의 영향을 받지 않고 정직한 답변을 제시하기가 편하다.

반면에 델파이 기법의 단점은 ① 전문가 의견 대부분이 익명으로 설문지에 작성되기 때문에 독창적인 아이디어를 브레인스토밍하거나 자유롭게 의견을 말하지 않을 수 있다. ② 응답시간이 매우 느리고 여러 차례의 설문지 배포, 수집 및 검토로 인해 빠른 결정을 내려야 상황에서 활용하는 데 한계가 있다.

▌표 11-4 ▌ 델파이 기법 적용 사례

구분	주요 활동
(1) 준비 과정	선행연구 조사, 전문가 패널 선정, 사전 인터뷰
(2) 1차 델파이 조사 (개방형 설문지)	설문지 송부
(3) 2차 델파이 조사 (폐쇄형 설문지) 진단 항목별 중요도 조사	설문지 내용 수정 보완 1차 조사에서 도출된 항목을 리커트 7점 척도로 중요도 분석
(4) 3차 델파이 조사 (폐쇄형 설문지) 진단 항목별 중요도 조사	각 항목별로 도출된 중요도가 낮은 항목 제외 후 3차 설문지 항목 도출 2차 응답결과 통계치 제시 리커트 7점 척도를 이용한 항목별 중요도 분석
(5) 자료분석 및 결론 도출 최종 항목의 신뢰성 분석	데이터 처리 조사결과 분석

출처 : 전진아(2018: 61)

2) 명목집단기법

명목집단기법(nominal group techniques: NGT)은 공식적으로 만남은 허용되지만, 각 구성원에 대해 많은 논의를 허용하지 않기 때문에 명목집단기법이라고 한다. 명목집단기법은 의사결정 과정 동안 아이디어 교환을 엄격하게 제한한다. 모든 집단구성원들은 참여해야만 한다. 각 구성원들은 독립적으로 자신들의 아이디어를 탐구하도록 요구한다. 모든 구성원들은 하나의 집단으로 만나지만, 자신들의 아이디어를 독립적으로 기술해야 한다. 각 구성원들은 집단에 하나의 아이디어를 제출함으로써 침묵의 기간은 끝난다. 이후 집단은 각 아이디어를 평가한다.

이러한 명목집단기법은 각 집단구성원이 다른 집단구성원의 영향없이 문제를 독립적으로 고려하는 절차이기 때문에 주요한 장점이 있다.

이와 같이 NGT는 구조화된 집단회의(structured group meeting)이다. 이러한 과정을 구체적으로 살펴보면 다음과 같다.

① 개인의 집단(7명에서 10명)이 테이블에 둘러앉아 있지만 서로에 대해 말하지 않는다. 각 사람은 묶음 종이에 아이디어를 적는다.
② 5분 후에 구조화된 아이디어를 공유한다. 테이블을 돌아가며 각 사람은 하나의 아이디어를 제안한다. 지정된 사람이 전체 집단의 아이디어를 플립차트(flip chart)에 기록한다. 이러한 과정은 전체 참여자가 더 이상 아이디어를 공유할 수 없을 때까지 지속한다. 이러한 과정의 결과가 아이디어 리스트(보통 18개에서 25개의 아이디어)이다.
③ 투표를 하기 전에 각 아이디어에 관심을 받은 것에 대해 구조화된 논의를 한다. 즉 플립차트에 기록된 각 아이디어에 대한 지지 정도를 분명하게 한다.
④ 각 참여자들은 투표 혹은 순위로 우선순위를 선택하는 독립된 투표에 참여한다.
⑤ 가장 많이 득표한 아이디어가 집단적 의사결정이다. 집단적 의사결정은 수학적으로 개인이 투표한 집합된 결과물이다.

┃표 11-5┃ 델파이 기법과 NGT의 비교

델파이기법(Delphi technique)	명목집단기법(NGT)
델파이 참여자들은 전형적으로 서로 익명을 요구한다.	NGT 참여자들은 알고 있는 사이다.
델파이 참여자들은 물리적으로 떨어져 있고 면대면(face-to-face)으로 만나지 못한다.	NGT 참여자들은 테이블에 둘러앉아 있어 면대면으로 만난다.
델파이 과정에서 참여자 사이의 모든 의사소통은 문서로 된 설문지 방식으로 이루어지고, 직원의 모니터링에 의해 환류된다.	NGT 과정에서 의사소통은 참여자 사이에 직접적으로 이루어진다.

3) 중위투표자 모델

중위투표자 모델(median voter model)은 시민과 정치인의 행태적 관점에서 좋은 예언적인 권한(predictive power)이며, 또한 의사소통이 어떻게 일어나는지에 대해 유용한 모델이다.

공무원은 정치 과정에서 참여하는 사람들에 대해 우선적으로 반응한다. 중위투표자는 실질적으로 투표하러 가는 일련의 사람들 사이 선호의 분배의 중심에 있는 사람들의 권리이고, 선거를 추구하는 정치들이 구애하는 사람들이다. 이에 중위투표자는 상이한 이슈에 대해 사람들의 집합 혹은 상이한 사람을 대표한다. 중위투표자는 움직이는 대상(moving target)이다. 즉 사람들의 선호는 자신들의 소득 변화와 더불어 변화한다. 또한 선호는 정보와 설득의 외부적인 자극에 따른 반응에 의해 변화한다.

선출되거나 혹은 재선되는 공무원은 투표권자의 적어도 50%의 지지를 필요로 한다. 지지를 획득하는 가장 용이한 방법은 평균으로부터 하나의 표준편차(standard deviation) 내에 위치하는 투표권자의 구역에 집중하는 것이다. 즉 평균으로부터 하나의 표준편차의 증감이 모든 투표권자의 약 ⅔를 포함하여, 확실한 다수(majority)가 된다. 이에 정치인은 투표에 있어 중위투표자의 지지를 얻기 위해 시도한다(Ulbrich, 2003: 105-107).

이와 같이 중위투표자 모델은 정부의 재정활동이 예산 제약에서 주민의 선호 극대화에 의해 결정된다는 전제에 기반을 두고 있다. 지역주민들 가운데 누구의 선호를 극대화하는 것이 타당한가에 대한 문제를 해결하는 데 있어 지역주민 중 중위소득을 갖는 투표자의 선호가 대표적인 주민의 선호라는 것이다. 이와 같이 정부의 중요한 정책은 대표적인 주민의 선호인 중위투표자에 의해 결정된다.

• 당신이 실제로 의사결정 과정에서 수행하고 있는 상황과 관련된 다음의 문항에 대해 답하시오.

의사결정 과정	의사결정기술의 진단문항	① 전혀 그렇지 않다 ←⑤ 매우 그렇다				
		①	②	③	④	⑤
긍정적 의사결정 환경 설정	나는 의사결정 과정을 시작하기 전에 실질적인 이슈(real issue)를 결정하기 위해 노력한다.					
	나는 자신의 결정을 구조화하는 데 잘 정의된 과정(well-defined process)을 활용한다.					
	나는 집단적 의사결정 과정에 있어 친구의 제안(friends' proposals)을 지지하는 경향이 있으며 그 제안과 협력하려는 방안을 찾고자 노력한다.					
	나는 나 자신의 결정을 선호하고, 내가 결정한 것을 다른 사람들이 알게 한다.					
잠재적 해결 추구	나는 문제에 대한 잠재적 해결(potential solution)을 발견하는 데 나 자신의 경험에 의존한다.					
	나는 해결과 관련하여 많은 이해관계자가 필요 이상으로 과정을 복잡하게 만든다고 생각한다.					
	나는 의사결정하기 전에 다양한 잠재적 해결을 고려한다.					
대안의 평가	나는 의사결정하기 전에 각 대안에 연계된 위험(risks)을 평가한다.					
	나는 때때로 자신의 결정에 대한 실제적인 결과(actual consequences)에 의해 놀란다.					
	내가 선택한 대안의 몇몇은 내가 기대한 것보다 집행하는 데 많은 어려움이 있다.					
의사결정	나는 문제에 대해 강한 직감(gut instinct)을 가지는 경향이 있고, 나는 의사결정에 직감을 의존한다.					
	나는 각 결정에 대해 가장 좋은 의사결정도구를 선택하기 위해 필요한 시간을 갖는다.					
	나는 결정에 있어 가장 중요한 요소를 결정					

	하고 나의 선택을 평가하는 데 이들 요소들을 활용한다.					
의사결정 점검	나는 의사결정 과정이 잘 진행되었다는 것을 알기 때문에 내가 의사결정을 한 후 이것은 최종적인 것이다.					
	내가 나의 결정에 관해 의심한다면, 나는 나의 가정과 과정을 되돌아가서 재검토(go back and recheck)한다.					
의사소통 과 집행	나는 나의 결정을 말하기 전에 집행계획(implementation plan)을 만든다.					
	나는 나의 결정을 말할 때, 합리성과 정당한 이유(rationale and justification)를 표명한다.					
	나는 내 계획의 지지를 확보하기 하는 방식으로 나의 결정이 얼마나 신뢰할 수 있는지를 강조한다.					

• 의사결정기술의 진단항목에 대한 해석

진단점수	설문결과의 해석
18~42점	의사결정이 충분히 성숙되지 않았다. 신뢰할 수 있는 의사결정을 하기 위해 시간이 요구된다.
43~66점	당신의 의사결정 과정은 만족스럽다. 당신의 기본에 대한 이해가 충분하다.
67~90점	당신은 의사결정에 있어 훌륭하게 접근하고 있다. 당신은 의사결정 과정을 어떻게 설정하고, 잠재적 해결을 어떻게 도출해야 하는 것을 알고 있다. 신중하게 대안들을 분석하고, 당신이 알고 있는 것에 기초하여 가능한 최상의 의사결정을 한다.

용어 해설

- 의사결정(意思決定, decision making) – 다양한 행동 과정 가운데 최적의 대안을 선택하는 과정이고, 특정한 문제 혹은 기회의 본질을 명확하게 하는 과정이며, 어떤 문제를 해결하기 위해 가능한 대안 가운데 하나의 대안을 선택하는 과정이며, 기회를 포착하기 위한 과정이다.

- 정형화된 의사결정(programmed or routine decision) – 본질적으로 상례적이고 반복적인 결정이며, 상당히 구조화되어 있고, 표준운영절차에 의해 이루어지고, 일반적으로 거의 사고를 요구하지 않는다.

- 비정형화된 의사결정(nonprogrammed decision) – 새롭고 비구조화된 상황을 다룰 때 이루어지는 결정이며, 문제가 명확하게 정의되지 않고, 바람직한 해결을 성취하는 데 무슨 변수들을 적용할 것인가에 대해 알려져 있지 않다.

- 합리적 의사결정(合理的 意思決定, rational decision-making) – 완전한 합리성의 개념에 기반을 두며, 의사결정자가 완전한 정보를 획득하고 보유할 수 있고, 나아가 기대한 가치를 최대화할 수 있다고 가정한다.

- 만족모형(滿足模型, satisficing model) – 제약된 상황에서 문제에 대해 최적의 해결책을 탐구하는 것이 아니라 수용할 수 있는 해결책을 찾아가는 만족 추구이다.

- 제한된 합리성(bounded rationality) – 제한된 시간 및 정보와 같은 제약 혹은 한계 내에서 가능한 합리적으로 행동하는 것을 의미한다.

- 점증모형(漸增模型, incremental model) – 인간의 인지능력의 한계와 의사결정 수단의 제약을 인정하고, 의사결정은 기존의 선택이나 결정의 점진적·부분적·순차적 수정 또는 보완으로 이해하는 관점이다.

- Allison 의사결정모델 – 쿠바 미사일 위기(Cuban missile crisis)에 대한 사례연구를 통하여 제안된 합리모델, 조직과정모델, 정부정치모델이고, 쿠바의 해안봉쇄정책은 어느 한 모델로서도 설명할 수 없으며, 이들 3가지 모델을 가지고 설명할 수 있다는 것이다.

- 쿠바 미사일 위기(The Cuban missile crisis, 일명 10월 위기) – 1962년 10월 쿠바에 탄도미사일(ballistic missiles)을 배치하려는 소련과 미국 사이에 13일 동안 대치한 카리브해의 위기(Caribbean crisis)이었다. 1961년 피그만(Bay of Pigs)의 침입에 대한 반응에 대응하여, 소련의 사정권에 속하는 이탈리아와 터키에 목성탄도미사일(Jupiter ballistic missiles) 배치에 따른 Khrushchev와 쿠바의 Fidel Castro가 쿠바 내 몇 개의 미사일 기지를 건설하는 것에 합의가 있었다. 미국은 쿠바에 들어오는 미사일을 방어하기 위해 군사적 봉쇄(military blockade)를 취했다. 즉 쿠바에 배치하는 공격적인 무기를 허용하지 않겠다는 선언이었다.

긴박한 협상기간 이후 Kennedy와 Khrushchev는 합의에 이르렀다. 소련은 쿠바 내에 공격적인 무기를 철수하고, 미국도 터키와 이탈리아에 배치하는 탄도미사일을 철수한다는 것이다. 미국과 소련의 협상은 신속하고, 분명하고 직접적인 의사소통의 필요성이 제기되었고, 결과적으로 미국과 소련의 핫라인(hotline)이 설치되었다.

■ 쓰레기통 의사결정(garbage can model) – 매우 높은 불확실성을 가진 조직에서의 의사결정을 설명하기 위해 발전된 것이며, 조직화된 무정부 상태 속에서 조직이 어떠한 결정 행태를 보여주는가를 설명하기 위한 모형이다.

■ 브레인스토밍(brainstorming) – 집단구성원의 가치를 평가하지 않고 다수의 창의적 해결을 발생시키도록 하는 과정이고, 면대면 집단에서 야기되는 어색함을 회피하고, 아이디어를 만들어내는 것을 자극하는 것이다.

■ 델파이 기법(delphi technique) – 설문지를 송부하여 관심있는 주제에 대해 익명의 판단(anonymous judgement)을 수집하는 방법이며, 각 참여자들은 면대면 만남이 허용되지 않는다.

■ 명목집단기법(nominal group techniques: NGT) – 공식적으로 만남은 허용되지만, 각 구성원에 대해 많은 논의를 허용하지 않는 방법이며, 각 구성원들은 독립적으로 자신들의 아이디어를 탐구하도록 요구한다.

■ 중위투표자 모델(median voter model) – 시민과 정치인의 행태적 관점에서 좋은 예언적인 권한(predictive power)이며, 또한 의사소통이 어떻게 일어나는지에 대해 유용한 모델이다. 중위투표자는 상이한 이슈에 대해 사람들의 집합 혹은 상이한 사람을 대표한다.

조직문화와 조직분위기

01 조직문화의 의의와 기반

1. 조직문화의 의의와 특징

조직이론에 있어 조직문화의 정의는 인류학과 사회학의 영역으로부터 왔다. 인류학자들은 기업문화보다 큰 규모의 사회 활동 및 구성원의 행동 패턴에 관심을 가진다. 인류학에서는 사회의 구조적 활동과 구성원들의 행동양식에 대한 연구를 통하여 문화적 요인들의 영향을 탐구한다. 조직이론에서 조직문화에 대한 연구는 1980년 기업의 문화(corporate culture)에 대한 연구가 시작되면서 본격화되었다고 볼 수 있다. 기업의 성공을 이끄는 다양한 요인들을 탐색하는 연구에서 기업이 가진 고유한 문화를 성공의 중요한 원인으로 꼽으면서 주목을 받기 시작했다. 이에 많은 학자들은 조직구조를 조직의 골격이라고 한다면, 조직문화는 조직의 영혼으로 묘사하며 그 중요성을 강조하고 있다.

이러한 조직문화(organizational culture)에 대해 학자들은 다음과 같이 다양하게 정의하고 있다.

① Griffin과 Moorhead(2014: 497)는 조직문화를 조직구성원들에게 어떤 행위가 수용되고 수용되지 않는지를 이해하는 데 기여하는 공유된 가치의 집합으로 정의하고 있다.

② Baker(1980)는 조직에서의 행동양식과 목표에 관하여 조직구성원들이 서로 공유하고 연관되어 있는 신념의 집합이라고 주장하고 있다.

③ Daft(2010: 374)는 조직구성원들에 의해 공유되는 가치, 규범, 신념이자 사고방식으로 새로운 구성원에 올바른 사고, 인식, 행동의 양식으로 교육되는 것이라고 정의하고 있다.

④ Robbins와 Judge(2019: 541)는 조직문화를 조직구성원들을 다른 조직으로부터 구별시키는 공유된 의미의 체계(a system of shared meaning)으로 주장하고 있다.

⑤ Schein(1985: 9)은 조직문화를 조직 또는 집단이 외부환경에 적응하고 내부를 통합하는 과정에서 특정 집단이 고안, 발견, 개발하는 일정 약식의 기본적 믿음으로, 오랜 기간 조직구성원들이 타당한 것으로 여겨 왔기 때문에 그들 사이에서 아무런 의심없이 당연한 것으로 수용되고 새로운 구성원들에게도 조직의 대내·외적 문제를 해결하는 올바른 방법으로 학습되는 것으로 정의하고 있다.

종합하면 조직문화란 대다수 조직구성원이 공유하는 주요한 가치, 가정, 합의, 규범, 사고 및 행동양식으로 정의할 수 있다. 조직문화는 조직이 운영되는 환경, 그리고 조직이 채용한 조직구성원과의 복잡한 관계를 가진다. 조직구성원은 조직에 채용되기 이전에 이미 여러 사회적·문화적 제도(가족, 공동체, 교회 및 학교)에 의해 사회화(socialization)가 되어 있다. 여기에서의 사회화란 개인이 소속되는 집단 또는 사회의 규범과 가치를 학습하여 수용하는 것을 의미한다. 이런 개인이 한 조직에 진입하여 조직구성원이 되면, 조직의 문화적 제도에 의해 영향을 받아 자신들의 가치, 정체, 기술 등은 조직의 문화(직업적, 전문적, 국가 및 지역적 문화)를 이미 수용한 다른 조직구성원 문화에 녹아들어가게 된다.

조직문화를 시스템 모델에 연계하여 이해하면, 조직문화는 시스템 모델 내에 있어 문화적 하부시스템으로 언급된다. 조직문화는 〈그림 12-1〉과 같이 두 가지 유형인 가시적 문화와 비가시적 문화로 구분된다. 가시적 요소는 우리가 여기서 일을 어떻게 해야 하는지로 구성되어 있다. 반면에 비가시적 요소는 조직적 무의식으로 구성되어 있다.

┃그림 12-1┃ 문화의 수준

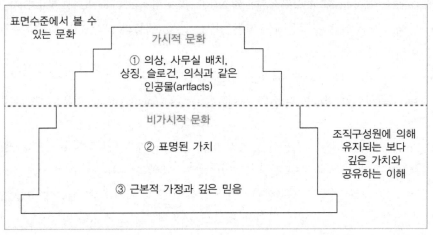

출처 : Dall(1999 : 184)

① 가시적 요소(visible elements) - 조직구성원은 가시적 문화요소(상징, 인공물 등)를 가진다. 표면 수준에서 가시적인 인공물, 즉 옷차림, 물질적 상징, 조직의 의식, 사무실 배열 등과 같이 조직구성원이 볼 수 있고, 들을 수 있고, 관찰할 수 있는 것이다.

② 비가시적 요소(invisible elements) - 조직구성원은 비가시적 문화요소(신념, 가치, 규범, 전제 등)와 논리가 서있지 않는 요소를 가진다. 보다 깊은 단계에서 사람들이 관찰할 수 없지만, 무엇을 하는 것에 대해 사람들이 설명하고 정당화하는 것을 분별할 수 있는 명시된 가치와 믿음이 있다. 즉 조직구성원이 의식적 수준에서 유지하고 있는 가치들이다. 또한 문화의 가장 깊은 본질은 기본적이고, 근본적인 가정이다.

상징은 추상적 목표를 설정하고 그 실현을 위해 다양한 집단이나 개인들을 통합시켜주는 정서적 감정의 보편성을 담고 있다. 이런 점에서 정부는 상징을 통해 공공정책을 다양한 이해집단, 개인에게 호소한다. 이러한 상징은 그것의 외적인 맥락보다 많은 감정적 의미(emotional meaning)를 전달한다. 예를 들면, 국기는 가치, 역사, 전통 및 감정을 구현하는 상징이다.

또한 문화적 가치는 자신들의 상징을 통해 의사소통한다. 조직에 있어 보다 복잡하고, 혼란하고, 불확실한 상태일 경우 상징이 조직구성원에 대해 의미와 방향성을 제공한다는 점에서 매우 중요하다.

이런 의미에서 신화(myths), 의식, 격식, 스토리, 전설(saga)과 같은 상징은 조직구성원과 비구성원에 대해 불확실성을 줄여준다. 즉 모든 문화에 있어 사람들은 불확실성으로부터 확실성을 창출하기 위해 그리고 혼돈과 미스터리(mystery)로부터 의미를 창출하기 위해 상징을 만들고 활용한다.

특히, 정치는 담화(politics is talk)라는 말처럼 상징은 사회구성원들의 정치적 동원화에 결정적인 역할을 수행한다. 즉 상징은 정치적 동원, 정당성, 사회결속 등을 위해 중요한 요소이다.

출처 : Cooper, et al.(1998: 254); 조현수(2010: 205)

〈그림 12-2〉와 같이 문화적 전제는 조직에 선택적 정보(selective information)만을 허용하는 환경으로부터 데이터를 여과시킨다. 이리하여 조직은 조직과 구성원들이 이미 무엇을 믿고 있는가를 보여준다. 환경에 대한 조직적 해석은 조직의 문화적 전제에 의해 해석이 이루어진다. 즉 조직이 세상을 이해하는 눈으로 작용하게 된다. 또한 문화는 조직구성원 사이에 공유되기 때문에 개개인의 행태를 표준화하는 데 있어 강력한 메커니즘 또는 영향력으로 작용한다. 문화의 기본적 초점은 구조보다는 과정에 있다. 즉 문화가 조직의 기능에 어떻게 침투되는가 하는 것이다.

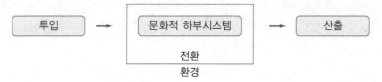

출처 : Narayanan & Nath(1993 : 449)

이러한 문화에 관한 정의에 비추어 보면, 조직문화는 조직구성원의 행태에 영향을 미치고 있기 때문에 강한 문화는 조직행태에 매우 강하게 영향을 발휘한다. 또한 문화는 조직구성원들에게 수용할 수 있는 행태의 코드(codes of acceptable behavior)를 전달 및 확산시킴으로써 비공식적으로 행태를 표준화시키며, 통제기제(control mechanism)로 기능한다. 이러한 문화는 다음과 같은 구성요소가 포함된다.

① 문화는 학습된다. 문화는 인간이 태어나면 부여받는 것이 아니라 인간의 창조물이다. 인간은 문화의 요소들을 학습하고, 구성하고, 전수한다.

② 문화는 집단에 있어 공유된다. 이에 문화는 문화의 구성요소와 외부인 사이를 구별하게 한다. 또한 문화는 다른 사람과 의사소통을 가능하게 한다. 문화는 한 사회 내의 개인들 간의 관계를 조정한다. 문화는 사회를 함께 유지하게 하는 접착제이다.

③ 문화는 행태에 영향을 미친다. 조직문화는 구성원들의 행동을 형성하는 데 있어서 통제 메커니즘으로 기능한다. 이처럼 문화는 조직에 있어 조정 메커니즘의 역할을 한다.

④ 문화적 상징과 의미는 밀접한 관계가 있다. 이를 문화의 패턴이라고 한다. 이리하여 한 요소의 변화는 관련된 요소 사이의 변화를 유도한다.

⑤ 문화는 도구적 요소와 표현적 요소(instrumental & expressive elements)를 포함한다. 문화는 조직의 가치가 확산되고 정착되게 한다. 도구적 가치는 목표에 대응한 수단을 끌어당기는 것을 다룬다.

앞에서 언급한 것처럼 개인이 문화를 학습하여 집단 또는 조직에 융화되는 과정을 사회화(socialization)라고 한다. 사회화 과정을 보면, 첫 번째 사회화는 가족에서 일어나고, 보다 광범위한 사회에서 참여하는 동안에 일어난다. 개인이 보다 광범위한 사회경제적 세계(직장, 동호외 등)에 참여하는데, 관련된 부가적, 문화적 지식을 학습하는 동안에 두 번째 사회화를 학습하게 된다. 예를 들어 직업적 측면에서 변호사는 법률문화를 학습하고, 의사는 의료문화를 학습하게 된다. 세 번째 사회화(tertiary socialization)는 개인들이 특정한 조직 내에서 허용되는 행위규범(codes of conduct)을 학습하는 조직에서 일어난다.

문화와 종교(culture vs religion)

문화와 종교의 주요한 차이점은 문화는 인간의 공유된 가치에 기반 하지만, 종교는 전반적으로 신과 연계되어 있다. 세계의 대부분 종교는 신(God)으로부터 유래되었다.
- 문화는 전개(evolution)의 과정이지만, 종교는 계시(revelation)의 과정이다.
- 문화는 실질적인 형태로 존재하지만, 종교는 성전과 같은 문서 형태로 존재한다.
- 문화는 인공적인(manmade) 반면에 종교는 전적으로 신에 의해 이루어진다.
- 다른 2개의 종교는 대체로 같은 문화를 공유하지만, 같은 종교는 다른 문화를 가지지 않는다. 미국에 거주하는 기독교인과 이슬람교인의 몇몇 관습은 유사하다.
- 문화는 시간이 경과함에 따라 다양하지만, 종교의 기본구조는 고칠 수 없다.

---

2. 조직문화의 기반

조직문화의 연구는 먼저 인류학자와 정신분석(psycho-analysis)에 의해 발전되었다. 인류학자들은 문화가 특정 집단에 대한 연구와 연계되는 것으로 이해했다. 이러한 특정 집단과 그 집단의 고유한 문화는 다른 집단들과 구별되는 특성 그리고 문화적 차이로 관심의 초점을 이전하게 했다.

인류학자에 따르면, 한 사회의 문화는 사회의 문제를 해결하기 위한 일련의 방식(set of arrangements)으로 구성된다. 반면에 조직문화는 다소 독특하다. 또한 조직은 상징적 실체이다. 공유된 상징시스템으로써 조직문화는 그 자체의 스토리, 신화, 언어를 나타낸다. 조직문화적 양태는 조직에서의 개인들 사이에 공유하는 의미의 코드(codes of meaning)를 포함한다.

정신분석에서 조직문화는 무의식의 요소이다. 이러한 조직문화는 실행을 통해 지속적으로 진화한다. 즉 조직은 조직에서의 언어, 신화 및 공유하는 의미의 코드에 대한 역할을 강조한다. 이에 문화는 가끔 지식의 시스템으로 간주되기도 한다.

① 제2차 세계대전 이후 – 제2차 세계대전 이후 미국 경영방식의 성공은 미국에

서 발달한 경영방식의 보편적인 적용에 대한 신념을 보다 강화하게 만들었다. 이후 미국에 기반을 둔 조직이 해외에 경영상품을 수출하기 시작했을 때 문화의 중요성에 관심을 가지게 되었다. 특히 몇몇 나라에서의 다국적 기업 경영 현실이 미국의 경영현실을 적용하는 데 어려움을 겪게 되었다. 이에 정부와 민간기업의 관리자들은 외국에 소재하는 조직에 대해 미국의 경영방식을 적용하는 데 의문을 가지게 되었다.

특히 1952년 Elliott Jaques는 「변화하는 공장 문화(The Changing Culture of a Factory)」에서 조직문화를 개념화하기 위해 시도했다. Jaques는 조직구조에 초점을 두는 것은 조직연구자들을 조직생활에 대한 인간적 요소와 감정적 요소를 무시하게 한다고 주장한다. Jaques는 조직에 대해 문화의 개념을 적용함으로써 조직생활에 있어 이들 비인간적, 구조적 요소들을 보완하고자 했다. 비교문화방법(cross-cultural method)은 문화유형 사이의 유사점과 차이점을 발견하도록 설계된다. 이러한 방법은 미국의 관리기법을 다른 나라에 이식하는 다국적 기업과 정부로부터 일어난다. 또한 비교관리학자들은 문화를 조직이 매우 약하게 통제하는 중요한 환경적 변수로 규정하고 있다.

② 일본 경영시스템(Japanese management system)과 국가문화에 대한 관심 – 1960년대 말과 1970년대 초에 일본 경영시스템의 성공이 조직문화의 역할에 대한 관리적 의식을 촉발하는 계기가 되었다. 이 당시에 많은 산업분야에 있어 일본 기업의 경영성과가 전형적인 미국 기업과 유럽 기업의 성과보다 앞섰다. 특히 William Ouchi 그리고 Anthony Athos와 Richard Pascale 팀이 미국 기업과 일본 기업의 연구를 통해 조직문화의 중요성을 안내했다. 이들 학자는 조직문화가 조직시스템의 다른 국면보다 조직의 성공에 많은 영향을 줄 수 있다고 주장한다. 특히 Ouchi는 Theory Z에서 시장 메커니즘과 관료제적 통제시스템에 대한 바람직한 대안으로써 조직문화를 활용하고 있다. 즉 조직의 효과성과 경쟁력을 향상시키는 데 유용한 것으로 조직문화를 기술하고 있다.

또한 네덜란드의 조직이론가인 Geert Hofstede는 1970년대 후반에 72개 국가에 소재하는 IBM의 약 88,000명을 대상으로 국가문화의 영향을 연구했다. Hofstede(1980, 2001)의 조직문화에 대한 접근은 조직이 보다 큰 문화시스템의 하부문화라는 사고에 기원을 두고 있다. 특히 Hofstede는 IBM 하부문화에 있어 국가문화적 차이의 구별되는 패턴을 발견했다. IBM 조직문화 내에 작동되는 국가문화적 차이에 대한 5가지 차원 - 권력거리(power distance), 개인주의와 집단주의(individualism vs. collectivism), 남성성과 여성성(masculinity vs. femininity), 불확실성 회피(uncertainty avoidance), 장기적 지향 과 단기적 지향(short-term vs. long-term orientation) - 을 보여주고 있다.

① 권력거리는 사람들이 권력이 불균등하게 배분 또는 분포되어 있는 것을 수용하는 정도를 의미한다. ② 개인주의와 집단주의는 개인의 활동을 선호하는 개인주의와 개인보다 소속되어 있는 집단의 구성원으로서의 활동을 강조하는 집단주의를 포괄한다. ③ 남성성과 여성성은 성취, 권력, 통제 등 전통적인 남성적 역할에 대해 어느 정도 우호적인지를 의미하는 남성성과 남성적 가치의 정반대적 가치를 추구하는 여성성을 의미한다. ④ 불확실성 회피는 사람들이 모호하고 비구조화된(unstructured) 상황보다 구조화되고 명확한 환경을 선호하는지를 의미한다. ⑤ 장기적 지향과 단기적 지향은 사회의 시간 범위를 의미하며 장기적 지향은 미래를 중시하고 장기적인 성공을 위해 현재를 희생할 수 있는 태도를 의미하여 단기적 지향은 상대적으로 빠른 성취 및 성과를 추구하는 것을 의미한다.

이 연구에서 조직문화는 사회가 조직에 영향을 미치는 정문(portal)이라는 것을 보여준다. 국가문화적 특성은 조직문화를 위한 맥락을 제공하는 의미의 망(the web of meaning)으로 보여줄 수 있다.

SECTION

02 조직문화의 기능과 유형

1. 조직문화의 기능

조직문화를 연구하는 학자들은 조직문화의 역할에 대해서도 꾸준하게 연구해 오고 있다. 이들 학자는 다음과 같은 물음을 통해 조직문화의 역할에 대해 탐색하고 있다.

이러한 조직문화의 주요한 기능은 〈그림 12-3〉과 같다.

① 협업(cooperation) - 공유하는 가치와 가정을 제공함으로써 문화는 호의와 상호신뢰를 향상시키고, 협력을 제고할 수 있다.

② 통제(control) - 문화는 어떠한 행태유형을 허용하거나 금지하는 등의 조직의 교묘한 통제시스템으로 기여한다.

③ 의사소통(communication) - 문화는 의사소통의 문제를 줄인다. 즉 말하지 않고도 통하게 한다.

④ 몰입(commitment) - 사람들은 문화와 함께 자신의 정체성을 확인할 때 조직에 대해 몰입을 느낀다.

⑤ 지각(perception) - 개인이 보는 것은 다른 사람과 공유하는 공통적인 경험에서 보는 것에 의해 조건화된다.

⑥ 행태의 정당화(justification of behavior) - 문화는 조직구성원에게 자신의 행태에 대해 정당성을 제공한다.

▌그림 12-3 ▌ 조직문화의 기능

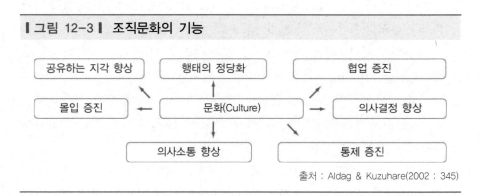

출처 : Aldag & Kuzuhare(2002 : 345)

문화가 조직기능에 어떻게 영향을 미치는가, 문화와 효과성은 어떠한 관계가 있는가, 효과적 조직에 대한 문화적 특성은 무엇인가, 리더가 문화를 어떻게 창조하는가, 문화가 구성원의 세대 간에 어떻게 유지되고 전달되는가라는 시각에서 다음과 같이 문화의 기능을 이해할 수 있을 것이다.

1) 조직기능에 대한 영향

조직문화는 새로운 전략을 이행하는 데 있어 조직능력을 향상시키거나 방해할 수 있다. 즉 조직문화를 통한 공유된 믿음과 가치는 구성원 사이에 일체감과 몰입을 증대시킨다. 하지만 조직문화가 새로운 경영에 적합하지 않다면 새로운 전략에 대한 이행 노력은 실패할 수 있다. 이런 맥락에서 새로운 전략을 이행하기 전에 문화변화접근법을 채택하기도 한다.

조직문화의 순기능	조직문화의 역기능
① 정체성의 원천을 제공(provides source of identity) – 조직구성원에게 정체성을 지각하게 한다. ② 안정성 향상(encourages stability) – 조직문화는 사회시스템의 안정성을 높여주고, 조직구성원 사이에 일체감과 몰입을 증대시킨다. ③ 행태통제(behavioral control) – 조직구성원의 행동과 태도를 통제하는 메커니즘의 기능을 한다. 즉 조직문화는 조직구성원의 행태적 가변성(variability)을 통제한다.	① 변화와 향상에 대한 장벽(barrier to change and improvement) – 조직문화는 변화에 대해 저항한다. 조직문화의 가치와 조직변화가 갈등할 때 변화에 대해 저항한다. ② 다양성에 대한 장벽(barrier to diversity) – 강한 조직문화는 조직구성원 사이에 행태의 일관성과 통일성(uniformity)을 일으킨다. 이러한 가치는 의사결정에 있어 다양한 관점을 고려하는 데 장애가 된다. 보다 다양한 의사결정 팀이 다양한 조직환경에 대해 보다 창의적(creative)일 것이다. ③ M&A에 대한 장벽(barrier to mergers and acquisitions) – 조직 혹은 부서의 합병은 단일의 단위에서 운영할 수 있는 조직문화를 요구한다. 이에 강한 조직문화는 두 조직 간의 합병에 있어 갈등을 초래하게 한다. 즉 조직 혹은 부서의 합병은 조직 간 문화가 얼마만큼 조화되는지가 중요한 과제일 것이다.

2) 조직효과성과의 관계

Jay Barney(1986)는 다음의 조건을 만족시킨다면 조직문화는 상당히 높은 경제적 성과를 이끈다고 주장한다. ① 문화는 가치가 있어야만 한다. ② 문화는 진귀한 것이어야만 한다. 대다수 조직에서의 문화가 공통적인 것이 아니어야 한다. ③ 문화는 불완전한 모방이어야만 한다. 이에 강한 문화는 경제적 성과에 기여한다. 이리하여 조직문화는 경쟁적 이점의 원천이며, 조직의 장기적 성과에 영향을 미친다.

3) 효과적인 조직문화의 특성

효과적인 조직의 문화적 특성은 다음과 같다. ① 행동에 대한 편견(a bias for action), ② 고객에 대한 접근(close to the customer) – 조직은 봉사하는 사람으로부터 학습한다. ③ 자율성과 기업가 정신(autonomy & entrepreneurship), ④ 사람으로부터의 생산성(productivity through people) – 효과적인 조직은 일반구성원을 질과 생산성의 이점을 위한 원천으로 간주한다. ⑤ 직접 해보고, 가치지향적(hands-on, value driven) – 효과적인 조직은 조직성공에 대한 설명에서 가치를 가장 중요한 것으로 생각한다. ⑥ 밀접하게 결합(stick to the knitting), ⑦ 단순한 방식, 구성원에게 의지함(simple form, lean staff) - 조직의 구조적 방식과 시스템은 단순하다. ⑧ 동시적으로 느슨-긴축한 특성(simultaneous loose-tight properties) - 효과적인 조직은 집권화와 분권화 모두 아우른다.

조직성장을 제한하는 문화적 가치(cultural values)

- 관리자와 관리가 신뢰받지 못하고 있다(not be trusted).
- 상관의 요청(requests)이 부하들의 기대에 부합하지 못하다면 상관을 따르지 않게 된다.
- 경력개발과 작업수행(career development and task accomplishment)이 별로 중요하지 않다.
- 사회적 지위(social standing)를 결정하는 데 있어 생득권(birthright)이 성취보다 중요하다.
- 아들이 아버지의 발자국(father's footsteps)을 따라간다.
- 아들이 자신의 아버지보다 잘할 수 있다는 것을 기대하지 않는다.
- 다른 사회적 기능에 기여하는 조직이 서로 경쟁한다.
- 다른 것을 판단하는 데 부와 소득(wealth and income)이 활용되고 있다.
- 생각과 감정(feeling and emotions)이 비용편익분석보다 결정에 활용된다.
- 미래를 예측하는 시도는 별로 유용하지 않다.
- 안정(stability)이 변화보다 선호되고 있다.

출처 : Farmer & Richman(1965)

---

4) 리더십과 문화

문화가 어떻게 창조되는가? 문화는 어떻게 변화되는가? 이 문제의 해답은 강한 리더가 조직문화의 창조와 변화를 이끌어내는 힘이라는 것이다. 기업가 정신 혹은 조직창설자는 조직문화의 형성에 영향을 미친다. 즉 이들은 자신들의 과거 경험뿐만 아니라 사회화 과정에 학습된 가치를 조직에 불어넣는다. 예를 들면, 강력한 창설자로 IBM의 Tom Watson, Sony의 Akio Morita 등이다.

조직문화의 변화를 일으키는 리더는 변혁적 리더(transformational leaders)라 명명한다. Rosabeth Moss Kanter(1983)는 이들을 변화의 달인(change masters)라고 명명한다. 변화의 달인은 적기적소에 적임자(the right people in the right place at the right time)라는 것이다.

또한 Peters와 Waterman(1982)에 따르면, 최고관리자의 직무는 가치를 명확하게 설정하고, 광범위하게 전달하고, 업무상황에서 조직문화 확립(culture building)을 통하여 리더십을 보여주는 것이다. 공식적 정책, 비공식적 이야기, 의식뿐만 아니라 규칙은 강한 문화를 만든다. 효과적인 문화는 명확하고, 통일되고, 조화롭고, 관리적으로 통합되어야 한다. 반면에 알력이 있고 갈등을 제공하는 다원적 문화(pluralistic cultures)는 역기능적인 것으로 간주되고, 비생산적인 지표이다. 명확한 가치를 명확하게 하는 강한 리더십이 반대를 극복할 수 있다. 이에 문화는 조직의 목적과 개인적 욕구와 함께 유지되는 접착제가 되어야 한다.

5) 문화의 유지와 전승

인적자원관리의 시각에서 보면, 문화의 유지 과정은 모집과 선발에 초점을 둔다. 이점에 있어 Benjamin Schneider는 강한 문화는 조직구성원의 체계적인 선발 과정에 의해 유지된다고 지적하며 ASA(Attraction-Selection-Attrition) 이론으로 설명한다. Schneider(1987)가 제시한 ASA 이론은 심리학 이론으로 인간이 왜 특정 조직에 진입하고 이탈하는지를 설명하는 이론이다. ASA 이론에 따르면 사람은 개인적 차원에서 가지고 있는 가치와 규범 등을 공유하는 특정 조직에 유인(Attraction)을 느끼게 된다. 따라서 사람은 높은 유인을 느끼는 조직에 지원하게 되고, 조직은 지원한 개인이 조직의 가치, 규범, 신념과 부합한다면 선발(Selection)하게 된다. 이렇게 선발된 개인들이 모인 집단인 조직은 조직문화를 수용할 수 있거나 바람직하다고 믿는 구성원으로 조직화되어 조직문화는 더욱 강화된다.

이러한 과정에서 새로운 조직구성원은 조직문화를 수용하기 위한 사회화의 기간을 겪는다. 또한 조직의 리더는 조직의 지배적인 가치와 신념이 강화되기 위해서 의식을 도입하기도 한다. 의식은 특별한 이벤트로 구성된 면밀하게 계획된 활동이다. 이러한 의식은 사람들의 사이에 특별한 결속을 가져오게 하고, 공통적 이해를 조성하고 핵심적 가치를 강화시킨다.

2. 조직문화의 유형

하부문화(subculture)는 한 사회의 다수(majority)에 의해 보유하는 것과 구별되는 가치와 규범을 가진 그룹의 문화이다. 이점에서 하부문화는 조직 내에 구별되는 그룹으로써 조직구성원을 확인할 수 있기 때문에 조직구성원들의 부분집합(a subset of an organization's members)이다. 이들 하부문화는 공유하는 전문가적,

성별을 반영하며, 인종적, 민족전통적, 직업적 정체를 반영할 뿐만 아니라 국가 혹은 지역문화의 영향을 반영한다. 이런 하부문화의 사례로 히피(hippies), 고트족(Goths), 힙합 팬, 헤비메탈(heavy metal), 바이크(bikers) 등이 있다.

이러한 하부문화는 조직구성원이 상호작용할 때 발달되는 친밀성에 기반하여 형성될 수 있다. 나아가 조직구성원은 같은 조직에서 소속하기 때문에 하부문화는 서로 밀접한 관계를 가진다.

이 책에서 몇몇 학자들이 제시하는 조직문화의 유형을 살펴보면서 조직문화의 특성을 이해하고자 한다.

1) Siehl과 Martin의 분류

조직의 하부문화에 대해 Caren Siehl과 Joanne Martin은 다음의 4가지 방식으로 하부문화는 서로 반응한다고 지적한다. 즉 조직의 하부문화와 기업문화 사이의 가능한 관계를 다음과 같이 정의한다.

① 지배적 문화(dominating subcultures)는 최고관리자가 내세우는 기업문화(corporate culture)로 언급되는 것이다.

② 지원적 하부문화(enhancing subcultures)는 조직문화를 열광적으로 지지한다.

③ 직각의 하부문화(orthogonal subcultures)는 지배적인 하부문화를 방해하지도, 찬양하지도 않는 독립적인 가치와 신념을 유지한다.

④ 반문화(countercultures)는 조직문화에 적극적으로 도전하는 가치와 신념을 유지한다.

2) 경쟁가치모형

조직문화를 연구하는 데 있어 가장 보편적으로 활용되는 이론 중에 하나가 바로 경쟁가치모형이다. Quinn & Rohrbragh(1983)는 다양하고 배타적인 조직문화를 파악할 수 있는 분석 틀로써 경쟁가치모형(competing value approach, CVA)을 제시하고 있다. 즉 환경, 전략 및 가치 사이의 적합성(fit)은 〈그림 12-4〉와 같이 4가지 문화범주와 연계되어 있다.

이들 문화적 차이는 2가지 차원 - ① 외부적 환경(external environment)이 유연성 혹은 안정성을 요구하는 정도, ② 전략적 초점(strategic focus)이 내부적 혹은 외부적인가의 정도 - 에 기초한다(Daft, 1999: 193-195). 4가지 문화적 가치의 상대적 강조점은 조직적, 전략적 초점과 외부환경의 요구에 의존한다. 환경적 조건이 변화함에 따라 리더는 조직이 새로운 요구를 대응하는 데 돕는 새로운 문화가치를 불어넣어야 한다.

〈그림 12-4〉와 같이 관료주의 문화와 시장문화는 안정성에 초점을 둔다. 통제에 기초한 위계문화는 대체로 점진적 변화를 추구한다. 씨족문화와 진취문화는 유연성과 적응성(adaptability)에 초점을 둔다. 기업가문화는 획기적인 변화를 이끄는 데 보다 많이 초점을 둔다.

───

┃그림 12-4┃ 4가지 문화의 가치

전략적 초점(strategic focus)

	내부적 초점	외부적 초점
유연성 (flexibility)	**씨족문화(집단, 친화문화)** • 협력 • 배려 • 동의 • 공정 • 사회적 형평성	**기업가(발전, 진취)문화** • 창의성 • 실험 • 위험 • 자율성(autonomy) • 반응성
안정성	**관료주의문화(위계문화)** • 경제성 • 형식(formality) • 합리성 • 명령(order) • 복종(obedience)	**시장(성취, 합리)문화** • 경쟁 • 완벽주의 • 공격성 • 근면 • 개인적 독창성

외부적 환경

출처 : Daft(1999 : 194)

───

(1) **기업가문화** – 기업가(발전, 진취)문화(entrepreneurial culture)는 환경으로부터 새로운 행태반응에의 신호를 해석하고 전달하는 조직적 능력을 지원하는 가치를 조장하는 전략적 리더에 의해 특징지어진다.

조직구성원들은 의사결정에 자율성을 가지며, 새로운 요구에 자유롭게 대처하고, 고객에 대한 반응성에 높은 가치를 부여한다. 리더는 창의성, 실험, 공격적인 기회 탐색 및 위험 감수을 조장하고, 보상에 의한 적극적 변화를 일으킨다. 이에 구성원은 동태적 변화, 개인적 창의성 및 자율성이 표준적 실체라는 것을 이해하게 된다.

(2) **시장(성취, 합리)문화** – 시장(성취)문화(market culture)는 조직목표의 분명한 비전에 의해 특징지어진다. 리더는 구체적 목표 – 성장, 이윤, 시장점유율 – 의 성취에 초점을 둔다. 조직구성원은 조직과 계약적 관계를 맺으며, 팀워크과 응집성의 감정이 적다. 조직은 외부환경에 있는 구체적인 고객에게 봉사하는데 관심을 둔다. 급격한 변화는 시장(성취)문화에 적합하다. 이것은 결과지향(results-oriented)의

가치(결과를 성취하는 데 있어 경쟁, 공격성, 개인적 독창성, 자발성)이다. 승리에 대한 강조는 조직을 함께 결속하는 접착제이다.

(3) 씨족(집단, 친화)문화 - 씨족문화(clan culture)는 외부환경으로부터 변화하는 기대에 대응하기 위해 조직구성원의 관여와 참여에 있어 내부적 초점을 가진다. 이 문화는 조직구성원의 요구에 대응하는 데 가치를 둔다. 이들 조직은 일반적으로 친숙한 장소이며, 구성원을 한 가족으로 본다. 리더는 협력, 구성원과 고객 모두에 대한 배려를 강조하고, 지위적 차이를 배제한다. 또한 리더는 공평성, 다른 사람과의 동의를 중요하게 여긴다.

(4) 관료주의(위계, 보존)문화 - 관료주의문화(bureaucratic culture)는 내부적 초점과 안정적 환경에 대한 일관성 지향이다. 이 문화는 경영활동에 있어 질서정연하고, 합리적이고, 명령적인 방식을 지지한다. 이 문화의 가치는 규칙을 따르고 절약하는 것이다.

┃ 표 12-2 ┃ 경쟁가치문화모형 설문지 사례

조직문화	설문항목
씨족문화 (관계문화) (친화문화)	• 우리 조직의 결속력 원천은 상호신뢰이다. • 우리 조직의 리더는 조언자, 후원자 역할을 한다. • 우리 조직은 매우 인간적이며 참여를 중요시한다. • 우리 조직의 분위기는 동료 간에 우호적인 분위기가 형성되어 있다.
관료주의 문화 (위계문화) (보존문화)	• 우리 조직의 결속력 원천은 공식적 규정과 지침이다. • 우리 조직의 리더는 조정자, 중재자 역할을 한다. • 우리 조직은 제도화되어 있고, 안정성을 추구한다. • 우리 조직의 업무협조는 공식적 절차나 과정을 통해 이루어진다.
기업가문화 (변화문화) (진취문화)	• 우리 조직의 결속력 원천은 변화와 발전에의 몰입이다. • 우리 조직의 리더는 기업가, 혁신가적이다. • 우리 조직은 역동적이고 진취적이며, 변화에 대한 수용성이 강하다. • 우리 조직의 조직분위기는 경쟁적이고 도전적인 분위기를 선호한다.
시장(성취) 문화 (합리문화)	• 우리 조직의 리더는 성과지향적이며, 강한 추진력을 보인다. • 우리 조직은 경쟁과 과업성취를 중시한다. • 우리 조직의 결속력 원천은 과업성취와 목표달성이다. • 우리 조직은 구성원에 대한 평가를 개인의 실적위주로 한다.

출처 : 서인석 · 윤우제 · 권기헌(2011); 조성호 · 안대영(2014)

3) Deal과 Kennedy의 분류

Terrence Deal과 Allen Kennedy(1982)는 조직환경이 조직구조에 강력한 영향을 미칠 뿐만 아니라 조직문화에 있어 가장 영향을 미치는 변수로 이해한다. 즉 조직은 생존을 위해, 충분한 자원을 획득하기 위해 어떻게 조직환경에 대응하는가를 학습해야만 한다. 그리고 문화는 환경을 반영한다.

Deal과 Kennedy는 수백 개의 기업문화를 연구한 이후, 〈그림 12-5〉와 같이 위기적 환경에서의 구성원 규모와 조직환경으로부터 환류되는 속도에 기초하여 4개의 문화를 제시하고 있다.

┃그림 12-5┃ Deal과 Kennedy의 문화 유형

	높은 위기 환경 (high-risk environment)	적절하거나 적은 위기 환경 (moderate or low-risk)
환경으로부터 빠른 환류 (fast feedback)	무법자, 마초문화 화장품회사, 벤처회사	억척스러운 문화 부동산회사, 방문판매회사
환경으로부터 느린 환류 (slow feedback)	투기형(돈내기)문화 우주항공산업, 제약회사	과정문화 학교, 정부조직

출처 : Deal & Kennedy(982)

(1) **무법자, 마초문화**(tough-guy, macho culture) - 위기가 많고 빠른 활동 환경에서 운영되는 조직에 있어 조직구성원은 생존하기 위해 거칠고 용감해야 하는 문화를 발전시켜야 한다.

마초문화의 사례로 건설, 화장품, 벤처자금, 엔터테인먼트산업을 들 수 있으며, 이들 문화환경은 성공 혹은 실패가 매우 빠른 프로젝트에 대규모 자금의 투자를 요구한다.

이 유형의 문화에서 영웅은 기꺼이 위험을 무릅쓰는 사람과 책임지고자 하는 사람이다. 실패의 비용이 가끔 크기 때문에 전설은 여러 번의 성공과 실패를 경험한 사람에 의해 이루어진다.

마초문화에서 짧은 기간의 성공은 장기적인 계획에 있어 가치있다. 미신은 실수로부터 학습되는 방식이다. 마초문화는 Steven Spielberg, Lee Lacocca, Helena Rubenstein와 같은 스타로부터 형성되었다.

(2) 억척스러운 문화(work hard/play hard culture) - 이 문화는 피드백이 빠르지만 위기가 크지 않는 환경에서 번창한다. 기본적인 가정은 성공이란 많이 문을 두드리는 것으로부터 오고, 많은 에너지의 양이 성공의 기준이 된다.

이 문화의 사례는 부동산, 패스트푸드 프랜차이즈, 방문판매 등의 대규모 시장판매에 관련된 대부분 환경이 포함된다.

이 유형의 문화에서 영웅은 많은 에너지와 다변가, 대규모 판매가이다. 팀플레이가 매우 중요하다. 열심히 노력하고 어떠한 장벽도 극복할 수 있다는 신념의 팀플레이가 장려된다.

(3) 투기형(돈내기)문화(bet-your-company culture) - 이 문화는 대규모의 자금과 시간의 투자가 요구되고, 투자가 성공인지 혹은 실패인지에 대한 확인에 있어 수년의 시간이 요구되는 조직환경이다. 이 문화의 사례로 석유회사, 우주항공산업, 제약회사, NASA와 같은 환경이다. 이들 조직은 R&D에 대규모 자금을 투자해야 하고, 실험에 대한 검증과 정부규제에 있어 몇 년을 소요해야 한다.

이들 문화는 경험에 좋은 가치를 부여하고 미래를 매우 강조한다. 조직에서 영웅은 많은 양의 기술적 전문성, 끈질김 및 참을성을 가진 사람이다. 의사결정은 매우 신중하고 느리며, 전문가적 권력과 합법적 권력에 대해 존경한다.

(4) 과정문화(process culture) - 이 문화는 대부분 조직기능이 비교적 차분한 환경(sedate environment)이다. 즉 위기는 좀처럼 크지 않고, 피드백은 느리거나 좀처럼 전달되지 않는다. 이들 문화의 사례는 학교와 대부분 정부조직이다.

과정문화는 세부적인 사항과 서류작업에 많은 관심을 가진다. 또한 이 문화의 가치는 철두철미, 루틴, 순응 및 표준이다. 감사가 공통적인 의식이다.

4) 강한 문화와 약한 문화

〈그림 12-6〉과 같이 강한 문화적 가치와 약한 문화적 가치에 관한 사고는 집단구성원 사이에 넓게 공유하는 정도와 문화가 깊게 박혀있는 정도에 따라 문화를 개념화할 수 있다. 대체로 조직문화가 강할 때 집단 내 대부분의 사람들은 그 문화에 동의한다. 반면에 조직문화가 약할 때 사람들은 문화에 대해 동의하는 것이 적다.

┃그림 12-6┃ 문화강도의 매트릭스

깊음	좁은 공유와 깊은 유지 (narrowly shared/deeply held) 이 가치에 대한 위반은 보통 비공식적이지만 중요한 제재(sanctions)가 초래된다.	넓은 공유와 깊은 유지(강한 문화) (widely shared/deeply held) 이 가치에 대한 위반은 보통 공식적이고 중요한 제재가 초래된다.
↑ 가치 유지 ↓	좁은 공유와 낮은 유지(약한 문화) (narrowly shared/shallowly held) 이 가치에 대한 위반은 보통 일관성 없는(inconsistent) 제재가 초래된다.	넓은 공유와 낮은 유지 (widely shared/shallowly held) 이 가치에 대한 위반은 보통 미미한 제재나 또 한 번의 기회(second chance)가 주어진다.
낮음	좁음 ← 가치 공유(value shared) → 넓음	

출처 : Black & Porter(2000 : 105)

(1) 강한 문화(넓은 공유와 깊은 유지문화)

강한 조직문화(strong culture)는 조직구성원 사이에 높은 수준의 동의와 몰입이 있고, 조직구성원에 의해 광범위하게 공유되는 가치이다. 이 문화는 조직구성원에게 조직의 공동목표를 달성하기 위해 유사한 방향으로 안내한다. 이처럼 강한 조직문화는 강력하다.

강한 조직문화는 문화적 가정, 가치 혹은 규칙이 넓게 공유되고 깊게 박혀있어 상당한 보상 혹은 처벌이 동반되는 문화이다. 이들 문화에서 가치와 규칙은 조기에 학습할 가치가 있다. 강한 조직문화는 조직을 이끄는 가치에 대해 조직구성원이 강력하게 동의하며, 조직 외부에서조차 인식될 수 있을 정도로 강렬하게 형성된 조직문화이다(황규대 외, 2011: 550).

특히 강한 문화의 조직구성원과 관리자들은 자신들에게 요구하는 것을 이해하고 핵심적 가치에 부합하게 행동하려고 노력한다. 이런 의미에서 강한 문화는 경쟁적 이점의 원천일 수 있다. 즉 강한 문화는 높은 성과를 창출하는 데 기여한다. 높은 성과문화는 결과지향적이며, 성과에 대한 적극적 압박이 있는 환경에서 산출된다.

강한 문화는 다음과 같이 일련의 건전한 특성을 소유하고 있다.

① 문화강화의 도구(culture-reinforcing tools) – 이들 도구에는 의식, 상징, 언어, 행태적 규율, 정책이 포함된다. 강한 문화는 예외적인 성과를 산출하기 위해 이들 도구를 활용한다.

② 강렬한 사람지향(intensely people oriented) – 강한 문화의 조직은 다양한 방식

으로 조직구성원에 대해 관심(존엄과 존경으로 조직구성원을 대함, 조직구성원에게 충분한 자율성 부여, 조직구성원의 성장과 발전을 위해 관리자에게 모든 책임을 부여 등)을 표출한다.

③ 결과지향적(results oriented) 자세 – 양적인 성공 측정은 뛰어난 업적을 수행한 조직구성원을 선발하고 보상을 제공하기 위해 활용한다.

④ 성취와 수월성의 강조(emphasis on achievement and excellence) – 강한 문화의 조직에서는 최고를 위해 건설적인 압력을 가하는 분위기를 만든다. 관리는 조직구성원들에게 최선을 다하도록 영감을 부여한다.

이러한 강한 문화에서 행태는 변화하기가 매우 어렵다. 이것을 핵심 가치 (core value)라 부른다. 조직에서 신입직원은 조직의 핵심 가치와 자신의 가치가 합치된다면 프리미엄의 위치에 놓이게 될 것이다. 이리하여 강한 조직문화는 조직의 응집력과 구성원의 몰입을 제고하는 긍정적 효과가 있으나, 조직의 환경 대응력을 약화시킬 수도 있다.

예를 들면, UPS(미국 우체국)에 있어 고객서비스에 대한 가치는 광범위하게 공유되고 깊게 박혀있는 것으로 보인다. 조직의 매뉴얼에 의해 구체적으로 규정하지 않았지만, 고객을 만족시키기 위해 조치를 취한 UPS 직원의 행동은 보상과 인정으로 격려된다. 이러한 보상과 인정은 조직문화의 가치로서 고객만족(customer satisfaction)의 강도를 보여주고, 그러한 가치를 더욱 강화시킨다.

(2) 약한 문화(적은 공유와 낮은 유지문화)

약한 조직문화(weak culture)는 조직구성원들이 핵심 가치에 동의하지 않거나 혹은 핵심 가치에 몰입하지 않는다. 약한 조직문화는 조직구성원의 행태에 대해 모호하고 일관성이 약한 가이드라인을 제공한다. 약한 조직문화의 조직구성원은 때때로 조직목표와 불일치하지만 공식적으로 문서화된 규칙은 준수한다. 이런 문화에서 조직구성원은 결정에 직면할 때 조직의 규칙을 점검해야만 한다.

특히 약한 문화는 믿음, 행태적 규율, 전통, 의식이 조직구성원에 대해 명확하지 않다. 혹은 명시적 가치와 행태 사이의 부조화가 존재하는 것이다. 약한 문화는 종종 낮은 성과를 산출한다. 약한 문화는 그 부정적인 특성으로 인해 조직목표에 대응하고, 성공을 성취하려는 조직능력에 장애로 작용할 수 있다. 약한 문화의 조직은 다음과 같은 특징을 가지고 있다.

① 협소하고/고립된 사고(narrow/isolated thinking) – 약한 문화의 조직구성원들은 모든 해답을 자신들이 가진 것으로 믿는다. 조직은 최상의 사례와 접근법

에 대해 외부에서 찾아보려는 시도를 회피한다.

② 변화에 대한 저항(resistance to change) – 약한 문화의 조직은 현상을 유지하고, 위험을 회피하고, 실수를 하지 않으려는 데 초점을 둔다.

③ 정치적 내부 환경(political internal environment) – 정치적으로 책임지는 문화에서 이슈와 문제는 권력의 계층에 따라 해결하려 한다.

④ 불건전한 승진 관례(unhealthy promotion practices) – 약한 문화의 조직은 리더십 기술, 비전과 전략적으로 사고하는 능력이 부족한 사람을 승진한다. 이들 문화는 장기적 관점의 비전을 발전시키는 능력을 저하시킨다.

┃표 12-3┃ 강한 문화와 약한 문화

강한 문화(strong culture)	약한 문화(weak culture)
구성원에게 핵심 가치가 깊고 넓게 자리하며, 강하게 영향을 미침	구성원이 핵심 가치(key value)를 적게 공유하고, 핵심 가치에 대한 몰입이 낮음
광범위하게 공유하는 가치	보통 최고관리층에게 제한된 가치
문화는 무엇이 중요한가에 관해 일관된 메시지를 전달함	문화는 무엇이 중요한가에 관해 모순된 메시지(contradictory messages)를 전달함
대다수 구성원들은 조직의 역사/영웅에 관해 스토리를 말할 수 있음	구성원은 조직의 역사/영웅에 관해 지식을 거의 가지고 있지 않음
구성원은 강하게 문화를 인식함	구성원은 문화를 거의 식별하지 못함
공유된 가치와 행태 사이에 강하게 연계됨	공유된 가치와 행태가 거의 연계되지 않음

5) 국가문화의 분류

(1) Hofstede의 국가문화 분석의 의의와 지표

Geert Hofstede는 1960년대부터 1970년대까지 다국적 기업인 IBM의 여러 부서 간의 가치 차이를 조사한 대규모 설문조사를 실시했다. 이 조사는 작업장에서의 가치가 문화에 의해 어떻게 영향을 받고 있는가에 대한 포괄적인 연구이었다. 가치척도의 데이터는 다국적 기업인 IBM이 진출해 있던 64개 국가를 대상으로 수집된 것이다. Hofstede는 가장 많은 응답자가 있는 40개 나라의 자료를 활용하였다. 이후 50개 나라의 자료로 확대하였다(Hofstede, et. al., 2010).

초기의 Hofstede 연구는 국가문화를 4개의 차원으로 구분하고 있다. 이들 4

개의 차원은 권력의 거리감, 개인주의와 집단주의, 남성성과 여성성, 불확실성 회피 등이다. 이후 1991년 Michael Harris Bond가 5번째의 차원으로 유교주의 사고 (Confucian thinking)에 기반을 둔 장기적 성향(Long-Term Orientation: LTO)을 추가하고 있다(이인석, 2014: 493-497; http://geert-hofstede.com/national-culture.html).

① 권력거리(Power Distance: PDI) - 권력거리는 조직 혹은 제도에서 가장 권한이 적은 구성원이 권한이 불평등하게 배분되어 있다(power is distributed unequally)는 것을 수용하고, 기대하는 정도를 설명한다. 이 지표는 불평등성을 대표하는 것이다.

사회적 불평등성의 수준은 추종자뿐만 아니라 리더에 의해 지지된다는 것을 제안한다. 짧은 권력거리의 의미는 제도나 조직에서 권력이 평등하게 배분되어 있는 상태를 사람들이 선호하고 있음을 의미하며, 권력거리가 높은 국가에서는 부모가 자녀의 권위에 의문을 제기하지 않고 순종하기를 기대한다.

이 연구에서 아시아 대부분의 국가와 동유럽은 상대적으로 권력거리가 긴 것으로 밝혀졌으며, 반면에 북미는 비교적 권력거리가 짧았다.

② 불확실성의 회피(Uncertainty Avoidance : UAI) - 불확실성의 회피는 불확실성과 모호성에 대한 사회적 인내(society's tolerance)를 다루는 것이다. 이 지표는 어떤 문화가 비구조화된 상황에서 구성원들이 편안한가 혹은 불편한가 (uncomfortable or comfortable)를 느끼는 정도이다. 불확실성 회피문화는 엄격한 법률과 규칙, 안전과 안정의 평가, 절대적 진리에 대한 믿음에 의한 철학적, 종교적 수준에서 불확실성 상황의 가능성을 최소화하기 위해 노력한다. 불확실성의 회피 수준이 높은 사회에서는 사람들이 높은 불안감과 공격성을 나타내는 경향이 두드러진다. 이 연구에서 그리스, 포르투갈, 벨기에, 일본 등이 불확실성 회피 정도가 큰 국가로 나타나지만, 덴마크, 스웨덴 등 북유럽 국가와 북미, 싱가포르, 홍콩 등은 불확실성의 회피 정도가 낮은 나라로 나타났다.

③ 개인주의와 집단주의(Individualism versus Collectivism: IDV) - 개인주의는 개인들이 집단에 통합되는 정도인 집단주의의 반대 측면이다. 개인주의 사회에서 개인들 사이의 유대는 느슨하다. 반면에 집단주의 사회에서 집단 내 사람들은 응집성이 매우 강하며 통합되는 경향이 있다.

집단주의는 내집단(ingroup)과 외집단(outgroup)을 분명하게 구분한다. 내집단이 자신을 돌보아 줄 것을 기대하고 그 대신 집단에 충성해야 할 것으로 믿는다. 이점에서 집단주의 문화를 가진 사람들은 개인주의 문화를 가진 사람들보다 관계와 충성심을 더 강조하는 경향이 있다. 반면에 개인주의에서는 개인의 이익이 집단의 이익 때문에 희생되어서는 안 된다고 여긴다. 이 연구에서 개인주의 정도가 높은 국가는 미국, 호주, 영국을 비롯하여 대부분의 서유럽 국가와 북유럽 국가이었다.

④ 남성성–여성성(Masculinity versus Femininity: MAS) – 남성성과 여성성은 성(genders) 사이의 감정적 역할의 배분을 언급하는 것이다. 나라 사이의 남성적 가치(men's values)는 공격성과 경쟁성의 차원에 있어 여성적 가치(women's values)와 차이가 있다. 즉 남성적 가치는 남에 대한 배려와 애정, 삶의 질적인 측면보다 공격성과 경쟁성에 더 많은 관심을 가진다. 남성적인 국가에서는 남성과 여성 간 역할 구분이 명확하며, 적극적이고 모험적인 행동을 찬양한다. 반면에 여성성이 높은 나라는 협력, 양육, 삶의 질을 중시하며, 사회에서 여성의 성 역할이 더 중요하다. 이 연구에서 일본이 가장 남성적인 국가로 나타났으며, 반면에 스웨덴, 덴마크, 노르웨이 순으로 가장 여성적인 국가로 나타났다.

⑤ 단기적–장기적 성향(Short-term vs. Long-term Orientation: LTO) – 장기적 성향의 사회는 미래적 보상에 대한 실용적인 미덕(pragmatic virtues)을 조장한다. 즉 변화하는 상황에 대해 저축, 인내와 적응을 강조한다. 반면에 단기적 성향의 사회는 국가적 프라이드, 전통에 대한 존경, 체면의 보존, 사회적 의무감의 이행과 같은 과거와 현재에 관련한 미덕을 조장한다.

⑥ 관용—규제(Indulgence versus restraint: IVR) – 이 지표는 6번째의 차원으로 93개 나라에 대한 Minkov(2007)의 세계가치조사데이터(World Values Survey Data)에 기초한 것으로 사회적 충동과 욕구조절의 척도이다. 이 지표는 한 사회의 구성원들이 자신의 욕망 충동을 통제하는 데 노력하는 정도를 말한다. 관용은 한 사회에서 삶을 즐기고 재미있게 하는 것에 관련된 기본적이고 자연적인 인간욕구에 대한 자유로운 만족감을 허용하는 수준을 대변하는 것이다. 규제는 한 사회에서 욕구의 만족감을 억압하는 것과 엄격한 사회적 규범(strict social norms)으로 만족감을 규제하는 것을 표현하는 것이다.

(2) Hofstede의 국가문화 분석의 결과와 한계

이와 같이 Hofstede의 국가 간 문화적 차이에 관한 분석 결과는 다음과 같이 나타났다.

첫째, 권력거리의 지표는 라틴 국가, 아시아 국가, 아프리카 지역 그리고 아랍 국가에서 매우 높은 점수를 보였다. 반면에 앵글로색슨 국가와 게르만 국가(Anglo and Germanic countries)는 보다 낮은 권력거리를 보여주고 있다.

둘째, 개인주의 지표는 선진국과 서구제국(Western countries) 그리고 개발도상국과 동구 국가(eastern countries)와 분명한 차이가 존재한다. 북미와 유럽이 개인주의 지표가 상대적으로 높았다. 반면에 아시아, 아프리카와 라틴아메리카는 강한 집단주의 가치를 가지고 있었다.

셋째, 불확실성의 회피지표는 라틴아메리카, 독일어를 사용하는 국가를 포함한 남동부유럽 국가 그리고 일본이 가장 높았다. 반면에 앵글로색슨 국가, 북유럽 그리고 중국문화의 국가들이 낮았다.

넷째, 남성성은 북유럽 국가(Nordic countries)에서 매우 낮았다. 반면에 일본 그리고 독일문화에 영향을 받은 헝가리, 오스트리아, 스위스는 매우 높았다.

다섯째, 장기적 성향의 지표는 동아시아 국가인 중국, 홍콩, 일본이 전형적으로 높았고, 반면에 북유럽 국가, 이슬람교 국가, 아프리카와 라틴아메리카가 낮았다.

이러한 Hofstede의 문화적 차원의 모델은 한 국가의 문화를 분석할 때 매우 유용하다. 하지만 다음과 같은 몇 가지 점에서 한계점이 있다.

첫째, 한 나라의 평균은 그 나라의 개인과 관련이 적을 수 있다. 모든 개인들 혹은 하부문화의 지역에 대해 이 모델을 동일하게 적용하는 것이 적합하지 않을 수 있다. 이 모델은 단지 나라들 사이의 문화적 차이를 이해하는 하나의 가이드로 활용하는 것이 적합하다.

둘째, 데이터가 얼마나 정확한 것인가? 이 데이터는 설문조사를 통해 수집된 것이기 때문에 각 나라의 문화적 특성에 따라 과대 대표될 수 있다. 또한 데이터가 최근 자료로 지속적으로 분석되고 있는가? 한 나라의 문화가 내적 혹은 외적 영향에 의해 시간을 지나면서 얼마나 변화되고 있는가? 등에서 의문이 제기될 수 있다.

┃ 표 12-4 ┃ Hofstede의 국가문화 비교지표

국가	권력 거리	개인·집단 주의	남성성·여성성	불확실성 회피	단기·장기적 성향
말레이시아	104	26	50	36	
필리핀	94	32	64	44	19
멕시코	81	30	69	82	
중국	80	20	66	40	118

인도	77	48	56	40	61
싱가포르	74	20	48	8	48
브라질	69	38	49	76	65
프랑스	68	71	43	86	
홍콩	68	25	57	29	96
태국	64	20	34	64	56
대한민국	60	18	39	85	75
대만	58	17	45	69	87
일본	54	46	95	92	80
이탈리아	50	76	70	75	
미국	40	91	62	46	29
네덜란드	38	80	14	53	44
호주	36	90	61	51	31
독일	35	67	66	65	31
영국	35	89	66	35	25
노르웨이	31	69	8	50	20
스웨덴	31	71	5	29	33
뉴질랜드	22	79	58	49	30

출처 : http://www.clearlycultural.com/geert-hofstede-cultural-dimensions/power-distance-index/

<!-- SECTION -->

03 조직문화 창조와 변화

1. 조직문화 창조와 변화의 특성

1) 조직문화의 창조

조직문화는 조직구성원의 행태를 안내하기 위한 메커니즘이다. 오늘날 조직은 보다 복잡하고 동태적인 환경에 직면하고 있다. 조직은 동태적인 환경에서 가능한 모든 상황에 대해 구체적인 전략을 구상하기 위한 노력이 필요하며, 이런 환경에 있어 조직문화는 매우 큰 중요성을 가진다.

조직문화는 조직의 최종결과에 중요한 영향을 미치기 때문에 관리자는 일련의 특별한 조직문화와 가치를 강화할 필요가 있다. 이에 효과적인 문화를 창조할 수 있는가? 혹은 환경에 부합하는 데 비효과적인 조직문화를 어떻게 변화할 것인가?라는 과제에 대해 관리자는 적절한 전략을 설계해야 한다. 조직문화를 효과적으로 관리하기 위해서 〈그림 12-7〉과 같이 5가지 중요한 전략이 있다(Black & Porter, 2000: 107-109).

┃그림 12-7┃ 조직문화의 관리전략

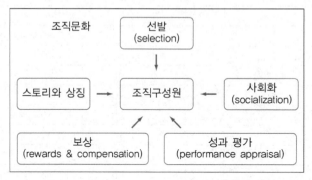

출처 : Black & Porter(2000 : 108)

① 선발(selection) - 조직문화를 창조하거나 변화시키기 위한 하나의 방법은 조직 문화에 이미 부합되는 가정, 가치 및 행태를 가진 사람을 선발하는 것이다.

② 사회화(socialization) - 신입직원에 대한 선발이 이루어진다면, 사회화를 통해 새로 채용된 조직구성원에게 적절한 문화적 가치를 안내하고 강화하는 것이 다. 이러한 노력에는 초기의 오리엔테이션, 훈련, 경험 많은 조직구성원과의 상호작용을 마련하는 것이 포함된다. 특히 재직하고 있는 구성원이 신입 구성 원에게 가치, 가정 및 태도를 전달하는 것이다. 개인들도 조직문화에 대한 정 보를 적극적으로 수집하고 학습하기 위해 노력한다.

이러한 사회화 과정은 다양한 개인적 경력단계를 통해 진행된다. 사회화 과정 은 선행적 사회화, 순응, 역할관리로 구성된다(Gibson, et al., 2006: 41-44).

첫째, 선행적 사회화(anticipatory socialization)는 조직구성원들이 조직에 채용 하기 전에 혹은 동일한 조직에서 다른 직무를 담당하기 전에 맡는 모든 활동 을 포함한다. 이 활동의 중요한 목적은 새로운 조직 혹은 새로운 직무와 관련 된 정보를 획득하는 것이다.

둘째, 적응(accommodation)은 개인이 조직구성원이 된 이후 혹은 새로운 직무 를 담당하기 전에 일어난다. 이 단계에서 구성원은 조직과 직무와 관련하여 실제적인 것을 보고 경험하게 된다. 다양한 활동을 통해 구성원은 조직에서 활동적인 참여자 혹은 직무에서 유능한 성취자가 되기 위해 노력한다. 이 단계에서 개인들은 새로운 사람들 사이의 관계를 설정하고, 직무를 수행하는 데 요구되는 업무를 학습하고, 조직에서 자신의 역할을 명확하게 하고, 직무요구와 관련된 만족 과정을 평가하게 된다.

셋째, 역할관리(role management)는 보다 광범위한 이슈와 문제를 다룬다. 이 단계에서 갈등이 일어난다. 즉 개인적 업무와 가정에서의 역할 사이 혹은 작업집단 사이에도 갈등이 일어난다. 구성원이 자신의 갈등을 해결할 수 없을 경우 직장을 떠나게 되거나 직무성과가 매우 낮게 된다.

③ 성과평가(performance appraisal) – 조직의 신입직원에게 무엇보다 중요한 지침은 조직이 어떻게 성과를 측정하고 평가하는가에 관한 사항일 것이다. 예를 들면, 조직이 조직구성원을 평가함에 있어 시간엄수보다 고객서비스 제공에 가치를 둔다면 신입직원은 고객만족을 향상시키기 위한 문화를 학습하게 될 것이다.

④ 보상(rewards and compensation) – 보상은 신입직원에게 조직이 바람직한 행태에 대한 가치를 강화하는 가장 강력한 수단 중 하나일 것이다. 이에 고객서비스 가치를 강화하는 방법으로 조직구성원에게 서비스를 받은 고객을 대상으로 서비스 평가를 실시하고 이에 기반하여 매력적인 인센티브를 제공한다면 조직이 얼마나 고객 서비스를 강조하는지 인식하게 할 수 있을 것이다.

⑤ 스토리와 상징(stories and symbols) – 조직문화는 다양한 상징을 통해 창조되고 강화(reinforcement)된다. 스토리는 조직 가치를 의사소통하는 강력한 수단이 될 수 있다. 기본적으로 조직 스토리는 조직구성원에 대해 무엇을 하고 혹은 무엇을 하지 말 것을 안내한다. 물리적 배치(physical layout)와 같은 상징은 조직문화의 구체적인 가치에 대해 의사소통하고 강화한다. 의식도 조직문화에 대한 상징적 의사소통에 있어 중요한 역할을 한다. 예를 들면, 일본의 경우 대기업은 대학을 졸업한 신입직원을 대상으로 공통의식(common rituals)을 치른다. 예를 들어, 신입직원의 대표가 신입직원을 대표하여 조직에 대해 충성을 맹세하는 선언식을 한다. 또한 신입직원의 부모대표가 자녀들을 향해 회사의 입장에서 최선을 다할 것을 요구하는 연설을 한다. 이러한 의식은 조직에 대한 소속감과 충성심이라는 핵심 가치를 강화한다.

2) 조직문화 변화의 특성

문화를 이해하는 데는 상당한 시간이 요구된다. 이와 더불어 문화를 변화하려는 시도는 부가적인 시간이 요구된다. 문화변화를 의도적으로 시도하는 것은 현실적으로 매우 어렵다. 더욱이 사람들은 새로운 문화에 대한 변화에 대해 본질적으로 저항한다. 하지만 용감한 관리자는 문화에 개입하고 변화할 수 있다고 믿는다. 이러한 문화변화의 주요한 특성은 다음과 같이 인지할 수 있다.

① 변화는 환경적 혼란과 내부적 분열에 의해 가속화된다. 변화는 3가지 혼란(산업의 단절, 제품의 라이프사이클 변화, 내부조직의 역학관계)에 대한 반응이다.

② 혁명적 변화(revolutionary change) - 문화변화는 조직의 많은 부분과 구성요소에 있어 갑작스러운 변화에 관련되어 있다. 문화변화는 동시에 새로운 전략방향에 대한 지지로 변화되는 것을 요구한다.

③ 새로운 조직화의 패러다임(new organizing paradigm) - 문화변화를 겪는 조직은 전적으로 새로운 방식의 조직화와 행태를 고안한다.

④ 고위층 집행부와 계통관리에 의한 주도(driven by senior executives and line management) - 문화변화의 주요한 특성은 모든 변화 과정의 국면에서 고위층 집행부와 계통관리자의 활동적인 역할이다. 이들은 조직의 전략적 방향과 운영에 있어 책임이 있으며, 적극적으로 변혁을 유도한다.

⑤ 지속적인 학습과 변화(continuous learning and change) - 문화변화가 불확실하고 위험이 존재하기 때문에 보다 많은 혁신과 학습이 요구된다. 조직구성원은 새로운 방향에 대한 이행에 있어 요구되는 새로운 행태를 어떻게 규정하는가에 대해 학습해야만 한다.

3) 문화변동의 전략과 유형

Gagliardi(1986)는 모든 조직의 최우선 전략은 조직의 가정과 가치를 창출하고, 유지하는 조직정체성(organizational identity)을 보호하는 것이라고 주장한다. 조직은 최우선 전략을 위해 부차적 전략을 개발하고 이행한다.

부차적 전략(secondary strategies)은 도구적 전략과 표현적 전략이다. 도구적 전략(instrumental strategies)은 본질적으로 가동적인 것이다. 이 전략은 구체적으로 측정가능한 목적을 달성하는 데 관심을 가진다. 표현적 전략(expressive strategies)은 상징적 영역에서 운영된다. 그리고 표현적 전략은 집단구성원에 의해 공유한 의미에 대한 안정성과 일관성을 보호하고, 외부세계에 대해 정체성을 알 수 있도록 설명하는 것이다.

　이러한 부차적 전략은 표현적 전략과 도구적 전략 모두가 가능하다. 예를 들면, 광고는 외부고객에 대해 조직정체성을 표현하도록 설계될 수 있고, 조직 상품을 판매하는 데 도움을 줄 수 있다. 행태, 기술, 상징 및 구조에서의 변화는 부차적 전략의 이행을 통해 일어난다. Gagliardi의 견해에 의하면, 전략은 문화적 가정과 가치에 기반이 되거나 제한되기도 한다. 가장 효과적인 전략은 문화적 정체성에 기반을 둔 표현이다.

　문화변동이 어떻게 일어나는가에 대해 Garliardi(1986)는 3가지 유형을 기술하고 있다. Gagliardi는 상이한 전략적 이동은 조직문화에 다른 효과를 가져온다고 주장한다. 전략이 조직의 가정과 가치와 일치할 때 문화는 변화하지 않는다. 반면에 전략이 조직의 가정과 가치에 갈등을 일으킬 때 문화는 대체 혹은 파괴됨으로써 전복된다. 이때 문화는 전략에 저항하여 전략이 전혀 이행되지 않게 된다.

① 명백한 변화(apparent change) - 명백한 변화는 문화가 중요한 방식에서 변화하지 않지만, 문화 내부에서 일어난다. 새로운 문제는 조직문화와 정체성에 의해 허용되는 부차적 전략의 범위로부터 선택적 상황에 직면하게 된다. 이러한 부차적 전략의 이행은 문화적 인공물의 수준에서 변화를 초래하게 된다. 이러한 문화변화는 피상적이다. 조직은 단지 현존하는 정체성의 범위 내에서 적응한다.

② 혁명적 변화(revolutionary change) - 혁명적 변화의 경우 문화적 가정과 가치와 양립할 수 없는 전략이 조직에서 강요되어지는 상황이다. 이러한 혁명적 변화는 옛날의 상징을 파괴하고 새로운 상징을 창조하는 외부인사가 조직에 유입됨으로써 일어나기도 한다. 이 변화는 조직설립자가 성공하거나 조직이 합병(merged or acquired)되었을 때 일어날 수 있다. 혁명적 변화는 기존 조직이 소멸하고 새로운 조직이 탄생하는 것을 의미하기도 한다.

③ 점진적 변화(incremental change) - 점진적 변화는 문화적 가치와 가정의 깊은 수준에 접근하는 유형이다. 양립할 수 없는 것은 아니지만 상이한 가치를 의미하는 전략은 조직문화에 대해 전통적 또는 기존 가치와 동시에 새로운 가치를 포괄하게 하는 것이다. 새로운 전략이 성공한다면, 이 전략이 가져오는 변화는 조직의 당연한 가정으로 자연스럽게 수용될 수 있을 것이다.

2. Schein의 조직문화 구성요소

조직문화의 5개 요소(인공물, 신념, 규범, 가치, 전제)는 〈그림 12-8〉과 같이 표면적 요소(surface elements)로부터 깊은 요소(deeper elements)까지 연속체로 배열될 수 있다. 인공물은 표면에 위치하기 때문에 매우 용이하게 변화되지만, 전제와 같은 깊은 요소들은 변화하기 매우 어렵다.

┃그림 12-8┃ 문화변화의 지렛대(levers)

출처 : Narayanan & Nath(1993 : 471)

대부분의 문화변화접근법은 인공물, 신념, 규범과 같은 문화의 표면적 요소에 초점을 둔다. 또한 표면적 요소를 변화시키는 지렛대는 의식, 스토리, 언어, 그리고 상징이다. 이와 같이 조직에서 유지되는 문화유형은 다음과 같다.

① 인공물(artifacts) - 인공물은 가시적인 문화의 징후이다. 이것은 조직의 구조, 시스템, 절차, 규율 및 물리적 양상뿐만 아니라 조직구성원에게서 관찰할 수 있는 행태이다.

② 신념(beliefs) - 조직은 아이디어, 지식, 구전지식, 미신, 전설과 같은 모든 인식을 포함한 가정을 일반적으로 공유한다.

③ 규범(norms) - 문화적 규범은 행태를 규제한다. 이것은 조직에 의해 수용되는 규율 혹은 표준이다. 규범은 적절한 행태 혹은 부적절한 행태에 관한 사항을 구체화한다. 또한 규범은 적절한 행태에 대한 보상과 부적절한 행태에 대한 처벌을 구체화한다.

④ 가치(values) - 가치는 바람직하거나 좋은 것, 당연한 것 등을 포함하는, 조직구성원에 의해 유지되는 구체적인 신념의 분류이다. 긍정적 가치는 바람직한 것이고, 반면에 부정적 가치(negative values)는 바람직하지 않다는 것이다.

⑤ 전제(premises) - 조직문화는 말로 되지 않고 남아있는 세계에 관한 많은 전제를 포함한다. 조직문화는 외부관찰자에 의해 분석적 작업 혹은 직관적인 추측에 의

해 나타난다. 이를 조직적 무의식(organizational unconscious)으로 명명한다.

1) 조직문화의 수준

Edgar Schein(1977)은 문화를 조직구성원에 의해 공유되는 뿌리깊은 기본적인 가정과 믿음으로 정의한다. 문화는 표면에 표출되지 않고, 감추어져 있으며, 때론 무의식적이라는 것이다. Schein은 〈그림 12-9〉와 같이 문화의 수준을 3단계로 구분하고 있다.

▌그림 12-9 ▌ Schein의 문화 수준

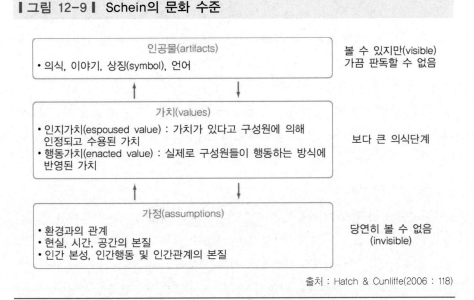

인공물(artifacts)
• 의식, 이야기, 상징(symbol), 언어

볼 수 있지만(visible) 가끔 판독할 수 없음

가치(values)
• 인지가치(espoused value) : 가치가 있다고 구성원에 의해 인정되고 수용된 가치
• 행동가치(enacted value) : 실제로 구성원들이 행동하는 방식에 반영된 가치

보다 큰 의식단계

가정(assumptions)
• 환경과의 관계
• 현실, 시간, 공간의 본질
• 인간 본성, 인간행동 및 인간관계의 본질

당연히 볼 수 없음
(invisible)

출처 : Hatch & Cunliffe(2006 : 118)

(1) 1단계(Level 1): 인공물

1단계는 문화의 가시적 부분(visible portions)인 인공물(artifacts)로 대표된다. 이 단계는 빌딩의 물리적 구조와 건축양식, 유니폼, 내부설계와 같은 가시적인 조직적 특징을 포함한다. 이 수준은 쉽게 관찰될 수 있지만, 조직문화에 관한 모든 것을 드러내지 못한다. 이것은 조직구성원들의 의식 속에 내재된 가치와 기본 가정이 반영되어 나타난 것이다.

또한 인공물은 가치와 규범을 생산하고 유지하는 데 문화적 핵심(cultural core)에 관한 징후이고 표현이다.

(2) 2단계(Level 2): 가치

2단계 수준은 가치를 언급한다. 가치(value)는 우리들의 도덕적 판단에 영향을 미치고, 다른 사람에 대해 반응하고, 조직의 목적에 몰입하는 데 영향을 미치는 뿌리깊은 개인적 기준이다. 가치는 무엇을 해야 하는가, 해서는 안 되는가에 대한 개인의 내면적인 신념을 의미한다. 이것은 조직구성원이 조직문제에 대해 논의할 때 표출되는 규범과 믿음을 포괄하는 비가시적인 문화국면이다. 동등한 고용기회에 대한 선언이 이 단계의 수준이다.

이처럼 문화적 가치는 문화구성원이 믿는 사회적 원리, 목표 및 기준이며, 고유의 가치를 가진다. 이것은 문화적 구성원의 우선순위에 의해 나타난다. 문화적 가치는 문화구성원이 무엇이 옳고 그른가에 대한 평가를 안내하기 때문에 행태에 영향을 미친다. 이에 문화적 가치는 때때로 도덕률(moral code)과 동등하다.

또한 규범(norm)은 가치의 표현이다. 규범은 문화구성원들이 다양한 상황에서 자신들에게 기대하는 것을 알게 하는 불문법(the unwritten rules)이다. 규범은 다양한 유형의 사회적 행태에 관해 기대하는 것을 전달한다.

(3) 3단계(Level 3): 가정

인공물과 표출된 가치에 감추어진 기본적인 가정이 3단계 수준에서 발견된다. 기본적 가정(assumption)은 진실 혹은 문화구성원 자신이 사실이라고 믿는 것으로 대표된다. 기본적 가정은 가장 추상적인 문화 수준이다. 가치와 행태는 기본적 가정으로부터 발달된다. 가정에 대한 이해가 없다면, 변화를 이해하고 새로운 문화를 창조하는 데 많은 실수를 하게 될 것이다.

이러한 보편적인 가정은 명확하게 표출되지 않지만 조직구성원의 행태를 안내하는 구성원의 세계관, 믿음, 규범이다. 비가시적인 의사결정 과정을 형성하기 때문에 가장 중요하게 영향을 미치는 수준이다. 이러한 기본적 가정은 조직구성원들의 가장 내면에 자리잡고 있는 믿음이며, 외부세계에 대한 인식과 사고방식 그리고 행동에 대한 지침을 제공한다(황규대 외, 2011: 548).

대부분 학자들은 모든 그룹에 있어 대표되는 보편적인 가정의 범주가 있다는 것에 동의한다. 이에 Douglas McGregor는 「기업의 인간적 측면(The Human Side of Enterprise)」이라는 저서에서 모든 관리자는 사람에 대한 일련의 가정에서 행동한다고 주장한다. 즉 X 이론 관점에서의 관리자와 Y 이론에서의 관리자는 보통의 사람 본질에 대해 상이한 가정을 한다. X 이론적 관리자는 사람은 본질적으로 업무를 싫어하고 가능한 회피하려고 한다고 가정하고, Y 이론에 근거한 관리자는 사람은 자신이 수행하는 목적달성을 위해 자발적으로 방향을 결정하고, 자제력을 발휘한다고 가정한다.

3. 문화변화의 과정

Mary J. Hatch(1993)의 문화적 역학이론(cultural dynamics theory)은 가정, 가치 및 인공물의 요소에 초점을 두는 것이 아니라 이들 요소들을 연결하는 과정에 초점을 둔다. 문화적 역학이론은 인공물, 가치, 상징 혹은 가정에서의 변화가 다른 요소들에 어떻게 영향을 미치는가를 설명한다. 이 이론에 의해 기술되는 과정은 〈그림 12-10〉과 같이 진행되고 서로 밀접한 관계를 가진다. 변화를 의도적으로 유도하고자 시도하는 것은 다른 문화를 접촉하거나 새로운 아이디어가 소개될 때 실현 과정과 상징화 과정과 더불어 시작된다. 특히 상징이 현재의 조직 가정을 지지할 때 변화는 상대적으로 쉽게 이루어질 수 있다.

┃그림 12-10┃ Hatch의 문화역학 모델

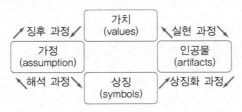

출처 : Hatch & Cunliffe(2006 : 210)

(1) 징후 과정

징후 과정(manifestation process)은 조직의 비물질적 가정과 가치가 인식가능한 가치로 나타나는 과정이다. 징후 과정은 구성원들의 인식과 감정을 통해 나타날 수 있다.

(2) 실현 과정

문화가 가치를 표출함으로써 행동에 영향을 미치면, 가치기반 행동(value-based action)은 문화적 인공물을 산출한다. 이러한 인공물의 산출을 실현 과정(realization process)이라 한다. 이 과정에 의해 조직의 가정과 가치에 기반을 둔 이미지는 유형적인 형태가 된다.

(3) 상징화 과정

상징화 과정(symbolization process)은 인공물로부터 상징으로 이루어지는 과정이다. 예를 들면, 아름답게 새로 개장한 사무실 건물을 최고관리자가 조직의 이미지를 의사소통하기 위해 활용할 수 있을 것이다.

(4) 해석 과정

선택된 상징에 부여된 해석은 사람들이 조직에 대해 무엇을 믿고 가정하는가에 영향을 미친다. 해석 과정(interpretation process)은 2가지 방향에서 이루어진다. 가정은 상징의 의미를 결정하는 데 도움을 주며, 또한 상징이 현재의 가정을 유지하거나 도전하게 한다. 가정에 대한 유지는 해석이 이미 기대하는 것을 지지할 때 일어나며, 반면에 해석은 때때로 기대에 역행한다. 문화변화의 가능성은 가정이 해석 과정에서 상징적으로 도전할 때 일어난다.

이와같이 문화변화 활동의 목적은 강한 문화를 창조하는 데 있다. 이러한 문화변화는 중요한 환경적 변화와 내부적 변화가 있을 때 일어나며, 고위 계통관리자에 의해 추진된다. 문화변화는 지속적인 학습과 쇄신이 포함된다. 이런 문화변화는 다음의 2개의 단계인 진단과 변화를 거치게 된다.

① 진단 단계(diagnosis) - 문화변화 개입(culture change interventions)은 현재의 전략과 제안된 경영전략의 적합성을 평가함에 있어 조직에 존재하는 문화를 진단함으로써 시작된다. 부적응의 정도가 평가되면, 이러한 평가가 변화 노력을 위한 시작의 기초가 된다.

② 변화 단계(change) - 문화진단에 기초하여 조직은 문화변화를 취할 것인가를 결정한다. 문화변화의 옹호는 일반적으로 규범과 같은 표면적 문화요소에 초점을 둔다. 또한 광범위한(large-scale) 문화변화는 다음과 같은 몇몇 조건들이 요구된다. 조직문화가 환경에 적합하지 않거나, 조직이 매우 경쟁적이거나, 조직이 보통 이하의 수준이거나, 조직이 막 대규모로 성장하려고 노력하는 경우이다.

04 조직분위기

1. 조직분위기의 의의와 특징

1) 조직분위기의 의의

조직의 문화는 조직구성원이 자신의 직무를 수행하는 정확한 방식을 학습하도록 하는 경계와 가이드라인을 제공한다. 조직문화는 조직구성원들의 특정 행태에 있어 습관화되게 만든다. 따라서 조직문화는 변화시키기가 다소 어렵다. 이러한 점에서 조직문화는 조직의 성격(personality)으로 생각할 수 있다. 이러한 조직의 독특한 문화는 조직내 소식집단의 사람들에게 차별적인 분위기(distinct atmosphere)를 창출한다. 이런 분위기를 조직의 분위기라고 한다.

조직분위기(organizational climate)는 조직구성원이 조직문화에서 경험하는 것으로, 타 조직과 구별되는 작업환경의 객관적인 특성으로서 지속적으로 존재하여 조직구성원들의 행동에 영향을 주는 것이다. 또한 조직분위기는 조직구성원의 행동에 영향을 미치는 요소로, 조직에 대한 각 조직구성원의 집합적 태도로 정의할 수 있다.

특히 조직분위기는 조직에 있어 조직문화를 구체화하는 과정을 안내하는 포괄적 용어(umbrella term)이다. 이것은 일련의 직무환경의 특성이고, 조직구성원에 의해 직·간접적으로 지각하는 것이며, 조직구성원의 행태에 영향을 미치는 중요한 힘이다. 이와 같이 조직분위기는 조직 자체의 독특한 특성에 대하여 조직구성원에게 주는 전반적인 인상 또는 느낌이며, 이런 특성들에 대해 개인이 갖게 되는 상대적이고 주관적인 개념으로 구성원들의 행동에 영향을 미치는 조직 특성과 개인 특성의 함수로 이해할 수 있다.

조직분위기가 조직에 대해 갖는 종합적인 지각이라는 점에서 몇 가지 요소들로 구성되고 있다. 조직분위기에 영향을 미치는 구성요소들은 ① 성취감이나 사회적 만족 등 조직구성원이 느끼는 사기(esprit), ② 구성원에 대한 온정, 배려(consideration), ③ 생산지향성 또는 주도적 관점(production orientation), ④ 경영층 또는 구성원 간의 격리감(aloofness), ⑤ 업무수행상의 형식감(disengagement), ⑥ 업무의 과다감(hindrance), ⑦ 친밀감(intimacy), ⑧ 동기부여와 업무수행에서 나타나는 조직체의 박력(thrust) 등이다(Halpin & Crofts, 1963).

2) 조직분위기와 조직문화

조직분위기와 조직문화는 모두 심리사회적인 조직환경을 다룬다. 공통점은 조직의 맥락에 거시적 관점을 제공하며, 조직분위기와 조직문화 모두 개인의 고유한 경험(idiosyncratic experiences)보다는 주로 맥락(context)에 초점을 둔다는 것이다. 또한 조직구성원의 고유한 경험, 의미의 역할, 리더십의 역할, 강점과 조정의 이슈, 조직효과성에 대한 맥락적 함의에 중점을 둔다. 즉 조직분위기와 조직문화 모두 조직구성원들이 조직을 어떻게 해석하고, 경험하고, 이해하는지에 초점을 둔다.

이러한 조직분위기는 조직문화의 산출물이라는 점에서 구성요소에 있어 많은 공통점이 있지만, 다음과 같은 몇 가지 측면에서 조직문화와 차이가 있다.

첫째, 조직문화는 가정과 핵심 가치의 기초가 되는 근본적인 이념으로 구성되는 반면에 조직분위기는 개인이 직장에서 일어나고 있는 일을 경험하고 설명하는 방법에 기초한다. 즉 조직문화는 조직의 거시적 비전과 관련이 있는 반면에 조직분위기는 조직의 미시적 이미지와 매우 관련되어 있다.

둘째, 조직문화는 조직구성원과 전체 조직행태에 영향을 주는 기본 가치와 전제를 강조하는 반면에 조직분위기는 조직구성원이 감지하는 조직에 대한 인상 또는 조직문화의 가시적 특성을 강조한다. 또한 조직문화에서 조직의 전통과 물질적 상징을 강조하는 것도 조직분위기와 다른 점이다. 조직문화는 조직의 진정한 이미지를 나타내는 반면에 조직분위기는 개인의 인식(individual's perception)을 표출한다.

셋째, 조직분위기는 조직에서 생활을 특징짓는 반복되는 행태, 태도, 감정의 패턴이다. 반면에 조직문화는 매우 뿌리깊고 안정적인 가치, 믿음, 가정, 상징, 의식이다.

넷째, 조직분위기는 종종 변화하며, 이것은 조직의 상부관리에 의해 형성될 수 있다. 문화가 조직의 성격이라면, 분위기는 조직의 기분(organization's mood)이다. 조직분위기는 조직문화보다 쉽게 측정할 수 있고 변화하기 훨씬 쉽다.

다섯째, 조직문화의 개념은 전통적으로 질적인 방법(qualitative methods)이 양적인 방법(quantitative methods)보다 선호되어온 인류학에 뿌리를 두고 있는 반면, 조직분위기는 조사와 양적 분석(quantitative analysis)에 중점을 둔 심리학에 뿌리를 두고 있다.

여섯째, 조직문화는 창조하기가 어렵지만 한번 형성된 조직문화는 오랜 기간

유지되는 특성이 있다. 반면에 조직분위기는 특정 사건이나 이슈에 의해 단기적으로 형성 또는 소멸될 수 있다. 따라서 조직문화와 조직분위기는 지속의 시간적 범위에 있어 차이가 있다.

┃표 12-5┃ 조직분위기와 조직문화

구분	조직분위기	조직문화
구성	조직구성원의 창의적 노력을 조장하거나 방해하는 조건	가정과 핵심적 가치의 기초가 되는 근본적인 이념(fundamental ideologies)으로 구성
학문 분야	심리학과 사회심리학	인류학과 사회학
방법론	조사와 양적 분석: 서베이 연구, 다변인 통계학	질적 방법: 민속학 기법(ethnographic techniques), 언어분석(linguistic analysis)
시스템에의 가정	합리적 시스템 (rational system)	자연적 시스템(natural system)
추상성의 단계	구체성(concrete)	추상(abstract)
시계	단기	장기
시간 방향	비역사적 스냅샷 (ahistorical snapshot)	역사적 진화(historical evolution)
관련 변수	적음	많음
내용	행태의 지각 (perceptions of behavior)	공유된 가정과 가치

2. 조직분위기의 유형

조직분위기는 조직문화뿐만 아니라 조직환경과 밀접한 관계를 갖는다. 이에 조직분위기의 유형으로 사람지향, 규칙지향(rule-oriented), 혁신지향(innovation-oriented), 목표지향의 분위기로 구분할 수 있다. 또한 집권적-분권적, 기계적-유기적, 관료적-신축적, 보수적-발전적, 폐쇄적-개방적, 침체적-활성적, 불신적-신뢰적, 온정적, 가족적 분위기 등 여러 가지로 유형화할 수 있다(이학종·박헌준, 2005: 485).

다음과 같이 조직분위기를 이기주의, 선의, 원칙주의 등으로도 분류할 수 있다(Victor & Cullen 1988; 한진환, 2014).

① 이기주의적 조직분위기 - 이기주의적 분위기를 지닌 조직은 조직구성원들로 하여금 조직의 건전함과 전문가 규정, 심지어 법조차 무시하고 개인적 이익을 위해 수단적으로 의사결정을 하도록 한다. 의사결정자는 여러 가지 대안들 중

에서 다른 사람의 욕구나 이익을 무시하고 자신의 욕구를 가장 잘 충족시킬 수 있는 방법을 찾게 된다. 조직 내에 이기적인 행동이나 태도가 만연할 때, 개인들은 조직의 다른 사람이나 전체 조직에 대해서 관심을 덜 가지는 경향이 있다.

② 선의의 분위기 – 선의의 분위기를 가진 조직은 다른 사람들에게 미치는 윤리적 의사결정의 효과에 대한 고려를 중요시 한다. 공리주의적 규범 시스템은 다른 사람들의 안녕과 복지의 중요성을 강조한다. 이에 선의의 분위기는 윤리적 의사결정 의도에 긍정적 영향을 미친다. 비록 어떤 행동에 대해 한 개인이 윤리적으로나 도덕적으로 잘못된 것이라 느끼지 않더라도, 선의의 분위기는 다른 사람에게 부정적인 결과가 발생할 수 있는 가능성까지 고려하도록 한다. 그러므로 비윤리적인 행동이 아닐지라도 타인에게 피해가 가는 행동은 자제하게 된다.

③ 원칙주의적 조직분위기 – 원칙주의적 분위기는 윤리와 관련한 조직의 정책, 절차에 대한 고수와 직업윤리 강령 혹은 사회적 규정과 법에 대한 고수를 강조한다. 원칙적인 윤리적 분위기는 옳고 그른 것에 대한 원칙에 있어서 상대적으로 유연하지 못하다고 할 수 있다.

3. 조직분위기의 측정항목

조직분위기는 정확히 무엇인가? 가장 기본적인 수준에서 조직분위기는 조직구성원의 직무환경에서 조직구성원이 공유하는 지각(employee's shared perceptions)을 말한다. 분위기는 행태와 업무가 어떻게 진행되어야 한다는 것에 영향을 미치는 지속적인 상태(enduring state)이다. 이에 분위기는 조직의 내적인 상황(internal atmosphere)이다.

조직분위기 설문은 태도와 신념을 구체화하는 기후보고서(a weather report)와 같다. 설문분석의 결과는 조직의 전반적인 그림(holistic picture)을 설계하는 데 도움을 줄 수 있으며, 조직의 강점을 측정 및 파악하는 데 도움을 준다. 또한 이러한 설문조사는 조직구성원들에게 조직의 바람직한 문화를 묘사하고 이해하는 기회를 제공한다.

이러한 조직분위기는 조직에 대한 조직구성원의 지각과 인상이기 때문에 조직분위기를 측정하려면 어디까지 조직구성원의 느낌과 견해를 수집·분석해야 한다. 조직구성원의 집합적 태도인 조직분위기는 〈표 12-6〉과 같이 다양한 측정항목으로 구성할 수 있을 것이다. 이처럼 조직분위기는 직무특성, 조직특성, 리더 및 동료 특성 등 다양한 차원으로 구성할 수 있다. 즉 조직분위기는 업무와 조직배경에서의 근본적인 구성항목이다. 이것은 개인과 집단의 행태를 탐구하는 데 적절한 맥락을 제공한다.

┃표 12-6┃ 조직분위기의 측정항목

측정항목	응답항목
당신은 조직의 목적과 목표에 관해 어떻게 느끼고 있습니까?	잘 이해한다↔ 전혀 이해하지 못 한다
당신은 조직이 하는 것(what the organization does)을 명확하게 이해하고 있습니까?	잘 이해한다↔ 전혀 이해하지 못 한다
관리자의 행태가 당신을 동기부여시키고 있습니까?	매우 그렇다↔ 전혀 그렇지 못하다
조직이 당신의 역할과 책임(role & responsibility)을 구체화하고 있습니까?	예, 아니오
조직은 명확한 보고구조(reporting structure)를 가지고 있습니까?	예, 아니오
당신은 자신의 직무를 수행하기 위해 필요한 수단을 가지고 있습니까?	예, 아니오
당신은 자신의 의무를 이행할 올바른 기술(right skills)을 가지고 있습니까?	예, 아니오
당신은 담당직무와 관련하여 교육훈련의 기회가 주어집니까?	예, 아니오
당신은 현재 자신의 직무책임에 대해 만족하십니까?	예, 아니오
조직은 당신의 기술을 발전시킬 수 있는 좋은 분위기와 환경을 제공하고 있습니까?	매우 그렇다↔ 전혀 그렇지 못하다
다음의 각 항목에 대해 당신의 업무수행기술이 긍정적 영향을 미치고 있습니까? ① 조직의 성장 ② 과정팽창(expansion of processes) ③ 수익증대(increase in revenue earning) ④ 경영 과정의 자동화	예, 아니오
당신의 작업장은 즐거운 환경입니까?	매우 그렇다↔ 전혀 그렇지 못하다
당신은 상관과의 관계가 좋습니까?	매우 그렇다↔ 전혀 그렇지 못하다
당신의 상관은 부하직원의 말을 경청합니까?	매우 그렇다↔ 전혀 그렇지 못하다
당신의 직무는 사회적으로 선망(prestige)을 받을 만합니까?	매우 그렇다↔ 전혀 그렇지 못하다

출처 : http://www.samplequestionnaire.com/climate-survey-questionnaire.html; Pena-Suarez(2013)

CHAPTER 12

용어 해설

- 조직문화(組織文化, organizational culture) – 대다수 조직구성원이 공유하는 주요한 가치, 가정, 합의, 규범, 사고방식(ways of thinking)이다.
- 하부문화(下部文化, subculture) – 한 사회의 다수(majority)에 의해 보유하는 것과 구별되는 가치와 규범을 가진 그룹의 문화이다. 이러한 하부문화는 조직구성원이 상호작용할 때 발달되는 친밀성에 기반하여 형성된다.
- 강한 조직문화(strong culture) – 조직구성원 사이에 높은 수준의 동의와 몰입이 있고, 조직구성원에 의해 광범위하게 공유되는 가치이다.
- 약한 조직문화(weak culture) – 조직구성원들이 핵심 가치에 동의하지 않거나 핵심 가치에 몰입하지 않는다. 약한 문화는 믿음, 행태적 규율, 전통, 의식이 조직구성원에 대해 명확하지 않다.
- Geert(Gerard Hendrik) Hofstede – 네덜란드의 사회심리학자이자 IBM 직원이었다. 그는 국가문화를 6가지 차원으로 설명했다. 6가지 차원은 권력거리, 개인주의–집단주의, 불확실성 회피, 남성성–여성성, 단기적–장기적 성향, 관용–규제이다.
- 조직분위기(組織雰圍氣, Organizational Climate) – 조직구성원이 조직문화에서 경험하는 것으로, 타 조직과 구별되는 작업환경의 객관적인 특성으로서 지속적으로 존재하여 조직구성원들의 행동에 영향을 주는 것이고, 조직에 대해 갖는 종합적인 지각이다.
- Edgar Henry Schein – Schein은 1928년 3월 5일 취리히(Zurich)에서 태어났다. Schein은 1947년 시카고대학교에서 철학 학사와 1949년 스탠퍼드대학교에서 심리학 석사를 이수했으며, 1952년 하버드대학교에서 사회심리학 박사를 취득했다. 이후 MIT Sloan 경영대학에서 교수로 재직했다.

  Schein은 조직발전 분야에서 가장 뛰어난 심리학자 중 한 사람이다. 특히 Schein은 문화연구에서 국가, 조직, 직업문화가 조직성과에 어떻게 영향을 미치는지를 보여준다. 특히 Schein이 1980년에 발표한 조직문화모델은 조직문화에 있어 3가지 구별되는 단계를 제시하고 있다. 이들 3가지 다른 단계는 인공물과 행태, 가치, 가정이다. Schein의 주요한 저서로는 1980년 「조직심리학(Organizational Psychology)」, 2009년 「기업문화생존가이드(The Corporate Culture Survival Guide)」, 2010년 「조직문화와 리더십(Organizational Culture and Leadership)」 등이 있다.

CHAPTER **13**

조직권력과 정치

SECTION

01 권력과 권위의 의의

1. 권력의 의의와 특징

권력과 권력의 효과에 관한 연구는 조직이 어떻게 운영되는가를 이해하는 데 중요한 과제이다. 이것은 권력에 관련된 조직에의 모든 상호작용과 사회적 관계를 해석하는 것이 가능하다. 조직의 하부단위와 개인이 어떻게 통제되고 있는가는 권력과 영향력의 이슈에 관련되어 있다.

일반적으로 권력(권한, power)이란 공식적인 조직관계로부터 다른 사람에게 자신의 의지를 강요(to impose one's will)할 수 있는 능력이다. 권력은 다른 사람의 행태를 바라는 방식으로 영향을 미칠 수 있는 사람의 능력(person's ability)이고, 자원을 할당하거나 혹은 상황을 통제하는 데 영향을 미칠 수 있는 개인적 능력이다.

권력은 학자들에 따라 정의가 다소 간의 차이를 가지고 있다. Weber(1947)는 사회적 관계에서 한 사람이 다른 사람의 저항에도 불구하고 자기의 의지를 실현시킬 수 있는 가능성으로 정의한다. Moorhead와 Griffin(1992)은 타인 또는 타집단에게 영향을 주는 개인 또는 집단의 잠재적 능력으로 권력을 정의한다. Kaplan(1964)은 A의 요구가 없었으면 B가 하지 않을 일을 A가 B로 하여금 하도록 할 수 있는 범위 내에서 A는 B에 권력을 갖는다라고 설명하고 있다. 이러한 권력에 포함되는 요인으로는 지식, 권위, 정보, 인성, 자원에 대한 통제력 등이다. 권력은 공식적 조직관계의 경계 내·외에서도 존재한다. 이에 권력은 조직적 지위에 기반하지 않는 영향력이다. 즉 권력은 공식적 조직관계의 경계 밖에 존재하는 개인 간의 영향력에도 적용된다.

이러한 권력은 조직에서 무형적 과정(intangible, illusive process)이다. 즉 권력은 볼 수 없는 힘이지만, 권력의 효과는 느낄 수 있다. 권력은 두 사람 이상의 관계에서 존재하며, 수직적 혹은 수평적 방향에서 발휘된다. 권력의 행사는 실권자에 의존한다(Daft, 2010: 498).

권력의 본질(the nature of power)

• 잠재성(latent): 권력은 사람들이 사용하기 위해 선택할 수 있거나 그렇지 않는 어떤 것이다. 권력은 무기 혹은 도구(weapon or tool)이다.
• 상대성(relative): 어떤 사람이 다른 사람에 대해 가지는 권력은 다른 사람과 관련하여 발휘하는 어떤 것에 주로 의존한다. 또한 다른 사람에 대한 상대적인 계층적 수준에 의존한다.
• 지각성(perceived): 권력은 다른 사람이 어떤 특징을 소유하고 있다는 어떤 사람의 믿음(one person's belief)에 기초한다. 당신이 나에 대해 권력을 가지고 있다고 내가 믿는다면 당신은 권력을 가지고 있다.
• 역동성(dynamic): 권력관계는 어떤 사람이 다른 사람에 대해 어떤 유형의 권력을 얻거나 상실하는 것과 같이 시간에 따라 전개된다(evolve over time).

출처: Aldag & Kuzuhara(2002: 297)

---

1) 권력(power)과 권위(authority)의 관계

일반적으로 권력은 권위로부터 창조된다. 그러나 권력과 권위에 관계에 있어서 사람들은 권위를 가지지 않고도 권력을 행사할 수 있다. 즉 권력은 조직의 지위보다 오히려 개인적 원천(personal source)에 의존한다. 권위는 조직에 의해 부여되며, 다른 사람에게 영향을 미치는 권리이다. 즉 권위는 어떤 특정한 지위(position)를 점하는 사람이 무엇을 할 수 있는 권리를 가지는 것을 결정한다. 반면에 권력은 다른 사람에게 영향을 미치는 능력이고, 사람들이 실제로 할 수 있는 것(what he or she really can do)을 결정한다. 권력을 사용하는 방식은 조직에 대해 긍정적 혹은 부정적 영향을 미친다. 조직에서 사람들은 권위 없이도 권력을 가질 수 있다. 또한 사람들은 권력 없이도 권위를 가질 수 있다.

┃표 13-1┃ 권력과 권위

권력(Power)	권위(Authority)
• 권력은 다른 사람의 행태에 영향을 미치는 방식에서 행동하게 만드는 능력(the ability or capacity to act)으로 정의된다. • 권력은 직위, 계급 혹은 권위와 관련이 적다. 권력은 개인적 효과성의 측도(measure of person effectiveness)이다.	• 권위는 조직의 목적을 성취하는 데 있어 관리자에게 주어진 권리이다. 의사결정을 취하는 권리이다. • 권위는 부하에게 명령하는 권리이며, 명령으로부터 부하들이 복종하게 하는 권리이다. 이에 관리자는 권위 없이는 업무를 수행할 수 없다.
• 권력은 권위의 실질적 행사(actual wielding)이다. 권력은 개인적 권력(personal power)이다. • 사람들은 개인적 특성 혹은 전문적 지식으로부터 개인적 권력을 갖는다.	• 권위는 집행을 위한 권력행사에서 법률적 능력(legal ability)과 허가(authorization)이다. • 권위는 활용하는 데 있어 계약상의 권리(contractual right)를 가지는 행동이다. 권위는 다른 사람의 행태에 영향을 미치는 능력과 관련이 적다.
• 권력은 영향(influence)의 의미로 활용된다.	• 권위는 능력(ability)의 의미로 활용된다.
• 권력은 힘(strength)의미로 활용된다.	• 권위는 전문가(expert)의 의미로 활용된다.

2) 권력과 영향력의 관계

권력과 영향력(influence)의 용어는 조직행태의 문헌에 있어 종종 상호교환적으로 사용되고 있다. 즉 권력은 영향력과 같이 다른 사람에게 영향을 미치는 능력 혹은 다른 사람의 행태에 영향을 미치는 능력이다. 또한 영향력을 미치는 사람(influencer)은 권력을 소유하고 있다. 이에 영향력은 권력을 암시하며, 권력은 영향력을 필요로 한다. 이처럼 권력은 영향력과 같이 두 사람 사이의 관계에 관련되어 있다.

권력은 사람 A는 사람 B가 하고 싶지 않은 어떠한 일을 하게 하는 힘이다 (Weber, 1947). 권력은 어떠한 사람이 어떠한 일을 하게 하는 능력을 표현하는 것이다. 권력은 영향력에 대한 잠재력(potential to influence)이며, 영향력은 행위 내의 권력(power in action)이다. 이에 권력은 특별한 사람에 대한 속성이 아니다. 이것은 두 사람 사이에 존재하는 관계의 양상이다.

이처럼 영향력(influence)은 다른 사람에 대해 실질적인 힘의 행사(the actual exertion of force)이며, 행동에 옮기게 하는 권력이다(power put into action). 또한

영향력은 사람 B는 사람 A가 유도하는 어떠한 방식으로 처신하는 거래관계이다. 영향력은 다른 사람의 행태에 영향을 미치는 과정이다. 즉 영향력은 리더의 행태에 대응하여 부하의 행태 혹은 태도의 수정으로 나타난다. 예를 들면, 상급자의 요청에 의해 종업원이 잔업을 수행한다면, 종업원은 상급자에 의해 영향을 받고 있다.

┃표 13-2┃ 권력과 영향력

권력(Power)	영향력(Influence)
• 다른 사람들의 행동을 바꾸고, 그들이 다른 방법으로 하지 않을 수 있는 일을 하도록 만드는 권한	• 다른 사람들의 상황에 대한 인식을 바꿀 수 있는 능력; 강요함이 없이 다른 사람의 믿음과 행동에 영향을 미치는 능력
• 강압적이며, 물리적 제재를 수반함	• 심리적이고 설득력 있고 자발적임
• 타인의 의사에 반하여 행사되는 것, 독재적이고 비민주적임	• 자발적이며, 합법성이 내포되어 있고 민주적임
• 고통이나 박탈감에 대한 두려움에 바탕을 둠	• 가치관의 유사성이나 이념적 공통성에서 작용됨
• 높은 계층에 따르는 지위적임(positional); 조직에서 위계의식으로 일방적인 의사소통	• 직위가 아닌 사람에 기인한 개인적임 (personal); 창의적인 아이디어와 솔직한 대화를 장려함

조직구성원이 자신 상관의 권력기반을 보는 방식은 〈그림 13-1〉과 같이 상관의 영향력 전략과 상호관련이 있다. 조직구성원은 합법성 혹은 비합법성의 관점에서 영향력 전략을 평가할 것이다. 그리고 예견된 상관 행태의 한계 내에서 혹은 한계 밖에서 평가할 것이다. 영향력 전략은 조직구성원의 감정과 행태에 영향을 미친다.

이에 조직구성원이 합법성으로서 영향력 전략을 수용하고 감독관의 행태에 대한 기대에 일관성을 가진다면, 조직구성원은 상관의 지시를 수용할 것이며, 직접적인 감독없이도 지속적으로 수행할 것이다.

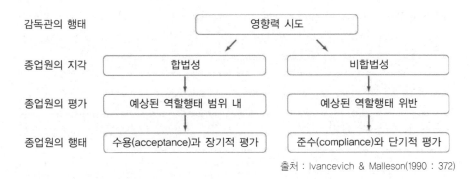

┃그림 13-1┃ 영향력의 과정

감독관의 행태	영향력 시도	
종업원의 지각	합법성	비합법성
종업원의 평가	예상된 역할행태 범위 내	예상된 역할행태 위반
종업원의 행태	수용(acceptance)과 장기적 평가	준수(compliance)와 단기적 평가

출처 : Ivancevich & Malleson(1990 : 372)

2. 권위의 의의와 원천

1) 권위의 의의와 특징

권위(authority)는 개인이 조직에서 유지하는 지위 때문에 갖게 되는 공식적 권한(formal power)이자 합법적 권한(legitimate power)이다. 이에 권위는 정당한 절차와 과정에 의해 주어진 권한이다. 권위적인 지위에 있는 관리자로부터의 지시 혹은 명령은 부하가 반드시 준수해야만 하기에 따르는 것이다. 이에 높은 직위에 있는 사람이 낮은 지위에 있는 하급자들보다 많은 법률적 권위를 가진다. 예를 들면, 판사는 국가의 권위를 가지고 있기 때문에 우리는 법원에서 판사의 권위를 수용한다.

권위의 본질은 권리(rights)이다. 이러한 권리는 의무(obligations)에 의해 결정된다. 권리와 의무는 균형을 이룬다. 관리자는 조직자원을 효과적으로 그리고 효율적으로 활용하기 위해 의무 혹은 책임을 수용한다. 또한 관리자는 조직목적을 성취하기 위해 다른 사람을 지도한다. 이와 같이 권위는 자원을 할당하거나 상황을 통제함에 있어 다른 사람에게 영향을 미치는 합법적 권리(legitimate right)이다. 즉 권위는 합법적 원천(legitimate source)으로부터 다른 사람에 영향을 미치는 사람들의 권리이다.

이와 같이 권위란 권력의 합리적 근거(the rational basis of power)이다. Weber (1947)는 권위와 권력을 구별하고 있다. 권력은 힘(force) 혹은 강요(coercion)를 포함하고 있으며, 권위는 권력의 부분집합이라 할 수 있다.

권위와 관련하여, Chester Barnard는 부하가 상관의 요청을 거부할 수 있는 것을 관찰했다. 이것에 기초하여 Barnard는 권위의 수용관(the acceptance view of authority)이라고 표현했다. Barnard의 견해에 따르면, 〈그림 13-2〉와 같이 부하가 상관의 권위를 수용하지 않는다면 권위는 존재하지 않는다. 권위는 항상 제한적이다. 즉 권위는 자원을 활용하고 사람에게 명령하는 데 제한된 권리이다. 이러한 제한된 권리는 조직 내에서 문서화된 정책, 절차, 규칙, 직무기술에 기반하며 명확해진다.

┃그림 13-2┃ 권위의 수용관

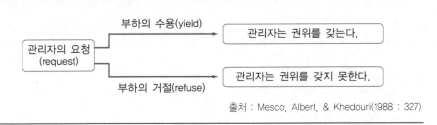

출처 : Mesco, Albert, & Khedouri(1988 : 327)

이러한 의미에서 조직적 권위는 다음과 같이 몇 가지 특징을 가진다(Gibson, et al., 2006: 291).

① 권위는 사람들의 지위(person's position)에서 부여된다. 개인은 구체적인 개인의 특성이 아닌 개인이 보유하고 있는 지위 때문에 권위를 가진다. 이에 공식적 조직의 모든 구성원들은 어떤 형태의 권위를 행사한다.

② 권위는 부하들에 의해 수용되어야 한다. 공식적 권위의 지위에 있는 사람은 권위를 행사할 수 있으며, 합법적 권한을 가지고 있기 때문에 순응성을 획득할 수 있다. 이에 조직은 적절한 법률과 규제에 순응해야 한다.

③ 권위는 수직적으로 사용되어진다. 권위는 조직의 계층제에 있어 상하(top to bottom)로 흐른다. 상관에게 권위를 부여한다면, 조직은 관리자와 부하 사이의 조직관계를 공식적으로 인정해야만 한다.

나아가 권위와 책임성의 관계를 통해 권위의 특성을 이해할 수 있다. 어떤 사람이 자신이 가진 권위의 영역에서 정확하게 책임질 수 있을 때 책임성은 권위와 부합한다. 권위와 책임성이 부합할 때 개인에 대한 인사평가에 있어 기초자료로 활용할 수 있다. 이처럼 권위와 책임성이 일치한다면, 개인에 대해 책임성 소재를 부과할 수 있다. 하지만 다음의 상황에서는 권위와 책임성이 서로 불일치하다. 하나는 어떤 사람이 자신이 가지는 권위보다 책임성이 많을 때 권위와 책임성은 불일치한다. 다른 하나는 어떤 사람이 자신이 가진 책임성보다 권위를 더 많이 가질 때 일어난다.

이와 같은 권위의 특성으로 인해 〈표 13-3〉과 같이 영향력과 다소 차이가 있다.

┃표 13-3┃ 권위와 영향력

권위(Authority)	영향력(Influence)
권위는 조직에서 권력의 정태적, 구조적 측면이다.	영향력은 동태적, 전략적 요소(dynamic, tactical element)이다.
권위는 권력의 공식적 측면(formal aspect)이다.	영향력은 비공식적 측면(informal aspect)이다.
권위는 최종적인 결정을 하는 데 공식적으로 인가된 권리(sanctioned right)이다.	영향력은 조직에 의해 인가되지 않았으므로, 조직적 권리의 문제가 아니다.
권위는 부하에 의한 비자발적인 굴복(involuntary submission)이다.	영향력은 자발적인 굴복(voluntary submission)이고, 필연적으로 상관-부하의 관계를 수반하는 것은 아니다.
권위는 하향적으로 흐르고, 단일방향(unidirectional)이다.	영향력은 다방향적(multi-directional)이고, 상향적, 하향적, 수평적으로 흐른다.
권위의 원천은 오로지 구조적(structural)이다.	영향력의 원천은 개인적 특성, 전문성 혹은 기회이다.
권위는 제한적(circumscribed)이며, 권한의 영역, 범위 및 합법성은 구체적이고 명확한 범위가 있다.	영향력은 비국한적(uncircumscribed)이며, 그것의 영역, 범위 및 합법성은 전형적으로 모호하다.

2) 권위의 원천

권위는 공식적 조직에 있어 영향력의 원동력이다. 권위는 사회에 의해 조직의 공식적 인정에 뿌리를 둔다. 권위의 몇몇 유형은 〈표 13-4〉와 같다. 모든 유형의 권위는 결정의 권리를 포함하고 있다. 이것 없이 사람은 계획할 수 없고, 부하 혹은 전문가들이 제안할 수 없으며, 전문가가 법적 구속력 있는 결정을 할 수 없고, 구성원은 개인적 책임을 수행할 수 없다.

결정의 권리에 부가하여 관리적 권위는 공식적 집행의 권리를 가지고 있고, 참모적 권위는 결정에 있어 제안, 권고, 충고할 수 있는 권리를 가진다. 상황적 권위는 적절한 시점에 있어 법적 구속력 있는 결정을 발휘할 수 있는 권력이다. 운영적 권위는 개인적 책임을 수행함에 있어 과도한 감독없이 업무를 수행하는 권리를 가지고 있다(Hodge & Anthony, 1979: 312-317).

∥표 13-4∥ 권위의 원천

유형	의미
관리적 권위	의사결정을 하고 집행하는 권리; 공식적 직위에 따른 권위이며, 경영 책임을 실행하기 위한 핵심 수단
참모적 권위	제안과 권고(suggestions and recommendations)하는 권리; 계선기관의 효과성을 향상시키기 위한 조언하는 권리
상황적 권위	매우 제한된 지역 혹은 범위 내에서 법적 구속력 있는 결정을 하는 권리; 관리적 권위와 참모적 권위의 두 요소를 가진 권위이며, 상황적 권위가 잘못 사용되면 조직에 상당한 지장 초래하기 때문에 약간의 안정장치가 필요함
운영적 권위	과도한 감독없이 작업하는 권리(right to work without undue super-vision); 책임을 이행할 권리와 수행방법 및 시기를 결정할 권리로 구성됨

① 관리적 권위(managerial authority) - 공식적 조직의 관리자는 목적성취에 필요한 자원을 획득하고, 사용하고, 통제하는 데 책임을 가진다. 이를 위해 관리자는 필요한 결정을 내리고 집행하는 권리를 가져야만 한다. 이러한 관리적 권위는 관리적 지위를 가진 사람에 의해 소유하는 권위이다.

관리적 권위의 본질은 조직구조에서 요구하는 책임의 기능이다. 관리자의 책임은 관리자에게 부여된 권위의 양을 결정하는 결정요인이다. 책임과 권위의 균형은 건전한 조직구조를 형성하고 유지하는 데 있어 권위와 책임의 동등성 원리와 부합된다.

② 참모적 권위(staff authority) - 조직의 구성원들은 문제해결, 절차 변경, 자신들의 직무를 보다 용이하게 수행할 수 있도록 제안과 권고를 한다. 이러한 제안과 권고가 일어날 때 참모적 권위가 발휘되는 것이다. 제안시스템이 참모적 권위 활용의 보편적인 사례이다.

③ 상황적 권위(situational authority) - 상황적 권위는 관리적 권위와 참모적 권위 두 가지 요소를 포함하는 혼합적 권위(hybrid authority)의 유형이다. 이 유형의 권위관계는 참모적 권위관계로서 시작된다.

예를 들면, 회계사는 적정한 회계방식의 문제에 있어 제안하고, 권고하는 권리가 부여되어 있다. 시간이 지남에 따라 상관은 회계사의 충고의 질에 신념을 부여한다. 이리하여 회계전문가는 상황적 권위를 가지게 된다.

상황적 권위가 잘못 활용된다면, 조직에 지장을 초래하게 된다. 예를 들면,

회계사가 부적절하고 잘못된 정보를 가지고 결정에 영향력을 발휘했을 때 비효과적인 회계절차를 설치하게 된다. 이에 상황적 권위는 잠재적 권리유형(a potent type of right)으로 간주해야만 한다. 면밀하게 고려한 이후에 위임되어야 하며, 권위행사와 관련하여 약간의 안전장치가 요구된다.

④ 운영적 권위(operational authority) - 모든 조직구성원은 자신의 업무를 수행하는 데 어떠한 도구, 어떠한 순서로 할 것인지에 대한 결정할 수 있는 권리를 가진다. 즉 과도한 감독없이 업무를 수행하는 권리는 모든 조직구성원에게 보편적으로 적용된다. 이러한 권리가 운영적 권위이다. 운영적 권위는 2가지 기본적인 하부권리(subrights)인 책임을 수행하는 권리와 언제 그리고 어떻게 행할 것인가를 결정하는 권리로 구성된다.

02 권력 활용

관리자들은 주어진 상황에서 권력을 얼마만큼 활용할 것인가(how much power to use)에 대해 고민하게 된다. 너무 적은 권력의 활용은 무위를 초래하게 되며, 이것은 변화가 필요할 때 강한 저항이 존재하게 만든다. 반면에 너무 과도한 권력은 문제를 일으킨다. 필요 이상의 권력을 활용했을 때 사람들의 행태는 변화할 수 있지만, 결국에는 분개와 반작용으로 인해 권력 사용자를 자멸하게 한다.

대부분 조직상황에서 사람들은 무엇이 적절한 권력의 양인가에 대해 감각을 가지고 있다. 이러한 분별을 위반하게 되면, 관리자는 미래에 있어 자신의 권력을 실제적으로 약화시킬 것이다. 즉 시민들의 소란에 대해 과도하게 경찰력을 활용한다면 잠재적으로 심각한 부정적 반작용을 초래하게 될 것이다. 이처럼 권력은 영향력을 위한 기반을 제공한다.

마키아벨리즘(Machiavellianism)

• Niccolo Machiavelli(1469-1527)는 현대정치이론의 아버지로 불리며, 이탈리아 플로렌스(Florence)에서 태어난 16세기 이탈리아 철학자이며 정치가이다.

- 특히 「군주론(the Prince, 1532)」에서 모든 수단은 권위의 확립과 보존(establishment and preservation)을 위한 도구가 될 수 있다고 주장했다. 목적이 수단을 정당화한다는 것이다. 통치자의 가장 나쁘고 기만적인 행위(treacherous acts)는 피치자의 사악과 배반에 의해 정당화될 수 있다. 군주는 교황 Clement VIII에 의한 피치자이었다.
- 마키아벨리즘은 면대면 접촉에서 있어 다른 사람에게 효과적으로 영향을 미친다. 사회적 상호작용을 시작하고 통제하는 경향이 있다. 마키아벨리즘은 정치적 행태에 관여하는 성향과 관련되어 있다. 마키아벨리즘은 다양한 조직상황에서 정치적 행태에 관한 좋은 예측변수이다.
- 마키아벨리즘은 다음과 같은 특징을 가진다. ① 대인관계에 있어 간교한 속임수와 기만(guile and deceit)을 활용한다. ② 다른 사람의 본질에 대해 냉소적인 관점(cynical view)을 가진다. ③ 인습적 도덕감(conventional morality)이 부족하다.
- 마키아벨리즘은 다음과 같은 상황에 대해 동의한다. ① 사람을 다루는 최상의 방법은 그들이 듣기 원하는 것을 그들에게 말해 주는 것이다. ② 어떤 사람을 전적으로 신뢰하는 사람은 공연한 짓을 하는 것이다(asking for trouble). ③ 그렇게 하는 것이 유용하지 않다면, 당신이 어떤 것을 행하는 진실한 이유를 결코 다른 사람에게 말하지 말라(Never tell anyone the real reason you did something unless it is useful to do so). ④ 중요한 사람에게 알랑거리는 것은(to flatter) 현명하다.
- 마키아벨리즘은 인간의 비감정적 성향(unemotional tendency)을 기술하는 데 사용된다. 자신을 인습적 도덕(conventional morality)으로부터 분리하고, 다른 사람을 기만하고 조정하는(to deceive and manipulate) 것이다. 남성이 평균적으로 여성보다 마키아벨리언이라는 것이다.

출처 : Hellrigel, et al.(1995: 518)

특히 권력을 활용하는 것은 다른 사람의 행태와 태도에 영향을 미치기 때문에 영향력 전술에 관련되어 있다. 예를 들면, 전문적인 지식이 높을수록 합리적인 설득(rational persuasion)을 활용하는 것은 지지를 받을 것이다. 또한 상당한 정도의 준거적 권력(referent power)을 가진 사람들은 적은 준거적 권력을 가진 사람보다 영감적 호소를 효과적으로 활용할 수 있다. 나아가 지위적 권력(position power)이 거의 없는 리더는 합법적 전략을 활용하는 데 어려움이 있을 것이다. 이처럼 〈표 13-5〉와 같이 상황적 배경에 따라 구체적인 영향력 전략을 활용해야 할 것이다.

┃표 13-5┃ 영향력 전술(influence tactics)의 유형

합리적 설득 (rational persuasion)	작업목적을 성취하는 데 초래되는 것과 같이 다른 사람을 설득함에 있어 사실적인 증거(factual evidence)를 활용하라.
영감적 호소 (inspirational appeals)	다른 사람의 가치, 아이디어 및 열망에 호소함으로써, 그리고 자신감을 증가함으로써 열정(enthusiasm)이 일어나는 제안과 간청을 하라.
상담 (consultation)	전략과 행동에 관한 계획에서 다른 사람을 관련시켜라. 그들의 지원과 도움을 바람직한 것으로 변화시켜라.
아부 (ingratiation)	어떤 것에 대해 요청할 때 다른 사람이 호의적인 반응을 하도록 칭찬하고, 아첨을 활용하라. 또한 특별하게 친근한 행태를 활용하라.
개인적 호소 (personal appeals)	어떤 것에 대해 요청할 때 다른 사람에 대한 우정과 충성심에 대한 호소를 활용하라.
교환 (exchange)	어떤 업무를 수행함에 있어 다른 사람의 도움을 얻기 위해 교환적인 부탁을 제안하라. 기꺼이 보답하는 것을 표시하라.
연합전략 (coalition tactics)	어떤 것을 수행하는 데 필요한 영향력 대상자를 설득하는 데 다른 사람의 도움을 활용하라. 혹은 동의하는 목적을 위해 다른 사람의 지원을 활용하라.
합법적 전략 (legitimating tactics)	어떤 것을 하는 데 있어 권위 혹은 권리를 주장함으로써 간청의 합법성을 세우라. 조직의 정책, 규칙, 전통과 일치된다는 것을 입증함으로써 제안의 합법성을 세우라.
압박 (pressure)	원하는 것을 수행함에 있어 다른 사람에 영향을 미치는 요구, 위협, 빈번한 점검, 지속적인 독촉(persistent reminders)을 활용하라.

출처 : Black & Porter(2000: 412)

03 권력의 기반

어떤 사람이 다른 사람을 무엇으로 복종시키는가?(What makes one person obey another?) 이 물음에 대해 학자들은 권력의 유형을 다르게 기술한다. 즉 권력은 다양한 원천에서 비롯된다. 권력이 조직에서 어떻게 획득되는가는 추구하는 권력 유형의 정도에 의존한다. 이러한 권력은 개인 간, 구조, 상황적 기반으로부터 도출된다.

1. French와 Raven의 유형

John French와 Bertram Raven(1959)은 조직 내에서 볼 수 있는 다양한 권력의 기초를 기술하고 있다. 특히 French와 Raven은 〈그림 13-3〉과 같이 개인 간 권력기반으로 5개의 권력(합법적, 보상적, 강압적, 전문가적, 준거적 권력)을 제시하고 있다. 이러한 권력 유형은 개인적 권력에 초점을 두며, 조직 내 권력의 원천과 영향력에 대해 통찰력을 제공한다.

합법적, 보상적, 강압적 권력은 조직에 의해, 공식적 집단에 의해, 혹은 구체적인 상호작용의 패턴에 의해 주로 규정된다. 반면에 전문가적 권력과 준거적 권력은 매우 개인적이다. 이들 권력은 개인적 전문성과 스타일의 결과이다.

이들 권력 유형은 가장 효과적인 권력에서 효과성이 가장 낮은 권력으로 배열할 수 있다. 5개 권력 원천은 서로 완전하게 독립되어 있는 것은 아니다. 예를 들면, 보상적 권력의 활용은 준거적 권력을 증가시킬 수 있다. 반면에 강압적 권력의 활용은 준거적 권력을 감소시키는 경향이 있다.

┃그림 13-3┃ French와 Raven의 권력 유형 및 대인관계 권력 활용을 위한 가이드라인

가장 높은 효과성 (most effective)	준거적 권력 (referent power)	권력적 지위에 있는 사람과 동일시	• 부하들의 욕구와 감정을 고려한다는 것을 보여주어라. • 각 부하들을 공평하게 취급하라. • 그룹대표자로서 행동을 취할 때 부하들의 이익을 대변하라.
	전문가적 권력 (expert power)	광범위한 지식이나 높은 수준의 기술	• 전문지식 이미지를 고양하라. • 신뢰성을 유지하라. • 위기시 자신감을 갖고 확고히 행동하라.
	보상적 권력 (reward power)	다른 사람에게 편익(benefits)을 제공함	• 규정준수가 입증되도록 하라. • 매력적인 인센티브(attractive incentive)를 제공하라. • 당신의 약속이 전달될 수 있도록 명확히 하라.
	강압적 권력 (coercive power)	다른 사람에 대한 처벌(punishing others)	• 위반(violations)에 대한 규칙과 처벌에 대해 부하에게 알려라. • 지속적이고 신속히 훈련을 활용하라. • 처벌에 의존하기 전에 충분한 준비를 제공하라.
가장 낮은 효과성 (least effective)	합법적 권력 (legitimate power)	관련자에 의해 합법적으로 수용됨	• 정중히 부탁하라(polite requests). • 간청에 대한 이유를 설명하라. • 적절한 채널을 제공하라. • 정기적으로 권위를 활용하라. • 부하들의 관심에 반응하라.

출처 : Webber(1979 : 166)

1) 합법적 권력

합법적 권력(legitimate power)은 조직 계층제에서 사람들이 보유하는 지위의 유형에서 초래된다. 높은 지위의 사람이 낮은 지위의 사람보다 합법적 권력을 가진다. 합법적 권력은 조직에 의해 권력이 부여되는 것이다. 합법적 권력과 권위는 종종 상호교환적으로 사용된다.

합법성(legitimacy)의 조건은 사회적 규범을 규정하는 데 도움이 되는 문화의 기능이다. 예를 들면, 어떤 집단 혹은 문화는 육체적 속성 혹은 기술을 소유한 사람에게 합법적 권력을 부여한다. 어떤 사회에서는 연장자가 젊은 사람보다 합법적 권력을 가진다. 민주주의 국가는 시민들이 선출한 사람에게 임무를 수행하도록 상당 정도로 합법적 권력을 부여한다. 이처럼 합법적 권력은 집단, 문화, 혹은 조직의 가치를 반영한다.

합법적 권력의 문제 중 하나는 합법적 권력의 범위에 관해 종종 혼란 혹은 불일치가 존재한다는 점이다. 이점에서 합법적 권력의 관리적 범위는 적절한 활동에 대해서만 조직적으로 한정한다.

2) 보상적 권력

보상적 권력(reward power)은 타인의 이익을 통제하고, 분배할 수 있는 능력으로부터 유래되는 권력이다. 보상적 권력은 다른 사람에게 보상을 제공할 수 있는 능력에 기반을 둔다. 편익의 관리자(controller)는 단순히 편익을 분배하거나 철회하는 행동을 함으로써 다른 사람의 행태를 형성하는 능력을 지닌다.

보상적 권력은 합법적 권력의 사용을 도와준다. 보상적 권력의 강도는 보상의 규모와 분배되어지는 편익의 규모에 의해 결정된다. 또한 보상적 권력의 강도는 보상의 규모와 분배되어 지는 것에 대한 믿음에 의해 결정된다. A가 편익을 분배하는 가능이 낮다고 B가 인식한다면, B에 대한 A의 보상적 권력에 대한 효능은 줄어지게 된다. 이처럼 보상적 권력은 기관의 자원이 대상에 대해 가치가 있어야만 한다.

이점에서 보상을 통제하는 사람은 의뢰한 업무가 완성되는지를 판단하기 위한 몇몇 수단을 가지고 있어야 한다. 업무측정이 보상적 권력의 활용에 있어 중요한 관점이다.

3) 강압적 권력

강압적 권력(coercive power)은 보상적 권력의 반대이며, 처벌할 수 있는 권력이다. 보상적 권력이 보상의 분배에 의존하지만, 강압적 권력은 처벌의 할당에 의존한다. 타인을 강압하거나 처벌할 수 있는 능력은 강력한 권력 혹은 영향력의 토대이다. 추종자는 공포 때문에 따른다. 이처럼 강압적 권력은 대상에게 불쾌하거나 부정적 경험을 일으킬 수 있는 자원을 가질 때 존재한다. 즉 기관은 불일치에 대해 직접적으로 처벌함으로써 일치하도록 유도할 수 있다. 이에 강압적 권력의 효과는 처벌의 본질, 인지된 영향력, 처벌이 활용되는 가능성, 바람직한 행태의 측정에 의해 의존한다.

4) 준거적 권력

준거적 권력(referent power)은 B가 A에 관련되어 있기 때문에 A가 B에 대해 권력을 가지는 것으로 정의할 수 있다. 준거적 권력은 어떤 사람이 자신보다 뛰어나다고 생각하는 사람을 닮고자 할 때 발생한다(이창원·최창현, 1996: 288). 즉 준거적 권력은 우정 혹은 권력을 사용하는 사람에 대한 조직구성원의 매력에서 기인된다.

이와 같이 준거적 권력은 기관이 대상에 대해 강하게 매력을 일으키는 속성을 소유할 때 나타난다. 이들 속성은 개인적 매력, 명성, 카리스마를 포함한다. 이런 준거적 권력의 기반은 사람의 카리스마(charisma)이다. 카리스마를 가진 사람은 자신의 특성 때문에 존경받는다. 사람의 카리스마 강도는 준거적 권력의 지표이다. 카리스마의 용어는 정치인, 기업인, 스포츠계 인사를 기술할 때 종종 사용된다.

5) 전문가적 권력

전문가적 권력은 조직의 지위와 관계없이 지식 혹은 특별한 기술 때문에 행사하는 권력이다. 사람들이 상당히 가치있는 특별한 전문성을 소유하고 있을 때 전문가적 권력을 갖는다. 이러한 권력의 기반은 조직의 계층제와 관계가 없기 때문에 중요하고, 독특하다.

전문가적 권력(expert power)은 권력의 의존적 기반의 관점(dependency-based view)과 유사하다. 보다 전문적일수록 그리고 소유한 전문성이 희귀할수록 더 많은 권력을 행사한다. 이런 의미에서 전문가적 권력은 지위와 직무를 초월하여 조직 내의 누구나 가질 수 있다.

전문가적 권력에는 다음과 같은 몇 가지 기준이 있다(Reitz, 1987: 436-437). ① 대상이 기관을 믿을 수 있는 것으로 지각해야만 한다. 대상은 기관(전문적 지식 혹은 기술에 대해)이 진실로 알고 있는 것으로 믿어야만 한다. ② 대상이 기관에 대해 신뢰할 수 있는 것으로 지각해야 한다. 이런 신뢰는 정직에 대한 역사 혹은 명성에서 초래된다. ③ 대상이 기관의 지식 혹은 기술에 대해 유용한 것으로 지각해야만 한다.

이와 같이 전문가적 권력은 준거적 권력에 비교하여 권력의 범위가 매우 제한적이다. 즉 전문가적 권력은 대상의 지각(targets' perceptions)에 상당히 의존적이다.

2. Galbraith의 유형

미국의 정치경제학자 John Kenneth Galbraith는 다음과 같은 3가지 원천으로부터 권력이 일어난다고 제시하고 있다.

1) 적절한 권력

적절한 권력(condign power)은 복종에 대해 불쾌한 대안(unpleasant alternative)을 제시함으로써 다른 사람에게 발휘하는 영향력이다. 이러한 권력은 다음의 형식을 취한다. "이 일을 수행하라 그렇지 않으면(perform this task or else) 혹은 당신이 이것을 행하지 않으면 벌을 받을 것이다(if you do not do this, you will be punished)."

권력행사의 조건은 처벌 수단에 대한 접근이다. 복종에 대한 대안이 필연적으로 처벌일 필요는 없다. 이것은 특권에 대한 회수, 사회적 외면, 해고, 추방일 수 있다.

2) 보상적 권력

보상적 권력(compensatory power)은 적절한 권력과 반대되는 것이다. 이 유형의 권력은 복종에 대해 보상을 제공하는 것이다. 적절한 권력이 채찍이라면, 보상적 권력은 당근이다. 이 권력의 형식은 다음과 같이 취한다. "당신이 이 일을 수행한다면 나는 무엇을 당신에게 줄 것이다(If you perform this task, I will give you …)." 보상적 권력을 행사하기 위해서는 보상의 수단(금전, 특권, 사회적 지위)에 대해 접근할 수 있어야 한다.

3) 조건적 권력

조건적 권력(conditioned power)은 복종에 대해 이미 조건화된 사람에게 발휘되는 영향력이다. 이러한 권력유형은 사람들이 의심없이 어떤 권위를 취할 수 있기 때문에 일어난다. 조건적 권력을 행사하는 리더는 사람들의 조건화된 감각에 호소해야만 한다.

3. Etzioni의 유형

Etzioni(1964)는 사람들은 왜 권력에 순응하는가(why people comply with it)에 따라 권력을 유형화하고 있다. 다음의 3가지 권력유형은 다른 사람들이 권력에 순응하는 메커니즘에 근거하여 구별된다.

① 강압적 권력(coercive power) - 강압적 권력은 위협, 불쾌한 제재, 힘의 활용에 의존하는 권력이다. 강압적 권력은 어떤 사람이 우리의 바람에 순응하도록 강요하는 것이다. 강압적 권력은 Galbraith의 적절한 권력과 유사하다.

② 보상적 권력(remunerative power) - 보상적 권력은 보상과 다른 물질적 자원조작을 통하여 영향력을 획득하는 것이다. 규정 준수는 보상에 대한 기대로부터 도출된다. 보상적 권력은 Galbraith의 보상적 권력과 일관된다고 볼 수 있다.

③ 규범적 권력(normative power) - 규범적 권력은 본질적으로 보상적이지만, 물질적 편익보다 무형의 보상(intangible rewards)에 의존하는 것이다. 이러한 보상의 예로 명예, 지위, 특권의 수여가 포함된다. 규범적 권력은 Galbraith의 보상적 권력의 유형에 포함된다.

4. 구조적 권력과 상황적 권력

권력은 주로 조직 내 구조에 의해 규정된다. 조직의 구조는 조직이 지배되는 통제 메커니즘이다. 조직의 구조적 배열에 있어 의사결정의 재량권은 다양한 지위에 따라 할당된다. 구조는 의사소통의 패턴과 정보의 흐름을 설정한다. 이에 조직구조는 개인이 구체적인 작업을 수행하고, 어떤 결정을 하는 것을 명시함으로써 공식적 권력과 권위를 부여한다.

Kanter(1979)는 권력이 ① 자원, 정보, 지원에 대한 접근과 ② 필요한 업무를 수행함에 있어 협력을 얻을 수 있는 접근으로부터 도출된다고 주장한다. 이점에 있어 고위관리자가 관리계층제에 있어 낮은 하급관리자보다 자원의 할당에 대한 권력을 보다 많이 소유하며, 낮은 하급관리자는 고위관리자로부터 부여되는 자원을 받는다. 고위관리자는 성과와 규정 준수에 기초하여 자원을 할당한다.

1) 의사결정 권력

개인 혹은 하위부서가 의사결정에 영향을 미칠 수 있는 정도가 요구되는 권력의 양을 결정한다. 권력을 가진 개인 혹은 하위부서는 의사결정 과정이 어떻게 일어나는가, 무슨 대안들이 고려되는가, 결정이 언제 이루어지는가에 영향을 미칠 수 있다.

2) 정보 권력

적절하고 중요한 정보에 대한 접근이 권력으로 작용할 수 있다. 예를 들면, 회계담당관은 조직의 예산 및 회계 등에 관한 중요한 정보를 통제할 수 있기 때문에 권력을 가진다. 이점에 중요한 의사결정에서 필요한 정보를 보유하는 사람이 권력을 가진다.

특히 권력은 사람의 지위뿐만 아니라 적절한 정보에 대한 접근력 또는 접근가능성에 의해 제공된다. 즉 권력은 다른 사람들에게 전달되는 중요한 정보의 통제력에 관련되어 있다. 관리자는 동료 혹은 부하들이 활용할 수 없는 정보에 대한 접근 때문에 권력을 가지게 된다. 리더가 합리적 설득과 영감적 호소(inspirational appeals)를 할 때 정보 권력을 활용한다(Lussier & Achua, 2007: 110). 결국 권력적인 관리자는 요구되는 자원을 할당하는 사람, 중요한 결정을 하는 사람, 중요한 정보에 대해 접근할 수 있는 사람이다.

3) 관계 권력

권력을 사용하는 사람은 관계에 기초하여 다른 사람에게 영향을 미칠 수 있는 권력을 가진다. 관계 권력(connection power)은 정치의 한 형태이다. 자신의 편에 많은 사람이 있을수록 다른 사람에게 영향을 행사하는 데 도움을 줄 수 있다. 또한 관계 권력은 필요로 하는 자원을 획득하는 데 도움을 준다(Lussier & Achua, 2007: 111).

04 권력 대상자의 특성

대상자가 갖는 영향력(target's influenceability)에 연계된 특성은 관계와 불확실성에 대한 대상자의 의존성, 성격적 특성, 지능, 성별 및 문화에 관련된 개인적 특성이 포함되어 있다(Reitz, 1987: 441-443).

① 의존성(dependency) - 기관과의 관계에서 대상자의 의존성이 높을수록 기관에 의한 영향에 있어 대상자의 수용성이 높다. 또한 의존성은 대상자가 관계를 피할 수 없을 때, 다른 대안이 없을 때, 기관의 보상이 유일한 것으로 가치를 부여할 때 증가된다.

② 불확실성(uncertainty) - 행태의 타당성 혹은 정확성에 관해 대상자의 불확실성이 높을수록 그 행태의 변화에 미치는 영향력에 대한 수용성이 높다.

③ 성격적 특성(personality characteristics) - 모호성에 대해 참을 수 없는 사람 혹은 상당히 불안해하는 사람은 다른 사람보다 영향에 대해 수용성이 높다. 또한 가입의 욕구가 강한 사람은 집단영향에 대해 수용성이 높다.

④ 지능(intelligence) - 지능과 영향력 사이의 관계에 관한 증거는 혼합되어 있다. 높은 지능을 가진 사람은 다른 사람보다 의사소통에 보다 수용적이다. 반면에 높은 지능은 가끔 높은 자존심과 연계되어 영향에 대해 저항을 초래한다. 즉 지능이 높을수록 순응이 낮을 수 있다.

⑤ 성별(sex) - 여성이 남성보다 시도하는 영향에 대해 보다 순응적이다. 성별 사이의 이러한 차이는 사회심리학자의 지속적인 결론이다. 성별의 차이는 일반적으로 성역할 훈련(sex-role training)에 기인된다. 즉 여성은 순응하도록 교육하고, 남성은 독립하도록 교육을 받는다.

⑥ 문화(culture) - 어떤 문화는 개성, 의견차이, 다양성을 강조하는 반면에 다른 문화는 응집력, 일치, 통일성을 강조한다. 이리하여 개인들은 자신의 사회의 강조점에 따라 자신의 수용성에 있어 차이가 일어난다. 또한 문화는 다른 역할에 대한 순응에 상이한 규범을 설정할 수 있다.

> **조직에서의 권력지표(sign or indicators of power)**
>
> • 우리는 권력이 조직 어디에 놓여있는가(where power lies in the organization)를 알고자 한다. 예를 들면, 조직에서 누가 권력을 가지고 있는가를 어떻게 말할 수 있는가? 직무타이틀이 도움이 될 수 있다. 관리자의 권력에 관한 몇 가지 표시는 다음과 같은 능력을 포함한다.
> • 조직에서 어려운 사람을 대신하여 우호적으로 탄원할 수 있는(intercede) 능력
> • 유능한 부하를 위해 좋은 자리(good placement)를 배치할 수 있는 능력
> • 예산을 초월하여 지출하는 것에 승인할 수 있는 능력 및 다른 부서보다 증액된 예산을 획득할 수 있는 능력
> • 부하를 위해 평균 이상으로 보수(above average salary)를 인상할 수 있게 하는 능력
> • 정책회의(policy meeting)에서 아젠다에 항목을 포함할 수 있는(to get items) 능력
> • 최고의사결정자에게 신속하게 접근할 수 있는(to get fast access) 능력
> • 최고의사결정자에게 정규적으로 빈번하게 접근할 수 있는 능력
> • 결정과 정책변화(policy shifts)와 관련한 정보를 초기에 얻을 수 있는 능력 및 최고의사결정자보다 빨리 들을 수 있는 기회를 가질 수 있는 능력(get a hearing before top decision-makers)
>
> 출처 : Daft(1983: 383); Aldag & Kuzuhara(2002: 303)

SECTION 05 조직정치와 정치적 전략

1. 조직정치

권력과 같이 정치는 무형적이고, 측정하기가 어렵다. 즉 정치는 시스템적 방식에서 관찰하기가 어렵다. 정치는 권력과 밀접하게 관련되어 있다. 권력은 바람직한 결과를 성취하기 위해 활용할 수 있는 힘 혹은 잠재력(the available force or potential)이다. 정치는 이들 결과를 획득하기 위해 결정에 영향을 발휘하는 실질적인 행태이다. 정치는 권력과 영향력을 발휘하는 것이다. 이런 맥락에서 조직은 서로 다른 관심사로 구성되어 있기 때문에 정치는 조직생활의 일부이다.

조직정치(organizational politics)는 조직에 영향을 미치거나 권력을 증대하거나 다른 목표를 달성하기 위한 비공식적, 때로는 막후의 노력(informal, unofficial, and sometimes behind-the-scenes efforts)이다. 즉 조직정치는 권력을 획득하고, 전개하고, 활용하는 활동에 관련되어 있다. 이러한 조직정치는 경쟁이 높고, 자원이 부족하고, 목표와 과정이 불명확할 때 일어난다. 조직정치는 선택에 관련하여 불확실하거나 불일치할 때 자신에게 선호한 결과를 획득하기 위해 다른 자원을 획득하고 활용할 수 있는 활동에 관련되어 있다. 즉 조직정치는 아이디어를 판매하거나 조직에 영향을 미치기 위해, 혹은 권력을 증가시키거나 다른 목표 달성을 위한 비공식적이고, 때론 막후적인 노력(behind-the-scenes efforts)이다. 이와 같이 조직정치는 비공식적 네트워크를 사용하여 권력을 얻고, 개인적 바람 혹은 욕구를 충족시키는 작업을 수행하는 과정이다.

이와 같이 정치는 조직생활의 일부분이다. 특히 정치적 행동에 도움이 되는 최소 5가지 조건은 다음과 같다. ① 모호한 목표(ambiguous goals) - 부서나 조직의 목표가 모호할 때 정치를 할 수 있는 공간이 넓어진다. 조직구성원은 조직목표를 추구한다는 미명하에 개인적인 이익을 추구할 수 있다. ② 한정된 자원(limited resources) - 자원이 부족하고, 결정을 내려야 할 때 정치가 표면화된다. 자원이 충분하다면 자신을 위해 정치를 활용할 필요가 없을 것이다. ③ 기술과 환경의 변화(changing technology and environment) - 조직의 내부기술의 성격이 일상적이지 않을 때 또는 외부환경이 역동적이고 복잡할 때 정치적 행동이 증가한다. 즉 모호성과 불확실성이 증가할 때 정치적 행동을 촉발하게 한다. ④ 비정형화된 결정(nonprogrammed decisions) - 정형화되지 않은 상황에서 결정이 이루어질 때 의사결정 문제와 결정 과정을 둘러싼 조건으로 정치공작의 여지를 남긴다. ⑤ 조직변화(organizational change) - 조직변화의 시기는 합리적 행동보다는 정치적 행동의 기회를 제공한다. 특정 부서를 개편하고, 새로운 부서를 만들 때 정치적 과정을 초래하게 된다.

┃표 13-6┃ 정치적 행동이 이끄는 조건

지배적인 조건	정치적 행태의 결과
모호한 목표	자신의 이점(one's advantage)에 관련한 목표 정의의 시도
한정된 자원	자원공유(share of resources)의 최대화를 위한 투쟁
동태적 기술과 환경	개인적 이득(personal gain)을 위해 불확실성을 이용하려는 시도
비정형화된 결정	개인적 목적을 위한 차선책 결정(suboptimal decision)을 위한 시도
조직변화	조직 개편을 자신의 이익과 목표를 추구하는 기회로 활용하려는 시도

이러한 조직정치에 대한 논의는 〈표 13-7〉과 같이 다원론적 관점에 기초하고 있으며, 현실적으로 자원배분과 의사결정을 둘러싼 갈등을 모두 통제할 수 없다는 점에서 조직정치의 작동가능성은 커진다. 또한 현실적으로 다양한 이해관계자들의 연합체인 조직에서 조직정치의 존재를 부인할 수 없을 것이다. 이에 조직정치는 자신(또는 집단)의 이익추구를 위해 유·무형의 자원을 활용하는 행위를 내포한다(박지원·원숙연, 2013: 94-95).

| 표 13-7 조직에 대한 관점: 일원론과 다원론

구분	일원론	다원론
이해 관계	• 공동목표 달성을 강조 • 조직은 공동목적하에 통합되고, 하나의 팀으로 그러한 목표의 달성을 위해 노력	• 개인과 집단이해의 다양성 강조 • 조직은 느슨한 연합체로, 공식적 조직목표하에 늘 잘 통합되어 있는 것은 아님
갈등	• 갈등은 적절한 관리적 행위를 통해 제거될 수 있는 드물고 일시적 현상으로 간주 • 갈등 발생 시 일부 일탈자의 행위로 귀인	• 갈등은 조직의 고유하고, 제거할 수 없는 내생적 특징으로 간주 • 갈등의 부정적 영향은 물론 긍정적·기능적 측면까지 인정
권력	• 조직현실에서 권력의 역할 무시 • 권력 대신 권한, 리더십, 통제 등의 개념이 공동의 이해추구를 위한 수단으로 선호	• 권력을 결정적으로 중요한 변수로 간주 • 조직은 다양한 원천에서 권력을 획득하는 행위자들로 구성 • 권력은 이해갈등을 완화·해소하는 중개 과정

출처 : 박지원·원숙연(2013: 96)

특히 정치는 권력이 실행되는 활동이다. 정치는 선택과 관련하여 불일치가 있을 때 존재한다. 정치적 행태와 관련하여 관리자들은 정치에 대해 다음과 같이 반응한다(Daft, 1983: 399).

① 대부분 관리자는 정치에 대해 부정적 견해를 가지고 있다. 관리자는 정치가 조직의 목표를 성취하는 데 도움을 주기보다 가끔 해를 끼치게 한다고 믿는다.

② 관리자는 정치적 행태가 모든 조직에서 실질적으로 보편적이라고 믿는다.

③ 대부분 관리자는 정치적 행태가 조직의 낮은 계층보다 상위 계층에서 보다 많이 발생한다고 생각한다.

④ 정치적 행태는 구조적 변화와 같은 어떤 유형의 결정을 일으킨다. 반면에 정치적 행태는 조직구성원의 불만과 같은 다른 유형의 결정에 대해 무관하다.

이와 같이 정치는 좋거나 나쁜 뭔가를 성취하는 데 있어 권력을 활용하는 것이다. 정치는 불확실성 혹은 갈등이 있을 때 일어난다. 불확실성과 갈등은 자연스럽고 불가피하다. 정치는 동의에 도달하기 위한 메커니즘이다. 특히 정치는 규칙과 과거의 경험을 이용할 수 없을 때 합의에 도달할 수 있는 메커니즘이다. 정치는 참여자들이 합의에 도달할 수 있고, 교착상태 혹은 해결되지 않는 것을 결정한다. 조직의 고위층 관리자가 낮은 계층의 관리자보다 많은 불확실성에 직면하게 된다. 이리하여 보다 많은 정치적 활동을 보인다.

▋표 13-8 조직정치의 설문사례

- 우리 조직구성원들은 종종 다른 사람들을 흠잡아 자신을 높이려고 한다.
- 우리 조직에서는 힘있는 사람들 쪽에 서서 그쪽을 따르는 것이 최선의 방책이다.
- 우리 조직에서는 사실대로 말하는 것보다는 남들이 듣고 싶어하는 말을 해주는 경우가 더 낫다.
- 우리 조직에서는 예스맨이 출세하는 분위기다.
- 우리 조직에서는 승진·보상·보직과 관련하여 비교적 정치적으로 결정된다.
- 우리 조직에는 특정 학연·지연 등으로 결속되는 파벌과 집단이 존재한다.
- 우리 조직에는 특정의 파벌과 집단의 이익을 반영하는 정책 변화가 있다.
- 우리 조직에는 아무리 좋은 의견이 제시되더라도 특정 세력집단의 견해와 다르면 받아들여지지 않는다.
- 우리 조직에는 아무도 반대할 수 없는 영향력 있는 집단이 존재한다.

출처 : 박준현(2018); 황동연(2019); 백수진(2021); 박이레 외(2022)

1) **합리적 모델(rational model)** – 합리적 조직에서의 행태는 무작위하거나 우연한 것이 아니다. 목표가 분명하고, 선택은 논리적이며, 컴퓨터 방식으로 이루어진다. 결정이 필요할 때 목표가 정의되고, 대안들이 명확하게 제시되며, 바람직한 결과를 성취하는 데 있어 최고의 가능성을 가진 대안이 선택된다.

합리적 모델은 안정적 환경과 잘 알려진 기술(well-understood technology)에 의해 특징되는 조직에서 적용된다. 합리적 모델은 이상적이다.

2) **정치적 권력모델(political power model)** – 정치적 권력모델은 조직이 목표에 대해 불일치하는 서로 다른 연합체로 구성되어 있다. 정치적 모델은 조직이 서로 다른 이해, 목표, 가치를 가진 집단으로 구성된 것으로 본다. 불일치와 갈등은 정상적이며, 권력과 영향력은 결정에 도달하기 위해 필요한 것으로 이해한다.

정치적 모델은 높은 수준의 불확실성에 직면한 조직에서 가장 보편적이고, 변화하는 조건(changing conditions)에서 빈번하게 일어난다. 목표를 성취하기 위해 집단은 목표의 결정에 있어 밀고 당기는 토론(push and pull debate)을 하게 된다. 정치적 모델에서의 결정은 어수선하며, 대안과 관련하여 좋은 정보를 가지고 있지 않다. 정보는 모호하고 완벽하지 않다. 협상과 갈등이 보편적이다.

3) 혼합모델(mixed model) - 〈그림 13-4〉와 같이 조직은 연속체에서 존재한다. 조직 환경과 맥락에 따라 합리적 모델 혹은 정치적 모델이 지배적이다. 2가지 모델 이상이 조직 과정에 적용하는 것이 중요하다. 정치적 모델은 불확실성과 불일치의 조건하에서 결정에 도달하는 중요한 메커니즘이다. 효율적인 조직을 만들기 위한 많은 노력은 정치적 과정에서 합리적 과정으로 이동하도록 설계된다. 하지만 정치적 모델의 측면이 항상 조직에 존재한다. 권력과 정치적 활동은 중요한 결정에 도달하는 데 필요하다. 특히 불확실성과 갈등이 존재할 때 합리적 모델은 부적절하다.

권력을 증가시키는 전략(Tactics for increasing power)

• 높은 불확실성의 영역으로 들어가라(Enter areas of high uncertainty) - 부서 권력의 중요한 원천은 핵심적인 불확실성에 대처하는 것이다. 부서관리자가 핵심적인 불확실성을 지각하고, 불확실성을 제거하기 위한 조치를 취할 수 있다면 부서의 권력적 지위는 향상될 수 있다.

• 의존성을 창조하라(Create dependencies) - 의존성은 중요한 권력의 원천이다. 다른 부서 혹은 전체 조직이 정보, 자재, 지식에 대해 어떤 부서에 의존할 때 그 부서는 다른 부서에 비해 권력을 유지할 수 있다.

• 자원을 제공하라(Provide resources) - 자원은 항상 조직의 생존에 있어 중요하다. 조직에 자원(자금, 인적자원, 시설)을 제공하는 부서는 강력해질 수 있다.

• 전략적 상황을 만족하게 하라(Satisfy strategic contingencies) - 전략적 상황이론은 조직적 성과에 있어 특별히 중요한 것은 외부환경과 조직 내의 요인들이라고 안내하는 것이다. 이에 조직과 조직의 외부환경에 대한 분석이 전략적 상황에서 나타난다.

출처 : Daft(1983: 407-408)

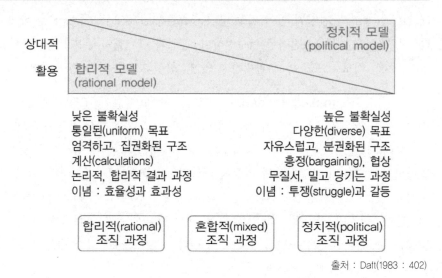

┃그림 13-4┃ 조직의 연속체 : 합리적 과정과 정치적 과정

상대적

활용

합리적 모델
(rational model)

정치적 모델
(political model)

낮은 불확실성	높은 불확실성
통일된(uniform) 목표	다양한(diverse) 목표
엄격하고, 집권화된 구조	자유스럽고, 분권화된 구조
계산(calculations)	흥정(bargaining), 협상
논리적, 합리적 결과 과정	무질서, 밀고 당기는 과정
이념 : 효율성과 효과성	이념 : 투쟁(struggle)과 갈등

합리적(rational)
조직 과정

혼합적(mixed)
조직 과정

정치적(political)
조직 과정

출처 : Daft(1983 : 402)

2. 정치적 전략

개인과 하부단위부서는 끊임없이 정치지향적 행태(politically oriented behavior)에 관계를 맺고 있다. 행태는 의도적이고, 권력을 획득하고 유지하기 위해 설계되어진다. 정치지향적 행태의 결과로서 조직에 존재하는 공식적 권력은 가끔 곁길로 새거나 폐쇄된다. 이리하여 정치적 행태는 권력의 이동을 초래하게 한다. 분명한 것은 극단적인 상황에서 수행되는 정치적 행태는 개인과 조직에 고통을 초래한다. 하지만 모든 정치적 행태가 관리적 개입을 통해 제거되어야 한다고 가정하는 것은 비현실적이다. 실제로 조직 내에서 정치적 행태를 제거하는 것은 불가능하다는 의견도 존재한다.

Mintzberg(1983)는 게임 참여자로 능숙한 정치인을 기술하고 있다. 관리자(manager)와 비관리자(non-manager)가 참여하는 게임은 다음의 것을 의도한다. ① 권위에 저항하는 것(반란게임), ② 권위에 대한 저항을 반대하는 것(대반란게임), ③ 권력 기반을 만드는 것(후원게임과 연합건설게임), ④ 경쟁자를 패배시키는 것(라인-참모게임), ⑤ 조직적 변화에 영향을 미치는 것(내부고발게임) 등이다.

(1) 반란게임

반란게임(insurgency game)은 권위에 저항하기 위해 경기에 임한다. 게임에 있어 반란은 조직의 모든 수준에서 일어난다.

(2) 후원게임

후원자(sponsor)는 일반적으로 사람들의 상관 혹은 보다 높은 지위와 권력을 가진 사람들이다. 후원게임(sponsorship game)에 관련된 규칙은 매우 적다. ① 사람들은 후원자에게 충성과 몰입을 보여줄 수 있어야만 한다. ② 사람들은 후원자가 요청하는 간청 혹은 명령을 따라가야만 한다. ③ 사람들은 모든 것에 대해 후원자에게 명예가 되어야 한다. 그리고 후원자의 배경에 머물러야 한다. ④ 사람들은 후원자에 대해 감사를 표시해야만 한다. 이에 후원자는 사람들의 스승이자 훈련자이며 권력의 기반이다.

(3) 연합빌딩게임

인사관리부서 혹은 연구개발부서와 같은 하위부서들은 다른 하위부서와 연합 혹은 동맹을 형성함으로써 권력을 증가시킬 수 있다. 구성원들의 아이디어 강도는 연합구축(coalition-building)에 의해 촉진된다. 그러한 연합이 조직 내에서 형성될 때 공통의 목표와 관심에 대한 강조가 있다. 또한 조직 이외의 집단과 연합을 형성하는 하위부서는 권력을 증대할 수 있다. 예를 들면, 동문들의 기부금은 대학 내에서 행해지는 연구와 프로그램을 지원하는 데 매우 중요하다. 동문회 사무처는 적극적으로 지원하는 주요 기부자와 연합을 형성함으로써 보다 많은 권력을 획득할 수 있다.

(4) 라인-참모게임(line-versus-staff game)

라인 관리자와 참모 고문(staff adviser)의 게임은 조직에서 여러 해 동안 존재해 왔다. 라인-참모게임(line-versus-staff game)에는 라인과 참모 사이의 가치적 차이와 성격의 충돌이 있다. 라인 관리자들은 전형적으로 보다 많은 경험을 갖고 있고, 보다 손익계산지향적이다. 반면에 참모 고문들은 보다 젊고, 보다 좋은 교육을 받고, 보다 분석적 의사결정자들이다. 이러한 차이점이 다른 관점으로부터 조직 세계를 바라보는 결과를 초래하게 한다. 조직의 목표가 논쟁 때문에 성취할 수 없는 시점에 도달하기 전에 라인과 참모의 충돌은 조직에서 통제되어야만 한다.

(5) 내부고발게임

내부고발자의 행태는 증가하는 관심에서 환영받게 된다. 내부고발게임(whistle-blowing game)은 조직변화를 초래하는 데 역할을 발휘한다. 조직에서 어떤 사람이 자신의 공정성, 도덕, 윤리 혹은 법률을 위반하는 행태를 인지한다면, 그때 내부고발을 취하게 된다. 사람이 불공정, 무책임한 행동, 법률을 위반하는 것에 대해 다른 사람 – 신문기자, 정부대표자, 경쟁자 – 에게 알리는 것을 내부고발이라 한다. 내부고발함으로써 사람들은 조직 내의 권위시스템을 우회할 수 있다. 내부고발은 가끔 권위시스템에 의한 보복을 회피하기 위해 비밀스럽게 행해진다. 내부고발은 조직의 모든 수준에서 일어날 수 있다.

용어 해설

- 권력(勸力, 혹은 권한, power) – 공식적인 조직관계로부터 다른 사람에게 자신의 의지를 강요할 수 있는 능력이며, 다른 사람의 행태를 바라는 방식으로 영향을 미칠 수 있는 능력이다.

- 영향력(影響力, influence) – 다른 사람에 대한 실질적인 힘의 행사(the actual exertion of force)이며, 행동에 옮기게 하는 권력이다.

- 권위(權威, authority) – 개인이 조직에서 유지하는 지위 때문에 갖게 되는 공식적 권한, 합법적 권한이고, 정당한 절차와 과정에 의해 주어진 권한이다.

- 조직정치(組織政治, organizational politics) – 권력을 획득하고, 전개하고, 활용하는 활동에 관련되어 있으며, 경쟁이 높고, 자원이 부족하고, 목표와 과정이 불명확할 때 일어난다.

- Bertram H. Raven – 오하오주립대학교 심리학 학사와 심리학 석사를 취득하였으며, 1953년에 미시간대학교에서 사회심리학 박사를 취득하고, 1956년부터 UCLA 심리학과 교수로 재직하였다. John R. P. French와 협업하여 사회적 권력에 대한 5가지 기반을 분석하였다. 특히 Raven은 사람과 사람 사이의 영향력과 사회적 권력관계에 관심을 가지고 있다.

- John Kenneth Galbraith – 캐나다 태어나 캘리포니아대학교에서 농업경제학 박사를 취득하였으며, 1949년에 하버드대학교 경제학과 교수가 되었다. 1952년 첫 번째 저서인 「미국 자본주의: 상계 권력의 개념(American Capitalism: The Concept of Countervailing Power)」을 출판했으며, 1958년 「풍족한 사회(The Affluent Society)」라는 저서로 가장 영향력있는 학자가 되었고, 1967년 「새로운 산업국가(The New Industrial State)」라는 저서에서 미국 경제는 대규모 기업에 의해 지배되고 있다고 지적했다.

CHAPTER **14**

통제시스템, 평가시스템 및 성과평가

SECTION

01 통제시스템

통제라는 단어는 부정적으로 들린다. 이것은 규제하고(restraints), 제한하고 (constraints), 점검하는 것을 의미할 수 있다. 이것은 분명히 인간 행동의 자유를 제약하는 것과 연관되어 있다. 하지만 통제전략은 조직성과에 있어 매우 중요하다. 또한 통제전략은 매우 어렵고 불편한 관리적 기능이다.

조직의 맥락에서 통제의 의미를 살펴보고, 조직효과성 향상에 통제가 어떻게 관련되어 있는지를 검토하는 것은 중요한 과제일 것이다.

1. 통제의 의의와 필요성

1) 통제의 의의와 특징

통제(controlling)란 일정한 기간 내 규정한 목표를 성취하는 데 목적을 둔 관리과정이다. 통제는 활동과 행태를 규제하는 것에 관련되어 있다. 통제의 단어는 부정적인 의미로 들린다. 통제는 규제, 제한 혹은 견제하는 의미이다. 조직 맥락에서 통제는 목적에 적응하거나 순응하는 것을 의미한다. 이처럼 통제는 조직 활동의 근본적인 특징이다.

이런 의미에서 Kast와 Rosenzweig(1985: 508)는 통제에는 다음의 4가지 의미를 포함하고 있다고 지적한다. ① 통제는 대조하거나 입증하는 것이다. ② 통제는 규제하는 것이다. ③ 통제는 표준과 비교하는 것이다. ④ 통제는 억제하거나 제지하는 것이다.

이점에서 관리자에 의한 통제 책임은 사람들의 자유를 규제하는 것에 관련되어 있다. 또한 통제란 조직의 계획과 목표가 바람직하게 달성할 수 있도록 도움을 제공하는 과정이다. 이에 통제는 조직이 균형상태의 조건을 유지하는 데 필수불가결하며, 변화하는 조직환경에 적응하는 데 필요하다.

통제란 계획된 성과(planned performance)와 실질적인(actual) 성과에 관한 비교이며, 기대 이하의 성과를 교정하는 절차적 과정이고 환류 과정이다. 또한 통제는 계획된 목표를 달성하는 활동을 유지하고 관리하는 조직 과정에 있어서 실질적인 개입이다. 통제의 기능은 조직의 효과성을 확보하기 위해 기획, 조직화, 충원 등의 관리적 기능을 감시하는 것이다.

이러한 통제는 다음과 같은 특징을 가지고 있다.

① 통제는 관리 과정이다. 기획, 조직화, 충원, 지도, 통제 등의 5가지 관리 과정 중 하나의 관리 과정이다.

② 통제는 앞으로 진행하는(forward looking) 과정이다. 관리자는 미래 운영을 위해서만 교정적 활동을 취한다.

③ 통제는 조직의 각 수준에서 존재한다. 각 조직의 수준에서 일어나는 통제는 차이가 있다. 최고관리자는 전략적 통제에 관련하고, 중간계층 관리자는 전술적 전략을, 하부관리자는 운영통제에 관련되어 있다.

④ 통제는 지속적인 과정이다. 통제는 관리의 최종 기능이 아니며, 한 번만의 활동(one-time activity)이 아니라 지속적인 과정이다.

⑤ 통제는 기획과 밀접하게 연계되어야 한다. 기획과 통제를 몸이 붙어있는 쌍둥이(siamese twins)이라고 한다. 특히 기획기능과 관련하여 관리자는 조직 활동에 관한 정보를 수집하고, 조직목표를 수행하기 위해 활동을 설계하며, 바람직한 결과와 활동을 비교하고, 결과가 달성되지 못할 상황에는 현재의 기획을 수정해야 한다.

⑥ 통제의 목적은 목표지향적이며, 조직과 개인 모두에게 긍정적 목적을 가진다.

이러한 조직의 통제시스템은 〈그림 14-1〉과 같이 조직의 기획 과정을 알려주고 향상시키는 것이다. 통제시스템은 기획과 조직화의 환류루프(feedback loops)의 부분이다. 좋은 통제시스템은 내적 혹은 외적 환경이 변화할 때 현재의 운영방식이 목적을 적절하게 대처하고 있는지를 관리자가 알 수 있게 하는 것이다(Black & Porter, 2000: 476).

환류루프는 폐쇄적 루프와 개방적 루프가 있다(Lundgren, 1974: 171-172). 폐쇄적 루프(closed loop)는 이미 일어난 편차(deviations)를 측정한다. 이에 폐쇄적 루프 통제의 목적은 필요한 교정활동을 위해 일련의 기준으로부터 편차를 측정하는 것이다. 즉 폐쇄적 루프 통제는 문제 발생 이후의 오류(error after a lag)를 교정하는 것이다. 자기규제적 시스템(self-regulating system)은 단지 폐쇄적 루프 통제에 의해 가능하다.

반면에 개방적 루프(open loop)는 건전한 기획과 조정을 통해 편차를 방지하기 위해 사전에 예방적 차원으로 시도한다. 이점에서 개방적 루프 통제는 현재 활동에 의한 미래의 오류를 교정하거나 변화된 조건에 적응하는 데 기준을 조정함으로써 미래의 오류를 교정하는 것이다.

┃그림 14-1┃ 통제의 환류 루프

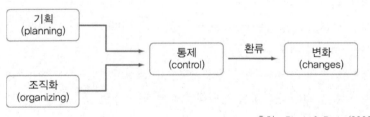

출처 : Black & Porter(2000 : 477)

2) 통제의 필요성

관리자는 목적을 설정하고 목적을 달성하려는 순간부터 통제기능을 수행하기 시작한다. 이처럼 통제는 조직이 성공하기 위해 필수적인 기능이다. 통제의 필요성을 몇 가지 측면에서 살펴보면 다음과 같다(Mescon, et al., 1988: 413-416).

① 불확실성(uncertainty)에의 대응 – 조직환경의 변화를 예측하고 반응하기 위해 조직은 조직에 대한 변화영향을 평가할 수 있는 효과적인 메커니즘이 필요하다. 또한 대부분의 조직업무는 사람에 의해 수행된다. 컴퓨터와 달리 사람은 완벽하게 업무를 수행하기 위해 프로그램화 또는 정형화할 수 없다.

② 위기 방지(crisis prevention) – 미래 예측에 대한 오판, 내부변수의 문제점, 혹은 사람에 의한 실수는 빠르게 교정하지 않는다면 그 영향이 심각해질 것이

다. 이러한 상호의존성이 높을수록 조직에 있어 복합적인 실수의 잠재성은 매우 높을 것이다. 관리자는 위기에 도달하기 전에 문제를 인지하고 교정하는 통제기능을 수행해야 한다.

③ 성공의 조장(encourage success) – 통제 과정의 긍정적 측면은 성공을 향해 나아가기 위한 필요한 조치라는 것이다. 통제의 중요한 활용은 조직활동이 전체적 목적 달성에 효과적으로 기여하고 있는가를 찾아내는 것이다. 조직의 성공과 실패를 인지함으로써 관리가 동태적인 환경의 요구에 조직이 빠르게 적응할 수 있게 한다.

④ 통제의 침투성(pervasiveness of controlling) – 통제는 전체 관리 과정에서 기본적인 관리 과정이다. 모든 관리자는 자기 직무의 구성요소로 통제를 활용한다. 기획, 조직화, 동기부여는 통제로부터 전적으로 분리할 수 없는 기능이다. 이들 기능은 조직의 전반적인 통제시스템의 구성요소이다.

2. 효과적인 통제시스템과 통제 과정

1) 효과적인 통제시스템

바람직한 통제시스템은 조직목표가 달성하지 못한 이유에 관한 정보를 관리자에게 제공한다. 통제활동은 전략적이고 운영적 계획에 직접 관련되어 있다. 나아가 통제시스템의 성공은 계획된 목표와 성취한 목표 사이의 일치성의 정도에 의해 결정된다.

효과적인 통제시스템은 관리자에게 적기에 적절한 정보를 제공할 뿐만 아니라 조직 활동에 따라 조직구성원이 가지는 부정적 감정과 반작용이 발생하지 않도록 한다. 좋은 통제시스템은 다음과 같은 특징을 갖추고 있어야 한다(Miller, Catt, & Carlson, 1996: 305-290).

① 통제는 조직과 업무의 특성에 부합되어야만 한다. 통제는 조직이 설정한 전반적인 우선순위를 반영하고 지원해야만 한다. 특히 통제는 조직에 있어 모든 것을 다루는 것이 아니라 핵심적인 결과에 집중하는 것이다.

② 통제시스템은 적기에 정확한 정보를 제공해야만 한다. 통제가 효과적으로 작동하기 위해서는 시기적절해야만 한다. 통제의 목적은 결함이 심각해지기 전에 교정하는 것이다. 위기가 발생하기 전에 적절한 정보를 정확한 사람에게 전달하는 것은 중요하다.

③ 통제시스템은 통제활동이 조직구성원들에게 명확하게 전달되어야 하며, 조직

구성원들이 이해하고 수용되어야만 한다. 조직구성원들이 통제시스템이 무엇을 측정하는지 그리고 조직이 통제에 관한 정보가 왜 필요한지 등에 대해 충분히 이해할 필요가 있다.

④ 통제시스템은 비용―효과적(cost-effective)이어야 한다. 즉 통제는 경제적이어야만 한다는 것으로 통제활동으로 초래되는 이익(benefits)이 비용(costs)을 초과해야만 한다. 통제시스템의 전체적인 비용이 잠재적인 손실에 비추어 측정되어야 한다. 이처럼 통제는 실패가 수용될 수 없는 영역에 적용되어야 한다. 또한 통제시스템이 보다 경제적이기 위해서는 단순한 통제(simple control)이어야 한다. 통제시스템이 복잡하다면, 통제시스템을 지원과 관련하여 상호작용하는 사람들은 효과적이기 어렵다.

⑤ 통제시스템은 전략적인 경영요소들을 감시해야 한다. 통제시스템은 시간과 인적인 측면에서 가장 중요한 전략적 영역, 잠재적 손실이 중대한 영역, 비용을 증가하게 만드는 영역에서 이루어져야 한다.

⑥ 통제시스템은 환경친화적인 장치가 되어야 한다. 즉 통제시스템은 변화를 충분히 흡수할 수 있도록 유연성(flexibility)을 가져야 한다. 충분한 정도의 유연성이 없다면, 통제시스템은 상황에 바로 대응할 수 없게 된다. 올바른 통제는 수용성을 향상시키도록 설계하는 것이다.

⑦ 통제시스템은 조작(manipulation)되지 않도록 해야 한다. 관리에 관한 정보원으로 상향적 의사소통이 촉진되어야 한다. 부적절한 통제는 중요한 정보를 드러내 보이는 것이 아니라 감추는 것이다.

⑧ 통제가 그 자체가 목적이 되어서는 안 된다. 통제의 목적은 조직구성원 사이의 자율통제(self-control)를 유인하는 것이다. 과도한 통제는 창의성 상실과 부패를 초래할 수 있다. 또한 과도한 통제는 부정적인 반작용을 일으킨다. 상관과 부하의 관계 및 교환의 질이 높을수록 간접통제의 요구가 적어진다.

2) 통제 과정

통제는 조직이 목표를 달성하도록 보증하는 과정이다. 이에 통제는 기획과 조직화의 환류루프 부분이다. 통제는 관리자가 변화하는 상황과 조건에 대해 적응하는 데 도움을 준다. 특히 효과적인 의사소통시스템이 통제시스템의 핵심이다.

특히 통제는 기준을 설정하고, 실질적 성과를 측정하고, 성과가 기준으로부터 중대하게 벗어나게 될 때 교정활동을 취하는 것이 포함된다. 이러한 통제 과정은 조직의 상태에 따라 다양할 것이다. 통제 과정은 빙산(iceberg)과 비슷하다.

즉 통제 과정의 대부분은 공개적 관점이 아니다. 조직에 있어 중요한 통제는 다른 관리적 기능 내에 감추어져 있다.

실제적인 통제 과정은 4가지 활동으로 구성되며, 이들 통제시스템의 구성요소들은 연속체로 이루진다(Kast & Rosenzweig, 1985: 510-511; Miller, Catt, & Carlson, 1996: 286-290).

┃그림 14-2┃ 통제 과정의 구성요소

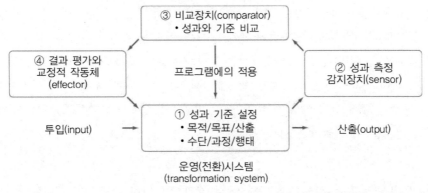

출처 : Kast & Rosenzweig(1985 : 510)

(1) 성과기준 설정

모든 통제기준은 조직의 다양한 목적과 전략으로부터 도출된다. 특히 시간적 한계와 구체적인 기준은 완성된 업무를 비교하는 데 매우 중요하다. 이에 성과기준은 실제 결과를 측정하는 기준이 되는 표준이어야 한다. 이점에서 성과기준은 명확하고, 구체적이고, 측정가능해야 한다. 그러나 모든 측면이 수치화되거나 양적으로 표현될 수는 없다. 따라서 몇몇 직무와 목표는 계량적인 용어로 성과기준을 설정하기가 어렵다.

관리가 기대하는 것에 대한 명세서는 통제의 모든 단계에서 매우 중요하다. 전체 조직에 대한 전략적 비전과 목표가 없다면 관리자는 의미있고 동의할 수 있는 성과기준(performance standard)을 개발하는 것이 어려울 것이다. 그럼에도 불구하고 모든 직무와 목표를 위해 성과기준을 설정하여야 한다.

성과기준을 설정함에 있어 두 가지 이슈가 일어난다. ① '누가 성과기준을 설정하는가'에 관한 이슈이다. ② 기준 자체에의 난이성에 관한 이슈이다. 좋은 성과기준은 도전적이지만 성취될 수 있는 것이어야 한다. 또한 어느 정도의 유연성

(flexibility)을 가져야 하며, 범위(최대 및 최소)로 명시해야 한다.

(2) 성과측정

관리자는 무슨 정보가 필요한지, 어떻게 정보를 수집하고, 얼마나 자주 정보를 수집해야 하는지를 결정해야 한다. 즉 성과특징을 측정할 수 있는 감지장치 (sensory device)가 있어야 한다. 정보는 개인적인 관찰, 기록된 보고서, 컴퓨터에 의한 보고서 등에 의해 수집할 수 있다.

특히 성과측정에 있어 쉽게 계량화할 수 있는 기준이 존재하지 않는다면, 정확한 성과평가가 이루어질 수 있는 방법을 고안하여 가능한 많은 동의를 얻는 것이 중요하다. 즉 성과측정방법에 관해 동의를 얻으면 측정된 것에 대해 불평을 줄일 수 있을 것이다. 또한 측정대상은 조직의 목표와 밀접하게 연계되어 있어야 한다. 특히 성과측정은 일회성이 아니라 지속적으로 이루어져야 한다. 이리하여 성과측정을 통해 실제 발생 전에 편차(deviations)를 감지하고 적절한 조치를 통해 이를 방지할 수 있을 것이다.

(3) 성과와 기준 비교

통제 과정은 설정된 기준과 실질적인 성과를 비교하는 것이다. 이 과정은 결과가 기대에 얼마나 잘 부합한가(how well results have lived up to expectations)를 관리자가 결정하는 것이다. 또한 관리자는 기준으로부터 얼마만큼의 편차를 허용할 것인가(how much variation from standards is permissible)를 결정해야 한다. 관리자는 수집된 정보와 성과기준을 비교해야 하고, 이러한 비교는 객관적인 측정뿐만 아니라 주관적 측정이 포함되어야 한다.

이 과정에서 관리자는 기대했던 성과와 실질적인 성과를 비교할 필요가 있다. 또한 관리자는 성과기준과 실제적인 결과를 비교하고, 차이점을 객관적이고 과학적으로 평가할 수 있는 수단을 가지고 있어야 한다. 나아가 관리자는 비교의 패턴을 어떻게 해석할 것인가와 적절한 결론을 어떻게 도출할 것인가에 대해 알아야 한다. 그렇지 않으면 하나의 부정적인 비교가 다수의 긍정적인 비교보다 훨씬 중시될 수 있다.

(4) 결과의 평가와 교정적 활동 개시

교정활동 마지막 단계는 결과를 평가하고, 이에 대한 통제활동을 취하는 것으로, 전체 통제 과정에서 가장 어려운 관리적 업무이다. 실제의 성과가 기대했던 성과와 편차가 있다면, 얼마만큼의 편차가 수용될 수 있는 것인지에 대한 판단은 편차의 중요성과 규모에 대한 평가로 이루어져야 한다.

또한 기대했던 성과로부터 편차의 규모와 패턴이 중요하다고 판단하면, 무슨 행동을 취할 것인가(what action to take)는 중요한 과제일 것이다. 이에 관리자는 편차의 원인에 관한 지식이 필요하다.

관리자는 〈그림 14-3〉과 같이 성과와 기준 간의 차이가 발생한 상황의 원인이 무엇인가에 대한 물음을 통하여 교정활동을 취한다. 즉 기대했던 것보다 좋은 성과를 수행한 종업원에 대해 인정과 보상을 증대한다면 뛰어난 성과를 강화할 수 있을 것이다. 그렇지 않은 종업원에 대해 업무와 관련된 훈련을 제공하거나, 감독방식을 수정하거나 직무환경을 개선하기 위한 노력이 요구된다 할 것이다.

이와 같은 교정활동(corrective action)은 미래의 문제에 대한 가치있는 통찰력을 제공할 것이다. 이러한 정보의 흐름(information flow)은 환류의 본질이다. 만약 원인 자체가 관리자의 통제범위를 초월한다면 성과기준을 수정해야만 한다. 또한 계획이 변경될 때마다 성과기준이 검토되어야만 한다. 기준은 계획에 기초해야 하기 때문이다. 더욱이 달성하기가 너무 어려운 기준은 노동자와 관리자의 성취욕구를 저하시킬 수 있다.

▌그림 14-3 ▌ 성과측정의 결과

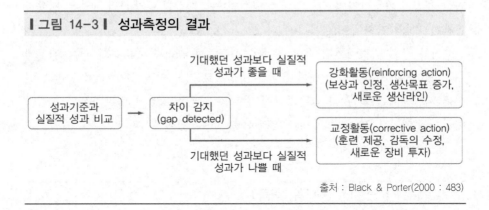

출처 : Black & Porter(2000 : 483)

3. 통제의 범위와 통제유형

1) 통제의 범위

통제되는 범위는 광범위하다. 통제의 범위는 통제단계가 실질적으로 어떻게 활용에 투입되는가에 영향을 받는다. 3가지 통제범위인 전략적 통제, 전술적 통제, 운영적 통제로 구분할 수 있다.

(1) 전략적 통제

전략적 통제(strategic control)는 하나의 전체로서 조직이 외부환경에 어떻게 대응하는지 그리고 조직의 장기적 범위의 목적과 목표에 어떻게 부합하고 있는지에 초점을 둔다. 이리하여 전략적 통제시스템은 조직의 목적과 목표가 얼마나 잘 대응하고 있는지를 결정하기 위해 설계된다.

전략적 통제를 형성하는 데 도전은 전략적 목표가 광범위하고 장기적이라는 사실이다. 이러한 목표가 특별한 부서의 목표보다 전형적으로 추상적이라는 것이다.

또한 전략적 통제시스템을 설정하고, 이것이 효과적인 영향을 미치는지에 관련한 중요한 변수는 조직이 운영하고 있는 외부환경에 대한 예측불가능성 (unpredictability)이다. 이처럼 전략은 미래지향적이며, 아직 발생하지 않은 수많은 이슈에 대한 관리를 기반한다. 이점에서 통제의 기준 개발을 어렵게 만든다. 조직의 환경이 불확실할수록 집중화된 통제는 비효과적일 것이다. 동태적인조직 환경에서는 통제의 책임성을 부서에 많이 위임해야만 한다. 이처럼 전략적 통제는 정확한 측정이 어려울 때 그리고 조직환경이 급격하게 변동할 때 유용하다.

〈그림 14-4〉와 같이 성과가 전략적 목표에 얼마나 잘 부합하는지에 대한 정확한 측정이 가능한지의 정도와 조직환경의 불확실성과 동태성의 정도는 전략적 통제시스템의 가치에 영향을 미친다.

이와 같은 배경에서 전략적 통제와 관련하여 관리자는 다음과 같은 질문에 대해 고민해야 한다. ① 조직이 올바른 방향으로 가고 있는가? 주요한 동향과 변화에 대한 우리의 가정이 맞는가? 이 전략을 조정할 필요가 있는가? ② 조직이 어떻게 수행되고 있는가? 목표와 일정을 충족하고 있는가? 비용, 수익, 자금흐름이 예상과 어떻게 일치하고 있는가? 운영방식을 변경할 필요가 있는가?

┃그림 14-4┃ 전략적 통제의 접근법

		정확한 전략 목적을 명시하고 측정할 수 있는 능력	
		높음	낮음
환경의 불확실성과 동태성	높음	전략적 통제시스템이 가치있음, 하지만 엄격히 관리할 수 없음	전략적 통제시스템이 문제를 일으킴
	낮음	전략적 통제시스템이 가치있음	동기부여보다 과정을 추적(tracking process)하기 위한 전략적 통제

출처 : Black & Porter(2000 : 487)

(2) 전술적 통제

전술적 통제(tactical control)는 전략의 이행에 초점을 둔다. 이 단계는 조직의 근본적인 통제방식을 포함한다. 전술적 통제는 핵심적 활동으로 조직의 전체적인 통제장치의 영혼과 같다.

전형적으로 전술적 통제시스템은 재무통제, 예산통제, 감독구조, 인적자원의 정책과 절차 등을 포함한다. 재무통제와 예산통제는 전략적 통제시스템과 전술적 통제시스템의 요소를 포함하고 있다. 즉 전체적 조직에 초점을 둘 때는 전략적 통제시스템이고, 반면에 조직 내 부서단위에 초점을 둘 때는 전술적 통제시스템이다.

① 재무통제(financial control) - 가장 중요한 재무통제가 활용하는 데이터는 기본적인 비용—편익분석이다. 이것은 관리자가 통제하는 동안 어떠한 행동을 취할 것인지에 대한 정보를 제공해 준다. 민간조직에서 있어서 손익분기점(break-even point, B-E P)은 통제에 활용되는 재무적 측정이다.

② 예산통제(budgetary controls) - 예산통제는 전략이 얼마나 잘 이행되는가에 초점을 둔다. 이것은 전형적으로 제한된 시간의 틀(보통 12개월 혹은 3개월)을 다룬다. 예산은 지출을 예측하고 계획하는 행태에 영향을 미친다.

③ 감독구조(supervisory structure) - 조직의 감독구조는 가장 광범위한 전술적 통제시스템이다. 감독구조는 조직의 규모와 성격에 따라 다양하다. 즉 대학실험실의 감독구조와 관료제의 감독구조는 서로 상이하다.

④ 인적자원통제(human resource controls) - 인적자원의 정책과 절차는 조직에 근무하는 모든 구성원에게 영향을 미치는 전술적 통제이다. 즉 조직구성원을 선발하고, 교육훈련을 제공하고, 근무성적평가와 평가방법, 보상체계는 조직구성원의 행태에 영향을 미친다.

(3) 운영통제

운영통제(operational control)는 조직이 고객에게 제공하고 산출하는 재화와 서비스에 활용되는 활동과 방법을 규제한다. 이것은 또한 투입을 산출로 전환하는 데도 적용되는 통제시스템이다. 이런 관점에서 운영통제는 전략적 행동의 결과에 초점을 맞추어야 하며, 다음과 같은 질문에 관련되어 있다. ① 조직성과는 어떠한가? ② 조직자원을 적절하게 활용되고 있는가? ③ 조직목표를 달성에 있어 자원의 적절한 활용을 보장하기 위해 필요한 조치는 무엇인가?

운영통제는 투입, 전환 과정, 산출의 3가지 국면에서 분석될 수 있다. 전환

이전에 일어나는 운영통제는 사전통제(precontrol), 전환 과정에서 일어나는 운영통제는 동시통제(concurrent), 전환이 일어난 이후의 운영통제는 사후통제(post control)이다. 이와 같이 투입이 산출로 전환되는 과정에 따른 시간에 기초한 통제유형은 3가지로 이해할 수 있을 것이다.

① 실행 전 통제(feed-forward control) - 실행 전 통제는 사전통제(preliminary control)이며, 본질적으로 예방하는 것으로 설계된다. 실행 전 통제의 목적은 필요한 자원이 공급되는가와 생산 과정의 잠재적인 문제를 예측할 수 있는가 등을 확인하는 것이다. 즉 산출 과정에서의 투입에 관한 특성, 양과 질에 초점을 두어 통제하는 형태이다. 이 통제는 생산에 관한 문제를 사전에 방지하는 것에 도움을 준다. 사전통제의 목적은 활동을 실행하기 이전 혹은 문제가 일어나기 전에 통제를 실행하거나 혹은 문제를 예견하는 것이다. 이 통제는 역사적 자료에 의존한다.

② 동시통제(concurrent control) - 동시통제는 진행되고 있는 구성원의 활동이 질적인 기준과 일치(consistency)하도록 모니터하는 것이다. 동시통제는 생산과 서비스가 전개되는 과정을 평가한다. 즉 전환 과정에서의 질의 실시간 평가(real-time assessment)에 관한 통제이다.

동시통제의 대표적 사례는 상관의 직접적 통제이다. 이에 동시통제는 구성원의 활동이 정확한 결과를 산출하고 문제를 교정하도록 설계된다. 이와 같은 동시통제인 부하업무에 대한 정규적인 점검, 문제영역에 대한 논의 및 업무향상을 위한 제안은 조직에 심각한 위협이 될 수 있는 편차를 방지하는 데 기여한다. 이러한 통제유형의 사례로 조직의 생산과 서비스에 대해 관리자가 직접 관찰하는 것이다. 또한 고객에게 전화설문으로 성과 및 서비스에 대해 모니터링하는 것이다.

③ 사후통제(post-action controls) - 사후통제는 조직의 생산과 서비스가 완성된 후에 결과를 평가하는 것이다. 이러한 환류통제(feedback control)는 업무가 완성된 이후 이루어지는 통제이다. 사후통제는 조직구성원들에게 각자의 직무를 얼마나 잘 수행했는가 하는 환류 정보를 제공한다. 또한 실질적 결과와 바람직한 결과를 비교한다. 이러한 환류통제 정보는 적기에 조직구성원들에게 의사소통해야만 한다.

이러한 사후통제는 2가지 중요한 기능을 한다(Mescon, Albert & Khedouri, 1988: 419). ① 조직에 있어 비슷한 활동이 미래에 수행된다면 사후통제는 기획데이터로 경영에 제공할 수 있다. 관리자는 실제적 결과 정보를 통해 조직의 계획이 얼마나 현실적인가를 보다 잘 판단할 수 있다. ② 다른 하나의 기능으로 사후통제는 동기부여에 대한 지원이다. 사후통제에 따른 성과측정과 적절한 보상은 실제적 결과와 보상 사이의 밀접한 관계에 관해 장래의 기대를 개발하는 데 필요하다.

▌그림 14-5 ▌ 운영통제

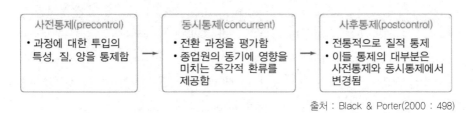

출처 : Black & Porter(2000 : 498)

2) 직접통제와 간접통제

(1) 직접통제

직접통제는 조직구성원의 활동과 행태를 직접적으로 통제하는 방법이다. 조직은 문서화된 절차, 방식, 표준화된 측정을 통해 제도화를 시도한다. 이에 직접통제는 기준으로부터 편차를 정확하게 측정할 수 있다. 대부분 직접통제시스템은 동시통제이다. 반면에 결과와 과거 성과에 대한 평가와 같은 통제는 사후통제(post-control)이다.

이러한 직접통제의 기법은 계량적 방법과 성과평가 등이 있다. ① 양적 방법(quantitative methods) - 양적 방법으로 광범위하게 적용하고 있는 것으로는 재고통제(inventory control), 생산통제, 질적 통제(quality control) 등이 있다. ② 성과평가(performance evaluation) - 개인적 성과에 대한 평가도 직접통제의 하나의 형태이다.

(2) 간접통제

직접통제가 대체로 동시통제와 사후통제의 형태를 취하지만, 간접통제(indirect control)는 대체로 사전통제(pre-control)의 형태를 취한다. 간접통제의 효과는 오래 지속되며, 간접통제의 효능은 교육 과정 혹은 사전적 조정 과정에 의존한다. 이점에서 간접통제는 기준으로부터의 편차를 측정하는 것보다 오히려 기준을 설정하는 데 보다 많이 영향을 미친다. 간접통제는 기준으로부터 편차를 정확하게 측정하는 것이 어렵다.

간접통제의 예로는 경영철학(management philosophy)이 있다. 새로운 조직구성원은 경영철학에 의해 조절되어야 한다. 즉 조직의 가치에 부합하는 책임감을 이행해야 한다. 이들 철학으로부터의 편차는 정확하게 측정할 수는 없다.

3) 피드백 통제와 피드포워드 통제

(1) 피드백 통제

피드백 통제시스템(feedback control system)은 과거의 성과에 관한 정보를 제공하고, 그 성과가 미리 설정된 기준에 따라 통제가 이루어지고 있는지를 보여주는 것이다. 예를 들면 속도감시시스템(speed monitoring system)이 있다. 또한 과거 6개월 혹은 12개월의 조직구성원의 성과에 관한 정보를 제공하는 성과평가시스템도 전형적인 피드백 통제시스템이다(Reitz, 1987: 536).

(2) 피드포워드 통제

피드포워드(feedforward, 실행 전에 결함을 예측하고 행하는 피드백 과정의 제어) 통제시스템은 통제로부터 성과를 유지하기 위한 노력에 있어 미래에 관한 정보를 제공한다. 미래의 조건 혹은 성과에 관해 예측하는 데 기반이 되며, 어떠한 교정활동이 통제시스템에 유지되어야 할 필요가 있는지를 보여준다. 이것은 통제를 조정하는 것으로 말할 수 있다. 목표, 예산 및 계획은 피드포워드 통제의 전형적인 사례이다. 피드포워드 통제시스템은 피드백 통제시스템보다 일반적으로 많은 노력과 사전숙고가 요구된다(Reitz, 1987: 536).

4) 질 통제

질 통제(quality control)는 프로젝트의 구체적인 결과를 기준으로 사정함으로써 질의 측정기준(the metrics of quality)으로 평가하는 일련의 과정이다. 또한 질 통제는 프로젝트의 모니터링과 통제하는 동안에 수행된다. 이에 질 통제는 질 관리의 부분집합이며, 프로젝트 관리 사이클의 마지막 단계이다.

이러한 질 통제는 질 보증과 유사하다. 질 보증(quality assurance)은 제품 혹은 서비스가 구체적인 요구사항을 충족하도록 보증하는 일련의 절차이다. 질 보증과의 차이점을 보면, 질 통제 활동은 달성가능한 것에 초점을 두는 반면에, 질 보증 활동은 달성가능한 것을 설정하는 데 활용되는 과정에 초점을 둔다. 이러한 질 보증은 도달가능한 기준을 설정하는 데 사용되는 과정이다. 질 보증의 사례는 과정의 체크리스트(process checklists)와 프로젝트 감사이다.

이와 같이 질 통제는 과정 혹은 제품이 수용할 수 있는 편차(variation)의 정도이다. 질 통제는 고객에게 제공하는 최종적인 제품 혹은 서비스 결과물에 영향을 미친다. 또한 질 통제는 달성가능한 기준이 수용할 수 있는 질이라는 것을 입증하는 데 사용된다.

이러한 질 통제의 목적과 관련하여 다음 사항을 수행해야 한다. ① 고객이 수용할 수 있는 바람직한 질 기준(quality standards)을 설정해야 한다. ② 원재료 및 제조 공정에서 결함이나 변화를 발견하면 교정을 통해 원활하고 지속적인 산출을 보장해야 하는 것이다. ③ 생산방법과 과정을 평가하고, 기능 개선을 위해 제안해야 한다. ④ 질의 편차(quality deviation)를 모니터링하고 편차의 원인을 분석해야 한다. ⑤ 바람직한 생산의 질을 성취하는 데 도움이 되는 단계를 지속적으로 수행해야 한다.

5) 관료제적 통제, 시장 통제 및 씨족 통제

(1) 관료제적 통제

관료제적 통제(bureaucratic control)는 관리자의 합법적인 권한에서 파생되는 조직에서 시행되는 공식 정책 또는 규칙이다. 표준화하거나 행동을 통제하기 위한 다양한 규칙과 절차가 활용된다. 이러한 예로 조직에서 업무수행 상황에 대해 매일 보고서를 요구하는 것을 들 수 있다.

(2) 시장 통제

시장 통제(market control)는 조직의 성과와 관련하여 시장 점유율, 이익 창출 측면에서 측정하는 것이다. 계획된 목표를 모니터링하는 과정을 통하여 성과를 분석하고, 문제/기회를 파악하면서 해결책을 작동하는 과정이다.

(3) 씨족 통제

씨족 통제(clan cotrol)는 비공식적인 통제 유형으로 조직구성원들이 조직의 이익을 향해 직무를 수행하도록 이끌기 위해 공유된 전통, 기대, 가치 및 규범에 의존한다. 조직구성원의 행동에 영향을 미치는 조직의 문화적 가치와 신념이라는 비공식적인 영향력을 강조한다.

┃표 14-1┃ 관료제적 통제, 시장 통제 및 씨족 통제

구분	특징
관료제적 (bureaucratic) 통제	• 공식적 규정, 기준, 계층제, 합법적 권위 • 전문화, 공식적인 의사소통 경로

시장(market) 통제	• 가격, 경쟁, 교환관계 • 투입 대비 산출 측정
씨족(clan) 통제	• 비공식적인 통제 유형, 비공식적이고 임시적 의사소통을 광범위하게 활용 • 비공식적 공유가치와 신념

SECTION

02 평가시스템

1. 평가시스템의 의의와 특징

1) 평가시스템의 의의

평가(evaluation)는 어떤 대상에 대한 가치나 장점을 시스템적으로 사정(systematic assessment)하는 것이다. 평가는 사업이나 정책을 개선하기 위하여 그 운영이나 결과를 일정한 기준(합법성, 효율성, 효과성 등)에 의해 체계적으로 사정하는 것이다. 또한 평가는 어떤 대상에 대해 유용한 피드백을 제공하기 위해 관련된 정보의 체계적인 수집과 평가이다. 나아가 이러한 평가는 정책결과에 관한 학습이다. 또한 평가는 주기적, 심층적 시간경계분석(in-depth time-bound analysis)이며, 모니터링 활동을 통해 생성된 자료와 연구, 심층인터뷰, 포커스 그룹 토론 등과 같은 방식으로 얻은 정보에 의존한다.

각 기관은 기관이 계획한 목표에 대비하여 프로그램 성취(산출)를 평가하기 위해 시도한다. 또한 평가는 어떤 프로그램이 명시적 목표(explicit goals) 혹은 암묵적 목표(implicit goals)를 어느 정도 달성하고 있는가에 대해 판단하는 과정이다. 평가는 어떤 프로그램이 어느 정도의 편익을 성취하고 있는가에 대해 판단하는 과정이다(Birkland, 2001: 219). 이점에서 평가는 프로젝트가 계획한 바를 달성하고 있는지, 프로젝트가 변화를 일으키고 있는지 여부를 질문하는 것이다.

이와 같이 평가는 과정보다는 결과에 초점을 둔다. 프로그램 성과는 시민과 고객에 대한 영향의 맥락에서 측정된다. 이점에서 평가는 특정한 프로그램이 대상집단과 지역사회의 조건을 변화시켰는지에 대한 정보를 제공한다. 조직성과와 조직 프로그램의 영향에 관한 정보는 불확실한 환경에 대처하는 행정가에게 매우 중요하다.

평가연구(evaluation research)는 조직과 불확실한 조직환경 혹은 끊임없이 변화하는 환경 사이의 관계에 관한 매우 중요하고 필요한 정보원이다. 평가연구는 조직의 성과와 조직 프로그램에 관한 평가정보를 제공하기 위해 이론, 연구설계 및 연구방법을 활용하는 응용연구이다. 평가연구의 주요한 목적은 행정가가 조직과 프로그램이 얼마나 잘 작동하고 있는가에 관해 평가하는 데 도움을 주는 것이다. 이러한 평가연구는 1940년대부터 공공조직의 성과와 프로그램의 평가에 적용되었으며, 1960대에는 사회개혁프로그램(범죄, 가난, 교육, 도시개발 등)에 관해 사회과학자들이 광범위하게 평가연구를 수행하였다.

또한 프로그램 평가(program evaluation)는 정부가 수행한 활동에 대한 단·장기적 기간의 효과를 측정하기 위한 체계적인 조사이다. 프로그램 평가는 공공조직이 집행하는 프로그램을 평가하는 것이며, 주된 초점은 전체적인 프로그램의 목적과 영향에 있다. 또한 프로그램 평가는 프로그램의 구조, 과정, 산출 및 영향에 관한 명확하고 입증할 수 있는 자료를 수집하는 것이다. 나아가 프로그램 평가는 조직이 변화하는 환경과 불확실한 환경에 적응하도록 환류 정보를 제공하는 것이다.

▌표 14-2▌ 감사관과 평가관

감사관(監査官, auditor)	평가관(評價官, evaluator)
소속기관의 모든 업무운영 실태를 파악하기 위해 모든 단계에서의 적정 운영 여부와 담당 직원의 수행실태를 체계적으로 검토하여 재무정보의 신뢰성, 회계의 건전성 및 청렴성을 향상시키는 활동	조직의 미래에 대한 기획과 의사결정에 관련한 정책집행활동을 체계적으로 점검함. 최고 관리자에게 당초 조직이 설계한 정책목적에 대한 이행 정도에 관련한 객관적인 평가정보를 제공함
• 과정(process)에 보다 많은 관심을 가짐 • 평가에 있어 보다 명확한 기준을 적용함 • 평가관보다 기관의 리더로부터 독립적임 • 평가관보다 획일적 전문가적 사전준비를 함 • 조사를 위해 재무관리지식과 기법을 활용함	• 영향(impact)에 보다 많은 관심을 가짐 • 문제를 표출하기 위해 사회과학연구(social science research)를 활용함

출처 : Newcomer(1994: 148)를 보완함

2) 평가와 모니터링

평가와 모니터링은 모두 의사결정을 알리고 책임을 입증하는 데 필요한 관리도구이다. 즉 평가와 모니터링은 개입(intervention)이 무엇을 수행하고 있는지, 얼마나 잘 수행되고 있는지, 개입이 목적을 달성하고 있는지, 향후 개입활동에 대한 지침을 제공하는 정보를 제공해야 한다.

특히 모니터링(monitoring)은 프로그램화된 활동이 계획대로 진행 중인지 여부를 파악 및 평가하기 위한 주기적인 평가(periodic assessment)이다. 즉 모니터링은 사업의 기획단계에서 계획된 목표와 활동을 바탕으로 사업수행에 대한 지속적이고 체계적인 평가이다. 이에 모니터링의 정보는 진행하고 있는 관리목적을 위해 수집되고 활용될 수 있다. 모니터링은 어떤 프로젝트가 수행되는 과정을 조사하는 이행 과정을 추적한다.

성공적인 평가를 위해서는 체계적으로 생성된 모니터링 데이터가 필수적이다. 이러한 정보는 다음의 물음에 답변할 수 있도록 수집 및 분석해야 한다. ① 얼마나 잘하고 있는가?(How well are we doing?) ② 올바른 업무를 수행하고 있는가?(Are we doing the right things?) ③ 어떠한 차이가 있는가?(What differences are we making?) ④ 접근법을 수정할 필요가 있는가? 그렇다면 어떻게 수정해야 하는가?(Does the approach need to be modified, and if so, how?)

이러한 평가는 모니터링과 상호의존적이다. 〈표 14-3〉과 같이 평가에 있어 모니터링의 정보는 필요하지만, 엄격한 평가활동과 관련하여 모니터링의 정보는 충분하지 않다. 모니터링의 정보는 진행하고 있는 관리목적을 위해 수집되고 활용될 수 있다. 모니터링은 어떤 프로젝트가 수행하는 과정을 조사하는 이행과정을 추적한다. 이에 모니터링은 설정된 목표에 대해 프로젝트의 활동 과정을 정기적으로 점검하는 것이다.

반면에 평가는 성과와 관련하여 보다 균형적인 해석을 제공한다. 평가는 기관의 목적과 관련한 진행 과정을 최종적으로 판단하기 위해 어떤 활동의 효과성을 분석하는 것이다. 이에 평가는 어떤 것의 가치(value)를 산정하는 것이다.

평가는 모니터링의 대체물이 아니며, 또한 모니터링은 평가의 대체물은 아니다. 이점에서 평가와 모니터링은 다음과 같이 차이가 있다.

① 모니터링은 프로젝트의 활동 및 진행 상황을 면밀히 검토하고 프로젝트를 수행하는 동안 발생하는 편차를 파악하는 일상적인 프로세스를 의미한다. 평가는 프로젝트나 프로그램의 목적적합성과 효과에 대해 추론하는 주기적인 활동이다.

② 모니터링은 관찰력이 있는 반면 평가는 판단력이 있다.

③ 모니터링은 감독자가 수행하는 운영 수준 활동이다. 평가는 경영자가 수행하는 비즈니스 수준 활동이다.

④ 모니터링은 프로젝트의 성공을 위한 정보 수집과 관련된 단기 프로세스이다. 평가는 정보를 기록할 뿐만 아니라 프로젝트의 결과와 영향을 평가하는 장기

프로세스이다.

⑤ 모니터링은 프로젝트가 진행되는 동안 병목 현상을 제거하여 프로젝트의 전반적인 효율성을 개선하는 데 초점을 맞춘다. 평가는 기존 표준과의 비교를 통해 프로젝트의 효과를 개선하는 데 중점을 두고 있다.

⑥ 모니터링은 대개 구현 프로세스에 직접 참여하는 사람들에 의해 수행된다. 평가는 조직의 내부 직원, 즉 관리자가 수행하거나 독립적인 외부당사자가 수행할 수 있으며, 외부당사자는 프로젝트나 프로그램에 대해 공정한 견해를 제시할 수 있다.

┃표 14-3┃ 모니터링과 평가

구분	모니터링(Monitoring)	평가(Evaluation)
정의	일정한 기간을 대상으로 변화를 인지하기 위해 관련 정보에 대한 시스템적 분석	어떤 활동과 관련한 효과성 분석
기능	이행 과정의 추적(track); 관리자에게 문제에 대해 경고; 정확한 측정을 위한 선택 제공	가치를 판단(estimate)하는 것 사실을 발견하는 과정; 관리자에게 전략과 정책적 선택 제공
지향점 (aim)	설정된 목적에 대해 프로젝트의 진행 과정에 대한 주기적 점검(periodical checking); 효율성 향상에 초점	프로젝트의 효과성에 관해 연구하는 것; 효과성 향상에 초점
목적 (purpose)	건설적인 제안(constructive suggestions)을 제공하는 것	완벽에 근접한 회계의 과정(the process of accounting)을 가져오게 하는 것
과정	단기적 기간; 지속적 점검 과정	장기적 기간; 주기적 점검 과정
수행기관	내부적 기관	내부적 혹은 외부적 기관

출처 : http://ieg.worldbankgroup.org/what-monitoring-and-evaluation

2. 평가시스템의 목적, 과정 및 문제점

1) 평가시스템의 목적

평가에 관한 가장 포괄적인 목적은 다양한 고객에게 유용한 환류(useful feedback)를 제공하는 것이다. 평가의 중요한 목적은 경험에 기반한 환류(empirically-driven feedback)의 제공을 통해 보다 바람직한 의사결정 혹은 정책형성에 도움을 제공하는 것이다. 이를 위해 평가시스템은 프로그램의 투입, 생산 활동, 산출물 및 결과 간의 관계를 프로그램의 운영적 측면과 환경적 측면에서 검토한다. 이러한 평가시스템의 목적을 살펴보면 다음과 같다(The Public Service Commission, 2008).

① 관리 과정의 강화 – 평가시스템은 관리 과정을 강화하고, 의사결정을 위한 증거를 제공한다. 평가는 좋은 관리의 실체를 대신하지는 않지만, 관리를 강화하고 보충한다. 예를 들면, 평가시스템은 자원할당을 위한 결정, 목적 성취를 위한 경쟁적인 전략 사이의 선택, 프로그램의 설계와 이행에 관한 결정에 도움을 제공한다.

② 조직적 학습(organizational learning) – 평가의 결과와 시사점(finding)은 조직적 학습을 유발하는 데 기여한다. 평가시스템은 사회적 문제를 해결하거나 사회문제를 위한 프로그램을 설계하는 것을 탐구하는 연구도구이다. 평가시스템은 다양한 대안적 전략과 관련하여 타협하기 위한 분석과 증거를 제공한다.

이와 관련하여 평가는 어떤 프로그램이 실질적으로 추구하는 목적을 달성하였는가에 관한 정보를 제공한다. 또한 프로그램 집행에 있어서 의도하지 않은 결과에 관해 행정가와 정책결정자에게 정보를 제공한다. 나아가 프로그램 평가를 수행하는 과정은 조직에 있어서 자기반성의 기회를 제공한다.

③ 책임성(accountability) 확보 – 공무원은 국민과 의회에 대해 책임을 다해야 하는 헌법적 의무를 가진다. 이와 관련하여 평가시스템은 공무원이 공적 자금을 어떻게 지출했는가, 정책목적을 성취하기 위해 어떻게 노력하였는가, 높은 수준의 윤리성과 정직성으로 의무를 수행하였는가 등을 점검하는 도구라는 점에서 책임성을 증대하는 데 기여한다.

④ 주장(advocacy)에 대한 지원 – 평가시스템은 어떤 프로그램을 지속할 것인가, 조정할 필요가 있는가, 종결할 것인가에 대한 주장에 대해 도움을 제공한다. 이점에서 평가시스템은 주장에 대한 지지 혹은 논박을 위한 수단을 제공한다. 또한 평가시스템은 이슈를 분명하게 하고, 정책의 목적과 기본적인 논리에 대한 이해를 증진하게 한다.

⑤ 투명성(transparency) 증대 – 평가시스템을 통해 확인된 결과물은 광범위한 고객에게 투명성을 증대하는 데 기여할 수 있다. 평가 결과물은 의사결정과 책임성을 촉진하게 한다. 또한 일반 고객들이 평가시스템의 결과물을 활용할 수 있게 한다면 책임성을 증대하는 데 기여하게 될 것이다.

2) 평가시스템의 과정

공공서비스에 관한 측정에는 2가지 질문이 놓여 있다. ① 공공서비스의 성과를 왜 측정하는가? ② 성과측정을 어떻게 하는가? 이러한 질문은 관리과정의 공통적인 관점을 대변한다. 공공서비스에 대한 평가시스템은 〈그림 14-6〉과 같이 투입-산출의 전환이론으로 이해할 수 있을 것이다. 전환 과정은 산출과 결과로 범주화된다.

① 산출(outputs) - 산출은 전환 과정 유형의 결과물이다. 프로그램의 산출은 프로그램 참여자에 대해 전달하는 생산품 혹은 서비스를 말한다. 이에 산출의 측정은 서비스받는 고객의 수와 같은 것이다. 이러한 예로 치료받은 환자의 수, 시험에서 어떤 점수를 취득한 학생의 수 등이다.

② 결과(outcomes) - 결과는 프로그램 혹은 기관이 성취하고자 노력하고 있는 것(what the programme or agency is trying to achieve)을 반영한다. 결과는 어떤 활동의 결실(results)이다. 이것은 가치가 부가되어 있다. 결과는 산출보다는 훨씬 분산되어 있다. 결과의 예로는 보다 건강한 인구, 서비스받은 개인들의 건강 향상, 보다 좋은 교육을 받은 사회 등이다. 결과는 발생 순서대로(in a chronological sequence) 일어난다(Poister, 2003).

┃그림 14-6┃ 투입-산출 전환이론

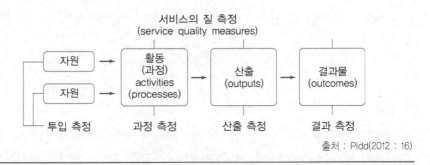

출처 : Pidd(2012 : 16)

평가는 다음과 같은 평가연구의 단계를 따른다. ① 프로그램의 목적을 결정한다. ② 목적을 성취하는 데 취하는 활동을 기술한다. ③ 프로그램의 효과를 측정한다. ④ 변화로 비교되어지는 기준점(baseline points)을 설정한다. ⑤ 통제집단 활용을 통해 관련없는 요인(extraneous factors)을 통제한다. ⑥ 예견하지 못한 결과(unanticipated consequences)를 탐지한다.

이러한 평가단계와 더불어 평가시스템의 과정은 다음과 같다. ① 평가를 위한 프로그램 선택 – 프로그램 평가가 선택되는 이유로, 기대와 비교하여 낮은 운영결과인 경우, 프로그램 향상을 위해 정보가 필요한 경우, 성공적인 프로그램을 확산하려는 경우, 새로운 기술에 대한 평가정보가 필요한 경우, 프로그램 필요조건이 만족되었는가를 판단하기 위해, 프로그램 지원을 얻기 위해, 지출된 예산을 정당화하기 위해, 고객과 지역사회에 책임성을 제공하기 위한 경우 등이다. ② 평가의 수행, ③ 평가결과에 대한 보고와 의사소통 – 평가정보를 정책결정자에게 환류한다. ④ 평가결과에 대한 제언과 이행 – 이 단계는 대안적 정책을 위한 제안을 다룬다. 사회적 프로그램에 대한 평가는 본질적으로 정치적이기 때문에 프로그램에 대한 지지자와 반대자가 있다. 이 단계에서는 정치적 통찰력이 요구된다(Franklin & Thrasher, 1976: 72).

3) 평가시스템의 문제점

프로그램 평가에 관한 문제점은 다음과 같이 지적되고 있다. ① 프로그램 평가는 프로그램에 대한 행정가와 평가자 사이에 긴장을 표출한다. ② 프로그램의 결과와 영향에 관한 측정은 매우 어렵다. ③ 프로그램 평가는 유용한 정보를 많이 산출하지 않을 수도 있다(Cayer & Weschler, 1988: 111-118).

특히 미국의 몇몇 지방정부와 주정부는 프로그램 평가를 활용하기 위해 일몰규정을 가지고 있다. 일몰법(日沒法, sunset law)은 의회에 의해 기관과 프로그램에 관한 자동적인 검토를 요구한다. 일몰법은 의회 의원과 행정가 모두가 진행되는 프로그램에 관해 평가할 수 있는 권한이 주어지며, 프로그램 평가의 활용을 증진시킨다.

성과지향 평가연구의 뿌리 중에 하나는 예산개혁이다. 이점에서 성과지향 예산은 행정가에게 각 기관이 자원을 어떻게 활용하는가에 관한 결과에 관심을 갖게 한다.

또한 감축관리(cutback management)는 기획과 예산의 측면에서 구성원의 성과에 관해 평가하도록 인센티브를 제공한다. 자원의 고갈에 대해 행정가는 직원들의 성과와 업무부담에 관심을 증대하게 된다.

3. 평가시스템의 유형, 방식 및 기준

1) 평가시스템의 유형

(1) 사전적 평가와 사후적 평가

프로그램 평가에는 다양한 유형이 있으나, 사전적 평가와 사후적 평가를 살펴보고자 한다.

① 사전적 평가(ex ante evaluation) - 사전적 평가는 프로그램이 집행되기 전에 프로그램의 결과와 영향을 평가하는 것이다. 이러한 유형으로 환경영향평가가 있다.

② 사후적 평가(ex post evaluation, postmortem, debriefing) - 사후적 평가는 프로그램이 집행된 이후에 프로그램 혹은 프로그램 운영을 검토하는 것이다. 이 평가는 프로그램의 활동이 반복되는 성격이 있을 때 적합하다.

(2) 과정평가와 영향평가

① 과정평가(process evaluation) - 과정평가는 어떤 프로그램이 어떻게 수행되고 운영되지에 초점을 둔다. 즉 과정평가는 프로그램이 무엇인지, 대상 수령인에 대해 의도했던 서비스를 제공한 것인지 혹은 그렇지 않는지를 입증하는 것이다. 과정평가는 이들 수령인에 대한 프로그램의 효과를 평가하지 않는다. 과정평가는 프로그램 관리자에게 프로그램 성과에 관한 정보를 제공한다.

② 영향(산출)평가(output or impact evaluation) - 영향평가는 개입이 실질적으로 의도했던 효과를 산출한 것인지를 찾아내는 것이다. 영향평가는 프로그램이 광범위한 범위로 확대되기 전에 기대했던 효과를 가지고 있는가를 보여주는 것이다. 모든 영향평가는 비교적이다. 영향을 결정하는 것은 비교하는 것을 요구한다. 이리하여 평가자는 참여자와 비참여자에 대한 결과와 관련하여 정보 비교를 통해 개입 전후 참여자에 대한 반복적인 측정으로 사회적 프로그램의 효과를 평가한다. 영향평가의 목적은 개입의 순수한 효과(net effects)를 측정하는 것이다(Rossi, et. al., 1998: 235-236).

2) 평가시스템의 방식

정부의 각 기관은 자신들의 프로그램에 관한 효과성을 검토하면서 다음과 같은 평가방식을 활용하기도 한다(Dye, 2008: 336).

① 공청회와 보고(hearing and reports) - 가장 보편적인 프로그램 검토 방식은 공

청회와 보고이다. 정부기관은 자신의 프로그램 성취와 관련하여 관련된 기관에 대해 증언을 하거나 연례보고서로 제출한다. 행정가에 의한 증언이나 보고서는 프로그램 평가에 대한 객관적인 수단이 아니라 자신들의 편익을 과장하거나 프로그램에 대한 비용을 최소화하려는 경향이 있다.

② 현장방문(site visits) – 의회 의원이나 고위관리자는 기관을 방문하거나 혹은 현장에서 프로그램이 어떻게 운영되었는가에 대해 조사활동을 하기도 한다.

③ 프로그램 측정(program measures) – 정책의 산출을 측정하는 것이다. 예를 들면, 여러 가지 복지프로그램에 대한 수령자의 수, 전 종업원의 훈련프로그램에서 참여자의 수, 공공병원의 이용할 수 있는 침상의 수 등이다. 하지만 이러한 프로그램 산출에 관한 측정은 이들 숫자가 사회에 어떤 영향이 있는지 전혀 보여주지 못한다.

④ 전문적 기준과의 비교(comparison with professional standards) – 정부의 활동 영역에 있어 전문가 집단은 심사표준(standards of excellence)을 개발한다. 이들 기준은 바람직한 수준의 산출을 표현하는 것이다. 즉 실질적인 정부산출을 이상적인 산출과 비교하는 것이다.

⑤ 시민불평에 대한 평가(evaluation of citizen's complaints) – 프로그램의 평가에 관한 보편적인 접근법은 시민들의 불평을 분석하는 것이다. 이에 행정가들은 시민들의 불평이 무엇인지, 시민들이 만족하지 않는 것은 무엇인지를 학습하기 위해 프로그램에 관련한 사람들에 대해 설문지(questionnaires)를 개발한다. 하지만 설문지는 프로그램에 관련한 고객들의 삶에 실질적인 영향을 검증하는 것은 아니다.

3) 평가시스템의 평가기준

프로그램에 대한 일반적인 평가시스템의 평가기준으로 ① 합법성, ② 효율성, ③ 효과성/적절성 등이 적용된다(Shafritz & Russell, 1997: 573-575).

(1) 합법성

합법성(compliance) 평가기준은 행정적 규제와 입법적 의도가 얼마나 잘 성취되고 있는가에 대한 판단이다. 즉 정부활동이 법률에 따라 수행되었는가라는 질문이다. 구체적으로 모든 재무적 거래가 입법적·행정적 규제에 따라 집행되었는가? 재무적 기록과 상태가 규정된 회계기준에 따라 이루어졌는가? 재무적 기록과 상태가 정확하고 거짓이 없는가? 등으로 구성된다.

(2) 효율성

효율성(efficiency) 평가기준은 자원의 투입(기술, 자금, 자재)과 성취한 자원의 산출(재화와 서비스)을 직접적으로 비교하는 경제적 성과의 수준에 관련되어 있다. 즉 행정기관이 최적의 생산성을 산출하기 위해 자원지출이 이루어졌는가라는 질문이다. 나아가 구체적인 업무에 대한 책임성이 명확하게 위임되었는가? 조직인은 업무를 수행하기 위해 적절한 자격을 갖추고 있는가? 자원에 대한 낭비가 없었는가? 등으로 구성된다.

특히 비용—편익분석(cost-benefit analysis)에서는 프로그램 결과가 금전적 용어로 표현된다. 이에 비용—편익분석은 어떤 프로그램에 유·무형의 편익과 프로그램 집행과 관련한 직·간접적인 비용의 추정을 요구한다. 이리하여 비용—편익분석은 평가자에게 프로그램 대안의 경제적 효율성을 비교할 수 있게 한다. 예를 들면, 금연프로그램(anti-smoking program) 평가와 관련하여, 비용—편익분석은 금연프로그램에 지출된 비용과 금연프로그램으로 인한 건강관리의 절감비용과의 차이점에 초점을 둔다. 반면에 비용—효과성분석은 금연프로그램이 한 사람의 흡연자를 금연자로 전환하였는가에 초점을 둔다(Rossi, et. al., 1998: 366-367).

(3) 효과성/적절성

효과성/적절성(relevance) 평가기준은 정부가 구체적인 목적을 위해 자원지출이 목적 성취에 충분히 기여하고 있는가라는 질문이다. 효과성은 사회적 목표 혹은 성과목표에 대한 성취도로 측정된다. 구체적으로 어떤 프로그램에 포함된 여러 가지 목적이 양립할 수 있는지? 문제를 얼마나 감소시켰는지? 프로그램에 대한 추가적인 자원투입이 목적에 대해 중요한 진전을 초래했는가? 만약 프로그램이 존재하지 않았다면 무엇이 초래되었을 것인가? 등으로 구성된다.

효과성 평가는 일반적으로 계량화하기 어렵다. 하지만 공공프로그램에 대한 시민들의 태도와 같은 효과성 기준으로 양적인 측정을 표현하기도 한다. 이점에서 비용—효과성분석(cost-effectiveness analyses)은 결과를 가치화하는 데 논란이 많은 성질에 적절한 기법이다. 비용—효과성분석은 프로그램의 결과를 실질적인 용어(substantive terms)로 표현한다. 이리하여 비용—효과성분석은 다수의 목표와 약분불가능한 목표(noncommensurable goals)를 가진 프로젝트에 대한 비용—편익분석의 연장으로 간주할 수 있다.

특히 비용—효과성분석은 결과를 화폐로 정할 수 없는 유사한 결과를 가진 프로그램을 평가하는 데 좋은 방법이다. 즉 단위당 비용을 명확하게 하는 것은 비슷한 서비스를 제공하는 상이한 프로그램의 효율성을 비교할 수 있게 한다. 이처럼 비용—효과성분석은 상대적 효율성의 관점에서 비슷한 목표를 가진 프로그램을 비교할 수 있게 한다. 어떤 프로그램에 대한 상대적 효율성의 차이를 분석하는 데 활용할 수 있다. 또한 비용—효과성분석은 비용과 편익이 공통분모(common denominator)를 줄일 수 있다는 것을 요구하지 않는다. 즉 비용—효과성분석은 어떤 목표를 달성하기 위한 비용의 관점에서 혹은 상이한 목표달성 정도를 요구하는 투입의 관점에서 프로그램을 비교할 수 있다(Rossi, et. al., 1998: 366-367).

03 성과평가

1. 성과평가의 의의

조직관리자의 가장 중요한 업무 중 하나는 조직구성원의 성과에 대한 평가이다. 조직구성원의 성과를 측정하는 것은 조직의 성공을 위해 필요한 정보를 관리자에게 제공하는 것이다. 이것은 개인에 대한 강점과 약점을 드러내며, 교육훈련 혹은 채용이 필요한 영역을 제시해 준다.

성과평가(performance evaluation)는 조직구성원들이 담당업무와 관련하여 책임을 얼마나 효과적으로 이해하고 있는지, 조직목표달성에 기여하고 있는지를 평가하는 과정이다. 즉 성과평가는 특정기간 동안 조직에 대한 구성원의 기여도를 평가하는 과정이다. 이점에서 성과평가는 조직구성원 행태의 방향을 제공한다. 성과평가는 관리자가 조직구성원의 성과에 영향을 미치고, 감독하는 데 기여한다. 나아가 성과평가는 조직구성원이 자신의 성과를 위해 투자하는 노력 정도에 영향을 미칠 수 있다.

성과평가는 궁극적으로 보상과 관련되어 있다. 즉 성과평가는 조직구성원의 성과와 조직적 보상 사이의 연계를 명확하게 한다. 정확한 성과측정이 없다면, 조직적 보상은 실수, 행운, 정실, 동정 혹은 성과의 다른 부정적 측면의 탓으로 돌릴 수 있다. 조직적 보상이 효과를 발휘하기 위해서는 조직구성원이 성과와 보상 사이의 연계를 지각해야만 한다. 정확하고 시기적절한 성과평가는 이러한 지각을 향상시킨다.

특히 부정확한 성과평가는 조직구성원에게 무슨 행태가 좋은 것인지 혹은 무슨 행태가 바람직한 것인지에 대한 혼란을 초래할 수 있다. 이리하여 불공평한 감정은 좋은 성과를 산출한 조직구성원 사이에 불만족과 이직을 일으킬 수 있다. 즉 모호하고 부정확한 측정은 바람직하지 못한 행태에 대해 보상하고, 반면에 바람직한 행태를 처벌하게 할 수 있다.

또한 성과평가는 2가지 관점 – 평가자와 평가를 받는 피평가자 – 에서 이루어진다. 성과평가는 피평가자로부터 공평하고 정확하다는 것으로 지각될 때 성과와 노력에 효과적으로 영향을 미칠 수 있다.

이와 같은 성과평가는 조직구성원에게 주기적으로 피드백을 제공함으로써 성과지표 측면에서 구성원들이 보다 많이 지각할 수 있게 한다. 또한 다음과 같은 목적을 가진다. ① 주기적인 성과평가는 관리자가 특정시간 수행한 업무와 개선 범위를 인정하는 조직구성원의 성적표이다. ② 관리자는 구성원의 강점에 대한 일관된 피드백을 제공할 수 있으며, 구성원이 작업해야 하는 영역의 개선을 위해 노력하게 한다. ③ 관리자와 구성원 모두 품질 성과에 적합다고 생각하는 바를 공통적으로 파악할 수 있는 통합 플랫폼(integrated platform)을 제공한다. ④ 전체적인 성과평가 프로세스의 목표는 팀 또는 조직의 업무방식을 개선하고 고객만족도를 높이는 것이다. ⑤ 관리자는 성과목표 및 사전에 설정된 기준을 평가한 후 팀을 효과적으로 관리하고 생산적으로 자원을 관리할 수 있다. ⑥ 정기적인 성과평가는 구성원의 경력 성장 범위와 조직의 성공에 기여하는 동기 수준을 결정하는 데 도움을 준다. ⑦ 성과평가를 통해 조직구성원은 다른 직원들과 비교했을 때 자신의 위치를 파악할 수 있다.

┃표 14-4┃ 성과관리와 성과평가

구분	성과관리 (performance management)	성과평가 (performance valuation/appraisal)
정의	성과를 최적화하기 위한 구성원(부하)과 관리자(상관) 사이의 파트너십(partnership)이며, 효과적인 환류와 의사소통하는 관리 과정	성과관리의 한 부분이며, 조직구성원이 직무를 만족스럽게 수행하고 있는가에 대한 평가, 조직에서 구성원 성과에 대한 정규적인 심사(review)
초점	조직구성원의 발달 (employee development)	평가 (evaluation)

평가 기간	진행하는 매일의 과정	1년 단위
프로그램 정보를 수집하는 이유	• 프로그램이 의도한 방향으로 운영되도록 보장하는 것 • 바람직한 결과를 산출하지 못하는 경우 이를 향상시키기 위한 안내	• 현재의 프로그램 성과에 대한 이해와 더불어 프로그램 향상을 위한 권고방향 제시 • 프로그램 효과성 혹은 영향에 대한 평가 • 프로그램의 비용과 편익 평가 • 집행의 정확성(fidelity) 평가
주요 고객	프로그램 관리자와 직원	의사결정자, 외부전문가
성과에 대한 조사자	프로그램 직원(staff)	외부평가자(external evaluator)

2. 성과평가의 방법

성과평가의 방법은 일반적으로 비교에 의한 평가와 절대적 기준에 의한 평가로 구분되며, 이들 방법을 보완하기 위해 행태기준 평정척도법, 목표기반평가, 전방위 성과평가, 동료평가, 자체평가 등이 활용된다(Reitz, 1987: 120-123).

1) 비교평가

성과평가방법 중 하나는 각 사람을 다른 사람과의 비교에 의해 평가하는 것이다. 이 비교평가(evaluation by comparison) 방법의 변형은 몇몇 차원에 따라 피평가자(appraisees)의 순위(ranking)를 정하는 것이다. 각 조직구성원은 부서에 대한 지각된 기여도에 따라 순위를 정한다. 다른 하나의 변형은 각 조직구성원의 성과에 대해 상대적 범주로 할당하는 것이다. 각 평가계층에 따라 A, B, C 등으로 등급화한다.

순위를 등급화할 조직구성원이 많지 않다면 이 방법은 시간을 줄일 수 있다. 비교는 보편적인 평가체계를 설정하는 데 투자하는 시간과 비용을 낮출 수 있다. 하지만 많은 조직구성원에 대해 순위를 매긴다는 것은 어렵다. 또한 이 방법은 귀속적 성향(attributional tendencies) 혹은 후광효과(halo effect)의 한계가 존재한다. 또한 상이한 평가자에 의한 순위와 상이한 피평가자 집단의 순위를 비교하기가 어렵다.

2) 절대적 기준 평가

개인적 성과는 목표 대비 달성도와 같은 일련의 절대적 기준(absolute standards)에 의해 비교할 수 있다. 이 방법의 장점은 사람을 하나의 전반적인 특징보다 오히려 몇몇 기준으로 평가할 수 있다는 것이다. 또한 평가방법에 있어 유연성이 있다.

3) 행태기준 평정척도법

행태기준 평정척도법(behaviorally anchored rating scales)은 평가에 있어 모호성을 줄이기 위해 설계된 시스템이다. 기본적으로 평가자는 피평가자가 어떤 자질을 소유하고 있는지를 판단할 수 있다. 또한 피평가자가 각 성과에 부응하여 얼마나 잘 과업을 수행했는지를 판단하는 데 기여한다.

예를 들면, 조직이 몇몇 관리자가 승진할 수 있는 정도를 평가하는 경우, 〈표 14-5〉와 같이 평가자가 1점 척도(확실하게 승진할 수 없는 경우)에서 9점 척도(늦은 승진)로 각 관리자의 승진가능성을 평가하도록 요청한다.

이 평정척도법의 장점은 인성보다 오히려 행태와 성과에 초점을 둔다. 이러한 척도는 평정자의 일치도(inter-rater agreement) 정도가 매우 높다. 이 방법은 자신의 평가를 향상시키기 원하는 피평가자에게 좋은 환류를 제공한다.

┃표 14-5┃ 행태기준 평정척도법의 사례: 관리자의 승진가능성

승진의 장기연체	9	
승진에 대한 준비	8	최근 다른 직업의 제안을 받았음: 최고 5% 연령대의 보수
내년에 승진할 가능성	7	작년에 부서에서 승진한 사람이 2명 이상이었음
다음 1-2년에 승진할 가능성	6	2년 연속 평균 이상의 부서임
승진에 대한 불확실성	5	최근 평균 이상의 부서: 현재의 담당업무가 1년 미만임
다음 1-2년에 거의 승진할 수 없음	4	혼자 처리할 수 있는 프로그램에 대한 도움을 청하고 있음
내년에 확실히 승진할 수 없음	3	과업을 지속적으로 초과 근무함
가까운 미래에 거의 승진할 수 없음	2	과거 3년 동안 개발프로그램에 참여하지 않았음
현보직을 능가한 진전이 없을 것임	1	평균 이하의 부서: 5년 이상 현재 업무를 수행함

출처 : Reitz(1987: 122)

4) 목표기반평가방법

목표기반평가방법(goal-based evaluation methods)은 어떤 프로젝트의 최초 계획목표와 실질적인 결과를 비교할 때 활용되는 방법이다. 또한 목표기반평가방법은 사전에 결정된 목표에 대응하여 개인적 성과를 평가하는 것이다.

일반적으로 관리자는 각 부하들에 대한 목표를 설정하고, 그 목표가 평가 기간 동안 성취한 정도로 부하를 평가한다. 목표기반시스템은 부하들이 평가되는 목표에 대해 영향을 미친다. 나아가 목표기반평가를 수행하는 것은 조직에 대해 성공적인 과정을 발전시키고, 실패한 과정을 수정하는 데 도움을 준다. 목표기반평가방법에서 활용되는 프로젝트의 기획은 목표를 성취하기 위한 연대표(timeline)를 설정하는 것이다. 연대표는 실제적인 데이터를 투영하여 비교하는 데 활용되는 이정표이다. 또한 목표기반평가방법에서 있어 우선순위의 목록에 기반하는 프로젝트는 최종 목표를 성취하는 데 도움을 준다. 이 목표기반평가방법은 우선순위가 정확한지 혹은 프로젝트를 위해 미래를 변화시킬 필요가 있는지를 보여준다.

5) 전방위 성과평가

전방위 성과평가(360 degrees performance appraisal) 또는 전방위 피드백(360 degree feedback)은 1940년대에 활용되었다. 이 방법은 각 조직구성원에게 자신의 상관, 동료, 부하, 팀 구성원, 고객으로부터의 성과환류(performance feedback)를 수령할 수 있는 기회를 제공한다. 즉 조직구성원의 직무성과와 관련하여 가치있는 통찰력, 정보, 환류를 제공하는 평가방법이다. 이 전방위 성과평가는 4가지 통합적 평가 구성요소(자체평가, 상관평가, 부하평가, 동료평가)를 가진다.

전방위 성과평가 혹은 다방면의 환류(multi-source feedback)는 어떤 조직구성원에 대한 성과를 관찰하는 모든 사람과 이 구성원에게 영향을 받는 사람으로부터 환류를 통합하기 위한 성과평가 도구이다.

6) 동료평가

동료평가(peer assessment)는 집단구성원이 서로 자질 혹은 행태를 평가하는 것이다. 이 방법은 상관보다 피평가자 동료에 의해 보다 많이 관찰될 수 있는 행태를 평가한다는 점에서 적절하다. 이 방법은 피평가자 동료들이 성과의 중요한 측면을 관찰할 수 있고, 평가할 수 있는 능력을 요구한다.

이와 같이 동료평가는 2가지 조건이 요구된다. ① 동료가 서로의 성과에 관련한 중요한 측면을 관찰할 수 있는 기회가 빈번해야 한다. ② 동료가 서로의 성과를 정확하게 그리고 공평하게 평가할 수 있어야 한다. 이러한 점으로 인하여 동료평가는 다른 평가방법보다 상대적으로 활용도가 낮은 도구이다.

7) 자체평가

자체평가(self-appraisal)는 조직구성원이 스스로의 성과를 평가하도록 기회를 제공하는 것이다. 조직구성원이 상관의 판단에 방해받지 않고 자신이 수행했던 성과를 어떻게 생각하고 있는가를 표현하는 것이다. 상관 역시 같은 요인에 대해 성과를 평가할 수 있고 자체평가의 결과와 비교하는 기초로 활용할 수 있다.

자체평가의 장점은 조직구성원이 자신의 추진업무에 대해 스스로 평가함으로써 업무수행의 책임성을 확보할 수 있는 기회를 제공하며, 업무수행에 있어 스스로 부진한 사항이나 문제점을 발굴하는 데 보다 적극적인 자세를 가질 수 있다. 이를 통해 자신의 업무수행 과정에 대해 상관과 의사소통의 장을 넓힐 수 있는 계기를 제공할 것이다. 이처럼 자체평가는 상관과 부하 사이에 보다 많은 상호작용을 제공하고, 조직구성원이 평가 과정에의 참여를 통해 보다 많은 책임감을 가질 수 있다.

특히 상관은 성과와 관련하여 조직구성원들이 무엇을 잘못했고, 무엇을 잘했는가에 대해 정직한 의사소통을 제공해야 하고, 성과와 관련하여 조직구성원의 자체평가와 다른 견해에 대한 설명을 제공해야 한다.

용어 해설

- 통제(統制, controlling) – 일정한 기간 내에 규정한 목표를 성취하는 데 목적을 둔 관리과정이고, 활동과 행태를 규제하는 것이며, 계획된 목표를 달성하는 활동을 유지하고 관리하는 조직 과정에 있어서의 실질적인 개입이다.

- 전략적 통제(strategic control) – 하나의 전체로서 조직이 외부환경에 어떻게 대응하는지, 조직의 장기적 범위의 목적과 목표에 어떻게 부합하고 있는지에 초점을 두는 통제이다.

- 전술적 통제(tactical control) – 전략의 이행에 초점을 두며, 조직의 전체적인 통제장치의 영혼이며, 재무통제, 예산통제, 감독구조, 인적자원의 정책과 절차 등을 포함한다.

- 운영통제(operational control) – 조직이 고객에게 제공하고 산출하는 재화와 서비스에 활용되는 활동과 방법을 규제하며, 투입을 산출로 전환하는 데도 적용되는 통제시스템이다.

- 질 통제(質 統制, quality control) – 프로젝트의 구체적인 결과를 기준으로 사정함으로써 질의 측정기준(the metrics of quality)으로 평가하는 일련의 과정이다.

- 평가(評價, evaluation) – 어떤 대상에 대한 가치나 장점을 시스템적으로 사정(systematic assessment)하는 것이며, 사업이나 정책을 개선하기 위하여 그 운영이나 결과를 일정한 기준(합법성, 효율성, 효과성 등)에 의해 체계적으로 사정하는 것이다.

- 평가시스템(evaluation system) – 프로그램의 투입, 생산 활동, 산출물 및 결과 간의 관계를 프로그램의 운영적 측면과 환경적 측면에서 검토하는 것이다.

- 과정평가(過程評價, process evaluation) – 과정평가는 프로그램이 무엇인지, 대상 수령인에 대해 의도했던 서비스를 제공한 것인지 혹은 그렇지 않은지를 입증하는 것이다.

- 영향평가(影響評價, output or impact evaluation) – 개입이 실질적으로 의도했던 효과를 산출한 것인지를 찾아내는 것이며, 프로그램이 광범위한 범위로 확대되기 전에 기대했던 효과를 가지고 있는가를 보여주는 것이다.

- 성과평가(成果評價, performance evaluation) – 조직구성원의 성과와 조직적 보상 사이의 연계를 명확하게 하는 것이며, 조직구성원 행태의 방향을 제공하고, 조직구성원이 자신의 성과를 위해 투자하는 노력 정도에 영향을 미친다.

- 행태기준 평정척도법(behaviorally anchored rating scales) – 평가에 있어 모호성을 줄이기 위해 설계된 시스템이며, 피평가자가 각 성과에 부응하여 얼마나 잘 과업을 수행했는지를 판단하는 데 도움을 준다.

■ 전방위 성과평가(360 degrees Performance Appraisal) – 각 조직구성원에게 자신의 상관, 동료, 부하, 팀 구성원, 고객으로부터의 성과환류(performance feedback)를 수령할 수 있는 기회를 제공하며, 조직구성원의 직무성과와 관련하여 가치있는 통찰력, 정보, 환류를 제공하는 평가방법이다.

■ 동료평가(同僚評價, peer assessment) – 집단구성원이 서로 자질 혹은 행태를 평가하는 것이며, 피평가자 동료들이 성과의 중요한 측면을 관찰할 수 있고, 평가할 수 있는 능력을 요구한다.

■ 자체평가(自體評價, self-appraisal) – 조직구성원이 자신의 추진업무에 대해 스스로 평가하는 방식이며, 조직구성원이 상관의 판단에 방해받지 않고 자신이 수행했던 성과를 어떻게 생각하고 있는가를 표현하는 것이다.

변화(change)는 모뜬 조직에 있어 고유한(endemic) 것이다. 조직은 어떻게 변화하는가? 관리자가 행동을 취하기 때문에 조직이 변화하는가? 환경이 조직에게 변화를 강요하는가? 조직생활에 있어 예측할 수 있는 단계가 있는가? 등의 질문은 조직변화에 대한 이해를 통해 찾을 수 있을 것이다.

한편 조직발전(OD)은 변화를 위한 새로운 접근법이며, 조직의 효과성과 건강성을 향상시키기 위한 계획된 개입 과정이다. 특히 OD는 조직의 신념, 태도, 문화와 구조를 변화시키려는 의도된 전략이다. OD는 진단연구와 변화 에이전트(change agent)에 의한 지속적인 개입을 통해 고객의 참여를 강조한다. OD는 성공을 위해 장기적 개입이 요구된다.

4

조직변화와 조직발전

CHAPTER **15**

조직변화

변화는 삶의 일부(a part of life)이며 성장의 기회를 제공한다. 변화는 현상을 바꾸거나 상황을 이전과 다르게 만드는 것이다. 또한 변화는 현재 만연하고 있는 평형의 교란(disturbance of equilibrium)이기도 하다. 이것은 조직의 전반적인 업무 환경에서 발생하는 모든 변화이기 때문이다.

이런 점에서 조직변화는 조직 내에서 성장, 쇠퇴, 변혁의 과정을 의미한다. 조직변화는 여러 가지 형태를 취할 수 있다. 조직변화는 일련의 프로젝트 또는 프로그램의 변화를 제공하여 조직의 핵심적인 측면을 의도적으로 변경하는 프로세스이기도 하다. 이러한 조직변화는 조직의 구조, 전략, 정책, 절차, 기술 또는 문화의 변화를 포함할 수 있을 것이다. 이처럼 조직변화는 종종 환경변화에 대한 반응이다.

01 조직변화의 의의와 유형

1. 조직변화의 의의와 특징

조직은 항상 변화를 경험한다. 조직에서의 변화는 다양한 수준 – 개인, 집단, 조직 수준, 조직과 환경과의 관계 – 에서 일어난다. 변화는 조직이 존재하는 한 조직생활의 하나의 특징이다. 조직변화(organizational change)는 현재 성과에 대한 불만족으로 인해 조직에 의한 새로운 아이디어나 행태(a new idea or behavior)를 채택하는 것이다. 이처럼 조직변화는 현상유지에 대한 대안이다.

특히 조직은 경쟁적으로 존재하고, 보다 효과적이고 효율적인 기술과 방식을 채택하며, 조직환경과 계속해서 조화롭게 존재하기 위해 변화를 갈망한다. 반면에 조직은 안정성과 예측가능성을 갈망하기 때문에 변화에 대해 저항한다. 조직이 직면하는 환경적 변화의 정도는 조직에 의해 요구되는 내부적 변화의 양에 중요한 영향을 미친다.

변화는 다양한 이유에서 일어난다. 외부적 환경은 조직에는 끊임없는 도전이다. 즉 환경은 동태적이며 조직 실체의 생존을 위해 끊임없는 적응을 요구하기 때문에 변화는 필연적으로 수반된다. 또한 변화는 조직 내에서도 나온다. 예를 들면, 의사소통이 제대로 작동되지 않을 때, 조직구조가 업무진행에 방해가 될 때, 집단 과정이 교착상태에 빠질 때 조직은 변화 노력이 필요하다.

이와 같이 조직변화에 대한 추동력은 어디에서나 있다. 조직변화는 조직 자체 내에서도 발견될 수 있으며, 외부적 환경에서도 발견될 수 있다. 특히 조직에서의 변화는 2가지 주요한 추동력에 의해 일어난다. ① 반응적 변화(reactive change)는 조직환경의 변화에 대해 반응하는 욕구로부터 일어나는 조직에게 강요된 변화이다. ② 예방적 변화(proactive change)는 특정한 목적을 가지고 미리 계획된 것이다. 이것은 조직이 원하거나 내적으로 변화에 대한 욕구를 느꼈기 때문에 일어나는 변화이다.

조직변화는 조직의 탄생에서 소멸에 이르기까지 지속적으로 진행된다. 이러한 조직변화에 대한 관심을 시대적으로 살펴보면 다음과 같다.
① 1950년대 이전 – 1950년대 이전에는 대부분의 관심이 관리행태에 있었다. 즉 환경의 역할이 무시되었고, 조직변화를 일으키는 것은 모두 관리행태로 이해했다. 과학적 관리, 조직설계, 인간관계 모두가 관리의 효과성을 향상시키기 위한 도구였다.

② 1950~1960년대 – 1950~1960년대 계획된 조직변화(planned organizational change)는 조직발전과 조직설계학자들에게 관심을 받기 시작했다. 상황적합이론가들은 조직발전학자와 같이 환경을 조직설계의 근거로 이해한다.

③ 1960년대 후반 – 1960년대 후반 조직발전이 조직 병(organizational ills)의 만병통치약이 아니며, 몇몇 조직설계학자들이 주장하는 매트릭스 설계(matrix designs)가 항상 성공하지 않았다는 것이 명백해졌다. 이에 조직이 변화하는 과정은 무엇인가에 의문을 가지게 되었다.

또한 조직변화를 상황적합이론가의 관점에서 보면 다음과 같다. ① 상황적합적 시각은 조직문제에 대해 어떠한 해결에 도달할 것인가에 대한 처방(prescriptions)지향적이다. 하지만 조직변화의 연구들은 조직이 변화하는 다양한 방식을 기술하는 데 관심을 가진다. ② 상황적합이론가들은 성과를 최대화하는 조직단계를 기술하기 위해 노력한다. 하지만 조직은 최적 성과의 방향처럼 항상 좋은 방향으로 변화하는 것은 아니다. 조직변화이론가들은 조직이 최적 방향(optimal direction) 혹은 다른 방향으로 변화하는 메커니즘을 밝혀내는 데 관심을 가진다. ③ 상황적합이론가들은 조직시스템이 어떻게 안정화되는가를 기술한다. 조직변화이론가들은 조직이 조직구조와 과정을 어떻게 변화하는가에 초점을 둔다. 이들 학자들은 조직 내 안정화의 원천에 초점을 두지 않는다.

2. 조직변화의 유형

현대 조직변화이론가들은 모두 개방시스템 이론가들이다. 이들 학자는 조직과 환경과의 상호의존성을 강조할 뿐만 아니라 조직의 하부시스템 사이의 내적 상호의존성을 강조한다. 조직에서 일어나는 변화를 몇 가지 유형으로 이해하면 다음과 같다.

(1) 내부적 변화와 외부적 변화

학자들은 변화의 원천에 초점을 두어 내부적 변화와 외부적 변화로 구분하기도 한다. 몇몇 학자들은 조직변화의 원천을 환경에 의한 조직변화의 계기로 기술한다. 다른 학자들은 내부적 긴장(internal tension, 예를 들면, 조정의 문제)에 초점을 두어 내부적 변화를 설명한다.

(2) 자연적 변화와 적응적 변화

자연적 시스템이론가들은 조직변화의 유형을 예측하는 데 초점을 둔다. 이들은 조직에서 일어나는 변화를 기술한다. 적응적 이론가(adaptive theorists)는 다른 압력에 대한 상이한 반응이 형성되는 것으로 조직을 기술한다. 이들 학자들은 관리적 재량(managerial discretion)을 중요한 것으로 이해한다.

┃그림 15-1┃ 조직변화의 유형

변화 유형		변화의 원천	
		내부적 원천	외부적 원천
변화 유형	자연적 유형	조직의 내부적 원동력(internal dynamics)이 라이프 사이클을 일으킨다.	환경이 관리적 통제 이외의 변화를 유인한다.
	적응적 유형	관리적 행위(managerial action)가 변화를 일으킨다.	환경과 환경에 대한 관리적 반응(managerial responses)이 변화를 일으킨다.

출처 : Narayanan & Nath(1993 : 137)

(3) 점진적 변화와 변혁적 변화

① 점진적 변화(incremental change) - 단순하고 틀을 구부리는(frame-bending) 변화이다. 이것은 기본적으로 현존하는 시스템을 조금씩 움직이는 변화이다. 가장 보편적인 점진적 변화는 재화와 서비스, 과정, 기술, 업무시스템의 진화이고, 지속적인 향상을 통해 앞으로 진행하는 것이다.

② 변혁적 변화(transformational change) - 조직에 있어 포괄적인 방향 수정을 초래하는 급진적이고, 틀을 파괴하는(frame-breaking) 변화이다. 이 변화는 최고 관리자로부터 진행되며, 전략, 문화, 구조에서 근본적인 변화를 초래한다.

SECTION

02 조직변화의 원천, 요소 및 단계

1. 조직변화의 원천: 변화시스템 모델

변화시스템 모델은 조직을 6개의 상호작용하는 변수로 기술하고 있다. 이들 변수는 인적(사람), 문화, 업무, 기술, 설계, 전략이며, 이들 변수는 계획된 변화에서 핵심적인 역할을 한다.[21] 이들 변화변수는 조직에 있어 상호작용적이고 동태적인 효과를 가진다.

이들 변수는 〈그림 15-2〉와 같이 상당히 상호의존적이다. 한 변수의 변화는 다른 변수의 변화를 초래한다. 이처럼 조직변화는 이들 변수를 변화시킴으로써 시작된다. 6개의 변수 모두는 조직 전체(organizationwide)의 변화 과정에서 표출된다.

① 인적변수(people variable) - 조직을 위한 개별적 작업에 적용되는 것으로 성격, 태도, 지각, 귀인, 문제해결유형, 욕구 및 동기부여로 구성되어 있다. 또한 조직 내 사람들(액터)은 변화에 영향을 받는다. 사람의 변화는 구성원들의 태도, 감정, 기술, 능력, 기대 및 관심에서의 변화를 말한다. 이처럼 사람들의 변화는 업무의 조화와 조정을 이끄는 긍정적 태도와 행태 유형을 발전시키는 것과 관련되어 있다.

② 문화변수(culture variable) - 조직구성원의 공유한 믿음, 가치, 기대 및 규범을 반영한다. 특히 선발과 평가기준, 보상체계, 교육훈련과 경력개발, 승진절차 등은 조직문화변수를 유지하고 발전시키는 데 중요한 기능을 수행한다. 더욱이 조직이 요구하는 핵심 가치와 신념의 변화뿐만 아니라 최고관리자의 행동은 조직구성원의 행동과 태도에 관한 규범을 변화하게 한다.

③ 업무변수(task variable) - 업무가 단순한가 혹은 복잡한가, 독창적인가 혹은 반복적인가, 표준적인가 혹은 독특한가 등과 같이 업무 자체의 본질을 포함한다. 특히 업무의 변화는 조직의 생산과 서비스의 산출에 관련되어 있다. 예를 들면, 일반적으로 대학생들에게 교육프로그램을 제공하는 대학교가 주말에 경영자 MBA 프로그램(executive MBA Program)을 개설해 운영한다.

④ 기술변수(technology variable) - 다양한 조직 과정과 관련하여 적용되는 문제해결방식과 기술, 지식의 적용 및 정보기술의 활용도 포함된다. 또한 기술의 변화는 조직의 생산 과정과 관련되어 있다. 기술의 변화는 조직의 도구와 운영에 영향을 미친다. 즉 기술에서의 변화는 생산 혹은 서비스를 제공하기 위한 새로운 기술이 포함된다. 예를 들면, 컴퓨터 산업의 발달은 조직의 운영 과정을 변화시킨다.

⑤ 설계변수(design variable) - 공식적인 조직구조, 의사소통시스템, 통제, 권위

---

21 Leavitt(1964)는 이러한 변화의 변수로 과업, 구조, 기술(도구) 및 사람(액터)을 들고 있다.

와 책임의 시스템이다. 특히 조직의 성장과 축소뿐만 아니라 새로운 정부활동은 조직의 구조를 변화시킨다. 예를 들면, 미국의 경우 차별철폐조치(affirmative action) 요구는 조직에게 평등고용기회(equal employment opportunity) 부서의 설립을 강요한다.

⑥ 전략변수(strategy variable) - 조직의 기획 과정을 포함한다. 전략변수는 적절한 조직목표를 명확하게 하는 활동, 조직목표를 성취하기 위해 자원을 확보하고, 할당하고, 활용하는 데 관련한 구체적 계획을 준비하는 것이다.

┃그림 15-2┃ 변화시스템 모델

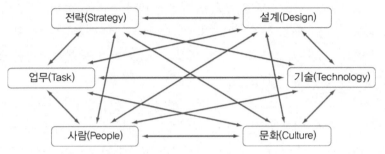

출처 : Hellrlegel, et al(1995 : 673)

2. 조직변화의 구성요소

조직환경이 항상 완벽하게 안정적이지 않기 때문에 조직은 변화에 대한 내부적 그리고 외부적 압박에 반응해야만 한다. 조직이 변화 과정의 요소들을 놓치게 된다면 변화 과정은 실패하게 될 것이다. 〈그림 15-3〉과 같이 조직변화의 과정은 욕구 혹은 아이디어가 첫째로 일어나고, 변화하기 위해 각 단계가 완성되어야만 한다(Daft, 1983: 262-263).

① 욕구(need) - 관리자가 현재 성과에 대해 불만족할 때 변화에 대한 욕구가 일어난다. 지각된 문제는 실제적 성과(as-is)와 바람직한 성과(to-be) 사이의 차이의 형태에서 존재한다.

② 아이디어(idea) - 아이디어는 어떤 것을 하기 위한 새로운 방식이다. 아이디어는 조직에 의해서 수행될 수 있는 모델, 개념 혹은 계획이다. 아이디어는 조직구성원을 관리하기 위한 새로운 기술, 새로운 기계, 새로운 생산일 수 있다. 아이디어는 관리자가 성과에 대해 느끼는 불만족을 줄이는 잠재력이다.

조직구성원은 새로운 아이디어에 관해 학습하고, 아이디어가 업무수행에 있어 보다 효율적인 방법이라는 것을 인식하게 된다.

③ 제안(proposal) – 제안은 조직 내 어떤 구성원이 새로운 행태, 아이디어, 혹은 기술에 대한 채택을 요구했을 때 일어난다. 제안은 문제가 어떻게 해결되고, 성과가 어떻게 향상되는가를 보여주기 때문에 매우 중요하다.

④ 채택에 대한 결정(decision to adopt)과 이행 – 조직이 제안된 변화를 채택하는 선택을 했을 때 결정이 일어난다. 거대한 변화에 대한 결정은 이사회에 의한 법적 서류에의 서명이 요구된다. 변화방향이 결정되면 실행이 체계적으로 이루어진다.

⑤ 자원(resources) – 변화를 가져오기 위해서 인적자원과 활동이 요구된다. 변화는 자원을 요구한다. 변화는 스스로 일어날 수 없다. 변화가 성공적으로 이행되기 위해서는 자원이 변화에 할당되어야만 한다.

┃그림 15-3┃ 성공적인 변화의 구성요소

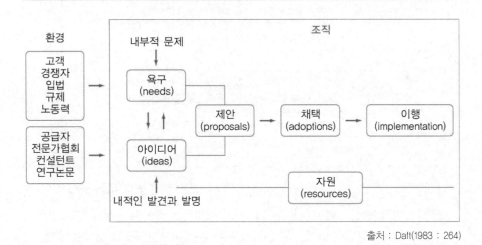

출처 : Daft(1983 : 264)

3. 조직변화단계

심리학자 Kurt Lewin에 의하면, 관리자가 계획된 변화를 준비한다면 성공의 기회가 높다. Lewin은 물리학으로부터 아이디어를 빌려와 힘의 장(a field of forces)으로서 사회시스템을 그리고 있다. Lewin은 현재의 사회시스템 상태는 어떤 조건 혹은 힘에 의해 유지되며, 원하는 또는 기대되는 결과를 도출하기 위해 변화되어야 하는 조건을 확인한다고 주장한다. Lewin의 주된 관심은 집단을 변화하는 것에 관련되어 있다.

Lewin은 조직변화를 3가지 단계 과정으로 개념화하고 있다. 이들 3가지 단계는 ① 주어진 방식으로 운영되는 시스템의 해빙단계, ② 새로운 형태로의 이동단계, ③ 새로운 유형에의 재결빙단계이다. 이 모델은 계획된 변화 개입(change intervention)을 위한 도구로서 기여한다. 이 모델은 순차적인 모델(sequential model)이다. 이것은 각 단계에서 채택될 필요가 있는 활동의 유형을 제안한다.

┃그림 15-4┃ Lewin의 조직변화단계

해빙단계 (unfreezing)	변화 리더의 임무 : 변화를 위한 요구를 느끼고 일으키는 것 • 관련자들과 좋은 관계를 설정한다. • 현재의 행태가 효과적이지 않다는 것을 깨닫게 도움을 준다. • 변화에 대해 표출하는 저항을 최소화한다.
이동(변화)단계 (movement)	변화 리더의 임무 : 변화를 수행하는 것 • 새롭고 보다 효과적인 수행방식을 발견한다. • 임무, 사람, 문화, 기술, 구조의 변화를 추구한다. • 변화가 일어날 수 있도록 행동을 취한다.
재결빙단계 (refreezing)	변화 리더의 임무 : 변화를 안정화하는 것 • 새로운 행태의 수용성과 지속성을 일으킨다. • 필요한 자원을 지원한다. • 성과기반 보상과 긍정적 강화를 활용한다.

출처 : Schermerhorn(2013 : 309)

① 해빙단계(unfreezing) – 계획된 변화 노력의 첫번째 단계는 현재 힘의 장으로부터 사회시스템을 해제(unlocking) 혹은 해빙하는 것이다. 성공적인 변화를 시작하기 위해 긴장감(a sense of tension)이 존재해야만 하고, 영향을 받는 사람들 사이에서 변화에 대한 욕구를 느껴야 한다.

해빙단계에 있어 변화를 위한 힘은 긴장으로 나타난다. 변화를 위한 바램은 정상적으로 작동되어야 하고, 동원되어야 하며 주어진 방향으로 진행되어야 한다. 이러한 해빙단계를 변화의 벼랑 끝 단계(burning bridge phase)라 한다. 해빙단계는 T-group, 관리 훈련 세미나, 설문조사(survey)에 의한 환류에 참여하는 것이다.

② 이동단계(movement) - 이동(변화)단계는 바람직한 변화의 방향으로 행태이동 (behavioral movement)이 일어나게 하는 것이다. 활동이 최초의 운영모형으로 부터 새로운 단계로 시스템에서 일어날 수 있도록 계획되어야 한다. 이동단계 는 조직의 재구조화, 팀 발달, 혹은 다른 유사한 개입에 관련되어 있다. 이 변 화 단계는 임무, 사람, 문화, 기술, 구조와 같은 조직목표에서 실질적인 변화 가 이루어진다.

③ 재결빙단계(refreezing) - 어떤 변화가 항구적으로 진행되기 위해서는 새로운 힘의 장이 창조될 필요가 있고 재결빙의 욕구가 있어야 한다. 그렇지 않으면, 높은 성과단계로의 변화는 오래가지 못한다. 관리자는 재결빙단계에서 변화 를 안정화하는 데 관심이 있다. 재결빙단계는 변화와 적절한 보상, 긍정적 강 화, 자원의 지원과 연계함으로써 성취된다. 이러한 재결빙단계는 새로운 정책 혹은 규범, 심지어 새로운 보상시스템으로 구성되어 있다. 또한 이 단계에서 는 결과를 평가하고, 관련된 사람들에게 환류를 제공하고, 최초의 변화에서 요구되는 사항을 수정해야 한다.

03 조직변화의 저항과 극복방안

1. 조직변화의 저항

변화는 항상 쉬운 것은 아니다. 우리 모두는 삶에 있어 변화에 대해 저항하는 경향이 있다. 특히 오랫동안 뿌리깊은 습관과 가치를 변화하는 것은 매우 어렵다. 더욱이 저항(resist)의 원인은 개인적 특성에 기인하기보다는 오리려 변화에 직면했던 경험과 과거의 강화역사(reinforcement history)에 뿌리를 두고 있다. 또한 대부분의 조직구성원은 현상유지에 보다 큰 관심이 있다.

조직에 있어서도 변화에 대한 저항이 항상 존재하며, 때론 조직의 효과성과 생존을 위협하기도 한다. 조직변화에 대한 저항 원인을 간략하게 살펴보면 다음과 같다.

① 개인적 차원의 저항 – 조직변화에 대한 저항은 조직구성원의 개인적 차원에서 일어난다. 즉 변화는 가끔 새롭고 다른 직무 의무를 요구한다. 이에 개인은 새로운 방식 혹은 도구를 처리하는 자신의 능력을 때론 신뢰하지 않을 수 있다. 이리하여 조직구성원들은 조직변화에 따른 재정적 손실에 대해 두려워하고, 지위 하락, 직무만족의 감소에 대해 두려워하여 새로운 변화에 대해 저항한다.

② 집단적 차원의 저항 – 조직변화에 대한 저항은 집단적 차원에서 일어난다. 즉 조직에 있어 구성원들이 변화에 저항하는 주된 이유는 사회적 관계를 방해하는 것에 관련되어 있다. 즉 조직변화는 집단구성원의 유대를 가끔 위협한다. 나아가 조직변화는 집단구성원이 공유한 집단규범과 비공식적인 관계를 혼란시키기 때문에 저항이 일어난다. 나아가 집단의 응집력(group cohesiveness)이 너무 강한 조직에 있어서 변화는 많은 저항을 겪게 된다. 즉 강한 집단응집력은 집단이 변화하고 적응하는 기회를 질식하게 한다(정우일 외, 2011: 116).

> **변화에 저항을 일으키는 문제**
>
> • 보다 낮은 지위(lower status)로 지각되는 변화
> • 공포(fear)를 일으키는 변화
> • 직무내용(job content)에 영향을 미치는 변화

- 활동의 권위 혹은 자유를 줄이는 변화
- 설정된 업무루틴(work routines)에 지장을 초래하는 변화
- 집단관계(group relationships)를 재조정하는 변화
- 구성원에 대한 설명 혹은 참여없이 강요하는 변화
- 정신적 혹은 육체적 무기력(physical lethargy) 때문에 저항하는 변화

출처 : Reitze(1987: 568)

2. 조직변화 저항의 극복방안

우리는 우리 자신의 삶에 어느 정도의 안정성과 예측가능성을 요구한다. 변화는 이러한 기본적 욕구를 위협하는 것이다. 변화는 적응을 요구한다. 어떤 적응요구는 스트레스를 유발하기도 한다. 이에 변화에 대한 저항(resistance to change)을 극복하는 것은 조직변화 노력에의 성공을 보장하는 데 중요한 변수가 된다. 이리하여 변화에 저항을 일으키는 구체적인 힘을 세밀하게 분석해야 할 것이다.

조직변화에 대한 저항을 극복하려는 방법에는 대체로 ① 구조적 접근법, ② 행태적 접근법, ③ 일반적 접근법이 고려된다.

1) 구조적 접근법

구조적 접근법(structural approach)은 조직환경의 변화 정도에 의존되며, 다음과 같은 특징을 가진다.

① 변화에 대한 구조적 접근법은 조직을 특징짓는 공식적 관계와 업무흐름(task flows)에서의 변화를 강조한다. 조직문제를 해결하기 위한 노력으로 직무에 대한 정의를 명확하게 하고, 직무내용, 관계, 조정메커니즘, 기능적 분화, 통솔의 범위 등을 변화시키는 것이다. 또한 업무성과를 향상시키기 위해 작업흐름에 부합되게 업무흐름을 수정한다.

② 조정의 비용을 줄이기 위해 분권화하거나, 하부단위에 대한 지배가능성(control-lability)을 제고하거나, 혹은 목표지향 행태에 대해 동기부여를 증가시키는 노력이다. 또한 구조적 변화는 관리계층의 수를 줄이기 위한 저층구조(flatting the organization)의 형식을 취하기도 한다.

③ 구조적 변화는 조직구성원에 대해 스트레스 원인이 될 수 있는 직원의 재배치(staff redeployments)와 가외성(redundancies)이 가끔 동반되기도 한다.

2) 행태적 접근법

행태적 접근법(behavioral approach)은 참여적 의사결정, 감수성 훈련(sensitivity training), 관리그리드와 같은 구조화된 훈련프로그램 등이 포함된다. 행태적 접근법이 성공한다면, 개인적 태도를 변화시킬 뿐만 아니라 개인 간 관계를 향상시킬 수 있을 것이다. 나아가 조직이 외부환경에 대한 변화에 성공적으로 대처하기 위해서는 가끔 조직의 문화에 대한 변화가 필요하다. 문화적 변화는 가장 어려운 과제이기도 하다. 즉 구조에서의 변화는 비교적 단기간에 이루어지지만, 조직구성원의 행태와 가치를 변화시키는 것은 피할 수 없이 장기간이 소요된다.

또한 조직은 조직구성원 사이에 존재하는 변화에 대한 저항의 태도를 극복하기 위해 다음과 같은 태도를 조사할 필요가 있다. 이러한 태도조사 항목으로 ① 변화의 본질과 목적에 대한 이해의 부족, ② 관리층의 동기와 능력에 대한 신뢰 부족, ③ 이기심과 개인손실에 대한 공포(fear of personal loss) - 변화 과정이 개인적 조건에 대한 악화를 초래될 것이라는 신념, ④ 불확실성과 알려지지 않는 것에 대한 공포, ⑤ 사회적 손실(social loss) - 변화가 작업장에서 비공식적 집단의 해체를 초래할 것이라는 공포 - 등이다(Campbell, 1999: 119).

3) 일반적 접근법

변화에 대한 저항은 피할 수 없다. 많은 변화는 잘 극복된다. 조직변화에 대한 최대한의 수용을 추구하는 관리자는 개인들이 자발적으로 수용하는 변화의 속성을 잘 고려해야 한다. Kotter과 Schlesinger(1979)는 〈그림 15-5〉와 같이 변화에 저항하는 문제를 다루기 위한 6가지 일반적 접근법을 제시하고 있다.

변화관리에 대한 가장 단순한 접근은 '만약 하지 않으면, 그땐 … 와 같이 접근한다(if not, then … approach)'와 같이 변화 과정의 관리를 계층적으로 다루는 것이다. 또한 이전의 시도에 의해 극복되지 않는다면 다른 단계를 준비해야 한다. 즉 모든 시도가 실패했을 때 그것을 좋아하든 싫어하든 영향을 받는 모든 사람에 대해 강요에 의해 변화를 시도하는 과정이다.

┃그림 15-5 ┃ 변화 과정의 관리

교육과 의사소통(education and communication)
변화의 영향을 받는 모든 집단(all affected parties)에 대해 목적과 과정에 대한 의사소통

↓

참여(participation)와 관여
변화의 필요성과 변화가 어떻게 이행될 것이라는 설계와 수행에 대한 참여 허용

↓

조장과 지원–상담(consultation)
변화의 영향을 받는 모든 집단에 대한 자발적 협력을 얻기 위한 상담

↓

협상(negotiation)과 동의
최후 준수(ultimate compliance)가 가능하도록 몇 가지 양보 마련

↓

조작(manipulation)
전복, 선전(propaganda), 감정적 호소(emotional appeal)와 같은 조직기술을 활용해
변화의 영향을 받는 집단에게 영향을 미침

↓

강요(coercion)
강력한 집행권(executive power) 행사를 통해 변화를 강제함

출처 : Campbell(1999 : 121)

① 교육과 의사소통(education and communication) – 증가된 의사소통을 통하여 변화에 관련한 사실과 정보를 제공하는 것이다. 이것은 변화의 필요와 논리에 관해 변화 이전에 개인을 교육시키기 위한 일대일 토의(one-on-one discussion), 그룹 프리젠테이션, 메모, 리포트 형식을 취하는 것이다.

② 참여와 관여(participation and involvement) – 변화에 영향을 받는 사람들이 변화설계와 수행에의 참여를 허용함으로써 변화가 어떻게 일어나는가 대해 목소리를 가지게 허용하는 것이다. 특별위원회 혹은 프로젝트 팀은 관여를 증대하기 위한 유용한 도구일 수 있다.

③ 조장과 지원(facilitation and support) – 변화를 다루기 위해서 훈련과 사회정서적 지원(socioemotional support)을 제공하라. 이것은 변화 상황에서 일어나는 성과 압박을 극복함에 있어 교육의 시간, 효과적인 청취와 카운슬링, 지원에 의해 수행될 수 있다.

④ 협상과 동의(negotiation and agreement) – 실질적 저항자 혹은 잠재적 저항자에게 인센티브를 제공하는 것이다. 이것은 변화의 다양한 국면에 대한 협상의 형태를 취할 수 있고, 영향을 받는 사람들의 관심을 수용하는 거래를 취할 수 있다.

⑤ 조작과 협력(manipulation and cooptation) – 개인에게 영향을 미치기 위해 은밀한(covert) 시도를 활용하라. 그리고 바람직한 변화가 최대한의 지원을 받기 위해 선택적으로 정보를 제공하라. 이 접근법은 사람들이 조작되고 있다는 것을 깨닫게 된다면 문제가 발생할 수 있다.

⑥ 명시적 강요와 암묵적 강요(explicit and implicit coercion) – 변화에 따라오지 않는 저항자에 대해 바람직하지 않는 결과에 대한 무력과 위협을 활용하는 것이다. 이 접근법은 저항을 극복하는 데 매우 성공적이지만, 강요된 사람들에게 바람직하지 않은 태도와 차후의 역기능적 행태의 형성을 초래할 수 있다.

> **조직변화를 이끄는 방법**
>
> • 변화에 대한 긴급성(urgency)을 설정하라.
> • 변화를 이끌기 위한 강력한 연합(coalition)을 형성하라.
> • 변화 비전을 창조하고 의사소통하라.
> • 변화를 진행하기 위해 다른 구성원들에게 권한위임을 하라.
> • 단기적인 성공(short-term win)에 대해 축하하고, 누구의 도움이었는지를 인정하라.
> • 성공의 기반으로 사람과 시스템을 새로운 방식으로 조정하라.
> • 새로운 방식을 유지하고, 일관된 메시지를 유지하고, 비전을 옹호하라.
>
> 출처 : Schermerhorn(2011: 307)

3. 조직생명주기와 조직쇠퇴

1) 조직생명주기

조직은 모든 생물체 시스템과 사회 시스템과 같이 태어나고, 성장하고, 소멸한다. 조직생명주기(organization life cycle)는 탄생, 성장, 성숙, 쇠퇴, 소멸의 5단계로 묘사할 수 있다. 〈그림 15-6〉은 일반적인 조직의 생명주기이다. 즉 몇몇 조직은 매우 빠르게 성장하고, 다른 조직은 매우 느린 비율로 성장한다. 또한 몇몇 조직은 빠르게 소멸하거나 혹은 매우 느리게 소멸하기도 한다(Hodge &

Anthony, 1979: 120-123).

　이처럼 조직의 생명주기는 조직과 생명체를 연계한 모델로 다양한 발전단계와 성장단계가 예측가능한 순서를 거치는 것을 보여준다. 조직생명주기는 모든 단계를 인식하게 하고, 해당 단계의 우선순위를 이해하고, 해당 단계에 가장 효과적인 결정을 하도록 정보를 관리자에게 전달한다. 이와 같이 조직은 조직생명주기에 능동적으로 대처하지 못하면 위기와 쇠퇴에 빠질 가능성이 높다.

　이러한 라이프사이클은 모든 조직이 직면하는 주요한 변화이다. 조직은 각각의 주요한 변화를 대처하기 위해 상이한 전략을 채택하기도 한다(Hodge & Anthony, 1979: 389-390).

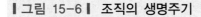

┃그림 15-6┃ 조직의 생명주기

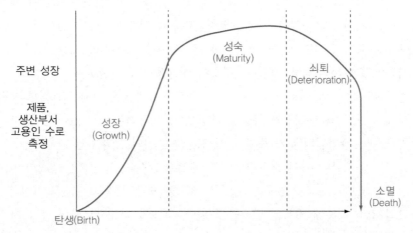

출처 : Hodge & Anthony(1979 : 122)

(1) 탄생단계(birth phase)

　조직은 일련의 사람들이 어떤 공통 목적에 대해 의견 일치를 가질 때 탄생한다. 일반적으로 임무 혹은 목적이 합의 근거가 된다. 이때 조직은 상당히 비공식적이며, 조직도, 명문화된 정책, 혹은 공식적인 직무기술서 등이 없다. 조직구성원들은 서로 개인적으로 잘 알고 있고, 대면적 기반에서 상호작용을 한다. 이때 관리자는 가끔 비관리적 업무를 수행하기도 한다. 이 단계는 기업가적 역할(entrepreneurial role)이 강하며, 핵심적인 사람의 성격에 의해 많은 영향을 받는다.

(2) 성장단계(growth phase)

조직이 가장 강한 성장을 경험하는 단계이다. 성장단계는 새로운 조직구성원이 채용되고, 새로운 상품과 서비스가 전개되고, 새로운 시장이 개척되는 단계이다. 이 단계에서는 모든 조직 사이의 대면적 의사소통이 잠잠해진다. 조직이 보다 공식화되고, 문서화된 정책으로 대체하게 된다. 조직구성원들은 비인간화 (depersonalized)를 느끼기 시작한다.

Daft(1983: 135-136))는 조직이 성장하는 이유로 조직의 자아실현, 경영진의 유동성, 경제적 요인, 생존을 들고 있다. 성장은 대부분 조직의 목표이다. 조직은 성장통(growing pains)을 경험하게 된다. 성장은 일련의 위기를 따르게 된다. 성장을 지속하기 위해서는 위기에 대처해야만 한다.

① 조직의 자아실현(organizational self-realization) - 자아실현은 조직이 새로운 기능을 완전하게 수행하고 진전해야 한다는 관리자의 신념을 말한다. 관리자는 고객들이 완전한 서비스를 원하고 있다는 압력을 받고, 새로운 도전을 극복해야 한다는 압박을 느낀다. 이것이 성장을 위한 이유이다.

② 경영진의 유동성(executive mobility) - 성장하는 조직은 정체된 조직보다 관리자에게 보다 높은 위신과 봉급을 제공한다. 성장하는 조직은 작업을 하도록 자극한다. 종업원의 수가 증가할 때 도전과 승진의 기회가 많다. 조직이 안정적이고 쇠퇴한다면 최고의 경영진은 빼앗길 것이다.

③ 경제적 요인(economic factors) - 조직 성장은 많은 재정적 이점을 가진다. 규모의 경제 때문에 비용은 줄어들게 된다. 규모가 커짐으로써 시장적 지위가 강화되고 수입이 증가할 수 있다.

④ 생존(survival) - 생존은 성장에 있어 가장 중요한 이유이다. 조직이 팽창하지 않는다면 경영진은 축소된다. 경쟁조직이 시장적 지위를 강화하게 되면 경영진은 자리를 보존할 수 없게 된다.

한계성장(marginal growth)은 시간경과(월별, 분기별, 년 단위)에 따라 일어나는 성장이다. 어떤 시점에 있어 조직은 효과성이 상실되기 시작하고, 궁극적으로 악화되고 소멸한다. 하지만 모든 조직은 실질적으로 소멸하지 않는다. 즉 실질적으로는 다른 형태로 지속적으로 생존하기도 한다. 예를 들면, 정부기관의 프로그램과 서비스는 다른 것에 결합하기도 하며, 최초의 조직은 존재하지 않지만, 새로운 정부기관에 의해 기존 조직의 프로그램과 서비스를 인계받기도 한다.

(3) 성숙단계(maturity phase)

성숙단계에서는 성장이 느리게 진행된다. 이 단계에서 핵심적인 업무는 생존 (viability)을 유지하는 것이다. 새로운 상품, 서비스 그리고 시장은 소진하게 된다. 조직은 진부하게(stale) 된다. 이 단계에서 조직은 하나의 문화를 발달하게 된다. 이러한 문화가 업무를 수행하는 잘 규정된 방식, 전통이 된다. 많은 조직이 성숙의 단계에서 정체될 수 있다.

조직의 성숙단계(maturity phase)가 가끔 가장 긴 국면일 수 있다. 조직의 성숙 국면이 연도별로 매우 느리게 성장하며, 비교적 안정적이다. 또한 성숙단계에서 기존의 성장 및 개발 전략과 계획을 유지하는 데 초점을 둔다. 이점에서 몇몇 조직에 있어 성숙 국면에서 조직이 영원히 지속할 것인지가 나타난다. 하지만 조직은 궁극적으로 악화되기 시작하고 종국에 소멸할 것이다.

(4) 퇴보단계(deterioration stage)

조직은 궁극적으로 어려운 국면에 대처하게 된다. 핵심적인 사람이 조직을 떠나고, 시장과 상품이 더 이상 조화되지 못하며, 새로운 조직구성원과 새로운 아이디어가 투입되지 못한다. 이때 조직은 철수(withdrawal)의 과정이 시작된다. 참신한 아이디어와 새로운 상품을 가진 경쟁조직이 공격하게 된다. 관리자는 긴축운영(retrenchment operations)을 할 필요가 있다. 조직의 역할과 임무에 대한 재정의가 일어난다.

(5) 소멸단계(death phase)

어떤 시점에 조직은 사회에서 생존해야 하는 역할을 멈춘다. 이 단계에서는 위험감수에 대한 거부감, 외부도전 및 혁신 부족이 발생하며, 엔트로피(entropy)가 성취된다. 조직은 스스로 다써버리고, 에너지를 소진하게 된다. 그 자체가 더 이상 재생할 수 없게 된다. 하지만 모든 조직이 실질적으로 소멸되는 것은 아니다. 조직은 실질적으로는 다른 형태로 지속적으로 존재하기도 한다. 즉 보다 큰 조직에 합병되기도 한다. 조직의 소멸을 측정하는 다른 방법은 조직의 법률적 지위를 검토하는 것이다. 예를 들면, 법적 실체로 더 이상 존재하지 않는다면 소멸했다고 할 수 있다.

2) 조직쇠퇴

조직쇠퇴(organizational decline)는 조직이 조직의 장기적 생존(organization's long-term survival)을 위협하는 외부적 압박과 내부적 압박을 인식하고, 회피하고, 중화하려는 데 실패할 때 일어난다. 이러한 조직쇠퇴의 대표적인 징후로 적은 수입과 지출, 조직구성원의 이직 증가, 고객의 만족과 관심의 감소, 구조적 비용의 증가 등이 있다.

특히 쇠퇴는 환경적 자원에 대한 조직의 통솔이 줄어들 때 혹은 환경 자체가 빈곤해질 때 일어난다(Daft, 2010: 357). 또한 조직은 자원과 세입의 지속되는 감소를 회복하지 못할 것을 깨닫게 될 때 인식하기도 한다. Whetten(1980)은 조직이 쇠퇴되는 이유로 다음과 같이 4가지를 들고 있다.

① 조직의 위축(organizational atrophy) - 위축은 조직이 오래되거나, 비효율적이거나, 근육이 긴장될 때 일어난다. 조직이 성공에 익숙하여 더 이상 예리한 칼날이 없다.

② 취약성(vulnerability) - 취약성은 조직환경에 있어 조직이 번영하는 데 조직적 무능력을 반영하는 것이다. 이러한 현상은 조직이 소규모이고 충분히 확립되지 않는 상태에서 일어난다.

③ 합법성의 상실(loss of legitimacy) - 어떤 서비스나 자원이 합법성을 상실한다. 죄수는 사회 주류(mainstream)에 의한 어떤 가치를 산출하지 못하기 때문에 감소한 자원을 배분받는다.

④ 환경적 엔트로피(environmental entropy) - 이것은 조직을 지원하는 환경적 능력의 감소를 말한다. 외부적 자원이 충분하지 못한 것이다. 이것은 침체하는 경제(a stagnating economy)에서 조직이 직면하는 상황이다. 외부적 자원의 기반이 더 이상 성장하지 못하는 것이다.

또한 조직은 적절한 교정조치를 취하지 못하면 다음과 같은 5가지 조직쇠퇴의 단계를 거치게 된다.

(1) **눈먼 단계** - 눈먼 단계(blinded stage)는 핵심적인 관리자들이 조직이 손상되고 있는 내부적 변화 혹은 외부적인 변화를 인식하는 데 실패할 때 시작된다. 즉 무지는 변화의 중요성을 이해할 수 없을 때 기인한다. 이 단계에서 조직쇠퇴가 시작된다.

(2) **무위단계** - 무위단계(inaction stage)는 조직성과에 대한 문제점이 보다 가

시적이고, 관리자는 변화의 필요성을 인식하지만 개혁비용에 기인하여 행동을 취하지 않는 단계이다. 관리자는 문제점이 스스로 교정되는지를 관찰하기 위해 대기한다. 즉 관리자는 상황의 긴급성을 느끼지 못하고 있지만, 조직쇠퇴는 가시적이다.

(3) 불완전한 행동단계 - 불완전한 행동단계(faulty action stage)에서는 비용의 증가와 수익 및 시장점유율의 감소에 직면하게 된다. 이에 조직은 몇몇 행동을 취한다. 즉 비용을 감축하고, 효율성을 증가하고 수익성을 회복하기 위해 설계한 긴축계획(belt-tightening plans)을 발표한다. 하지만 반응은 부적절한 결정과 빈약한 집행에 기인하여 비효과적이다.

(4) 위기단계 - 위기단계(crisis stage)에서는 조직이 과감한 행동의 필요성을 인지하지만, 조치를 취하지 못하여 내적 불화가 발생한다. 조직은 변화를 유도할 수 있는 자원이 부족하다. 이리하여 리더는 해고되고, 혁신적인 변화가 제기된다. 재조직화를 위한 변화의 기회가 소멸된다.

(5) 해산단계 - 해산단계(dissolution stage)에서는 조직이 지속되는 데 필요한 변화를 유도하는 개혁의 노력이 실패한다. 내부적 갈등이 강렬하게 일어나고, 핵심적인 관리자와 인원들이 떠난다. 조직의 소멸은 더 이상 피할 수 없게 된다.

┃ 그림 15-7 ┃ 조직쇠퇴의 단계

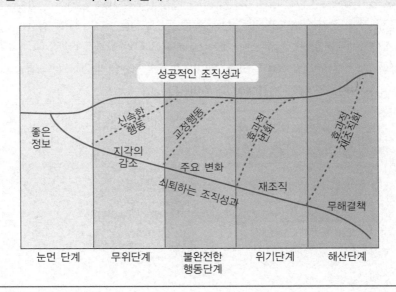

용어 해설

- 조직변화(組織變化, organizational change) – 현재의 성과에 대한 불만족으로 인해 조직에 의한 새로운 아이디어 혹은 행태(a new idea or behavior)를 채택하는 것이다. 이처럼 조직변화는 현상유지에 대한 대안이다.
- 조직변화의 6개 시스템모델 – 조직변화에 상호작용하는 6개의 변수인 인적변수, 문화변수, 업무변수, 기술변수, 설계변수, 전략변수가 조직 전체의 변화 과정에서 표출된다는 것이다.
- Lewin의 조직변화 3단계 – 조직변화는 3가지 단계 과정으로 순차적으로 변화한다는 것이다. 이들 3가지 단계는 ① 주어진 방식으로 운영되는 시스템의 해빙단계, ② 새로운 형태로의 이동단계, ③ 새로운 유형에의 재결빙단계이다.
- Kurt Lewin – Lewin은 1914년 베를린 대학에서 박사 학위를 받고, 1933년 미국으로 건너가 Iowa 주립대학교 아동복지연구소에 연구하기 시작하였다. 이처럼 Lewin은 독일에서 태어난 미국의 사회심리학자로, 인간의 행동은 개인의 심리적 환경의 기능이라는 행동 분야 이론으로 유명하다. 즉 행동(B)은 개인적 특성(P)과 환경적 특성(E)의 함수라는 B=f(P,E)의 방정식을 제시했다. 이처럼 행동 연구에서 과학적 방법의 사용을 개척하였고, 현장 이론, 행동 연구 및 그룹 역학을 포함한 많은 주요 개념을 개발하였다.
- 조직생명주기(organizational life cycle) – 조직이 탄생하고, 역사가 지나면서 성장하고, 궁극적으로 약해진다는 것이다. 각 단계는 연속적이고, 자연적인 과정을 따른다. 모든 조직은 기본적인 5단계의 생명주기인 탄생, 성장, 성숙, 퇴보, 소멸을 경험한다.
- 조직쇠퇴(組織衰退, organizational decline) – 조직의 작업장, 인원, 예산, 혹은 고객의 규모가 감축되는 것을 말하며, 쇠퇴는 환경적 자원에 대한 조직의 통솔이 줄어들 때 혹은 환경 자체가 빈곤해질 때 일어난다.

CHAPTER **16**

조직발전

01 조직발전의 의의와 특징

1. 조직발전의 의의

조직발전(organization development: OD)은 조직기능을 향상시키기 위한 모든 활동을 말한다. 조직발전은 조직이 스스로 향상하고, 갱신하는(to improve and renew) 과정이다. 조직발전은 ① 조직의 효과성과 건강성을 향상시키기 위해 ② 전체조직에서, ③ 계획되고, ④ 상부로부터 관리되고, ⑤ 행태과학지식을 활용하여 조직 과정에서 계획된 개입의 노력이다.

이처럼 조직발전은 행태과학연구와 이론에 기반을 둔, 계획되고 체계적인 조직변화 과정이다. 조직발전의 핵심은 조직의 인적자원에 활력을 부여하고, 활성화하고, 갱신하는 과정이다. 이에 조직발전은 조직목표, 작업시스템, 전략, 정책, 절차, 작업집단의 행태 및 구조에 대한 비판적 검토(critical examinations)가 포함된다.

- 조직발전은 변화에 대한 반응(a response to change)이며, 조직에 대한 신념, 태도, 가치 및 구조의 변화를 의도하는 복잡한 교육적 전략(complex educational strategy)이다.
- 조직발전은 행태과학지식(behavioral science knowledge)을 활용하여 조직 과정에 있어 계획된 개입(planned interventions)을 통하여 조직의 효과성과 건강성을 증가하기 위해 상부로부터 관리되고, 계획되는 조직 전체(organizationwide)의 노력이다.
- 조직발전은 조직 목적을 성취하기 위해 유기적 시스템의 기능을 향상시키는 조직에서의 인간과정(human processes)을 강화하는 것이다.

- 조직발전은 조직문화의 효과적인 공동관리를 통하여 조직문제해결(organization's problem-solving)과 개선 과정(renewal processes)을 향상시키기 위한 장기적 노력이다.
- 조직발전은 조직이 전략, 구조, 프로세스를 발전, 개선 및 강화함으로써 변화를 위한 역량을 구축하고 보다 많은 효과를 달성할 수 있도록 돕는 중요하고 과학적 기반의 과정(science-based process)이다.
- 조직발전은 조직의 성과, 효과성 및 성장을 향상시키기 위해 전략, 절차 및 문화를 변화시키는 계획적이고 체계적인 과정이다.
- 조직발전은 조직의 인력, 프로세스 및 전략을 조정하여 조직의 효율성을 향상시키기 위한 체계적이고 과학적인 접근방법이다.
- 조직발전은 끊임없이 변화하는 조직환경에서 조직이 적응하고 번성하게 하는 리더십 개발, 팀 구축, 문화적 변화, 프로세스 개선 등의 활동을 포함한다.

조직발전의 정의와 관련한 목적, 목표 및 본질은 다음과 같이 정리할 수 있다.

(1) 목적(objective) - 조직발전의 목적은 조직의 기능을 향상시키는 것이다. 조직발전의 바람직한 결과는 조직이 조직문제와 조직 자체의 개선에 대해 보다 잘 대응하고, 해결하는 것에 연관된 개인, 집단 및 조직 과정에서의 변화이다. 즉 조직발전은 협동적 단계(collaborative stage)에 도달하기 위한 수단이다. 협동적 단계는 팀 활동, 대인관계에 관련한 차이의 대립, 공식적 시스템에 대한 경시, 개방적이고 정직한 의사소통을 강조한다.

(2) 목표(targets) - 조직발전에서의 변화는 조직의 사회적 가정과 인간적 가정을 지향한다. 인간적 가정에 있어 조직발전은 각 개인을 복잡한 욕구(a complex set of needs)를 가진 사람으로 다룬다. 또한 조직발전은 인간의 전반적 잠재성을 발전시키기 위해 각 조직구성원에게 기회를 제공한다. 그리고 조직발전은 보다 효과적이고 협동적인 조직문화 관리를 통하여 조직의 문제해결과 재생 과정을 향상시키기 위한 장기적인 노력이다. 이리하여 조직발전은 개인의 신념, 태도와 가치, 조직 과정에서 작업집단 과정으로의 바람직한 변화이다.

이점에서 조직발전의 3가지 하위 목표는 ① 가치 혹은 태도를 변화시키는 것이다. ② 행태를 수정하는 것이다. ③ 구조와 정책에 있어 변화를 유도하는 것이다.

(3) 본질(nature) - 조직발전은 장기적이고, 계획이며, 전체 조직에 그 영향이 미치는 과정(long-range, planned, systemwide process)이다. 이에 보다 효과적인 조직을 전개하기 위한 끊임없는 변화는 전체 조직에 대한 이해가 요구된다. 또한 조직발전은 장기적인 전망(long-range in outlook)이며, 장기적 개입을 유지

한다. 이처럼 조직발전은 장기적인 과정이다. 또한 조직발전에 많은 변수들이 영향을 미치기 때문에 조직발전 노력과 성공적인 변화 사이의 직접적인 관계를 관찰하는 것은 가끔 불가능하다.

이와 같이 조직발전은 조직변화와 같이 조직의 효율성과 성과를 향상시키기 위한 접근방식이다. 조직변화는 특정 문제를 해결하고 단기 목표를 달성하는 데 보다 중점을 둔다. 반면에 조직발전은 조직 성장과 지속가능성에 대해 보다 총체적이고 장기적인 관점을 취한다. 이점에 있어 조직발전은 전략적 기획, 리더십 개발, 전문성 개발, 코칭, 일과 삶의 균형까지 포함한다.

┃표 16-1┃ 조직변화와 조직발전

구분	조직변화	조직발전
정의	조직의 효율성 혹은 효과성을 향상시키기 위해 체계적인 방식으로 변화를 일으키는 과정 조직의 구조, 프로세스 또는 문화를 변화시키는 과정	계획된 개입과 전략을 통해 조직의 전반적인 건강성과 효과성을 향상시키는 데 중점을 둔 총체적인 접근방식
목표	본질적으로 조직이 직면한 특정한 이슈, 문제, 도전에 반응하는 것 특정 결과(효율성 향상, 고객만족도, 높은 수익 등)를 달성하는 것	조직 전체를 바라보고 미래 성공을 위한 강력한 기반 구축 시간이 지남에 따라 조직의 적응 및 변화 능력을 향상시키는 것 지속적인 개선과 혁신을 지원할 수 있는 강력한 조직문화와 인프로 구축
접근방법	일련의 계획된 개입 종종 외부요인에 의해 반응하고 추진하는 방법	장기적인 성장과 지속가능성에 초점을 두는 방법
리더십	리더는 변화 과정을 주도하고 성공적으로 실행되도록 하는 데 중심적인 역할	조직의 모든 수준에서 성장과 발전을 장려하는 지원적이고 권한 있는 환경을 조성하는 데 중점
범위	특정 부서 혹은 과정에 제한될 수 있음	보통 조직 전체에 관련됨
시간적 틀	변화의 본질에 따라 단기적 혹은 장기적 기간	보통 장기적이고 지속적임

2. 조직발전의 특징

조직발전은 조직 내의 신념, 가치, 태도, 시스템에 영향을 미치기 위해 의도된 재교육전략이다. 이러한 조직발전은 다음과 같은 주요한 특징을 가진다.

① 조직발전은 계획된 것이고 문제지향적(problems-oriented)이다. 조직발전은 관리적 기획을 이행하는 데 관련된 모든 구성요소를 변화하기 위한 데이터 기반 접근법(data-based approach)이다. 조직발전은 조직문제의 해결을 위해 행태과학을 포함한 다양한 학문으로부터의 이론과 연구를 적용한다.

② 조직발전은 실질적인 내용과 대비되는 집단과 조직 과정을 강조한다.

③ 조직발전은 조직행태의 보다 효과적인 방식에 대한 핵심적인 학습 단위로서 작업팀(work team)을 강조한다. 또한 조직발전은 작업팀의 공동관리(collaborative management)를 강조한다.

④ 조직발전은 전체 시스템의 영향(total system ramifications)을 강조한다. 조직발전은 조직의 기술, 구조와 관리 과정에 조직의 인적자원과 잠재력을 밀접하게 연계시키는 방식이다. 이리하여 조직발전은 관리 과정에 있어 필수적인 부분이다. 즉 조직발전은 조직에 대해 외부인이 어떤 것을 수행하는 것이 아니다.

⑤ 조직발전은 행태과학자(behavioral scientist), 컨설턴트, 변화에이전트(change agent), 촉매(catalyst)를 활용한다.

⑥ 조직발전은 지속적이고 계속 진행되는 과정(ongoing process)으로서 변화 노력의 관점을 제안한다. 조직발전은 하나의 간단하고 단순한 수리전략이 아니라 장기적인 개입(long-range intervention)이다.

⑦ 조직발전의 핵심은 조직을 향상 또는 개선하는 데 있다. 이처럼 조직발전의 초점은 성취와 결과에 있다. 또한 조직발전은 행동지향적(action-oriented)이다.

이와 같은 조직발전의 특성에 비추어 시스템모델에서 조직발전은 내부적 조직 과정(의사결정, 의사소통, 문제해결)을 향상시키는 데 명확하게 초점을 둔다. 이에 조직발전은 조직의 투입과 산출을 명확하게 명시하지는 않으며, 환경에 대해서도 명확하게 제시하지는 않는다. 즉 조직발전의 초점은 내부적 시스템 과정이다.

〈그림 16-1〉과 같이 조직발전의 대상은 조직 내 일상적 기반에서 정규적으로 일어나는 인간과 사회 과정인 사회적 하부시스템이다. 사회적 하부시스템 과정을 향상시킴으로써, 기능적 하부시스템과 정보 하부시스템에 있어 적절한 변화가 일어날 것이다. 이것은 조직환경에 대한 적응성을 향상시킬 것이다. 조직발

전은 조직 내의 사회적 하부시스템을 지향한다.

　이런 관점에서 조직발전 실무가들은 조직효과성에 대해 2가지 기준을 옹호한다. ① 조직발전은 조직에 대한 적응능력(adaptive capabilities)을 향상시키는 데 초점을 둔다. ② 조직발전은 조직 내 개인과 집단의 발전에 초점을 둔다. 즉 조직발전은 효과적으로 기능할 수 있도록 개인과 집단의 능력을 향상시키기 위해 노력한다. 조직발전의 주요한 조직 고객은 조직의 관리자와 구성원이다. 이처럼 조직발전은 조직생활을 통해 조직의 효과성과 인간적 실현(human fulfillment)을 강조한다.

┃그림 16-1┃ 조직발전의 시스템 논리

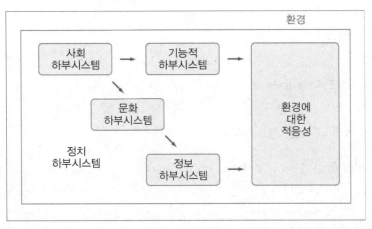

출처 : Narayanan & Nath(1993 : 394)

3. 조직발전의 과정

　조직발전(OD)의 과정은 행동연구와 변화에이전트에 의한 지속적인 개입 과정이며, 조직구성원의 가치, 태도 및 신념을 변화시키고, 지속적인 참여를 강조한다. 조직발전 과정은 계속 진행되고 상호작용하는 과정(ongoing, interactive process)이며, 행태과학지식(심리학, 사회학, 인류학, 사회심리학, 정신의학 등)이 적용된다. 또한 조직발전 과정은 시스템 시각으로 조직에 대해 접근한다. 즉 개인의 변화는 집단에 영향을 미치며, 집단의 변화는 조직에 영향을 미친다는 시각이다.

　이와 같이 조직발전 과정은 문제해결과 미래의 변화를 체계적으로 관리하고 조직역량을 향상시키고자 조직에 대해 지식과 기술을 변화시키기 위한 진단, 행동계획, 이행, 평가하는 지속적인 과정이다.

(1) 진단단계

조직발전 과정의 첫 번째 단계가 조직의 현재 상태에 대한 정보를 수집함으로써 상황을 진단하는 것이다. 이러한 진단(diagnosis)은 전체 조직 혹은 조직의 주요한 하부부서에 대해 이루어진다. 진단은 때론 부서 내의 집단 혹은 개인에 초점을 둔다. 이 단계에서 조직발전 컨설턴트는 현재 조직 과정(의사결정 과정, 의사소통 패턴, 인터페이스 하는 집단 사이의 관계, 갈등관리, 목표 설정과 기획 방법)을 분석하고, 실제 및 잠재적 강점과 약점을 진단한다. 이점에 좋은 조직발전 진단도구는 다음 사항을 포함한다. ① 조직의 임무/목표, ② 조직의 가치, ③ 현재의 관리스타일, ④ 현재의 조직문화와 원하는 조직문화 등이다.

(2) 행동단계

조직문제들을 진단한 후 행동단계(action stage)를 개시한다. 이 단계는 조직발전 개입으로 특정된다. 조직발전 개입은 광범위한 계획된 활동을 포괄한다. OD 개입의 목적은 조직구성원이 자신의 직무를 보다 잘 관리하도록 도움을 제공함으로써 조직의 효율성을 향상시키는 것이다.

(3) 과정유지단계

행동단계가 개시됨에 따라 조직발전 실무자들은 모든 것이 계획에 따라 진행되고 있는 것을 확인하고 환류를 모니터링해야만 한다. 이처럼 과정유지(process-maintenance)단계에서는 개입이 시기적절하게 제공되고 있는지, 개입이 적절한지, 조직구성원들이 프로그램에 지속적으로 관련하고 있는지, 프로그램에 투자하고 있고 몰입하고 있는지 등에 대하여 효과적으로 관리해야 한다.

(4) 평가단계

평가단계(evaluation stage)는 조직발전과 관련한 변화의 이행에 대해 조직 과정 추적을 통해 계획된 변화 노력을 평가하는 것이다. 즉 조직발전을 통해 조직구조와 과정이 변화되거나 향상되고 있는가를 평가한다. 또한 조직발전 프로그램의 대인관계 개입을 통해 개인과 집단의 행태와 태도에 변화가 있는지 등을 평가한다.

이러한 조직발전 과정을 통해 성공적인 조직발전의 최종 결과는 〈그림 16-2〉와 같다. ① 경쟁보다는 협동(collaboration), ② 갈등과 문제해결에 대한 수단으로서 개인과 집단 사이의 개방적이고 정직한 대결(open and honest confrontation), ③ 신뢰의 분위기(atmosphere of trust), ④ 유연성과 혁신(flexibility and innovation), ⑤ 개별적인 원칙보다 합의(consensus)를 통한 팀 리더, ⑥ 모든 방향에서의 개방적 의사소통, ⑦ 개인적 목표뿐만 아니라 조직목표에 관련한 보상시스템 등의 특징을 가진 자기혁신적 조직(self-renewing organization)이다.

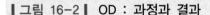

┃그림 16-2┃ OD : 과정과 결과

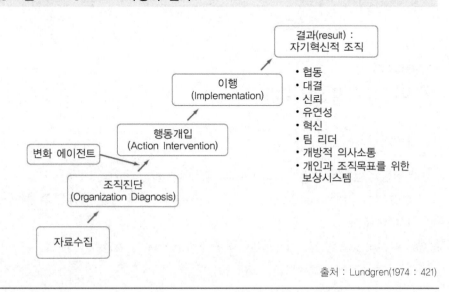

출처 : Lundgren(1974 : 421)

4. 조직발전의 한계

조직발전의 특징에서 조직발전은 대체로 변화에 대한 효과적인 접근법이라는 긍정적인 시각이다. 하지만 조직발전에 대한 한계와 비판이 없는 것은 아니다.

① 조직발전은 권력의 역학관계(power dynamics)를 효과적으로 다루지 않는다. 조직발전 전문가들은 결과 - 협동, 높은 대인관계의 신뢰, 개방성, 정직성, 의사결정의 분권화, 권위의 공유 - 를 추구한다. 하지만 권력의 현실을 다루는 기술은 오히려 제한적이다. 그럼에도 불구하고, 권력을 다루는 기술은 필요하다. 예를 들면, 팀 리더가 회의에 참석하는 것을 거부하거나 의사결정 과정에서 권력을 공유하기 꺼린다면 팀빌딩 회의를 개최하는 것은 매우 어려울 것이다.

② 소수집단(minority group), 여성, 고령층의 조직구성원이 조직의 보상관계에 진

입하는 것이 조직발전의 핵심적인 고려사항이라고 보지는 않는다. 대부분 조직발전 개입은 장기적인 프로젝트이지만 관리자는 단기적 문제에 집중하는 경향이 있다. 이러한 방식은 보다 빠른 결과를 산출하는 것이 필요하기 때문이다.

③ 조직발전은 장기적인 전망이다. 이에 복잡한 요인은 결과를 측정하는 데 어려움이 있다. 즉 조직의 많은 내·외적 변수들이 조직발전에 영향을 미친다.

SECTION

02 조직발전의 기반

1. 역사적 기반

조직발전 분야는 역사적으로 미국과 영국에서 발전되었다. 가장 중요한 것은 ① 국가훈련실험실(National Training Laboratories, NTL)에 의한 실험실 훈련운동, ② 미시간대학교에서 발전된 설문조사연구와 환류방법론(survey research and feedback methodology)의 발전, ③ 영국의 Tavistock 인간관계연구소(Insttute Human Relations)에서의 개선된 실행 등이다.

1) 실험실 훈련

1946년에 발전된 실험실 훈련(laboratory training)은 참여자들이 상호작용을 통해 집단 과정에 대해 학습하는 비구조화된 소규모집단 상황(unstructured small-group)을 활용한다. 이 방법의 정신적 아버지는 Kurt Lewin이다. Lewin은 행동연구와 집단역학(group dynamics)의 분야를 창조했으며, 실험실 방법 혹은 T-group(실험실 집단)을 발견했다.

T-group 실험에서 훈련생(trainees)은 자신과 집단구성원의 태도와 신념에 대해 민감하도록 조장하는 것이다. 아이디어는 우리가 가지고 있는 선입견, 편견, 잘못된 믿음을 인정하고, 이것을 교환하는 것이다.

전형적인 T-group은 낯선 사람들로 구성된다. 즉 집단구성원 개개인들은 집단실험실에 도착하기 전까지 서로 모르는 사이다. 이 실험에서 낯선 집단의 아이디어는 거부되고 조직내 현재 작업집단의 업무에 관심이 집중된다. 이에 개입의 초점은 개인들 사이에서 조직단계로 이동시키는 것이다. 즉 조직발전의 노력은 실험실 경험으로부터 작업상황에 대한 학습으로 이전되는 이슈를 고려하는 것이다.

　　T-group 실험에 대한 비판자들은 실험실에서 학습하는 것이 조직에서 유용한 것인지에 대한 경험적 증거가 미흡하다고 주장한다. 즉 훈련으로부터의 전이(transfer)가 매우 미흡하게 일어난다. 또한 훈련기법 자체가 실험에 참여하는 사람들에 대해 정신적 건강을 위협한다. 나아가 비평가들은 민감하고, 개방적이고 신뢰하는 행태가 몇몇 조직에서 비생산적일 수 있다는 것이다(Hodge & Anthony, 1979: 399).

2) 설문조사 환류

　　설문조사 환류(survey feedback)는 근무기간 동안 설문조사와 데이터를 환류시키는 것이다. Lewin이 1945년에 MIT에 집단역학관계 연구센터(The Research Center for Group Dynamics)를 설립했다. 1947년 Lewin이 사망한 이후, 연구원들이 미시간의 설문조사연구센터(Survey Research Center)로 이동했다. 이후 이 연구소는 사회연구소(Institute for Social Research, ISR)로 변경되었고, 설문조사 환류는 ISR에서 개선되었다.

　　서베이의 중요한 결과는 먼저 최고관리층에게 보고되고, 조직을 통해 하부계층으로 전달된다. 환류 기간은 작업집단에서 행해진다. 각각의 상관과 중간관리자와 함께 데이터를 논의한다. 8개 회계부서가 반복적인 설문조사를 통해 질문한다. 이것이 새로운 환류순환(a new cycle of feedback meeting)을 일으킨다. 이런 연구를 통해 연구자들은 다음과 같은 것을 발견했다.

① 조직구성원의 설문지 결과가 유용하기 위한 집중적 집단논의 절차(intensive group discussion procedure)는 조직에서 긍정적 변화를 유도하는 효과적인 도구가 될 수 있다.

② 효과성은 절차가 전체적으로 인간관계시스템에 초점을 둔 사실에 부분적으로 달려있고, 자신의 직무, 문제 그리고 작업관계의 맥락에서 구성원과 관리자를 다룬다는 사실에 부분적으로 매달려 있다.

　　이러한 설문조사 환류의 특징은 집단상호작용에 대한 강조, 작업집단 구성원에 의한 데이터 진단, 조직적으로 관련된 이슈에 초점을 둔다는 점이다.

3) Tavistock 모델

1950년 초 영국의 Glazier Metal Company의 관리책임자인 Wilfred Brown과 행태과학자 Elliott Jacques가 과제를 수행했다. Glazier 과제는 조직이 사법부, 행정부, 입법부의 하부시스템의 상호작용을 가진 사회의 정치적 구조의 축소판(microcosm)이라는 것을 보여주었다. 이 과제는 변화에이전트가 조직에 대해 시스템 관점을 채택해야 한다는 것을 제안한다.

이후 계획된 조직변화에 대한 가장 중요한 기여는 영국의 Tavistock 인간관계연구소(Institute of Human Relations)이다. 이 연구소는 2가지를 기여했다. ① 업무배경이 사회적 하부시스템과 기술적 하부시스템 두 가지로 구성된 것으로 간주하는 사회기술적 시스템 개념이라는 것을 밝혀냈다. 이것은 전형적으로 작업장에 대한 구조적 재설계를 안내한다. ② 집단역학접근법(group dynamic approach)의 기초를 제공했다.

2. 철학적 기반

조직발전에 대한 초기의 옹호자들은 사회개혁에 관한 열정을 공유했다. Lewin은 관료제의 비인간화 경향(dehumanizing tendencies)을 바꾸는 데 관심을 가졌다. McGregor는 Theory Y 접근법의 옹호자였다. Argyris는 작업장에서의 인간화(humanization)를 지속적으로 강조했다.

1) 인간행태에 대한 가정

대부분 조직발전 실무자들은 인간에 대한 계몽된 개념(an enlightened concept)을 공유한다. 이와 관련하여 McGregor는 두 가지 상이한 인간행태의 개념을 기술한 Theory X와 Theory Y를 제시했다.

Theory X는 인간이 본질적으로 나태하고, 업무를 싫어하며, 가능한 업무를 회피하고자 한다고 가정한다. Theory X의 가정에 기초한 리더들은 강압적, 처벌, 재정적 보상의 활용으로 부하직원을 통솔한다.

반면에 Theory Y는 업무가 즐겁고, 사람들은 열심히 업무를 수행하며, 개인적 목표와 욕구를 성취하기 위한 기회가 주어진다면 책임을 맡는다는 것을 가정한다. McGregor는 Theory X는 더 이상 쓸모가 없고, Theory Y는 현대 조직관리를 위해 적절하다고 주장한다.

이와 같이 조직발전은 Theory Y의 인간과 같이 2가지 가정에 기초한다. ① 대부분 개인들은 능동적이고, 만약 도전적인 환경이 제공된다면 개인적 성장과 발전을 위해 노력할 것이다. ② 대부분 사람들은 조직환경이 허용하는 것보다 높은 수준으로 조직목표에 헌신하고자 노력한다. 이러한 가정에 의해, 조직발전의 개입은 사람이 지속적인 성장의 상태(a continual state of growth)라는 신념에 기초하고, 이러한 성장은 조직과 개인을 위해 긍정적 결과를 초래할 것이다.

2) 조직에 대한 가정

첫째, 조직발전에 있어서의 가정은 개인의 수준을 넘어서 집단과 조직의 수준으로 팽창된다. 대부분의 조직발전 실무자들은 사회적 하부시스템에 초점을 두기 때문에 조직의 시스템 본성을 믿는다.

둘째, 조직발전 실무자들은 관료제적 구조(bureaucratic structures)가 Theory X 조건을 일으키고, 개인의 능력을 억압하기 때문에 역기능적이라고 가정한다. 이점에 있어, Argyris는 노동의 분업, 명령통일, 계층제적 관리와 같은 조직특성은 개인의 성장욕구, 자기조절, 다양성, 자치권을 억압한다고 주장한다.

셋째, 조직발전은 대부분의 현대조직이 대규모 관료제적 특성을 지니고 있기 때문에 조직효과성 향상을 위한 상당한 여지가 있다고 가정한다.

3) 권력공유와 민주주의

대부분 조직발전 실무자들은 조직에 있어 권력공유와 민주주의에 대해 긍정적인 견해를 갖고 있다. 이들은 권위주의적 구조가 생산성을 억압하고, 필요한 변화에 대한 수용성을 줄인다고 본다. 조직의 권위주의 성향에 대응하는 것은 민주주의적 가치를 배치하는 것이다. 이점에 있어 Lewin의 연구에 따르면, 집단구성원에 의한 참여도가 증가될수록 변화에 대한 수용도가 향상된다는 것이다.

4) 행동을 위한 기반으로서 연구

조직발전은 건전한 이론과 실제에 기반을 둔다. 조직발전은 단순한 술책 혹은 유행이 아니라 다양한 학문의 이론과 연구에 견고하게 기반을 둔다.

조직발전 활동의 중요한 목적은 조직에 있어 개인들의 일상적인 사고에 행태과학의 아이디어를 도입하는 것이다. 행태과학의 지식이 많을수록 조직발전에 대해 보다 합리적 접근과 의문에 대해 보다 개방적인 접근을 가져올 것이다.

3. 이론적 기반

3가지 이론적 질문이 조직발전 분야에 중요한 역할을 했다. 조직에서 계획된 변화의 단계를 어떻게 개념화하는가? 행동과학은 무엇인가? 조직발전에 있어 행동과학 컨설턴트의 역할은 무엇인가?

1) Lewin의 변화모델

Kurt Lewin은 1947년에 변화의 3단계 모델을 제시했다. 이 모델은 조직이 변화를 어떻게 채택하고 다루는지를 분석한 것이다. 3단계 모델(해빙–이동–재결빙)은 조직이 현재의 상태에서 바람직한 미래의 상태로 이동함에 있어 조직에서의 변화를 기획하고 관리하기 위한 것이다.

특히 동력(driving forces)은 현재의 행태를 계획된 변화로 압박함으로써 변화시킨다고 주장한다. 이런 점에서 3단계 모델 혹은 장 이론(field theory)은 계획된 변화의 방향으로 힘 혹은 조건의 균형에서의 이동은 행태의 바람직한 변화를 가져올 수 있다는 것이다.

또한 Lewin은 변화가 어떻게 이행되어야 하는가에 대해 몇 가지 황금률(golden rules)을 제시하고 있다. ① 변화는 좋은 이유를 위해 이행되어 한다. ② 변화는 항상 점진적이어야 한다. ③ 모든 변화는 계획되어야 하고, 산발적이거나 갑작스럽게 진행되지 않아야 한다. ④ 변화에 영향을 받는 모든 개인들은 변화설계에서 고려되어야 한다. 특히 Lewin의 힘의 장(force field) 분석은 변화기관이 변화 과정에서 긍정적 힘과 부정적 힘을 인식하는 데 도움을 준다. 이것은 의사소통 혹은 전략을 조율(tuning)하도록 도움을 준다. 또한 Lewin은 어떠한 상황에서 일어나는 변화에 대해 동력적인 힘과 제지하는 힘(restraining forces) 모두가 존재한다고 주장한다.

2) 행동과학: 행동연구

행동연구모델(action research model)은 고객시스템의 개입 과정에서 변화행위자(change agent)를 강조한다. 행동연구는 7가지 단계에 초점을 둔 순환적 과정(cyclical process)이다. 이 모델은 고객과 컨설턴트 사이의 공동협력을 강조한다. 진단과 행동계획을 하는 동안 두 집단 사이에 밀접한 협력이 이루어진다. 변화에이전트는 데이터와 결론에 대해 개방적이며, 고객을 격려한다.

① 문제의 인지(problem identification) - 문제의 인지는 조직에 있어 중요한 관리자 혹은 권력과 영향력을 가진 사람이 변화에이전트에 의해 해소되어야 하는 문제가 조직에 있다는 것을 지각할 때 일어난다.

② 행태과학 전문가와의 상담(consultation with a behavioral science expert) - 행태과학 전문가는 전형적으로 변화에이전트 혹은 컨설턴트로 명명된다. 컨설턴트는 시스템의 외부 혹은 조직의 내부구성원이다. 변화에이전트는 시작에 있어 개방성과 협력성을 설정하기 위해 시도하고, 전형적으로 고객시스템과 자신이 가진 일련의 가치와 가정을 공유해야 한다.

③ 자료 수집과 초기 진단(preliminary diagnosis) - 이 단계는 변화에이전트에 의해 수행된다. 전형적으로 조직성과와 관련하여 설문지, 인터뷰, 관찰, 자료 수집의 과정이다.

④ 고객집단에 대한 환류(feedback to client group) - 컨설턴트에 의해 수집된 자료는 집단 혹은 작업팀 회의에서 고객에게 환류된다. 환류단계는 고객이 조직의 장점과 약점을 결정하도록 도움을 제공하는 데 관심이 있다. 컨설턴트는 고객에게 유용한 모든 자료를 제공한다.

⑤ 문제 진단의 결합(joint diagnosis of problems) - 이 단계에 있어 집단은 변화 행위자와 환류에 대해 논의하며, 집단과 문제 진단을 함께 논의한다.

⑥ 행동계획(action planning) - 집단이 문제에 대한 작업을 결정한다면 컨설턴트와 고객이 채택할 미래의 행동에 대해 함께 동의한다.

⑦ 행동 이후 자료 수집(data gathering after action) - 행동연구가 순환적 과정이기 때문에 행동을 취한 이후에 행동의 영향을 관리하고, 측정하고, 결정하고, 고객시스템에 대해 결과를 환류하기 위해 데이터를 수집해야만 한다. 이것은 재진단(rediagnosis)과 미래 행동으로 이어진다.

| 그림 16-3 | 행동연구모델

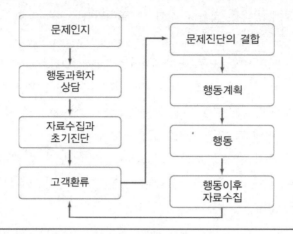

3) 컨설턴트의 역할: 개입이론

조직은 부서, 집단 및 개인들 사이에 의사소통과 조정을 어떻게 향상시키는 가? 조직은 양질의 의사결정을 어떻게 정규적으로 보장하는가? 조직은 이해관계 자(stakeholder)에 반응하기 위해 일상적인 활동에서 일어나는 조정문제를 어떻게 관리하는가? 이러한 문제를 해결하기 위해 조직은 컨설턴트를 채용한다. 이들 컨설턴트는 조직발전을 위한 전문가들이다.

개입이론의 중요한 질문은 다음과 같다. 조직발전에 있어 컨설턴트의 역할은 무엇인가? 활용되는 구체적 기법에 관계없이 효과적인 개입의 특성은 무엇인가?

Argyris는 변화가 개입효과성에 대한 적절한 측정이 아니라고 주장한다. Argyris는 개입이 어떤 고객시스템의 단계에 도움이 된다면 관련된 실질적 이슈 에 관계없이 수행되어야만 하는 필요한 기본적인 과정이라고 주장한다. Argyris 는 3가지 주요한 개입활동의 업무를 제안하고 있다. Argyris는 타당한 정보에 기 초하여 고객시스템이 현재의 상태가 상황에 가장 적합한지를 수시로 결정해야 한다는 것을 강조한다.

① 유효한 정보(valid information) – 개입은 확실하고 유용한 정보를 제공한다. 유효한 정보는 고객시스템에 대해 문제를 일으키는 요인과 상관관계를 기술 한다. 컨설턴트에 의해 수행하는 진단활동은 전체 고객시스템을 대표한다. 진 단활동은 시스템에 의해 통제될 수 있는 변수에 초점을 둔다.

② 자유로운 선택(free choice) – 고객시스템은 자유로운 선택을 가진다. 자유로운

선택은 자동적인 선택이 아니라 자발적인 선택을 의미하며, 고객시스템의 의사결정 소재에 놓여있다. 행동의 자유로운 선택 과정은 행동이 정확한 상황분석에 기초해야만 한다는 것을 의미한다.

③ 내부적 몰입(internal commitment) – 개입의 성공은 고객시스템이 선택된 해결책에 부합되게 행해지는 정도에 의존한다. 내부적 몰입은 고객시스템이 높은 정도의 소유권을 경험하는 것, 그리고 선택과 선택에 대한 실행에 대해 책임감을 가지는 것을 의미한다.

03 개입

1. 개입의 의의

조직발전은 현재의 상태에서 바람직한 상태로 조직을 이동시키기 위한 개입활동의 선택, 타이밍, 그리고 연속이다. 개입(interventions)은 구체적인 목적을 달성하기 위해 설계된 특정한 활동 혹은 전략이다. 예를 들면, 조직발전 과정에서 특정한 활동은 최고관리집단 내에 의사소통을 향상시키는 데 초점을 둘 수 있다. 이것을 팀 빌딩 개입(team-building intervention)이라 한다.

개입은 비교적 단기간에 초점(short-term focus)을 두는 별개의 활동이다. 반면에 전략은 개입 사이의 상호관계에 초점을 두며, 조직발전 과정의 체계 및 장기간에 초점(long-term focus)을 둔다.

① 진단 개입(diagnostic intervention) – 진단 개입은 데이터를 수집하고 분석하는 데 목적이 있고, 근본적인 문제의 원인을 밝혀내고, 적절한 변화를 계획한다.

② 변화 개입(change intervention) – 변화 개입은 진단단계에 있어 계획한 방향으로 조직을 이동시키는 것이다.

개입은 Lewin-Schein의 3가지 단계로 확장된다. 주요한 진단 개입은 시스템을 해빙(unfreeze)하는 것을 돕는다. 변화 개입은 이동단계(movement stage)에 대해 적절하다. 재결빙단계는 전형적으로 조직발전 과정의 제도화(institutionalization)와 조직발전에 연계한 특정한 구조적(변화) 개입을 포함한다.

CHAPTER 16 조직발전 501

2. 진단 개입

조직진단은 조직발전 과정의 모든 단계에 제공된다. 조직진단의 활동이 사람들의 행태와 태도를 변화시키고, 최고관리자들 사이의 열정과 몰입을 일으키며, 변화에 대한 힘을 발생시킨다. 이 때문에 진단은 개입으로 고려될 수 있다. 이에 진단은 시스템을 해빙하기 위한 중요한 메커니즘이다.

정확한 진단을 위한 공식은 없지만 다음과 같은 질문을 활용할 수 있다(Ivancevich & Matteson, 1990: 617).

① 그 문제가 문제의 징후(symptoms)로부터 뚜렷하게 다른 것이 무엇인가?

② 문제를 해결하기 위해 변화되어야만 하는 것이 무엇인가?

③ 변화로부터 기대되는 결과(목적)는 무엇인가? 그리고 이들 결과는 어떻게 측정될 수 있는가?

이러한 질문의 해답은 조직의 정보시스템에서 일상적으로 발견되는 정보로부터 도출될 수 있다. 혹은 위원회나 프로젝트 팀(task force)을 통해 특별한 정보를 만들어 낼 필요가 있을 것이다. 관리자와 종업원 사이의 회의는 다양한 견해를 제공할 것이다. 기술적인 운영문제는 쉽게 진단될 수 있지만, 보다 미묘한 행태적 문제는 광범위한 분석이 요구될 것이다.

특히 관리자는 진단 국면을 취하기 전에 2가지 중요한 결정을 해야 한다. 하나는 종업원이 과정에 참여하는 정도를 결정해야만 한다. 다른 하나는 변화행위자(change agent)를 활용할 것인가를 결정해야만 한다.

① 부하의 참여 정도(degree of subordinate participation) – 부하가 발전프로그램에 활동적으로 관여하는 실질적 정도는 단순히 양자택일의 결정(either-or decision) 이 아니다. 〈그림 16-4〉와 같이 변화에 대해 두 가지 극단적 위치 – 일방적 혹은 위임 – 와 중간적 접근법(middle-of-the-road)으로 이해할 수 있다.

첫째, 일방적 접근법(unilateral approach)에서 부하들은 발전 혹은 변화프로그램에서 어떠한 기여도 할 수 없다. 문제에 대한 정의와 해결은 관리에 의해 수행된다. 이것은 결정에 의해 수행되어진다. 이 접근법은 구조에 초점을 둔다.

둘째, 일방적 접근법과 극단적 위치에 있는 위임접근법(delegated approach)이다. 이 접근법에서 부하들은 발전프로그램에 활동적으로 참여한다. 즉 토의집단에서 관리자와 부하들이 만나고, 문제를 토의하고, 적절한 발달방식을 확인한다. T-group 형태에서의 강조점은 개개인의 자기인식(self-awareness)을 증대시키는 것이다. 위임접근법은 상관과 부하의 상호작용에 초점을 둔다. 이 접근법은 모든 부하들이 참여하는 분위기를 만드는 것이다.

셋째, 공유접근법(shared approach)은 의사결정에서 권위의 공유(sharing of authority)에 초점을 둔다.

┃그림 16-4┃ 변화를 위한 전략

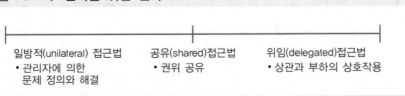

② 변화에이전트의 역할(the role of change agents) – 사람들은 전통적 해결방식에서 해답을 추구하려는 경향이 있기 때문에 외부자의 개입이 필요하다. 개입자 혹은 변화에이전트는 상황에 대한 다른 시각을 가져오고, 현재의 상황에 대해 도전하게 한다.

변화프로그램의 성공은 조직 내의 주요한 의사결정자와 변화에이전트 사이의 관계에 대한 질과 가동성(workability)에 상당히 의존한다. 조직 개입에 있어 3가지의 변화에이전트를 고려할 수 있을 것이다.

첫째, 외부 변화에이전트(external change agent)는 변화를 가져오기 위해 개입하고 제안을 제공하도록 요청된 사람들이다. 외부 변화에이전트는 조직이 직면하는 문제에 대한 변화에이전트의 견해와 의사결정의 견해가 다를 수 있고, 이를 통해 서로 간 관계(rapport)를 형성할 수 있을 것이다. 또한 변화를 안내하는 데 독립적이고, 객관적이고, 전문적 기술로 변화에이전트의 제안이 제시될 수 있다.

둘째, 내부 변화에이전트(internal change agent)는 조직에서 활동하는 개인이며, 조직의 문제에 대해 알고 있는 사람이다. 내부 변화에이전트는 외부자보다는 각 단위부서 혹은 집단에 밀접하게 관련하여 조직문제를 바라본다. 이런 지식이 변화를 준비하고 이행하는 데 가치가 있을 수 있다.

셋째, 외부–내부 변화 팀(external–internal change team)은 프로그램의 개입과 발달을 위해 외부와 내부 변화에이전트를 결합하는 방식이다. 이 접근법은 외부자의 객관성과 전문적 지식, 그리고 내부자가 가진 조직에 대한 지식과 인적자원을 혼합하는 것이다. 이 접근법은 긍정적인 관계를 발전시켜 변화에 대한 저항을 줄일 수 있다.

또한 모든 진단 개입은 2가지 중요한 구성요소(진단모델과 데이터 수집기법)를 가진다.

① 진단 모델(diagnostic model) - 진단 개입은 데이터의 수집과 분석에 초점을 두는 조직모델에 유용하다. 3가지 유형의 진단모델은 다음과 같다.

첫째, 사회시스템의 이론적 모델(theoretical model)은 데이터 수집에 초점을 둔 조직시스템의 변수를 명확하게 명시한다. 이 모델은 데이터의 관점에서가 아니라 분석의 관점에서 유연하다.

둘째, 이상적인 모델(idealized models)은 조직에 대한 변수가 아니라 이상적 상태(ideal state)이다. 이 모델은 데이터와 분석 모두에서도 유연하지 않다.

셋째, 절충적 모델(eclectic models)은 데이터와 진단 모두의 관점에서 유연하다.

② 데이터 수집 기술 - 일반적으로 데이터 수집 기술은 인터뷰, 설문지, 관찰, 2차적 데이터와 비간섭적 측정(unobtrusive measures)이 있다.

SECTION
04 조직발달의 방법

효과적인 조직발달은 관리자의 적극적 관여가 요구된다. 관리자는 성취하고자 하는 목적에 따라 다양한 발달기법을 가지고 있어야 한다. 즉 목적을 보는 하나의 방식은 의도한 변화의 깊이에 관한 관점이다. 의도한 변화의 깊이는 변화노력의 범위와 강도이다.

1. 구조적 발달방법

조직변화의 맥락에서 구조적 발달은 공식적 업무구조와 권위관계에 있어 변화를 통해 효과성을 향상시키기 위해 시도하는 관리적 활동을 말한다. 조직구조는 비교적 안정적 인간과 사회관계를 위한 기반을 조성한다.

이리하여 구조적 변화는 공식적 업무와 권위에 관한 규정에 상당히 영향을 미친다. 즉 조직설계는 직무의 범위와 깊이의 규정, 명세화가 포함된다. 조직구조의 변화를 설계하는 두 가지 방법은 목표에 의한 관리(management by objectives: MBO)와 시스템 4가 있다.

1) MBO

(1) MBO란?

Peter Drucker가 그의 저서 「관리의 실체(The Practice of Management)」에서 조직효과성을 증가하기 위한 하나의 접근법으로서 MBO를 처음으로 제시했다. Douglas McGregor는 관리자가 성격특성보다는 결과에 기초하여 평가한다는 점에서 MBO의 접근법이 필요하다고 주장한다.

MBO는 자율적이고 참여적인 경영스타일이며, 행태에 대한 통제에 관한 부정적 효과를 극복하는 데 도움을 주는 동기부여기법(motivational technique)이다. MBO는 관리자가 조직과 조직 단위부서의 목적을 설정함에 있어 참여를 격려하는 것이다. 이 과정은 구체적인 목적을 결정하는 데 있어 비관리자의 참여를 포함할 수 있다. 이러한 MBO는 참여자들이 활동과 결과가 어떻게 진행되는지를 함께 확인할 수 있어 성공적인 행태변화를 일으키며, 생산성을 향상시킬 수 있는 전략적 접근법이다.

이와 같이 MBO는 관리자와 종업원이 작업성과와 개인적 발전을 위해 공동으로 목표를 설정하고, 목표에 대한 과정을 평가하며, 개인, 팀, 부서, 조직목표를 통합한다. 조직 전반에 걸쳐 MBO 프로그램을 활용한다면, 모든 관리계층의 목적과 조직구성원의 목적은 전체 조직목표를 참고하여 설정할 수 있다. MBO의 성공적 활용은 참여자 기여의 관점에서 전체 조직에 대해 자신의 목적을 규정할 수 있는 참여자의 능력과 그 목적을 수행할 수 있는 능력에 의존된다. 또한 관리자와 종업원이 목표달성에 있어 종업원의 성공을 주기적으로 평가한다.

> **MBO의 중요한 특징**
> • 관리계층제의 최고 계층에 의한 효과적인 목표설정과 기획
> • MBO 접근법으로 인한 조직에의 몰입(commitment)
> • 목표설정에 있어 부하들의 참여(participation)
> • 빈번한 성과 검토와 피드백(frequent performance review and feedback)
> • 목적을 성취하기 위한 수단 개발(developing means)에 있어서의 자유
> 출처 : Reitz(1987: 581–582)

학자들은 MBO 이행을 위한 가이드라인을 제시하고 있다. 즉 상관과 부하가 만나서 전체 목표에 기여할 수 있는 목적을 논의한다. 상관과 부하가 부하들이

달성할 수 있는 목적을 함께 설정한다. 상관과 부하들이 목적에 대해 부하들의 진행 과정을 평가하기 위해 미리 예정된 날짜에 만난다. 또한 MBO가 의도한 결과는 조직에의 기여를 제고하는 것, 참여자의 태도와 만족을 향상시키는 것, 역할 명확화(role clarity)를 제고하는 것이다.

이와 같이 MBO는 사람과 참여적 관리스타일(participative management style)에 대한 긍정적인 철학을 반영한다. 즉 MBO의 접근법은 조직구성원이 스스로의 목표를 설계하고, 스스로 자신의 행태를 통제할 수 있기 때문에 보다 효과적으로 목표를 성취할 수 있는 것으로 가정한다.

사람에 대한 MBO의 가정

- 사람들은 높은 욕구(higher needs) – 권력, 자율성, 능력, 성취감, 창의성의 욕구 – 를 소유하고 있다.
- 사람들은 업무를 통해 이들 욕구를 만족하길 갈망한다. 성숙한 사람은 본래 게으르지 않다.
- 사람들은 지식을 증가한다(increasing knowledge). 조직구성원의 교육 수준, 능력과 전문화 수준이 증가하고 있다.
- 사람들은 자신의 목표를 위해 열심히 노력할 것이다(work harder). 사람들은 자신의 목표를 결정할 수 있다면 보다 높은 자신의 욕구를 만족하기 위해 노력한다.
- 사람들은 자신의 행태를 교정할(correct) 것이다. 사람들의 몰입과 성장은 최고관리자의 명령으로 할 수 없다. 개인 스스로 자기개발(self-developed)해야만 한다.

출처 : Webber(1979: 316)

(2) MBO의 과정

MBO의 과정은 4가지 기본적인 구성요소 – ① 목표설정, ② 부하의 참여, ③ 이행, ④ 성과평가와 환류 – 로 구성된다. 이들 구성요소 간에 강한 상관관계가 존재한다.

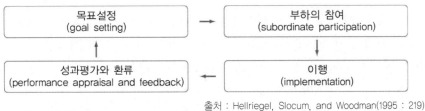

출처 : Hellriegel, Slocum, and Woodman(1995 : 219)

① 목표설정(goal setting) - 목표설정은 상관과 부하가 직무의 규칙, 활동 및 절차보다 직무목표의 정의에 초점을 둔다. 목표설정 과정은 직무책임성의 구체적인 영역을 명확하게 하고, 각 영역에 대한 성과기준을 개발하고, 목표를 달성하기 위한 작업계획을 작성한다. 장기적으로 달성할 수 있는 목표를 1~3개를 만들어야 한다. 목표가 설정되면, 목표달성을 위한 단계를 개발해야 한다.

② 부하의 참여 - 목표설정 과정에 있어 관리자와 부하들 간의 쌍방적인 의사소통이 필요하다. 목표를 설정할 때 각 조직구성원은 자신의 목적을 보장할 수 있도록 의사소통이 필요하다. 조직구성원은 의사소통을 통하여 목적을 달성하는 데 요구되는 것을 관리자에게 전달할 수 있다. 이러한 쌍방적인 의사소통은 성과기대를 명확하게 할 수 있다.

③ 이행(implementation) - 행동기획(action plan)은 설정한 목적을 성취하기 위해 무엇이, 누가, 언제, 어디에, 얼마만큼 필요한지(what, who, when, where, and how much is needed)를 결정하는 것이다. 이러한 행동기획은 목적달성을 위한 가능성을 평가한다. 잠재적 문제영역과 예상치 못한 결과를 명확하게 한다. 목적을 달성하는 가장 효율적인 방법을 찾기 위해 노력한다. 비용, 예산, 계획표, 자원을 예측하기 위한 틀을 제공한다. 무슨 업무관계와 지원이 요구되는지를 명확하게 한다. 상황에 따라 목적이 달성되는 것에 대해 설명한다. 또한 조직구성원의 진행 상황과 성과를 모니터링하는 것이 중요하다. 즉 진행률 및 성과를 추적하고, 장애사항을 논의하는 것이 중요하다.

④ 성과평가와 환류 - 성과평가는 목적이 달성된 정도를 결정하고, 문제점과 장애를 명확하게 하며, 문제의 원인을 결정하고, 개인적 발전욕구를 명확하게 하고, 효과적 성과에 대해 보상하는 것이 포함된다. 또한 성과가 달성되지 못했다면, 원인을 정확하게 확인하는 활동이 환류 과정이다. 즉 결과와 목표에 대한 지속적인 피드백 과정이 중요하다. 이러한 교정활동(corrective action)은

MBO 프로그램을 강화할 수 있는 계기가 될 것이다.

(3) MBO의 장점

MBO는 조직목표를 달성함에 있어 더 나은 팀워크와 의사소통을 산출한다. 또한 관리자가 부하 직원의 목표가 조직의 목표와 관련되도록 보장하고, 조직에 대한 충성심을 향상시키는 것이다. 또한 MBO를 활용하면 다음과 같은 장점이 도출된다.

① 성과 개선 – MBO를 통해 직원의 업무 성과를 크게 개선할 수 있다. 세부 계획을 수립하면 더 나은 성능과 더 많은 이익을 얻을 수 있다. 또한 목표설정에 따라 자원이 제공됨으로 자원의 낭비를 줄일 수 있다.

② 정체감(sense of identity) 향상 – MBO는 직원들에게 더 나은 식별감을 줄 수 있다. 직원들은 자신이 조직의 목표에 관여하고 있다는 사실에 자부심을 느끼고, 이에 따라 더욱 생산적인 직원이 될 수 있다. 모든 사람이 조직 내에서 자신이 어떤 역할을 하는지 알 수 있다.

③ 경력 성장(career growth) – 직원은 자신의 경력을 더 발전시킬 수 있는 기회를 갖게 된다. 관리자는 직원의 기술 향상과 강화에 큰 관심을 갖고 이러한 교육이 이루어질 수 있는 많은 기회를 제공할 수 있다. 성과 평가는 직원들에게 피드백을 제공한다. 그것은 직원들이 어려움을 겪고 있는 분야를 인식 및 이해할 수 있도록 지원하여 해당 분야에서의 문제점을 극복하는 데 기여한다.

④ 민주적 참여와 팀 정신(team spirit) 개발 – MBO는 민주적이고 참여적인 업무 방식으로 팀 정신을 유도한다. 또한 모든 사람들이 자신에게 기대되는 것이 무엇인지 알고 있기 때문에 자기규제 또는 통제(self-regulation)의 도구로 작용한다.

(4) MBO의 단점

사람에 관한 MBO의 철학과 가정은 이상적이지만 흔들리게 한다. 즉 MBO는 모든 상황과 모든 사람에게 적용할 수는 없다. MBO는 다음과 같은 문제점이 제기된다(Webber, 1979: 319-322).

① 시스템에 대한 불신(distrust of the system) – MBO는 인간의 동기부여에 대해 낙관적 가정(optimistic assumptions)을 한다. 하지만 전통적인 권위주의가 강하고 오랫동안 뿌리내린 곳에서 중간 및 하위계층의 사람들은 MBO에 대해 우호적이지 않다. 이러한 조직에서 구성원들은 최고관리자를 신뢰하지 못한다. 이러한 하위계층의 사람들은 최고관리자에 대해 자신의 진실한 능력을 감

추기도 한다. 이런 환경에서 부하들은 관리자가 설정한 목적에 대해 결코 몰입하지 않는다.

② 강요된 프로그램에 대한 분개(resentment of forced program) – MBO는 만족스럽지 못한 행태를 깨닫게 하고, 이러한 조직분위기를 개혁하기 위해 노력함에 있어 권위적인 최고집행부에 의해 강요된다. 즉 MBO가 권위적인 수단에 의해 이행되는 비지시적 시스템(nondirective system)이라면 잘 작동되지 않을 것이다.

③ 서류작업과 말에 대한 저항(resistance to paperwork and talk) – MBO는 단기적으로 조직 전체에 있어 시간소모가 많다. MBO는 쌍방적인 의사소통 과정을 기본 전제로 삼고 있다. 따라서 MBO는 직원들과 조직관리자 양자 간의 제안과 동의가 문서화될 때 보다 효과적으로 작동된다. 그러나 이 같은 문서화는 상당한 시간과 비용을 소모한다.

④ 과도하게 협소한 초점(overly narrow focus) – MBO는 개별적으로 최고관리층의 자아욕구(ego needs)에 호소하는 경향이 있다. 시스템은 각 개인들이 자신의 단위부서에 집중하게 하고, 자신의 목적이 조직의 목적과 어떻게 부합되는가를 무시하는 협소한 시각으로 격려하고 보상한다.

⑤ 하의상달 계획과 상의하달 계획의 불일치(inconsistency) – MBO는 목적의 흐름을 상향적(the bottom upward)으로 가정한다. 즉 낮은 계층의 목적의 총계(the sum of the lower level goals)가 상위계층의 목적이 된다. 하지만 대부분 최고관리층은 조직목표와 관련하여 자신의 포부를 발표한다. 이것은 MBO의 철학과 불일치하는 압력이 된다. 또한 대부분 MBO 시스템은 부풀려진 편견(inflationary bias)을 포함하고 있다.

⑥ MBO와 연계되지 않는 평가(evaluation not tied to MBO) – 부하들에 의해 스스로 보고한 결과가 조직이 제공하는 보상의 기초로 활용되어야 한다. 하지만 대부분 조직에서의 평정(merit review)과 보상시스템은 MBO의 성과와 완전히 분리되거나 불일치한다.

2) 시스템 4

Rensis Likert(1967)는 관리스타일의 4가지 기본적인 시스템을 제시하고 있다. 이들 관리 시스템 4(system 4) 모델은 조직의 상이한 유형에 따른 성과특성과 관련하여 200개 이상 조직의 관리자에 대한 설문조사를 기초하여 발전한 것이다. 4가지 관리시스템의 본질은 조직특성의 윤곽(profile)을 통해 설계된 것이다. 4가지 관리시스템은 리더십 과정, 동기부여 힘, 의사소통 과정, 상호작용—영향 과정, 의사결정 과정, 목표설정 과정, 통제 과정 등의 조직변수를 기초하여 상호 비교를 통해 설계된 것이다. 이 모델에 의하면, 시스템 1과 2에서의 관리부서는 비교적 낮은 생산성을 가지는 반면에, 시스템 3과 4에서의 관리부서는 매우 높은 생산성을 산출한다.

Likert는 경영진과 직원들의 역할과 관계가 조직이 성공할 수 있는 능력을 가진다고 믿고 있다. 이에 Likert의 4가지 시스템은 리더십행태의 개념을 명확하게 하는 데 도움을 준다. 또한 관리스타일 연속체(management style continuum)의 중간점이 있다는 것을 이해하는 데 도움을 준다. 이것은 조직목적을 달성하는 데 사람들에게 영향을 미치는 권위주의적 행태와 민주적 행태의 다양한 정도를 보여주고 있다.

┃표 16-2┃ Likert의 4가지 시스템

구분	약탈적-권위적 (S1)	자애로운 -권위적(S2)	상담적-민주적 (S3)	참여적-민주적 (S4)
의사결정	탑다운 관리	상관의 관리 속에 일정한 틀에서 부하의 공헌	운영적 결정에 부하의 참여, 전략적 통제 속에서 관리	부하의 진정한 참여
동기부여	위협, 공포, 처벌	보너스, 재정적 인센티브의 잠재성	보상과 때때로 처벌, 의사결정에의 참여	의사결정에의 참여, 재무적 보상, 목표설정에의 참여
책임성의 수준	관리	관리	종업원을 위한 관리와 적절한 책임성	높은 계층, 모든 부서의 책임성
종업업의 만족 수준	낮음	낮음	S1과 S2보다 만족	최고 수준의 만족
의사소통	탑-다운, 근접 모니터링	탑-다운	다소 제한적이지만 S2보다 향상	모든 방식의 의사소통, 수평적 의사소통
팀워크	팀워크 부재	매우 적은 팀워크, 직원 사이의 불평등과 적대감	팀워크 존재, 보다 협력	100% 협력적인 팀워크
조직목표에 대한 구성원의 태도	적대적(hostile), 목표에의 대항적 행동	미미한 책임성	조직목표에 대한 협력	모두 조직목표에 대해 수용

출처 : Likert(1967)

① 시스템 1(system 1) – 시스템 1은 관리자를 약탈적 권위주의(exploitive-authoritarian)로 기술한다. 이 시스템의 관리자는 권위주의적 리더의 특징을 가진다. 책임성은 계층제의 상위층 사람의 손에 놓여있고, 상관은 부하를 신뢰하지 않는다. 팀워크와 의사소통이 매우 제한적이고, 동기부여는 위협(threats)에 기초하고 있다. 이점에서 시스템 1에서는 상위층이 하위층에 대한 믿음이 거의 없고, 의사결정에 토론의 여지가 없다.

② 시스템 2(system 2) – 시스템 2의 관리자는 자애로운 권위주의자(benevolent-authoritative)이다. 이 시스템의 리더는 부하와 권위주의적 관계를 유지한다.

하지만 이들 리더는 부하들이 제한된 영역에서 의사결정을 하도록 허용한다. 동기부여는 보상시스템의 활용으로 이루어진다. 시스템 2의 리더는 자애로운 독재자(benevolent autocrat)이다. 책임성은 조직계층제의 낮은 계층에 있지는 않고, 관리자 계층에 놓여있다. 부하들은 직무와 관련하여 자신의 상관과 논의하는 데 자유롭다고 느끼지 못한다. 팀워크와 의사소통은 부족하다.

③ 시스템 3(system 3) - 시스템 3의 관리자는 부하를 전적으로 신뢰하지 않지만 배려를 보여주는 상담적(consultative) 상태이다. 이 시스템에서는 쌍방적 의사소통과 상관과 부하 사이의 어느 정도의 신뢰가 있다. 중요한 결정은 상부에서 이루어지지만, 사소한 많은 결정은 부하에 의해 이루어진다. 책임성은 조직계층제에 광범위하게 퍼져있다. 상당한 정도의 팀워크와 의사소통이 수평적이고 수직적으로 일어난다. 동기부여는 보상과 직무에의 관여에 기초한다. 즉 보상과 개인의 참여 수준에 의해 직원의 동기는 향상된다.

④ 시스템 4(system 4) - 시스템 4의 관리는 Likert가 가장 성공적인 리더 스타일로 발견한 것으로 참여적-집단(participative-group)으로 명명된다. 이 시스템의 관리자는 부하를 전적으로 신뢰한다. 상관-부하의 관계는 친근하며, 상호신뢰로 특징지어진다. 의사결정은 상당히 분권화되어 있고, 의사소통은 쌍방적 혹은 수평적이다. 시스템 4의 리더는 참여적 관리자이며, 종업원 중심의 리더이다. 조직목적 성취를 위한 참여적 책임성이 조직계층제에 광범위하게 퍼져있다. 높은 수준의 팀워크, 의사소통, 참여가 이루어진다. 이로 인하여 시스템 4에서는 외재적 동기부여 요소로서 팀워크가 좋고 보상이 있다는 특징이 있다. 특히 시스템 4 조직은 유기적 조직설계의 중요한 적용이다. Likert(1967)에 따르면, 시스템 4는 높은 성과수준을 성취하기 위한 이상적인 조직 유형이다. 시스템 4와 편차(deviation)는 성과수준을 줄이는 것을 의미한다. 관리자는 자신의 조직을 시스템 4의 특성으로 발달시켜야 한다. 보다 높은 성과는 지원적, 집단지향적 리더십과 목표설정, 통제의 이행, 의사결정에 대한 권위의 평등화(equalization of authority)를 통하여 초래된다. 향상된 성과는 조직구조에의 변화로 초래되는 종업원의 태도에서의 긍정적 변화에서 비롯된다.

2. 기술과 태도 발달방법

종업원의 생산성을 향상시키기 위해 가장 많이 활용되는 방식이 훈련 프로그램이다. 이들 프로그램은 참여자의 직무와 조직에 대한 지식, 기술, 태도를 향상시키기 위해 설계된다. 특히 관리적 훈련은 조직의 기능적 과정을 향상시키기 위해 의사소통과 의사결정 기술을 발전시키는 것에 초점을 둔다.

1) 현장연수

가장 보편적인 훈련방법이 현장에서 종업원을 훈련하는 것이다. 현장연수 (on-the-job training: OJT)는 훈련이 직장 외에서 일어난다면 교육생(trainees)이 직무에 되돌아올 때 성과에 있어 손실이 있다는 것을 가정한다. 현장연수는 종업원이 훈련하는 동안 생산할 수 있기 때문에 경제적 관점에서 가장 좋은 방식이라는 것이다. 교실에서의 강사는 작업장으로 이동하고, 교실에서의 교육은 실제로 현장 적용을 강화시킨다.

하지만 현장연수는 종업원이 직무를 학습하기 전에 스트레스가 부과된 상황에 놓일 수 있다. 이것은 직무에 대해 좋지 않는 초기의 태도(initial attitudes)를 갖게 할 수 있다. 또한 교육생이 여러 지역에서 직무교육을 한다면 교관은 교육생의 성과를 모니터링하기 위해 끊임없이 이동해야 한다.

2) 직장 외 직업훈련

조직은 현장에서의 노력을 보충하는 훈련을 제공할 필요가 있다. 이러한 직장 외 훈련(off-the-job training)은 다음과 같은 이점이 있다.

① 직장 외 직업훈련은 직무에서의 압박에서 벗어날 수 있다. 즉 훈련생이 직무 압박에서 벗어나 훈련하는 데 보다 많이 자극된다. 공동의 사고(party-line thinking)에 좌절되어 있고, 자기분석에 자극이 필요한 분위기에서 훈련할 수 있다.

② 직장 외 직업훈련은 종업원 자신을 개발하는 데 동기부여를 향상시키고, 도전의식을 제공한다.

③ 직장 외 직업훈련은 경영진이 변화시키고, 발전시키고, 성장하고자 시도하는 데 있어 경영진에게 아이디어를 제공한다.

직장 외 훈련기법에는 토의 혹은 콘퍼런스 접근법, 사례연구와 역할연기(role-playing) 방법이 있다.

(1) 토의 혹은 콘퍼런스 접근법

토의 혹은 콘퍼런스 접근법(discussion or conference approach)은 참여자에게 아이디어를 교환하고 경험을 재수집하는 기회를 제공한다. 상호작용을 통해 참여자들은 다른 사람의 사고에 자극받고, 자신의 세계관을 넓힐 수 있으며, 의사소통 능력을 향상시킬 수 있다. 교관과 참여자 사이의 상호작용 때문에 교관은 상당한 기술을 소유해야만 한다. 또한 긍정적 행태와 환류를 강화시키는 것이 중요하다는 것을 이해해야만 한다.

(2) 사례연구와 역할연기 방법

사례연구와 역할연기 방법(case study and role-playing method)은 훈련생에게 조직에서 실제로 발생하는 몇몇 사건에 대한 묘사를 제공한다. 교육생은 사례를 읽고, 문제를 확인하고, 해결책에 도달해야 한다. 역할연기에 있어 훈련생은 사례연구에 적극적으로 참여할 것을 요청받는다. 이러한 훈련방식은 '수행하는 것이 훈련(learning by doing)'이라는 개념에 기초하여 경험적 훈련을 적용하는 것이다. 역할연기는 참여자가 사례에 관한 모든 것을 실제로 느낄 수 있다.

3. 행태적 발달방법

개인, 개인과 집단, 집단 내 그리고 집단 간 행태는 효과적인 조직기능을 간섭하는 감정 및 지각 과정에 관련되어 있다.

1) 팀 빌딩

팀 빌딩(team building)은 자기분석과 변화를 통해 작업집단의 협력과 효과성을 향상시키기 위해 노력하는 훈련이다. 팀 빌딩은 팀의 잠재생산성을 저해하는 요인을 감소시켜 효율적인 팀 활동을 돕는 과정이며, 실험실 배경에서 팀과 더불어 훈련함으로써 조직효과성을 향상시키기 위한 노력이다. 실험실 집단은 현장관계를 내포하는 것으로 '가족집단(family group)'으로 가끔 명명한다. 훈련수업의 주제는 서로 집단의 일상적 상호작용에 초점을 둔다. 이러한 팀 빌딩의 목적은 작업집단이 성과를 향상시키고, 보다 효과적으로 업무를 수행할 수 있도록 하는 것이다. 이처럼 팀 빌딩은 건전한 그룹 기능을 촉진해 팀원의 행동 민감도를 높이는 것이며, 팀원들이 자신의 견해를 표현하도록 격려한다.

공통적인 구성 방식은 컨설턴트가 진행 중인 작업집단과 함께 목적과 업무, 역할과 관계를 명확하게 한다. 컨설턴트(consultant)는 권력, 권위 및 대인관계에 관련한 갈등과 오해를 극복하는 데 함께 일한다. 목표는 성숙한 집단(mature group)을 산출하는 것이다. 성숙한 집단은 조직목적을 성취하는 데 순조롭게 함께 일하고, 조직자원을 효율적이고 효과적으로 활용하는 집단이다(Reitz, 1987: 576).

이와 같이 개입의 구체적 목적은 목표와 우선순위를 설정하고, 집단이 업무를 수행하는 방식을 분석하며, 의사소통과 의사결정을 위한 집단규범과 과정을 조사하고, 집단 내 개인 간의 관계를 조사하는 것이다. 이러한 목적을 성취하는 과정은 진단 모임(diagnostic meeting)과 더불어 시작된다. 모임은 집단구성원이 문제에 대한 자신의 지각을 다른 구성원과 공유할 수 있다.

팀 빌딩은 문제가 존재하기 때문에 형성된 새로운 집단일 때 혹은 새로운 조직단위와 프로젝트 팀이 만들어질 때 효과적이다. 또한 팀 빌딩의 주제가 직무에 직접적으로 관련되어 있다는 이점이 있다. 나아가 집단은 직무에서 새로 학습한 행태를 강화할 수 있다. 반면에 집단 구성원 서로에게 형성된 가족집단 구성원에 대해 충성심으로 인해 훈련에 참여하지 않았던 다른 구성원을 배제하는 단점이 발생할 수 있다(Hodge & Anthony, 1979: 400-401).

▌그림 16-6▌ 팀 빌딩 모형(팀 빌딩 개입의 적용을 위한 모형)

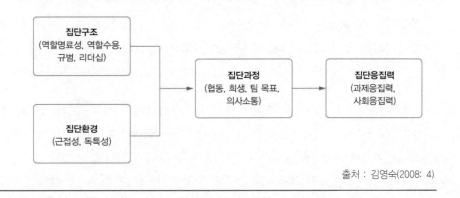

출처 : 김영숙(2008: 4)

2) 관리그리드

관리그리드(managerial grid) 또는 관리격자 모형은 리더십 행태이론에 기초한다. Blake와 Mouton(1982)에 따르면, 가장 효과적인 리더십 스타일은 생산에 대한 관심과 사람에 대한 관심의 균형이다.

관리그리드 프로그램은 이러한 리더십 스타일의 발달뿐만 아니라 그러한 리더십 스타일을 지속하고 지원하는 집단행태의 발달이 요구된다. 전체적인 프로그램은 3년에서 5년 이상 소요되는 6개의 연속적인 국면으로 구성되어 있다. 6개의 국면은 마지막 4개 국면에 토대가 되는 처음의 2개 국면으로 구분된다.

① 실험실–세미나 훈련(laboratory–seminar training) – 이것은 전형적으로 관리그리드의 철학과 목적을 소개하는 것으로 설계된 일주일간의 콘퍼런스이다. 이 기간 동안 각 참여자의 리더십 스타일은 평가되고 검토된다.

② 집단 내 발달(intragroup development) – 이 국면에서 상관과 직속 부하는 하나의 집단으로써 관리스타일과 운영관례를 탐구한다. 국면 1과 함께 목적은 참여자가 그리드 개념에 익숙하게 하고, 개인과 집단 사이의 관계를 향상시키고, 관리자의 문제해결 능력을 증가시키는 것이다.

③ 집단 간 발달(intergroup development) – 이 국면은 집단과 집단(group–to–group)의 업무관계에 관련되어 있고, 그리고 집단 간 관계를 향상시키는 효과적인 집단 역할과 규범을 형성하는 데 초점을 둔다.

④ 조직목표설정(organizational goal setting) – 이 국면의 직접적인 목적은 미래를 위해 효과적인 조직의 모델을 마련하는 것이다.

⑤ 목표달성(goal attainment) – 이 국면은 국면 1에서 사용되었던 몇몇 집단과 교육적 절차를 활용하는 것이다. 그렇지만 관심은 전체 조직이다. 문제를 정의하고, 집단은 그리드 개념과 철학을 활용하여 문제해결의 방향으로 이동한다.

⑥ 안정화(stabilization) – 마지막 국면으로 이 국면은 이전 국면에서 일어난 변화를 안정화하는 데 초점을 둔다. 이 국면은 전체 프로그램을 평가할 수 있게 한다.

3) 감수성 훈련

조직은 개인적 효과성과 조직의 효과성을 향상시키기 위한 수단으로 감수성 훈련을 활용한다. 감수성 훈련(sensitivity training)은 다양성 훈련(diversity training)이며, 개인과 개인–집단 문제에 초점을 두어 상담방법을 통해 조직구성원들에게 상호작용을 유발하여 자신의 편견에 대한 자아인식, 타인에 대한 감수성을 높이는 조직발전 기법 중 하나이다. 이러한 감수성 훈련을 통해 자신과 집단 참여자들에 대한 감정을 탐색하고 표현하면서 집단 참여자들이 서로 정서적으로 교류한다. 또한 집단 참여자들은 스스로에 대해 성찰하고 건강한 인간관계를 형성한다.

감수성 훈련의 전제는 좋지 않은 업무성과의 원인은 목표를 집단적으로 수행해야만 하는 사람들의 감정적 문제라는 것이다. 이 문제를 제거하는 것은 업무성과와 관련한 중요한 장애물을 제거하는 것이다.

감수성 훈련은 실험실 학습이며, 훈련의 내용(content)보다는 과정(process)을 강조한다. 이 훈련은 개념적(conceptual) 훈련보다는 감정적(emotional) 훈련에 초점을 둔다. 또한 느낌과 직관적 반응을 우선적으로 표현하도록 권장한다. 이 훈련에서의 변화목표는 자기성장, 개방성, 신뢰, 정직, 의사소통, 리더십 행태 등이 포함된다.

감수성 훈련의 과정은 대부분의 경우 직무에서 벗어난 지역에서 만나는 집단(T-group)을 포함한다. 교관의 지도하에 집단은 집단 대화에 참여할 수 있다. 목적은 자신의 학습 경험을 도출하는 환경을 제공하는 것이다. 집단구성원은 대화에 참여함으로써 다른 사람을 대하면서 자신에 대해 학습할 수 있다. 집단구성원은 집단 내에 다른 사람에 대한 자신의 행태에서, 그리고 집단 내 다른 사람의 행태에서 표출되는 자신의 욕구와 태도를 탐구한다.

감수성 훈련을 실시하면 다음과 같은 몇 가지 장점이 있다. ① 고객관계 개선, ② 직원 유지율(employee retention) 향상, ③ 직원의 잠재력 향상 – 감수성 훈련을 통해 긍정적인 작업환경을 조성하는데 도움을 준다. 긍정적 근무환경은 직원의 성과와 사기를 향상시킬 수 있다. ④ 다양성 장려 – 감수성 훈련은 서로 기존 다양성을 수용하여 팀 구성원 간 이해도를 높일 수 있다. ⑤ 작업장 문제의 감소 – 감수성 훈련은 직원 간 갈등, 고충과 불만을 줄일 수 있다. ⑥ 생산성 향상 – 팀 구성원 간의 강력한 대인관계를 구축하여 더 생산적 환경을 만들 수 있다.

하지만 감수성 훈련은 세뇌(brainwashing)를 위한 방법이라고 비난받기도 한다. 또한 감수성 훈련은 시작단계에서 다소 혼란스러운 활동으로 지각할 수 있고, 비공식적 활동으로 인해 직원 간의 관계도 바꿀 수 있다.

이러한 감수성 훈련은 직원들이 집단역학, 집단 내의 자신의 행동과 특징들을 인식하도록 다음과 같이 고안되어야 한다.
① 훈련내용에 관한 전체적 정보 제공 – 훈련 전에 직원들에게 어떤 내용이 훈련에 포함될지에 대한 정보를 제공한다.
② 훈련목표 설정 – 훈련에 참여함으로써 학습할 지식, 가치, 기술을 공식적으로 체계화하는 과정이 필요하다. 훈련목표는 측정가능해야 한다.
③ 훈련이 고객과 업무에 어떤 영향을 미치는지에 대한 명확한 설명 – 직원들이 교육에 적극 참여하고, 학습한 내용을 업무에 적용하는 작업이 포함된다.

④ 관리자 훈련 – 외부 교육제공자의 도움없이 교육을 실시할 경우 관리자를 먼저 교육하거나 다른 직원과 동시에 교육하여 훈련에 제공되는 정보를 이해하고 확인하는 과정이 필요하다. 관리자는 직원들이 학습한 것을 적용할 수 있는 환경을 조성한다.

⑤ 훈련의 구조화와 자아반성(self-reflection)의 기회 제공 – 직원의 훈련평가 요구사항을 얼마나 명확하게 다루고 있는지를 구조화하고, 참여한 직원들이 유사한 상황이 발생할 경우 어떻게 할 것인지 상황을 제공한다.

> 감수성 훈련은 다음 사항에 대해 구성원의 인식(members' awareness)을 증진하는 것이다.
> - 자신의 감정과 다른 사람의 감정(feelings)
> - 의사소통 과정의 복잡성
> - 사람들의 욕구, 목표, 다른 사람에 대한 접근법과 관련한 사람들 사이의 진정한 차이점(genuine difference)
> - 다른 사람에 대한 자신의 영향(Their own impact on others)
> - 집단이 어떻게 기능하는지와 특정 유형의 집단활동 결과
>
> 출처 : Reitz(1987: 575)

용어 해설

■ 조직발전(組織發展, organization development: OD) – 조직기능을 향상시키기 위한 모든 활동을 언급한다. 조직발전은 조직이 스스로 향상하고, 갱신하는 과정이고, 행태과학연구와 이론에 기반을 둔 계획되고 체계적인 조직변화 과정이다.

■ 실험실 훈련(實驗室 訓練, laboratory training) – 참여자들이 상호작용을 통해 집단과정에 대해 학습하는 비구조화된 소규모집단 상황을 활용하여, 자신과 구성원의 태도와 신념에 변화시키기 위한 훈련이다.

■ Tavistock 인간관계연구소(Tavistock Institute of Human Relations) – 1946년에 설립된 영국의 비영리기관이며, 기관의 상담, 행동연구, 평가연구 등을 수행하는 다학문적 사회과학연구기관이다. 특히 이 연구소는 1960년대와 1970년대 병원과 같은 공공의료기관에 초점을 두었으며, 정신분석(psychoanalysis)과 프로이드와 동료 학자들의 정신역학이론과 관련하여 영국에서 주도적인 역할을 수행하고 있다.

■ 행동연구모델(action research model) – 고객시스템의 개입 과정에서 변화에이전트(change agent)를 강조하며, 7가지 단계에 초점을 둔 사이클적 과정(cyclical process)이다. 이 모델은 고객과 컨설턴트 사이의 공동협력을 강조하며, 진단과 행동계획을 하는 동안 두 집단 사이에 밀접한 협력이 이루어진다.

■ 개입(介入, interventions) – 구체적인 목적을 달성하기 위해 설계된 특정한 활동 혹은 전략이며, 비교적 단기간에 초점(short-term focus)을 두는 별개의 활동이다

■ 목표에 의한 관리(management by objectives: MBO) – MBO는 행태에 대한 통제에 관한 부정적 효과를 극복하는 데 도움을 주는 동기부여기법(motivational technique)이다. MBO는 관리자가 조직과 조직 단위부서의 목적을 설정함에 있어 참여를 격려하는 것이다.

■ 시스템 4(system 4) 모델 – 조직의 상이한 유형에 따른 성과특성과 관련하여 200개 이상 조직의 관리자에 대한 설문조사를 기초하여 발전한 것이며, 4가지 관리시스템의 본질은 조직특성의 윤곽(profile)을 통해 설계된 것이고, 리더십 행태의 개념을 명확하게 하는 데 도움을 준다.

■ Rensis Likert – Likert는 1903년 8월 5일 와이오밍 주 Cheyenne에서 태어났다. 1926년 미시간대학교에서 학사, 석사학위를 취득했고, 1932년 컬럼비아대학교에서 박사학위를 취득했다. Likert는 1932년 박사학위논문에서 국제적 문제에 대한 사람의 신념, 태도, 감정의 정도를 인지하는 데 활용하기 위해 Likert 척도(Likert scale)를 개발했다. Likert 척도는 5점 척도로 사람들에 대해 상태에 대한 동의 혹은 부동의 정도를 질문하는 것이다.

이후 뉴욕대학교에서 강의를 시작했으며, 1935년에 조교수가 되었고, 미국 농림부 농업경제국(Bureau of Agricultural Economics) 프로그램 서베이 부서 책임자가 되어 1935년에서 1939년까지 생명보험기관관리협회(Life Insurance Agency Management Association)를 위해 연구책임자로 활동했다. Likert는 제2차 세계대전 동안(1944∼1946) 미국 전략적 폭탄 서베이의 사기 부서(Morale Division)의 책임자로 활동했으며, 1946년에서 1970년까지 미시간대학교 사회학과와 심리학과의 교수로 재직했다.

특히 1946년에서 1948년까지 서베이연구센터에서 활동했다. Likert는 이 기간 동안 자신의 회사를 설립하여 서베이연구와 관련한 관리유형과 시스템의 연구를 수행했다. Likert의 주요한 저서로는 1961년 「새로운 관리패턴(New Patterns of Management)」, 1967년 「휴먼조직: 관리와 가치(Human Organization: Its Management and Value)」 등이 있으며, 1976년에는 부인과 함께 「갈등관리의 새로운 방법(New Ways of Managing Conflict)」을 출간했다.

- 팀 빌딩(team building) – 자기분석과 변화를 통해 작업집단의 협력과 효과성을 향상시키기 위해 노력하는 훈련이고, 이의 목적은 작업집단이 성과를 향상시키고, 보다 효과적으로 업무를 수행할 수 있도록 하는 것이다.
- 관리그리드(managerial grid) – 리더십 행태이론에 기초하여, Blake와 Mouton이 제시한 것으로 가장 효과적인 리더십 스타일은 생산에 대한 관심과 사람에 대한 관심의 균형이다.
- 감수성 훈련(感受性 訓練, sensitivity training) – 자신의 내면에 대해 정확하게 인식하게 하고, 집단 속에서 타인과의 인간관계를 협력적이고 생산적으로 발전시키는 소집단훈련이다. 이 훈련의 전제는 좋지 않은 업무성과의 원인이 목표를 집단적으로 수행해야만 하는 사람들의 감정적 문제라는 것이다.

참고문헌

CHAPTER 1 조직의 의의, 특징 및 유형

권경주(1995). 비정부조직의 기능과 운영방안 연구 : 필리핀의 사례를 중심으로. **지역복지정책**, 9 : 135-158.

김민영·이효주·박성민(2016). AMO에 기반한 고성과작업시스템이 조직효과성에 미치는 영향 연구 : 직장생활의 질(QWL)을 매개변인으로. **한국인사행정학회보**, 15(3) : 269-304.

김영나·조윤직(2014). 지역별 비영리부문의 규모 결정요인 분석 : 수요·공급·지역 구조적 요인을 중심으로. **한국행정학보**, 48(2) : 243-266.

노종호·한승주(2014). 가족친화정책이 공무원 직장생활의 질에 미치는 영향 : 집단간 비교를 중심으로. **한국인사행정학회보**, 13(1) : 289-326.

이영균(2015). **조직관리론**. 서울 : 박영사.

이창원·최창현·최천근(2012). **새 조직론**, 제3판. 서울 : 대영문화사.

정우일·하재룡·이영균·박선경·양승범(2011). **공공조직론**, 제3판. 서울 : 박영사.

정정화(2006). 정부와 NGO의 관계 비교연구 : 미국, 일본, 한국의 환경NGO를 중심으로. **한국사회와 행정연구**, 17(1) : 47-79.

Aldag, Ramon J., and Loren W. Kuzuhara(2002). Organizational Behavior and Management : An Integrated Skills Approach. Cincinnati, OH : South-Western.

Blau, Peter M., and W. Richard Scott(1962). Formal Organizations. San Francisco : Chandler Publishing.

Daft, Richard L.(1983, 1989). Organization Theory and Design, 3rd ed. St. Paul, Minn : West Publishing Co.

Gibson, James L., John M. Ivancevich, James H. Donnelly, Jr., and Robert Konopaske(2006). Organizations : Behavior, Structure, Process. 12th ed. Boston : McGraw-Hill/Irwin.

Hill, Carolyn J., and Laurence E. Lynn Jr.(2009). Public Management : A Three-Dimensional Approach. Washington, D.C. : CQ Press.

Hodge, B. J., and William P. Anthony(1979). Organization Theory : An Environmental Approach. Boston : Allyn and Bacon, Inc.

Homans, George C.(1950). The Human Group. New York : Harcourt Brace Jovanovich.

Hughes, Owen E.(2012). Public Management and Administration : An

Introduction. 4th ed. New York : Palgrave Macmillan.

Katz, Daniel, and Robert L. Kahn(1978). The Social Psychology of Organizations, 2nd ed. New York : John Wiley & Sons.

Mintzberg, Henry(1979). The structuring of organizations : a synthesis of the research. Prentice-Hall.

Narayanan, V. K., and Raghu Nath(1993). Organization Theory : A Strategic Approach. Homewood, IL : Irwin.

Osborn, Richard N., James G. Hunt, and Lawrence R. Jauch(1980). Organization Theory : An Integrated Approach. New York : John Wiley & Sons.

Parsons, Talcott(1960). Structure and Process in Modern Society. New York : Free Press.

Rosenbloom, David H., Rosemary O'leary, & Joshua Chanin(2017). Public Administration and Law. 3rd ed. CRC Press.

Salamon, Lester(1999). America's Nonprofit Sector : A Primer. New York : Foundation Center.

Scott, William G.(1967). Organization Theory. Homewood, IL : Richard D. Irwin.

Thompson, James D., & William J. McEwen(1958). Organization Goals and Environment. Goal Setting as an Interaction Process. American Sociological Review. Feb. : 23-31.

CHAPTER 2 조직목표와 조직효과성

박병주(2024). 경찰공무원의 워라벨에 미치는 영향요인에 관한 연구: 제주 지역의 부부 여성경찰의 비교를 중심으로. 한국민간경비학회보, 23(1), 137-158.

박솔·주상현(2022). 워라벨(WLB)이 직무만족과 조직몰입에 미치는 영향: 전라북도 교육행정직 공무원을 중심으로. 한국자치행정학보, 36(3): 111-132.

방준식(2022). 근로기준법상 일생활 균형제도에 관한 고찰. 노동법논총, 54: 283-312.

정서린(2016). 맞벌이부부의 사회적지지, 일-가족 전이 및 일-생활 균형 간의 관계: 자기효과와 상대방효과. 경북대학교 대학원 박사학위논문.

최기동(2021). 일과 삶의 균형이 혁신행동에 미치는 영향. 동명대학교 대학원 박사학위논문.

황동연(2019). 공공조직에서 조직정치지각과 조직후원인식이 조직몰입에 미치는 효과에 관한 연구 : 조직신뢰와 직무만족의 매개변수를 중심으로. 숭실대학교 대학원 박사학위논문.

백수진(2021). 6성급 호텔 조리직원이 지각한 조직정치가 반생산적 과업행동에 미치는 영향 : 조직냉소주의의 매개효과. 세종대학교 대학원 박사학위논문.

박이레·이혁규·김태형(2022). 공공조직 내에서의 조직정치가 정부성과에 미치는 영향 : 조직침묵의 매개효가를 중심으로. **한국조직학회보**, 18(4): 37-70.

박준현(2018). 교원의 조직정치지각과 조직침묵의 관계에서 조직공정성, 조직시민행동, LMX의 매개효과. 경북대학교 대학원 박사학위논문.

Daft, Richard L.(1983, 1989). Organization Theory and Design, 3rd ed. St. Paul, Minn : West Publishing Co.

Greiner, Larry(1972). Evolution and revolution as organizations grow. Harvard Business Review, 50 : 37-46.

Hatch, Mary Jo, & Ann L. Cunliffe(2006). Organization Theory : Modern, Symbolic, and Postmodern Perspectives, 2nd ed. Oxford University Press.

Mouzas S.(2006). Efficiency versus effectiveness in business networks. Journal of Business Research, 59(10-11) : 1124-113.

Narayanan, V. K., & Raghu Nath(1993). Organization Theory : A Strategic Approach. Homewood, IL : Irwin.

Pang, Les. (2001). Understanding Virtual Organizations. Information Systems Control Journal, 6: 42-47.

Thompson, James D., & Arthur Tuden(1959). Strategies, Structures and Processes of Organizational Decision. In J. D. Thompson et al., ed. Comparative Studies in Administration. Pittsburgh, Penn : The University of Pittsburgh Press.

CHAPTER 3 고전적 조직이론

이영균(2001). 행정학 연구의 접근방법. 사회과학연구(가천대). 8 : 49-115.

이해영(2005). **조사방법의 이해**. 서울 : 대영문화사.

Barton, Bayburn, & William L. Chapell, Jr.(1985). Public Administration : The Work of Government. Glenview, Ill. : Scott, Froesman and Company.

Bennis, Warren G.(1965). Beyond Bureaucracy : Essays on the Development and Evolution of Human Organizations. New York : McGraw-Hill.

Black, J. Stewart, & Lyman W. Porter(2000). Management : Meeting New Challenges. Upper Saddle River, NJ : Prentice Hall.

Cayer, N. Joseph, & Louis F. Weschler(1988). Public Administration : Social Change and Adaptive Management. New York : St. Martin's Press.

Cooper, Phillip J., Linda P. Brady, Olivia Hidalgo-Hardeman, Albert Hyde, Katherine C. Naff, J. Steven Ott, & Harvey White(1998). Public Administration for the Twenty-First Century. Orlando, FL : Harcourt Brace College Publishers.

Daft, Richard L.(1983, 1989, 2010). Organization Theory and Design, 3rd ed. St. Paul, Minn : West Publishing Co.

Fayol, Henri(1949). General and Industrial Management. London : Sir Isaac Pitman and Sons.

Follet, Mary Parker(1924). Creative Experience. London : Longmans, Green and Company.

Gulick, Luther & Lyndall Urwick, eds.(1937). Papers on the Science of Administration. New York : Institute of Public Administration, Columbia University.

Gvishiani, D.(1972). Organization and Management. Moscow : Progress Publishers.

Hatch, Mary Jo, & Ann L. Cunliffe(2006). Organization Theory : Modern, Symbolic, and Postmodern Perspectives, 2nd ed. Oxford University Press.

Mooney, James D., & Allan C. Reilly(1939). Onward Industry. New York : Harper & Row.

Mouzelis, Nicos P.(1987). Organization and Bureaucracy. Chicago, IL : Aldine Publishing.

Narayanan, V. K., & Raghu Nath(1993). Organization Theory : A Strategic Approach. Homewood, IL : Irwin.

Pfiffner, John M., & Frank P. Sherwood(1960). Administrative Organization. Englewood Cliffs, NJ : Prentice-Hall.

Rainey, Hal G.(2014). Understanding and Managing Public Organizations. San Francisco : Jossey-Bass.

Taylor, Frederick W.(1911). The Principles of Scientific Management. New York : Harper & Row.

Weber, Max(1947). The Theory of Social and Economic Organization. Ed. A. H. Henderson and Talcott Parsons. Glencoe, IL : Free Press.

Mescon, Albert & Khedouri, 1988:

CHAPTER 4 신고전적 조직이론

Barnard, Chester(1938). The Functions of the Executive. Cambridge, MA : Harvard University Press.

Barton, Bayburn, & William L. Chapell, Jr.(1985). Public Administration : The Work of Government. Glenview, Ill. : Scott, Froesman and Company.

Bozeman, Barry(1979). Public Management and Policy Analysis. New York : St. Martin's Press, Inc.

Campbell, David J.(1999). Organizations and the Business Environment. Oxford : Butterworth-Heinemann.

Carey, Alex(1967). The Hawthorne Studies : A Radical Criticism. American Sociological Review, 32 : 403-417.

Easton, David(1965). A Framework for Political Analysis. Englewood Cliffs, NJ : Prentice Hall.

Hammond, T. H.(1990). In Defence of Luther Gulick's Notes on the Theory of Organizations. Public Administration, 68 : 143-173.

Henry, Nicholas(1992, 2001). Public Administration and Public Affairs. Englewood Cliffs, NJ : Prentice Hall.

Jreisat, Jamil E.(1997). Public Organization Management : The Development of Theory and Process. Westport, CT : Quorum Books.

Lundgren, Earl F.(1974). Organizational Management : Systems and Process. San Francisco, CA : Canfield Press.

Rainey, Hal G.(1997). Understanding and Managing Public Organizations. San Francisco : Jossey-Bass.

Roethisberger, F. J.(1939). Management and the Worker : An Account of a Research Program Conducted by the Western Electric Company, Hawthorne Works. Chicago. Fourteenth Printing.

Simon, H. A. (1946). The Proverbs of Administration. Public Administration Review, 6(1): 53-67.

Simon, Herbert A.(1947). Administrative Behavior. New York : Macmillan.

Singer, Marc G.(1992). Human Resource Management, Boston: PWS-Kent Publishing Company.

CHAPTER 5 현대조직이론

권동택(2002). 카오스(Chaos)이론에 의한 아동관의 새로운 패러다임. **초등교육학연구**, 9(2) : 99-115.

김광웅(1975). **사회과학연구방법론**. 서울 : 박영사.

김민선(2014). 사회과학연구 패러다임 변화대안으로서의 카오스 이론. **한국산학기술학회논문지**, 15(11). 6621-6629.

김영래(1983). 후기행태주의에 관한 고찰과 평가. **현상과 인식**, 25 : 117-134.

김영찬(2004). 사회과학방법론으로서의 현상학과 행태주의에 관한 소고. **한국시민윤리학회보**, 16 : 65-84.

류혜연(2003). 카오스(Chaos)이론을 적용한 지방자치단체의 전자정부(Local e-government) 구현에 관한 연구. **지방과 행정연구**, 15(1) : 39-58.

오석홍(2011). **조직이론**. 서울 : 박영사.

Boulding, Kenneth E.(1956). General Systems Theory : The Skeleton of Science. Management Science. 2 : 197-208.

Bozeman, Barry(1979). Public Management and Policy Analysis. New York : St. Martin's Press, Inc.

Checkland, P. B.(1981). Systems Thinking, Systems Practice. Chichester : John Wiley & Sons.

Daft, Richard L.(1983, 1989). Organization Theory and Design, 3rd ed. St. Paul, Minn : West Publishing Co.

Hatch, Mary Jo, & Ann L. Cunliffe(2006). Organization Theory : Modern, Symbolic, and Postmodern Perspectives, 2nd ed. Oxford University Press.

Hodge, B. J., & William P. Anthony(1979). Organization Theory : An Environmental Approach. Boston : Allyn and Bacon, Inc.

Narayanan, V. K., & Raghu Nath(1993). Organization Theory : A Strategic Approach. Homewood, IL : Irwin.

CHAPTER 6 상황적합이론

구현우(2012). 제도변화의 통합적 접근: 신제도주의 하위 분파 간 통합적 접근의 가능성. **국정관리연구**, 7(2): 69-109.

염재호(1993). 국가정책과 신제도주의. **사회비평**, 11 : 10-33.

최낙관(2004). 제도개혁을 위한 신제도주의 이론의 탐색. **현대사회와 행정**, 14(1) : 47-72.

하연섭(2004). 제도분석 : 이론과 쟁점. 서울 : 다산출판사.

Aldrich, Howard(1979). Organizations and Environments. Englewood Cliffs, NJ : Prentice Hall.

Burns, Tom, & George M. Stalker(1961). The Management of Innovation. London : Tavistock.

Child, J. (1972). Organizational structure, environment and performance: The role of strategic choice. Sociology, 6(1) : 1-22.

Daft, Richard L.(1983, 1989, 2010). Organization Theory and Design, 3rd ed. St. Paul, Minn : West Publishing Co.

Donaldson, L. (2001). The contingency theory of organizations. Sage Publications Inc.

Fiedler, Fred E.(1967). A Theory of Leadership Effectiveness. New York : McGraw-Hill.

Hall, Richard H.(1972). Organizations : Structure and Process. Englewood Cliffs, NJ : Prentice-Hall.

Hannan, Michael T., & John Freeman(1989). Organizational Ecology. Harvard University Press.

Hatch, Mary Jo, & Ann L. Cunliffe(2006). Organization Theory : Modern, Symbolic, and Postmodern Perspectives, 2nd ed. Oxford University Press.

Lawrence, Paul R., & Jay W. Lorsch(1967). Organization and Environment : Managing Differentiation and Integration. Harvard Business Review Press.

Katz, Daniel, & Robert L. Kahn(1978). The Social Psychology of Organizations, 2nd ed. New York : John Wiley & Sons.

Mescon, Michael H., Michael Albert, & Franklin Khedouri(1988). Management. 3rd ed. New York : Harper & Row, Publishers.

Narayanan, V. K., & Raghu Nath(1993). Organization Theory : A Strategic Approach. Homewood, IL : Irwin.

North, D. C. (1990). Institutions, Institutional Change and Economic Performance. Cambridge University.

Ouchi, William(1979). Theory Z. New York : Basic Books.

Perrow, Charles(1967). A framework for comparative organizational analysis. American Sociological Review, 32(2) : 194-208.

Perrow, Charles(1970). Organizational Analysis : A Sociological View. Belmont, CA : Wadsworth.

Pfeffer, Jeffrey and Gerald Salancik(1978). The External Control of Organizations. New York : Harper & Row.

Powell, Walter W., & Paul J. DiMaggio(1991). Eds. The New Institutionalism in Organizational Analysis. Chicago : University of Chicago Press.

Thompson, James D.(1967). Organizations in Action. New York : McGraw-Hill.

Woodward, Joan(1965). Industrial Organization : Theory and Practice. London : Oxford University Press.

CHAPTER 7 조직환경

Black, J. Stewart, & Lyman W. Porter(2000). Management : Meeting New Challenges. Upper Saddle River, NJ : Prentice Hall.

Burton, Richard M., Gerardine DeSanctis, & Borge Obel(2006). Organizational Design : A Step-By-Step Approach. New York : Cambridge University Press.

Daft, Richard L.(1983, 2010). Organization Theory and Design. St. Paul : Minn : West Publishing Co.

Duncan, Robert B.(1972). Characteristics of Perceived Environments and Perceived Environmental Uncertainty. Administrative Science Quarterly, 17(3) : 313-327.

Emery, F. & E. Trist(1965). The causal texture of organizational environments. Human Relations, 18, 21-32.

Fahey, L., W. R. King, & V. K. Narayanan(1981). Environmental Scanning and Forecasting in Strategic Planning : The State of the Art. Long Range Planning, 32-39.

Hatch, Mary Jo, & Ann L. Cunliffe(2006). Organization Theory : Modern, Symbolic, and Postmodern Perspectives. Oxford.

Hodge, B. J., & William P. Anthony(1979). Organization Theory : An Environmental Approach. Boston : Allyn and Bacon, Inc.

Naisbitt, John(1984). Megatrends : Ten New Directions Transforming Our Lives. New York : Warner Books.

Narayanan, V. K., & Raghu Nath(1993). Organization Theory : A Strategic Approach. Homewood, IL : Irwin.

Porter, Michael E.(1980). Competitive Strategy. New York : Free Press.

Steiner, George A., & John B. Miner(1977). Management Policy and Strategy. New York : Macmillan.

Webber, Ross A.(1979). Management : Basic Elements of Managing Organizations. 2nd ed. Homewood, IL : Richard D. Irwin, Inc.

CHAPTER 8 조직구조

윤재풍(2014). 조직론. 서울 : 대영문화사.

정우일·하재룡·이영균·박선경·양승범(2011). 공공조직론, 제3판. 서울 : 박영사.

Berkley, George E. & John E. Rouse(1984). The craft of public administration. Wm. C. Brown Publishers.

Black, J. Stewart, & Lyman W. Porter(2000). Management : Meeting New Challenges. Upper Saddle River, NJ : Prentice Hall.

Burton, Richard M., Gerardine DeSanctis, & Borge Obel(2006). Organizational Design : A Step-By-Step Approach. New York : Cambridge University Press.

Burns, Tom, & George M. Stalker(1961). The Management of Innovation. London : Tavistock.

Caplow, T(1957). Organizational Size. Administrative Science Quarterly, 1 : 484-505.

Daft, Richard L.(1983). Organization Theory and Design. St. Paul : Minn : West Publishing Co.

Hage, J. (1980). Theories of Organizations. NY : Wiley.

Hall, Richard H.(1972). Organizations : Structure and Process. Englewood Cliffs, NJ : Prentice-Hall.

Hodge, B. J., & William P. Anthony(1979). Organization Theory : An Environmental Approach. Boston : Allyn and Bacon, Inc.

Jones, G. R. (2013). Organizational Theory, Design, and Change. New Jersey: Pearson Prentice Hall.

Kast, Fremont E., & James E. Rosenzweig(1985). Organization and Management : A Systems and Contingency Approach. 4th ed. New York : McGraw-Hill Book Company.

Lawrence, Paul R., & Jay W. Lorsch(1967). Organization and Environment : Managing differentiation and integration. Boston, MA : Division of Research, Graduate School of Business Administration, Harvard University.

McKinney, Jerome B. & Lawrence C. Howard(1998). Public Administration : Balancing Power and Accountability. Westport, Connecticut : Praeger.

Mescon, Michael H., Michael Albert, & Franklin Khedouri(1988). Management. 3rd ed. New York : Harper & Row, Publishers.

Newman, William H.(1956). Overcoming Obstacles to Effective Delegation. Management Review, January : 36-41.

Osborn, Richard N., James G. Hunt, & Lawrence R. Jauch(1980). Organization Theory : An Integrated Approach. New York : John Wiley & Sons.

Reitz, H. Joseph(1987). Behavior in Organizations. 3rd ed. Homewood, IL : Richard D. Irwin, Inc.

Simon, H. A. (1946). The Proverbs of Administration. Public Administration Review, 6(1) : 53-67.

Van de Ven, Adrew H. & Diane L. Ferry(1981). Measuring and Assessing Organizations. Administrative Science Quarterly, 26(2) : 324-326.

Webber, Ross A.(1979). Management : Basic Elements of Managing Organizations. 2nd ed. Homewood, IL : Richard D. Irwin, Inc.

Woodward, Joan(1965). Industrial Organization : Theory and Practice. London : Oxford University Press.

CHAPTER 9 조직설계와 직무설계

양경훈, 김정윤, 유훈상(1999). 기존 조직과 비교를 통한 가상조직의 특성에 관한 연구. 산업경영연구, 8(1) : 191-218.

오석홍. (2020). 조직이론. 제10판. 박영사

하미승(2015). 조직학 : 철학과 새 이론 탐색. 서울 : 탑북스.

Aldag, R. J., & A. P. Brief(1979). Task Design and Employee Motivation. Glenview, IL : Scott, Foresman.

Black, J. Stewart, & Lyman W. Porter(2000). Management : Meeting New Challenges. Upper Saddle River, NJ : Prentice Hall.

Burns, T., & Stalker, G. M. (1961). The Management of Innovation. London: Tavistock.

Burton, Richard M., Gerardine DeSanctis, & Borge Obel(2006). Organizational Design : A Step-By-Step Approach. New York : Cambridge University Press.

Chandler, A. D. (1962). Strategy and Structure: Chapters in the History of American Enterprise. MIT Press, Boston.

Daft, Richard L.(1983, 2010). Organization Theory and Design. St. Paul : Minn : West Publishing Co.

Galbraith, Jay R.(1973). Designing complex organizations. Addison–Wesley Longman Publishing Co., Inc.

Hersey, Paul, & Ken Blanchard(1982). Management and Organizational Behavior. 4th ed. Englewood Cliffs, NJ : Prentice–Hall.

Hodge, B. J., & William P. Anthony(1979). Organization Theory : An Environmental Approach. Boston : Allyn and Bacon, Inc.

Hackman, J. Richard, & Greg R. Oldham(1976). Motivation Through the Design of Work : Test of Theory. Organizational Behavior and Human Performance, 16 : 250–279.

Hatch, Mary Jo, & Ann L. Cunliffe(2006). Organization Theory : Modern, Symbolic, and Postmodern Perspectives. Oxford.

Kast, Fremont E., & James E. Rosenzweig(1985). Organization and Management : A Systems and Contingency Approach. 4th ed. New York : McGraw–Hill Book Company.

Mescon, Michael H., Michael Albert, & Franklin Khedouri(1988). Management. 3rd ed. New York : Harper & Row, Publishers.

Reitz, H. Joseph(1987). Behavior in Organizations. 3rd ed. Homewood, IL : Richard D. Irwin, Inc.

Ivancevich, John M., & Michael T. Matteson(1990). Organizational behavior and management. NY : McGraw–Hill Irwin.

Webber, Ross A.(1979). Management : Basic Elements of Managing Organizations. 2nd ed. Homewood, IL : Richard D. Irwin, Inc.

CHAPTER 10 기획

김형렬(2000). **정책학**. 서울 : 법문사.

Black, J. Stewart, & Lyman W. Porter(2000). Management : Meeting New Challenges. Upper Saddle River, NJ : Prentice Hall.

Bryson, J. M. (2011). Strategic Planning for Public and Nonprofit Organizations: A Guide to Strengthening and Sustaining Organizational Achievement. John Wiley & Sons.

Dror, Y. (1963). The planning process: A facet design. International Review of Administrative Sciences, 29(1): 46–58.

Harmon, Fred, & Garry Jacobs(1985). The Vital Difference − Unleashing the Powers of Sustained Corporate Success. New York : Amacom Publications.

McKinney, Jerome B. & Lawrence C. Howard(1998). Public Administration : Balancing Power and Accountability. Westport, Connecticut : Praeger.

Miles, Ray E., & Snow, C. C.(1978). Organizational Strategy, Structure and Process. New York : McGraw−Hill.

Miles, R. E., Snow, C. C., Meyer, A. D., & Coleman Jr, H. J. (1978). Organizational Strategy, Structure, and Process. Academy of Management Review, 3(3): 546−562.

Narayanan, V. K., & Raghu Nath(1993). Organization Theory : A Strategic Approach. Homewood, IL : Irwin.

Porter, M. E. (2008). The Five Competitive Forces that Shape Strategy. Harvard Business Review, 86(1): 78-93.

Shafritz, Jay M., & Albert C. Hyde(2007). Classics of Public Administration. 4th ed. Wadsworth Publishing Company.

Simon, Herbert A.(1976). Administrative Behavior. New York : Free Press.

CHAPTER 11 의사결정

김형렬(2000). 정책학. 서울 : 법문사.

전진아(2018). 한국와이너리의 관광자원 개발 연구: 델파이 기법과 계층적 의사결정 방법(AHP)으로. 박사학위논문. 경희대학교 대학원

정정길, 최종원, 이시원, 정준금(2003). 정책학원론. 서울 : 대명출판사.

Allison, Graham T.(1969). Conceptual Models and the Cuban Missile Crisis. The American Political Science Review, 63(3) : 689−718.

Birkland, Thomas A.(2001). An introduction to the policy process : theories, concepts, and models of public policy making. M.E. Sharpe.

Black, J. Stewart, & Lyman W. Porter(2000). Management : Meeting New Challenges. Upper Saddle River, NJ : Prentice Hall.

Cohen, M. D., March, J. G., & Olsen, J. P. (1972). A Garbage Can Model of Organizational Choice. Administrative Science Quarterly, 17(1) : 1−25.

Gore, William J., & J. W. Dyson(1964). The making of decisions : A reader in administrative behavior. NY : Free Press of Glencoe.

Guo, K. L. (2008). DECIDE: a decision−making model for more effective decision making by health care managers. Health Care Management(Frederick).

27(2) : 118-127.

Hodge, B. J., & William P. Anthony(1979). Organization Theory : An Environmental Approach. Boston : Allyn and Bacon, Inc.

Lindblom, C. (1959). The Science of Muddling Through. Public Administration Review, 19(1) : 79-88.

Lundgren, Earl F.(1974). Organizational Management : Systems and Process. San Francisco, CA : Canfield Press.

March, James G., & Hebert A. Simon(1958). Organizations. New York : John Wiley.

Reitz, H. Joseph(1987). Behavior in Organizations. 3rd ed. Homewood, IL : Richard D. Irwin, Inc.

Simon, Herbert A.(1976). Administrative Behavior. New York : Macmillan.

Thompson, James D.(1967). Organizations in Action. New York : McGraw-Hill.

Tindale, R. Scott, Tatsuya Kameda, & Verlin B. Hinsz(2005). Group Decision Making. In edited by Michael A. Hogg and Joel Cooper. The Sage Handbook of Social Psychology, 381-403. Thousand Oaks, CA : Sage Publications.

CHAPTER 12 조직문화와 조직분위기

서인석·윤우제·권기헌(2011). 정부조직의 조직문화와 조직공정성, 조직시민행동의 인과구조 : 조직신뢰의 매개효과를 포함하여. 한국정책학회보, 20(3) : 395-427.

이인석(2014). 조직행동이론. 서울 : 시그마프레스.

이학종·박헌준(2005). 조직행동론. 서울 : 법문사.

조성호·안대영(2014). 조직문화의 유형이 조직몰입을 통해 조직발전에 미치는 영향 : 대구지역 방송사를 대상으로. 언론과학연구, 14(2) : 356-389.

조현수(2010). 상징과 정치 : 민주주의체제와 전체주의체제의 상징에 대한 비교분석. 한국정치연구, 19(3) : 193-216.

한진환(2014). 상사의 윤리적 리더십이 부하의 윤리적 의사결정 의도에 미치는 영향 : 조직 분위기의 조절효과. 인적자원관리연구, 제21권 제3호 : 103-120.

황규대·박상진·이광희·이철기(2011). 조직행동의 이해 : 통합적 접근법, 제3판. 서울 : 박영사.

Baker, E. L. (1980). Managing Organizational Culture. Management Review, 69(7) : 8-13.

Barney, Jay B.(1986). Organizational Culture : Can It Be a Source of Sustained Competitive Advantage? Academy of Management Review, 11 : 656-665.

Black, J. Stewart, & Lyman W. Porter(2000). Management : Meeting New Challenges. Upper Saddle River, NJ : Prentice Hall.

Cooper, Phillip J., Linda P. Brady, Olivia Hidalgo-Hardeman, Albert Hyde, Katherine C. Naff, J. Steven Ott, & Harvey White(1998). Public Administration for the Twenty-First Century. Orlando, FL : Harcourt Brace College Publishers.

Daft, Richard L.(1983). Organization Theory and Design. St. Paul : Minn : West Publishing Co.

Deal, T. E., & A. A. Kennedy(1982). Corporate Cultures : The Rites and Rituals of Corporate Life. Reading MA : Addison-Wesley.

Gagliard, Pasquale(1986). The creation and change of organizational cultures : A conceptual framework. Organization Studies, 7 : 117-134.

Gibson, James L., John M. Ivancevich, James H. Donnelly, Jr., & Robert Konopaske(2006). Organizations : Behavior, Structure, Process. 12th ed. Boston : McGraw-Hill/Irwin.

Griffin, R. W. & Moorhead, G. (2014). Organizational Behavior: Managing People and Organizations. South-Western, Cengage Learning.

Halpin, A. W., & D. B. Croft(1963). The Organizational Climate of Schools. Chicago, IL : Midwest Administration Center of the University of Chicago.

Hofstede, G. (1980). Culture's Consequences: International Differences in Work-Related Values. Beverly Hills, London: Sage Publications.

Hofstede, Geert, Gert Jan Hofstede, & Michael Minkov(2010). Cultures and Organizations : Software of the Mind. 3rd ed. New York : McGraw-Hill.

Hofstede, G. (2001). Culture's Consequences: Comparing Values, Behaviors, Institutions and Organizations across Nations. Thousand Oaks, CA: Sage Publication.

Peters, Tom, & Robert Waterman(1982). In Search of Excellence : Lessons From America's Best-Run Companies. Sydney : Harper & Row.

Quinn, R. E., & J. Rohrbaugh(1983). A spatial model of effectiveness criteria : Towards a competing values approach to organizational analysis. Management Science, 363-377.

Robbins, S. P., & Judge, T. A. (2019). Organizational Behavior (18th edition). New York: Pearson.

Schneider, B. (1987). The People Make the Place. Personnel Psychology, 40(3): 437-453.

Siehl, Caren, & Joanne Martin(1990). Organizational Culture and Counter Culture : An Uneasy Symbiosis. Organizational Dynamics, 12(2) : 52-64.

Schein, Edgar(1985). Organizational Culture and Leadership. Jossey-Bass Pub.

Victor, B. & Cullen, J. B.(1988). The Organizational Bases of Ethical Work, Climates. Administrative Science Quarterly, 33(1) : 101-125.

CHAPTER 13 조직권력과 정치

박준현(2018). 교원의 조직정치지각과 조직침묵의 관계에서 조직공정성, 조직시민행동, LMX의 매개효과. 경북대학교 대학원 박사학위논문.

박지원·원숙연(2013). 조직정치인식(perception of organizational politics)과 그 영향요인 : 중앙정부 공무원의 인식을 중심으로 한 시론적 연구. 한국행정학보, 47(4) : 93-120.

백수진(2021). 6성급 호텔 조리직원이 지각한 조직정치가 반생산적 과업행동에 미치는 영향: 조직냉소주의의 매개효과. 세종대학교 대학원 박사학위논문.

이창원·최창현·최천근(2012). 새 조직론, 제3판. 서울 : 대영문화사.

황동연(2019). 공공조직에서 조직정치지각과 조직후원인식이 조직몰입에 미치는 효과에 관한 연구: 조직신뢰와 직무만족의 매개변수를 중심으로. 숭실대학교 대학원 박사학위논문.

Aldag, Ramon J., & Loren W. Kuzuhara(2002). Organizational Behavior and Management : An Integrated Skills Approach. Cincinnati, OH : South-Western.

Black, J. Stewart, & Lyman W. Porter(2000). Management : Meeting New Challenges. Upper Saddle River, NJ : Prentice Hall.

Conger, J. A., & R. Kanungo(1988). The empowerment process : Integrating theory and practice. Academy of Management Review, 13 : 471-482.

Daft, Richard L.(1983). Organization Theory and Design. St. Paul : Minn : West Publishing Co.

Etzioni, A.(1964). Modern Organizations. Englewood Cliffs, NJ : Prentice-Hall.

Ferris, G. R., Galang, M. C., Thornton, M. L., & Wayne, S. 1995. A Power and Politics Perspective on Human Resource Management. In G. R. Ferris, S. D. Rosen, & D. T. Barnum. (Eds.), Handbook of Human Resource Management, vol. 13: 100-114. Oxford, UK: Blackwell Publishers.

French, R. P., & B. H. Raven(1959). The Bases of Social Power, in Dorwin Cartwight, ed. Studies in Social Power, 150-167. Ann Arbor, Mich : University of Michigan Press.

Gibson, James L., John M. Ivancevich, James H. Donnelly, Jr., & Robert Konopaske(2006). Organizations : Behavior, Structure, Process. 12th ed. Boston : McGraw-Hill/Irwin.

Hellriegel, Don, John W. Slocum, Jr., & Richard W. Woodman(1995). Organizational Behavior. 7th ed. St. Paul, MN : West Publishing Company.

Hodge, B. J., & William P. Anthony(1979). Organization Theory : An Environmental Approach. Boston : Allyn and Bacon, Inc.

Kanter, Rosabeth M.(1979). Power Failures in Management Circuits. Harvard Business Review, July-August : 65-75.

Kaplan, A. (1964). The Conduct of Inquiry. San Francisco, CA: Chandler.

Lussier, Robert N., & Christopher F. Achua(2007). Effective Leadership. Mason, Ohio : Thomson South-Western.

Henry Mintzberg, Henry(1983). Structure in fives : designing effective organizations. NJ : Prentice-Hall.

Moorhead, G. & Griffin, R. W. (1992). Organizational Behavior: Managing People and Organizations(3rd edition). Boston: Houghton Mifflin.

Narayanan, V. K., & Raghu Nath(1993). Organization Theory : A Strategic Approach. Homewood, IL : Irwin.

Reitz, H. Joseph(1987). Behavior in Organizations. 3rd ed. Homewood, IL : Richard D. Irwin, Inc.

Spreitzer, G. M.(1995). Psychological empowerment in the workplace : Dimension, measurement and validation. Academy of Management Journal, 38 : 1442-1485.

Webber, Ross A.(1979). Management : Basic Elements of Managing Organizations. 2nd ed. Homewood, IL : Richard D. Irwin, Inc.

Weber, M. (1947). The Theory of Social and Economic Organization. New York: The Free Press.

CHAPTER 14 통제시스템, 평가시스템 및 성과평가

Birkland, Thomas A.(2001). An introduction to the policy process : theories, concepts, and models of public policy making. M.E. Sharpe.

Black, J. Stewart, & Lyman W. Porter(2000). Management : Meeting New Challenges. Upper Saddle River, NJ : Prentice Hall.

Cayer, N. Joseph, & Louis F. Weschler (1988). Public administration : social change and adaptive management. New York : St. Martin's Press.

Dye, Thomas R.(2008). Understanding Public Policy. 11th ed. Upper Saddle River, NJ : Pearson Prentice Hall.

Franklin ; Jack L., & Jean H. Thrasher(1976). An introduction to program evaluation. New York : Wiley.

Kast, Fremont E., & James E. Rosenzweig(1985). Organization and Management : A Systems and Contingency Approach. 4th ed. New York : McGraw-Hill Book Company.

Mescon, Michael H., Michael Albert, & Franklin Khedouri(1988). Management. 3rd ed. New York : Harper & Row, Publishers.

Miller, Donald S., Stephen E. Cat & James R. Carlson(1996). Fundamentals of management : a framework for excellence. St. Paul, Minn : West Pub. Co.

Reitz, H. Joseph(1987). Behavior in Organizations. 3rd ed. Homewood, IL : Richard D. Irwin, Inc.

Rossi, Peter H., Howard E. Freeman, & Mark W. Lipsey(1998). Evaluation : A Systematic Approach. 6th ed. Thousand Oaks, CA : Sage Publications.

Shafritz, Jay M., & E. W. Russell(1997). Introducing public administration. NY : Longman.

CHAPTER 15 조직변화

정우일·하재룡·이영균·박선경·양승범(2011). 공공조직론, 제3판. 서울 : 박영사.

Campbell, David J.(1999). Organizations and the Business Environment. Oxford : Butterworth-Heinemann.

Daft, Richard L.(1983). Organization Theory and Design. St. Paul : Minn : West Publishing Co.

Greiner, Larry E.(1972). Evolution and Revolution as Organizations Grow. Harvard Business Review, 50 : 37-46.

Hodge, B. J., & William P. Anthony(1979). Organization Theory : An Environmental Approach. Boston : Allyn and Bacon, Inc.

Kotter, John, & Leonard Schlesinger(1979). Choosing Strategies for Change. Harvard Business Review, March-April : 102-121.

Narayanan, V. K., & Raghu Nath(1993). Organization Theory : A Strategic Approach. Homewood, IL : Irwin.

Reitz, H. Joseph(1987). Behavior in Organizations. 3rd ed. Homewood, IL : Richard D. Irwin, Inc.

Schermerhorn, Jr., John R.(2013). Introduction to Management. 14th ed. Singarpore : Wiley & Sons.

Whetten, David A.(1980). Organizational Decline : A Neglected Topic in Organizational Science. Academy of Management Review, 5 : 577-588.

CHAPTER 16 조직발전

김영숙(2008). 스포츠팀을 위한 팀빌딩 개념 기반 고찰. **스포츠과학리뷰**, 2(1) : 1-10.

Likert, Rensis(1967). The Human Organization. New York : McGraw-Hill.

Ivancevich, John M., & Michael T. Matteson (1990). Organizational behavior and management. NY : McGraw-Hill Irwin.

Hodge, B. J., & William P. Anthony(1979). Organization Theory : An Environmental Approach. Boston : Allyn and Bacon, Inc.

Reitz, H. Joseph(1987). Behavior in Organizations. 3rd ed. Homewood, IL : Richard D. Irwin, Inc.

Webber, Ross A.(1979). Management : Basic Elements of Managing Organizations. 2nd ed. Homewood, IL : Richard D. Irwin, Inc.

찾아보기

ㄱ

저자 약력

이영균(李永均)

1993년 Temple University에서 정치학 박사를 취득하고, 감사원 감사교육원 교수를 거쳐 1996년 3월부터 2025년 2월 현재까지 가천대학교 행정학과 교수로 재직하고 있으며, 주요 관심 분야는 조직관리, 공공감사 및 정부혁신 등이다.

가천대학교에서 정책조정실장 겸 기획처장, 사회정책대학원장, 사회과학대학장, 법과대학장을 역임했으며, 현재 인권센터장으로 봉사하고 있다. 대외활동으로 입법고시와 행정고등고시에 행정학 시험 출제위원을 했으며, 국가직 7급과 서울시 7급 행정직 임용시험에 출제위원, 경찰 간부 선발시험 출제위원을 역임했다. 감사원 자체감사활동위원회 위원, 민주평화통일자문회의 위원, 대검찰청 검찰수사심의위원회 위원, 경제인문사회연구회 평가위원, 경기도 옴부즈만, 성남시 시민감사관 등을 역임했다. 학회 활동으로 2009년 한국정책분석평가학회 회장, 2014년 한국행정학회 부회장, 2021년 한국정책학회 부회장을 역임했다.

왕태규(王太奎)

중앙대학교에서 행정학 학사와 석사를 마치고, 2013년 Florida State University에서 행정학 박사를 취득하였다. Florida State University의 Center for Disaster Risk Policy에서 박사후연구원을, 그리고 Indianan University South Bend에서 초빙 조교수를 역임하였다. 2019년부터 국립창원대학교 행정학과 교수로 재직 중이다. 주요 관심 분야는 조직관리 및 조직행태론, 성과평가, 내부고발 등이다.

대외활동으로는 서울시 재정사업 평가위원, 산림청 경영평가위원, 문화체육관광부 경영평가위원으로 활동하였다. 학회 활동으로는 행정학회 이사, 한국정책학회 감사, 한국자치행정학회 편집위원, 한국조직학회 기획이사, Public Personnel Management 편집위원 등을 역임했다.

전면개정(제2판)

조직론

초판발행	2019년 3월 5일
제2판발행	2025년 3월 10일
지은이	이영균 · 왕태규
펴낸이	안종만 · 안상준
편 집	장유나 · 송재병
기획/마케팅	김한유
표지디자인	BEN STORY
제 작	고철민 · 김원표
펴낸곳	(주) **박영사**
	서울특별시 금천구 가산디지털2로 53, 210호(가산동, 한라시그마밸리)
	등록 1959. 3. 11. 제300-1959-1호(倫)
전 화	02)733-6771
f a x	02)736-4818
e-mail	pys@pybook.co.kr
homepage	www.pybook.co.kr
ISBN	979-11-303-2270-4 93350

정 가   33,000원